최신 개정판

파고다
HSK

4급
종합서

PAGODA Books

파고다
HSK **4급 종합서**

| 개정 1판 1쇄 발행 | 2016년 11월 25일 |
| 개정 2판 8쇄 발행 | 2024년 11월 26일 |

지 은 이 | 배수진
펴 낸 이 | 박경실
펴 낸 곳 | **PAGODA Books** 파고다북스
출판등록 | 2005년 5월 27일 제 300-2005-90호
주　　소 | 06614 서울특별시 서초구 강남대로 419, 19층(서초동, 파고다타워)
전　　화 | (02) 6940-4070
팩　　스 | (02) 536-0660
홈페이지 | www.pagodabook.com

저작권자 | ⓒ 2019 파고다북스

ISBN 978-89-6281-830-7 (13720)

파고다북스	www.pagodabook.com
파고다 어학원	www.pagoda21.com
파고다 인강	www.pagodastar.com
테스트 클리닉	www.testclinic.com

인사말

중국이 세계 경제대국으로 부상하면서 미국과 더불어 국제사회에서 가장 영향력 있는 국가로 부각되고 있습니다. 따라서 국내 주요 기업들도 채용 시 중국 전문가를 선호할 수 밖에 없어 갈수록 중국어를 배우려는 학습자들의 수요가 폭발적으로 증가하고 있고, 동시에 중국 유학, 한국 대학 어학 특기자로 전형 진학하려는 학습자들도 늘어나고 있습니다. 그리하여 중국어능력평가 시험인 HSK 응시자 수 역시 해마다 증가하고 있습니다.

빅데이터 분석으로 최신 경향과 흐름을 파악한 종합서!
파고다 HSK 4급 종합서 개정판은 강의 현장에서 중국어 학습자들과 오랜 시간 소통하며 전문성을 쌓은 저자와 30여 년 동안 중국어 교육을 고민하고 연구해온 파고다 언어교육연구소가 함께 기획하고 집필한 대한민국 NO.1 교재입니다.

이번 개정판에서는 저자와 파고다교육그룹이 가지고 있는 빅데이터 전부를 분석해 합격 노하우를 제시했으며 최신 기출 문제를 추가적으로 반영해 보다 완성도 높은 학습서로 발돋움할 수 있도록 집필하였습니다. 학습자들이 본서가 제시하는 유형별, 핵심 전략법에 따라 학습한다면, 빠른 시간 안에 HSK 고득점을 취득할 수 있으리라 확신합니다.

마지막으로, 이 책이 순조롭게 진행될 수 있도록 지켜봐 주시고 응원해주신 박경실 회장님과 고루다 대표님께 깊은 감사를 드립니다. 특별히 현장에서 늘 함께 수고해 주시는 파고다 중국어 동료 강사님들께도 감사 인사를 드리며, 마지막으로 사랑하는 가족에게도 이 마음을 함께 전합니다.

2019. 09
저자 배수진 · R&D 연구진 일동

파고다 HSK 4급
그것이 알고 싶다!

Q 4급의 구성과 시험 시간은 어떻게 되나요?

A HSK 4급은 총 100문항으로 듣기, 독해, 쓰기 3부분으로 나뉘며, 100문항을 약 100분 동안 풀게 됩니다. 듣기 시험을 마치고 나면 답안 작성 시간이 5분 주어집니다.

시험 구성		문항 수		배점	시험 시간
개인 정보 작성 시간					5분
듣기	제1부분	10	45문항	100점	약 30분
	제2부분	15			
	제3부분	20			
듣기 답안지 작성 시간					5분
독해	제1부분	10	40문항	100점	40분
	제2부분	10			
	제3부분	20			
쓰기	제1부분	10	15문항	100점	25분
	제2부분	5			
총계		100문항		300점	약 105분

Q 몇 점이면 합격인가요?

A 총 300점 만점에서 180점 이상이면 합격입니다. 영역별 과락 없이 총점만 180점을 넘으면 급수를 획득할 수가 있지만, 성적표에는 영역별로 성적이 모두 표기되기 때문에 점수가 현저히 낮은 영역이 있는 것은 좋지 않습니다.

Q 영역별 배점은 어떻게 하나요?

A 영역별 배점은 아래와 같습니다. 쓰기 제2부분은 어법 오류나 틀린 글자가 있으면 감점이 됩니다. 너무 길게 쓰려고 하는 것보다 자신이 알고 있는 문장으로 정확하게 쓰는 것이 좋습니다.

영역별		문항 수	한 문제당 점수 배점	총점	
듣기		45문항	2.2점	100점	
독해		40문항	2.5점	100점	
쓰기	제1부분	10문항	6점	60점	100점
	제2부분	5문항	8점	40점	

Q 얼마나 공부하면 4급을 받을 수 있나요?

A 학습자 개개인의 수준과 공부하는 태도에 따라 속도의 차이는 있겠지만 이 책으로 20일간 집중 학습 후, 30일간 파고다 HSK 실전 모의고사를 풀면서 학습 내용을 확인하는 방식으로 학습한다면 4급에 충분히 합격할 수 있습니다.

Q 기출문제가 중요하나요?

A 기출문제는 실제 시험문제의 유형과 난이도를 직접 체험할 수 있는 최적의 문제입니다. 이 책은 최근 1~2년 사이 시험에 출제되었던 기출문제를 변형해 실제 시험문제의 난이도와 가장 유사하게 만들었기 때문에 실전감각을 익히는데 큰 도움이 될 것입니다.

Q 4급 시험 난이도는 어떤가요?

A 최근 HSK 4급 시험의 난이도가 높아졌습니다. 특히, 쓰기 영역의 문제들은 과거 시험보다 까다롭다는 평가도 있지만 본서에서 제공하는 문제를 풀고 그에 해당하는 4급 어휘를 암기한 수험생이라면 무난하게 합격할 수 있는 난이도입니다. 최신 출제 경향이 한동안은 그대로 유지될 가능성이 높으므로 기출문제를 많이 접해보는 경험이 반드시 필요합니다.

Q 정기 시험 일자는 어떻게 되나요?

A HSK 시험은 매달 1번씩, 1년에 12회가 실시되며(IBT의 경우 한 달에 2번 시험을 보는 달도 있음), 실시 지역과 시행하는 단체가 조금씩 다르므로, HSK 한국사무국 홈페이지(www.hsk.or.kr)에서 확인하는 것이 좋습니다.

목차 4급

듣기 听力

독해 阅读

쓰기 书写

HSK 시험 소개

HSK란 무엇인가?

汉语水平考试(중국어 능력시험)의 한어병음인 Hànyǔ Shuǐpíng Kǎoshì의 앞 글자를 딴 것으로, 중국어가 제1언어가 아닌 사람의 중국어 능력을 측정하기 위해 만든 표준어 시험이다.

HSK 용도

- 중국 · 한국 대학(원) 입학 · 졸업 시 평가 기준
- 한국 특목고 입학 시 평가 기준
- 각 기업체 및 기관의 채용, 승진을 위한 기준
- 중국 정부 장학생 선발 기준
- 교양 중국어 학력 평가 기준

HSK 각 급수 구성

HSK는 필기시험(HSK 1급 ~ 6급)과 회화시험(HSKK 초급 · 중급 · 고급)으로 나뉘며, 필기시험과 회화시험은 각각 독립적으로 실시하고 있다. 필기시험은 급수별로, 회화시험은 등급별로 각각 응시할 수 있다.

등급		어휘량
HSK 6급	기존 고등 HSK에 해당	5,000개 이상
HSK 5급	기존 초중등 HSK에 해당	2,500개
HSK 4급	기존 기초 HSK에 해당	1,200개
HSK 3급	중국어 입문자를 위해 신설된 시험	600개
HSK 2급		300개
HSK 1급		150개

HSK 시험 접수

1 인터넷 접수 HSK 한국사무국 홈페이지(http://www.hsk.or.kr)에서 접수

2 우편 접수 **구비 서류** | 응시원서(반명함판 사진 1장 부착) 및 별도 사진 1장, 응시비 입금 영수증

3 방문 접수 **준비물** | 응시원서, 사진 3장
접수처 | 서울 공자 아카데미(서울 강남구 테헤란로 5길 24 장연빌딩 3층)
접수 시간 | 평일 오전 9시 30분 ~12시
평일 오후 1시 ~ 5시 30분
토요일 오전 9시 30분 ~ 12시

HSK 시험 당일 준비물

수험표, 신분증, 2B 연필, 지우개

HSK 시험 성적 확인

1 성적 조회

시험 본 당일로부터 1개월 후 HSK 한국사무국 홈페이지(http://www.hsk.or.kr)에서 조회가 가능하다.

입력 정보 | 수험증 번호, 성명, 인증번호

2 성적표 수령 방법

HSK 성적표는 시험일로부터 45일 이후, 접수 시 선택한 방법(우편 또는 방문)으로 수령할 수 있다.

우편 수령 신청자의 경우, 등기우편으로 성적표가 발송된다.

방문 수령 신청자의 경우, 홈페이지에서 해당 시험일 성적표 발송 공지문을 확인한 후, 신분증을 지참하여 HSK 한국사무국으로 방문하여 수령한다.

3 성적의 유효기간

증서 및 성적은 시험을 본 당일로부터 2년간 유효하다.

HSK 4급
영역별 공략법

듣기 听力

	제1부분(第一部分)	제2부분(第二部分)	제3부분(第三部分)
문제 형식	지문을 듣고 지문의 내용과 제시된 문장의 일치 불일치 판단하기	남녀가 한 번씩 주고 받는 대화를 듣고 관련 질문에 대한 정답을 고르기	① **대화형**: 남녀가 두 번씩 주고 받는 대화를 듣고 관련 질문에 대한 정답을 고르기 ② **단문형**: 단문을 듣고 관련 질문에 대한 정답을 고르기
시험 목적	지문 속의 내용을 듣고 제시된 문장과 일치하는지, 일치하지 않는지의 능력을 테스트	남녀의 짧은 대화의 장소, 직업, 행동, 상황, 어기 등을 파악하는 능력을 테스트	① **대화형**: 남녀의 긴 대화의 장소, 직업, 행동, 상황, 어기 등을 파악하는 능력을 테스트 ② **단문형**: 긴 녹음의 전체 및 세부 내용을 파악하는 능력을 테스트
문항 수	10문항(1~10번)	15문항(11~25번)	① **대화형**: 10문항(26번~35번) ② **단문형**: 10문항(36번~45번)
시험 시간	약 30분		

문제는 이렇게 풀어라!

제1부분

Step 1 녹음 내용이 나오기 전에 제시된 문장을 미리 읽어 두자. 각 문제 사이에 10초의 시간이 주어지므로 빠르게 답을 체크하고 다음 문장을 읽어야 한다.

Step 2 핵심어를 빠르게 파악한다.

Step 3 녹음 내용을 들으면서 들리는 대로 적어라. 만약 무슨 단어인지 모를 때는 들리는 그대로 (병음 그대로, 한글로) 적어 놓자.

제2, 3부분

Step 1 보기의 어휘부터 살펴라.

Step 2 보기의 어휘를 통해 문제를 유추해 내자.

Step 3 남녀의 대화 내용을 들으면서 핵심어를 파악하고 시험지에 들린 내용을 적어둬라.

Step 4 질문을 이해하고 빠르게 정답을 도출해 내라.

제3부분

Step 1 녹음을 듣기 전, 녹음에 해당하는 두 문제의 보기를 각각 미리 읽어 의미를 파악해라.

Step 2 녹음에서 보기의 내용을 언급하는지 관련된 내용이 나오는지 표시하면서 들어라.

Step 3 녹음을 다 들은 후, 이어지는 첫 번째 질문을 듣고 정답을 고른다. 뒤이어 나오는 두 번째 질문을 듣고 정답을 고른다.

	제1부분(第一部分)	제2부분(第二部分)	제3부분(第三部分)
문제 형식	제시된 6개의 보기 중 예시 어휘를 제외한 5개의 어휘를 각각 알맞은 빈칸에 골라 넣기	제시된 보기 A, B, C를 순서에 맞게 배열하기	지문을 읽고 관련된 1개의 질문 또는 2개의 질문에 대한 정답을 고르기
시험 목적	문장 전체 내용을 파악하거나 품사의 이해를 요하는 능력 테스트	문장 전체 의미를 파악하거나 중국어의 기본 구조에 대한 이해를 요하는 능력 테스트	지문을 읽고 키워드 및 주제 찾기, 내용 전개, 세부적인 정보를 파악하는 능력 테스트
문항 수	10문항(46~55번)	10문항(56~65번)	20문항(66~85번)
시험 시간	40분		

문제는 이렇게 풀어라!

제1부분

Step 1 보기 가운데 예시에서 사용된 어휘를 먼저 삭제하고, 나머지 5개 어휘의 의미와 품사를 파악하라.

Step 2 빈칸의 앞 뒤를 살펴서 정답이 될 만한 후보 품사를 찾아라.

Step 3 빈칸에 들어갈 어휘는 중복으로 정답이 될 수 없다. 정확하게 아는 문제부터 풀면서 보기를 지워 나가라.

Step 4 문맥상 가장 알맞은 어휘를 선택하라.

제2부분

Step 1 먼저 제시된 보기에서 서로 짝을 이루는 접속사, 대명사와 그 대명사가 가리키는 대상, 논리 관계, 사건의 선후관계 등의 단서를 찾아 표시해 두고 보기 각각의 의미를 파악한다.

Step 2 찾은 단서와 문맥을 근거로 하여 가장 긴밀하게 연결되는 두 보기를 먼저 배열한다.

Step 3 남은 보기를 문맥에 맞게 맨 앞 또는 맨 뒤 등 알맞은 곳에 배열한다.

제3부분

Step 1 질문을 먼저 읽어 지문에서 어떤 내용을 중점적으로 볼 것인지 파악한다. 질문에 핵심어가 있을 경우에는 지문과 대조하기 쉽도록 표시해 두자!

Step 2 지문을 읽으며 질문과 관련된 내용을 주의 깊게 본다. 질문의 핵심어가 지문에 그대로 언급된 경우도 있지만, 바꾸어 표현하기도 하므로 주의 깊게 읽어야 한다.

Step 3 보기의 의미를 정확하게 파악하고, 질문에 가장 알맞은 보기를 정답으로 선택한다.

	제1부분(第一部分)	제2부분(第二部分)
문제 형식	제시된 4~5개의 어휘를 어순에 맞게 배치하여 하나의 문장으로 완성하기	제시된 사진과 어휘를 사용하여 작문하기
시험 목적	중국어의 기본 어순을 잘 이해하고, 어법적 지식과 올바른 문장을 쓸 수 있는 능력을 갖추고 있는지를 요하는 테스트	① 주어진 어휘와 사진에 어울리는 품사와 용법을 정확히 알고, 어법에 맞게 문장을 만들 수 있는지를 요하는 테스트 ② 사진과 어울리는 상황을 설정해 적절한 어휘로 주제에 맞는 문장을 만들 수 있는지를 요하는 테스트
문항 수	10문항(86~95번)	5문항(96~100번)
시험 시간	25분	

문제는 이렇게 풀어라!

제1부분

Step 1 술어를 찾아 중심을 잡는다.

Step 2 주어 ┅→ 목적어 또는 목적어 ┅→ 주어 순으로 찾아 나열한다.

Step 3 남은 어휘를 어순에 맞게 배열한 후, 문장 부호를 알맞게 붙여 문장을 완성한다.

제2부분

Step 1 **품사 떠올리기**

제시된 어휘가 동사인지 형용사인지 명사인지를 떠올려야 문법에 맞게 작문할 수 있다.

Step 2 **사진 보며 표현 떠올리기**

제시된 어휘의 품사 및 의미를 파악한 후, 사진과 알맞은 표현을 먼저 떠올린다. 자신이 중국어로 쓸 수 있는 표현으로 작문하는 것이 가장 좋으며, 너무 복잡하고 길게 작문하려고 하는 것보다 기본 어순을 중심으로 정확하게 작문하는 것이 바람직하다.

Step 3 **떠올린 표현에 살 붙이기**

떠올린 표현을 [주어 + 술어 + 목적어]의 순서에 맞게 배치한 후, 내용에 따라 부사어 또는 보어 등의 문장성분을 적절히 사용해 좀 더 정확한 묘사가 될 수 있게 한다. 마지막으로 문장 끝에는 반드시 마침표(。) 또는 물음표(？)와 같은 문장부호를 붙여서 답안지에 옮겨 쓴다.

내게 맞는
맞춤 학습 진도표

HSK 20일 프로젝트

각 영역별로 DAY 별 20일 학습 프로젝트에 맞춰 체계적으로 학습합니다.

	1일	2일	3일	4일	5일
1주	`듣기` 공략비법 01 `듣기` 공략비법 02 중국어 품사와 문장성분 이해하기	`듣기` 공략비법 03 `듣기` 공략비법 04	`듣기` 공략비법 05 `듣기` 공략비법 06 필수어법 이해하기_명사	`듣기` 공략비법 07 `듣기` 공략비법 08	`듣기` 공략비법 09 `듣기` 공략비법 10 필수어법 이해하기_대명사
2주	`듣기` 공략비법 11 `듣기` 공략비법 12	`듣기` 공략비법 13 `듣기` 공략비법 14 필수어법 이해하기_동사	`듣기` 공략비법 15 `듣기` 공략비법 16	`듣기` 공략비법 17 `독해` 공략비법 01 필수어법 이해하기_형용사	`독해` 공략비법 02 `독해` 공략비법 03
3주	`독해` 공략비법 04 `독해` 공략비법 05 필수어법 이해하기_수사, 양사	`독해` 공략비법 06 `독해` 공략비법 07	`독해` 공략비법 08 `독해` 공략비법 09 필수어법 이해하기_부사	`독해` 공략비법 10 `독해` 공략비법 11	`독해` 공략비법 12 `쓰기` 공략비법 01 필수어법 이해하기_조동사
4주	`쓰기` 공략비법 02 `쓰기` 공략비법 03	`쓰기` 공략비법 04 `쓰기` 공략비법 05 필수어법 이해하기_전치사	`쓰기` 공략비법 06 `쓰기` 공략비법 07	`쓰기` 공략비법 08 `쓰기` 공략비법 09 필수어법 이해하기_조사	`쓰기` 공략비법 10 `쓰기` 공략비법 11

★ 각 영역별로 번갈아 가며 학습도 가능합니다.

★ 어휘 노트 속 DAY 20 4급 어휘 1200을 추가해 데일리 학습을 진행하세요.

★ 듣기 능력 향상 및 어휘·구문 학습을 위해 부록으로 받아쓰기 PDF를 제공합니다.
　파고다북스 홈페이지(www.pagodabook.com)에서 무료로 다운받을 수 있습니다.

이 책의 특장점

이 책은 HSK 4급을 준비하는 학습자가 20일 동안 '듣기, 독해, 쓰기' 영역을 개념 학습부터 실전 문제까지 종합적이고 효과적으로 한 권에 끝낼 수 있도록 구성한 교재이다. 한국 및 중국에서 실시된 최신 시험에 대한 경향 분석을 토대로 꼼꼼한 유형 설명, 적중률 높은 실전 문제, 시험에 정답으로 출제되는 빈출 어휘 노트까지 합격을 위한 출제 가능한 모든 포인트를 한 권에 담았다.

특장점 1

중국어 1위!
파고다가 제시하는
HSK 4급 합격 핵심 비법

파고다 어학원의 스타 강사가 직접 개발한 영역별 공략 비법을 교재 내 모든 학습 내용에 반영하였으며, 이 분석을 근거로 4급 합격에 최적화된 적중률 높은 문제를 수록했다.

특장점 2

HSK 4급 개념 학습부터
실전까지 단번에 합격

HSK 4급의 듣기, 독해, 쓰기 영역 기본 개념부터 실전 유형까지 체계적으로 단기간에 완성할 수 있도록 20일 맞춤 진도표를 제공하였다. 학습자들이 진도표에 맞춰 매일 학습을 진행한다면 모든 영역에 대한 준비를 체계적으로 완성할 수 있을 것이다.

특장점 3

QR 코드를 삽입해
휴대폰으로 편리하게
듣기 학습 가능

듣기 MP3를 다운받고 파일을 찾아 듣는 번거로움 없이 교재와 휴대폰만 있으면 언제 어디서든 듣기 음원을 바로 들을 수 있도록 본서 듣기 영역과 실전모의고사 듣기 영역에 QR코드를 삽입하였다.

특장점 4

빈출 문제와 최신 기출 문제를 활용 · 가공한 실전 문제 수록

실전테스트를 비롯하여 실전모의고사 2회분에 이르기까지 수록된 모든 문제는 빈출 문제와 최근 출제된 최신 기출 문제들을 가공한 예상 문제로 학습자들이 합격에 한 걸음 더 가까워질 수 있도록 구성하였다.

특장점 5

데일리 트레이닝 세트인 4급 어휘 노트와 받아쓰기 PDF 제공

매일 조금씩 꾸준히 공부하는 힘을 기르기 위해 데일리 트레이닝 세트를 제공한다. HSK 시험에서 중요한 것은 어휘력이다. 따라서 DAY 20 1,200개의 4급 어휘와 시험에 자주 출제되는 어휘, 시험에 반드시 나오는 접속사, 시험 바로 전에 보는 필살 단어 세트를 한데 모은 어휘 노트와 MP3를 제공한다. 또한 듣기 능력 향상 및 어휘 · 구문 학습을 위해 받아쓰기 PDF와 음원을 제공한다.

[4급 어휘 노트의 음원(MP3)과 받아쓰기 PDF 및 음원(MP3)은 파고다 북스 홈페이지(www.pagodabook.com)에서 무료로 다운받을 수 있다.]

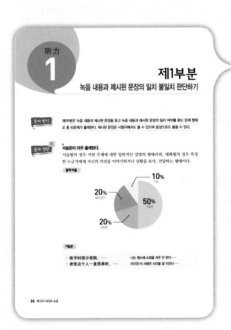

문제 형식 및 출제 경향
수험생에게 학습 전 충분한 정보를 제공하기 위하여 다년간
의 기출 문제를 철저하게 분석하였고, 시험에 자주 출제되는
문제들의 유형과 최신 출제 경향을 한눈에 알아볼 수 있도록
정리하였다.

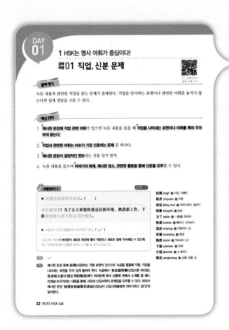

공략 비법
각 부분에서 문제 별로 출제 형식 및 핵심 전략을 엄선하여
공략 비법으로 구성했다. 또한 유형 맛보기를 통해 어떤 유
형의 문제가 출제되었는지 쉽게 파악할 수 있도록 구성했다.

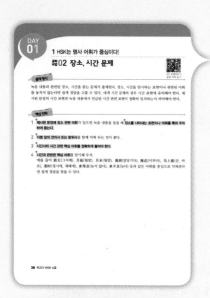

QR 코드로 편리하게 듣기 학습

파고다 HSK 4급 종합서 2nd 개정판에서는 듣기 학습에 편의성을 제공하기 위해 듣기 영역의 각 공략 비법과 실전 모의고사 2회분의 듣기영역에 음원 바로 듣기 QR 코드를 삽입하였다. 스마트폰을 활용해 QR 코드를 찍으면 MP3를 다운받지 않고도 음원을 들을 수 있다.

내공 쌓기

공략별로 꼭 알아두어야 할 학습 내용을 일목요연하게 정리하였다. 시험 문제에 자주 등장하는 어휘 및 어법 내용을 깔끔하게 보여줌으로써 쉽고 편리하게 학습할 수 있도록 구성하였다.

실전 테스트

각 공략 비법에서 학습한 내용을 실전 테스트로 풀어 봄으로써 실전에 대비할 수 있도록 하였으며, 자신의 실력을 정확히 파악하고 예측할 수 있도록 하였다. 실전 테스트에 수록되어 있는 문제는 기출 문제를 100% 활용·가공한 문제들로 구성하여 탄탄하게 복습하고 연습할 수 있도록 하였다.

실전 모의고사 2회분

파고다 종합서로 기본 실력을 쌓고, 실전 모의고사로 실력 점검! 실전 모의고사 2회분을 풀어봄으로써 실전에 완벽 대비할 수 있도록 하였다. 실제 시험과 유사한 환경에서 문제를 풀어보고 해설집을 통해 부족한 부분을 확인하고 정리할 수 있다. 자신의 실력을 좀 더 점검하고 완벽하게 대비하고 싶은 수험생은 파고다 HSK 4급 실전 모의고사를 활용해 보길 추천한다.

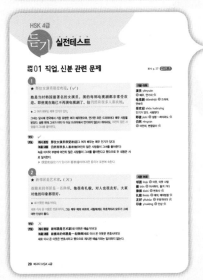

군더더기 없는 깔끔한 해설서

해설서는 정답, 해석, 해설로 나누어 구성하였으며, 학습자들이 확인하고 학습하기 쉽도록 지문 어휘, 보기 어휘를 나누어 정리하였다. 본서에서 학습한 내용을 문제에 어떻게 적용하여 풀어나갈지 방법을 짚어줌으로써 학습자의 편의를 도모하였다.

데일리 트레이닝 세트

4급 필수 어휘 1,200개를 20일에 걸쳐 외울 수 있도록 DAY별로 구성한 별책 어휘 노트와 듣기 능력 향상 및 어휘·구문 학습을 위한 받아쓰기 PDF를 DAY별로 나누어 제공한다. 어휘 노트에 해당하는 MP3 음원과 받아쓰기 PDF 및 해당 음원을 파고다 북스 홈페이지(www.pagodabook.com)에서 무료로 다운받을 수 있다.

제1부분
녹음 내용과 제시된 문장의 일치 불일치 판단하기

제2, 3부분
대화 듣고 질문에 답하기

제3부분
단문 듣고 질문에 답하기

제1부분
녹음 내용과 제시된 문장의 일치 불일치 판단하기

1 HSK는 명사 어휘가 중심이다!

공략비법 01 직업, 신분 문제

공략비법 02 장소, 시간 문제

공략비법 03 전체 내용 파악 문제

2 단어의 특징을 알면 정답이 가까워진다!

공략비법 04 행동 문제

공략비법 05 상태, 상황 문제

공략비법 06 어기, 심정, 태도 문제

공략비법 07 동의어, 반의어 표현 문제

공략비법 08 필수 관용어 공략 문제

听力
1

제1부분
녹음 내용과 제시된 문장의 일치 불일치 판단하기

제1부분은 녹음 내용과 제시된 문장을 듣고 녹음 내용과 제시된 문장의 일치 여부를 묻는 문제 형태로 총 10문제가 출제된다. 제시된 문장은 시험지에서도 볼 수 있으며 음성으로도 들을 수 있다.

★ **서술문이 자주 출제된다.**

서술형의 경우 어떤 주제에 대한 일반적인 설명의 형태라면, 대화형의 경우 특정한 누군가에게 자신의 의견을 이야기하거나 상황을 묘사, 전달하는 형태이다.

출제 비율

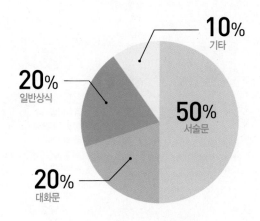

10% 기타

20% 일반상식

50% 서술문

20% 대화문

서술문

| · 我平时很少逛街，…… | 나는 평소에 쇼핑을 자주 안 한다…… |
| · 老张这个人一直很准时，…… | 라오장 이 사람은 시간을 잘 지킨다…… |

대화문

- 你先在客厅等我一下，喝点儿果汁，……
  우선 거실에서 잠깐 기다려 주세요, 주스 마시면서 ……

- 你别着急，飞机五点一刻才起飞，……
  서두르지 마세요, 비행기는 5시 15분에 이륙해요 ……

平时 píngshí 🖣 평소, 평상시 ★   逛街 guàng jiē 🗈 쇼핑하다, 길거리를 거닐며 구경하다
一直 yìzhí 🖣 줄곧, 계속   准时 zhǔnshí 🗟 시간을 지키다 🖣 제때에 ★
客厅 kètīng 🗐 거실 ★   果汁 guǒzhī 🗐 과일 주스 ★

★ **일반상식을 묻는 문제는 '✓' 정답일 확률이 높기 때문에 문제 푸는 시간을 단축**시킬 수 있다.

- 笑使人更健康。   (✓) 웃음은 사람들을 더 건강하게 만든다.
- 有准备的人才能获得机会。   (✓) 준비하는 사람만이 기회를 얻을 수 있다.
- 环保要从身边小事做起。   (✓) 환경보호는 주변의 작은 일에서부터 시작해야 한다.

获得 huòdé 🗈 얻다, 획득하다 ★   机会 jīhuì 🗐 기회, 찬스
环保 huánbǎo 🗐 환경보호(环境保护)의 줄임말   身边 shēnbiān 🗐 곁, 주변

★ **인물, 사물에 대한 묘사나 상태를 묻는 문제의 빈도수가 높다.**

- 那双袜子非常厚。   그 양말은 아주 두껍다.
- 他孙子平时很爱说话。   그의 손자는 평소 말하는 것을 좋아한다.
- 他经常在网上购物。   그는 늘 인터넷에서 물건을 산다.
- 他周末想去体育馆打羽毛球。   그는 주말에 체육관에 가서 배드민턴을 칠 예정이다.

袜子 wàzi 🗐 양말 ★   爱说话 ài shuōhuà 🗈 말하는 것을 좋아하다
网上 wǎngshàng 🗐 인터넷   购物 gòuwù 🗈 물건을 사다, 구매하다 ★
体育馆 tǐyùguǎn 🗐 체육관   羽毛球 yǔmáoqiú 🗐 배드민턴 ★

적중률 높은 핵심 전략

핵심어(키포인트)가 무엇인지에 따라 '✓', '✗'를 파악할 수 있다!

1 ★ 동의어(유사한 표현) 문제와 그대로 언급하는 문제: '✓' 확률이 높은 문제

❶ 동의어(유사한 표현) 문제의 예

★ 那种面包机很受欢迎。 그 제빵기는 인기가 있다.

这种面包机是我们店里卖得最好的。
이 제빵기는 우리 가게에서 가장 잘 팔리는 기계이다.

❖ 제시된 문장의 **很受欢迎**(인기가 있다)과 녹음 내용의 **卖得最好**(가장 잘 팔린다)는 유사한 표현이므로
  두 문장은 서로 일치한다.

▶ 녹음 내용에서 제시된 문장의 핵심어를 그대로 언급하지 않고 동의어나 유사한 표현을 사용하는 경우이다.

❷ 그대로 언급하는 문제의 예

★ 他孙子平时很爱说话。 그의 손자는 평소에 말하는 것을 좋아한다.

我孙子其实很爱说话，可能是刚跟你们认识不久。
내 손자는 사실 말하는 것을 좋아하는데, 아마 너희들과 알게 된 지 얼마 안 되어 그런 것 같아.

❖ 제시된 문장의 **很爱说话**(말하는 것을 좋아하다)가 녹음 내용에서도 그대로 언급되었으므로 두 문장은 서
  로 일치한다.

▶ 제시된 문장의 핵심어를 녹음 내용에서 그대로 언급하는 경우이다. 따라서 녹음을 듣기 전, 제시된 문장을
  미리 읽어두면 녹음을 들을 때 보다 쉽게 일치 여부를 판단할 수 있다.

2 ★ 반의어 문제와 불일치 판단 문제: '✗' 확률이 높은 문제

❶ 반의어(상반된 표현) 문제의 예

★ 飞机就要起飞了。 비행기는 곧 이륙할 것이다.

飞机刚起飞了。
비행기가 방금 이륙했다.

❖ 제시된 문장의 **就要~了**(곧 ~할 것이다)와 녹음 내용이 **刚~了**(방금 ~했다)는 상반된 표현이므로 두 문
  장은 서로 일치하지 않는다.

▶ 반의어나 상반된 표현에 미리 익숙해져야 한다. 다음과 같은 표현은 미리 알아두자!

准时 zhǔnshí 시간을 지키다 ★	≠	迟到 chídào 지각하다
早就 zǎojiù 벌써, 이미	≠	才 cái ~되어서야 비로소
热闹 rènao 시끌벅적하다 ★	≠	安静 ānjìng 조용하다
轻 qīng 가볍다 ★	≠	重 무겁다 zhòng ★

❷ 불일치 판단 문제의 예

★ 我昨天打了棒球。 나는 어제 야구를 했다.

我昨天打了三个小时的网球，今天全身都没有力气了。

나는 어제 세 시간 동안 테니스를 쳤더니, 오늘 온몸에 힘이 없다.

- -

❖ 녹음 내용에서 打了网球(테니스를 쳤다)라고 언급했으므로 제시된 문장의 打了棒球(야구를 했다)와는
   일치하지 않는다.

▶ 불일치 판단 문제의 경우는 위의 문제처럼 주어나 동작, 대상을 바꾸기도 하고 시제나 숫자, 시간사 등이
  바뀌어 출제되기도 한다.

- **材料还没打印完。**　　자료는 아직 인쇄가 다 안 되었다.
- **问题已经调查清楚了。**　문제는 이미 정확하게 조사되었다.

문제는 이렇게 풀어라!

Step 1　녹음 내용이 나오기 전에 제시된 문장을 미리 읽어 두자. 각 문제 사이
　　　　　에 10초의 시간이 주어지므로 빠르게 답을 체크하고 다음 문장을 읽어
　　　　　야 한다.

Step 2　핵심어를 빠르게 파악한다.

Step 3　녹음 내용을 들으면서 들리는 대로 적어라. 만약 무슨 단어인지 모를
　　　　　때는 들리는 그대로(병음 그대로, 한글로) 적어 놓자.

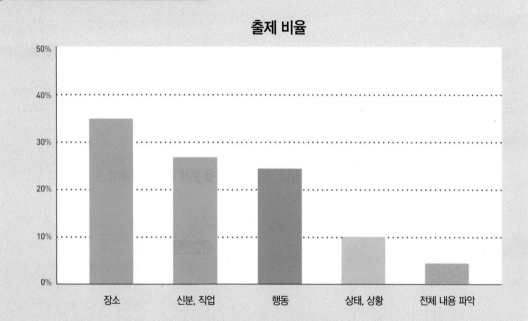

출제 비율

중요도 ★★★★ 난이도 ★★

듣기 제1부분에서 최다 빈출 문제 항목은 장소 문제이다. 매회 빠지지 않고 1문제씩 출제된다.
그 뒤로 신분, 직업 / 행동 / 상태, 상황 / 전체 내용 파악 순으로 출제된다.

1 HSK는 명사 어휘가 중심이다!

공략비법01 직업, 신분 문제

01_유형맛보기
음원 바로 듣기

출제 형식

녹음 내용과 관련된 직업을 묻는 문제가 출제된다. 직업을 암시하는 표현이나 관련된 어휘를 놓치지 않는다면 쉽게 정답을 고를 수 있다.

핵심 전략

1 **제시된 문장에 직업 관련 어휘**가 있으면 녹음 내용을 들을 때 **직업을 나타내는 표현이나 어휘를 특히 주의하여 듣는다.**

2 **직업과 관련된 어휘는 HSK가 가장 선호하는 문제** 중 하나다.

3 **제시된 문장이 결정적인 힌트**라는 것을 잊지 말자.

4 녹음 내용을 들으며 **이야기의 화제, 제시된 장소, 관련된 활동을 통해 신분을 유추**할 수 있다.

유형맛보기 1

🎧 01_1

★ 经理在给新职员讲话。(　　)

각位新同事! 为了让大家能快速适应新环境，熟悉新工作，下面我来给大家介绍公司的情况。

★ 사장님이 신입사원들에게 이야기하고 있다. (✓)

신입사원 여러분! 여러분이 새로운 환경에 빨리 적응하고 새로운 일에 익숙해질 수 있도록, 제가 여러분께 회사 상황에 관해서 소개를 좀 해드리겠습니다.

经理 jīnglǐ 명 사장, 지배인

职员 zhíyuán 명 직원

讲话 jiǎng huà 동 이야기하다, 말하다

同事 tóngshì 명 동료

为了 wèile 전 ~을(를) 위하여

快速 kuàisù 형 빠르다, 신속하다

适应 shìyìng 동 적응하다 ⭐

环境 huánjìng 명 환경

熟悉 shúxī 동 익숙하다 ⭐

下面 xiàmian 명 아래

介绍 jièshào 동 소개하다

情况 qíngkuàng 명 상황, 정황 ⭐

정답 ✓

해설　제시된 문장 중에 **经理**(사장)라는 직함 표현이 있으므로 녹음을 들을때 직함, 직업을 나타내는 표현을 주의 깊게 들어야 한다. 녹음에서 '**各位新同事**(신입사원 여러분), **我来给大家介绍公司的情况**(제가 여러분께 회사 상황에 관해서 소개를 좀 해드리겠습니다)'이라는 내용을 통해, 사장과 신입사원의 관계임을 유추할 수 있다. 따라서 제시된 문장 '**经理在给新职员讲话**(사장님이 신입사원들에게 이야기하고 있다)'와 일치한다.

유형맛보기 2 🎧 01_2

★ 他在首都图书馆工作。（　　　）

这是我和妻子刚认识的时候照的照片。当时，我刚开始在大使馆工作，她也是一名博士研究生，因为我俩都忙，一个月也没见过几次面。

★ 그는 수도 도서관에서 일한다. （ ✕ ）

이것은 나와 아내가 서로 막 알게 되었을 때 찍은 사진이다. 당시 나는 대사관에서 막 일하기 시작했고, 그녀 역시 박사 공부 중이었기에 둘 다 바빠서 한 달에 몇 번밖에 만나지 못했다.

首都 shǒudū 명 수도 ☆
图书馆 túshūguǎn 명 도서관
工作 gōngzuò 명 일 동 일하다
妻子 qīzi 명 아내
刚 gāng 부 막, 방금, 바로 ☆
认识 rènshi 동 알다, 인식하다
照片 zhàopiàn 명 사진
当时 dāngshí 명 당시, 그때 ☆
大使馆 dàshǐguǎn 명 대사관 ☆
博士 bóshì 명 박사 ☆
研究生 yánjiūshēng 명 대학원생, 연구생

정답 ✕

해설 제시된 문장에서 '他在首都图书馆工作(그는 수도 도서관에서 일한다)'라고 하였으므로 그가 어디에서 일을 하는지 주의 깊게 들어야 한다. 녹음에서 '当时，我刚开始在大使馆工作(당시 나는 대사관에서 막 일하기 시작했다)'라고 하였기 때문에 제시된 문장 '他在首都图书馆工作(그는 수도 도서관에서 일한다)'와 일치하지 않는다.

BEST 10 시험에 잘 나오는
빈도수 높은 직업, 신분 어휘

01_BEST 10 어휘
음원 바로 듣기

🎧 01_3

1 律师 lǜshī 변호사 ☆
2 教授 jiàoshòu 교수 ☆
3 大夫 dàifu 의사 ☆
4 护士 hùshi 간호사 ☆
5 导游 dǎoyóu 가이드 ☆
6 警察 jǐngchá 경찰 ☆
7 记者 jìzhě 기자 ☆
8 作家 zuòjiā 작가 ☆
9 售货员 shòuhuòyuán 판매원, 점원 ☆
10 博士 bóshì 박사 ☆

출제 빈도수 높은
직업, 신분 어휘 내공 쌓기

01_어휘 내공 쌓기
음원 바로 듣기 🎧 01_4

老师 lǎoshī 선생님

校长 xiàozhǎng 교장	学生 xuésheng 학생
考试 kǎoshì 시험, 시험치다	成绩 chéngjì 성적
学期 xuéqī 학기 ★	学校 xuéxiào 학교
通知 tōngzhī 알리다 ★	消息 xiāoxi 소식 ★
讲课 jiǎng kè 강의하다	节 jié 마디, 수업시간 ★

学生 xuésheng 학생

教室 jiàoshì 교실	同学 tóngxué 학우, 반 친구
宿舍 sùshè 기숙사	食堂 shítáng 식당
图书馆 túshūguǎn 도서관	写作业 xiě zuòyè 숙제하다
参加考试 cānjiā kǎoshì 시험을 치다	专业 zhuānyè 전공 ★
大学 dàxué 대학	博士 bóshì 박사 ★
读书 dú shū 책을 읽다, 학교를 다니다	报名 bào míng 신청하다, 등록하다 ★
开学 kāi xué 개학하다	练习 liànxí 연습하다
普通话 pǔtōnghuà 보통화, 표준어 ★	交流 jiāoliú 교류하다 ★
出国 chū guó 출국하다	留学 liú xué 유학하다
毕业 bì yè 졸업하다 ★	

医生 yīshēng 의사 / 护士 hùshi 간호사 ★ ★ 빈출문제

医院 yīyuàn 병원	大夫 dàifu 의사 ★
病人 bìngrén 환자	不舒服 bù shūfu 불편하다
休息 xiūxi 쉬다	感冒 gǎnmào 감기에 걸리다
看病 kàn bìng 진찰하다, 진료하다	检查 jiǎnchá 검사하다

住院 zhùyuàn 입원하다	**肚子** dùzi 배 ☆
难受 nánshòu 불편하다, 힘들다 ☆	**发烧** fā shāo 열이 나다
打针 dǎ zhēn 주사를 놓다 ☆	**害怕** hàipà 두렵다

服务员 fúwùyuán 종업원 / 售货员 shòuhuòyuán 판매원, 점원 ☆

欢迎 huānyíng 환영하다	**请进** qǐng jìn 들어 오세요, 어서 오세요
菜单 càidān 메뉴판	**点菜** diǎn cài 음식을 주문하다
位 wèi 분	**味道** wèidao 맛 ☆
饮料 yǐnliào 음료수	**饺子** jiǎozi 만두 ☆
汤 tāng 국 ☆	**碗** wǎn 그릇
试试 shìshi (한번) 시도해 보다	**裙子** qúnzi 치마
袜子 wàzi 양말 ☆	**合适** héshì 알맞다, 적합하다 ☆
穿 chuān 입다, 신다	**打折** dǎ zhé 할인하다 ☆ ☆
颜色 yánsè 색깔	**质量** zhìliàng 품질, 질 ☆

导游 dǎoyóu 가이드 ☆ ☆ 빈출문제

历史 lìshǐ 역사	**文化** wénhuà 문화
景色 jǐngsè 풍경, 경치 ☆	**参观** cānguān 참관하다, 견학하다 ☆
介绍 jièshào 소개하다	**旅游** lǚ yóu 여행하다
拍照 pāi zhào 사진을 찍다	**旅客** lǚkè 여행객
注意 zhùyì 주의하다	

经理 jīnglǐ 사장 / 秘书 mìshū 비서 ☆ ☆ 빈출문제

办公室 bàngōngshì 사무실	**公司** gōngsī 회사
会议 huìyì 회의	**计划** jìhuà 계획, 계획하다 ☆
安排 ānpái 안배하다, 준비하다 ☆	**工作** gōngzuò 일, 일하다
管理 guǎnlǐ 관리하다 ☆	**打电话** dǎ diànhuà 전화를 하다
出差 chū chāi 출장가다 ☆	**坐** zuò 타다
飞机 fēijī 비행기	**火车** huǒchē 기차
打字 dǎ zì 타자를 치다	**打印** dǎyìn 인쇄하다, 프린트하다 ☆
复印 fùyìn 복사하다 ☆	**机票** jīpiào 비행기표

空姐 kōngjiě 스튜어디스

机场 jīchǎng 공항	**航班** hángbān 항공편, 운항편 ⭐
乘客 chéngkè 승객	**乘坐** chéngzuò (자동차, 배, 비행기 등을) 타다 ⭐
起飞 qǐfēi 이륙하다	**降落** jiàngluò 착륙하다 ⭐
到达 dàodá 도착하다	**安全带** ānquándài 안전벨트
晚点 wǎndiǎn 연착하다, (착륙 시간이) 예정보다 늦어지다	**广播** guǎngbō 방송하다 ⭐
行李箱 xínglǐxiāng 트렁크, 여행용 가방	**护照** hùzhào 여권

警察 jǐngchá 경찰 ⭐ / 司机 sījī 기사 ⭐ 빈출문제

开车 kāi chē 운전하다	**交通** jiāotōng 교통 ⭐
红绿灯 hónglùdēng 신호등	**负责** fùzé 책임지다 ⭐
堵车 dǔ chē 차가 막히다 ⭐	**厉害** lìhai 심각하다, 대단하다, 심하다 ⭐
停车 tíng chē 정차하다, 멈추다, 주차하다	**加油** jiā yóu 기름을 넣다
超速 chāosù 과속하다	**打车** dǎ chē 택시를 타다
出租车 chūzūchē 택시	**公共汽车** gōnggòng qìchē 버스

作家 zuòjiā 작가 ⭐ 빈출문제

作者 zuòzhě 저자 ⭐	**读者** dúzhě 독자
翻译 fānyì 번역하다 ⭐	**有名** yǒumíng 유명하다
知识 zhīshi 지식 ⭐	**小说** xiǎoshuō 소설 ⭐
语言 yǔyán 언어 ⭐	**受欢迎** shòu huānyíng 환영받다, 인기 있다

01_실전 테스트
음원 바로 듣기

🎧 01_5

第1-5题 **听录音，判断对错。**

녹음을 듣고 제시된 문장이 녹음 내용과 일치하면 ✓, 일치하지 않으면 X를 체크하세요.

1 ★ 那位女演员很受欢迎。 　　　　　(　　　)

2 ★ 新邻居是艺术家。 　　　　　　　(　　　)

3 ★ 这位售货员很热情。 　　　　　　(　　　)

4 ★ 他很可能是售货员。 　　　　　　(　　　)

5 ★ 他想当老师。 　　　　　　　　　(　　　)

听力
듣기

정답 및 해설 ≫ 해설서 p. 20

1 HSK는 명사 어휘가 중심이다!

공략비법 02 장소, 시간 문제

02_유형맛보기
음원 바로 듣기

출제 형식

녹음 내용과 관련된 장소, 시간을 묻는 문제가 출제된다. 장소, 시간을 암시하는 표현이나 관련된 어휘를 놓치지 않는다면 쉽게 정답을 고를 수 있다. 대개 시간 문제의 경우 시간 표현에 유의해야 한다. 제시된 문장의 시간 표현과 녹음 내용에서 언급된 시간 관련 표현이 정확히 일치하는지 파악해야 한다.

핵심 전략

1 ★제시된 문장에 장소 관련 어휘가 있으면 녹음 내용을 들을 때 **장소를 나타내는 표현이나 어휘를 특히 주의하여 듣는다.**

2 ★**지명 앞의 전치사 또는 방위사**를 함께 익혀 두는 것이 좋다.

3 ★**시간사와 시간 관련 핵심 어휘를 정확하게 들어야 한다.**

4 ★**시간과 관련된 핵심 어휘**를 암기해 두자.
예를 들어 前天(그저께), 月底(월말), 月末(월말), 提前(앞당기다), 推迟(미루다), 马上就(곧, 바로), 准时(정시에, 제때에), 来得及(늦지 않다), 来不及(늦다) 등과 같은 어휘를 중심으로 익혀준다면 쉽게 정답을 찾을 수 있다.

✏️ 유형맛보기 1　🎧 02_1

★ 他们在电影院。（　　）

请各位不要着急，拿好电影票，到入口排好队，我们很快会让各位入场。

★ 그들은 영화관에 있다. (✓)

여러분 조급해하지 마시고, 영화 표를 꺼내어 입구에 줄을 서 주시기 바랍니다. 최대한 빨리 입장하실 수 있게 하겠습니다.

电影院 diànyǐngyuàn 명 영화관, 극장
各位 gèwèi 대 여러분
着急 zháo jí 형 조급해하다, 안달하다
电影票 diànyǐngpiào 명 영화 표
入口 rùkǒu 명 입구 ☆
排队 pái duì 동 줄을 서다 ☆

정답 ▶ ✓

해설 ▶ 제시된 문장에 电影院(영화관)이라는 장소 어휘가 있으므로 녹음을 들을 때 장소와 관련된 표현을 더 주의 깊게 듣는다. 녹음에서 '拿好电影票，到入口排好队(영화 표를 꺼내어 입구에 줄을 서 주시기 바랍니다)'라고 하였기 때문에 제시된 문장 '他们在电影院(그들은 영화관에 있다)'과 일치한다.

BEST 10 시험에 잘 나오는 **빈도수 높은 장소 어휘**

02_BEST 10 장소 어휘 음원 바로 듣기　🎧 02_2

1 大使馆 dàshǐguǎn 대사관 ☆
2 电影院 diànyǐngyuàn 영화관, 극장
3 办公室 bàngōngshì 사무실
4 洗手间 xǐshǒujiān 화장실
5 图书馆 túshūguǎn 도서관
6 火车站 huǒchēzhàn 기차역
7 吸烟室 xīyānshì 흡연실
8 厨房 chúfáng 부엌 ☆
9 银行 yínháng 은행
10 停车场 tíngchēchǎng 주차장

★ 活动7月末开始。(　　　)

─────────────────────────────

优惠活动：从明天到6月10号为止全场打折，最低6折，夏季鞋子还有满三百减五十活动。

─────────────────────────────

★ 행사는 7월 말에 시작한다. (✕)

─────────────────────────────

할인 행사입니다: 내일부터 6월 10일까지 저희 가게 전 매장에서 할인을 하는데, 최저 40%까지 할인을 합니다. 여름 신발은 300위안마다 50위안을 할인하는 행사도 있습니다.

活动 huódòng 명 행사, 활동
동 활동하다 ☆

末 mò 명 말

优惠 yōuhuì 형 특혜의, 우대의

到 ~ 为止 dào~wéizhǐ ~까지

全场 quánchǎng 명 전체, 회의장,
전 매장

打折 dǎ zhé 동 할인하다 ☆

夏季 xiàjì 명 하계

鞋子 xiézi 명 신발, 구두

满~，减~ mǎn~, jiǎn~
~마다 ~을 할인하다, 빼주다

정답 ✕

해설 제시된 문장에서 '活动7月末开始(행사는 7월 말에 시작한다)'라는 시간 표현이 있으므로 녹음을 들을 때 시간 표현을 주의 깊게 들어야 한다. 녹음에서 '从明天到6月10号为止全场打折(내일부터 6월 10일까지 저희 가게 전 매장에서 할인을 합니다)'라고 언급했으므로 제시된 문장과 일치하지 않는다.

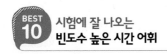

BEST 10 시험에 잘 나오는
빈도수 높은 시간 어휘

02_BEST 10 시간
어휘 음원 바로 듣기

🎧 02_4

1 每天 měitiān 매일

2 准时 zhǔnshí 제때에, 시간을 지키다 ☆

3 迟到 chídào 지각하다

4 马上 mǎshàng 바로, 곧

5 早就 zǎojiù 벌써, 일찌감치

6 提前 tíqián 앞당기다 ☆

7 推迟 tuīchí 미루다 ☆

8 平时 píngshí 평상시 ☆

9 半天 bàntiān 반나절, 한참 동안

10 来得及(来不及) láidejí(láibují) 늦지 않다(늦다) ☆

출제 빈도수 높은
장소, 시간 어휘 내공 쌓기

02_어휘 내공 쌓기
음원 바로 듣기

听力
듣기

장소 어휘 ⭐빈출문제

商场 shāngchǎng 쇼핑센터	超市 chāoshì 슈퍼, 마트
商店 shāngdiàn 상점	电影院 diànyǐngyuàn 영화관, 극장
饭馆 fànguǎn 식당	食堂 shítáng 구내식당
饭店 fàndiàn 호텔	宾馆 bīnguǎn 호텔
咖啡厅(咖啡馆儿) kāfēitīng(kāfēiguǎnr) 커피숍	吸烟室 xīyānshì 흡연실
洗手间 xǐshǒujiān 화장실	卫生间 wèishēngjiān 화장실⭐
医院 yīyuàn 병원	图书馆 túshūguǎn 도서관
教室 jiàoshì 교실	体育馆 tǐyùguǎn 체육관
银行 yínháng 은행	邮局 yóujú 우체국⭐
公司 gōngsī 회사	办公室 bàngōngshì 사무실
机场 jīchǎng 공항	车站 chēzhàn 정류장
火车站 huǒchēzhàn 기차역	大使馆 dàshǐguǎn 대사관⭐
理发店 lǐfàdiàn 이발소	面包店 miànbāodiàn 제과점
公园 gōngyuán 공원	车上 chē shang 차 안
地铁里 dìtiě li 지하철 안	电梯里 diàntī li 엘리베이터 안
停车场 tíngchēchǎng 주차장	家里 jiā li 집 안
厨房 chúfáng 부엌⭐	客厅 kètīng 거실⭐

시간 어휘

每天 měitiān 매일, 날마다	半天 bàntiān 반나절, 한참 동안
礼拜天 lǐbàitiān 일요일⭐	月底 yuèdǐ 월말
准时 zhǔnshí 제때에, 시간을 지키다⭐	迟到 chídào 지각하다
马上 mǎshàng 곧, 즉시, 바로	早就 zǎojiù 벌써, 일찌감치
提前 tíqián 앞당기다⭐	推迟 tuīchí 뒤로 미루다, 연기하다⭐
平时 píngshí 평소, 평상시⭐	来得及(来不及) láidejí(láibují) 늦지 않다(늦다)⭐

02_실전 테스트
음원 바로 듣기
🎧 02_6

第1-5题 **听录音，判断对错。**

녹음을 듣고 제시된 문장이 녹음 내용과 일치하면 ✓, 일치하지 않으면 X를 체크하세요.

❶ ★ 他建议去咖啡馆儿等小张。　　　　　　（　　　　）

❷ ★ 现在出发来不及了。　　　　　　　　　（　　　　）

❸ ★ 说话人没赶上活动。　　　　　　　　　（　　　　）

❹ ★ 太阳花喜欢有阳光的地方。　　　　　　（　　　　）

❺ ★ 他下午没有去图书馆学习。　　　　　　（　　　　）

정답 및 해설 ≫ 해설서 p. 22

DAY 02

1 HSK는 명사 어휘가 중심이다!

공략비법 03 전체 내용 파악 문제

03_유형맛보기
음원 바로 듣기

출제 형식

녹음을 듣고 전체 내용을 파악하는 문제가 출제된다. 제시된 문장을 잘 파악하여 전체 문장을 듣고 신속하게 뜻을 생각하고 판단해야 한다.

핵심 전략

1 핵심어만 들으면 답이 보이는 기타 유형과는 달리 **전체 문맥을 잘 파악하여야 하므로 주어진 문장을 보고 내용을 유추**하는 연습을 하자.

2 **접속사를 잘 파악**하자!
제시된 문장에서 접속사를 중심으로 뜻을 파악하는 연습을 하자.

유형맛보기 1　🎧 03_1

★ 葡萄有多种吃法。(　　　)

几乎在世界各地都可以看到葡萄。新鲜的葡萄可以直接吃，也可以做成葡萄酒、葡萄汁或者葡萄干等。

★ 포도는 먹는 방법이 다양하다. (✓)

전 세계 거의 모든 곳에서 포도를 볼 수 있다. 신선한 포도는 직접 먹을 수 있고 포도주, 포도 주스, 혹은 건포도 등으로 만들어 먹을 수도 있다.

정답 ✓

해설 제시된 문장을 읽고 포도를 먹는 방법이 다양한지 주의 깊게 듣는다. 녹음에서 '葡萄可以直接吃，也可以做成葡萄酒、葡萄汁或者葡萄干等(포도는 직접 먹을 수 있고 포도주, 포도 주스, 혹은 건포도 등으로 만들어 먹을 수도 있다)'이라고 하였기 때문에 제시된 문장 '葡萄有多种吃法(포도는 먹는 방법이 다양하다)'와 일치한다.

葡萄 pútao 명 포도 ☆
吃法 chīfǎ 먹는 방법
几乎 jīhū 부 거의, 하마터면
各地 gèdì 명 각지
新鲜 xīnxiān 형 신선하다
直接 zhíjiē 부 직접적으로, 직접
형 직접적인 ☆
做成 zuòchéng ~로 만들다
葡萄汁 pútaozhī 명 포도 주스
葡萄干 pútaogān 명 건포도
或者 huòzhě 접 혹은, ~이던가 아니면 ~이다

★ 互相帮助才能共同向前。(　　　)

人们爬山时，走在前头的人会拉一把后头跟着的，走在后头的人会推一下前头的。由此大家应该要明白，只有互相帮助，才能共同前进。

★ 서로 도울 때 비로소 함께 앞으로 나아갈 수 있다. (✓)

우리는 등산할 때, 앞에 있는 사람이 뒤에 있는 사람을 이끌어 뒤따르게 하고, 뒤에 있는 사람이 앞에 있는 사람을 밀어주기도 한다. 이로부터 모두 분명히 깨달아야 한다. 서로 도와야지만 비로소 함께 앞으로 나아갈 수 있다는 것을.

정답 ✓

해설 녹음에서 '只有互相帮助，才能共同前进(서로 도와야지만 비로소 함께 앞으로 나아갈 수 있다)'이라고 하였기 때문에 제시된 문장 '互相帮助才能共同向前(서로 도울 때 비로소 함께 앞으로 나아갈 수 있다)'과 일치한다.

互相 hùxiāng 🖳 서로, 상호 ⭐
帮助 bāngzhù 🗗 돕다
共同 gòngtóng 🖳 함께, 다 같이
🗐 공동의, 공통의 ⭐
向前 xiàngqián 🗗 앞으로 나아가다, 전진하다
爬山 pá shān 🗗 등산하다
拉 lā 🗗 이끌다, 끌다, 당기다 ⭐
跟着 gēnzhe 🗗 뒤따르다, 따라가다
推 tuī 🗗 밀다 ⭐
明白 míngbai 🗗 알다, 이해하다
只有~, 才~ zhǐyǒu ~, cái ~
~해야만, 비로소 ~하다
前进 qiánjìn 🗗 앞으로 나아가다, 발전하다

BEST 10 시험에 잘 나오는
빈도수 높은 접속사 어휘

03_BEST 10 어휘
음원 바로 듣기　　🎧 03_3

1 因为(由于)，(所以~)
yīnwèi (yóuyú), (suǒyǐ~)
왜냐하면, (그래서~)

2 虽然~，(但是~) suīrán~, (dànshì~)
비록 ~하지만, (그러나) ~하다

3 尽管 jǐnguǎn 비록 ~지만, ~에도 불구하고 ⭐

4 既~又~ jì~ yòu~ ~하기도 하고 ~하기도 ~하다

5 只有~，才~ zhǐyǒu~, cái~ ~해야만 비로소 ~하다

6 既然~，就~ jìrán~, jiù~ ~한 이상, ~하다

7 无论~，还是~ wúlùn~, háishi~ ~이든(지), ~이든(지)

8 如果~，就~ rúguǒ~, jiù~ 만약 ~한다면, 곧

9 只要 zhǐyào ~하기만 하면 ⭐

10 连~，都~ lián~, dōu~ ~마저도, ~하다

03_어휘 내공 쌓기
음원 바로 듣기

🎧 03_4

听力

듣기

因为 yīnwèi ~때문에, 왜냐하면

因为孩子的世界没有你想的那么复杂，所以他们总是很快乐。
Yīnwèi háizi de shìjiè méiyǒu nǐ xiǎng de nàme fùzá, suǒyǐ tāmen zǒngshì hěn kuàilè.
아이들의 세계는 당신이 생각하는 것 만큼 그렇게 복잡하지 않기 때문에, 그들은 언제나 즐겁다.

所以 suǒyǐ 그래서

我爱人想减肥，所以她每天早上都去跑步。
Wǒ àiren xiǎng jiǎnféi, suǒyǐ tā měitiān zǎoshang dōu qù pǎo bù.
내 아내는 다이어트를 하고 싶어한다, 그래서 매일 아침에 달리기하러 간다.

因此 yīncǐ 그래서, 이 때문에 ☆

机会总是留给有准备的人，因此我们一定要坚持学习。
Jīhuì zǒngshì liú gěi yǒu zhǔnbèi de rén, yīncǐ wǒmen yídìng yào jiānchí xuéxí.
기회는 늘 준비하는 사람에게 남겨진다, 그렇기 때문에 우리는 공부를 꾸준히 해야 한다.

而且 érqiě ~뿐만 아니라, 게다가

经常爱笑的人，更容易感到幸福，而且更不容易生气。
Jīngcháng ài xiào de rén, gèng róngyì gǎndào xìngfú, érqiě gèng bù róngyì shēng qì.
항상 웃는 것을 좋아하는 사람은 더 쉽게 행복을 느낄 뿐 아니라, 쉽게 화를 내지 않는다.

不过 búguò 그러나, 그런데, 하지만 ☆

我们上网的目的是获取信息。不过要注意的是网上的信息并不都是真的。
Wǒmen shàngwǎng de mùdì shì huòqǔ xìnxī. Búguò yào zhùyì de shì wǎngshàng de xìnxī bìngbù dōu shì zhēn de.
우리가 인터넷을 하는 목적은 정보를 얻는 것이다. 그러나 주의할 것은 인터넷의 정보가 결코 전부다 진짜는 아니라는 것이다.

可是 kěshì 그러나, 하지만 ☆

调查已经进行半个月了，可是到现在仍然没有结果。
Diàochá yǐjing jìnxíng bàn ge yuè le, kěshì dào xiànzài réngrán méiyǒu jiéguǒ.
조사를 이미 보름 동안 진행했지만, 현재까지 아직도 결과가 나오지 않았다.

虽然~, (但是)~ suīrán~, (dànshì)~ **비록 ~이지만, (그러나) ~하다**

虽然他俩是兄弟，**但是**性格却完全不一样。
Suīrán tā liǎ shì xiōngdì, dànshì xìnggé què wánquán bù yíyàng.
비록 두 사람은 형제이지만, 그러나 성격은 오히려 전혀 다르다.

只有~, 才~ zhǐyǒu~, cái~ **~해야만, 비로소 ~하다**

只有互相帮助，**才**能共同前进。
Zhǐyǒu hùxiāng bāngzhù, cái néng gòngtóng qiánjìn.
서로 도와야만 비로소 함께 앞으로 나아갈 수 있다.

由于 yóuyú **~로 인해서, ~때문에** ☆

由于我们都很忙，所以一个月都不能见几次面。
Yóuyú wǒmen dōu hěn máng, suǒyǐ yíge yuè dōu bù néng jiàn jǐ cì miàn.
우리는 바빠서, 한 달에 몇 번 밖에 만나지 못한다.

尽管 jǐnguǎn **비록 ~지만** ☆

五岁的女孩儿**尽管**很害怕打针，不过她没有哭。
Wǔ suì de nǚháir jǐnguǎn hěn hàipà dǎ zhēn, búguò tā méiyǒu kū.
5살 여자 아이는 비록 주사 맞는 것을 무서워했지만, 그러나 아이는 울지 않았다.

如果~, 就~ rúguǒ~, jiù~ **만약 ~라면, ~하다**

如果有需要的东西，我**就**在网上买。
Rúguǒ yǒu xūyào de dōngxi, wǒ jiù zài wǎngshàng mǎi.
만약 필요한 물건이 있으면, 나는 인터넷에서 산다.

只要~, 就~ zhǐyào~, jiù~ **~하기만 하면, ~하다** ☆

大夫说没什么问题，**只要**回家多休息**就**可以了。
Dàifu shuō méishénme wèntí, zhǐyào huí jiā duō xiūxi jiù kěyǐ le.
의사가 아무런 문제가 없다고, 집에 가서 많이 쉬기만 하면 된다고 했다.

无论~ 还是~ wúlùn~ háishi~ **~든(지) ~든(지), ~에 관계없이** ☆

只要我们努力了，**无论**结果是好**还是**坏都没有关系。
Zhǐyào wǒmen nǔlì le, wúlùn jiéguǒ shì hǎo háishi huài dōu méiyǒu guānxi.
우리가 최선을 다 하기만 하면, 결과가 좋든 나쁘든 간에 다 괜찮다.

连~都~ lián~ dōu~ **~조차도, ~마저도 ~하다**

今天他怎么回事? 打手机也不接，**连**发短信**都**不回。
Jīntiān tā zěnme huíshì? Dǎ shǒujī yě bù jiē, lián fā duǎnxìn dōu bù huí.
오늘 그 사람 무슨 일 있나요? 휴대폰도 안 받고, 문자를 보내도 답장을 안 해요.

既~, 又~ jì~, yòu~ **~하기도 하고, ~하기도 하다**

这份工作的要求非常高，**既**要求硕士以上的学历，**又**必须有留学经历。
Zhè fèn gōngzuò de yāoqiú fēicháng gāo, jì yāoqiú shuòshì yǐshàng de xuélì, yòu bìxū yǒu liú xué jīnglì.
이 직장의 요구 사항이 너무 높아요. 석사 이상의 학력이어야 하고, 반드시 유학 경험도 있어야 해요.

第1-5题 听录音，判断对错。

녹음을 듣고 제시된 문장이 녹음 내용과 일치하면 ✓, 일치하지 않으면 X를 체크하세요.

1 ★ 他读了介绍长城的文章。　　　（　　　）

2 ★ 牙刷也需要经常换。　　　（　　　）

3 ★ 那台电脑容易修。　　　（　　　）

4 ★ 说话人要去北京旅游。　　　（　　　）

5 ★ 小美的裙子不应该这么贵。　　　（　　　）

听力

听力 듣기

정답 및 해설 ≫ 해설서 p. 24

2 단어의 특징을 알면 정답이 가까워진다!

공략비법 04 행동 문제

04_유형맛보기
음원 바로 듣기

📎 **출제 형식**

행동 유형에서는 '이야기하다, 운전하다, 술을 마시다'처럼 일상생활 속 행동과 관련된 어휘나 표현들을 사용한 문제들이 자주 출제된다. 따라서 제시된 문장에 행동과 관련된 동사나 동사구가 쓰였다면, 녹음 내용에도 그 행동을 언급하는지 주의하며 들어야 한다.

📎 **핵심 전략**

1 제시된 문장에 **동사 혹은 동사구 어휘가 있으면 행동 관련 문제**이므로, 녹음을 들을 때 행동 관련 표현 이나 어휘가 언급될 것임을 예상하고 듣자.

2 ★**일상생활과 관련된 어휘를 암기해 두자.**

예를 들어, 开车(운전하다), 逛街(길거리를 거닐며 구경하다), 喝酒(술을 마시다), 抽烟(담배를 피 우다), 睡觉(잠자다), 买东西(물건을 사다), 做饭(밥을 하다) 등과 같은 어휘를 중심으로 암기해 둔 다면 쉽게 정답을 찾을 수 있다.

✏️ **유형맛보기 1**　　　　　　　　🎧 04_1

★ 午睡要躺着睡。(　　　)

睡午觉是一个很好的习惯，但不少人中午都是坐在椅子上睡 觉。这对身体很不好。医生建议：如果条件允许，最好躺着 睡。

★ 낮잠은 누워서 자야 한다. (✓)

낮잠을 자는 것은 매우 좋은 습관이나. 하지만 대부분의 사람은 점심 때 의자에 앉아 잠을 잔 다. 이것은 건강에 매우 좋지 않은 행동으로, 의사는 만약 여건이 된다면 누워서 자는 것이 가장 좋다고 제안한다.

午睡 wǔshuì 명 낮잠 동 낮잠을 자다

躺 tǎng 동 눕다 ★

睡午觉 shuì wǔjiào 낮잠을 자다

习惯 xíguàn 명 습관, 버릇

睡觉 shuì jiào 동 잠을 자다

建议 jiànyì 동 제안하다, 건의하다 ★

如果 rúguǒ 접 만약, 만일

条件 tiáojiàn 명 조건 ★

允许 yǔnxǔ 동 허락하다, 승낙하다 ★

정답 ✓

해설 제시된 문장을 읽고 행동과 관련된 내용이 나올 것을 예상한다. 녹음에서 '医生建议：如果条件允许，最好躺着睡(의사는 만약 여건이 된다면 누워서 자는 것이 가장 좋다고 제안한다)'라고 하였기 때문에 제시된 문장 '午睡要躺着睡(낮잠은 누워서 자야 한다)'와 일치한다.

 유형맛보기 2 🎧 04_2

★ 他想约小王打羽毛球。(　　　)

- -

下了一场雨，天气不那么热了，空气也新鲜了。咱们明天和小王一起去爬山吧。我们好久没见面了，正好聚一下。

- -

★ 그는 샤오왕과 배드민턴 칠 약속을 잡고 싶어 한다. (✗)

- -

한바탕 비가 내린 후, 날씨도 그렇게 덥지 않아졌고, 공기도 신선해졌어요. 우리 내일 샤오왕이랑 같이 등산가요. 우리 오랫동안 못 만났는데, 이번에 한번 모입시다.

约 yuē 〔동〕 약속하다

羽毛球 yǔmáoqiú 〔명〕 배드민턴 ⭐

下雨 xià yǔ 〔동〕 비가 내리다

场 chǎng 〔양〕 한바탕, 한차례

空气 kōngqì 〔명〕 공기 ⭐

新鲜 xīnxiān 〔형〕 신선하다

爬山 pá shān 〔동〕 등산하다

正好 zhènghǎo 〔부〕 마침 ⭐

聚 jù 〔동〕 모이다

정답 ✗

해설 제시된 문장을 읽고 행동과 관련된 내용이 나올 것을 예상한다. 녹음에서 '咱们明天和小王一起去爬山吧(우리 내일 샤오왕이랑 같이 등산가요)'라고 하였기 때문에 제시된 문장 '他想约小王打羽毛球(그는 샤오왕과 배드민턴 칠 약속을 잡고 싶어 한다)'와 일치하지 않는다.

BEST 10 시험에 잘 나오는
빈도수 높은 행동 어휘

04_BEST 10 어휘
음원 바로 듣기

🎧 04_3

1 聊天儿 liáo tiānr 이야기하다, 잡담하다

2 开车 kāi chē 운전하다

3 喝酒 hē jiǔ 술을 마시다

4 逛街 guàng jiē 쇼핑하다, 길거리를 거닐며 구경하다

5 见面 jiàn miàn 만나다

6 开会 kāi huì 회의를 하다

7 存钱 cún qián 저금하다

8 打电话 dǎ diànhuà 전화를 걸다

9 读书 dú shū 책을 읽다, 학교를 다니다

10 上网 shàng wǎng 인터넷을 하다

출제 빈도수 높은
행동 어휘 내공 쌓기

04_어휘 내공 쌓기
음원 바로 듣기 🎧 04_4

일상생활 ⭐빈출문제

喝酒 hē jiǔ 술을 마시다	取钱 qǔ qián 돈을 찾다, 인출하다
存钱 cún qián 저금하다	聊天儿 liáo tiānr 이야기하다, 잡담하다
抽烟 chōu yān 담배를 피우다 ⭐	刷牙 shuā yá 양치질하다
打电话 dǎ diànhuà 전화를 걸다	上网 shàng wǎng 인터넷을 하다
看病 kàn bìng 진찰하다, 진료하다	做饭 zuò fàn 밥을 하다
见面 jiàn miàn 만나다	开车 kāi chē 운전하다
生病 shēng bìng 병이 나다	打针 dǎ zhēn 주사를 놓다, 주사를 맞다
住院 zhù yuàn 입원하다	

여가활동

锻炼 duànliàn 단련하다	滑冰 huá bīng 스케이트를 타다
滑雪 huá xuě 스키를 타다	散步 sàn bù 산책하다 ⭐
游泳 yóu yǒng 수영하다	骑马 qí mǎ 말을 타다
爬山 pá shān 등산하다	弹钢琴 tán gāngqín 피아노를 치다 ⭐
打网球 dǎ wǎngqiú 테니스를 치다 ⭐	打羽毛球 dǎ yǔmáoqiú 배드민턴을 치다 ⭐
玩游戏 wán yóuxì 게임을 하다	看电影 kàn diànyǐng 영화를 보다
照相 zhào xiàng 사진을 찍다	参加比赛 cānjiā bǐsài 경기에 참가하다
逛街 guàng jiē 쇼핑하다, 거리를 거닐며 구경하다	购物 gòuwù 물건을 사다, 구매하다 ⭐

업무 ⭐

上班 shàng bān 출근하다	**下班** xià bān 퇴근하다
加班 jiā bān 야근하다 ⭐	**出差** chū chāi 출장가다 ⭐
开会 kāi huì 회의하다	**面试** miànshì 면접을 보다
发短信 fā duǎnxìn 문자 메시지를 보내다 ⭐	**发邮件** fā yóujiàn 이메일을 보내다
发传真 fā chuánzhēn 팩스를 보내다 ⭐	

학업

考试 kǎoshì 시험을 보다	**读书** dú shū 책을 읽다, 학교를 다니다
预习 yùxí 예습하다 ⭐	**复习** fùxí 복습하다
做作业 zuò zuòyè 숙제를 하다	**报名** bào míng 신청하다, 등록하다 ⭐
上课 shàng kè 수업을 하다	**下课** xià kè 수업을 마치다
查词典 chá cídiǎn 사전을 찾다	**讲课** jiǎng kè 강의하다
打印 dǎyìn 프린트하다 ⭐	

집안일 ⭐

打扫 dǎsǎo 청소를 하다	**做菜** zuò cài 요리를 하다
收拾 shōushi 정리하다 ⭐	**洗碗** xǐ wǎn 설거지를 하다
整理房间 zhěnglǐ fángjiān 방을 정리하다 ⭐	**扔垃圾** rēng lājī 쓰레기를 버리다 ⭐
擦窗户 cā chuānghu 창문을 닦다 ⭐	

听力

듣기

실전 테스트

 04_실전 테스트 음원 바로 듣기 🎧 04_5

第1-5题 听录音，判断对错。

녹음을 듣고 제시된 문장이 녹음 내용과 일치하면 ✓, 일치하지 않으면 X를 체크하세요.

1 ★ 他想先去修车。　　　　　　　（　　　）

2 ★ 小明篮球打得好。　　　　　　　（　　　）

3 ★ 礼物是女儿自己做的。　　　　　（　　　）

4 ★ 儿子正在学普通话。　　　　　　（　　　）

5 ★ 他们很少打电话。　　　　　　　（　　　）

정답 및 해설 ≫ 해설서 p. 26

DAY 03

2 단어의 특징을 알면 정답이 가까워진다!

공략비법 05 상태, 상황 문제

05_유형맛보기
음원 바로 듣기

출제 형식

제시된 문장과 녹음 내용에서 인물의 이름(小张, 儿子, 小王…)을 직접 거론한 경우에는 그 인물의 상태나 처한 상황을 묻는 문제가 출제된다.

핵심 전략

1 제시된 문장에 인물이 언급되어 있다면, 상태나 상황을 묻는 문제임을 유추할 수 있다. 녹음을 듣기 전, 제시된 문장을 미리 읽어 인물과 관계된 어떤 내용이 녹음에 나올 것인지 파악해 두는 것이 중요하다.

유형맛보기 1 🎧 05_1

★ 那个小伙子累坏了。(　　)

小伙子，检查结果你很健康。肚子疼是因为受凉了。以后你要多注意，不论天气多热，都不能开着空调睡觉。

★ 그 젊은이는 굉장히 피곤하다. (✗)

환자분(젊은이), 검사 결과 건강하십니다. 배가 아픈 것은 감기에 걸렸기 때문이에요. 앞으로는 더 주의하셔야 해요. 아무리 날씨가 더워도, 에어컨을 켠 채로 잠을 자면 안 됩니다.

정답 ✗

해설 제시된 문장을 읽고 남자가 피곤한지 주의 깊게 듣는다. 녹음에서 '肚子疼是因为受凉了(배가 아픈 것은 감기에 걸렸기 때문이에요)'라고 하였기 때문에 제시된 문장 '那个小伙子累坏了(그 젊은이는 굉장히 피곤하다)'와 일치하지 않는다.

小伙子 xiǎohuǒzi 명 젊은이, 총각, 청년 ★

坏了 huài le ~하여 죽겠다(동사나 형용사 뒤에 붙어 기분이 몹시 불편한 상태에 달했음을 나타내며, 단지 심한 정도만을 나타낼 때도 있음)

检查 jiǎnchá 동 검사하다, 조사하다

结果 jiéguǒ 명 결과 ★

健康 jiànkāng 형 건강하다 명 건강

肚子 dùzi 명 배 ★

疼 téng 형 아프다

受凉 shòu liáng 동 감기에 걸리다

以后 yǐhòu 명 앞으로, 이후

注意 zhùyì 동 주의하다, 조심하다

不论A, 都B búlùn A, dōu B

A를 막론하고, 또한 B하다

空调 kōngtiáo 명 에어컨

★ 他认为小张做得对。(　　　)

小张做得确实不对，也没和你提前商量就决定，可是既然他已经向你道歉了，你就不要再生气了。

★ 그는 샤오장이 맞게 했다고 생각한다. (✕)

샤오장이 확실히 잘못했네요. 당신과 사전에 상의도 없이 결정하다니. 하지만 그 사람이 이미 당신에게 사과했으니 당신도 더는 화내지 않았으면 해요.

认为 rènwéi 통 생각하다, 여기다

确实 quèshí 부 확실히, 틀림없이, 절대로 ☆

提前 tíqián 통 앞당기다 ☆

商量 shāngliang 통 상의하다, 의논하다 ☆

决定 juédìng 통 결정하다

既然A, 就B jìrán A, jiù B A한 이상, B하다 ☆

向A道歉 xiàng A dào qiàn A에게 사과하다 ☆

生气 shēng qì 통 화내다, 성내다

정답 ▶ ✕

해설 ▶ 제시된 문장을 읽고 샤오장의 행동이 옳은지 주의 깊게 듣는다. 녹음에서 '小张做得确实不对(샤오장이 확실히 잘못했다)'라고 하였기 때문에 제시된 문장 '他认为小张做得对(그는 샤오장이 맞게 했다고 생각한다)'와 일치하지 않는다.

BEST 10　시험에 잘 나오는
빈도수 높은 상태, 상황 어휘

05_BEST 10 어휘
음원 바로 듣기

🎧 05_3

1 厉害 lìhai 대단하다, 심하다 ☆

2 放松 fàngsōng 긴장을 풀다 ☆

3 紧张 jǐnzhāng 긴장하다 ☆

4 忘记 wàngjì 잊어버리다

5 弄丢 nòng diū 잃어버리다

6 打车 dǎ chē 택시를 타다

7 迟到 chídào 지각하다

8 下雪 xià xuě 눈이 내리다

9 刮大风 guā dàfēng 강한 바람이 불다

10 肚子疼 dùzi téng 배가 아프다 ☆

출제 빈도수 높은
상태, 상황 어휘 내공 쌓기

05_어휘 내공 쌓기
음원 바로 듣기

🎧 05_4

장소

很干净 hěn gānjìng 아주 깨끗하다	**太脏了** tài zāng le 너무 더럽다
很漂亮 hěn piàoliang 아주 예쁘다	**很舒服** hěn shūfu 아주 편안하다

요리 ⭐빈출문제

酸 suān 시다 ⭐	**甜** tián 달다
辣 là 맵다 ⭐	**咸** xián 짜다 ⭐
香 xiāng 향기롭다 ⭐	**苦** kǔ 쓰다 ⭐
很好喝 hěn hǎohē 맛있다, 마시기 좋다	**菜非常新鲜** cài fēicháng xīnxiān 요리가 아주 신선하다
菜不新鲜 cài bù xīnxiān 요리가 신선하지 않다	

기술 및 기능 ⭐빈출문제

很不错 hěn búcuò 아주 좋다	**很厉害** hěn lìhai 아주 대단하다 ⭐
新 xīn 새롭다	**不合格** bù hégé 합격하지 못하다 ⭐
棒 bàng 좋다, 대단하다 ⭐	**很流行** hěn liúxíng 아주 유행하다 ⭐
很复杂 hěn fùzá 아주 복잡하다 ⭐	**很简单** hěn jiǎndān 아주 간단하다

날씨

热 rè 덥다	**冷** lěng 춥다
凉快 liángkuai 시원하다, 서늘하다 ⭐	**阴** yīn 흐리다
晴 qíng 맑다	**刮风** guā fēng 바람이 불다
下雨 xià yǔ 비가 내리다	**下雪** xià xuě 눈이 내리다
暖和 nuǎnhuo 따뜻하다 ⭐	

인물묘사 🌟

勇敢 yǒnggǎn 용감하다 ⭐	**诚实** chéngshí 진실하다 ⭐
可爱 kě'ài 귀엽다	**有礼貌** yǒu lǐmào 예의가 있다, 예의바르다 ⭐
仔细 zǐxì 세심하다 ⭐	**安静** ānjìng 조용하다
粗心 cūxīn 세심하지 못하다, 소홀하다 ⭐	**害羞** hàixiū 부끄러워하다 ⭐
活泼 huópō 활발하다 ⭐	**马虎** mǎhu 데면데면하다, 건성이다 ⭐
幽默 yōumò 유머러스하다 ⭐	**热情** rèqíng 열정적이다, 친절하다
优秀 yōuxiù 우수하다 ⭐	**友好** yǒuhǎo 우호적이다 ⭐
美丽 měilì 아름답다 ⭐	**聪明** cōngming 똑똑하다
开心 kāixīn 즐겁다, 기쁘다 ⭐	**自信** zìxìn 자신만만하다 ⭐
放松 fàngsōng 긴장을 풀다 ⭐	

상태, 상황 🌟

顺利 shùnlì 순조롭다 ⭐	**麻烦** máfan 번거롭다, 귀찮다 ⭐
紧张 jǐnzhāng 긴장하다 ⭐	**复杂** fùzá 복잡하다 ⭐
简单 jiǎndān 간단하다	**迟到** chídào 늦다
忘记 wàngjì 잊어버리다	**弄丢** nòng diū 잃어버리다
肚子疼 dùzi téng 배가 아프다 ⭐	**打车** dǎ chē 택시를 타다

기타

成功 chénggōng 성공, 성공하다 ⭐	**失败** shībài 실패하다 ⭐
很吸引人 hěn xīyǐn rén 사람을 끌어당기다, 매우 매력적이다 ⭐	**很失望** hěn shīwàng 아주 실망하다 ⭐

실전 테스트

05_실전 테스트
음원 바로 듣기 ⌒ 05_5

第1-5题 听录音，判断对错。

녹음을 듣고 제시된 문장이 녹음 내용과 일치하면 ✓, 일치하지 않으면 X를 체크하세요.

1 ★ 出汗后开空调容易感冒。 (　　　)

2 ★ 问题已经查清楚了。 (　　　)

3 ★ 他们仍然是朋友。 (　　　)

4 ★ 他面试时一点也不紧张。 (　　　)

5 ★ 李老师性格幽默。 (　　　)

정답 및 해설 ≫ 해설서 p. 28

2 단어의 특징을 알면 정답이 가까워진다!

공략비법06 어기, 심정, 태도 문제

06_유형맛보기
음원 바로 듣기

출제형식

어기, 심정, 태도 문제는 주로 화자의 말에서 느껴지는 감정(불만, 동의, 반대, 긍정)에 대해 묻는 문제들이 출제된다. 만약 녹음 내용을 잘 이해하지 못했다면 화자의 말에서 사용된 어기조사나 감탄사, 어기부사, 관용어, 반어문 등을 통해 심정이 어떠한지 유추할 수 있다.

핵심 전략

1 제시된 문장에 **심정이나 태도를 나타내는 어휘가 있는지 파악한 후에, 녹음의 화자 어투를 들으며 일치 여부를 확인하자.** 미안해 하는 어투인지 감사함을 전달하는 어투인지 화자의 어투로 심정이나 태도를 캐치할 수 있다.

유형맛보기 1

🎧 06_1

> ★ 他感到很抱歉。(   )
>
> ―――――――――――――――――――――――――――
>
> 真是对不起，我不是故意的，是我走路太不小心。你的脚疼不疼？
>
> ―――――――――――――――――――――――――――
>
> ★ 그는 굉장히 미안함을 느낀다. (✔)
>
> ―――――――――――――――――――――――――――
>
> 정말 죄송합니다. 고의로 그런 게 아니라, 제가 너무 조심하지 않고 걸었네요. 발 아프신가요?

感到 gǎndào 동 느끼다, 여기다
抱歉 bào qiàn 형 미안해하다 ★
故意 gùyì 부 고의로, 일부러 ★
走路 zǒu lù 동 걷다
小心 xiǎoxīn 동 조심하다, 주의하다
脚 jiǎo 명 발
疼 téng 형 아프다

정답 ✔

해설 제시된 문장을 읽고 그의 심정이 어떠한지 주의 깊게 듣는다. 녹음에서 '**真是对不起，我不是故意的**(정말 죄송합니다, 고의로 그런 게 아니에요)'라고 하였기 때문에 제시된 문장 '**他感到很抱歉**(그는 굉장히 미안함을 느낀다)'과 일치한다.

✏ **유형맛보기 2**　　　　　　　🎧 06_2

★ 他唱歌时很放松。(　　　)

他从来都没有在这么多人面前唱过歌，所以很紧张。唱歌时，都不敢抬头看观众，几乎是低着头唱完的。

★ 그는 노래 부를 때 매우 편안하다. (**X**)

그는 여태껏 이렇게 많은 사람 앞에서 노래를 불러본 적이 없어서 매우 긴장했다. 노래를 부르는 동안, 감히 고개를 들고 관중을 볼 수 없어서 거의 고개를 숙인 채로 노래를 끝냈다.

唱歌 chàng gē 동 노래 부르다
放松 fàngsōng 형 편안하다, 정신적 긴장을 풀다 ☆
从来 cónglái 부 여태껏, 지금까지 ☆
紧张 jǐnzhāng 형 긴장하다, 불안하다 ☆
不敢 bùgǎn 동 감히 ~하지 못하다
抬头 tái tóu 동 머리를 들다
观众 guānzhòng 명 관중, 시청자 ☆
几乎 jīhū 부 거의
低头 dī tóu 동 머리를 숙이다

정답 X

해설 제시된 문장을 읽고 그가 노래를 부를 때 편안한 상태인지 주의 깊게 듣는다. 녹음에서 '他从来都没有在这么多人面前唱过歌，所以很紧张(그는 여태껏 이렇게 많은 사람 앞에서 노래를 불러본 적이 없어서 매우 긴장했다)'이라고 하였기 때문에 제시된 문장 '他唱歌时很放松(그는 노래 부를 때 매우 편안하다)'과 일치하지 않는다.

BEST 10 시험에 잘 나오는
빈도수 높은 어기, 심정, 태도 어휘

06_BEST 10 어휘
음원 바로 듣기

🎧 06_3

1 感动 gǎndòng 감동하다 ☆
2 后悔 hòuhuǐ 후회하다 ☆
3 麻烦 máfan 귀찮다, 번거롭다 ☆
4 满意 mǎnyì 만족하다
5 失望 shīwàng 실망하다 ☆
6 同意 tóngyì 동의하다
7 突然 tūrán 뜻밖이다
8 原谅 yuánliàng 용서하다 ☆
9 粗心 cūxīn 세심하지 못하다, 소홀하다 ☆
10 害羞 hàixiū 부끄러워하다 ☆

听力
듣기

출제 빈도수 높은
어기, 심정 어휘 내공 쌓기

06_어휘 내공 쌓기
음원 바로 듣기 🎧 06_4

동사 ★빈출문제

表扬 biǎoyáng 칭찬하다 ★	吃惊 chī jīng 놀라다 ★
担心 dān xīn 걱정하다	反对 fǎnduì 반대하다 ★
放弃 fàngqì 포기하다 ★	放松 fàngsōng 늦추다, 긴장을 풀다 ★
放心 fàng xīn 안심하다	感动 gǎndòng 감동하다 ★
感谢 gǎnxiè 감사하다 ★	鼓励 gǔlì 격려하다 ★
关心 guān xīn 관심을 갖다	害怕 hàipà 두렵다
后悔 hòuhuǐ 후회하다 ★	怀疑 huáiyí 의심하다 ★
努力 nǔlì 노력하다	批评 pīpíng 비평하다 ★
生气 shēng qì 화나다	失望 shīwàng 실망하다 ★
受不了 shòubuliǎo 견딜 수 없다 ★	喜欢 xǐhuan 좋아하다
讨厌 tǎoyàn 싫어하다 ★	同情 tóngqíng 동정하다 ★
羡慕 xiànmù 부러워하다 ★	信任 xìnrèn 신임하다, 신뢰하다
拒绝 jùjué 거절하다 ★	考虑 kǎolǜ 고려하다 ★
愿意 yuànyì 원하다	支持 zhīchí 지지하다 ★
同意 tóngyì 동의하다	

형용사 ⭐ 빈출문제

成熟 chéngshú 성숙하다	诚实 chéngshí 성실하다 ⭐
粗心 cūxīn 세심하지 못하다, 소홀하다 ⭐	得意 déyì 대단히 만족하다 ⭐
烦恼 fánnǎo 번뇌하다, 마음을 졸이다 ⭐	肯定 kěndìng 확실하다, 분명하다 ⭐
麻烦 máfan 귀찮다, 성가시다 ⭐	高兴 gāoxìng 기쁘다
开心 kāixīn 즐겁다, 기쁘다 ⭐	孤单 gūdān 외롭다
激动 jīdòng 흥분하다, 감격하다 ⭐	骄傲 jiāo'ào 거만하다, 오만하다 ⭐
紧张 jǐnzhāng 긴장되다 ⭐	可惜 kěxī 아깝다, 아쉽다 ⭐
客气 kèqi 겸손하다	快乐 kuàilè 기쁘다, 유쾌하다
愉快 yúkuài 기쁘다, 기분이 상쾌하다 ⭐	冷静 lěngjìng 냉정하다, 침착하다 ⭐
耐心 nàixīn 인내심이 강하다, 참을성이 있다 ⭐	难过 nánguò 괴롭다, 견디기 어렵다
难受 nánshòu 견딜 수 없다, 슬프다 ⭐	奇怪 qíguài 이상하다
热情 rèqíng 열정적이다	认真 rènzhēn 진지하다
兴奋 xīngfèn 흥분하다 ⭐	幸福 xìngfú 행복하다 ⭐
勇敢 yǒnggǎn 용감하다 ⭐	友好 yǒuhǎo 우호적이다 ⭐
突然 tūrán 뜻밖이다	恐怕 kǒngpà *부사 아마 ~일 것이다 ⭐
害羞 hài xiū 부끄러워하다 ⭐	着急 zháo jí 초조해하다
伤心 shāng xīn 상심하다 ⭐	

QR 06_실전 테스트
음원 바로 듣기 🎧 06_5

第1-5题 听录音，判断对错。

녹음을 듣고 제시된 문장이 녹음 내용과 일치하면 ✓, 일치하지 않으면 X를 체크하세요.

❶ ★ 演讲十分精彩。 （　　　）

❷ ★ 他在向林教授道歉。 （　　　）

❸ ★ 哥哥担心我去医院。 （　　　）

❹ ★ 儿子愿意打针。 （　　　）

❺ ★ 成功者不要得意。 （　　　）

정답 및 해설 ≫ 해설서 p. 30

DAY 04

2 단어의 특징을 알면 정답이 가까워진다!

공략비법 07 동의어, 반의어 표현 문제

07_유형맛보기
음원 바로 듣기

📖 **출제 형식**

제시된 문장이나 녹음 내용에 동의, 반의(부정)를 나타내는 표현이 사용된 문제가 출제된다. 이러한 표현이 사용되면 제시된 문장과 녹음 내용이 상반되는지, 같은 의미인지 유의하여 듣고 일치 여부를 파악해야 한다.

📖 **핵심 전략**

1 먼저 제시된 문장을 보고, 문제의 핵심이 될 만한 어휘에 밑줄을 그어놓는다. 일반적으로 **동사나 형용사가 술어일 때 정답과 관련된 단어가 될 수 있으니 밑줄을 꼭 그어 놓고 유심히 듣는다.**

2 ⭐**주요 빈출 반의어를 꼭 암기**하자!

✏️ **유형맛보기 1**   🎧 07_1

> ★ 网上的信息都是假的。(   )
>
> 我们上网的目的之一就是获取信息。不过这时我们要小心判断其真假，因为网上的信息并不都是真的。
>
> ---
>
> ★ 인터넷상의 정보는 모두 거짓이다. (✗)
>
> 우리가 인터넷을 하는 목적 중 하나는 바로 정보를 얻는 것이다. 하지만 이때 우리는 그것의 진위 여부를 조심해서 판단해야 한다. 왜냐하면 인터넷상의 정보가 결코 전부 다 사실은 아니기 때문이다.

网上 wǎngshàng 명 인터넷, 온라인

信息 xìnxī 명 정보⭐

假 jiǎ 형 거짓의, 가짜의⭐

目的 mùdì 명 목적⭐

之一 zhīyī ~중의 하나

获取 huòqǔ 동 얻다, 획득하다

不过 búguò 접 하지만, 그런데, 그러나⭐

判断 pànduàn 동 판단하다⭐

真假 zhēnjiǎ 명 진위, 진짜와 가짜

并不~ bìngbù~ 부 결코 ~않다

정답 ✗

해설 제시된 문장을 읽고 인터넷 정보가 모두 사실인지 아닌지 주의 깊게 듣는다. 녹음에서 '因为网上的信息并不都是真的(왜냐하면 인터넷상의 정보가 결코 전부 다 사실은 아니기 때문이다)'라고 하였기 때문에 제시된 문장 '网上的信息都是假的(인터넷상의 정보는 모두 거짓이다)'와 일치하지 않는다.

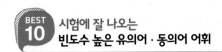

1 难受 nánshòu = 不舒服 bù shūfu
불편하다, 괴롭다 ☆

2 坚持 jiānchí = 不放弃 bú fàngqì
꾸준히 하다, 포기하지 않다 ☆

3 向前 xiàngqián = 前进 qiánjìn
앞으로 나아가다, 전진하다

4 丢 diū = 失去(弄丢) shīqù(nòngdiū)
잃어버리다

5 马虎 mǎhu = 粗心 cūxīn
세심하지 않다, 소홀하다 ☆

6 估计 gūjì = 猜 cāi
추측하다 ☆

7 自信 zìxìn = 信心 xìnxīn
자신감 ☆

8 道歉 dào qiàn = 抱歉 bào qiàn
미안해하다 ☆

9 本来 běnlái = 原来 yuánlái
본래, 원래 ☆

10 麻烦 máfan = 打扰 dǎrǎo
방해하다, 폐를 끼치다 ☆

✏️ 유형맛보기 2

🎧 07_3

★ 这里热闹极了。（　　　）

这里空气好、景色美，没有那么多的人和车，所以很安静。
特别适合老人住。就是离市区远了点儿。

★ 이곳은 매우 번화하다.（ ✗ ）

이곳은 공기 좋고 풍경이 아름다우며 사람과 차도 그렇게 많지 않아요. 그래서 매우 조용합니다. 특히 어르신들 사시기에 적합하죠. 다만 시내에서 조금 멀 뿐입니다.

热闹 rènao 형 번화하다, 시끌벅적하다 ☆

极了 매우 ~하다(형용사 뒤에 위치해 뜻을 매우 강조할 때 쓰임)

空气 kōngqì 명 공기 ☆

景色 jǐngsè 명 풍경, 경치 ☆

安静 ānjìng 형 조용하다

适合 shìhé 동 적합하다, 알맞다 ☆

老人 lǎorén 명 노인

住 zhù 동 살다

就是 jiùshì 부 다만 ~뿐이다

市区 shìqū 명 시내 지역

정답 ✕

해설 녹음에서 '这里空气好、景色美，没有那么多的人和车，所以很安静(이곳은 공기 좋고 풍경이 아름다우며 사람과 차도 그렇게 많지 않아요. 그래서 매우 조용합니다)'이라고 하였기 때문에 제시된 문장 '这里热闹极了(이곳은 매우 번화하다)'와 일치하지 않는다.

● **반의어** 热闹(번화하다, 시끌벅적하다) ≠ 安静(조용하다)

BEST 10 시험에 잘 나오는
빈도수 높은 반의어 어휘

07_BEST 10 반의어 어휘 음원 바로 듣기

🎧 07_4

1 ≠ 重 zhòng 무겁다 ☆
    轻 qīng 가볍다 ☆

2 ≠ 准时 zhǔnshí 시간을 지키다 ☆
    迟到 chídào 지각하다, 늦다

3 ≠ 失败 shībài 실패하다 ☆
    成功 chénggōng 성공하다 ☆

4 ≠ 仔细 zǐxì 세심하다 ☆
    粗心 cūxīn 세심하지 못하다, 소홀하다 ☆

5 ≠ 安静 ānjìng 조용하다
    热闹 rènao 시끌벅적하다 ☆

6 ≠ 免费 miǎn fèi 무료 ☆
    收费 shōu fèi 유료

7 ≠ 往往(经常) wǎngwǎng(jīngcháng) 종종, 자주 ☆
    偶尔 ǒu'ěr 가끔 ☆

8 ≠ 提前 tíqián 앞당기다 ☆
    推迟 tuīchí 미루다, 연기하다 ☆

9 ≠ 紧张 jǐnzhāng 불안해 하다, 긴장하다 ☆
    轻松 qīngsōng 편안하다, 수월하다, 가뿐하다 ☆

10 ≠ 优点 yōudiǎn 장점 ☆
     缺点 quēdiǎn 단점 ☆

출제 빈도수 높은
동의어, 반의어 어휘 내공 쌓기

07_어휘 내공 쌓기
음원 바로 듣기 🎧 07_5

동의어 · 유의어

명사			
爱好 àihào	**≡ 兴趣** xìngqù 취미	**大夫** dàifu ☆	**≡ 医生** yīshēng 의사
儿童 értóng ☆	**≡ 孩子** háizi 아이	**方法** fāngfǎ ☆	**≡ 办法** bànfǎ 방법
工资 gōngzī ☆	**≡ 收入** shōurù ☆ 월급, 임금	**过去** guòqù	**≡ 以前** yǐqián 과거, 이전
汉语 Hànyǔ	**≡ 中文** Zhōngwén 중국어	**经验** jīngyàn ☆	**≡ 经历** jīnglì ☆ 경험
看法 kànfǎ ☆	**≡ 意见** yìjiàn ☆ 의견	**妈妈** māma	**≡ 母亲** mǔqīn ☆ 엄마, 어머니
重点 zhòngdiǎn ☆	**≡ 关键** guānjiàn ☆ 중점, 포인트		

동사			
爱 ài	**≡ 喜欢** xǐhuan 좋아하다	**帮助** bāngzhù	**≡ 帮忙** bāng máng 돕다
变化 biànhuà	**≡ 改变** gǎibiàn ☆ 변화하다	**打算** dǎsuan	**≡ 计划** jìhuà ☆ 계획하다
感谢 gǎnxiè ☆	**≡ 谢谢** xièxie 감사하다	**告诉** gàosu	**≡ 通知** tōngzhī 알려주다
举办 jǔbàn ☆	**≡ 举行** jǔxíng ☆ 개최하다	**觉得** juéde	**≡ 认为** rènwéi 여기다, 생각하다
例如 lìrú ☆	**≡ 比如** bǐrú ☆ 예를 들다	**旅行** lǚxíng ☆	**≡ 旅游** lǚ yóu 여행하다

商量 shāngliang ☆ ㊀ 讨论 tǎolùn ☆ 상의하다		增加 zēngjiā ☆ ㊀ 增长 zēngzhǎng 증가하다
适应 shìyìng ☆ ㊀ 习惯 xíguàn ☆ 적응하다		说话 shuō huà ㊀ 聊天儿 liáo tiānr 이야기하다
同意 tóngyì ㊀ 支持 zhīchí ☆ 동의하다, 지지하다		相信 xiāngxìn ㊀ 信任 xìnrèn 믿다
抱歉 bào qiàn ☆ ㊀ 道歉 dào qiàn ☆ 미안해하다, 사과하다		

형용사

矮 ǎi ㊀ 低 dī ☆ 작다, 낮다		粗心 cūxīn ☆ ㊀ 马虎 mǎhu ☆ 세심하지 못하다, 소홀하다
差 chà ㊀ 坏 huài 부족하다, 나쁘다		激动 jīdòng ☆ ㊀ 兴奋 xīngfèn ☆ *동사　흥분하다
好 hǎo ㊀ 棒 bàng ☆ 좋다		困难 kùnnan ☆ ㊀ 复杂 fùzá ☆ 어렵다, 복잡하다
快乐 kuàilè ㊀ 高兴 gāoxìng ㊀ 开心 kāixīn ☆ 즐겁다		漂亮 piàoliang ㊀ 美丽 měilì ☆ 예쁘다
难过 nánguò ㊀ 难受 nánshòu ☆ ㊀ 伤心 shāng xīn ☆ *동사 괴롭다, 힘들다, 슬프다		简单 jiǎndān ㊀ 容易 róngyì 간단하다
相同 xiāngtóng ☆ ㊀ 一样 yíyàng 똑같다		有名 yǒumíng ㊀ 著名 zhùmíng ☆ 유명하다

부사

按时 ànshí ☆ ㊀ 准时 zhǔnshí ☆ 정각에		大约 dàyuē ☆ ㊀ 大概 dàgài ☆ 대략, 대강
倒 dào ☆ ㊀ 却 què ☆ 오히려, 도리어		到底 dàodǐ ☆ ㊀ 究竟 jiūjìng ☆ 도대체
非常 fēicháng ㊀ 十分 shífēn ☆ 특히		忽然 hūrán ㊀ 突然 tūrán 갑자기
几乎 jīhū ㊀ 差不多 chàbuduō ☆ 거의		经常 jīngcháng ㊀ 往往 wǎngwǎng ☆ 자주, 종종
肯定 kěndìng ☆ ㊀ 一定 yídìng 틀림없이		刚 gāng ☆ ㊀ 刚才 gāngcái 막, 방금

명사

部分 bùfen ★ 부분	≠ 全部 quánbù ★ ≠ 전부	城市 chéngshì 도시	≠ 农村 nóngcūn ≠ 농촌
答案 dá'àn ★ 정답	≠ 问题 wèntí ≠ 문제	后面 hòumiàn 뒤쪽	≠ 前面 qiánmiàn ≠ 앞쪽
男人 nánrén 남자	≠ 女人 nǚrén ≠ 여자	缺点 quēdiǎn ★ 단점	≠ 优点 yōudiǎn ★ ≠ 장점
以后 yǐhòu 이후	≠ 以前 yǐqián ≠ 이전	过去 guòqù 과거	≠ 将来 jiānglái ★ ≠ 미래

동사

表扬 biǎoyáng ★ 칭찬하다	≠ 批评 pīpíng ★ ≠ 나무라다	成功 chénggōng ★ 성공하다	≠ 失败 shībài ★ ≠ 실패하다
穿 chuān 입다	≠ 脱 tuō ★ ≠ 벗다	担心 dān xīn 걱정하다	≠ 放心 fàng xīn ≠ 안심하다
发 fā 보내다	≠ 收 shōu ★ ≠ 받다	复习 fùxí 복습하다	≠ 预习 yùxí ★ ≠ 예습하다
放弃 fàngqì ★ 포기하다	≠ 坚持 jiānchí ★ ≠ 꾸준히 하다	记得 jìde 기억하다	≠ 忘记 wàngjì ≠ 잊어버리다
关 guān 닫다	≠ 开 kāi ≠ 열다	接受 jiēshòu ★ 받아들이다	≠ 拒绝 jùjué ★ ≠ 거절하다
继续 jìxù ★ 계속하다	≠ 停止 tíngzhǐ ★ ≠ 멈추다	哭 kū 울다	≠ 笑 xiào ≠ 웃다
禁止 jìnzhǐ ★ 금지하다	≠ 允许 yǔnxǔ ★ ≠ 허락하다	结束 jiéshù 끝나다	≠ 开始 kāishǐ ≠ 시작하다
来得及 láidejí ★ 늦지 않다	≠ 来不及 láibují ★ ≠ 늦다	同意 tóngyì 동의하다	≠ 反对 fǎnduì ★ ≠ 반대하다
输 shū ★ 지다	≠ 赢 yíng ★ ≠ 이기다	喜欢 xǐhuan 좋아하다	≠ 讨厌 tǎoyàn ★ ≠ 싫어하다
推 tuī ★ 밀다	≠ 拉 lū ★ ≠ 당기다	减少 jiǎnshǎo ★ 감소하다	≠ 增加 zēngjiā ★ ≠ 증가하다
相信 xiāngxìn 믿다	≠ 怀疑 huáiyí ★ ≠ 의심하다	节约 jiéyuē ★ 절약하다	≠ 浪费 làngfèi ★ ≠ 낭비하다
降低 jiàngdī ★ 내려가다	≠ 提高 tígāo ≠ 올라가다		

安全 ānquán ☆	≠ 危险 wēixiǎn ☆	饱 bǎo	≠ 饿 è
안전하다	≠ 위험하다	배부르다	≠ 배고프다

笨 bèn ☆	≠ 聪明 cōngming	老 lǎo	≠ 年轻 niánqīng
어리석다	≠ 총명하다	늙다	≠ 젊다

方便 fāngbiàn	≠ 麻烦 máfan ☆	复杂 fùzá ☆	≠ 简单 jiǎndān
편리하다	≠ 번거롭다	복잡하다	≠ 간단하다

贵 guì	≠ 便宜 piányi	紧张 jǐnzhāng ☆	≠ 轻松 qīngsōng ☆
비싸다	≠ 싸다	긴장하다	≠ 편안하다, 수월하다, 가뿐하다

空 kōng ☆	≠ 满 mǎn ☆	苦 kǔ ☆	≠ 甜 tián
비다	≠ 꽉 차다	쓰다	≠ 달다

宽 kuān	≠ 窄 zhǎi	难 nán	≠ 容易 róngyì
넓다	≠ 좁다	어렵다	≠ 쉽다

阴 yīn	≠ 晴 qíng	正确 zhèngquè ☆	≠ 错误 cuòwù ☆
흐리다	≠ 맑다	정확하다	≠ 정확하지 않다

仔细 zǐxì ☆	≠ 马虎 mǎhu ☆	亮 liàng	≠ 暗 àn
세심하다	≠ 소홀하다, 건성건성하다	밝다	≠ 어둡다

乱 luàn ☆	≠ 整齐 zhěngqí	满意 mǎnyì	≠ 失望 shīwàng ☆
어지럽다	≠ 가지런하다	만족하다	≠ 실망하다

暖和 nuǎnhuo ☆	≠ 凉快 liángkuai ☆	胖 pàng	≠ 瘦 shòu
따뜻하다	≠ 시원하다	뚱뚱하다	≠ 마르다

普遍 pǔbiàn ☆	≠ 特别 tèbié	穷 qióng ☆	≠ 富 fù ☆
보편적이다	≠ 특별하다	가난하다	≠ 부유하다

认真 rènzhēn	≠ 马虎 mǎhu ☆	舒服 shūfu	≠ 难受 nánshòu ☆
진지하다, 착실하다	≠ 건성건성하다, 소홀하다	편안하다	≠ 불편하다

无聊 wúliáo ☆	≠ 有趣 yǒuqù ☆	远 yuǎn	≠ 近 jìn
무료하다, 지루하다	≠ 재미있다	멀다	≠ 가깝다

相反 xiāngfǎn ☆	≠ 相同 xiāngtóng ☆	脏 zāng ☆	≠ 干净 gānjìng
상반되다	≠ 상통하다	더럽다	≠ 깨끗하다

重 zhòng ☆	≠ 轻 qīng ☆	新 xīn	≠ 旧 jiù
무겁다	≠ 가볍다	새롭다	≠ 낡다

함께 암기하면 좋은 동의표현

同意你的看法 tóngyì nǐ de kànfǎ (당신의 견해에 동의해요) = 说得对 shuō de duì (맞는 말이다)

咳嗽得严重 késou de yánzhòng (기침을 심하게 하다) = 咳嗽得厉害 késou de lìhai (기침을 심하게 하다)

别骄傲 bié jiāo'ào (자만하지 마라) = 不要得意 búyào déyì (의기양양하지 마라)

07_실전 테스트
음원 바로 듣기

🎧 07_6

第1-5题 听录音，判断对错。

녹음을 듣고 제시된 문장이 녹음 내용과 일치하면 ✓, 일치하지 않으면 X를 체크하세요.

1 ★ 那两个字的意思相反。 （　　）

2 ★ 画家认为坚持才能成功。 （　　）

3 ★ 她丈夫现在支持她学网球。 （　　）

4 ★ 减肥药有助于减肥。 （　　）

5 ★ 他昨晚坐出租车回家。 （　　）

정답 및 해설 ≫ 해설서 p. 32

DAY 04

2 단어의 특징을 알면 정답이 가까워진다!

공략비법 08 필수 관용어 공략 문제

08_유형맛보기
음원 바로 듣기

출제 형식

관용어는 중국인들이 일상생활에서 습관적으로 사용하는 말로, 표면적인 의미와는 다르게 사용되는 경우가 많기 때문에 HSK 시험에서는 빠지지 않고 출제되는 단골손님이다. 특히 듣기영역에서는 의미를 파악하는 문제가 자주 출제되므로 미리 숙지해 두는 것이 좋다.

핵심 전략

1 ★ HSK에서 최소 20번 이상 출제된 관용어 어휘는 따로 있다!
只好(할 수 없이), **千万**(부디, 제발), **值得**(~할 가치가 있다, ~할 만하다), **非~不可**(~하지 않을 수 없다) 등의 핵심 어휘를 미리 익혀둔다면 답을 신속하게 고를 수 있다.

유형맛보기 1

🎧 08_1

★ 那个人很爱说话。(   )

公司刚来的那个年轻人很幽默。跟他一起工作，听他讲笑话，大家都觉得很开心。

★ 그 사람은 말하는 걸 매우 좋아한다. (✓)

회사에 막 들어온 그 젊은이는 매우 유머러스하다. 그와 함께 일하고, 그가 재미있는 이야기 하는 것을 들으면 모두가 즐거워한다.

爱 ài 동 ~하기를 좋아하다, 사랑하다
说话 shuō huà 동 말하다, 이야기하다
幽默 yōumò 형 유머러스하다 ⭐
讲笑话 jiǎng xiàohuà 농담하다, 재미있는 이야기를 하다
开心 kāixīn 형 즐겁다, 기쁘다 ⭐

정답 ✓

해설 제시된 문장을 읽고 그 사람이 말하는 걸 매우 좋아하는지 주의 깊게 듣는다. 녹음에서 '听他讲笑话，大家都觉得很开心(그가 재미있는 이야기하는 것을 들으면 모두가 즐거워한다)'이라고 하였기 때문에 제시된 문장 '那个人很爱说话(그 사람은 말하는 걸 매우 좋아한다)'와 일치한다.

★ 他家只能坐火车去. (　　　)

我老家在离北京约两千公里外的四川省西部，坐飞机需要两个半小时，而坐火车花一天也到不了。

★ 그의 집은 기차를 타고 갈 수밖에 없다. (　✕　)

나의 고향은 베이징으로부터 약 2,000km 떨어진 쓰촨 성의 서쪽이다. 비행기를 타면 두 시간 반이 걸리는데, 기차를 타면 하루가 걸려도 도착할 수 없다.

정답　✕

해설　제시된 문장을 읽고 기차를 타고 갈 수밖에 없는지 주의 깊게 듣는다. 녹음에서 '坐飞机需要两个半小时，而坐火车花一天也到不了(비행기를 타면 두 시간 반이 걸리는데, 기차를 타면 하루가 걸려도 도착할 수 없다)'라고 하였는데, 이는 기차뿐만 아니라 비행기를 타고도 갈 수 있다는 뜻이므로 제시된 문장 '他家只能坐火车去(그의 집은 기차를 타고 갈 수밖에 없다)'와 일치하지 않는다.

只能 zhǐnéng 다만 ～할 수밖에 없다, 다만 ～할 뿐이다

老家 lǎojiā 명 고향, 고향 집

约 yuē 부 약, 대략, 대강

公里 gōnglǐ 양 킬로미터 ⭐

四川 Sìchuān 교유 쓰촨, 사천

省 shěng 명 성(현대 중국의 최상급 지방 행정 단위) ⭐

需要 xūyào 동 걸리다, 필요하다

小时 xiǎoshí 명 시간

花 huā 동 걸리다, 쓰다

到 dào 동 도착하다, 다다르다

BEST 10
시험에 잘 나오는
빈도수 높은 관용어 표현 어휘

08_BEST 10 어휘
음원 바로 듣기

🎧 08_3

1 没想到 méixiǎngdào 뜻밖이다

2 赶不上 gǎnbushàng 따라가지 못하다

3 来得及 (来不及) láidejí(láibují) 시간에 댈 수 있다 (시간에 댈 수 없다)

4 爱说话 ài shuōhuà 말하는 것을 좋아하다

5 感兴趣 (有趣) gǎn xìngqù(yǒuqù) 관심이 있다(흥미가 있다)

6 顺便 shùnbiàn ～하는 김에

7 不得不 bùdébù 부득이, 할 수 없이

8 正好相反 zhènghǎo xiāngfǎn 정반대이다

9 差不多 chàbuduō 비슷하다, 별 차이가 없다

10 拿定主意 nádìng zhǔyi 결정을 하다, 작심하다

08_어휘 내공 쌓기
음원 바로 듣기

🎧 08_4

동사

开玩笑 kāi wánxiào 농담하다	爱说话 ài shuōhuà 말하는 것을 좋아하다
来得及 láidejí 늦지 않다, 시간에 댈 수 있다	来不及 láibují 늦다, 시간에 댈 수 없다
发脾气 fā píqi 화내다	不在乎 bú zàihu 개의치 않다
受不了 shòubuliǎo 견딜 수 없다	值得 zhídé ~할 만한 가치가 있다

형용사 ⭐빈출문제

有趣 yǒuqù 재미있다, 흥미가 있다	无聊 wúliáo 무료하다, 지루하다
差不多 chàbuduō 비슷하다, 별 차이가 없다	难看 nánkàn 못생기다, 보기 흉하다
很火 hěn huǒ 잘 되다, 불티나다	

부사 ⭐빈출문제

顺便 shùnbiàn ~하는 김에	不得不 bùdébù 부득이, 할 수 없이
差一点儿 chàyidiǎnr 하마터면	好不容易 hǎoburóngyì 겨우, 가까스로
随便 suíbiàn 마음대로	不一定 bùyídìng 반드시 ~한 것은 아니다

관용어 표현 ⭐빈출문제

没想到 méixiǎngdào 뜻밖이다	赶不上 gǎnbushàng 따라가지 못하다
拿定主意 nádìng zhǔyi 결정을 하다, 작심하다	开夜车 kāi yèchē 밤새다
受欢迎 shòu huānyíng 환영을 받다, 인기가 있다	感兴趣 gǎn xìngqù 관심이 있다
联系不上 liánxì bu shàng 연락이 안 되다	搬不动 bānbudòng 옮길 수 없다
正好相反 zhènghǎo xiāngfǎn 정반대이다	有信心 yǒu xìnxīn 자신감을 가지다
美极了 měi jíle 진짜 아름답다	看样子 kàn yàngzi 보아하니 ~인듯하다

08_실전 테스트
음원 바로 듣기

🎧 08_5

第1-5题 听录音，判断对错。

녹음을 듣고 제시된 문장이 녹음 내용과 일치하면 ✓, 일치하지 않으면 X를 체크하세요.

1 ★ 他不想成为律师。 (　　　　)

2 ★ 他联系上了小王。 (　　　　)

3 ★ 他们不一定见面。 (　　　　)

4 ★ 这座城市的夜景美极了。 (　　　　)

5 ★ 他专门去买书的。 (　　　　)

정답 및 해설 ≫ 해설서 p. 34

听力

1

제2, 3부분
대화 듣고 질문에 답하기

❸ 몇 가지 단서를 토대로 정답을 예측하라!

❹ 문제 스타일에 따라 공략법을 달리하라!

听力
1

제2, 3부분
대화 듣고 질문에 답하기

문제 형식

듣기 제2부분과 제3부분은 남녀 대화 문제인데, 제3부분은 제2부분보다 긴 남녀 대화 문제이다. 4급 듣기 영역에서는 총 25문제(11번~35번)가 출제되므로 비중이 매우 높다.

대화문	문제	문제 수	대화 유형	문제 푸는 시간
짧은 남녀 대화	11~25번	15문제	2문장	15~16초 정도
긴 남녀 대화	26~35번	10문제	4~5문장	15~16초 정도

출제 경향 1

남녀 대화 문제는 **일상생활에서 발생하는 다양한 문제들이 출제**되며 회화에서 사용하는 구어체 어휘들이 자주 출제된다.

· 女 : 该加油了，去机场的路上有加油站吗？	여: 주유를 해야 해, 공항 가는 길에 주유소 있어?
· 男 : 有，你放心吧。	남: 있어, 걱정마.
问 : 男的是什么意思？	질문: 남자의 말은 무슨 의미인가?

加油 jiā yóu 통 주유하다, 기름을 넣다　　加油站 jiāyóuzhàn 명 주유소 ★　　放心 fàng xīn 통 안심하다

출제 경향 2

남녀 대화에서 질문은 **남녀 둘 중의 직업을 묻거나, 어디에 있는지, 어디에 가는지 등의 장소 문제 혹은 남녀의 관계를 묻기도 하지만, 화자의 말이 나타내는 의미가 무엇인지, 남녀 대화를 통해 알 수 있는 사실은 무엇인지** 등 다양한 유형으로 문제가 출제된다.

· 男的(女的)可能是做什么的？	남자(여자)는 무슨 일을 할 가능성이 큰가?
· 男的(女的)可能在哪儿？	남자(여자)는 아마도 어디에 있겠는가?
· 他们要去哪儿？	그들은 어디에 가려고 하는가?
· 他们俩可能是什么关系？	그들 두 사람은 아마도 무슨 관계이겠는가?
· 男的(女的)是什么意思？	남자(여자)의 말은 무슨 의미인가?
· 关于男的(女的)，可以知道什么？	남자(여자)에 관하여, 알 수 있는 것은 무엇인가?

적중률 높은 핵심 전략

보기를 통해 어떤 유형의 문제가 나올 것인지 문제를 유추해 내자!

보기 선택		대화 내용 예상	문제 유추
A 银行对面 B 银行右边 C 车站附近 D 使馆西边		장소와 연관됨	길을 묻거나 화자가 어디에 있는지 묻는 경우가 많음
A 请假 B 唱歌 C 散步 D 买东西		동작과 연관됨	화자가 완료했거나 진행 중인 행동 또는 앞으로 할 행동을 묻는 경우가 많음
A 很感动 B 很突然 C 很后悔 D 很失望		심정, 태도와 연관됨	심정이나 기분, 태도 등이 어떠한지 묻는 질문 예상
A 步行 B 开车 C 坐地铁 D 打出租车		행위, 방식과 연관됨	어떻게 가는지 교통수단을 묻는 질문 예상
A 10块 B 20块 C 30块 D 50块		돈 계산과 연관됨	얼마인지 묻는 질문 예상
A 面条 B 饺子 C 蛋糕 D 米饭		식품(먹는 것)과 연관됨	무엇을 먹을 것인지 묻는 질문 예상
A 同学 B 师生 C 同事 D 亲戚		인물 관계와 연관됨	두 사람(남자와 여자)의 관계 또는 제3자와의 관계를 묻는 질문 예상
A 暑假前 B 月底 C 周末 D 上午		시간과 연관됨	언제 어떠한 일이 이루어지는지 묻는 질문 예상
A 服务员 B 护士 C 理发师 D 校长		직업과 관련	한 사람의 직업을 묻는 질문 예상
A 力气太小 B 动作不漂亮 C 很不错 D 仍然不会		상황과 관련	화자가 처한 상황이나 현재 상태를 묻는 질문 예상

문제는 이렇게 풀어라!

Step 1 보기의 어휘부터 살펴라.

Step 2 보기의 어휘를 통해 문제를 유추해 내자.

Step 3 남녀의 대화 내용을 들으면서 핵심어를 파악하고 시험지에 들린 내용을 적어둬라.

Step 4 질문을 이해하고 빠르게 정답을 도출해 내라.

듣기 제2, 3부분 최신 경향 분석

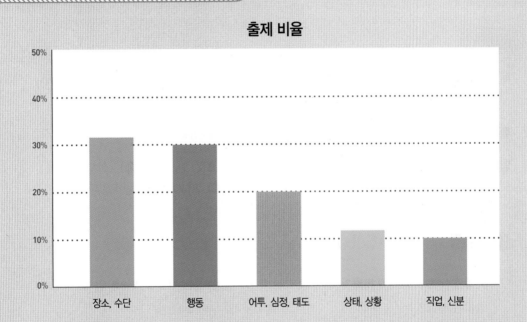

출제 비율

중요도 ★★★★   난이도 ★★

듣기 제2, 3부분에서 최다 빈출 문제 항목은 단연 장소 문제이다. 남녀의 행동을 묻는 문제도 출제 비중이 매우 높다. 그 뒤로 남녀의 어투, 심정, 태도 / 상태, 상황 / 직업, 신분 문제 순으로 출제된다.

3 몇 가지 단서를 토대로 정답을 예측하라!

공략비법 09 직업, 신분, 관계 문제

09_유형맛보기
음원 바로 듣기

출제형식

화자나 화자가 찾고 있는 사람 또는 제3자의 직업이 무엇인지 묻거나 이들의 관계를 묻는 문제는 매회 출제된다. 보기에서 직업과 관련된 핵심 어휘를 놓치지 않는다면 4급을 목표로 삼는 학생들에게는 비교적 난이도가 쉬운 문제 유형에 해당된다.

핵심전략

1. **보기에 직업, 신분을 뜻하는 어휘가 제시**되었을 경우, **질문 역시 직업이나 신분을 물을 확률이 높다.** 대부분의 경우 대화 중에 보기의 정답을 그대로 언급하므로 대화를 주의하며 듣는다.

2. **화자가 이야기할 때 제시된 장소 혹은 활동을 통해 인물의 직업을 유추**할 수 있다.

3. **인물들 간의 관계를 나타내는 핵심 어휘를 잘 듣자.** 일반적으로 변호사(律师), 선생님(老师), 교수(教授), 가이드(导游), 부모와 자녀(父母与子女), 작가(作家), 이웃(邻居) 등이 있다.

빈출 질문

· 男的在找谁? (男的要找谁?)	남자는 누구를 찾고 있는가?(남자는 누구를 찾으려고 하는가?)
· 他们在等谁?	그들은 누구를 기다리고 있는가?
· 男的不能陪谁过生日了?	남자는 누구의 생일을 함께 보낼 수 없는가?
· 女的让男的照顾谁?	여자는 남자에게 누구를 보살펴 달라고 하는가?
· 说话人是做什么的?	화자는 무엇을 하는 사람인가?
· 李明是做什么的?	리밍은 무엇을 하는 사람인가?
· 他们俩可能是什么关系?	그들 둘은 어떤 관계일 가능성이 있는가?
· 说话人在对谁讲这段话?	화자는 누구에게 이 말을 하고 있는가?

유형맛보기 1　🎧 09_1

Ⓐ 张大夫　　　Ⓑ 王大夫　　　Ⓒ 韩护士　　　Ⓓ 高院长

男: 要是张大夫回来，请你立刻告诉我。
女: 好的。他一回来我就联系您。

问: 男的在找谁?

A 닥터 장　　　B 닥터 왕　　　C 한 간호사　　　D 고 원장

남: 닥터 장이 돌아오면, 바로 저에게 알려주세요.
여: 네, 그가 돌아오면 바로 연락 드릴게요.

질문: 남자는 누구를 찾고 있는가?

보기 어휘

大夫 dàifu 명 의사 ⭐
护士 hùshi 명 간호사 ⭐
院长 yuànzhǎng 명 병원 원장

지문 어휘

要是 yàoshi 접 만약 ~(이)라면 ⭐
立刻 lìkè 부 바로, 즉시
告诉 gàosu 동 말하다, 알리다
一 A 就 B yī A jiù B
A하자마자(하면) 바로 B하다 ⭐
联系 liánxì 동 연락하다 ⭐

정답 A

해설 보기를 통해 직업 또는 인물 관계를 묻는 질문을 예상할 수 있다. 남자가 '要是张大夫回来, 请你立刻告诉我(닥터 장이 돌아오면, 바로 저에게 알려주세요)'라고 하였기 때문에 남자는 현재 '张大夫(닥터 장)'를 찾고 있음을 알 수 있다.

유형맛보기 2　🎧 09_2

A 一个歌手　　　　　Ⓑ 一个作家
C 一个演员　　　　　D 一个导演

女: 你讲的那部小说是谁写的?
男: 莫言。是位很有名气的作家。
女: 我知道。他是一个很有性格，很有自己看法的作家。
男: 是的。他的小说写得很棒！

问: 他们在聊谁?

A 가수　　　　　　　B 작가
C 배우　　　　　　　D 감독

여: 당신이 이야기한 그 소설은 누가 쓴 것인가요?
남: 모옌이요. 아주 명성있는 작가입니다.
여: 저 알아요. 그 사람 매우 개성 있고, 자기 견해가 있는 작가이죠.
남: 맞아요. 그의 소설은 정말 최고예요!

질문: 그들은 누구에 관해 이야기하고 있는가?

보기 어휘

歌手 gēshǒu 명 가수
作家 zuòjiā 명 작가 ⭐
演员 yǎnyuán 명 배우, 연기자 ⭐
导演 dǎoyǎn 명 감독, 연출자

지문 어휘

小说 xiǎoshuō 명 소설 ⭐
莫言 Mò Yán 고유 모옌(1955년 중국 산동 태생으로 중국에서 처음으로 노벨문학상을 수상한 소설 작가)
名气 míngqì 명 명성, 지명도
性格 xìnggé 명 개성, 성격 ⭐
看法 kànfǎ 명 견해, 의견 ⭐
棒 bàng 형 좋다, 뛰어나다 ⭐

정답 B

해설 보기를 통해 직업 혹은 인물 관계를 묻는 질문을 예상할 수 있다. 여자가 '那部小说是谁写的?(그 소설은 누가 쓴 것인가요?)'라고 물었고, 남자가 '莫言。是位很有名气的作家(모옌이요. 아주 명성있는 작가입니다)'라고 하였기 때문에 정답은 B 一个作家(작가)이다.

BEST 10 시험에 잘 나오는
빈도수 높은 직업, 신분, 관계 어휘

09_BEST 10 어휘
음원 바로 듣기

🎧09_3

1 大夫 dàifu 의사 ☆

2 律师 lǜshī 변호사 ☆

3 师傅 shīfu 기사님, 선생님 ☆

4 记者 jìzhě 기자 ☆

5 作家 zuòjiā 작가 ☆

6 导游 dǎoyóu 가이드 ☆

7 同事 tóngshì 직장 동료

8 邻居 línjū 이웃, 이웃집

9 亲戚 qīnqi 친척 ☆

10 叔叔 shūshu 삼촌, 작은 아버지

출제 빈도수 높은
직업, 신분, 관계 어휘 내공 쌓기

09_어휘 내공 쌓기
음원 바로 듣기

🎧 09_4

1 직업, 신분 관련 어휘

学校 xuéxiào **학교**

家长 jiāzhǎng 가장, 학부모	教师 jiàoshī 교사
教授 jiàoshòu 교수 ☆	老师 lǎoshī 선생님
学生 xuésheng 학생	班长 bānzhǎng 반장, 반 대표
校长 xiàozhǎng 교장	研究生 yánjiūshēng 대학원생
硕士 shuòshì 석사 ☆	博士 bóshì 박사 ☆

医院 yīyuàn **병원**

大夫 dàifu 의사 ☆	医生 yīshēng 의사
护士 hùshi 간호사 ☆	

饭馆 fànguǎn **식당**

厨师 chúshī 요리사	服务员 fúwùyuán 종업원
客人 kèrén 손님	

电视台 diànshìtái **방송국**

歌手 gēshǒu 가수	记者 jìzhě 기자 ☆
演员 yǎnyuán 배우, 연기자 ☆	主持人 zhǔchírén 사회자
作家 zuòjiā 작가 ☆	

公司 gōngsī **회사**

秘书 mìshū 비서	经理 jīnglǐ 사장, 매니저
职员 zhíyuán 직원	顾客 gùkè 고객 ☆

听力

听力

交通 jiāotōng 교통 ⭐

警察 jǐngchá 경찰 ⭐	**司机** sījī 기사
师傅 shīfu 기사님, 선생님(기술직에 종사하는 사람에 대한 존칭) ⭐	

其他 qítā 기타

律师 lǜshī 변호사 ⭐	**画家** huàjiā 화가
科学家 kēxuéjiā 과학자	**运动员** yùndòngyuán 운동선수
售货员 shòuhuòyuán 판매원 ⭐	**售票员** shòupiàoyuán 매표원
乘客 chéngkè 승객	

② 친족 관계 어휘 ⭐

夫妻 fūqī 부부

丈夫 zhàngfu 남편	**妻子** qīzi 아내

父母与子女 fùmǔ yǔ zǐnǚ 부모와 자녀

爸爸 bàba 아빠, 아버지	**父亲** fùqīn 부친 ⭐
妈妈 māma 엄마, 어머니	**母亲** mǔqīn 모친 ⭐
儿子 érzi 아들	**女儿** nǚ'ér 딸
子女 zǐnǚ 자녀, 아들과 딸	**孩子** háizi 아이

兄弟姐妹 xiōngdìjiěmèi 형제자매

哥哥 gēge 형, 오빠	**弟弟** dìdi 남동생
姐姐 jiějie 누나, 언니	**妹妹** mèimei 여동생

祖孙 zǔsūn 조부(조모)와 손자(손녀)

爷爷 yéye 할아버지	**奶奶** nǎinai 할머니
孙子 sūnzi 손지 ⭐	**孙女** sūnnǚ 손녀

亲戚 qīnqi 친척 ⭐

叔叔 shūshu 삼촌	**阿姨** āyí 이모

③ 사회 관계 어휘 ⭐

同事 tóngshì 직장 동료

公司 gōngsī 회사	办公室 bàngōngshì 사무실
出差 chū chāi 출장가다 ⭐	上班 shàng bān 출근하다
下班 xià bān 퇴근하다	加班 jiā bān 야근하다 ⭐
复印 fùyìn 복사하다 ⭐	传真 chuánzhēn 팩스 ⭐
打印 dǎyìn 인쇄하다, 프린트하다 ⭐	开会 kāi huì 회의를 하다
请假 qǐng jià 휴가를 신청하다	

同学 tóngxué 반 학우 / 师生 shīshēng 스승과 제자

考试 kǎoshì 시험을 보다	成绩 chéngjì 성적
同屋 tóngwū 룸메이트	教室 jiàoshì 교실
图书馆 túshūguǎn 도서관	食堂 shítáng 식당
作业 zuòyè 숙제	问问题 wèn wèntí 질문을 하다, 문제를 묻다
回答问题 huídá wèntí 질문에 대답하다	毕业 bì yè 졸업하다 ⭐
放假 fàng jià 방학하다	国籍 guójí 국적 ⭐
来自 lái zì ~에서 오다 ⭐	

售货员和顾客 shòuhuòyuán hé gùkè 판매원과 고객 / 服务员和顾客 fúwùyuán hé gùkè 종업원과 고객

多少钱 duōshao qián 얼마예요	价格 jiàgé 가격, 값 ⭐
打折 dǎ zhé 할인하다 ⭐	收您~块 shōu nín ~kuài ~위안을 받다
找您~块 zhǎo nín ~kuài ~위안을 거슬러주다	小伙子 xiǎohuǒzi 젊은이, 총각 ⭐

医生和病人 yīshēng hé bìngrén 의사와 환자 ⭐

发烧 fā shāo 열이 나다	头疼 tóuténg 머리가 아프다
感冒 gǎnmào 감기에 걸리다	打针 dǎ zhēn 주사를 맞다 ⭐
受伤 shòu shāng 다치다, 부상 당하다	生病 shēng bìng 병이 나다

司机和乘客 sījī hé chéngkè 기사와 승객 ⭐

出租车 chūzūchē 택시	上车 shàng chē 차에 타다
开车 kāi chē 운전하다	停 tíng 멈추다, 정지하다 ⭐
拐 guǎi 돌다, 꺾다	机场 jīchǎng 공항
红绿灯 hónglǜdēng 신호등	迷路 mí lù 길을 잃다 ⭐

朋友 péngyou 친구

逛街 guàng jiē 쇼핑하다, 길거리를 거닐며 구경하다	聊天儿 liáo tiānr 이야기하다, 잡담하다
看电影 kàn diànyǐng 영화를 보다	听音乐会 tīng yīnyuèhuì 음악회에 가다
买东西 mǎi dōngxi 물건을 사다	打招呼 dǎ zhāohu 인사하다 ⭐

④ 인물 관계 어휘 ⭐

관계			
父子 fùzǐ	➡ 父亲和儿子 fùqīn hé érzi 아버지와 아들	父女 fùnǚ	➡ 父亲和女儿 fùqīn hé nǚ'ér 아버지와 딸
兄妹 xiōngmèi	➡ 哥哥和妹妹 gēge hé mèimei 오빠와 여동생	兄弟 xiōngdì	➡ 哥哥和弟弟 gēge hé dìdi 형과 남동생
夫妻 fūqī	➡ 丈夫和妻子 zhàngfu hé qīzi 남편과 아내	母子 mǔzǐ	➡ 母亲和儿子 mǔqīn hé érzi 어머니와 아들
母女 mǔnǚ	➡ 母亲和女儿 mǔqīn hé nǚ'ér 어머니와 딸	姐弟 jiědì	➡ 姐姐和弟弟 jiějie hé dìdi 누나와 남동생
姐妹 jiěmèi	➡ 姐姐和妹妹 jiějie hé mèimei 언니와 여동생	师生 shīshēng	➡ 老师和学生 lǎoshī hé xuésheng 스승과 제자

실전 테스트

09_실전 테스트
음원 바로 듣기

🎧 09_5

第1-5题 听录音，选择正确答案。

대화를 듣고 질문에 알맞은 보기를 선택하세요.

제2부분

1 A 叔叔　　　　B 阿姨　　　　C 奶奶　　　　D 妻子

2 A 书的作者　　B 一位律师　　C 小学校长　　D 医院大夫

3 A 职员　　　　B 老师　　　　C 医生　　　　D 服务员

제3부분

4 A 孙子　　　　B 李律师　　　C 孙师傅　　　D 她丈夫

5 A 同事　　　　B 朋友　　　　C 邻居　　　　D 夫妻

정답 및 해설 ≫ 해설서 p. 37

3 몇 가지 단서를 토대로 정답을 예측하라!

공략비법 **10** 장소, 수단 문제

10_유형맛보기
음원 바로 듣기

출제 형식

대화를 하고 있는 장소 또는 가려고 하는 장소를 묻거나 대화자의 행동이 이루어지고 있는 장소를 묻는 문제가 매회 2~3문제씩 출제된다. 자주 출제되는 장소로는 슈퍼마켓(超市), 식당(餐厅), 병원(医院), 호텔(饭店), 화장실(洗手间), 기차역(火车站) 등이 있으며, 교통수단으로는 기차(火车), 버스(公交车), 택시를 타다(打车), 자전거를 타다(骑自行车) 등이 출제 빈도수가 높다.

핵심 전략

1 ★ 보기가 모두 장소이면 녹음에서 장소 관련 어휘에 집중하자.

2 ★ 화자가 이야기할 때 특정 장소와 관련된 표현이 언급되면 메모하며 듣는다.

3 대화 가운데 언급된 **여러 장소는 오히려 오답일 수 있으니 함정에 빠지지 않도록 주의한다.**

빈출 질문

장소

· 对话可能发生在哪儿?	대화는 아마도 어디에서 일어났겠는가?
· 他们现在在哪儿?	그들은 현재 어디에 있는가?
· 他们(现在)最可能在哪儿?	그들은 (현재) 어디에 있을 가능성이 가장 큰가?
· 他们最有可能在哪儿?	그들은 어디에 있을 가능성이 가장 큰가?
· 男的打算(要)去哪儿?	남자는 어디에 가려고 하는가?
· 女的要(想)去哪儿?	여자는 어디에 가려고 하는가(가고 싶어 하는가)?
· 他们要去哪儿?	그들은 어디에 가려고 하는가?
· 男的接下来要去哪里?	남자는 이어서 어디에 가려고 하는가?
· 女的建议去哪儿?	여자는 어디에 가라고 제안하는가?

수단

· 他们打算怎么回去?	그들은 어떻게 돌아 가려고 하는가?

✏️ 유형맛보기 1 🎧 10_1

A 食堂	Ⓑ 办公室	C 超市	D 酒店

女: 小刘，麻烦你帮我把这材料传真给李记者。他要写的一
　　篇报道里用这些数字。
男: 好的。告诉我他的传真号码。

问: 对话最可能发生在哪儿?

A 식당	B 사무실	C 슈퍼	D 호텔

여: 샤오리우, 번거롭겠지만 저를 도와 이 자료를 이 기자에게 팩스로 보내주세요. 그가
　　이 수치들을 사용해 기사를 써야 한대요.
남: 알겠습니다. 그 사람 팩스 번호 알려주세요.

질문: 대화는 어디에서 이루어질 가능성이 가장 큰가?

보기 어휘

食堂 shítáng 명 식당, 음식점

办公室 bàngōngshì 명 사무실,
오피스

超市 chāoshì 명 슈퍼마켓

酒店 jiǔdiàn 명 호텔

지문 어휘

材料 cáiliào 명 자료 ⭐

传真 chuánzhēn 명 팩스 ⭐

记者 jìzhě 명 기자 ⭐

报道 bàodào 명 기사, 보도
동 보도하다

数字 shùzì 명 수치, 숫자, 데이터 ⭐

정답 B

해설 보기를 통해 장소를 묻는 질문을 예상할 수 있다. 여자가 '麻烦你帮我把这材料传
真给李记者(번거롭겠지만 저를 도와 이 자료를 이 기자에게 팩스로 보내주세요)'라
고 했고, 남자가 '好的。告诉我他的传真号码(알겠습니다. 그 사람 팩스 번호 알려
주세요)'라고 하였기 때문에 정답은 B 办公室(사무실)이다.

✏️ 유형맛보기 2 🎧 10_2

A 自己开车	B 打车
Ⓒ 坐地铁	D 坐公交车

女: 我们怎么去机场?
男: 这个时间路上堵车，打车去恐怕会来不及。
女: 那坐地铁去?
男: 还有一个半小时，坐地铁应该可以按时到达。

问: 男的打算怎么去机场?

A 스스로 운전한다	B 택시를 탄다
C 지하철을 탄다	D 버스를 탄다

여: 우리 공항에 어떻게 가지?
남: 이 시간에는 길이 막혀서, 택시 타고 가면 아마 늦을 거야.
여: 그럼 지하철 타고 갈까?
남: 아직 한 시간 반 남았으니, 지하철을 타면 제때에 도착할 수 있을 거야.

질문: 남자는 어떻게 공항에 갈 계획인가?

보기 어휘

开车 kāi chē 동 운전하다

打车 dǎ chē 동 택시를 타다

地铁 dìtiě 명 지하철

公交车 gōngjiāochē 명 버스

지문 어휘

机场 jīchǎng 명 공항

堵车 dǔ chē 동 차가 막히다 ⭐

恐怕 kǒngpà 부 아마도 ~일 것이다 ⭐

来不及 láibují 동 늦다, 시간에 댈 수
없다 ⭐

按时 ànshí 부 제때에,
시간에 맞추어 ⭐

到达 dàodá 동 도착하다

听力 듣기

정답 C

해설 보기를 통해 교통수단을 묻는 질문을 예상할 수 있다. 여자가 '我们怎么去机场? (우리 공항에 어떻게 가지?)'이라고 물었고, 남자가 '还有一个半小时, 坐地铁应该 可以按时到达(아직 한 시간 반 남았으니, 지하철을 타면 제때에 도착할 수 있을 거 야)'라고 하였기 때문에 정답은 C 坐地铁(지하철을 탄다)이다.

10_어휘 내공 쌓기
음원 바로 듣기

🎧 10_3

听力

듣기

商场 shāngchǎng 백화점 / 超市 chāoshì 슈퍼마켓 / 商店 shāngdiàn 상점

打折 dǎ zhé 할인하다 ☆	信用卡 xìnyòngkǎ 신용카드
电影院 diànyǐngyuàn 영화관	厕所 cèsuǒ 화장실 ☆
矿泉水 kuàngquánshuǐ 생수, 물 ☆	帽子 màozi 모자
皮鞋 píxié 구두	裤子 kùzi 바지
裙子 qúnzi 치마	袜子 wàzi 양말 ☆
鞋 xié 신발	衣服 yīfu 옷
衬衫 chènshān 셔츠, 와이셔츠	零钱 língqián 잔돈 ☆
售货员 shòuhuòyuán 판매원 ☆	公斤 gōngjīn 킬로그램(kg)
价格 jiàgé 가격 ☆	顾客 gùkè 고객 ☆
付款 fù kuǎn 돈을 지불하다 ☆	购物 gòuwù 물건을 사다, 구매하다 ☆
开 / 关门 kāi / guān mén 문을 열다/닫다	逛 guàng 돌아다니다, 거닐다 ☆
买 mǎi 사다	卖 mài 팔다
提 tí 들다 ☆	免费 miǎn fèi 무료로 하다 ☆
便宜 piányi 싸다	贵 guì 비싸다
假 jiǎ 가짜 ☆	

公司 gōngsī 회사 ☆ 빈출문제

传真 chuánzhēn 팩스 ☆	材料 cáiliào 자료 ☆
记者 jìzhě 기자 ☆	环境 huánjìng 환경
办公室 bàngōngshì 사무실, 오피스	复印 fùyìn 복사하다 ☆
经历 jīnglì 경력, 경험, (몸소) 겪다, 경험하다 ☆	工资 gōngzī 임금, 급여 ☆
会议 huìyì 회의	职业 zhíyè 직업 ☆
广告 guǎnggào 광고 ☆	奖金 jiǎngjīn 보너스 ☆
律师 lǜshī 변호사 ☆	生意 shēngyi 장사, 영업 ☆

收入 shōurù 수입 ☆	**同事** tóngshì 직장 동료
参观 cānguān 참관하다 ☆	**参加** cānjiā 참가하다
迟到 chídào 지각하다	**出差** chū chāi 출장가다 ☆
打印 dǎyìn 인쇄하다 ☆	**翻译** fānyì 번역하다 ☆
加班 jiā bān 야근하다 ☆	**应聘** yìngpìn 지원하다, 초빙에 응하다 ☆
招聘 zhāopìn 모집하다, 채용하다 ☆	**通知** tōngzhī 알리다 ☆

饭店 fàndiàn 호텔 / 食堂 shítáng 구내식당 / 餐厅 cāntīng 식당 ☆ / 咖啡厅 kāfēitīng 커피숍 ★ 빈출문제

洗手间 xǐshǒujiān 화장실	**菜单** càidān 메뉴판
顾客 gùkè 고객 ☆	**茶** chá 차
点菜 diǎn cài 주문하다	**服务员** fúwùyuán 종업원
客人 kèrén 손님	**饮料** yǐnliào 음료수
果汁 guǒzhī 과일 주스 ☆	**鸡蛋** jīdàn 계란
蛋糕 dàngāo 케익	**饺子** jiǎozi 만두 ☆
包子 bāozi 찐빵 ☆	**饼干** bǐnggān 과자 ☆
米饭 mǐfàn 쌀밥	**汤** tāng 국 ☆
糖 táng 사탕 ☆	**面包** miànbāo 빵
面条 miàntiáo 국수	**牛奶** niúnǎi 우유
水果 shuǐguǒ 과일	**香蕉** xiāngjiāo 바나나
西瓜 xīguā 수박	**西红柿** xīhóngshì 토마토 ☆
巧克力 qiǎokèlì 초콜릿 ☆	**肉** ròu 고기
羊肉 yángròu 양고기	**鱼** yú 물고기, 생선
食品 shípǐn 식품	**小吃** xiǎochī 간식 ☆
盐 yán 소금 ☆	

家里 jiāli 집안, 가정 ★ 빈출문제

厨房 chúfáng 부엌, 주방 ☆	**搬家** bān jiā 이사하다
打扫 dǎsǎo 청소하다	**冰箱** bīngxiāng 냉장고
家具 jiājù 가구 ☆	**沙发** shāfā 소파 ☆
客厅 kètīng 거실 ☆	**垃圾** lājī 쓰레기
垃圾桶 lājītǒng 쓰레기통 ☆	**邻居** línjū 이웃, 이웃집
打电话 dǎ diànhuà 전화를 걸다	**电脑** diànnǎo 컴퓨터
电视 diànshì 텔레비전	**儿子** érzi 아들

父亲 fùqīn 부친, 아버지⭐	**母亲** mǔqīn 모친, 어머니⭐
妻子 qīzi 아내	**丈夫** zhàngfu 남편
亲戚 qīnqi 친척⭐	**儿童** értóng 어린이, 아동⭐
孙子 sūnzi 손자⭐	**接孩子** jiē háizi 아이를 데려오다
送孩子 sòng háizi 아이를 데려다주다	**聚会** jùhuì 모임⭐
牙膏 yágāo 치약⭐	**刷牙** shuā yá 이를 닦다
洗衣服 xǐ yīfu 빨래를 하다	**洗澡** xǐ zǎo 목욕하다
做饭 zuò fàn 밥을 하다	

学校 xuéxiào 학교 ⭐반출문제

教室 jiàoshì 교실	**教育** jiàoyù 교육⭐
报名 bào míng 등록하다, 신청하다⭐	**比赛** bǐsài 경기
毕业 bì yè 졸업하다⭐	**博士** bóshì 박사⭐
硕士 shuòshì 석사⭐	**成绩** chéngjì 성적
词典 cídiǎn 사전	**答案** dá'àn 답안, 답⭐
放假 fàng jià 방학하다	**复习** fùxí 복습하다
寒假 hánjià 겨울방학⭐	**暑假** shǔjià 여름방학⭐
黑板 hēibǎn 칠판	**留学** liú xué 유학하다
考试 kǎoshì 시험을 치다	**申请** shēnqǐng 신청하다⭐
年级 niánjí 학년	**上课** shàng kè 수업하다
下课 xià kè 수업을 마치다	**橡皮** xiàngpí 지우개⭐
校长 xiàozhǎng 교장	**学期** xuéqī 학기⭐
研究 yánjiū 연구하다⭐	**研究生** yánjiūshēng 대학원생
语法 yǔfǎ 어법⭐	**阅读** yuèdú 읽다, 독해하다⭐
作业 zuòyè 숙제	

医院 yīyuàn 병원

病人 bìngrén 환자	**大夫** dàifu 의사⭐
住院 zhù yuàn 입원하다	**出院** chū yuàn 퇴원하다
打针 dǎ zhēn 주사를 맞다⭐	**发烧** fā shāo 열이 나다
头疼 tóuténg 머리가 아프다	**感冒** gǎnmào 감기에 걸리다
检查 jiǎnchá 조사하다	**结果** jiéguǒ 결과⭐
生病 shēng bìng 병이 나다	**体温** tǐwēn 체온

실전 테스트

10_실전 테스트
음원 바로 듣기   🎧 10_4

第1-5题   听录音，选择正确答案。

대화를 듣고 질문에 알맞은 보기를 선택하세요.

제2부분

① A 售票处 　　 B 长江大桥上 　　 C 飞机上 　　 D 公共汽车上

② A 宾馆 　　 B 火车站 　　 C 长城 　　 D 国家大剧院

③ A 地铁站 　　 B 图书馆 　　 C 银行 　　 D 厕所

제3부분

④ A 超市 　　 B 银行 　　 C 出租车上 　　 D 卫生间

⑤ A 体育馆 　　 B 饭店 　　 C 咖啡厅 　　 D 书店

정답 및 해설 ≫ 해설서 p. 39

DAY 06

3 몇 가지 단서를 토대로 정답을 예측하라!

공략비법 11 숫자, 시간 문제

11_유형맛보기
음원 바로 듣기

출제 형식

시간, 날짜, 가격, 거리 등 숫자와 관련된 내용을 묻는 문제가 출제 된다. 복잡한 계산을 하는 문제보다는 언급된 숫자를 얼마나 정확하게 들었는지 판단하는 문제나 간단한 계산을 하는 문제가 출제되므로 대화 중에 나오는 숫자는 잘 메모해 두어야 한다.

핵심 전략

1 **보기에 숫자가 포함되어 있으면 시간, 날짜, 가격, 거리 등과 관련된 질문**이 나올 것을 예상한다. 대화에 다양한 숫자를 언급해 혼동을 주는 경우가 있으니 주의한다.

2 숫자만 언급하지 않고 **숫자와 어울리는 단위나 수치 등과 함께 언급할 가능성이 높다.** 따라서 시간과 함께 쓰이는 시간명사(早上, 晚上, 半, 一刻…)나 온도의 단위(度, 零上, 零下…), 백분율(百分之), 길이의 단위(米, 公里…), 돈의 단위(块, 元…) 등의 어휘를 암기하고 시험에 임하자.

빈출 질문

· 那台电脑多少钱?	그 컴퓨터는 얼마인가?
· 什么时候举行招聘会?	언제 채용 박람회가 열리는가?
· 同学聚会什么时候举行?	동창회는 언제 열리는가?
· 离他家有多远?	그의 집에서 얼마나 먼가?
· 上海国家艺术节多长时间举办一次?	상하이 국제 예술제는 얼마 만에 한 번씩 열리는가?

| A 晚上7:40 | B 上午8点半 | Ⓒ 早上7:40 | D 早上7:14 |

男：王教授，您明天几点到火车站？我去接您。
女：那就麻烦你了。我明天早上7:40到北京。

问：女的明天几点到北京？

| A 저녁 7:40 | B 오전 8시 반 | C 아침 7:40 | D 아침 7:14 |

남: 왕 교수님, 내일 몇 시에 기차역에 도착하시나요? 제가 마중 나갈게요.
여: 그럼 부탁드리겠습니다. 내일 아침 7시 40분에 베이징에 도착합니다.

질문: 여자는 내일 몇 시에 베이징에 도착하는가?

지문 어휘

教授 jiàoshòu 명 교수 ⭐

火车站 huǒchēzhàn 명 기차역

接 jiē 동 마중가다

麻烦 máfan 동 폐를 끼치다,
번거롭게 하다 ⭐

정답 C

해설 보기를 통해 시간을 묻는 질문을 예상할 수 있다. 남자가 '您明天几点到火车站?(내일 몇 시에 기차역에 도착하시나요?)'이라고 물었고, 여자가 '我明天早上7:40到北京(내일 아침 7시 40분에 베이징에 도착합니다)'이라고 대답하였으므로 정답은 C 早上7:40(아침 7:40)이다.

| A 500米 | B 两千米 | Ⓒ 一公里 | D 七公里 |

男：新闻报道明年要新修一条地铁。
女：能经过咱家附近该多好！
男：还真有一站是离咱家大概有一公里。
女：好极了！以后坐地铁就不用走那么远了。

问：将要修的地铁最近的一站离他家有多远？

| A 500m | B 2,000m | C 1km | D 7km |

남: 뉴스에서 그러는데 내년에 지하철 노선 하나가 새로 생긴대.
여: 우리 집 근처로 지나가면 얼마나 좋을까!
남: 진짜로 우리 집에서 한 1km 정도 되는 곳에 역이 하나 생긴대.
여: 너무 잘됐다! 앞으론 지하철 타기 위해 그렇게 많이 걸을 필요 없겠네.

질문: 곧 생길 제일 가까운 지하철 역은 그들의 집에서 얼마나 먼가?

보기 어휘

米 mǐ 양 미터(m)

公里 gōnglǐ 양 킬로미터(km) ⭐

지문 어휘

新闻 xīnwén 명 뉴스

报道 bàodào 명 보도 동 보도하다

修 xiū 동 건설하다, 부설하다, 수리하다

经过 jīngguò 동 지나다, 경과하다

附近 fùjìn 명 부근, 근처

정답 > C

해설 보기를 통해 거리를 묻는 질문을 예상할 수 있다. 남자가 '还真有一站是离咱家大概有一公里(진짜로 우리 집에서 한 1km 정도 되는 곳에 역이 하나 생긴대)'라고 하였기 때문에 정답은 C 一公里(1km)이다.

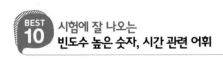

BEST 10 시험에 잘 나오는
빈도수 높은 숫자, 시간 관련 어휘

11_BEST 10 어휘
음원 바로 듣기

🎧 11_3

1 花 huā (돈을) 쓰다

2 降价 jiàng jià 인하하다

3 至少 zhìshǎo 적어도, 최소한 ☆

4 提前 tíqián 앞당기다 ☆

5 推迟 tuīchí 미루다, 연기하다 ☆

6 公里 gōnglǐ 킬로미터 ☆

7 距离 jùlí 거리 ☆

8 举行 jǔxíng 개최하다, 거행하다, 열다 ☆

9 结束 jiéshù 끝나다

10 打折 dǎ zhé 할인하다 ☆

출제 빈도수 높은
숫자, 시간 어휘 내공 쌓기

11_어휘 내공 쌓기
음원 바로 듣기 🎧 11_4

행사 및 시간 관련 ★빈출문제

分钟 fēnzhōng 분	**小时** xiǎoshí 시간
举办 jǔbàn 개최하다, 열다 ★	**举行** jǔxíng 개최하다, 거행하다, 열다 ★
提前 tíqián 앞당기다 ★	**推迟** tuīchí 연기하다, 미루다 ★
毕业 bì yè 졸업, 졸업하다 ★	**到** dào 도착하다
接 jiē 맞이하다, 마중하다	**送** sòng 배웅하다
回来(回去) huílai(huíqu) 돌아오다(돌아가다)	**每年** měi nián 매년
半年 bànnián 반년	**月底** yuèdǐ 월말
礼拜天 lǐbàitiān 일요일 ★	**参加** cānjiā 참가하다
准备 zhǔnbèi 준비하다	**结果** jiéguǒ 결과
招聘会 zhāopìnhuì 채용 박람회	**希望** xīwàng 희망하다, 바라다
准时 zhǔnshí 시간을 지키다, 정시에, 제때에 ★	**活动** huódòng 활동, 행사, 활동하다 ★
安排 ānpái 스케줄을 짜다, 안배하다, 배정하다 ★	**周末** zhōumò 주말
生活 shēnghuó 생활, 생활하다 ★	**晚点** wǎn diǎn 연착하다

물건 및 결제 관련

花 huā (돈을) 쓰다, 소비하다	**原价** yuánjià 원가
打折 dǎ zhé 할인하다 ★	**带** dài 가져오다
现金 xiànjīn 현금 ★	**信用卡** xìnyòngkǎ 신용카드
笔记本电脑 bǐjìběn diànnǎo 노트북	**衬衫** chènshān 셔츠, 와이셔츠
猜 cāi 알아맞히다, 추측하다 ★	**至少** zhìshǎo 적어도, 최소한 ★
降价 jiàng jià 인하하다	

교통 및 거리 관련

米 mǐ 미터	公里 gōnglǐ 킬로미터 ⭐
出发 chūfā 출발하다 ⭐	大概 dàgài 대략, 대강 ⭐
大约 dàyuē 대략, 대강 ⭐	开车 kāi chē 운전하다
距离 jùlí 거리 ⭐	高速公路 gāosù gōnglù 고속도로 ⭐
速度 sùdù 속도 ⭐	机场 jīchǎng 공항
赶上 gǎnshàng 따라잡다	终于 zhōngyú 드디어, 마침내
经过 jīngguò 지나다, 경과하다	附近 fùjìn 부근, 근처

기타 숫자 관련

页 yè 페이지 ⭐	密码 mìmǎ 비밀번호 ⭐
数字 shùzì 숫자, 데이터 ⭐	顺序 shùnxù 순서 ⭐
改 gǎi 고치다, 바꾸다	

실전 테스트

第1-5题   听录音，选择正确答案。

대화를 듣고 질문에 알맞은 보기를 선택하세요.

제2부분

① A 今晚   B 星期日   C 明天   D 下个月

② A 这个周末   B 下礼拜天   C 下个月底   D 今天晚上

③ A 25年   B 13年   C 12年   D 10年

제3부분

④ A 晚上   B 暑假前   C 周末   D 月底

⑤ A 周六中午   B 星期日下午   C 礼拜一早上   D 周五上午

정답 및 해설 ≫ 해설서 p. 42

DAY 06

4 문제 스타일에 따라 공략법을 달리하라!

공략비법 12 행동 문제

12_유형맛보기
음원 바로 듣기

출제 형식

이미 행동을 완료했거나 현재 하고 있는 행동, 앞으로 하려고 하는 행동 또는 제3자가 요구하는 행동을 묻는 문제가 출제된다. 듣기 2, 3부분에서 행동 문제가 3~5문제 이상 출제되므로 출제 빈도수가 높은 유형이며 여가활동, 업무, 병원, 쇼핑 등과 관련있는 행동이 출제된다.

핵심 전략

1 ★ 보기가 모두 동사 또는 동사구[동사 + 목적어]이면 행동을 묻는 질문이 나올 것을 예상한다.

2 ★ 대화에서 언급된 행동의 주체자를 꼭 기억한다.

빈출 질문

· 男的要做什么?	남자는 무엇을 하려고 하는가?
· 女的想要做什么?	여자는 무엇을 하려고 하는가?
· 女的让男的做什么? ★★★	여자는 남자에게 무엇을 하라고 했는가?
· 女的让男的怎么做?	여자는 남자에게 어떻게 하라고 했는가?
· 女的最可能要做什么?	여자는 무엇을 할 가능성이 가장 큰가?
· 男的建议女的怎么做?	남자는 여자에게 어떻게 하기를 제안하는가?
· 男的要去做什么?	남자는 무엇을 하러 가려고 하는가?
· 他们要干什么?	그들은 무엇을 하려고 하는가?
· 他们打算怎么做?	그들은 어떻게 할 계획인가?
· 男的正在做什么?	남자는 지금 무엇을 하고 있는가?
· 男的让女的帮忙做什么?	남자는 여자에게 무엇을 도와주라고 했는가?
· 父母希望女的怎么做?	부모는 여자가 어떻게 하기를 바라는가?
· 王师傅做什么去了?	왕 기사님은 무엇을 하러 갔는가?
· 医生让男的怎么做?	의사는 남자에게 어떻게 하라고 했는가?
· 女的接下来可能要做什么?	여자는 이어서 무엇을 할 가능성이 있는가?
· 男的接下来准备怎么做?	남자는 이어서 어떻게 하려고 하는가?

听力
듣기

A 少喝酒   **B** 多睡觉
C 去医院   Ⓓ 少玩儿游戏

男： 我得换个眼镜啦，现在戴的这个看不太清了。
女： 你应该注意保护眼睛，不要长时间玩儿电脑游戏。

问： 女的让男的怎么做？

A 술을 조금 마셔라   **B** 잠을 많이 자라
C 병원에 가라   D 게임을 적게 해라

남: 나 안경 바꿔야겠다. 지금 쓰고 있는 이 안경은 잘 안 보이네.
여: 너 시력 보호에 꼭 신경 써야 해. 컴퓨터 게임 너무 오래 하지 말고.

질문: 여자는 남자에게 어떻게 하라고 했는가?

보기 어휘

玩儿 wánr 동 놀다, 즐기다
游戏 yóuxì 명 게임

지문 어휘

换 huàn 동 바꾸다, 교환하다
眼镜 yǎnjìng 명 안경 ⭐
戴 dài 동 쓰다, 끼다 ⭐
注意 zhùyì 동 주의하다, 신경 쓰다
保护 bǎohù 동 보호하다 ⭐
眼睛 yǎnjing 명 눈

정답   D

해설   보기를 통해 어떤 행동을 해야 하는지 묻는 질문을 예상할 수 있다. 남자가 '我得换个眼镜啦，现在戴的这个看不太清了(나 안경 바꿔야겠다. 지금 쓰고 있는 이 안경은 잘 안 보이네)'라고 했고, 여자는 '不要长时间玩儿电脑游戏(컴퓨터 게임 너무 오래 하지 말고)'라고 하였기 때문에 정답은 D 少玩儿游戏(게임을 적게 해라)이다.

A 跑步   Ⓑ 游泳   **C** 散步   **D** 洗澡

女： 喂，您好。请问，王师傅在吗？
男： 他不在，他游泳去了。
女： 那么他什么时候能回来呢？
男： 一会儿就该回来了。
女： 好的。那我一会儿再打吧。打扰了，再见。

问： 王师傅做什么去了？

A 달리기하다   B 수영하다   **C** 산책하다   **D** 샤워하다

여: 여보세요, 안녕하세요. 실례지만 왕 선생님 계신가요?
남: 안 계시는데요, 수영하러 가셨어요.
여: 그럼 언제쯤 돌아오실까요?
남: 곧 오실 거예요.
여: 알겠습니다. 그럼 이따가 다시 전화 걸게요. 실례했습니다, 안녕히 계세요.

질문: 왕 선생님은 무엇을 하러 갔는가?

보기 어휘

跑步 pǎo bù 동 달리다
游泳 yóu yǒng 동 수영하다
散步 sàn bù 동 산책하다 ⭐
洗澡 xǐ zǎo 동 샤워하다, 목욕하다

지문 어휘

师傅 shīfu 명 기사님, 선생님(기술직에 종사하는 사람에 대한 존칭) ⭐
打扰 dǎrǎo 동 방해하다, 실례하다, 폐를 끼치다 ⭐

정답 B

해설 보기를 통해 행동을 묻는 질문을 예상할 수 있다. 여자가 '王师傅在吗?(왕 선생님 계신가요?)'라고 물었고, 남자가 '他不在, 他游泳去了(안 계시는데요, 수영하러 가셨어요)'라고 하였기 때문에 정답은 B 游泳(수영하다)이다.

BEST 10 시험에 잘 나오는
빈도수 높은 행동 어휘

12_BEST 10 어휘
음원 바로 듣기

🎧 12_3

1 洗衣服 xǐ yīfu 빨래를 하다

2 逛街 guàng jiē 쇼핑하다, 길거리를 거닐며 구경하다

3 照相 zhào xiàng 사진을 찍다

4 发电子邮件 fā diànzǐ yóujiàn 메일을 보내다

5 倒垃圾(扔垃圾) dào lājī(rēng lājī) 쓰레기를 버리다 ☆

6 按时吃药 ànshí chī yào 제시간에 약을 먹다 ☆

7 旅行 lǚxíng 여행하다 ☆

8 收拾房间 shōushi fángjiān 방을 정리하다 ☆

9 抽烟 chōu yān 담배를 피우다 ☆

10 参加面试 cānjiā miànshì 면접을 보다, 면접에 참가하다

출제 빈도수 높은
행동 관련 어휘 내공 쌓기

12_어휘 내공 쌓기
음원 바로 듣기 🎧 12_4

행동 어휘 ⭐

散步 sàn bù 산책하다 ⭐	旅行 lǚxíng 여행하다 ⭐
结婚 jié hūn 결혼하다	看演出 kàn yǎnchū 연극을 보다 ⭐
爬山 pá shān 등산하다	逛街 guàng jiē 쇼핑하다
洗澡 xǐ zǎo 목욕하다	游泳 yóu yǒng 수영하다
玩儿游戏 wánr yóuxì 게임을 하다	照相 zhào xiàng 사진을 찍다
加班 jiā bān 야근하다 ⭐	打针 dǎ zhēn 주사를 맞다 ⭐
抽烟 chōu yān 담배를 피우다 ⭐	吃药 chī yào 약을 먹다
画画儿 huà huàr 그림을 그리다	跳舞 tiào wǔ 춤을 추다
睡觉 shuì jiào 잠을 자다	打扫 dǎ sǎo 청소를 하다
弹钢琴 tán gāngqín 피아노를 치다 ⭐	打网球 dǎ wǎngqiú 테니스를 치다 ⭐
喝饮料 hē yǐnliào 음료수를 마시다	

행동 관련 표현 ⭐

早点儿出发 zǎodiǎnr chūfā 조금 일찍 출발하다	请几天假 qǐng jǐ tiān jià 며칠 휴가를 내다
坐地铁 zuò dìtiě 지하철을 타다	穿皮鞋 chuān píxié 구두를 신다
做些饼干 zuò xiē bǐnggān 과자를 좀 만들다	收拾房间 shōushi fángjiān 방을 정리하다
整理房间 zhěnglǐ fángjiān 방을 정리하다	搬走桌子 bānzǒu zhuōzi 탁자를 옮기다
去买笔记本 qù mǎi bǐjìběn 노트북을 사러가다	参加面试 cānjiā miànshì 면접을 보다
交作业 jiāo zuòyè 숙제를 내다	倒垃圾(扔垃圾) dào lājī(rēng lājī) 쓰레기를 버리다
修理家具 xiūlǐ jiājù 가구를 수리하다	尝一下汤 cháng yíxià tāng 국(탕)을 좀 맛보다
坐出租车走 zuò chūzūchē zǒu 택시를 타고 가다	认真练习 rènzhēn liànxí 열심히 연습하다
放轻松 fàng qīngsōng 긴장을 가볍게 풀어주다	抬箱子 tái xiāngzi 상자를 들다
洗裙子 xǐ qúnzi 치마를 빨다	挂衣服 guà yīfu 옷을 걸다
取报纸 qǔ bàozhǐ 신문을 찾다	扔盒子 rēng hézi 상자를 버리다

包饺子 bāo jiǎozi 만두를 빚다	**洗碗筷** xǐ wǎnkuài 설거지를 하다
拿毛巾 ná máojīn 수건을 가져오다	**擦窗户** cā chuānghu 창문을 닦다
提前预习 tíqián yùxí 미리 예습하다	**戴上眼镜** dài shang yǎnjìng 안경을 끼다
出去散步 chūqu sàn bù 산책하러 나가다	**注意休息** zhùyì xiūxi 휴식에 신경쓰다
介绍公司情况 jièshào gōngsī qíngkuàng 회사 상황을 소개하다	**谈广告的事** tán guǎnggào de shì 광고에 대해 얘기하다
	复印材料 fùyìn cáiliào 자료를 복사하다
打印文章 dǎyìn wénzhāng 글을 인쇄하다	**发传真** fā chuánzhēn 팩스를 보내다
发电子邮件 fā diànzǐ yóujiàn 메일을 보내다	**填表格** tián biǎogé 표를 기입하다
按时吃药 ànshí chī yào 제시간에 약을 먹다	

12_실전 테스트
음원 바로 듣기
🎧 12_5

第1-5题 听录音，选择正确答案。

대화를 듣고 질문에 알맞은 보기를 선택하세요.

제2부분

1　A 提前预习　　B 重新修改　　C 加倍努力　　D 不要迟到

2　A 谈广告的事　B 打针　　　　C 送杂志　　　D 道歉

3　A 扔垃圾　　　B 推车　　　　C 照相　　　　D 关窗户

제3부분

4　A 在家看电视　B 去买衣服　　C 看足球比赛　D 打扫房间

5　A 整理行李箱　B 去大使馆　　C 练习英语口语　D 准备推荐信

정답 및 해설 ≫ 해설서 p. 44

DAY 07

4 문제 스타일에 따라 공략법을 달리하라!

공략비법 13 상태, 상황 문제

13_유형맛보기
음원 바로 듣기

출제형식

인물이나 사물의 상태 혹은 현재 인물이 처한 상황이 어떠한지 묻는 문제로 매회 4~5문제는 출제된다.
제시된 보기의 문장 길이가 다소 길기 때문에 먼저 보기를 재빨리 읽고 녹음을 듣는 것이 도움된다.

핵심 전략

1 ★ **녹음을 듣기 전에 보기의 의미를 정확히 파악**해 어떤 상황이 나올지 예측해야 한다.

2 대화 중 언급된 표현을 정답에서 그대로 사용하지 않고 다른 말로 바꾸어 표현하는 문제가 출제되
므로 **비슷한 표현을 많이 익혀두어야 한다.**

빈출 질문

인물

· 关于男的(女的)，可以知道什么?	남자(여자)에 관하여 알 수 있는 것은 무엇인가?
· 根据对话，可以知道什么?	대화에 근거하여 알 수 있는 것은 무엇인가?
· 根据对话，下列哪个正确?	대화에 근거하여 다음 중 옳은 것은?
· 关于男的(女的)，下列哪个正确?	남자(여자)에 관하여 다음 중 옳은 것은?
· 关于小李，可以知道什么?	샤오리에 관하여 알 수 있는 것은 무엇인가?

사물

· 关于那个手机，可以知道什么?	그 휴대폰에 관하여 알 수 있는 것은 무엇인가?
· 关于那家餐厅，可以知道什么?	그 식당에 관하여 알 수 있는 것은 무엇인가?
· 关于那个房子，可以知道什么?	그 집에 관하여 알 수 있는 것은 무엇인가?
· 关于那场比赛，可以知道什么?	그 경기에 관하여 알 수 있는 것은 무엇인가?
· 关于那家餐厅，下列哪个正确?	그 식당에 관하여 다음 중 옳은 것은?
· 关于这次活动，下列哪个正确?	이번 행사에 관하여 다음 중 옳은 것은?

听力

듣기

A 要剪头发　　　　**B** 要见朋友
Ⓒ 想减肥　　　　　　**D** 非常幽默

女：爬楼梯太累了，我们坐电梯吧。
男：你不是要减肥吗？爬楼梯有助于减肥。

问：关于女的，下列哪个正确？

A 머리를 자를 것이다　　　**B** 친구를 만날 것이다
Ⓒ 다이어트를 하고 싶어 한다　**D** 매우 유머러스하다

여：계단 올라가는 거 너무 힘들어, 우리 엘리베이터 타자.
남：너 다이어트 하려는 거 아니었어? 계단으로 올라가면 다이어트에 도움돼.

질문：여자에 관하여, 다음 중 옳은 것은?

보기 어휘

剪 jiǎn 〔동〕 자르다, 깎다

头发 tóufa 〔명〕 머리카락

减肥 jiǎn féi 〔동〕 다이어트하다, 살을 빼다 ⭐

幽默 yōumò 〔형〕 유머러스하다 ⭐

지문 어휘

爬 pá 〔동〕 기어오르다

楼梯 lóutī 〔명〕 계단

电梯 diàntī 〔명〕 엘리베이터

有助于 yǒuzhùyú ~에 도움이 되다

정답 C

해설 보기를 통해 처한 상황을 묻는 질문임을 예상할 수 있다. 여자가 '爬楼梯太累了, 我们坐电梯吧(계단 올라가는 거 너무 힘들어, 우리 엘리베이터 타자)'라고 하자, 남자가 '你不是要减肥吗？爬楼梯有助于减肥(너 다이어트 하려는 거 아니었어? 계단으로 올라가면 다이어트에 도움돼)'라고 했다. 질문이 여자에 관해 옳은 내용을 묻는 것이므로, 정답은 C 想减肥(다이어트를 하고 싶어 한다)이다.

A 顾客很开心　　**Ⓑ** 衣服打折
C 袜子卖光了　　**D** 男的是顾客

男: 欢迎光临，我们现在全场打三折，您看看有没有什么需要的?
女: 这条裙子不错，还有其他颜色吗?
男: 有红色和黑色。您皮肤白，这些颜色您穿了都合适。
女: 我试一条红色的吧。

问: 根据对话，下列哪个正确?

A 고객이 기뻐한다　　**B** 옷을 할인한다
C 양말이 다 팔렸다　　**D** 남자는 고객이다

남: 어서 오세요, 저희 매장에서는 지금 모든 물건을 70% 할인하고 있습니다. 필요한 것이 있는지 한번 보시겠어요?
여: 이 치마가 괜찮네요. 다른 색상 있나요?
남: 빨간색이랑 검은색이 있습니다, 고객님은 피부가 하얘서, 이 색상들 다 잘 어울리네요.
여: 빨간색 입어볼게요.

질문: 대화에 근거하여, 다음 중 옳은 것은?

보기 어휘

顾客 gùkè 명 고객, 손님 ⭐
开心 kāixīn 형 기쁘다, 즐겁다 ⭐
打折 dǎ zhé 동 할인하다 ⭐
袜子 wàzi 명 양말 ⭐
卖光 mài guāng 다 팔리다, 매진되다

지문 어휘

欢迎光临 huānyíng guānglín 어서 오세요
裙子 qúnzi 명 치마, 스커트
其他 qítā 대 기타
颜色 yánsè 명 색깔
红色 hóngsè 명 빨간색, 붉은색
黑色 hēisè 명 검은색, 검정색
皮肤 pífū 명 피부 ⭐
合适 héshì 형 적합하다, 알맞다 ⭐
试 shì 동 입어 보다, 시험 삼아 해 보다

정답　B

해설　보기를 통해 현재 상황을 묻는 질문이 나올 것을 예상할 수 있다. 남자가 '欢迎光临, 我们现在全场打三折(어서 오세요, 저희 매장에서는 지금 모든 물건을 70% 할인하고 있습니다)'라고 했고 여자는 '这条裙子不错, 还有其他颜色吗?(이 치마가 괜찮네요, 다른 색상 있나요?)'라고 답했다. 대화 내용에 대해서 옳은 설명을 찾는 문제이므로 정답은 B 衣服打折(옷을 할인한다)이다.

출제 빈도수 높은
상태, 상황 어휘 내공 쌓기

13_어휘 내공 쌓기
음원 바로 듣기

별다섯개! ★★★★★ 🎧 13_3

상태, 상황 표현	
非常精彩 아주 다채롭다 fēicháng jīngcǎi	**很精彩** 아주 다채롭다 hěn jīngcǎi
孩子快要出生了 아이가 곧 태어난다 háizi kuài yào chūshēng le	**快生孩子了** 곧 아이를 낳으려고 한다 kuài shēng háizi le
教我开车的老师 나에게 운전을 가르치는 선생님 jiāo wǒ kāi chē de lǎoshī	**在学开车** 운전을 배우고 있다 zài xué kāi chē
还没搬过去 아직 옮기지 않았다 hái méi bān guòqu	**还没搬家** 아직 이사를 하지 않았다 hái méi bān jiā
推迟到下周了 다음주로 연기되었다 tuīchí dào xiàzhōu le	**时间推迟了** 시간이 연기되었다 shíjiān tuīchí le
申请出国留学 (해외)유학을 신청하다 shēnqǐng chūguó liú xué	**准备留学** 유학을 준비하다 zhǔnbèi liú xué
饭菜价格普遍较高 요리 가격이 보편적으로 높다 fàncài jiàgé pǔbiàn jiào gāo	**饭菜贵** 요리가 비싸다 fàncài guì
大学生活就结束了 대학생활이 끝났다 dàxué shēnghuó jiù jiéshù le	**已经毕业了** 이미 졸업했다 yǐjing bì yè le
起飞时间推迟了 이륙 시간이 연기되었다 qǐfēi shíjiān tuīchí le	**航班推迟了** 항공편이 연기되었다 hángbān tuīchí le
镜子放低了 거울을 낮게 달았다 jìngzi fàng dī le	**镜子有点儿低** 거울이 조금 낮다 jìngzi yǒudiǎnr dī
爱到处旅行 곳곳으로 여행 다니기를 좋아한다 ài dàochù lǚxíng	**行李箱整理好了** 캐리어를 다 정리했다 xínglixiāng zhěnglǐ hǎo le
会打羽毛球 배드민턴을 칠 줄 안다 huì dǎ yǔmáoqiú	**羽毛球打得真棒** 배드민턴을 아주 잘 친다 yǔmáoqiú dǎ de zhēn bàng
很热闹 아주 번화하다 hěn rènao	**热闹极了** 매우 번화하다 rènao jí le
来自南方 남방에서 왔다 láizì nánfāng	**是南方人** 남방 사람이다 shì nánfāngrén
房子在公司旁边 집은 회사 옆에 있다 fángzi zài gōngsī pángbiān	**房子在公司附近** 집은 회사 근처에 있다 fángzi zài gōngsī fùjìn
现在是秋季 지금은 가을이다 xiànzài shì qiūjì	**冬天就要到了** 겨울이 곧 온다 dōngtiān jiù yào dào le
有行李 짐이 있다 yǒu xíngli	**带行李箱** 캐리어를 가져오다 dài xínglixiāng

13_실전 테스트
음원 바로 듣기　🎧 13_4

第1-5题　听录音，选择正确答案。

대화를 듣고 질문에 알맞은 보기를 선택하세요.

제2부분

1 A 要出差　　　B 在打印资料　　　C 准备留学　　　D 没去招聘会

2 A 搬家了　　　B 手破了　　　　C 裤子脏了　　　D 遇到了困难

3 A 在学开车　　　B 做事认真　　　C 要买新车　　　D 很开心

제3부분

4 A 儿子去上课　　　B 作业没写完　　　C 天黑了　　　D 葡萄不好吃

5 A 菜单很丰富　　　B 烤鸭好吃　　　C 果汁很酸　　　D 提供蛋糕

4 문제 스타일에 따라 공략법을 달리하라!

공략 비법 14 어투, 심정, 태도 문제

14_유형맛보기
음원 바로 듣기

출제 형식

어투, 심정, 태도 유형은 주로 말하는 이의 감정(불만, 동의, 반대, 긍정 등)에 대해 묻는 문제들이 출제되며 대화 속에 어투나 심정, 혹은 태도를 파악하는데 도움이 되는 핵심 어휘가 반드시 힌트로 주어진다.

핵심 전략

1 **보기가 어투, 태도를 나타내는 표현으로 이루어져 있으면 이와 관련된 감정에 대한 질문**이 나올 것을 예상한다.

2 자주 출제되는 **어투, 태도에 대한 표현을 잘 파악**해야 한다.

3 **대화 속에 정답을 언급하고 있기 때문에 놓치지 말고 잘 듣는다.** 만약, 정답을 놓쳤다면 비교, 강조, 반어 표현을 통해 어투, 심정, 태도를 유추할 수 있으므로 관련 표현을 익혀 화자의 의도를 파악한다.

빈출 질문

인물	
· 男的(女的)怎么了?	남자(여자)는 어떠한가?
· 女的觉得小张怎么样?	여자는 샤오장이 어떻다고 느끼는가?
· 女的觉得年轻人怎么样?	여자는 젊은이가 어떻다고 느끼는가?
· 女的觉得自己怎么样?	여자는 자신이 어떻다고 느끼는가?
· 男的对自己感觉怎么样?	남자는 자신에 대해 어떻다고 느끼는가?
· 男的觉得女的怎么样?	남자는 여자가 어떻다고 느끼는가?
· 女的看起来怎么样?	여자는 보기에 어떠한가?

사물

- 男的觉得房间里怎么样?　　남자는 방 안이 어떻다고 느끼는가?
- 男的认为这本书怎么样?　　남자가 생각하기에 이 책은 어떠한가?
- 女的觉得面试怎么样?　　여자는 면접이 어떻다고 느끼는가?
- 男的觉得那儿现在怎么样?　　남자는 그곳이 지금 어떻다고 느끼는가?
- 男的觉得那个菜怎么样?　　남자는 그 요리가 어떻다고 느끼는가?
- 他们觉得那个房子怎么样?　　그들은 그 집이 어떻다고 느끼는가?
- 女的觉得房子怎么样?　　여자는 집이 어떻다고 느끼는가?
- 女的觉得新工作怎么样?　　여자는 새 직장(일)이 어떻다고 느끼는가?

유형맛보기 1　　🎧 14_1

A 害怕了　　　　B 不想看比赛
Ⓒ 太困了　　　　D 很开心

男: 我真的是困死了，先睡一会儿，比赛开始前你一定要叫醒我啊。
女: 好的，那我提前五分钟叫你吧。

问: 男的怎么了?

A 무서워졌다　　　　B 경기를 보고 싶지 않다
C 너무 졸리다　　　　D 즐겁다

남: 나 진짜 너무 졸려 죽겠어, 우선 좀 잘게, 경기 시작하기 전에 나 꼭 깨워 줘야 해.
여: 알겠어, 그럼 5분 전에 깨워줄게.
질문: 남자는 어떠한가?

보기 어휘

害怕 hàipà 동 두려워하다, 무서워하다
比赛 bǐsài 명 경기, 대회
困 kùn 형 졸리다 ★

지문 어휘

~死了 ~sǐle ~해 죽겠다(형용사 뒤에 쓰여 의미를 강조함)
叫醒 jiào xǐng 동 깨우다
提前 tíqián 동 앞당기다 ★
分钟 fēnzhōng 명 분
叫 jiào 동 부르다

정답　C

해설　남자가 '我真的是困死了，先睡一会儿(나 진짜 너무 졸려 죽겠어, 우선 좀 잘게)' 이라고 했다. 남자가 어떠한지를 묻고 있으므로 정답은 C 太困了(너무 졸리다)이다.

보기 어휘

问题 wèntí 명 문제
失败 shībài 동 실패하다 ⭐

A 问题太难　　Ⓑ 问题不难
C 不太好　　　D 很失败

男: 下午的面试还顺利吗?
女: 还可以，他们问的都挺好答的，我就是有点儿紧张。
男: 结果什么时候能知道?
女: 明天或者后天吧，他们会电话通知。

问: 女的觉得面试怎么样?

A 문제가 너무 어렵다　　B 문제가 어렵지 않다
C 그다지 좋지 않다　　　D 실패했다

남 : 오후 면접 잘 봤어?
여 : 그런대로 괜찮았어. 질문들이 다 대답하기 쉬운 편이었어, 다만 내가 조금 긴장했을
　　뿐.
남 : 결과는 언제 알 수 있어?
여 : 내일이나 모레쯤 전화로 알려준대.

질문: 여자는 면접이 어땠다고 생각하는가?

지문 어휘

面试 miànshì 명 면접시험
顺利 shùnlì 형 순조롭다 ⭐
有点儿 yǒudiǎnr 부 조금, 약간
结果 jiéguǒ 명 결과 ⭐
或者 huòzhě 접 혹은
后天 hòutiān 명 모레
通知 tōngzhī 동 알리다, 통지하다 ⭐

정답　**B**

해설　보기를 통해 화자의 상황이 어떠한지 묻는 질문이 나올 것을 예상할 수 있다. 남자가
'下午的面试还顺利吗？(오후 면접 잘 봤어?)'라고 물어봤고, 여자가 '他们问的
都挺好答的(질문들이 다 대답하기 쉬운 편이었어)'라고 했다. 면접을 어떻게 느꼈는
지 물어봤으므로 정답은 B 问题不难(문제가 어렵지 않다)이다.

BEST 10 시험에 잘 나오는
빈도수 높은 어투, 심정, 태도 어휘

14_BEST 10 어휘
음원 바로 듣기　　🎧 14_3

1 困 kùn 졸리다 ⭐
2 开心 kāixīn 기쁘다, 즐겁다 ⭐
3 轻松 qīngsōng 수월하다, 부담이 없다 ⭐
4 害怕 hàipà 무서워하다
5 流利 liúlì 유창하다 ⭐
6 热情 rèqíng 열정적이다
7 诚实 chéngshí 성실하다 ⭐
8 无聊 wúliáo 무료하다, 지루하다 ⭐
9 热闹 rènao 번화하다, 시끌벅적하다 ⭐
10 辣 là 맵다 ⭐

14_어휘 내공 쌓기
음원 바로 듣기

출제 빈도수 높은
어투, 심정, 태도 어휘 내공 쌓기

듣기

인물 관련 어휘

🎧 14_4

累 lèi 피곤하다	饿 è 배고프다
渴 kě 갈증나다	困 kùn 졸리다 ⭐
笨 bèn 멍청하다, 어리석다 ⭐	聪明 cōngming 똑똑하다
流利 liúlì 유창하다 ⭐	浪漫 làngmàn 낭만적이다, 로맨틱하다 ⭐
热情 rèqíng 열정적이다	诚实 chéngshí 성실하다 ⭐
活泼 huópō 활발하다, 활달하다 ⭐	生病 shēng bìng 병이 나다
发烧 fā shāo 열이 나다	哭 kū 울다
富 fù 부유하다 ⭐	热闹 rènao 번화하다, 시끌벅적하다 ⭐
吃惊 chī jīng 놀라다 ⭐	可怜 kělián 불쌍하다 ⭐
失望 shīwàng 실망하다 ⭐	难受 nánshòu 괴롭다, 견딜수 없다 ⭐
难过 nánguò 슬프다, 견디기 힘들다	害怕 hàipà 두려워하다
拒绝 jùjué 거절하다 ⭐	棒 bàng 좋다, 뛰어나다 ⭐
优秀 yōuxiù 우수하다 ⭐	粗心 cūxīn 세심하지 못하다, 소홀하다 ⭐
冷静 lěngjìng 냉정하다, 침착하다 ⭐	可爱 kě'ài 귀엽다
愉快 yúkuài 즐겁다 ⭐	开心 kāixīn 기쁘다, 즐겁다 ⭐

사물 관련 어휘

香 xiāng 향기롭다 ⭐	苦 kǔ 쓰다 ⭐
辣 là 맵다 ⭐	咸 xián 짜다 ⭐
热 rè 덥다	冷 lěng 춥다
凉 liáng 차갑다	暖和 nuǎnhuo 따뜻하다 ⭐
出汗 chū hàn 땀을 흘리다	厚 hòu 두껍다 ⭐
破 pò 찢어지다, 망가지다, 깨지다	安静 ānjìng 조용하다
脏 zāng 더럽다 ⭐	干净 gānjìng 깨끗하다

无聊 wúliáo 무료하다, 지루하다 ⭐	有名 yǒumíng 유명하다
差 chà 모자라다, 부족하다	轻松 qīngsōng 수월하다, 가볍다 ⭐
熟悉 shúxī 익숙하다 ⭐	适应 shìyìng 적응하다 ⭐
丢 diū 잃어버리다 ⭐	

어투, 심정, 태도 관련 표현 ⭐빈출문제

饿极了 è jíle 너무 배고프다	按时吃药 ànshí chī yào 제시간에 약을 먹다
累病了 lèi bìng le 힘들어서 병이 났다	肚子难受 dùzi nánshòu 배가 견딜수 없이 아프다
长胖了 zhǎng pàng le 뚱뚱해졌다	腿疼 tuǐ téng 다리가 아프다
租金贵 zūjīn guì 임대료가 비싸다	变黑了 biàn hēi le 검게 변했다
客厅小 kètīng xiǎo 거실이 작다	厨房脏 chúfáng zāng 주방이 더럽다
环境不错 huánjìng búcuò 환경이 좋다	交通不便 jiāotōng búbiàn 교통이 불편하다
景色很美 jǐngsè hěn měi 경치가 아름답다	环境一般 huánjìng yìbān 환경이 보통이다
心情不好 xīnqíng bù hǎo 기분이 안 좋다	空气好 kōngqì hǎo 공기가 좋다
不够大 búgòu dà 충분히 크지 않다	正合适 zhèng héshì 딱 알맞다
缺少经验 quēshǎo jīngyàn 경험이 부족하다	价格高 jiàgé gāo 가격이 높다
忘带钱包 wàng dài qiánbāo 지갑을 가져오는 것을 잊어버리다	不了解规定 bù liǎojiě guīdìng 규정을 이해하지 못하다
乱花钱 luàn huā qián 돈을 함부로 쓰다	害怕失败 hàipà shībài 실패를 두려워하다
有信心 yǒu xìnxīn 자신이 있다	发传真 fā chuánzhēn 팩스를 보내다
发电子邮件 fā diànzǐ yóujiàn 메일을 보내다	填表格 tián biǎogé 표를 기입하다

第1-5题 听录音，选择正确答案。

14_실전 테스트
음원 바로 듣기

🎧 14_5

대화를 듣고 질문에 알맞은 보기를 선택하세요.

听力

듣기

제2부분

① A 累病了　　　　B 护照丢了　　　　C 长胖了　　　　D 变黑了

② A 困了　　　　　B 饿了　　　　　　C 变活泼了　　　　D 生病了

③ A 很富　　　　　B 很热闹　　　　　C 污染严重　　　　D 交通不便

제3부분

④ A 很优秀　　　　B 有些粗心　　　　C 非常冷静　　　　D 很可爱

⑤ A 价格贵　　　　B 不漂亮　　　　　C 声音小　　　　　D 有点重

정답 및 해설 ≫ 해설서 p. 50

听力

1

제3부분
단문 듣고 질문에 답하기

听力

1

제3부분
단문 듣고 질문에 답하기

 제3부분은 단문을 듣고 이와 관련된 2개의 질문에 대한 정답을 선택하는 형태로 총 10문제가 출제된다. 36번~45번까지 문제이며, 단문과 질문은 음성으로만 들려주고 보기는 음성 없이 문제지 상으로만 주어진다.

 단문에서는 ★유머, 일상생활 속 에피소드, 안내 및 소개 멘트, 각종 광고 등의 실용문, 설명문, 논설문이 골고루 출제된다.

단문 형태	내용
논설문	화자의 인생, 감정, 교육, 업무, 학습 등에 대한 자신의 관점 및 태도
이야기	– 유머 및 에피소드 – 유명인 이야기 – 화자가 실제로 겪은 일
설명문	– 의학, 과학 기술, 동식물, 천문학 등 자연 지식 및 상식 문제 – 풍속, 문화, 습관 등의 과정 및 형성 원인 – TV 프로그램, 토픽, 서적 소개
실용문	– 정보: 화자가 어떤 소식에 관해서 알리는 문제 – 연설문: 일정한 장소에서 강의를 한다거나, 축사, 오프닝 멘트 등 – 기타: TV 광고, 리포트, 취재 내용

단문에서는 세부 내용과 관련된 질문의 출제 빈도수가 높다. 특히, 什么(무엇), 为什么 (왜), 哪儿(어디), 怎么(어떻게) 등을 사용한 질문이 주로 나온다.

· 那里的小菜有什么特点?	그곳의 음식은 어떤 특징이 있는가?
· 下列哪个人说法正确?	다음 중에 어느 사람 말이 정확한가?
· 说话人觉得饭馆儿的饭菜怎么样?	화자는 식당의 음식이 어떠하다고 느끼는가?
· 年轻人为什么喜欢儿童节?	젊은이는 왜 어린이날을 좋아하는가?

문제는 이렇게 풀어라!

Step 1 녹음을 듣기 전, 녹음에 해당하는 두 문제의 보기를 각각 미리 읽어 의 미를 파악해라.

Step 2 녹음에서 보기의 내용을 언급하는지 관련된 내용이 나오는지 표시하면 서 들어라.

Step 3 녹음을 다 들은 후, 이어지는 첫 번째 질문을 듣고 정답을 고른다. 뒤이 어 나오는 두 번째 질문을 듣고 정답을 고른다.

듣기 제3부분 최신 경향 분석

출제 비율

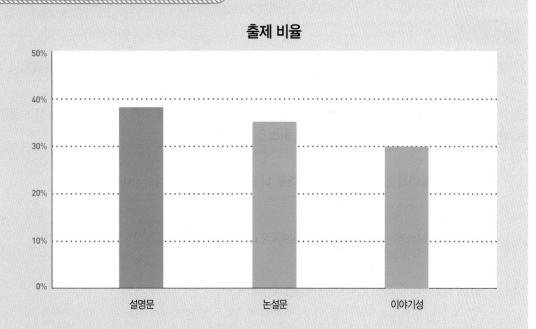

중요도 ★★★ 난이도 ★★

듣기 제3부분은 일상생활 이야기, 안내 및 소개 멘트, 각종 광고 등의 실용문, 설명문, 논설문 등 골고루 출제된다. 특히, 특정 세부 내용을 묻는 유형의 출제 비중이 가장 높다.

5 지문 유형을 파악하고 공략 노하우를 적용하라!

공략
비법 15 이야기성 내용 파악 문제

15_유형맛보기
음원 바로 듣기

출제 형식

이야기성 내용을 파악하는 문제에서는 유머나 에피소드가 주로 출제된다. 주로 녹음의 첫 부분에 我
(나), 她(그녀), 妈妈(엄마), 儿子(아들), 小王(샤오왕) 등과 같은 특정 인물이 등장하며, 이야기의 전개
에 따라 여러 명의 인물과 다양한 행동이 언급되는 것이 특징이다.

핵심 전략

1 보기가 특정 인물의 동작이나 상태, 상황을 묘사한 표현으로 구성되어 있다면, 인물에 대한 질문이 출제된다.

2 녹음 내용이 긴 편으로 **인물이나 행동, 시점이 다양하게 언급**되며, **이에 따른 세부적인 내용을 묻는 질문이
출제**되므로 **녹음을 듣기 전에 보기를 먼저 읽는 것이 유리**하다.

3 이야기의 **전개에 따라 2개의 질문이 순서대로 나오므로** 흐름을 잘 파악하며 듣는다.

> **유머 문제**
> • 상대방의 말에 자신의 의견을 잘못 말하거나 상대방의 말을 오해한 이야기, 엉뚱한 생각을 가진 아들의 이야기,
>   부모들의 자식 교육 등
>
> **에피소드 문제**
> • 화자가 직접 겪은 일(예전에 자주 갔던 장소(森林公园) 이야기)
> • 제3자의 이야기(샤오왕이 직업을 바꾼 이야기 – ★★★ 똑같은 문제가 반복해서 출제됨)
> • 유명인의 일화 및 내용(공자, 농구 선수 야오밍 등)
> • 교수와의 메일 회신 내용

빈출 질문

> **세부 내용 관련 질문**
>
> | | |
> |---|---|
> | • 关于小王(哥哥), 可以知道什么? | 샤오왕(형)에 관하여 알 수 있는 것은 무엇인가? |
> | • 小李是做什么的? | 샤오리는 무엇을 하는 사람인가? |
> | • 说话人本来想去哪里参观? | 화자는 원래 어디로 견학하러 가고 싶어했는가? |
> | • 关于那条小吃街, 下列哪个正确? | 그 먹자골목에 관하여 다음 중 옳은 것은? |
> | • 小王后来怎么了? | 샤오왕은 이후에 어떻게 되었는가? |

수진 쌤의 꿀 Tip!

> 간혹 이야기 문제에서 他们在谈什么? (그들은 무엇을 이야기하
> 고 있는가?)와 같은 중심 내용을 묻는 경우도 있다.

유형맛보기 🎧 15_1

1. A 演京剧 　　　　**B** 做买卖
　 C 写小说 　　　　**D** 读研究生

2. A 成为一名教授 　　**B** 变胖了
　 C 出名了 　　　　**D** 考上博士了

小王之前是位演员，演了十几年也没成名。不过后来，他却因写网络小说而成了人们眼中的名人。**1** 原来，他是在妻子的鼓励下，才开始试着在网上写小说。没想到他的小说非常受欢迎，**2** 越来越多的人通过小说认识了他。

1. 问：妻子鼓励小王做什么？
2. 问：小王后来怎么了？

----

1. A 경극을 연기하다 　　　**B** 장사를 하다
　 C 소설을 쓰다 　　　　**D** 대학원에 다니다

2. A 교수가 되다 　　　　**B** 뚱뚱해졌다
　 C 유명해졌다 　　　　**D** 박사에 합격했다

샤오왕은 이전에 배우로 10여 년 동안 연기를 했음에도 불구하고 명성을 날리지 못했다. 하지만 훗날 그는 오히려 인터넷 소설을 쓰면서 사람들이 다 아는 유명인사가 되었다. **1** 알고 보니 그는 부인의 격려 하에 인터넷에서 소설을 쓰기 시작한 것이었다. 뜻밖에도 그의 소설은 매우 인기가 있었고, **2** 점점 더 많은 사람들이 소설을 통해 그를 알게 되었다.

1. 질문: 부인은 샤오왕에게 무엇을 하도록 격려하였는가?
2. 질문: 샤오왕은 훗날 어떻게 되었나?

보기 어휘

演 yǎn 동 연기하다, 공연하다

京剧 jīngjù 명 경극 ☆

做买卖 zuò mǎimai 장사를 하다

小说 xiǎoshuō 명 소설 ☆

研究生 yánjiūshēng 명 대학원생, 연구생

成为 chéngwéi 동 ～이 되다 ☆

教授 jiàoshòu 명 교수 ☆

变胖 biàn pàng 살이 찌다, 뚱뚱해지다

出名 chū míng 동 유명해지다, 이름을 날리다

博士 bóshì 명 박사 ☆

지문 어휘

演员 yǎnyuán 명 배우, 연기자 ☆

成名 chéng míng 동 명성을 날리다, 이름을 떨치다, 유명해지다

网络 wǎngluò 명 인터넷

名人 míngrén 명 유명인사

原来 yuánlái 부 알고 보니 ☆

鼓励 gǔlì 동 격려하다, 용기를 북돋우다 ☆

没想到 méixiǎngdào 뜻밖이다, 생각지 못하다

受欢迎 shòu huānyíng 인기가 있다, 환영을 받다

越来越 yuèláiyuè 부 점점 더, 갈수록

通过 tōngguò 전 ～을(를) 통해서 ☆

 정답　**1.** C 　**2.** C

해설　**1.** 보기에 행동 관련 표현이 있으므로 인물에 관한 세부 내용을 묻는 질문임을 알 수 있다. 녹음에서 '原来，他是在妻子的鼓励下，才开始试着在网上写小说(알고 보니 그는 부인의 격려 하에 인터넷에서 소설을 쓰기 시작한 것이었다)'라고 언급하였으므로 정답은 C 写小说(소설을 쓰다)이다.

　　2. 녹음의 끝 부분에서 '越来越多的人通过小说认识了他(점점 더 많은 사람들이 소설을 통해 그를 알게 되었다)'라고 했다. 질문에서 샤오왕이 후에 어떻게 되었는지 물었으므로 정답은 C 出名了(유명해졌다)이다.

실전 테스트

15_실전 테스트
음원 바로 듣기

🎧 15_2

第1-6题 听录音，选择正确答案。

대화를 듣고 질문에 알맞은 보기를 선택하세요.

1 A 警察   B 研究生   C 经理   D 记者

2 A 发传真   B 发邮件   C 让人转交   D 发短信

3 A 容易迷路   B 不太安全   C 东西不贵   D 付款方便

4 A 手机   B 传真机   C 空调   D 电脑

5 A 北京博物馆   B 首都艺术馆   C 长江公园   D 海洋馆

6 A 禁止停车   B 向客人道歉   C 别扔垃圾   D 及时发通知

정답 및 해설 ≫ 해설서 p. 52

DAY 08

5 지문 유형을 파악하고 공략 노하우를 적용하라!

공략비법 16 설명문, 실용문 내용 파악 문제

16_유형맛보기
음원 바로 듣기

📑 **출제형식**

설명문은 중국 문화, 계절, 과학 지식, 일상생활 등 다양한 소재의 내용을 다루는 문제가 출제되고 실용문에서는 실생활에서 접할 수 있는 방송 안내 및 소개 멘트, 각종 광고 등을 다룬다. 주로 세부 내용을 묻는 문제가 출제된다.

📑 **핵심 전략**

1   헷갈리지 않도록 **들게 될 지문이 몇 번에서 몇 번까지 해당되는지 꼭 표시**해야 하며, 대개 **녹음 내용이 보기의 순서대로 나온다**는 점도 기억해 두자.

2   설명문에서는 **일반 상식 수준의 사회·과학 지식 또는 중국 문화와 관련된 내용**이 자주 출제되고 **실용문에서는 사장님의 연설이나 대중교통 수단의 안내 멘트 등의 내용**이 자주 출제된다.

> **설명문** – 반복되는 단어나 표현은 중심 내용일 확률이 높으므로 반복되는 내용을 주의 깊게 듣는다.

- 일상생활 및 과학 지식:

  정보나 서비스에 대한 설명으로 인터넷(上网), 전문 쇼핑 사이트(许鲜网), 다이어트(减肥), 식당(餐厅), 호텔(酒店), 가구 전문 상가(家具城) 소개, 유용한 생활 정보[여름에 외출할 때 주의사항(夏季出门时注意), 베이징 지하철 표값(北京地铁票价), 창문의 크기는 사람들의 기분에 영향을 끼친다(窗户的大小能影响人的心情), 방 안에 녹색 식물을 두었을 때의 장점(房间里放几棵绿色植物的好处)], 중국 강수의 주요 특징(中国降水的主要特点) 등이 출제된다.

- 중국 문화:

  중국 차(茶), 경극(京剧), 중국 상하이 국제 예술제(中国上海国际艺术节), 건배의 의미(干杯的意思) 등이 출제된다.

> **실용문** – 실용문의 종류를 파악할 수 있는 중심 내용이 녹음 첫 부분에 주로 언급되므로 첫 부분을 주의 깊게 듣는다.

- 주로 회사 사장님의 연설(各位新同事, 我要祝贺大家应聘成功~), 지하철 방송 안내 멘트(各位乘客, 国家图书馆站是换乘车站~), 여행사 안내 멘트(各位旅客, 我们马上就要到目的地了~) 등이 출제되므로 장소, 시간, 날짜 등에 주의해서 듣는다.

─── 수진 쌤의 꿀 Tip!

> 간혹 '车到山前必有路(결국 해결책은 있다, 궁하면 통한다)'와 같은 속담 문제가 출제되기도 한다.

설명문

· 关于中国夏季, 可以知道什么?　　중국 여름에 관하여 알 수 있는 것은 무엇인가?

· 关于京剧, 可以知道什么?　　경극에 관하여 알 수 있는 것은 무엇인가?

· 关于许鲜网, 下列哪个正确?　　쉬셴몰에 관하여 다음 중 옳은 것은?

· 这段话主要谈的是什么?　　이 글이 주로 이야기하는 것은 무엇인가?

실용문

· 说话人在对谁讲这段话?　　화자는 지금 누구에게 이 말을 하고 있는가?

· 说话人接下来要做什么?　　화자는 이어서 무엇을 하려고 하는가?

· 这段话最可能在哪儿听到?　　이 이야기는 어디에서 들었을 가능성이 가장 큰가?

· 这段话提醒乘客什么?　　이 글은 승객에게 무엇을 상기시키고 있는가?

유형맛보기 1　　🎧 16_1

1. A 偶尔下雨　　Ⓑ 常刮东南风
　　C 很干燥　　　　D 气候变化多

2. A 中国海洋　　Ⓑ 降水特点
　　C 空气污染　　　D 社会环境

---

2 中国降水主要有以下特点: 夏季多、冬季少、东南多、西北少, **1** 中国夏季经常刮东南风, 东南面靠海, 所以东南风会带来丰富的降水。相反, 冬季风从西北方刮来, 西北不但寒冷, 而且严重缺水, 所以冬季降水量少。

1. 问: 关于中国夏季, 可以知道什么?

2. 问: 这段话主要谈的是什么?

---

1. A 가끔 비가 내린다　　　B 자주 동남풍이 분다
　　C 건조하다　　　　　　D 기후 변화가 크다

2. A 중국 해양　　　　　　B 강수 특징
　　C 공기 오염　　　　　　D 사회 환경

---

2 중국 강수의 주요 특징은 다음과 같다: 여름철에 많고 겨울철에는 적으며, 동남쪽이 많고 서북쪽이 적다. **1** 중국의 여름철엔 주로 동남풍이 부는데, 동남쪽은 바다에 인접해 있어서 동남풍이 많은 강수를 가져다 준다. 반대로 겨울 바람은 서북쪽에서 불어오는데 서북쪽은 한랭할 뿐만 아니라 물 부족 현상이 심각해 겨울철엔 강수량이 적다.

1. 질문: 중국 여름철에 관하여 알 수 있는 것은 무엇인가?

2. 질문: 이 글에서 주로 이야기하는 것은 무엇인가?

보기 어휘

偶尔 ǒu'ěr 图 가끔, 이따금, 때때로 ★

刮风 guā fēng 图 바람이 불다

干燥 gānzào 图 건조하다

气候 qìhòu 图 기후 ★

海洋 hǎiyáng 图 해양, 바다 ★

降水 jiàngshuǐ 图 강수

特点 tèdiǎn 图 특징, 특색 ★

污染 wūrǎn 图 오염, 图 오염시키다 ★

社会 shèhuì 图 사회 ★

环境 huánjìng 图 환경

지문 어휘

主要 zhǔyào 图 주요한, 주된

以下 yǐxià 图 아래의 말, 이하

夏季 xiàjì 图 여름, 하계

冬季 dōngjì 图 겨울, 동계

带来 dàilái 图 가져다 주다, 가져오다

丰富 fēngfù 图 풍부하다 ★

相反 xiāngfǎn 图 반대로, 거꾸로, 오히려 ★

不但A, 而且B búdàn A, érqiě B
A뿐만 아니라, 또한 B하다

해설 1. 녹음에서 '中国夏季经常刮东南风，东南面靠海，所以东南风会带来丰富的降水(중국의 여름철엔 주로 동남풍이 부는데, 동남쪽은 바다에 인접해 있어서 동남풍이 많은 강수를 가져다 준다)'라고 말했다. 중국의 여름철에 관해서 알 수 있는 것을 물었으므로 정답은 B 常刮东南风(동남풍이 자주 분다)이다.

2. 녹음의 첫 부분에서 '中国降水主要有以下特点：夏季多、冬季少、东南多、西北少(중국 강수의 주요 특징은 다음과 같다: 여름철에 많고 겨울철에는 적으며, 동남쪽이 많고 서북쪽이 적다)'라고 언급하였다. 질문이 이 글에서 주로 이야기하는 것은 무엇인지 물었으므로 정답은 B 降水特点(강수 특징)이다.

寒冷 hánlěng 형 한랭하다	
严重 yánzhòng 형 심각하다, 심하다 ⭐	
缺水 quē shuǐ 동 물이 부족하다	
降水量 jiàngshuǐliàng 명 강수량	

✏️ **유형맛보기 2** 🎧 16_2

1. A 马路上   **B** 国家图书馆
  ⓒ 地铁里   **D** 公交车

2. A 看好孩子   Ⓑ 做好下车准备
  C 下一站开左边门   **D** 小心下车

各位乘客，马上要到国家图书馆站了。国家图书馆站是换乘车站，**1** 想要换乘地铁9号线的乘客请提前做好准备。国家图书馆站将打开右边车门，**2** 请您提前站到右边车门处，按顺序下车。

1. 问： 这段话最可能在哪里听到?
2. 问： 这段话提醒乘客什么?

---

1. A 도로 위   **B** 국립 도서관
  C 지하철 안   **D** 버스

2. A 아이를 잘 돌보다   **B** 차에서 내릴 준비를 하다
  C 다음 역에서 왼쪽 문이 열린다   **D** 차에서 내릴 때 조심해야 한다

승객 여러분, 곧 국립 도서관역에 도착합니다. 국립 도서관역은 환승역으로, **1** 지하철 9호선으로 갈아타실 승객께서는 미리 준비해 주시기 바랍니다. 국립 도서관역은 오른쪽 문이 열리오니, **2** 내리실 분은 미리 오른쪽 문에 서서 차례대로 하차해 주시기 바랍니다.

1. 질문: 이 이야기는 어디에서 들을 가능성이 큰가?
2. 질문: 이 이야기는 승객에게 무엇을 상기시키고 있는가?

보기 어휘

马路 mǎlù 명 도로, 길

公交车 gōngjiāochē 명 버스

下车 xià chē 동 차에서 내리다, 하차하다

下一站 xià yí zhàn 다음 역, 다음 정류장

小心 xiǎoxīn 동 조심하다, 주의하다

지문 어휘

乘客 chéngkè 명 승객

国家图书馆 guójiā túshūguǎn 국립 도서관

站 zhàn 명 역, 정류장

换乘 huànchéng 동 갈아타다

按 àn 전 ~대로, ~에 따라

顺序 shùnxù 명 차례, 순서 ⭐

해설 1. 녹음에서 '想要换乘地铁9号线的乘客请提前做好准备(지하철 9호선으로 갈아타실 승객께서는 미리 준비해 주시기 바랍니다)'라고 말했다. 이 말을 어디에서 들을 가능성이 큰지를 물었으므로 정답은 C 地铁里(지하철 안)이다.

2. 녹음 마지막 부분에서 '请您提前站到右边车门处，按顺序下车(내리실 분은 미리 오른쪽 문에 서서 차례대로 하차해 주시기 바랍니다)'라고 언급했고 승객에게 무엇을 상기시키고 있는지 물었으므로 정답은 B 做好下车准备(차에서 내릴 준비를 하다)이다.

16_실전 테스트
음원 바로 듣기

🎧 16_3

第1-6题 听录音，选择正确答案。

대화를 듣고 질문에 알맞은 보기를 선택하세요.

1 A 火车上　　　　B 动物园里　　　　C 高速公路上　　　　D 公交车里

2 A 照顾自己的东西　　　　　　　B 做好下车准备
　　 C 下一站不停　　　　　　　　　D 注意安全

3 A 到前面说　　　　B 站起来　　　　C 高举胳膊　　　　D 边喝边唱

4 A 尊重　　　　B 祝贺　　　　C 表扬　　　　D 反对

5 A 寄信　　　　B 免费看书　　　　C 买书　　　　D 邀请教授

6 A 价格贵　　　　　　　　B 可以货到付款
　　 C 只收现金　　　　　　　D 管理严格

정답 및 해설 ≫ 해설서 p. 56

DAY 09

5 지문 유형을 파악하고 공략 노하우를 적용하라!

공략비법 17 논설문 내용 파악 문제

17_유형맛보기
음원 바로 듣기

출제 형식

자신의 의견이나 주장을 제시하는 논설문인 시사 평론, 연설문 등이 출제되며 일반 상식이나 정보를 기반으로 하는 설명문과는 달리 화자의 견해나 주제를 묻는 문제가 출제된다.

핵심 전략

1 ★**녹음 시작부분부터 주제를 제시**하고 **끝에 결론을 내리는 경우가 많으므로 처음부터 집중**하여 듣자.

2 주장이나 주제에 대한 근거를 제시할 때, **'첫 번째(第一, 一是, 一方面)는…, 두 번째(第二, 二是, 另一方面)는…'** 등과 같은 서수를 사용하므로 **서수 뒷부분을 집중해 들어야 한다.**

3 ★**화자의 주장이나 견해를 언급**할 때는 주로 **应该/要(~해야 한다) 등과 같은 표현**을 쓴다.

논설문

- 시간 관리의 목적은 사람들이 더욱 효과적으로 시간을 사용하는 데 도움을 주기 위한 것이다.
  – 时间管理的目的是帮助人们更有效地使用时间。

- 모든 사람들은 시간 관리하는 것을 배워야 한다. – 每个人都应该学会管理时间。

- 독서를 하는 이유는 생활의 또 다른 풍경을 볼 수 있고, 생활을 더욱 다채롭게 만들기 때문이다.
  – 读书的原因是能够看到生活中的不同景色，让生活更精彩。

- 일을 하는 데 있어 가져야 할 태도는 진실됨이다. – 做事的主要态度是认真。

- 꾸준히 해야만 언어를 마스터할 수 있다. – 要坚持才能学好一种语言。

- 부모들이 아이를 교육시킬 때 꾸지람보다 격려하고 칭찬을 많이 해야 한다.
  – 父母教育孩子时，少批评，应该给孩子多鼓励与表扬。

- 지각은 심각한 영향을 가져오므로 시간을 엄수하는 습관을 길러야 한다.
  – 迟到会带来严重的影响，要养成准时习惯。

- 남을 이해하는 데 가장 중요한 것은 존중이다. – 能理解别人，最关键是尊重。

세부 내용 관련 질문

· 时间管理的目的是什么?	시간 관리의 목적은 무엇인가?
· 如果没有管理好时间，会怎么样?	시간을 잘 관리하지 못했다면, 어떻게 되는가?
· 做计划表时，首先要注意什么?	계획표를 작성할 때, 맨 먼저 주의해야 할 것은 무엇인가?
· 父母的鼓励会使孩子怎么样?	부모의 격려는 아이를 어떻게 하게 만드는가?
· 为什么有的人做事很难成功?	왜 어떤 사람은 일을 하는 데 있어 성공하기 어려운가?
· 怎样才能学好一种语言?	어떻게 해야만 언어를 마스터 할 수 있는가?
· 理解他人的关键是什么?	다른 사람을 이해하는 데 가장 중요한 것은 무엇인가?

중심 내용 관련 질문

· 这段话主要谈的是什么?	이 글이 주로 이야기하는 것은 무엇인가?
· 这段话主要告诉我们什么?	이 글이 주로 우리에게 알려주고자 하는 것은 무엇인가?

1. A 写快点儿 　　**B** 不能细心
　　Ⓒ 先写重要的 　　**D** 一定要用笔写

2. A 找工作 　　**B** 学习
　　C 教育 　　Ⓓ 时间管理

2 学会管理时间是很有必要的。写计划表、严格按照计划做事是有效管理时间的第一步。做计划表时，要注意两点：**1** 一是要把重要的事情放在前面做，二是要写明完成时间，这样才能做到不浪费一分一秒。

1. 问：做计划表时，首先要注意什么？
2. 问：这段话主要谈的是什么？

---

1. A 빠르게 써야 한다 　　**B** 꼼꼼해서는 안 된다
　　C 먼저 중요한 것부터 적는다 　　**D** 반드시 펜으로 써야 한다

2. A 구직 　　**B** 공부
　　C 교육 　　**D** 시간 관리

---

2 시간 관리하는 것을 배우는 것은 꼭 필요하다. 계획표를 쓰고, 엄격하게 계획에 따라 일을 하는 것은 효과적으로 시간을 관리하는 첫걸음이다. 계획표를 쓸 때는 두 가지를 주의해야 한다: **1** 첫 번째는 중요한 일부터 앞에 두고 해야 한다는 것이고, 두 번째는 끝내는 시간을 명확하게 써야 한다는 것이다. 이렇게 해야만 비로소 1분 1초도 낭비하지 않을 수 있다.

1. 질문: 계획표를 작성할 때, 맨 먼저 주의해야 할 것은 무엇인가?
2. 질문: 이 글이 주로 이야기하는 것은 무엇인가?

보기 어휘

细心 xìxīn 혱 세심하다, 꼼꼼하다

笔 bǐ 몡 펜

找工作 zhǎo gōngzuò
직장을 구하다, 구직하다

教育 jiàoyù 몡 교육 ☆

지문 어휘

必要 bìyào 혱 필요로 하다

计划表 jìhuàbiǎo 몡 계획표

严格 yángé 혱 엄격하다 ☆

按照 ànzhào 젠 ~에 따라,
~에 의해 ☆

计划 jìhuà 몡 계획 동 계획하다 ☆

有效 yǒuxiào 혱 효과가 있다, 유효하다

注意 zhùyì 동 주의하다

完成 wánchéng 동 끝내다, 완성하다

浪费 làngfèi 동 낭비하다 ☆

一分一秒 yì fēn yì miǎo 1분 1초

 정답 　**1. C** 　**2. D**

해설 　**1.** 녹음 중간 부분에 '一是要把重要的事情放在前面做(첫 번째는 중요한 일부터 앞에 두고 해야 한다는 것이고)'라고 말했다. 질문에서 계획표를 작성할 때 맨 먼저 주의해야 할 것이 무엇인지 물었으므로 정답은 C 先写重要的(먼저 중요한 것부터 적는다)이다.

　2. 녹음 시작 부분에 '学会管理时间是很有必要的(시간 관리하는 것을 배우는 것은 꼭 필요하다)'라고 했다. 질문에서 이 글의 주제를 물었으므로 정답은 D 时间管理(시간 관리)이다.

17_실전 테스트
음원 바로 듣기
🎧 17_2

第1-6题　听录音，选择正确答案。

대화를 듣고 질문에 알맞은 보기를 선택하세요.

1 A 关心孩子　　B 了解历史文化　　C 丰富感情　　D 尊重历史

2 A 不能大声说话　B 要仔细看　　C 随便参观　　D 戴上眼镜

3 A 太懒　　　B 想法多　　　C 太积极　　　D 不认真

4 A 做事的态度　B 兴趣爱好　　C 学习的烦恼　　D 怎样幸福

5 A 理解是件不容易的事　　　　B 对人应该有礼貌
　　C 误会是很难解释的　　　　　D 尊重别人很重要

6 A 相信　　　B 尊重　　　C 感谢　　　D 帮助

정답 및 해설 ≫ 해설서 p. 59

독해

阅读

제1부분
빈칸 채우기

제2부분
순서 배열하기

제3부분
지문 읽고 질문에 답하기

阅读

2

제1부분

빈칸 채우기

제1부분
빈칸 채우기

 문제 형식

제1부분은 보기로 제시된 어휘 중 하나를 골라 문제의 빈칸을 채우는 형태로, 총 10문제가 출제된다.
46번부터 50번까지는 서술문 형태의 문제가 출제되며, 51번부터 55번까지는 대화문 형태의 문제가 출제된다.

 출제 경향 1

★ **문제의 빈칸에 알맞은 품사가 무엇인지 바로 알 수 있는 문제가 출제된다.**

手机早上7：00就(响)了， 可是她一直躺到十点才起床。
휴대폰이 아침 7시에 바로 울렸지만, 그녀는 줄곧 10시까지 누워있다가 일어났다.

➡ 빈칸 앞에 **就**(부사)가 있다면, **동사**

响 xiǎng 동 울리다 ★   躺 tǎng 동 눕다, 드러눕다 ★

我们是邻居，从小一起长大，互相比较(熟悉)。
우리는 이웃 사이이다, 어렸을 때부터 함께 자라서 서로 비교적 잘 안다.

➡ 빈칸 앞에 **比较**가 있다면, **형용사**

互相 hùxiāng 부 서로, 상호 ★   熟悉 shúxī 형 잘 알다, 익숙하다 ★

王老师乘坐的(航班)还有三十分钟左右才会降落。
왕 선생님이 타신 항공편은 30분 정도 더 있어야 착륙할 것이다.

➡ 빈칸 앞에 **的**가 있다면, **명사**

乘坐 chéngzuò 동 타다 ★   航班 hángbān 명 항공편 ★
左右 zuǒyòu 명 정도, 가량 ★   降落 jiàngluò 동 착륙하다

对于我来说，**你的想法（十分）重要。**
저에게 있어서, 당신의 의견은 매우 중요해요.

➡ 주어와 술어(형용사) 사이에 빈칸이 있다면, 정도부사

对于~来说 duìyú ~ láishuō ~에 대해 말하자면   想法 xiǎngfa 명 의견, 생각, 견해
十分 shífēn 부 매우, 아주 ⭐   重要 zhòngyào 형 중요하다

출제 경향 2

★ **제1부분에 출제 빈도수가 높은 품사는 단연 동사, 정답이 동사인 문제가 가장 많이 출제된다.**
정답의 품사가 동사인 문제가 가장 많이 출제되며, 그 다음으로 명사, 형용사, 부사, 접속사 및 기타(양사, 전치사) 순으로 출제된다.

출제 비율

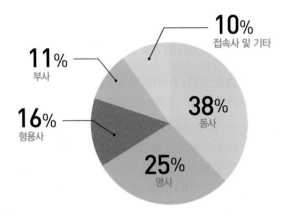

10%
접속사 및 기타

11%
부사

16%
형용사

38%
동사

25%
명사

출제 경향 3

★ **보기에 주어지는 어휘는 4급 어휘만 출제된다.**
독해 제1부분의 보기에 주어지는 어휘는 모두 4급 어휘만 출제되므로 **4급 어휘력 확보가 매우 중요**하다.

적중률 높은 핵심 전략

| A 禁止 | B 腿 | C 海洋 | D 整理 | E 引起 | F 甚至 |

1 앞 뒤 문장의 비슷한 의미를 지닌 어휘를 찾아내자!

飞机上（ 禁止 ）使用手机，飞行过程中也要关手机。

비행기 안에서는 휴대폰 사용을 금지하며, 비행 중에도 (휴대폰을) 꺼야 한다.

➡ 뒤 절에 문장 飞行过程中也要关手机에서 也에 집중, 비행 중에도 휴대폰을 꺼야 한다고 했으므로 앞 문장도 그와 비슷한 의미를 지닌 단어를 찾으면 된다. (정답은 A)

禁止 jìnzhǐ 동 금지하다 ☆   使用 shǐyòng 동 사용하다, 쓰다 ☆
飞行 fēixíng 동 비행하다   过程 guòchéng 명 과정 ☆

2 문맥상 알맞은 어휘를 찾지 못할 경우 한자의 부수를 보고 정답을 유추하자!

地球上大约71%的部分是蓝色的（ 海洋 ）。

지구상의 대략 71%에 해당하는 것은 푸른색의 바다이다.

➡ 빈칸 앞에 的가 있으므로 빈칸에 들어갈 알맞은 품사는 명사임을 알 수 있지만, 만약 적합한 단어를 찾기 어렵다면 한자의 부수를 보고 정답을 유추하면 된다. 지구상의 71%가 푸른색(蓝色)으로 되어 있는 것은 물 밖에 없으므로 보기에 물과 관련이 있는 한자를 찾으면 되는데, 한자 앞에 모두 '氵(물 수)'가 들어가 있는 C '海洋'을 정답으로 고르면 된다. (정답은 C)

地球 dìqiú 명 지구   大约 dàyuē 명 대략, 대강 ☆
蓝色 lánsè 명 푸른색, 남색   海洋 hǎiyáng 명 바다, 해양

3 보기와 빈칸 앞 뒤 어휘의 의미와 품사를 보고 정답을 유추하라!

这么多东西一天的时间怎么可能（ 整理 ）完呢？

이렇게 많은 물건을 하루 동안에 어떻게 다 정리할 수 있겠어요?

➡ 빈칸 앞에는 可能이라는 조동사가 있고, 빈칸 뒤에는 完이라는 결과보어가 있으므로 빈칸에는 동사가 들어가야 함을 알 수 있다. 보기 가운데 견과보어 完과 자주 사용되는 동사는 整理(정리하다)이므로 정답은 D이다. (정답은 D)

整理 zhěnglǐ 동 정리하다 ☆

4 자주 사용하는 짝꿍 어휘나 관용어로 사용하는 어휘를 떠올려라!

朋友之间缺少交流，可能就会（引起）误会。

친구 사이에 소통이 부족하면 오해를 살 수 있다.

➡ 빈칸 뒤에 误会는 '오해하다'라는 동사이다. 이 어휘와 짝꿍으로 자주 등장하는 어휘는 '引起(일으키다), 产生(생기다), 发生(발생하다), 造成(야기시키다)' 등이 있다. (정답은 E)

缺少 quēshǎo 동 부족하다, 모자라다 ☆   交流 jiāoliú 동 소통하다, 교류하다 ☆

引起 yǐnqǐ 동 일으키다, 주의를 끌다 ☆   误会 wùhuì 명 오해 동 오해하다 ☆

문제는 이렇게 풀어라!

Step 1 보기 가운데 예시에서 사용된 어휘를 먼저 삭제하고, 나머지 5개 어휘의 의미와 품사를 파악하라.

Step 2 빈칸의 앞 뒤를 살펴서 정답이 될 만한 후보 품사를 찾아라.

Step 3 빈칸에 들어갈 어휘는 중복으로 정답이 될 수 없다. 정확하게 아는 문제부터 풀면서 보기를 지워 나가라.

Step 4 문맥상 가장 알맞은 어휘를 선택하라.

DAY **09** 공략비법 01

DAY **10** 공략비법 02
공략비법 03

DAY **11** 공략비법 04
공략비법 05

DAY **20**

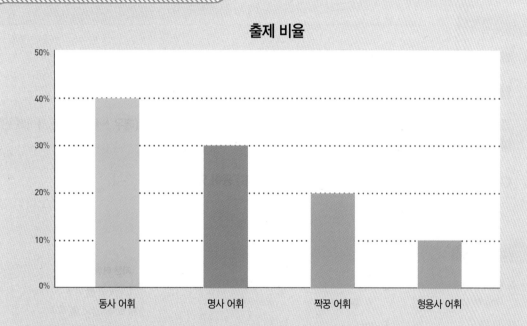

출제 비율

중요도 ★★   난이도 ★★★★

어휘 중에서 가장 출제 비중이 높은 것은 동사 어휘이다. 그 뒤로 명사 어휘 / 짝꿍 어휘 / 형용사
어휘 순으로 출제된다.

6 빈출 어휘는 우리를 배반하지 않는다!

공략비법 01 동사 어휘 채우기

출제 형식

독해 1부분에서는 빈칸에 동사 어휘를 채우는 문제가 가장 많이 출제된다. 총 10문제 가운데 동사 어휘 문제는 3~5문제가 출제된다.

핵심 전략

1 **빈칸 뒤에 목적어 역할을 하는 명사가 있으면 빈칸에는 동사가 온다.**

2 **빈칸 앞에 부정부사 不, 没가 오면 동사가 정답일 확률이 높다.**

3 **빈칸 뒤에 동태조사 了, 着, 过가 있으면 빈칸에는 동사가 온다. 단, '太~了(매우 ~하다)'구문 사이에 빈칸이 있다면 형용사가 온다.**

4 **빈칸 뒤에 결과보어(到, 完, 好, 掉) 또는 동량보어(一下) 등이 있으면 동사가 온다.**

유형맛보기 1

A 躺 tǎng 동 눕다	**B 内** nèi 명 안, 속	**ⓒ打扰** dǎrǎo 동 방해하다
D 坚持 jiānchí 동 꾸준히 하다	**E 动作** dòngzuò 명 동작	**F 调查** diàochá 동 조사하다

咱们儿子写报告的时候最讨厌别人（C 打扰）他，我们还是回房间去吧。
　　　　　　　　　　　　　　　　　　　목적어

우리 아들은 보고서 쓸 때 다른 사람이 그를 (C 방해하는) 것을 가장 싫어해. 우리가 방으로 돌아가는 편이 좋겠어.

지문 어휘

儿子 érzi 명 아들

报告 bàogào 명 보고서

讨厌 tǎoyàn 동 싫어하다 ★

还是 háishi 부 ~하는 편이 좋다

房间 fángjiān 명 방

정답　C (打扰)

해설　빈칸 뒤에 목적어 他(그)가 있으므로 빈칸은 동사 술어일 가능성이 높다. 따라서 명사인 B와 E, 예시로 사용된 보기 D를 제외한 A 躺(눕다), C 打扰(방해하다), F 调查(조사하다)가 답일 가능성이 있다. 이 중 문맥상 '보고서를 쓸 때 다른 사람이 방해하는 것을 싫어한다'는 것이 가장 잘 어울리므로 정답은 C 打扰(방해하다)이다.

✏️ 유형맛보기 2

A 复杂	B 房东	C 温度
fùzá 형 복잡하다	fángdōng 명 집주인	wēndù 명 온도
Ⓓ 梦	E 推	F 既然
mèng 동 꿈을 꾸다	tuī 동 밀다	jìrán 접 ~한 이상, ~된 바에야

A: 昨晚我 (D 梦)<u>到</u>我这次汉语水平考试不合格。
　　　　　　　결과보어

B: 放心吧。不要想太多，一定会考上的!

A : 어젯밤에 내가 이번 HSK에서 불합격하는 (D 꿈을 꾸었어).
B : 걱정 마. 너무 많이 생각하지 마, 꼭 합격할 거야!

정답　D (梦)

해설　빈칸 뒤 결과보어 到가 있으므로, 빈칸에는 동사가 나와야 한다. 따라서 보기 어휘 중 D 梦(꿈을 꾸다), E 推(밀다)가 정답일 가능성이 있다. 이 중 문맥상 '어젯밤에 불합격하는 꿈을 꾸었다'라는 것이 가장 잘 어울리므로 정답은 D 梦(꿈을 꾸다)이다.

지문 어휘

汉语水平考试
Hànyǔ Shuǐpíng Kǎoshì
중국어 능력시험(HSK), 한어수평고시
合格 hégé 동 합격하다 ⭐
放心 fàng xīn 동 안심하다,
마음을 놓다

✏️ 유형맛보기 3

A 开心	B 商量	C 温度
kāixīn 형 기쁘다, 즐겁다	shāngliang 동 상의하다, 논의하다	wēndù 명 온도
Ⓓ 推迟	E 顺便	F 汗
tuīchí 동 미루다, 연기하다	shùnbiàn 부 ~하는 김에	hàn 명 땀

A: 你这么快就回来了，比赛结束了吗?

B: 没有，因为下大雨，比赛 (D 推迟)<u>了</u>。
　　　　　　　　　　　　　　　　　　　동태조사

A : 너 빨리 돌아왔네. 경기가 끝난 거야?
B : 아니오, 비가 많이 내려서 경기가 (D 미뤄졌어요).

정답　D (推迟)

해설　빈칸 뒤에 동태조사 了가 있으므로 빈칸에는 동사가 나와야 한다. 보기 어휘 중 B 商量(상의하다), D 推迟(미루다)가 동사이므로 정답일 가능성이 있다. 이 중 문맥상 '비가 많이 내려 경기가 미뤄졌다'는 것이 가장 잘 어울리므로 정답은 D 推迟(미루다)이다.

지문 어휘

比赛 bǐsài 명 경기, 시합
结束 jiéshù 동 끝나다, 마치다
因为 yīnwèi 접 왜냐하면
下雨 xià yǔ 동 비가 내리다, 비가 오다

阅读

독해

A 技术
jìshù 명 기술

B 材料
cáiliào 명 재료

C 温度
wēndù 명 온도

D 填
tián 동 작성하다, 채우다

E 重点
zhòngdiǎn 명 중점

F 另外
lìngwài 접 이 밖에, 이 외에

A: 你好，我想办个信用卡。

B: 好的。请您先在这张表格上 (**D** 填)一下姓名、地址等信息。
동량보어

A : 안녕하세요, 신용카드를 한 장 만들려고요.

B : 네, 먼저 이 양식에 이름, 주소 등의 정보를 좀 (D 작성해) 주세요.

지문 어휘

办 bàn 동 만들다, 취급하다

信用卡 xìnyòngkǎ 명 신용카드

表格 biǎogé 명 양식, 표 ⭐

姓名 xìngmíng 명 이름, 성명

地址 dìzhǐ 명 주소 ⭐

信息 xìnxī 명 정보 ⭐

정답 **D** (填)

해설 빈칸 뒤에 동량보어 一下(한번 좀 ~하다)가 있으므로 빈칸에 동사가 나와야 한다. 보기 어휘 중 D 填(작성하다, 채우다)이 동사이고, '양식을 작성하다'라는 문장이 문맥상 가장 잘 어울리므로 정답은 D 填(작성하다, 채우다)이다.

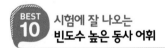

BEST 10 시험에 잘 나오는
빈도수 높은 동사 어휘

1 整理 zhěnglǐ 정리하다 ⭐

2 出生 chūshēng 태어나다 ⭐

3 保证 bǎozhèng 보장하다, 보증하다 ⭐

4 填 tián 채우다, 작성하다 ⭐

5 推迟 tuīchí 뒤로 미루다, 연기하다, 늦추다 ⭐

6 羡慕 xiànmù 부러워하다 ⭐

7 禁止 jìnzhǐ 금지하다 ⭐

8 考虑 kǎolǜ 고려하다 ⭐

9 打扰 dǎrǎo 방해하다 ⭐

10 举行 jǔxíng 거행하다, 열리다 ⭐

4급 동사 어휘	예문
整理 정리하다 ⭐ 빈출문제 zhěnglǐ	一天的时间怎么可能(整理)完呢? Yìtiān de shíjiān zěnme kěnéng (zhěnglǐ) wán ne? 하루 동안 어떻게 정리를 다 할 수 있겠니?
推迟 미루다, 연기하다 ⭐ 빈출문제 tuīchí	比赛(推迟)了。 Bǐsài (tuīchí) le. 경기를 미뤘다.
商量 상의하다 shāngliang	得和我妻子再(商量)一下。 Děi hé wǒ qīzi zài (shāngliang) yíxià. 제 아내와 다시 상의를 한번 해 봐야 할 것 같아요.
响 울리다 xiǎng	手机早上 6：05 就(响)了。 Shǒujī zǎoshang 6:05 jiù (xiǎng) le. 휴대폰이 아침 6시 5분에 울렸다.
辛苦 고생하다 xīnkǔ	(辛苦)你了! (Xīnkǔ) nǐ le! 수고하셨어요!
填 작성하다, 채우다 ⭐ 빈출문제 tián	请您先(填)一下这张表。 Qǐng nín xiān (tián) yíxià zhè zhāng biǎo. 먼저 이 표 좀 작성해 주세요.
羡慕 부럽다 xiànmù	真让人(羡慕)。 Zhēn ràng rén (xiànmù). 정말 사람을 부럽게 만드네요.
推 밀다 ⭐ 빈출문제 tuī	花盆被我不小心(推)倒了。 Huāpén bèi wǒ bù xiǎoxīn (tuī) dǎo le. 화분을 내가 부주의해서 밀어 넘어뜨렸어요.
丰富 풍부하게 하다, 풍족하게 하다 ⭐ 빈출문제 fēngfù	我们学校经常会举办一些活动，来(丰富)学生们的校园生活。 Wǒmen xuéxiào jīngcháng huì jǔbàn yìxiē huódòng, lái (fēngfù) xuéshengmen de xiàoyuán shēnghuó. 우리 학교는 자주 행사를 열어, 학생들의 캠퍼스 생활을 풍부하게 해 준다.

阅读

독해

出生 태어나다, 출생하다 chūshēng	他是虎年(出生)的。 Tā shì hǔnián (chūshēng) de. 그는 호랑이 해에 태어났어요.	(出生)在南方。 (Chūshēng) zài nánfāng. 남방에서 태어났어요.
超过 초과하다 ⭐ chāoguò	不会(超过)一万字。 Búhuì (chāoguò) yíwàn zì. 10,000자를 초과하지 않을 거예요.	
举行 개최하다, 거행하다, 열다 ⭐ jǔxíng	咱们学校要(举行)春季运动会。 Zánmen xuéxiào yào (jǔxíng) chūnjì yùndònghuì. 우리 학교는 춘계 운동회를 열려고 한다.	
考虑 고려하다, 생각하다 ⭐ kǎolǜ	他说会(考虑)我们的建议。 Tā shuō huì (kǎolǜ) wǒmen de jiànyì. 그는 우리의 제안을 고려할 것이라고 말했다.	
保证 보장하다, 확실히 하다, 장담하다 bǎozhèng	(保证)质量更重要。 (Bǎozhèng) zhìliàng gèng zhòngyào. 품질을 보장하는 것이 더 중요하다.	
禁止 금지하다 ⭐ jìnzhǐ	飞机上(禁止)使用手机。 Fēijī shàng (jìnzhǐ) shǐyòng shǒujī. 비행기 안에서는 휴대폰 사용을 금지한다.	
堵车 차가 막히다 dǔ chē	路上(堵车)。 Lù shàng (dǔ chē). 길에 차가 막히다.	
够 (필요한 수량, 기준 등이) 충분하다 ⭐ gòu	词典里的字、词是不(够)的。 Cídiǎn li de zì、cí shì bú(gòu) de. 사전 안에 글자, 단어가 부족하다.	
弹(钢琴) (피아노를) 치다 tán (gāngqín)	真不敢相信，在短短的一个星期里，就能把钢琴(弹)得这么好。 Zhēn bù gǎn xiāngxìn, zài duǎnduǎn de yí ge xīngqī li, jiù néng bǎ gāngqín (tán) de zhème hǎo. 정말 믿을 수가 없다. 짧은 일주일 동안 피아노를 이렇게 잘 칠 수 있다니.	
猜 추측하다 cāi	我(猜)他们是想减轻压力。 Wǒ (cāi) tāmen shì xiǎng jiǎnqīng yālì. 내가 추측건대 그들은 스트레스를 줄이고 싶은 것 같다.	

躺 눕다 tǎng	**我刚(躺)下就听见有人敲门。** Wǒ gāng (tǎng) xià jiù tīng jiàn yǒurén qiāomén. 내가 막 눕자마자 어떤 사람이 문을 두드리는 것을 들었다.
打扰 방해하다 ⭐_{빈출문제} dǎrǎo	**妹妹弹钢琴的时候最讨厌别人(打扰)她。** Mèimei tán gāngqín de shíhou zuì tǎoyàn biérén (dǎrǎo) tā. 여동생은 피아노를 칠 때 다른 사람이 그녀를 방해하는 것을 가장 싫어한다.
预习 예습하다 yùxí	**昨天没有(预习)，所以被老师批评了。** Zuótiān méiyǒu (yùxí), suǒyǐ bèi lǎoshī pīpíng le. 어제 예습을 안 해서, 선생님에게 야단맞았어.
误会 오해하다 ⭐_{빈출문제} wùhuì	**您(误会)了，我们不是游客，是专门来做调查的。** Nín (wùhuì) le, wǒmen búshì yóukè, shì zhuānmén lái zuò diàochá de. 당신이 오해하셨어요, 우리는 여행객이 아니라, 특별히 조사를 하러 온 거예요.
戴 쓰다, 착용하다 dài	**外面风刮得特别大，你(戴)帽子吧，千万别感冒了。** Wàimian fēng guā de tèbié dà, nǐ (dài) màozi ba, qiānwàn bié gǎnmào le. 밖에 바람이 엄청 세게 부니까, 모자를 써라, 절대 감기 걸리면 안돼.
丢 잃어버리다 ⭐_{빈출문제} diū	**你真是太粗心了，怎么会把手机弄(丢)了呢?** Nǐ zhēnshì tài cūxīn le, zěnme huì bǎ shǒujī nòng (diū) le ne? 네가 너무 세심하지 못했어, 어떻게 휴대폰을 잃어버릴 수 있니?
赚 벌다 ⭐_{빈출문제} zhuàn	**这几年叔叔的生意越做越大，(赚)了不少钱。** Zhè jǐ nián shūshu de shēngyi yuè zuò yuè dà, (zhuàn) le bù shǎo qián. 몇 년간 삼촌의 사업이 점점 커져서, 많은 돈을 벌었어.
擦 닦다 cā	**怎么出了这么多汗? 给你毛巾，快(擦)一下吧。** Zěnme chū le zhème duō hàn? Gěi nǐ máojīn, kuài (cā) yíxià ba. 왜 이렇게 땀을 많이 흘리니? 너에게 수건을 줄게, 얼른 좀 닦아.

第1-6题 选词填空。

빈칸에 알맞은 단어를 선택하세요.

| A 讨厌 | B 丰富 | C 收拾 | D 坚持 | E 适应 | F 因此 |

例如: 她每天都（D 坚持）走路上下班，所以身体一直很不错。

① 他最（　　　）吃辣的菜了，每次去餐厅吃饭的时候，他都不点辣的菜。

② 你的房间怎么这么脏，你现在能不能（　　　）一下?

③ 既然你选择去美国留学，那么你就要努力去（　　　）美国的文化和生活。

| A 解释 | B 扔 | C 温度 | D 因此 | E 来不及 | F 游戏 |

例如: A: 今天真冷啊，好像白天最高（C 温度）才2°C。
　　　B: 刚才电视里说明天更冷。

④ A: 儿子，你怎么把西瓜（　　　）垃圾桶里了?
　　B: 买回来好几天了，都不新鲜了，会吃坏肚子的。

⑤ A: 开快点儿，还有5分钟电影就要开始了，（　　　）了。
　　B: 这个速度已经够快了，再快会很危险。

⑥ A: 我男朋友误会我们了，你去跟他（　　　）一下。
　　B: 好的，一会儿我就去找他，跟他说清楚。

정답 및 해설 » 해설서 p. 62

DAY 10

6 빈출 어휘는 우리를 배반하지 않는다!

공략비법 02 명사 어휘 채우기

📋 **출제 형식**

빈칸에 들어갈 품사 중 명사 어휘를 채우는 문제는 동사 다음으로 많이 출제된다. 명사 어휘 문제는 총 10문제 중 2~3문제가 출제된다.

📋 **핵심 전략**

1 ⭐ **빈칸 앞에 양사(个, 位, 节, 台, 家)가 있으면 반드시 명사가 온다.**

2 ⭐ **빈칸 앞에 구조조사 的(~의)가 있으면 빈칸에는 명사가 온다.**

3 ⭐ **술어 뒤에 빈칸은 목적어 자리이므로 명사가 올 가능성이 크다.** 이럴 경우, 원래는 동사지만 명사로도 쓰이는 误会(오해), 动作(동작), 活动(행사), 经验(경험) 등이 자주 출제된다. 이러한 어휘들은 자주 쓰이는 짝꿍 동사와 함께 암기해두는 것이 좋다. **간혹 신분을 나타내는 명사, 小伙子(젊은이), 房东(집주인)을 채우는 문제도 출제**된다.

4 ⭐ **전치사 뒤에 빈칸이 있으면 대부분 명사가 나온다.**

✏️ **유형맛보기 1**

A 不管	**B** 世纪	**C** 响
bùguǎn 접 ~관계없이	shìjì 명 세기	xiǎng 동 울리다
D 坚持	**E** 却	**F** 丰富
jiānchí 동 꾸준히 하다	què 부 오히려, 도리어	fēngfù 형 풍부하다

他是上**个** (**B** 世纪) 末最著名的京剧演员。
　　　　 양사

그는 지난 (**B** 세기) 말에 가장 유명했던 경극 배우이다.

지문 어휘

末 mò 명 말, 끝, 끝머리
著名 zhùmíng 형 유명하다 ☆
京剧 jīngjù 명 경극(중국 전통극의 하나) ☆
演员 yǎnyuán 명 배우, 연기자 ☆

정답 ▶ B (世纪)

해설 빈칸 앞에 양사 个가 있으므로 빈칸에는 명사가 와야 한다. 보기 어휘 중 B 世纪(세기)가 명사이고, '지난 세기'라는 뜻이 문맥상 어울리므로 정답은 B 世纪(세기)이다.

지문 어휘

活动 huódòng 명 행사, 활동 ⭐

门票 ménpiào 명 입장권

听说 tīngshuō 동 듣자 하니, 듣건대

年龄 niánlíng 명 나이, 연세, 연령 ⭐

免费 miǎn fèi 동 무료로 하다 ⭐

入场 rù chǎng 동 입장하다

A 学期
xuéqī 명 학기

B 保证
bǎozhèng 동 보장하다, 확실히 하다

C 温度
wēndù 명 온도

D 无聊
wúliáo 형 무료하다

E 提前
tíqián 동 앞당기다

Ⓕ 儿童
értóng 명 어린이, 아동

A: 周六下午的活动，小孩儿也要买门票吗？

B: 听说年龄在12岁以下**的**(F 儿童)可以免费入场。
　　　　　　　　　　　구조조사(~의)

A : 토요일 오후 행사는 어린 아이도 입장권을 사야 하나요？

B : 듣자 하니 나이 12세 이하의 (F 어린이)는 무료로 입장할 수 있대요.

정답 　F (儿童)

해설 　빈칸 앞에 구조조사 的가 있으므로 빈칸에는 명사가 나와야 한다. 먼저 보기에서 예시로 사용된 보기 C를 지우고 남은 보기들 가운데 명사를 찾는다. 보기 어휘 중 A 学期(학기), F 儿童(어린이)이 명사인데, 이 중 문맥상 '12세 이하의 어린이'가 가장 잘 어울리므로 정답은 F 儿童(어린이)이다.

지문 어휘

既然 A, 就 B jìrán A, jiù B
기왕 A인 이상, B하다

知道 zhīdao 동 알다

放 fàng 동 두다, 놓다

A 辛苦
xīnkǔ 형 고생스럽다

B 著名
zhùmíng 형 유명하다

C 袜子
wàzi 명 양말

D 坚持
jiānchí 동 꾸준히 하다

E 趟
tàng 양 차례, 횟수

Ⓕ 误会
wùhuì 명 오해, 동 오해하다

既然知道**是**(F 误会)，你就别放在心里了。
　　　　　　술어

(F 오해)임을 안 이상, 마음 속에 담아 두지 마세요.

정답 　F (误会)

해설 　是 뒤에는 주로 목적어가 오기 때문에 빈칸에는 명사가 올 확률이 높다. 보기 어휘 중 C 袜子(양말), F 误会(오해)가 명사인데, 뒤 절의 '마음 속에 담아두지 마세요'라는 내용과 가장 잘 어울리는 어휘를 찾아야 하므로 정답은 F 误会(오해)이다.

── 수진 쌤의 꿀 Tip!

'误会'는 원래 동사이지만 명사도 쓰일 수도 있다.

1 印象 yìnxiàng 인상 ☆
2 基础 jīchǔ 기초 ☆
3 世纪 shìjì 세기 ☆
4 航班 hángbān 항공편 ☆
5 儿童 értóng 아동, 어린이 ☆
6 小伙子 xiǎohuǒzi 젊은이, 총각 ☆
7 房东 fángdōng 집주인 ☆
8 误会 wùhuì 오해 ☆
9 经验 jīngyàn 경험 ☆
10 任务 rènwu 임무 ☆

출제 빈도수 높은
명사 내공 쌓기

4급 명사 어휘	예문
表格 표, 양식, 서식 biǎogé	请您填一下这张(表格)。 Qǐng nín tián yíxià zhè zhāng (biǎogé). 이 표 좀 작성해 주세요.
重点 핵심, 중점 zhòngdiǎn	内容太简单了，不够详细，缺少(重点)。 Nèiróng tài jiǎndān le, búgòu xiángxì, quēshǎo (zhòngdiǎn). 내용이 너무 간단하고, 상세하지 않으며, 핵심이 부족해.
世纪 세기 ★빈출문제 shìjì	从上个(世纪)末开始，这家饭店就很有名了。 Cóng shàng ge (shìjì) mò kāishǐ, zhè jiā fàndiàn jiù hěn yǒumíng le. 지난 세기 말부터 시작해서 이 호텔은 유명해졌다.
动作 동작 dòngzuò	胳膊再抬高点儿，好，现在(动作)很标准。 Gēbo zài tái gāo diǎnr, hǎo, xiànzài (dòngzuò) hěn biāozhǔn. 팔을 좀 더 높이 올려보세요, 좋아요, 지금 동작이 매우 정확합니다.
社会 사회 shèhuì	名人应该加倍注意自己的(社会)影响。 Míngrén yīnggāi jiābèi zhùyì zìjǐ de (shèhuì) yǐngxiǎng. 유명인은 자신의 사회적 영향을 각별히 주의해야 한다.
误会 오해 ★빈출문제 wùhuì	好朋友之间有了(误会)，不要放在心上。 Hǎo péngyou zhījiān yǒu le (wùhuì), búyào fàngzài xīnshàng. 친한 친구사이에는 오해가 있어도, 마음에 담아 두지 말자.
一切 모든, 일체 ★빈출문제 yíqiè *대명사	只要你敢做，那么(一切)都有可能。 Zhǐyào nǐ gǎn zuò, nàme (yíqiè) dōu yǒu kěnéng. 당신이 대담하게 한다면, 그럼 모든 게 가능합니다.
小伙子 젊은이, 총각 ★빈출문제 xiǎohuǒzi	(小伙子)，等一下，你的信用卡忘拿了。 (Xiǎohuǒzi), děng yíxià, nǐ de xìnyòngkǎ wàng ná le. 젊은이, 잠깐만요, 당신의 신용카드를 놓고 갔어요.

座位 자리, 좌석 ⭐빈출문제 zuòwèi	不好意思，小姐，这是我的(座位)。 Bùhǎoyìsi, xiǎojie, zhè shì wǒ de (zuòwèi). 죄송하지만, 아가씨, 여긴 제 자리예요.
航班 항공편 ⭐빈출문제 hángbān	他乘坐的(航班)还有一个小时才会降落。 Tā chéngzuò de (hángbān) háiyǒu yí ge xiǎoshí cái huì jiàngluò. 그가 탄 항공편은 아직 한 시간 더 있어야 착륙해요.
房东 집주인 fángdōng	明天(房东)要来收房租，你取钱了吗? Míngtiān (fángdōng) yào lái shōu fángzū, nǐ qǔ qián le ma? 내일 집주인이 방세 받으러 온다고 하는데, 돈 찾았어요?
基础 기초 jīchǔ	他的科学(基础)非常好，学起来要比其他人轻松多了。 Tā de kēxué (jīchǔ) fēicháng hǎo, xué qǐlái yào bǐ qítā rén qīngsōng duō le. 그는 과학의 기초가 매우 좋아서, 다른 사람보다 훨씬 수월하게 배울 거예요.
儿童 어린이, 아동 értóng	只有年龄在12岁以下的(儿童)才可以免费。 Zhǐyǒu niánlíng zài shí'èr suì yǐxià de (értóng) cái kěyǐ miǎn fèi. 나이가 12세 이하의 어린이만 무료로 할 수 있어요.
短信 메시지 duǎnxìn	下了飞机，记得给我发个(短信)。 Xià le fēijī, jìde gěi wǒ fā ge (duǎnxìn). 비행기에서 내리면, 잊지 말고 저에게 메시지 보내주세요.
经验 경험 jīngyàn	陈师傅的(经验)很丰富，你有时间多跟他交流交流。 Chén shīfu de (jīngyàn) hěn fēngfù, nǐ yǒu shíjiān duō gēn tā jiāoliú jiāoliú. 천 선생님(사부님)의 경험이 풍부하니, 시간 나면 그와 자주 소통하세요.
汗 땀 hàn	刚才运动出了一身(汗)，特别难受。 Gāngcái yùndòng chū le yìshēn (hàn), tèbié nánshòu. 방금 운동해서 땀으로 흠뻑 젖었어요, 너무 견디기 힘들어요.
袜子 양말 wàzi	你怎么买了这么多(袜子)? Nǐ zěnme mǎi le zhème duō (wàzi)? 당신은 왜 이렇게 많은 양말을 샀어요?
印象 인상 yìnxiàng	我怎么一点儿(印象)都没有? Wǒ zěnme yìdiǎnr (yìnxiàng) dōu méiyǒu? 저는 어떻게 조금도 인상에 남는 게 없죠?

阅读

쓰기

任务 임무 rènwu	终于完成了全部(任务)。 Zhōngyú wánchéng le quánbù (rènwu). 마침내 모든 임무를 마쳤어요.
意见 의견 yìjiàn	你这么做我没有任何(意见)，但你至少应该提前告诉我一声。 Nǐ zhème zuò wǒ méiyǒu rènhé (yìjiàn), dàn nǐ zhìshǎo yīnggāi tíqián gàosu wǒ yìshēng. 네가 이렇게 하는 것에 나는 어떤 의견도 없어, 하지만 너는 최소한 나에게 미리 알려줘야 했었어.
活动 행사, 활동 huódòng	由于时间关系，今天的(活动)就到这里，再次感谢大家。 Yóuyú shíjiān guānxi, jīntiān de (huódòng) jiù dào zhèli, zài cì gǎnxiè dàjiā. 시간 관계상, 오늘의 행사는 여기까지 하겠습니다, 다시 한 번 여러분께 감사드립니다.
玩笑 장난, 농담 wánxiào	我知道，不过以后这种(玩笑)最好不要再开了。 Wǒ zhīdao, búguò yǐhòu zhè zhǒng (wánxiào) zuìhǎo búyào zài kāi le. 알아, 하지만 다음부터는 이런 식의 장난은 더 이상 하지 않는 것이 좋겠어.
将来 장래, 미래 jiānglái	无论(将来)是穷还是富，只要家人身体健康，我就会觉得幸福。 Wúlùn (jiānglái) shì qióng háishì fù, zhǐyào jiārén shēntǐ jiànkāng, wǒ jiù huì juéde xìngfú. 앞으로 가난하든 부유하든 상관 없이, 오직 가족이 건강하기만 하면, 나는 행복할 것이다.

第1-6题　选词填空。

빈칸에 알맞은 단어를 선택하세요.

A 规定	B 发展	C 来不及	D 坚持	E 轻松	F 年龄

例如：她每天都（D 坚持）走路上下班，所以身体一直很不错。

❶ 我这身打扮是跟姐姐学的，她说我这个（　　　）就该穿得活泼点儿。

❷ 按照（　　　），只有在考试中进入前5名的学生，才有机会获得奖学金。

❸ 中国经济的（　　　）速度，让世界所有的人都大吃一惊。

A 稍微	B 印象	C 温度	D 麻烦	E 房东	F 效果

例如：A: 今天真冷啊，好像白天最高（C 温度）才2℃。
　　　B: 刚才电视里说明天更冷。

❹ A:（　　　）今天怎么没来收房租啊？
　　B: 听说他的小孙子出生了，估计明天会来收钱。

❺ A: 孩子还是一直咳嗽，打针吃药都没什么（　　　）。
　　B: 别担心，我们明天带他去医院重新做个检查。

❻ A: 你今天怎么打扮得这么漂亮？有约会吗？
　　B: 不是，我今天要去应聘一个工作，听说第一（　　　）很重要。

6 빈출 어휘는 우리를 배반하지 않는다!

공략비법 03 형용사 어휘 채우기

출제 형식

빈칸을 채우는 문제에서 동사, 명사 다음으로 많이 출제되는 품사는 형용사이다. 형용사 어휘 문제는 총 10문제 중 1~2문제가 출제된다.

핵심 전략

1 **★빈칸 앞에 정도부사(真, 十分, 非常, 太)가 올 경우 빈칸에는 반드시 형용사**가 온다. 하지만 예외는 있다! 羡慕(부러워하다), 讨厌(싫어하다, 미워하다)등의 심리동사의 앞에도 정도부사 '真, 太, 很' 등을 쓸 수 있음을 잊지말자.

2 **★빈칸 앞에 지시대명사 这么(이렇게), 那么(그렇게)가 나오면 빈칸에는 형용사**가 나온다.

유형맛보기 1

(A) 粗心	B 签证	C 航班
cūxīn 형 세심하지 못하다	qiānzhèng 명 비자	hángbān 명 항공편
D 坚持	E 轻	F 重点
jiānchí 동 꾸준히 하다	qīng 형 가볍다	zhòngdiǎn 명 중점, 핵심

他真是太(A 粗心)了，考试竟然忘了写名字。
　　　　　정도부사

그는 정말 너무 (A 세심하지 못해), 시험 볼 때 이름 쓰는 것도 잊었어.

지문 어휘

竟然 jìngrán 부 뜻밖에도, 의외로 ★
忘 wàng 동 잊다
名字 míngzi 명 이름

정답 ▶ A (粗心)

해설 ▶ 빈칸 앞에 정도부사 太(너무)가 있으므로 뒤에는 형용사가 와야 한다. 보기 어휘 중 A 粗心(세심하지 못하나), E 轻(기볍다)이 형용사인데, 뒤 절의 '시험 볼 때 이름 쓰는 것도 잊었다'라는 내용과 문맥상 잘 어울리는 어휘여야 하므로 정답은 A 粗心(세심하지 못하다)이다.

유형맛보기 2

A 无聊	**B** 郊区	**C** 不过
wúliáo 형 무료하다	jiāoqū 명 변두리	búguò 접 하지만, 그런데
D 坚持	**E** 放弃	**F** 仔细
jiānchí 동 꾸준히 하다	fàngqì 동 포기하다	zǐxì 형 꼼꼼하다, 세심하다

他检查得**那么**（**F** 仔细），还是有错误。
　　　　　지시대명사

그는 그렇게 (**F** 꼼꼼하게) 조사했지만, 여전히 오류가 있다.

지문 어휘

检查 jiǎnchá 동 조사하다

还是 háishi 부 여전히, 아직도

错误 cuòwù 명 오류, 착오, 잘못 ☆

정답　　F (仔细)

해설　　빈칸 앞에 지시대명사 那么(그렇게)가 있으므로 빈칸에는 형용사가 나와야 한다. 보기 어휘 중 A 无聊(무료하다), F 仔细 (꼼꼼하다, 세심하다)가 형용사인데, '꼼꼼하게 조사를 했다'는 문장이 문맥상 가장 잘 어울리므로 정답은 F 仔细 (꼼꼼하다, 세심하다)이다.

BEST 10 시험에 잘 나오는
빈도수 높은 형용사 어휘

1 开心 kāixīn 즐겁다, 기쁘다 ☆
2 粗心 cūxīn 세심하지 못하다, 소홀하다 ☆
3 熟悉 shúxī 익숙하다 ☆
4 无聊 wúliáo 심심하다, 무료하다, 지루하다 ☆
5 仔细 zǐxì 꼼꼼하다 ☆
6 活泼 huópō 활발하다, 활달하다 ☆
7 辛苦 xīnkǔ 고생스럽다 ☆
8 详细 xiángxì 상세하다 ☆
9 严重 yánzhòng 심각하다 ☆
10 复杂 fùzá 복잡하다 ☆

출제 빈도수 높은
형용사 내공 쌓기

4급 형용사 어휘	예문
流利 유창하다 ★빈출문제 liúlì	她的中文说得很(流利)，交流起来没有问题。 Tā de Zhōngwén shuō de hěn (liúlì), jiāoliú qǐlái méiyǒu wèntí. 그녀는 중국어를 유창하게 해서 의사소통하는데 문제가 없다.
著名 유명하다, 저명하다 zhùmíng	还有机会到这家(著名)的电脑公司上班。 Háiyǒu jīhuì dào zhè jiā (zhùmíng) de diànnǎo gōngsī shàng bān. 기회가 돼서 이 유명한 컴퓨터 회사에 출근하게 되었다.
开心 즐겁다, 기쁘다 kāixīn	你好像很不(开心)，我给你讲个笑话，怎么样? Nǐ hǎoxiàng hěn bù (kāixīn), wǒ gěi nǐ jiǎng ge xiàohua, zěnmeyàng? 당신이 즐겁지 않은 것 같은데, 제가 당신에게 재미있는 이야기 하나 해줄까요? 我从来没有像今天这么(开心)过，和你聊天儿真高兴! Wǒ cónglái méiyǒu xiàng jīntiān zhème (kāixīn) guo, hé nǐ liáo tiānr zhēn gāoxìng! 여태껏 오늘처럼 이렇게 즐거운 적이 없었어요, 당신과 이야기 나누니까 정말 기뻐요!
熟悉 잘 알다, 익숙하다 ★빈출문제 shúxī	我们俩很(熟悉)，已经认识八年了。 Wǒmen liǎ hěn (shúxī), yǐjing rènshi bā nián le. 우리 두 사람은 잘 알아요, 안 지가 이미 8년이나 되었어요.
复杂 복잡하다 ★빈출문제 fùzá	这件事情有些(复杂)，你到底要怎么解决? Zhè jiàn shìqing yǒu xiē (fùzá), nǐ dàodǐ yào zěnme jiějué? 이 일은 좀 복잡한데, 도대체 어떻게 해결하실 건가요?
合格 합격하다 ★빈출문제 hégé	昨晚我梦到我这次考试不(合格)。 Zuówǎn wǒ mèngdào wǒ zhè cì kǎoshì bù (hégé). 어젯밤에 나는 이번 시험에서 불합격하는 꿈을 꿨어요.
无聊 심심하다, 무료하다, 지루하다 wúliáo	你平时(无聊)的时候都干什么? Nǐ píngshí (wúliáo) de shíhou dōu gàn shénme? 당신은 평소 심심할 때 뭐 하세요?

正常 정상적이다, 정상적인 ⭐빈출문제 zhèngcháng	在(正常)情况下，这种天气是不会影响飞机起飞的。 Zài (zhèngcháng) qíngkuàng xià, zhè zhǒng tiānqì shì búhuì yǐngxiǎng fēijī qǐfēi de. 정상적인 상황에서, 이런 날씨는 비행기 이륙에 영향을 주지 않는다.
粗心 세심하지 못하다, 소홀하다 ⭐빈출문제 cūxīn	他很努力学习，就是太(粗心)了，不该错的地方倒错了。 Tā hěn nǔlì xuéxí, jiùshì tài (cūxīn) le, bù gāi cuò de dìfang dào cuò le. 그는 열심히 공부하지만, 너무 세심하지 못해, 틀리지 말아야 할 곳도 틀리니 말이야.
轻 가볍다 qīng	我只比上个月(轻)了一公斤。 Wǒ zhǐ bǐ shàng ge yuè (qīng) le yì gōngjīn. 저는 지난달보다 겨우 1kg 가벼워졌어요.
活泼 활발하다, 활달하다 ⭐빈출문제 huópō	老师说我这个年龄就应该打扮得(活泼)点儿。 Lǎoshī shuō wǒ zhè ge niánlíng jiù yīnggāi dǎban de (huópō) diǎnr. 선생님께서 내 나이에는 좀 더 활기차게(발랄하게) 꾸며야 한다고 말했다.
直接 직접적인 zhíjiē	那你(直接)去安检那儿等我一下。 Nà nǐ (zhíjiē) qù ānjiǎn nàr děng wǒ yíxià. 그러면 너는 검색대로 바로 가서 나를 좀 기다려줘.
厉害 심하다, 대단하다, 심각하다 ⭐빈출문제 lìhai	我家附近又开了两家餐厅，竞争越来越(厉害)了。 Wǒ jiā fùjìn yòu kāi le liǎng jiā cāntīng, jìngzhēng yuèláiyuè (lìhai) le. 우리집 근처에 또 식당 두 곳이 오픈해서 경쟁이 점점 심해지고 있다.
危险 위험하다 ⭐빈출문제 wēixiǎn	乘车时，把胳膊放到车窗外非常(危险)。 Chéng chē shí, bǎ gēbo fàngdào chē chuāng wài fēicháng (wēixiǎn). 차를 탈 때, 팔을 차창 밖에 두면 매우 위험하다.
合适 적합하다, 알맞다 ⭐빈출문제 héshì	来应聘的人真多，可惜没有特别(合适)的。 Lái yìngpìn de rén zhēn duō, kěxī méiyǒu tèbié (héshì) de. 온 지원자들은 정말 많지만, 안타깝게도 아주 적합한 사람은 없다.

第1-6题　选词填空。

빈칸에 알맞은 단어를 선택하세요.

| A 共同　　B 活泼　　C 流利　　D 坚持　　E 详细　　F 任务 |

例如：她每天都（D 坚持）走路上下班，所以身体一直很不错。

1 小刘性格（　　　），大家对她的印象都很好。

2 虽然他没去过中国，但是汉语说得很（　　　）。

3 有（　　　）的兴趣爱好是成为好朋友最关键的条件。

| A 无聊　　B 困　　C 温度　　D 既然　　E 复杂　　F 所有 |

例如：A: 今天真冷啊，好像白天最高（C 温度）才2℃。
　　　B: 刚才电视里说明天更冷。

4 A: 外面阳光不错，咱们出去玩儿吧。
　　B: 我昨天晚上聚会回来得太晚了，现在还特别（　　　），想再睡一会儿。

5 A: 我现在很（　　　），做什么好呢?
　　B: 那咱们去爬山吧，对身体也有好处。

6 A: 我看一遍都记不住，你把（　　　）材料都发给我吧。
　　B: 知道了，我一会儿给你发电子邮件吧。

정답 및 해설 ≫ 해설서 p. 66

DAY 11

6 빈출 어휘는 우리를 배반하지 않는다!

공략비법 04 부사, 접속사 어휘 채우기

출제 형식

부사, 접속사 어휘 문제는 총 10문제 가운데 1~2문제 정도 출제되며 다른 품사들에 비해 비교적 쉽게 출제되어 점수를 확보하기에 유리하다.

핵심 전략

1 부사의 자리는 정해져 있다. **빈칸 앞에 주어가 있는 경우, 빈칸 뒤에 조동사나 전치사가 있는 경우도 부사**가 올 확률이 높다.

2 **문장의 맨 앞에 빈칸이 있거나 뒤 절의 맨 앞[쉼표(,) 바로 뒤]에는 부사 또는 접속사**가 온다.

유형맛보기 1

A 却
què 부 오히려, 도리어

B 流行
liúxíng 동 유행하다

C 文章
wénzhāng 명 문장, 글

D 坚持
jiānchí 동 꾸준히 하다

E 毕业
bì yè 동 졸업하다

F 按时
ànshí 부 제때에

虽然李师傅没有你高，但**他力气**(A 却)**比你大多了。**
　　　　　　　　　　주어　　　　전치사

비록 이 선생님은 너만큼 크진 않지만, 힘은 (A 오히려) 너보다 훨씬 세.

지문 어휘

师傅 shīfu 명 선생님, 기사님(기술직에 종사하는 사람에 대한 존칭) ☆

力气 lìqi 명 힘 ☆

정답 A (却)

해설 빈칸 앞에는 주어 他力气가 있고, 뒤에는 전치사 比가 있는 것으로 보아 빈칸에는 부사가 올 확률이 높다. 보기 어휘 중 A 却(오히려, 도리어), F 按时(제때에)가 부사인데, 문맥상 '힘은 오히려 너보다 훨씬 세'라는 의미가 가장 자연스러우므로 정답은 A 却(오히려, 도리어)이다.

A 无

wú 🖣 ~이 아니다

Ⓑ 既然

jìrán 📗 ~한 이상, 된 바에야

C 反对

fǎnduì 🗍 반대하다

D 坚持

jiānchí 🗍 꾸준히 하다

E 说明

shuōmíng 🗍 설명하다, 해명하다

F 顺序

shùnxù 📙 순서, 차례

─────────────────────

(**B** 既然)你不愿意读法律专业，那**就**再考虑考虑其他专业吧。

네가 법학 전공을 원하지 않게 (B 된 이상), 다른 전공을 다시 생각해 보자.

지문 어휘

愿意 yuànyì 🗍 원하다, 바라다

法律 fǎlǜ 📙 법학, 법률 ⭐

专业 zhuānyè 📙 전공 ⭐

考虑 kǎolǜ 🗍 생각하다, 고려하다 ⭐

정답 》 **B** (既然)

해설 》 주어가 있는 문장의 맨 앞에 빈칸이 있고, 뒤 절에 就가 있는 것으로 보아 就와 어울려 구문으로 쓰이는 접속사가 답일 가능성이 높다. 보기 중 접속사는 B 既然(~한 이상, ~된 바에야)이며, 既然은 就와 어울려 [既然 A, 就 B(A한 이상 B하다)]의 뜻으로 쓰인다. 문맥상으로도 '네가 법학 전공을 원하지 않게 된 이상, 다른 전공을 다시 생각해 보자'라는 의미가 자연스러우므로 정답은 B 既然(~한 이상, ~된 바에야)이다.

BEST 10 시험에 잘 나오는
빈도수 높은 부사, 접속사 어휘

1 十分 shífēn 매우, 아주, 대단히 ⭐

2 却 què 오히려, 도리어 ⭐

3 千万 qiānwàn 부디, 제발 ⭐

4 光 guāng 다만, 오직 ⭐

5 刚刚 gānggāng 지금 막, 방금 ⭐

6 既然 jìrán ~한 이상, ~된 바에야 ⭐

7 甚至 shènzhì 심지어, 조차도, ~까지도 ⭐

8 不管 bùguǎn ~에 관계없이, ~을 막론하고 ⭐

9 无论 wúlùn ~을 막론하고, ~든지 ⭐

10 尤其 (是) yóuqí(shì) 더욱이, 특히 ⭐

4급 부사, 접속사 어휘	예문
却 오히려, 도리어 què	我从来没有来过这儿，(却)对这里有这种熟悉的感觉。 Wǒ cónglái méiyǒu lái guo zhèr, (què) duì zhèlǐ yǒu zhè zhǒng shúxī de gǎnjué. 나는 여태껏 이곳에 와 본 적이 없는데, 오히려 이곳에 대해 익숙한 느낌이 있어.
不管 ~든(지), ~에 관계없이 bùguǎn	(不管)出现什么问题，请及时与我们联系。 (Bùguǎn) chūxiàn shénme wèntí, qǐng jíshí yǔ wǒmen liánxì. 어떤 문제가 생기든 즉시 우리에게 연락하세요.
既然 ~한 이상, ~된 바에야 jìrán	(既然)你改变不了环境，那就努力去适应它吧。 (Jìrán) nǐ gǎibiànbuliǎo huánjìng, nà jiù nǔlì qù shìyìng tā ba. 네가 환경을 바꿀 수 없게 된 이상, 최선을 다해 적응해 나가세요. 你(既然)已经醒了，就别躺着了，起来洗脸刷牙吧。 Nǐ (jìrán) yǐjing xǐng le, jiù bié tǎngzhe le, qǐlái xǐliǎn shuā yá ba. 이미 깼으니 누워있지 말고, 일어나서 세수하고 양치질하세요.
尤其 더욱이 yóuqí	这个巧克力的广告太浪漫，(尤其)是里面的音乐，我特别喜欢。 Zhè ge qiǎokèlì de guǎnggào tài làngmàn, (yóuqí) shì lǐmiàn de yīnyuè, wǒ tèbié xǐhuan. 이 초콜릿의 광고는 너무 낭만적이에요, 더욱이 광고 속의 음악은 내가 특히나 좋아해요.
准时 정시에, 제때에 zhǔnshí	没问题，我一定(准时)到。 Méi wèntí, wǒ yídìng (zhǔnshí) dào. 문제 없어요, 전 반드시 정시에 도착해요.
光 오직, 다만 guāng	孩子今天确实饿了，(光)米饭就吃了两碗。 Háizi jīntiān quèshí è le, (guāng) mǐfàn jiù chī le liǎng wǎn. 아이가 오늘 확실히 배가 고팠나 봐요, 밥만 두 그릇을 먹었어요.
千万 절대, 제발, 부디 qiānwàn	你不到最后一刻，(千万)别放弃。 Nǐ búdào zuìhòu yí kè, (qiānwàn) bié fàngqì. 너는 마지막 순간에 이르기 전까지 절대 포기해서는 안 된다.

甚至 심지어, ~조차도, ~까지도 shènzhì	第一口觉得苦，但过会儿就好了。(甚至)还会觉得有点儿甜呢。 Dì yī kǒu juéde kǔ, dàn guò huìr jiù hǎo le. (Shènzhì) hái huì juéde yǒudiǎnr tián ne. 첫 술은 쓰다고 느끼겠지만, 조금 있으면 괜찮아질 거예요. 심지어 조금 달다고 느낄걸요.
十分 매우, 대단히 shífēn	对于我们来说，这次任务(十分)重要。 Duìyú wǒmen láishuō, zhè cì rènwu (shífēn) zhòngyào. 우리에게 있어 이번 임무는 매우 중요해요.
顺便 ~하는 김에 shùnbiàn	你下楼的时候(顺便)把垃圾扔了。 Nǐ xiàlóu de shíhou (shùnbiàn) bǎ lājī rēng le. 아래층으로 내려가는 김에 쓰레기도 버리세요.
无论 ~든(지), ~을 막론하고 wúlùn	(无论)你最后做出什么决定，我都会支持你。 (Wúlùn) nǐ zuìhòu zuòchū shénme juédìng, wǒ dōu huì zhīchí nǐ. 당신이 마지막에 어떤 결정을 하든, 저는 당신을 지지할게요.
刚刚 방금, 지금, 막 gānggāng	她(刚刚)离开这儿，应该还没走远。 Tā (gānggāng) líkāi zhèr, yīnggāi hái méi zǒu yuǎn. 그녀가 방금 이곳을 떠났으니, 아직 멀리 못 갔을 거예요.
互相 상호, 서로 hùxiāng	如果不懂得(互相)理解和尊重，那么爱情将很难长久。 Rúguǒ bù dǒngde (hùxiāng) lǐjiě hé zūnzhòng, nàme àiqíng jiāng hěn nán chángjiǔ. 만약 상호 간의 이해와 존중을 모른다면, 애정은 오래 가지 못할 것이다.
至少 적어도, 최소한 zhìshǎo	这个邮箱我(至少)有一年没用了，密码都不记得了。 Zhè ge yóuxiāng wǒ (zhìshǎo) yǒu yì nián méi yòng le, mìmǎ dōu bú jìde le. 이 메일 계정을 쓰지 않은지 적어도 1년은 돼서, 비밀번호도 잊어버렸다.
不过 하지만, 그러나 búguò	商场附近有停车的地方，(不过)是收费的，每小时12元。 Shāngchǎng fùjìn yǒu tíngchē de dìfang, (búguò) shì shōufèi de, měi xiǎoshí shí'èr yuán. 백화점 근처에 주차장이 있지만 유료이고, 시간당 12위안이다.
虽然 비록 ~하지만 suīrán	王老师年龄(虽然)不大，但是平时做事很有主意。 Wáng lǎoshī niánlíng (suīrán) bú dà, dànshì píngshí zuò shì hěn yǒu zhǔyi. 왕 선생님은 비록 나이는 많지 않지만, 평소 일을 하는 데 있어서 아이디어가 있다.

실전 테스트

第1-6题 选词填空

빈칸에 알맞은 단어를 선택하세요.

> A 顺便　　B 只要　　C 无论　　D 坚持　　E 重新　　F 可是

例如：她每天都（D 坚持）走路上下班，所以身体一直很不错。

1 别担心，（　　　　）发生什么，我都会永远在你的身边保护你。

2 等一会儿你出去的时候，（　　　　）去商店买个牙膏。

3 （　　　　）你每天坚持复习和预习，这次考试你就一定会获得第一名。

> A 尤其　　B 不过　　C 温度　　D 稍微　　E 光　　F 恐怕

例如：A: 今天真冷啊，好像白天最高（C 温度）才2°C。
　　　B: 刚才电视里说明天更冷。

4 A: 你吃过北京菜吗？
　　B: 我吃过，（　　　　）是北京烤鸭，真的太好吃了。

5 A: 下周李老师生日，我们送她一盒巧克力怎么样？
　　B: 她最近牙疼，（　　　　）不能吃甜的。

6 A: 服务员，这个巧克力的盒子破了。
　　B: 对不起，您（　　　　）等一下，我给您换一盒新的。

정답 및 해설 ≫ 해설서 p. 68

6 빈출 어휘는 우리를 배반하지 않는다!

공략비법 05 짝꿍 어휘 채우기

출제 형식

보기의 품사나 어휘의 의미를 모르더라도 풀 수 있는 문제가 출제된다. 빈칸과 잘 어울리는 짝꿍 어휘를 찾는 문제로 평소 짝꿍 어휘를 정리해 암기해두면 쉽게 정답을 고를 수 있다.

핵심 전략

1 ★짝꿍 어휘는 대부분 전치사구나 [술어 + 목적어]로 이루어져 있다. 자주 쓰이는 짝꿍 어휘를 정리해 두는 습관이 필요하다.

- 按照规定 규정에 따라
- 报名参加考试 시험에 등록하다
- 参观海洋馆 아쿠아리움에 견학가다

- 完成任务 임무를 완수하다
- 养成习惯 습관을 들이다
- 打印材料 자료를 인쇄하다

- 十分重要 매우 중요하다
- 获得成功 성공을 거두다
- 收拾房间 방을 정리하다

유형맛보기 1

Ⓐ 按照
ànzhào 전 ~에 따라

B 停
tíng 동 멈추다

C 理发
lǐfà 동 이발하다

D 坚持
jiānchí 동 꾸준히 하다

E 知识
zhīshi 명 지식

F 吃惊
chī jīng 동 놀라다

明天的一切活动都（**A 按照**）**顺序**进行。
　　　　　　　　　　　　　　　　　　　명사

내일의 모든 행사는 순서에 (A 따라) 진행된다.

지문 어휘

一切 yíqiè 대 모든, 일체, 전부 ☆

活动 huódòng 명 행사, 활동 ☆

顺序 shùnxù 명 순서, 차례 ☆

进行 jìnxíng 동 진행하다 ☆

정답 A (按照)

해설 빈칸 뒤의 顺序(순서)와 문맥상 호응하는 짝꿍 어휘는 按照(~에 따라)이므로 정답은 A 按照(~에 따라)이다.

— 수진 쌤의 꿀 Tip!

按照规定(규정에 따라), 按照顺序(순서에 따라) 등이 짝꿍 어휘이니 꼭 암기하자.

✏️ **유형맛보기 2**

A 光	ⓑ 困难	C 基础
guāng 📘 다만, 오직	kùnnan 📗 어려움, 난관	jīchǔ 📗 기초
D 坚持	E 通过	F 正常
jiānchí 📙 꾸준히 하다	tōngguò 📙 통과하다	zhèngcháng 📒 정상적이다

做任何事都会**遇到**（B 困难），但你一定要对自己有信心。
　　　　　　　동사

어떤 일을 하든 (B 어려움)을 겪을 수 있다. 그러나 자신에 대한 믿음은 꼭 있어야 한다.

지문 어휘

任何 rènhé 📘 어떠한, 무슨 ☆

遇到 yùdào 📙 부딪치다, 겪다

一定 yídìng 📘 꼭, 반드시

自己 zìjǐ 📘 자신, 자기, 스스로

信心 xìnxīn 📗 믿음, 자신감, 확신

정답 B (困难)

해설 빈칸 앞에 동사인 遇到(부딪치다, 겪다)가 있으므로 빈칸에는 명사가 쓰여 목적어 역할을 해야 한다. 만약 품사를 모를 경우에는 자주 쓰는 짝꿍 어휘를 찾으면 되는데 동사 遇到(부딪치다, 겪다)는 困难(어려움, 난관)과 호응하는 짝꿍 어휘이다. 따라서 정답은 B 困难(어려움, 난관)이다.

BEST 10 시험에 잘 나오는
빈도수 높은 짝꿍 어휘

1 按照规定 ànzhào guīdìng 규정에 따라

2 带来麻烦 dàilái máfan 불편을 끼치다

3 完成任务 wánchéng rènwu 임무를 완수하다

4 说得很流利 shuō de hěn liúlì 유창하게 말하다

5 考虑我们的建议 kǎolǜ wǒmen de jiànyì 우리의 제안을 고려하다

6 准时到 zhǔnshí dào 정시에 도착하다

7 举行运动会 jǔxíng yùndònghuì 운동회를 개최하다

8 遇到困难 yùdào kùnnan 어려움을 겪다, 난관에 부딪치다

9 经验很丰富 jīngyàn hěn fēngfù 경험이 풍부하다

10 出了一身汗 chū le yìshēn hàn 땀을 흘리다

第1-6题 选词填空。

빈칸에 알맞은 단어를 선택하세요.

A 千万	B 调查	C 力气	D 坚持	E 对于	F 难受

例如: 她每天都 （D 坚持） 走路上下班，所以身体一直很不错。

❶ 回国前记得把行李检查一遍，（   ）别忘了要带回的东西。

❷ （   ）学过跆拳道的人来说，这个动作实在太简单了。

❸ 根据这次（   ），55%的观众更喜欢看爱情电影。

A 千万	B 精彩	C 温度	D 压力	E 举办	F 乱

例如: A: 今天真冷啊，好像白天最高（C 温度）才2°C。
　　　 B: 刚才电视里说明天更冷。

❹ A: 我发现大部分的人喜欢下班后去公园散步，这是为什么呢?
　　 B: 我觉得他们是为了让自己减轻（   ）。

❺ A: 你怎么（   ）扔垃圾啊? 桌子上有塑料袋，下次记得扔塑料袋里。
　　 B: 知道了，今天着急上班，下次不会了。

❻ A: 这条街真热闹，（   ）什么活动呢?
　　 B: 今天正好是一个少数民族的艺术节，我带你去看看。

정답 및 해설 ≫ 해설서 p. 70

阅读

2

제2부분
순서 배열하기

7 공략 순서를 알면 시간이 절약된다!

阅读 2

제2부분
순서 배열하기

 문제 형식

제2부분은 제시된 보기 A, B, C를 문맥에 맞게 순서대로 배열하는 유형으로 56번~65번까지 총 10 문제가 출제된다. 시험지 상에는 질문 없이 보기 A, B, C만 주어지며 제시된 보기는 구 또는 문장으로 이루어져 있다. 제시된 보기의 접속사(연결어) 또는 대명사를 단서로 하여 순서를 배열하는 문제, 논리 관계를 파악하여 순서를 배열하는 문제가 출제된다.

출제 경향 1

★ **논리 관계를 파악하여 순서를 배열하는 문제의 출제 비중이 높아졌다.**

예전 시험에서는 접속사(연결어)를 단서로 하여 순서를 배열하는 문제가 자주 출제되었다면, 최근에는 문장간의 논리 관계나 흐름을 파악해 순서를 배열하는 문제의 출제 비중이 높아졌다.

> A 都应该考虑清楚，认真准备
> B 做任何事情之前
> C 不要等到最后才后悔

시간의 흐름에 따라 배열

▶ B 做任何事情之前(어떤 일을 하기 전에)

▶ A 都应该考虑清楚, 认真准备(잘 생각하고 착실하게 준비해야 한다)

▶ C 不要等到最后才后悔(마지막에 이르러 후회해서는 안 된다) 순으로 배열한다.   (정답 BAC)

B 做任何事之前，A 都应该考虑清楚，认真准备，C 不要等到最后才后悔。
B 어떤 일을 하기 전에, A 잘 생각하고 착실하게 준비해야 한다, C 마지막에 이르러 후회해서는 안 된다.

考虑 kǎolǜ 동 생각하다, 고려하다 ★   清楚 qīngchu 형 분명하다, 확실하다   认真 rènzhēn 형 착실하다
任何 rènhé 대 어떠한, 무슨 ★   等到 děngdào 전 ~때에 이르러   后悔 hòuhuǐ 동 후회하다 ★

★ **단순히 짝을 이루는 접속사 어순 배열 문제는 출제 비중이 낮아졌다.**

최근 시험에서는 각각의 보기에 제시된 접속사를 순서에 맞게 배열하는 단순 배열 문제의 출제 비중이 현저히 낮아졌다. 하지만 매회 제시된 보기에 접속사 하나씩은 꼭 등장한다. 따라서 핵심 접속사를 찾아내 그것을 지표로 문장을 배열하는 연습을 꾸준히 해야 한다.

A 不能只看东西的价格和样子就下决定
B 网上购物很方便，但也会有假东西
C 所以我们一定要仔细地判断

수진 쌤의 꿀 Tip!

예전 시험에선 因为와 所以를 서로 다른 보기에 노출시켜 인과관계에 따라 배열할 수 있도록 출제했으나 최근에는 所以만 노출시키는 유형으로 출제한다. 문장을 해석해 숨어있는 접속사 因为를 찾아내는 것이 매우 중요하다.

핵심 접속사 중심 배열

▶ B 网上购物很方便，但也会有假东西
　　(인터넷 쇼핑은 편리하지만 가짜 상품도 있을 가능성이 있다)

▶ A 不能只看东西的价格和样子就下决定
　　(단지 물건의 가격과 디자인만 보고 결정해서는 안 된다)

▶ C 所以我们一定要仔细地判断(그러므로 우리는 반드시 꼼꼼하게 판단해야 한다)

所以(그러므로)가 핵심 접속사이다. 결과를 나타내는 접속사이므로 제일 마지막 순서에 위치할 가능성이 높다. C를 먼저 맨 마지막에 둔 후에, 나머지 보기를 해석해보면 B→A가 가장 자연스럽다. (정답 BAC)

B 网上购物很方便，但也会有假东西，A 不能只看东西的价格和样子就下决定，C 所以我们一定要仔细地判断。

B 인터넷 쇼핑은 편리하지만 가짜 상품도 있을 가능성이 있어서, A 단지 물건의 가격과 디자인만 보고 결정해서는 안 된다, C 그러므로 우리는 반드시 꼼꼼하게 판단해야 한다.

价格 jiàgé 명 가격, 값 ☆　　样子 yàngzi 명 디자인, 모양 ☆　　网上 wǎngshàng 명 인터넷
购物 gòuwù 동 쇼핑하다 ☆　　假 jiǎ 형 가짜의, 거짓의 ☆　　仔细 zǐxì 형 꼼꼼하다, 자세하다 ☆
判断 pànduàn 동 판단하다 ☆

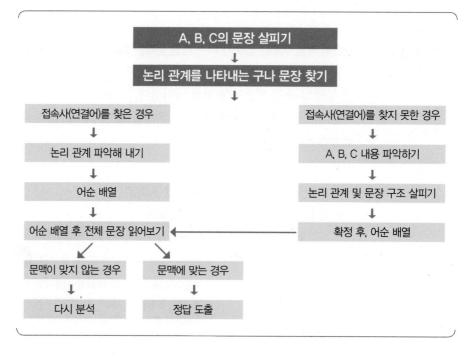

A, B, C의 문장 살피기
↓
논리 관계를 나타내는 구나 문장 찾기
↓

접속사(연결어)를 찾은 경우
↓
논리 관계 파악해 내기
↓
어순 배열
↓
어순 배열 후 전체 문장 읽어보기

접속사(연결어)를 찾지 못한 경우
↓
A, B, C 내용 파악하기
↓
논리 관계 및 문장 구조 살피기
↓
확정 후, 어순 배열

문맥이 맞지 않는 경우
↓
다시 분석

문맥에 맞는 경우
↓
정답 도출

문제는 이렇게 풀어라!

Step 1 먼저 제시된 보기에서 서로 짝을 이루는 접속사, 대명사와 그 대명사가 가리키는 대상, 논리 관계, 사건의 선후관계 등의 단서를 찾아 표시해 두고 보기 각각의 의미를 파악한다.

Step 2 찾은 단서와 문맥을 근거로 하여 가장 긴밀하게 연결되는 두 보기를 먼저 배열한다.

Step 3 남은 보기를 문맥에 맞게 맨 앞 또는 맨 뒤 등 알맞은 곳에 배열한다.

DAY **12** 공략비법 06

공략비법 07

DAY **13** 공략비법 08

DAY **20**

독해 제2부분 최신 경향 분석

출제 비율

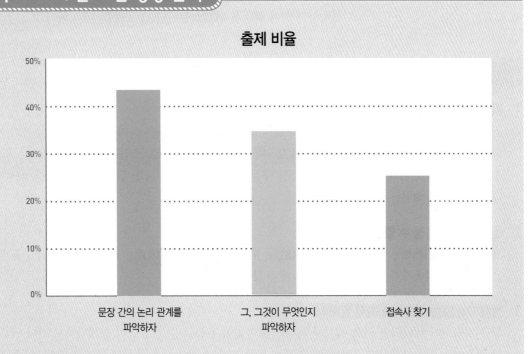

문장 간의 논리 관계를 파악하자   그, 그것이 무엇인지 파악하자   접속사 찾기

중요도 ★★   난이도 ★★★★

문장 간의 논리 관계를 파악하여 순서를 배열하는 문제의 출제 비중이 가장 높으며, 그 뒤를 이어 대명사를 중심으로 순서를 배열하는 문제와 접속사를 중심으로 순서를 배열하는 문제 순으로 출제 된다.

7 공략 순서를 알면 시간이 절약된다!

공략비법 06 접속사부터 찾자!

독해 제2부분에서는 보기로 주어진 문장들을 순서대로 배열하는 문제가 출제된다. 예전 시험에서는 짝을 이루는 접속사(연결어)를 파악하여 순서를 배열하는 단순 배열 문제가 총 10문제 중 4~6문제 꼴로 출제되었으나 최근에는 단순 배열 문제는 1~2문제 정도로 출제 비중이 낮아졌다. 하지만 보기 문장 속에 접속사가 하나씩은 등장하므로 접속사를 찾아 문장을 배열하는 연습을 꾸준히 해야 한다.

📋 핵심 전략

1 ⭐ 자주 출제되는 접속사 구문을 암기하자!

접속사는 두 개 이상의 구나 절을 하나의 문장으로 이어주는 역할을 하며, 대부분의 접속사가 저마다 짝을 이루는 어휘를 가지고 있어 [因为~所以~]처럼 구문으로 쓰인다는 특징이 있다. 따라서 접속사 각각의 의미와 자주 쓰이는 접속사 구문들을 미리 익혀둔다면 굳이 문장 전체를 해석하지 않아도 순서를 배열할 수 있다.

2 ⭐ 첫 번째 문장에 올 수 없는 접속사가 있다.

전환(但, 可是, 然而), 병렬(又, 也), 선후(然后, 后来), 결과(所以, 因此), 점층(而且, 并且, 甚至)을 나타내는 접속사가 있는 보기는 첫 번째 문장에 올 수 없다.

3 ⭐ 생략되어 있는 접속사에 속지 말아라!

최근 접속사가 생략되어 있고 해석시 의미가 살아있어 혼동을 주는 유형이 출제되기도 한다. 이러한 경우에는 접속사가 있는 문장부터 배열한 후에, 나머지 보기들을 해석해 문맥에 맞게 배치하면 된다.

✏️ 유형맛보기

A 要是学生不努力学习
B 也没有用
C 即使是优秀的老师教他

A 만약 학생이 열심히 공부하지 않는다면
B 소용이 없다
C 설령 좋은 선생님이 그를 가르치더라도

보기 어휘

要是 yàoshi 접 만약 ~한다면 ☆

即使 A, 也 B jíshǐ A, yě B
설령 A할지라도, B하다

优秀 yōuxiù 동 뛰어나다, 우수하다 ☆

教 jiāo 동 가르치다

정답 A C B

A 要是学生不努力学习，C 即使是优秀的老师教他，B 也没有用。

A 만약 학생이 열심히 공부하지 않는다면, C 설령 아무리 좋은 선생님이 그를 가르치더라도, B 소용이 없다.

해설 **STEP 1** 우선 C의 即使(설령 ~할지라도)는 也와 짝을 이루어 쓰이므로 C ➡ B의 순서가 된다.

STEP 2 남은 보기 A에 要是(만약 ~한다면)라는 가정을 나타내는 단어가 있으므로 뒤에는 결과가 반드시 나와야 한다. 따라서 문맥상 A ➡ C ➡ B가 정답이다.

阅读
독해

BEST **10** 시험에 잘 나오는
빈도수 높은 접속사 어휘

1 虽然~, 但~ suīrán~, dàn~
비록 ~하지만, ~하다

2 为了 wèile ~을 위해서 ☆

3 如果~, 就~ rúguǒ~, jiù~ 만약 ~하면, ~하다

4 尽管~, 但是~ jǐnguǎn~, dànshì~
비록 ~하지만, ~하다 / ~에도 불구하고, ~하다 ☆

5 不但~, 也(还)~ búdàn~, yě(hái)~ ~뿐만 아니라, ~도 하다

6 即使~, 也~ jíshǐ~, yě~ 설령 ~할지라도, ~하다 ☆

7 因为~, 所以~ yīnwèi~, suǒyǐ~ ~하기 때문에, 그래서 ~하다

8 除了 chúle ~을(를) 제외하고

9 只要~, 就~ zhǐyào~, jiù~ ~하기만 하면, ~하다 ☆

10 否则 fǒuzé 그렇지 않으면

빈출 접속사 어휘
내공 쌓기

종류	앞 절 핵심 접속사	뒤 절에 짝을 이루는 접속사	예문
병렬관계	❶ 又……, ~하기도 하고,	又…… ~하기도 하다	我哥哥**又**聪明，**又**能干。 Wǒ gēge (yòu) cōngming, (yòu) nénggàn. 우리 형은 똑똑할 뿐만 아니라, 능력도 갖추고 있다.
	❷ 既……, ~하기도 하고,	又/也…… ~하기도 하다	她**既**学习汉语，**又**学习英语。 Tā (jì) xuéxí Hànyǔ, (yòu) xuéxí Yīngyǔ. 그녀는 중국어를 배우고, 영어도 배운다.
	❸ 一边……, ~하면서,	一边…… ~하다	这段时间我们**一边**唱歌，**一边**跳舞。 Zhè duàn shíjiān wǒmen (yìbiān) chàng gē, (yìbiān) tiào wǔ. 이 시간 동안 우리는 노래 부르면서 춤도 췄다.
	❹ 一方面……, 한편으로는 ~하면서,	另一方面…… 다른 한편으로는 ~하다	妈妈每天真辛苦，**一方面**挣钱养家，**另一方面**照顾我们。 Māma měitiān zhēn xīnkǔ, (yìfāngmiàn) zhèngqián yǎngjiā, (lìngyìfāngmiàn) zhàogù wǒmen. 엄마는 매일 정말 고생하시는데, 한편으로는 돈을 벌어 가족을 부양하면서, 다른 한편으로는 우리를 돌보신다.
점층관계 빈출문제	❶ (不但…… /不仅……) ~뿐만 아니라,	而且/并且…… 또한 ~하다	他**不仅**会说汉语，**而且**说得很流利。 Tā (bùjǐn) huì shuō Hànyǔ, (érqiě) shuō de hěn liúlì. 그는 중국어를 할 줄 알 뿐만 아니라, 아주 유창하게 잘 한다. 小王来了，**并且**带了礼物。 Xiǎowáng lái le, (bìngqiě) dài le lǐwù. 샤오왕이 왔고, 선물도 가져왔다.
		也…… 또한 ~하나	黄山**不但**景色很美，空气**也**特别好。 Huáng Shān (búdàn) jǐngsè hěn měi, kōngqì (yě) tèbié hǎo. 황산은 경치가 아름다울 뿐만 아니라, 공기도 아수 솔나.
		还…… 또한 ~하다	**不但**能看到小鱼在河里游来游去，**还**能看到河底绿绿的水草。 (Búdàn) néng kàndào xiǎoyú zài hé li yóu lái yóu qù, (hái) néng kàndào hé dǐ lǜlǜ de shuǐcǎo. 물고기들이 강에서 이리저리 헤엄치는 것을 볼 수 있을 뿐만 아니라, 강 밑에 푸른 해초들도 볼 수 있다.

점층관계 ★ 빈출문제	❷ ……,	甚至…… 심지어 ~하다	这几年茶馆的生意非常好，很多人都喜欢到那儿与朋友见面，甚至把工作带到那里去做。 Zhè jǐ nián cháguǎn de shēngyi fēicháng hǎo, hěn duō rén dōu xǐhuan dào nàr yǔ péngyou jiàn miàn, (shènzhì) bǎ gōngzuò dàidào nàli qù zuò. 요 몇 년 사이 찻집들의 장사가 잘 되고 있다. 많은 사람들이 그곳에서 친구와 만나기를 좋아하고, 심지어 그곳에 일을 가져가서 하기도 한다.
	❸ 除了……, ~제외하고,	还/也…… 또~/~도	除了这个手机号，你还有别的方法能联系到他吗? (Chúle) zhè ge shǒujī hào, nǐ (hái) yǒu biéde fāngfǎ néng liánxì dào tā ma? 이 휴대폰 번호를 제외하고, 그와 연락할 수 있는 다른 방법도 있나요?
선택관계	❶ 是……, ~인지,	还是…… ~인지	是留在上海，还是去北京工作，这让他很难选择。 (Shì) liúzài Shànghǎi, (háishi) qù Běijīng gōngzuò, zhè ràng tā hěn nán xuǎnzé. 상하이에 머물 건지 베이징에 가서 일을 할 건지, 이건 그에게 어려운 선택이다.
	❷ 或者……, ~이거나/~든지,	或者…… ~이거나/~든지	现在情况还不清楚，或者能马上解决，或者还需要时间。 Xiànzài qíngkuàng hái bù qīngchu, (huòzhě) néng mǎshàng jiějué, (huòzhě) hái xūyào shíjiān. 현재 상황이 확실하진 않아요. 바로 해결될 수도 있고, 시간이 필요할 수도 있어요.
전환관계 ★ 빈출문제	❶ 虽(然)……, 비록 ~하지만,	可是…… 그러나 ~하다	虽(然)他工作很忙，可是每天都坚持学习汉语。 (Suī(rán)) tā gōngzuò hěn máng, (kěshì) měitiān dōu jiānchí xuéxí Hànyǔ. 비록 그는 일이 바쁘지만, 매일 꾸준히 중국어를 공부한다.
	❷ 尽管……, 비록~라하더라도,	但是…… 그러나 ~하다	尽管我们是第一次见面，但是很谈得来。 (Jǐnguǎn) wǒmen shì dì yī cì jiàn miàn, (dànshì) hěn tándelái. 비록 우리는 처음 만났지만, 말이 잘 통한다.
	❸ ……,	然而…… 그런데 ~하다	老人70多岁了，然而身体依然健康。 Lǎorén 70 duō suì le, (rán'ér) shēntǐ yīrán jiànkāng. 노인은 70여 세가 넘었지만, 몸은 여전히 건강하시다.
	❹ ……,	却…… 오히려 ~하다	小李的工作非常好，每月的工资也高，却经常向父母要钱。 XiǎoLǐ de gōngzuò fēicháng hǎo, měi yuè de gōngzī yě gāo, (què) jīngcháng xiàng fùmǔ yào qián. 샤오리의 직장은 좋고, 매달 월급도 많지만, 오히려 늘 부모님에게 손을 벌린다.
	❺ ……,	不过…… 하지만 ~하다	经过一个星期的治疗，他的身体好多了，不过还没完全恢复。 Jīngguò yíge xīngqī de zhìliáo, tā de shēntǐ hǎo duō le, (búguò) hái méi wánquán huīfù. 일주일 동안의 치료를 통해, 그의 건강이 좋아졌지만, 아직 완전히 회복되지는 않았다.

*전환의 의미를 나타내는 부사	原来/本来……, 원래/본래 ~,	没想到 /突然…… 뜻밖에/갑자기 ~했다	我本来准备今天和朋友一起去踢足球，早上突然刮起了大风。 Wǒ (běnlái) zhǔnbèi jīntiān hé péngyou yìqǐ qù tī zúqiú, zǎoshang (tūrán) guā qǐ le dàfēng. 원래 오늘 친구와 함께 축구하러 가려고 했는데, 아침에 갑자기 바람이 세게 불기 시작했다.
조건관계 ★ 빈출문제	❶ 只要……, ~하기만 하면,	就…… ~하다	只要我有空儿，我就一定参加你们的活动。 (Zhǐyào) wǒ yǒu kòngr, wǒ (jiù) yídìng cānjiā nǐmen de huódòng. 제가 여유만 있다면, 당신들의 행사에 꼭 참가할게요.
	❷ 只有……, ~해야만,	才…… 비로소 ~하다	只有努力学习，才能取得好成绩。 (Zhǐyǒu) nǔlì xuéxí, (cái) néng qǔdé hǎo chéngjì. 열심히 노력해야만, 비로소 좋은 성적을 거둘 수 있어요.
	❸ 不管……, ~든/~관계없이,	(都)/(也)…… ~하다	不管在外面的世界遇到什么困难，家永远都是我们心中最安全的地方。 (Bùguǎn) zài wàimiàn de shìjiè yùdào shénme kùnnan, jiā yǒngyuǎn (dōu) shì wǒmen xīnzhōng zuì ānquán de dìfang. 바깥 세상에서 어떤 어려움을 만나든 집은 영원히 우리 마음속의 가장 안전한 곳이다.
	❹ 无论……, ~든/~막론하고,	(都)/(也)…… ~하다	无论天气好不好，我明天都要去爬山。 (Wúlùn) tiānqì hǎo bu hǎo, wǒ míngtiān (dōu) yào qù pá shān. 날씨가 좋든 안 좋든 나는 내일 등산을 꼭 갈 거예요.
가정관계	❶ 如果……, 만약 ~한다면,	就…… ~하다	如果你有不懂的地方，就去问张老师。 (Rúguǒ) nǐ yǒu bù dǒng de dìfang, (jiù) qù wèn Zhāng lǎoshī. 만약 모르는 부분이 있다면, 바로 장 선생님에게 가서 물어보세요.
	❷ 要是 만일 ~한다면,	就…… ~하다	要是您有空儿的话，就来参加我们的活动吧。 (Yàoshi) nín yǒu kòngr de huà, (jiù) lái cānjiā wǒmen de huódòng ba. 만일 당신이 시간이 있다면, 우리들 행사에 참가하러 오세요.
	❸ ……,	否则…… 그렇지 않으면	他看起来病得很厉害，要马上送他去医院，否则就来不及了。 Tā kàn qǐlai bìng de hěn lìhai, yào mǎshàng sòng tā qù yīyuàn, (fǒuzé) jiù láibují le. 그 사람 보기에 많이 아픈 것 같은데, 바로 병원에 데려가 줘야지, 그렇지 않으면 손 쓸 틈이 없을 거야.
양보관계	❶ 即使……, 설령 ~할지라도,	也…… ~하다	她现在这么激动，即使你再解释，她也听不进去。 Tā xiànzài zhème jīdòng, (jíshǐ) nǐ zài jiěshì, tā (yě) tīng bú jìnqu. 그녀는 흥분한 상태라서, 설령 당신이 아무리 해명한다고 해도 그녀는 듣지 않을 거야.

목적관계	❶ 为了/为……, ~을(를) 위해,	要/需要…… ~해야 한다	为了保证你和他人的安全，要系安全带。 (Wèile) bǎozhèng nǐ hé tārén de ānquán, (yào) jì ānquándài. 당신과 타인의 안전을 보장하기 위해, 안전벨트를 매야 합니다.	
	❷ 要想……, ~하고 싶다면,	(就)要/得…… ~해야 한다	要想吸引更多顾客，光做广告是不够的，关键还得提高服务质量。 (Yào xiǎng) xīyǐn gèng duō gùkè, guāng zuò guǎnggào shì búgòu de, guānjiàn hái (děi) tígāo fúwù zhìliàng. 더 많은 고객을 유치하고 싶다면, 광고만 해서는 부족하다. 서비스 품질을 높이는 것이 관건이다.	
선후관계	❶ 先……, 먼저 ~하고,	然后/再…… 그런후에/다시~	我已经画出来了，你先改改，然后再发给大家。 Wǒ yǐjing huà chūlai le, nǐ (xiān) gǎigai, (ránhòu zài) fā gěi dàjiā. 제가 다 표시해 두었으니, 먼저 수정하신 후에, 다시 모두에게 보내주세요.	
인과관계	❶ (因为)……, (~하기 때문에,)	所以…… 그래서 ~하다	儿子从来没去过南方，所以当听到我们下学期要去海南后，他兴奋极了。 Érzi cónglái méi qùguo nánfāng, (suǒyǐ) dāng tīngdào wǒmen xià xuéqī yào qù Hǎinán hòu, tā xīngfèn jí le. 아들은 여태껏 남쪽에 가본 적이 없기 때문에, 우리가 다음 학기에 하이난을 간다는 말을 듣고는 아주 흥분했다.	
	❷ ……,	因此…… 그러므로~/ 이 때문에~	您的年龄超过了活动规定的35岁，因此我们不能接受您的报名。 Nín de niánlíng chāoguò le huódòng guīdìng de 35suì, (yīncǐ) wǒmen bù néng jiēshòu nín de bào míng. 당신의 나이가 행사 규정인 35세를 넘었으므로, 우리는 당신의 신청을 받아들일 수 없어요.	
	❸ 由于……, ~로 인해서, / ~때문에	……	由于非常紧张，他忘记了台词。 (Yóuyú) fēicháng jǐnzhāng, tā wàngjì le táicí. 아주 긴장한 탓에(긴장으로 인해서), 그는 대사를 잊어버렸다.	
	❹ 既然……, ~한 이상,	那么/就…… 그럼~	你既然病了，就在家好好儿休息。 Nǐ (jìrán) bìng le, (jiù) zài jiā hǎohaor xiūxi. 병이 난 이상, 집에서 푹 쉬세요.	

阅读

독해

第1-5题 排列顺序。

A, B, C를 순서에 맞게 배열하세요.

1 A 除了与它的自然环境有关

B 还会受到其经济发展水平的影响

C 一座城市的公共交通情况　　　　　　　　　　＿＿＿＿＿＿＿＿＿

2 A 尽管他生意失败过

B 但是这也让他积累了丰富的经验

C 所以他说，现在的成功离不开过去的失败　　＿＿＿＿＿＿＿＿＿

3 A 学法律专业的人都很重视根据

B 他们认为只有调查中发现的实际情况

C 才比较可信　　　　　　　　　　　　　　　＿＿＿＿＿＿＿＿＿

4 A 即使比赛再精彩

B 也不会给人们留下难忘的印象

C 一场足球比赛要是没有进球　　　　　　　　＿＿＿＿＿＿＿＿＿

5 A 而且很有热情，外语也很流利

B 那位医生不仅技术好

C 最重要的是总是为病人考虑　　　　　　　　＿＿＿＿＿＿＿＿＿

정답 및 해설 ≫ 해설서 p. 72

DAY 12

7 공략 순서를 알면 시간이 절약된다!

공략비법 07 도대체 그, 그것이 무엇인지 파악하자!

📑 출제 형식

대명사를 키워드로 하여 순서를 배열하는 문제가 출제되며, 총 10문제 중 2~3문제가 출제된다.

📑 핵심 전략

1 ★**지시대명사는 지시대명사가 가리키는 구체적인 대상보다 뒤에 온다.**

제시된 문장 안에 지시대명사(这, 那…)가 있다면, **먼저 지시대명사가 가리키는 대상이 무엇인지 파악해야 한다.** 대부분 구체적인 대상을 언급한 후에, 다시 언급할 때 지시대명사를 사용하므로 **[구체적인 대상 → 지시대명사]의 순으로 문장을 배열**해야 한다.

2 ★**인칭대명사는 문장의 주어로 쓰이는 경우가 많다.** 대부분 주어는 문장 맨 앞에 쓰이기 때문에 인칭대명사(他, 她…)를 포함한 문장이 첫 번째에 위치할 확률이 높다. **다만 인칭대명사보다 더 확실하고 구체적인 대상(사람 이름)이 언급된 경우라면 인칭대명사는 대상보다 뒤에 온다.**

阅读

독해

✏️ 유형맛보기 1

A 大家都喜欢她
B 我很了解小李这个人
C 她很活泼，很爱说话

A 모두가 그녀를 좋아해
B 나는 샤오리를 아주 잘 알아
C 그녀는 활발하고, 말하는 것을 좋아해서

보기 어휘

了解 liǎojiě 동 알다, 이해하다

活泼 huópō 형 활발하다, 활달하다 ⭐

说话 shuō huà 동 말하다, 이야기하다

정답 BCA

B 我很了解小李这个人，C 她很活泼，很爱说话，A 大家都喜欢她。

B 나는 샤오리를 아주 잘 알아, C 그녀는 활발하고, 말하는 것을 좋아해서, A 모두가 그녀를 좋아해.

해설 **STEP 1** 우선 B의 小李这个人(샤오리 이사람)은 C의 她가 가리키는 대상이므로 B뒤에 C가 와야 한다.

STEP 2 남은 보기 A 大家都喜欢她(모두가 그녀를 좋아한다)가 C에 대한 결론을 말해주므로 정답은 B ➡ C ➡ A이다.

A 这只狗是邻居家的
B 还常常跑到我家玩儿
C 因为我总拿骨头给它吃，所以它很喜欢我

A 이 개는 이웃집 개야
B 게다가 우리 집에 자주 와서 놀아
C 내가 항상 뼈다귀를 먹으라고 줘서, 나를 아주 좋아해

보기 어휘

狗 gǒu 명 개

邻居 línjū 명 이웃집

常常 chángcháng 부 자주, 항상

跑 pǎo 동 달리다, 뛰다

因为A, 所以B yīnwèi A, suǒyǐ B
A하기 때문에, 그래서 B하다

总 zǒng 부 늘, 줄곧

骨头 gǔtou 명 뼈다귀, 뼈

정답 ▶ A C B

A 这只狗是邻居家的，C 因为我总拿骨头给它吃，所以它很喜欢我，B 还常常跑到我家玩儿。

A 이 개는 이웃집 개야, C 내가 항상 뼈다귀를 먹으라고 줘서, 나를 아주 좋아해, B 게다가 우리 집에 자주 와서 놀아.

해설 STEP 1 우선 C의 它(그, 그것)가 가리키는 것은 A의 狗(개)이므로 A 뒤에 C가 와야 한다.

STEP 2 남은 보기 B에 점층을 나타내는 还(게다가, 또)가 있으므로 B는 C의 보충 설명이 될 수 있다. 따라서 정답은 A ➡ C ➡ B이다.

第1-5题 排列顺序。

A, B, C를 순서에 맞게 배열하세요.

① A 我肯定认不出她来

B 今天要是不是她先和我打招呼

C 毕业后，我和小珍有十多年没有见面了 _____

② A 所以当她听到面试通过的消息后

B 这是女儿第一次参加面试

C 她激动地哭了起来 _____

③ A 他是亲戚家的小孩

B 所以他很喜欢我妈妈，还经常来我家玩儿

C 因为以前我妈妈常常照顾他 _____

④ A 这五种的味道都不一样，而且现在可以免费试吃

B 那家店新推出了一些冰淇淋

C 一共五种 _____

⑤ A 妹妹只是拿着地图看了几眼

B 于是我们按照她的话往北开，还真到了长城

C 就很肯定地告诉我们，长城在我们的北边 _____

정답 및 해설 » 해설서 p. 74

7 공략 순서를 알면 시간이 절약된다!

공략비법 **08 문장 간의 논리 관계를 파악하자!**

출제 형식

최근 시험에서 가장 출제 비중이 높은 유형으로 제시된 문장 간의 논리 관계를 파악해 그 흐름에 맞게 문장을 배열하는 문제이다. 총 10문제 중 4~5문제가 출제되며, 순서 배열하기 문제 중 가장 난이도가 높다.

핵심 전략

1 시간의 흐름에 따라 문장을 배열한다.

과거	---->	현재	---->	미래
小时候(어렸을 때)		长大后(성장한 후)		
以前(이전에)		现在(지금은)		以后(이후에)
去年(작년에는)		今年(올해에는)		明年(내년에는)
曾经(예전에/일찍이)		目前(지금은)		将来(장래에)

2 포괄·추상적인 내용(큰 개념) → 구체적인 내용(작은 개념)순으로 배열한다.

큰 개념	---->		---->	작은 개념
河南省黄河公路 (허난성 황허 고속도로)		1986年正式通车 (1986년 정식 개통)		全长约5550米 (전체 길이는 대략 5550m)
我们店新推出的蛋糕 (우리 가게에서 새로 출시한 케이크)		一共4种 (모두 4종류)		每种的味道都不一样 (매 종류마다 맛이 다름)
互联网的发展 (인터넷의 발전)		网上购物变得普遍 (인터넷 쇼핑이 보편화 됨)		成为人们生活中的一部分 (사람들 생활속의 일부분이 되었음)
举办大的活动 (큰 행사를 개최)		做得不够好 (잘 하지 못함)		大家多提意见 (사람들이 의견을 많이 냄)
房东打电话 (집주인이 전화를 함)		一共是4500元 (모두 4500위안)		交7月和8月房租 (7월과 8월달 집세를 냄)

3 동작 및 사건은 발생한 순서대로, 인과관계는 원인과 결과의 순으로 배열한다.

동작 및 사건의 발생 순서

你要的裙子寄过去了
(주문한 치마를 보냄)

你等收到后
(받은 후에)

给我打个电话
(전화해 주기)

这台取款机正在修理中
(현금인출기가 수리중임)

无法使用
(사용 못함)

请原谅
(양해를 부탁함)

从来没学过法律
(여태껏 법을 배운 적이 없음)

现在工作的关系
(현재 업무 관계로)

开始学习这方面的知识
(이 방면의 지식을 배우기 시작함)

出门的时候, 天气还好
(나올 때 날씨가 괜찮았음)

半路上突然下雨
(도중 갑자기 비가 내림)

越下越大
(점점 많이 내림)

원인 → 결과 순서

원인

결과

这个沙发质量虽然不错, 但客厅小
(이 소파는 품질은 좋으나, 거실이 작음)

不适合放大的沙发
(이렇게 큰 소파를 놓기에 적합하지 않음)

本来要去踢足球, 突然刮大风
(원래 축구하러 가려고 했는데, 갑자기 바람이 많이 봄)

改变计划
(계획을 바꿈)

人们随时往河里扔到垃圾
(사람들이 수시로 강에 쓰레기를 버림)

污染很严重, 再也看不见河底青青的水草了
(오염이 심해서 더 이상 강 바닥의 푸른 수초가 보이지 않음)

第一次做西红柿汤, 不小心多放了糖(토마토
탕을 처음 만들었는데, 실수로 설탕을 많이 넣었음)

太甜了, 吃不了
(너무 달아서 먹을 수가 없음)

A 现在英文说得非常流利
B 只听声音，判断不出她是中国人
C 小美小时候就去美国了，一直在美国上学

A 현재 영어를 매우 유창하게 해
B (말하는) 소리만 들으면, 그녀가 중국인이라고 판단할 수 없어
C 샤오메이는 어렸을 때 미국에 가서, 계속 미국에서 학교를 다녔어

보기 어휘

英文 Yīngwén 명 영어
流利 liúlì 형 유창하다 ⭐
声音 shēngyīn 명 소리, 목소리
判断 pànduàn 동 판단하다 ⭐
美国 Měiguó 지명 미국
一直 yìzhí 부 계속, 줄곧

정답 C A B

C 小美小时候就去美国了，一直在美国上学，**A** 现在英文说得非常流利，**B** 只听声音，判断不出她是中国人。

C 샤오메이는 어렸을 때 미국에 가서, 계속 미국에서 학교를 다녔어, **A** 현재 영어를 매우 유창하게 해, **B** (말하는) 소리만 들으면, 그녀가 중국인이라고 판단할 수 없어.

해설 **STEP 1** 상황의 발생 순서를 보면 '어렸을 때 미국에 가서 계속 미국에서 학교를 다녔기 때문에 현재 영어를 매우 유창하게 한다'로 연결할 수 있기 때문에 C ➡ A의 순서로 배열한다.

STEP 2 남은 보기 B 只听声音，判断不出她是中国人((말하는) 소리만 들으면 그녀가 중국인이라고 판단할 수 없다)는 A의 부연 설명이므로 A ➡ B의 순서로 배열해야 한다. 따라서 정답은 C ➡ A ➡ B이다.

第1-5题 排列顺序。

A, B, C를 순서에 맞게 배열하세요.

1 A 千万别忘了给我打个电话

B 大概五天左右就能到，收到后

C 您要的照相机我已给你寄过去了 ＿＿＿＿＿＿＿＿＿

2 A 有车的人变得越来越多，空气质量却越来越差

B 随着人们生活水平的提高

C 这也成为了我们要马上解决的问题 ＿＿＿＿＿＿＿＿＿

3 A 我建议你回去找找这方面的材料

B 全球气候变化是一个值得研究的问题

C 下次带来我们好好讨论一下 ＿＿＿＿＿＿＿＿＿

4 A 这一天会举办很多活动

B 其目的就是鼓励大家阅读

C 每年的4月23日是世界读书日 ＿＿＿＿＿＿＿＿＿

5 A 可他今天咳嗽得更厉害了

B 我们明天再带他去看看大夫吧

C 儿子礼拜天刚打过针 ＿＿＿＿＿＿＿＿＿

정답 및 해설 ≫ 해설서 p. 77

阅读

2

제3부분

자문 읽고 질문에 답하기

阅读
2

제3부분
지문 읽고 질문에 답하기

문제 형식

독해 제3부분은 짧은 지문을 읽고 한 개의 질문에 답하는 문제(66번~79번)와 장문을 읽고 두 개의 질문에 답하는 문제(80번~85번) 두 가지가 출제된다. 두 유형 모두 지문을 읽고 글의 주제나 세부적인 사항을 찾는 문제가 출제된다.

출제 경향 1

★ **질문에 쌍모점(冒号 ':')을 사용하거나 육하원칙(什么, 哪儿, 为什么, 怎么样)을 이용하여 특정 대상에 대한 세부적인 사항을 묻는 문제가 가장 빈도수가 높다.** 총 20문제 중 17~18문제(90%)가 출제된다.

출제 비율

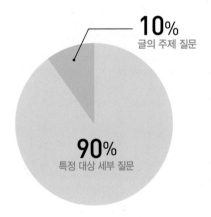

10%
글의 주제 질문

90%
특정 대상 세부 질문

★ 说话人：	화자는:
★ 李教授：	이 교수는:
★ 大熊猫：	판다는:
★ 根据这段话，可以知道他：	이 글에 근거하여 알 수 있듯이 그는:
★ 关于"外号"，可以知道：	'별명'에 관하여 알 수 있는 것은:
★ 旅行前，我们应该：	여행 전, 우리가 해야 하는 것은:

★ "这个方法" 指的是 :   '이 방법'이 가리키는 것은:

★ 说话人要做什么?   화자는 무엇을 하려고 하는가?

★ 他们最可能在哪儿?   그들은 어디에 있을 가능성이 가장 큰가?

★ 夫妻俩为什么很激动?   부부 두 사람은 왜 흥분했는가?

★ 说话人认为那本书怎么样?   화자가 생각하기에 그 책은 어떠한가?

★ 그 외 글의 주제를 묻는 질문은 2~3문제 정도 출제된다.

★ 说话人是什么意思?   화자는 무슨 의미인가?

★ 根据这段话，可以知道 :   이 글에 근거하여 알 수 있는 것은:

★ 这段话主要谈的是 :   이 글이 주로 얘기하는 것은:

★ 这段话主要想告诉我们 :   이 글이 주로 우리에게 알려주려고 하는 것은:

★ 这段话告诉父母要 :   이 글이 부모에게 어떻게 해야하는지 알려주는 것은:

★ 这段话提醒我们 :   이 글이 우리에게 일깨워 주려고 하는 것은:

특정 대상에 대한 논설문, 설명문의 출제 비중이 높다.

시험에 출제되는 지문의 성격은 인문과학(자녀 교육), 인생철학(성공, 시간), 사회적 이슈(직업, 건강, 다이어트, 스포츠, 신조어), 생활 상식(요리, 식사 예절, 독서), 휴가 및 여행(중국 관광지), 과학 기술(인터넷, 휴대폰) 등 우리 주변에서 쉽게 접할 수 있는 일상 소재들이 문제에 출제되며 **고사성어나 중국 문화에 대한 문제도 출제된다.**

고사성어	将心比心 역지사지하다
	不经冬凉，怎知春暖 겨울이 지나봐야 봄이 얼마나 따뜻한지 알 수가 있다
	积少成多 티끌 모아 태산
	太阳从西边出来了 해가 서쪽에서 뜨다

중국문화	广东国际旅游文化节 광둥 국제 여행 문화제
	中国黄山 중국 황산
	广东人爱喝 "凉茶" 광둥사람들이 즐겨 마시는 '냉차'

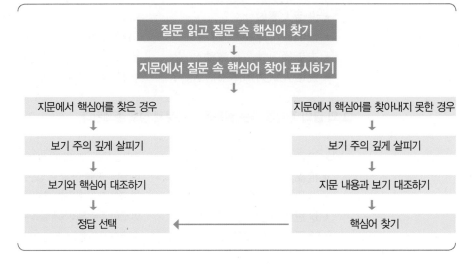

질문 읽고 질문 속 핵심어 찾기

↓

지문에서 질문 속 핵심어 찾아 표시하기

↓

지문에서 핵심어를 찾은 경우	지문에서 핵심어를 찾아내지 못한 경우
↓	↓
보기 주의 깊게 살피기	보기 주의 깊게 살피기
↓	↓
보기와 핵심어 대조하기	지문 내용과 보기 대조하기
↓	↓
정답 선택 ←———	핵심어 찾기

문제는 이렇게 풀어라!

Step 1 질문을 먼저 읽어 지문에서 어떤 내용을 중점적으로 볼 것인지 파악한다. 질문에 핵심어가 있을 경우에는 지문과 대조하기 쉽도록 표시해 두자!

Step 2 지문을 읽으며 질문과 관련된 내용을 주의 깊게 본다. 질문의 핵심어가 지문에 그대로 언급된 경우도 있지만, 바꾸어 표현하기도 하므로 주의 깊게 읽어야 한다.

Step 3 보기의 의미를 정확하게 파악하고, 질문에 가장 알맞은 보기를 정답으로 선택한다.

독해 제3부분 최신 경향 분석

출제 비율

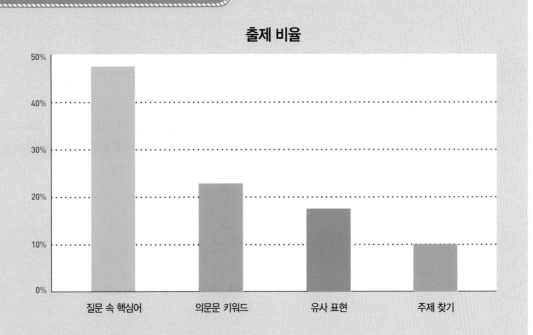

중요도 ★★   난이도 ★★★★

독해 제3부분에서 가장 출제 비중이 높은 문제 항목은 질문 속 핵심어 문제이다.
의문문 키워드에서는 '什么'로 묻는 내용의 출제 빈도수가 가장 높으며, 뒤를 이어 유사 표현 문제,
주제 찾기 문제가 출제된다.

8 독해는 독서가 아니다! 과감하게 읽어라!

공략비법 09 질문 속 핵심어 문제

출제 형식

제3부분에서는 특정 대상에 관한 세부 내용을 묻는 문제가 총 20문제 중 9~10문제가 출제된다. 특정 대상에 대해 묻는 문제의 경우, 질문 속에 핵심어가 있으므로 질문을 주의 깊게 봐야한다. 세부 내용을 묻는 질문의 유형은 크게 두 가지가 있다. 첫 번째는 주어와 쌍모점(冒号 ' : ')으로만 이루어진 유형이고 두 번째는 조동사를 사용해 질문하는 유형이다.

핵심 전략

1 ★질문 속 주어가 핵심이다.

질문 속 주어에 쌍모점(:)을 붙여 묻는 질문 유형이 많이 출제된다. 이런 질문 유형이 출제되었다면 주어를 핵심으로 표시해 두고 지문 속에서 질문의 주어를 빠르게 찾아야 한다. 대부분이 주어를 지문에 그대로 제시하므로 주어 뒤의 문장을 살피면 정답을 쉽게 찾을 수 있다. 이러한 주어 핵심어 문제는 대부분 지문의 첫 머리에 정답이 노출되어 있다는 것을 기억해 두자!

질문 형태 : 질문에 주어가 노출된 경우	
• 马克:	마이클은:
• 张经理:	장 사장님은:
• 那份工作:	그 일은:
• 聪明的人:	똑똑한 사람은:
• 他觉得广西:	그가 생각하기에 광시는:
• 中国人喝茶:	중국인이 차를 마시는 것은:
• 说话人让老张:	화자는 라오장에게:
• 关于说话人, 可以知道:	화자에 관하여, 알 수 있는 것은:
• 关于老白, 可以知道:	라오바이에 관하여, 알 수 있는 것은:
• 关于空调房, 可以知道:	에어컨 방에 관하여, 알 수 있는 것은:
• 根据这段话, 可以知道他:	이 글에 근거하여 알 수 있듯이 그는:

2 ★ 질문 속 조동사를 지문에서 찾아라.

조동사(应该, 会, 要, 可以, 得, 必须)를 이용해 질문하는 문제로 이 유형은 질문의 조동사가 핵심어이다. **질문에서 조동사로 물으면 지문 속에 의미가 비슷한 조동사를 찾아서, 조동사가 위치한 뒷부분을 주의 깊게 살펴봐야 한다. 대부분 정답이 그대로 노출되어 있기 때문이다.**

질문 형태 : 질문에 조동사가 노출된 경우

· 周末没事时, 他一般会：　　　　　　주말에 일이 없을 때 그는 일반적으로:

· 孩子迷路时, 应该：　　　　　　　　아이가 길을 잃었을 때 마땅히:

· 通过那个网站, 可以：　　　　　　　그 홈페이지를 통해 할 수 있는 것은:

· 根据这段话, 做一件事必须：　　　　이 글에 근거하여 일을 하는데 있어 반드시:

· 根据这段对话, 我们应该：　　　　　이 대화에 근거하여 우리는 마땅히:

· 这句话主要想告诉我们, 要：　　　　이 말이 우리에게 주로 알리고자 하는 것은:

✎ 유형맛보기 1

这块橡皮是我小时候朋友送给我的, 我一直都留在身边。每当我看到它, 都会想起来和他一起学习、生活的那段幸福快乐的日子。如果能再回到那个时候该多好呀！

★ 那块橡皮：

　A 很贵

　B 不好擦

　ⓒ 是朋友送的

　D 后来扔了

이 지우개는 어렸을 때 친구가 내게 선물한 것인데, 나는 줄곧 곁에 간직하고 있었다. 나는 그것을 볼 때마다 그와 함께 공부하며 생활한 그 행복하고 즐거웠던 시절이 떠오른다. 만약 다시 그때로 돌아갈 수 있다면 얼마나 좋을까!

★ 그 지우개는 :

　A 비싸다

　B 잘 안 지워진다

　C 친구가 선물한 것이다

　D 이후에 버렸다

지문 어휘

橡皮 xiàngpí 〈명〉 지우개 ☆

送 sòng 〈동〉 선물하다, 주다, 보내다

一直 yìzhí 〈부〉 줄곧, 계속

留 liú 〈동〉 간직하다, 남겨 두다, 보관하다 ☆

身边 shēnbiān 〈명〉 곁, 신변

幸福 xìngfú 〈형〉 행복하다

快乐 kuàilè 〈형〉 즐겁다, 행복하다

日子 rìzi 〈명〉 시절, 날, 시간

多么 duōme 〈부〉 얼마나

보기 어휘

擦 cā 〈동〉 문지르다, 비비다, 닦다 ☆

后来 hòulái 〈명〉 이후, 그다음, 그 뒤

扔 rēng 〈동〉 버리다 ☆

C

질문에 주어를 노출한 문제로 질문 속 주어가 핵심어이다. 질문의 **那块橡皮**(그 지우
개)는 지문의 첫 머리에 쓰인 주어 **这块橡皮**(이 지우개)와 상통한다. **这块橡皮**(이
지우개)가 있는 첫 문장을 살펴보면, '**这块橡皮是我小时候朋友送给我的**(이 지
우개는 어렸을 때 친구가 내게 선물한 것이다)'라고 하였기 때문에 정답은 C **是朋友
送的**(친구가 선물한 것이다)이다.

유형맛보기 2

有句话说"用人不疑，疑人不用"。这句话告诉我们，不要
随便怀疑那些有能力的人，尊重他们的做事方法，要放手让
他们去做。

★ 对于有能力的人，应该：

A 更加严格
Ⓑ 相信他们
C 多批评
D 多交流

'일단 사람을 쓰면 의심하지 말고, 의심스러우면 쓰지 마라'라는 말이 있다. 이 말은 우
리에게 능력이 있는 사람을 함부로 의심하지 말고, 그들의 일하는 방식을 존중해 주며,
그들이 해나갈 수 있도록 내버려 두어야 한다고 말해주고 있다.

★ 능력이 있는 사람에 관하여 마땅히:

A 더욱 더 엄격해야 한다
B 그들을 믿어야 한다
C 지적을 많이 해야 한다
D 소통을 많이 해야 한다

지문 어휘

用人不疑，疑人不用
yòngrén bùyí, yírén búyòng
일단 사람을 쓰면 의심하지 말고, 의심스
러우면 쓰지 마라

随便 suíbiàn 부 함부로, 제멋대로,
마음대로 ★

怀疑 huáiyí 동 의심하다 ★

能力 nénglì 명 능력 ★

尊重 zūnzhòng 동 존중하다 ★

方法 fāngfǎ 명 방식, 방법 ★

放手 fàng shǒu 동 내버려두다, 손을
놓다, 상관하지 않다

보기 어휘

更加 gèngjiā 부 더욱 더, 훨씬

严格 yángé 형 엄격하다 ★

批评 pīpíng 동 지적하다, 나무라다,
질책하다 ★

交流 jiāoliú 동 소통하다, 교류하다 ★

B

질문에 조동사 **应该**(마땅히 ~해야한다)를 써서 묻는 유형으로 조동사가 질문의 핵
심어이다. 지문에서 **应该**(마땅히 ~해야한다) 또는 비슷한 의미의 조동사를 찾아 그
뒷부분을 살피면 된다. 지문 중반부에 **不要随便怀疑那些有能力的人**(능력이 있
는 사람을 함부로 의심하지 마라)이라고 했으므로 결과적으로는 그들을 믿어야 한다
는 내용임을 알 수 있다. 따라서 정답은 B **相信他们**(그들을 믿어야 한다)이다.

第1-5题 请选出正确答案。

지문을 읽고 올바른 답을 고르세요.

1 李天，按照你现在的学习成绩，恐怕很难毕业。接下来这几个月，你要多多学习，成绩一定要超过60分。

★ 说话人担心李天：

A 身体不好　　　B 不能毕业　　　C 整天玩儿　　　D 性格内向

2 在我的大学同学中，只有张青和李雪因为喜欢做研究而选择了继续读硕士。除了他们俩以外，其他同学毕业后都工作了，而且大部分都去做生意了。

★ 大部分同学毕业后都：

A 做生意了　　　B 当老师了　　　C 出国留学了　　　D 读硕士了

3 中国社会学家把1980到1989年出生的人叫作"80后"，"80后"生活在中国经济高速发展的时期。他们大都有知识、有自信、有理想，是推动社会前进的重要力量。

★ "80后"：

A 爱打扮　　　B 很勇敢　　　C 有自信　　　D 脾气大

4 这种植物在我们老家很常见，人们都叫它"猫爪子"。我母亲喜欢用它来做凉菜，不仅好吃，而且对健康也有好处。

★ "猫爪子"：

A 没有叶子　　　B 可以食用　　　C 有点儿苦　　　D 是一种动物

5 父母在教育子女时，大部分家长都不会考虑孩子的想法。他们当然是为了孩子好，但有的时候，也应该听听孩子的意见，考虑考虑孩子提出的要求。

★ 父母应该：

A 考虑老师意见　　　B 听孩子的意见　　　C 教孩子经验　　　D 多批评孩子

정답 및 해설 ≫ 해설서 p. 79

8 독해는 독서가 아니다! 과감하게 읽어라!

공략비법 10 의문문 키워드 문제

출제 형식

의문대명사를 핵심어로 이용한 문제는 총 20문제 중 6~7문제 정도 출제된다. 의문문 문제는 주로 원인, 이유, 장소, 수단 등의 육하원칙 문제들이 출제된다.

핵심 전략

1 ★ 질문 속 의문대명사가 핵심어이다.

의문문 유형의 질문은 대개 의문대명사를 사용해 묻는 문제이다. 일반적으로 원인이나 이유를 물어보는 질문은 因为(왜냐하면)나 为什么(왜)를 사용하고, 방식이나 장소를 묻는 질문은 哪(어느, 어떤, 어디)를 사용한다. 또한 행동이나 상태를 물어보는 질문은 什么(무엇, 무슨), 什么样(어떠한), 怎么(어떻게), 怎么样(어떠한가)과 같은 의문대명사를 사용한다. 이 유형은 **지문에서 답을 그대로 보여주거나 동의어로 바꿔 답을 쉽게 찾을 수 있다.** 그러므로 **질문 속 의문대사를 정확하게 파악한 후, 지문 속의 의문사를 중심으로 정답을 찾아야 한다.**

질문 형태 : 육하원칙 문제

원인, 이유

· 有些人经常换工作是因为他们: 어떤 이들은 자주 직업을 바꾸는데, 왜냐하면 그들은:

· 那个观众为什么要打伞?   그 관중은 왜 우산을 펼치려고 하는가?

방식, 장소

· 那个公司要招聘哪方面的人?   그 회사는 어느 방면의 사람을 뽑으려고 하는가?

· 他们最可能在哪儿?   그들은 어디에 있을 가능성이 큰가?

행동, 상태

· 小伙子可能要买什么?   젊은이는 무엇을 살 가능성이 있나?

· 他是个什么样的人?   그는 어떠한 사람인가?

· 8分钟约会有什么优点?   8분 데이트는 어떤 장점이 있나?

· 说话人是什么意思?   화자는 무슨 의미인가?

· 说话人认为那本书怎么样?   화자가 생각하기에 그 책은 어떠한가?

· 8分钟时间一到，男生要怎么做?   8분의 시간이 되면, 남학생은 어떻게 하면 되나?

· 说话人让同学们做什么?   화자는 동창들에게 무엇을 하도록 시켰는가?

키워드 찾는 방법

- 为什么 로 질문하면,   ⟶   지문 속에서 因为를 찾자!
- 做什么로 물으면   ⟶   지문 속에서 동작과 관련된 동사(逛街, 加班, 聚会, 爬长城)를 찾자!
- 怎么样 으로 물으면   ⟶   지문 속에서 觉得를 찾자!
- 의문사 哪里(哪儿) 로 물으면   ⟶   지문 속에서 장소 명사를 찾자!

2 ★ 옳고 그름을 판단하는 문제는 보기부터 읽어라.

의문대명사 哪를 사용해 哪个正确? (어느 것이 옳은가?)라고 옳고 그름을 판단하는 문제가 출제된 경우에는 **보기를 먼저 읽고 각 항을 지문과 대조해 정답을 찾는 것이 바람직**하다.

📝 유형맛보기 1

他的理想就是当一名演员。为了考上艺术学校，他做了很大的努力。虽然后来没能考上，但每次回想起那段经历，他都表示并不后悔，因为为理想而努力的过程让他感到非常幸福。

★ 他为什么不后悔?
　A 学到了知识
　Ⓑ 为理想努力过
　C 挣钱了
　D 获得了成功

그의 꿈은 배우가 되는 것이었다. 예술 학교에 합격하기 위해 많은 노력을 기울였다. 비록 그 후에 합격 하진 못했지만, 매번 그때의 경험을 회상할 때마다 결코 후회하지 않는다고 한다. 왜냐하면 꿈을 위해 노력했던 그 과정들이 그에게 행복으로 느껴졌기 때문이다.

★ 그는 왜 후회하지 않는가?
　A 지식을 배웠기에
　B 꿈을 위해 노력했었기에
　C 돈을 벌었기에
　D 성공했기에

지문 어휘

理想 lǐxiǎng 명 꿈, 이상 ★
演员 yǎnyuán 명 배우, 연기자 ★
艺术 yìshù 명 예술 ★
后来 hòulái 명 이후, 그다음, 그 뒤
回想 huíxiǎng 동 회상하다
经历 jīnglì 명 경험, 경력 ★
表示 biǎoshì 동 의미하다,
나타내다 ★
后悔 hòuhuǐ 동 후회하다 ★
过程 guòchéng 명 과정 ★
幸福 xìngfú 형 행복하다 ★

보기 어휘

知识 zhīshi 명 지식 ★
挣钱 zhèng qián 동 돈을 벌다
获得 huòdé 동 얻다, 획득하다,
손에 넣다 ★

정답   B

해설   为什么(왜)를 써서 질문하는 유형으로 지문 속에서 이유나 원인을 나타내는 접속사를 찾으면 쉽게 정답을 찾을 수 있다. 지문 마지막 부분에서 因为为理想而努力的过程让他感到非常幸福(왜냐하면 꿈을 위해 노력했던 그 과정들이 그에게 행복으로 느껴졌기 때문이다)라고 因为(왜냐하면)를 사용해 이유를 설명했으므로 정답은 B 为理想努力过(꿈을 위해 노력했었기에)이다.

叔叔的脾气你应该很了解，他最不喜欢别人骗他了，如果他有什么做得不好的，你完全可以直接指出来，他绝对不会生气。

★ 关于叔叔,下列哪个正确?
A 很喜欢骗人
Ⓑ 能接受批评
C 特别幽默
D 爱发脾气

삼촌 성격 너도 분명 잘 알 거야. 그는 다른 사람이 자신을 속이는 것을 가장 싫어하지. 만약 그가 잘못한 것이 있다면, 네가 전부 바로 지적해도 돼. 그는 절대 화내지 않을 거야.

★ 삼촌에 관하여, 다음 중 옳은 것은?
A 남을 속이는 것을 매우 좋아한다
B 지적을 받아들일 수 있다
C 매우 유머러스하다
D 화를 잘 낸다

정답 B

해설 下列哪个正确?(다음 중 옳은 것은?)이라고 물었으므로 보기를 먼저 읽고 각 항을 지문과 대조하며 정답을 찾아야 한다. 지문의 마지막 부분에서 你完全可以直接指出来, 他绝对不会生气(네가 전부 바로 지적해도 돼, 그는 절대 화내지 않을 거야)라고 했으므로 정답은 B 能接受批评(지적을 받아들일 수 있다)이다.

第1-5题 请选出正确答案。

지문을 읽고 올바른 답을 고르세요.

1 很抱歉，最近游客比较多，所以现在酒店的房间已经订满了。您可以去其他酒店看看，不过您最好提前打电话问一下。要不您可能又白跑一趟了。

★ 酒店为什么不能入住？

A 停电了　　　　　B 没打扫干净　　　C 没有空房间　　　D 服务员下班了

2 由于时间关系，剩下的几个语法先不讲了，大家回去预习一下，下节课我会详细讲。

★ 为什么没讲剩下的内容？

A 没有时间　　　　B 不是重点　　　　C 已经讲过　　　　D 老师没准备

3 无论是上网还是聊天，为了在交流中给人留下难忘的印象，很多人都会注意自己的语言。研究发现，适当的语速听起来更舒服，还会让别人更加喜欢你。

★ 怎样的交流方式容易给人留下好印象？

A 合适的语速　　　B 奇怪的动作　　　C 多说流行语　　　D 积极的态度

4-5.

跑步是一个非常好的运动方式。通过跑步，你既可以锻炼身体，又可以达到减肥的效果，还可以减少压力使心情愉快。喜欢跑步的人一般比较爱生活，性格也比较好，而且还比较有耐心。如果你现在还不知道做什么运动好，那么就选择跑步吧。

4 ★ 喜欢跑步人有什么特点？

A 身体健康　　　　B 自信　　　　　C 普遍很瘦　　　　D 有耐心

5 ★ 根据上文，跑步有助于：

A 减肥　　　　　　B 发展经济　　　　C 改变性格　　　　D 减少污染

정답 및 해설 ≫ 해설서 p. 82

8 독해는 독서가 아니다! 과감하게 읽어라!

공략 비법 11 유사 표현 문제

출제 형식

질문의 핵심어를 지문 속에 그대로 언급해 정답을 찾기 쉬운 문제가 출제되기도 하지만, 보기와 지문 속의 핵심어를 그대로 보여주지 않고, 유사한 표현으로 바꾸어 언급해 정답을 단번에 찾기 어려운 문제들도 출제된다. 유사 표현 문제는 매회 5~6문제 정도 출제되는 추세이다.

핵심 전략

1 유사한 표현을 익혀두자!

독해의 정답률은 어휘량이 결정한다고 해도 과언이 아니다. 질문의 핵심어를 지문에 유사한 표현으로 바꿔 바로 정답을 찾기 어려운 지문이 많이 출제된다. 따라서 **평소 듣기 스크립트나 독해 지문에서 유사한 표현들을 체크해가며 공부하는 습관이 필요**하며, 215쪽의 **〈독해에 정답으로 나오는 빈출 유사 표현〉을 암기해 시험장에 가도록 하자.**

유형맛보기

很多人都说自己没有时间看书。但是，如果我们在每天睡前能抽出10分钟的时间来看书，按一般人的平均阅读速度，每分钟读300字左右，那么一年下来就可以读160多万个字。

★ 根据这段话，我们应该:

Ⓐ 抽空儿读书
B 早点睡觉
C 提高阅读速度
D 懂得休息

많은 사람들이 자신은 책 볼 시간이 없다고 이야기한다. 그러나 매일 잠들기 전 10분의 시간만 내서 책을 본다면, 일반인의 평균 독서 속도가 분당 300자 가량임을 감안할 때, 1년이면 당신은 160만 남짓의 글자를 읽을 수 있을 것이다.

★ 이 글에 근거하여, 우리는 마땅히:

A 시간을 내어 독서해야 한다
B 일찍 자야 한다
C 독서 속도를 높여야 한다
D 휴식할 줄 알아야 한다

지문 어휘

看书 kàn shū 통 책을 보다, 독서하다

抽时间 chōu shíjiān
시간을 내다, 시간을 투자하다

平均 píngjūn 형 평균의, 평균적인

阅读 yuèdú 통 독서하다, 열독하다 ★

速度 sùdù 명 속도 ★

左右 zuǒyòu 명 가량, 정도, 좌우 ★

보기 어휘

抽空儿 chōu kòngr
시간을 내다, 틈을 내다

提高 tígāo 통 높이다, 향상시키다

懂得 dǒngde 통 (뜻·방법 따위를) 알다, 이해하다

정답 A

해설 유사 표현을 찾는 문제로 보기와 지문 속의 유사 표현을 찾아내는 것이 핵심이다. 주어진 보기 가운데 抽空儿读书(시간을 내어 독서하다)라는 문장이 지문 속의 抽出 10分钟的时间来阅读(10분의 시간만 내서 책을 보다)와 의미가 상통하므로 정답은 A 抽空儿读书(시간을 내어 독서하다)이다.

독해에 정답으로 나오는 빈출 유사 표현

节日有表演。 공휴일에는 공연이 있다.
Jiérì yǒu biǎoyǎn.

= **节日的时候特别热闹。** 공휴일이 되면 매우 시끌벅적하다.
Jiérì de shíhou tèbié rènao.

多花时间。 시간을 많이 들이다.
Duō huā shíjiān.

= **多下点儿功夫。** 많은 노력을 기울이다.
Duō xià diǎnr gōngfu.

提前告诉别人。 미리 다른 사람에게 알리다.
Tíqián gàosu biérén.

= **提前打个电话说明原因。** 미리 전화해서 이유를 설명하다.
Tíqián dǎ ge diànhuà shuōmíng yuányīn.

更忙了。 더 바쁘다.
Gèng máng le.

= **更辛苦了。** 더 수고한다.
Gèng xīnkǔ le.

能做很多事。 많은 일을 할 수 있다.
Néng zuò hěn duō shì.

= **能做不少事情。** 적지 않은 일을 할 수 있다.
Néng zuò bù shǎo shìqing.

学汉语。 중국어를 배우다.
Xué Hànyǔ.

= **学中文。** 중국어를 배우다.
Xué Zhōngwén.

内容有趣。 내용이 재미있다.
Nèiróng yǒuqù.

= **内容有意思。** 내용이 재미있다.
Nèiróng yǒu yìsi.

味道不一样。 맛이 다르다.
Wèidao bù yíyàng.

= **南甜北咸，东辣西酸。**
Nán tián běi xián, dōng là xī suān.
남쪽은 달고 북쪽은 짜고, 동쪽은 맵고 서쪽은 시다.

更便宜。 더 싸다.
Gèng piányi.

= **价格更低。** 가격이 더 낮다.
Jiàgé gèng dī.

环境很好。 환경이 좋다.
Huánjìng hěn hǎo.

= **空气新鲜，到处都很干净。** 공기가 신선하고, 곳곳이 모두 깨끗하다.
Kōngqì xīnxiān, dàochù dōu hěn gānjìng.

不要停下来。 멈추지 마라.
Búyào tíng xiàlai.

= **坚持下去。** 꾸준히 해 나가다.
Jiānchí xiàqu.

第1-5题 请选出正确答案。

지문을 읽고 올바른 답을 고르세요.

1 那次你给我介绍的那部儿童电影，我儿子看完后说内容很有意思。他非常喜欢这样的故事，你还有没有别的适合我儿子看的电影啊，要是有的话，再给我介绍几个吧。

★ 那部儿童电影:

A 非常无聊　　　　B 很有趣　　　　C 翻译得不准确　　　　D 内容太难

2 这家咖啡厅在这一带很有名，不但价格比较便宜，而且味道也特别好。每次我去买咖啡的时候，都需要排队，可见这家店很受欢迎。

★ 关于这家咖啡厅，可以知道:

A 节日有表演　　　　B 缺少顾客　　　　C 咖啡不好喝　　　　D 生意很好

3 有时候可选择的太多并不是一件好事，因为可选择的越多，要放弃的就越多，而放弃哪个都觉得可惜，所以我们往往需要花很长时间来考虑。

★ 选择太多有什么坏处?

A 浪费钱　　　　B 判断会出错　　　　C 会让人误会　　　　D 要选很久

4 这次的考试题太难了，很多单词我都不认识。看来以后我要多下点儿功夫努力背单词了。另外，我还要坚持每天复习和预习。我相信下次我一定会考得很好的。

★ 为了下次考得好，他需要做什么?

A 多研究语法　　　　B 多花时间背单词　　　　C 记笔记　　　　D 积极讨论

5 再过几天我就要当爸爸了，尽管还不知道是男孩儿还是女孩儿，但我和我妻子都特别兴奋，同时还有点儿担心。医生让妻子多走走，放松心情。

★ 夫妻俩为什么很激动?

A 当医生了　　　　B 孩子要出生了　　　　C 受到邀请了　　　　D 涨工资了

정답 및 해설 ≫ 해설서 p. 84

DAY 15

8 독해는 독서가 아니다! 과감하게 읽어라!

공략비법 12 주제 찾기 문제

출제형식

글의 주제(중심 내용)을 묻는 문제는 총 20문제 가운데 2~3문제 정도 출제된다.

핵심전략

1 ★첫 문장 또는 마지막 문장에 주제가 있다.

글의 주제를 묻는 질문의 정답은 **지문의 첫 문장과 제일 마지막 문장에 숨어 있는 경우가 많다.** 또한 질문의 형태가 동일하므로 미리 질문의 형태를 파악하고 있다면 글의 주제를 묻는 문제임을 빠르게 캐치할 수 있다.

질문 형태	
· 这段话主要谈的是什么:	이 글이 주로 이야기하고자 하는 것은 :
· 这段话告诉我们(要):	이 글이 우리에게 알려주고자 하는 것은 :
· 这段话主要想告诉我们, 要:	이 글이 주로 우리에게 알리고 싶은 것은 :
· 根据这段话, 可以知道什么?	이 글에 근거하여 알 수 있는 것은 무엇인가?

2 세부적인 내용을 정확하게 파악하는 것이 아니라 **전체적으로 무슨 이야기를 하고자 하는지를 파악해야 한다.** 글의 주제를 묻는 문제는 빠른 속도로 지문을 읽어 나가며 지문에서 무슨 이야기를 하고자 하는지 그 의미를 파악하는 것이 중요하다.

世界上有许多事情你必须去做，这就是责任。我们每个人都有不同的责任，比如对感情的责任、对家庭的责任等等。我们要学会对自己的责任负责。

★ 这段话告诉我们要：

A 理解他人

B 尊重老人

C 帮助别人

Ⓓ 负责任

지문 어휘

世界 shìjiè 명 세상, 세계

许多 xǔduō 형 매우 많다 ★

必须 bìxū 부 반드시 ~해야 한다

责任 zérèn 명 책임 ★

不同 bùtóng 형 다르다, 같지 않다

比如 bǐrú 접 예를 들면, 예를 들어 ★

感情 gǎnqíng 명 감정, 정 ★

家庭 jiātíng 명 가정

负责 fùzé 동 책임지다 ★

이 세상에는 당신이 반드시 해야만 하는 매우 많은 일이 있는데 이것이 바로 책임이다. 우리는 모두 서로 다른 책임을 가지고 있다. 예를 들면, 감정에 대한 책임, 가정에 대한 책임 등이다. 우리는 각자 맡은 바 책임을 다하는 것을 배워야 한다.

★ 이 글은 우리가 어떻게 해야 한다고 하는가:

A 남을 이해해야 한다

B 노인을 존중해야 한다

C 다른 사람을 도와야 한다

D 책임을 다해야 한다

보기 어휘

理解 lǐjiě 동 이해하다, 알다 ★

尊重 zūnzhòng 동 존중하다 ★

 정답 D

해설 이 글의 주제를 묻는 문제이다. 지문 마지막 부분에서 **我们要学会对自己的责任负责**(우리는 각자 맡은 바 책임을 다하는 것을 배워야 한다)라고 하였으므로 정답은 D **负责任**(책임을 다해야 한다)이다.

第1-5题 请选出正确答案。

지문을 읽고 올바른 답을 고르세요.

1 有些人很想成功，他们不停地努力着，但是却总觉得不幸福。其实，有时候放弃一些不适合自己的东西，可能会更好。当你敢放弃一些东西的时候，生活会变得慢下来，心情会变得更加轻松、愉快，你也会更明白自己真正想要的是什么。所以，有时候放弃也是一种幸福。

★ 这段话告诉我们要：

A 学会放弃　　　　B 少发脾气　　　　C 接受失败　　　　D 获得成功

2 中国有句叫"骄傲使人退步"，意思就是在你获得成功时，如果你骄傲了，你就一定会落后。这句话告诉我们，获得任何成功时，千万不要骄傲，否则下一次你可能就会失败。

★ 这段话告诉我们：

A 别骄傲　　　　　B 成功的方法　　　C 失败的意义　　　D 要诚实

3 学习并不是一件很难的事情，从出生开始，我们就要学习一切自己不会的。但在学习的过程中，有的人能坚持下去，而有的人却会在中间选择放弃，人与人之间的距离在于坚持。

★ 这段话告诉我们要：

A 学会放弃　　　　B 坚持学习　　　　C 学会理解　　　　D 保持距离

4-5. 理解在人与人的交流中有着非常重要的作用。理解就是为别人考虑，也就是"将心比心"。当别人遇到困难向你求救时，我们要把自己当成对方，这样才可以真正同情别人的不幸，理解别人的需要。因此，我们只有互相理解，才能够交到真正的朋友，最后赢得友谊。

4 ★ 理解的好处是：

A 羡慕别人　　　　B 发现缺点　　　　C 伤自己的心　　　D 赢得友谊

5 ★ 这段话告诉我们：

A 要帮助别人　　　B 真正的友谊　　　C 理解的重要性　　D 怎么和人交流

정답 및 해설 ≫ 해설서 p. 87

书写

쓰기

제1부분
제시된 어휘로 문장 완성하기

제2부분
제시된 어휘로 사진과 연관된 문장 만들기

제1부분
제시된 어휘로 문장 완성하기

- 중국어 품사와 문장성분 이해하기
- 필수 어법 이해하기

9 패턴을 알고 익숙해져라!
그만큼 점수는 향상된다!

10 어렵다는 편견은 NO!
점수를 끌어올려주는 효자 문제!

书写

3

제1부분
제시된 어휘로 문장 완성하기

문제 형식

제1부분은 4~5개의 제시된 어휘를 어순에 맞게 배치하여 하나의 문장을 완성하는 형태로, 총 10문제(86번~95번)가 출제된다. 중국어의 '기본 어순' 이해를 겨냥한 문제들이 출제되므로 어순을 이해하기 위해서는 기본적인 어법 학습이 선행되어야 한다.

출제 경향

★ **4급 시험에서는 중국어 어순에 맞는 기본 문형을 완성하는 문제가 60% 정도 출제되고, 기본 문형 외에 특수 문형을 완성하는 문제도 매회 40% 정도로 꾸준히 출제된다.**

중국어의 핵심 문장성분인 주어, 술어, 목적어를 배치하는 문제나 이를 수식하는 관형어나 부사어 또는 보어를 배치하여 기본 문형을 완성하는 문제가 5~6문제 정도 출제되고 있다. 그 외 특수 문형 가운데 是~的 강조구문, 把자문, 被자문, 비교문, 겸어문, 존현문 등도 3~4문제 정도로 꾸준히 출제되는데, 최근에는 비교적 난이도 높은 문제가 출제되는 추세이므로 품사와 문장성분에 대한 완벽한 이해가 필요하다.

출제 비율

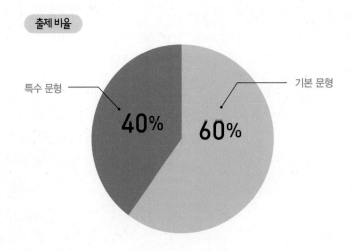

특수 문형 · 40% 기본 문형 · 60%

1 기본 문형에는 [주어 + 술어 + 목적어] 또는 관형어나 부사어를 배열하는 문형의 출제 빈도수가 높다.

관형어 + 술어 + 목적어 배열하기

我们　　　邀请　　　那位作家　　　拒绝了　　　的

那位作家　拒绝了　我们的邀请。　그 작가는 우리의 초대를 거절했다.
　주어　　　술어　　　목적어

邀请 yāoqǐng 동 초대하다 ☆　　作家 zuòjiā 명 작가 ☆　　拒绝 jùjué 동 거절하다 ☆

관형어나 부사어 배열하기

好像　　答案　　这道题　　的　　错了

这道题的答案　好像　错了。　이 문제의 답이 틀린 것 같아요.
　관형어 + 주어　　부사어　술어

好像 hǎoxiàng 부 마치 ~와 같다 ☆　　答案 dá'àn 명 답, 답안 ☆　　错 cuò 동 틀리다

2 기본 문형 가운데 전치사구[전치사 + 명사/대명사] 형태의 문제도 매회 빠지지 않고 1문제씩 출제된다.

对学生　　　友好　　　教授　　　十分

教授　对学生　十分　友好。　교수는 학생들에게 대단히 우호적이다.
　주어　전치사구　부사어　술어

友好 yǒuhǎo 형 우호적이다 ☆　　教授 jiàoshòu 명 교수 ☆　　十分 shífēn 부 대단히, 매우 ☆

3 시험에 자주 나오는 특수 문형에는 把자문, 被자문, 比자문 등이 있다.

把자문

> 把　　弟弟不小心　　弄丢了　　钱包　　　남동생은 실수로 지갑을 잃어버렸다.
> ⋯⋯➔ 弟弟不小心把钱包弄丢了。

弄丢 nòng diū 동 잃어버리다　　　钱包 qiánbāo 명 지갑

被자문

> 要求　　了　　拒绝　　被　　他的　　　그의 요구는 거절당했다.
> ⋯⋯➔ 他的要求被拒绝了。

要求 yāoqiú 명 요구　　　拒绝 jùjué 동 거절하다 ⭐

比자문

> 西瓜　　比昨天　　多了　　　便宜　　　수박이 어제보다 많이 싸졌다.
> ⋯⋯➔ 西瓜比昨天便宜多了。

西瓜 xīguā 명 수박

보어 배열하기에서는 정도보어가 매회 1문제씩 꼭 출제된다.
그 외 보어 관련 문제는 **방향보어, 수량보어(시량보어, 동량보어)가 번갈아 1문제씩 출제되**며, 결과보어의 출제 비중이 가장 낮다.

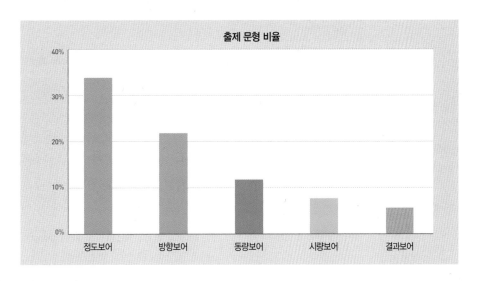

출제 문형 비율

① **정도보어 배열하기**

| 不太 | 这个计划 | 顺利 | 进行得 |

| 这个计划 | 进行得 | 不太顺利。 | 이번 계획은 그다지 순조롭게 진행되지 않았다. |
| 주어 | 술어 + 得 | 정도보어 | |

计划 jìhuà 📖 계획 ⭐   顺利 shùnlì 📖 순조롭다 ⭐   进行 jìnxíng 📖 진행하다 ⭐

② **방향보어 배열하기**

| 从国家图书馆 | 他 | 一本书 | 借来 |

| 他 | 从国家图书馆 | 借来 | 一本书。 | 그는 국립 도서관에서 책 한 권을 빌려 왔다. |
| 주어 | 부사어 | 술어 + 来(방향보어) | 목적어 | |

国家 guójiā 📖 국가   借 jiè 📖 빌리다

书写

쓰기

3 동량보어 배열하기

重新	他	检查了	一遍

他	重新	检查了	一遍。	그는 다시 한 번 (처음부터 끝까지) 조사했다.
주어	부사어	술어	동량보어

重新 chóngxīn **부** 다시, 재차 ★   检查 jiǎnchá **동** 조사하다   遍 biàn **양** 번, 차례, 회 ★

4 시량보어 배열하기

进行了	左右	一个月	这次调查

这个调查	进行了	一个月左右。	이번 조사는 한 달 정도 진행되었다.
주어	술어	시량보어

进行 jìnxíng **동** 진행하다 ★   左右 zuǒyòu **명** 정도, 가량 ★   调查 diàochá **명** 조사 **동** 조사하다 ★

출제 경향 3

일상생활에서 자주 사용하는 **관용 표현도 어순 배열 문제에 간혹 출제**된다.

: 자주 사용하는 관용 표현 :

从来 + 没(有) + 동사过 : 여태껏 ~한 적이 없다

看过	我从来	这么大的老虎	没有

我	从来没有	看过	这么大的老虎。	나는 여태껏 이렇게 큰 호랑이를 본 적이 없다.
주어	부사어	술어	관형어 + 목적어

从来 cónglái **부** 여태껏, 지금까지 ★   老虎 lǎohǔ **명** 호랑이 ★

以后再也 + 不 + 동사了 : 더 이상 ~하지 않기로 했다

我保证	不	以后再也	了	喝酒

我	保证	以后再也不喝酒了。	나는 이후부터 너 이상 술을 마시지 않을 것을 맹세합니다.
주어	술어	동사구(목적어)

保证 bǎozhèng **동** 보증하다, 보장하다 ★   以后 yǐhòu **명** 이후   喝 hē **동** 마시다 ★

출제 경향

예전 시험 유형은 제시된 어휘들이 6~7개로 매우 세분화되어 어순 배열이 복잡하고 까다로웠다. 하지만 **최근 시험에서는 제시된 어휘들이 4~5개로 간소화**되었고, 기본 구조만 제대로 알면 쉽게 정답을 맞출 수 있는 비교적 쉬운 문제가 출제되고 있다.

2014년도 문제 유형 : 被자문 문제(7개 어휘)

送到医院	被	已经	她	去	了	同学们

她已经被同学们送到医院去了。　　그녀는 이미 학우들에 의해 병원으로 보내졌다.

2015년도 이후 문제 유형 : 被자문 문제(5개 어휘)

弟弟	被	吃光	西红柿	了

西红柿被弟弟吃光了。　　토마토를 남동생이 다 먹어치웠다.

西红柿 xīhóngshì 몡 토마토 ★

문제 풀이 전략

문제는 이렇게 풀어라!

Step 1 술어를 찾아 중심을 잡는다.

Step 2 주어 ⸱⸱⸱➡ 목적어 또는 목적어 ⸱⸱⸱➡ 주어 순으로 배열한다.

Step 3 남은 어휘를 어순에 맞게 배열한 후, 문장 부호를 알맞게 붙여 문장을 완성한다.

书写

쓰기

00 중국어 품사와 문장성분 이해하기

1 품사란

단어를 의미 또는 형태, 어법적 성격에 따라 분류한 것으로 중국어의 품사는 12가지가 있다.

> 명사, 대명사(=대사), 동사(조동사), 형용사, 수사, 양사, 부사, 전치사(=개사), 조사, 접속사, 의성사, 감탄사

2 문장성분이란?

문장을 구성하면서 일정한 역할을 하는 것을 말하며, 어순 배열은 문장성분에 따라 배열한다.

3 문장성분의 종류

중국어 문장성분은 6가지

> ┌──── 필수성분 ────┐ ┌──── 수식성분 ────┐
> 주어, 술어, 목적어,   관형어, 부사어, 보어

4 중국어의 기본 어순

> 주어 + 술어 + 목적어

1 **주어:** 우리말의 '~은/는, ~이/가'와 함께 쓰여 문장의 앞 머리에 위치하는 것으로 **동작이나 상태의 주체가 되는 문장성분**을 말한다.

我们都是老师。　우리들은 모두 선생님이다.
주어

2 **술어:** 주어의 동작이나 상태를 나타내는 문장성분으로 주로 **동사와 형용사가 여기에 속한다.** 대부분 동사 술어는 목적어를 동반하고 형용사 술어는 목적어를 동반하지 않는다.

我们招聘了一名律师。　우리는 한 명의 변호사를 모집했다.
　　　술어
这家餐厅的饭菜非常地道。　이 식당의 음식은 아주 정통이다.
　　　　　　　　　술어

3 **목적어:** 우리말의 '~을/를'과 함께 쓰이는 것으로 **술어가 나타내는 행위의 대상이 되는 문장성분**을 말한다.

我要打印100多页表格。　나는 100여 페이지 표를 출력하려 한다.
　　　목적어

필수 어법 이해하기_ 명사

1 명사란

사람이나 사물의 명칭을 나타내거나 시간과 장소를 나타내는 품사이다.

명사의 종류	예	
일반명사	师傅 shīfu 기사님(기술직 종사자에 대한 존칭) 房东 fángdōng 집주인	毛巾 máojīn 타월, 수건 饺子 jiǎozi 만두
고유명사	北京 Běijīng 베이징	长城 Chángchéng 창청(만리장성)
추상명사	消息 xiāoxi 소식 效果 xiàoguǒ 효과	温度 wēndù 온도 质量 zhìliàng 품질
장소명사	邮局 yóujú 우체국 餐厅 cāntīng 식당	厨房 chúfáng 주방, 부엌 大使馆 dàshǐguǎn 대사관
시간명사	礼拜天 lǐbàitiān 일요일 将来 jiānglái 장래	月底 yuèdǐ 월말 年末 niánmò 연말

2 명사의 역할

1 명사는 문장에서 ★주어나 목적어 역할을 한다.

今天　非常　热。　　오늘은 아주 더워요. (주어 역할)
주어(시간명사)　부사어　술어

他　去　大使馆。　　그는 대사관에 가요. (목적어 역할)
주어　술어　목적어(장소명사)

어휘 **大使馆** dàshǐguǎn 명 대사관 ★

2 명사는 <mark>명사, 대명사, 동사, 형용사</mark>의 수식을 받는다. 이때는 다른 품사와 명사 사이에 구조조사 的가 와서, 우리말의 '～의, ～한'으로 해석한다.

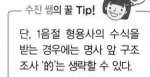

수진 쌤의 꿀 Tip!

단, 1음절 형용사의 수식을 받는 경우에는 명사 앞 구조조사 '的'는 생략할 수 있다.

好　经验　좋은 경험
형용사　명사

晚上八点的航班　저녁 8시의 항공편
명사　　　명사

我们的意思　우리의 뜻
대명사　명사

打折的方法　할인하는 방법
동사　　명사

优秀的同事　우수한 동료
형용사　명사

어휘 航班 hángbān 명 항공편 ★　　意思 yìsi 명 의미, 뜻　　打折 dǎ zhé 동 할인하다 ★
方法 fāngfǎ 명 방법 ★　　优秀 yōuxiù 형 우수하다, 뛰어나다　　同事 tóngshì 명 동료, 동업자

3 명사는 앞에 [수사 + 양사] 또는 [대명사 + (수사) + 양사]의 수식을 받는다.

一条　　裙子　치마 한 벌
수사 + 양사　명사

这个　　计划　이 계획
대명사 + 양사　명사

어휘 裙子 qúnzi 명 치마　　计划 jìhuà 명 계획

02

필수 어법 이해하기_ 대명사 (= 대사)

1 대명사란?

사람이나 사물의 이름을 대신하여 나타내는 품사를 말한다.

명사의 종류	예		
인칭대명사	我们 wǒmen 우리 大家 dàjiā 모두, 여러분	自己 zìjǐ 자기, 자신 别人 biéren 남, 다른 사람	它们 tāmen 그것들
지시대명사	这 zhè 이 那儿/那里 nàr/nàil 그곳, 거기 这样 zhèyàng 이렇게	那 nàr 그, 저 这么 zhème 이렇게 那样 nàyàng 그렇게	这儿/这里 zhèr/zhèli 이곳, 여기 那么 nàme 그렇게
의문대명사	谁 shéi 누구 哪儿 nǎr 어디	什么 shénme 무엇 怎么 zěnme 어떻게	哪(个) nǎ(ge) 어느 怎么样 zěnmeyàng 어떠한가

2 대명사의 역할

1 대명사는 문장에서 주어나 목적어 역할을 한다.

他们　　是　老师。　　그들은 선생님이에요. (주어 역할)
인칭대명사(주어)　술어　목적어

这儿　　　很　安静。　이곳은 아주 조용해요. (주어 역할)
지시대명사(주어)　부사어　술어

我　会　支持　　你。　나는 너를 지지할 것이다. (목적어 역할)
주어　부사어　술어　인칭대명사(목적어)

他们　要　做　　什么?　그들은 무엇을 하려고 하는가? (목적어 역할)
주어　부사어　술어　의문대명사(목적어)

어휘 安静 ānjìng 형 조용하다　　支持 zhīchí 동 지지하다 ⭐

2 대명사는 구조조사 的와 함께 문장에서 주어나 목적어를 수식 하는 관형어 역할을 한다.

那里的风景　很　美丽。　그곳의 경치는 아주 아름다워요.
대명사　주어　부사어　술어

他　会　考虑　我们的建议。　그는 우리의 제안을 고려할 것이다.
주어　부사어　술어　대명사　목적어

— 수진 쌤의 꿀 Tip!

대명사가 관형어 역할을 하는 경우 수식을 받는 중심어가 친족이나 소속관계를 나타낼 때, 구조조사 的는 생략할 수 있다.

我 (的) 爷爷　내 할아버지
대명사　친족관계

我们 (的) 公司　우리 회사
대명사　소속관계

书写

쓰기

필수 어법 이해하기_ 동사

1 동사란?

동작이나 상태를 나타내는 품사를 말하며, 문장에서 주로 술어 역할을 한다.

2 동사의 종류

1 ★명사나 대명사를 목적어로 취한다.

我	吃	晚饭。	나는 저녁을 먹어요.
주어	술어	목적어(명사)	

教授	表扬	我们。	교수님은 우리를 칭찬하신다.
주어	술어	목적어(대명사)	

어휘 **教授** jiàoshòu 명 교수 ☆　　**表扬** biǎoyáng 동 칭찬하다 ☆

2 ★일부 동사는 동사, 형용사, 술목구, 주술구를 목적어로 갖는다.

我	喜欢	吃。	나는 먹는 것을 좋아한다.
주어	술어	동사(목적어)	

我	感到	幸福。	나는 행복하다고 느낀다.
주어	술어	형용사(목적어)	

小李	决定	学钢琴。	샤오리는 피아노를 배우기로 결정했다.
주어	술어	술목구(목적어)	

王教练	认为	我很诚实。	왕코치님은 내가 아주 성실하다고 여기신다.
주어	술어	주술구(목적어)	

어휘 **感到** gǎndào 동 느끼다, 여기다　　**幸福** xìngfú 형 행복하다 ☆　　**决定** juédìng 동 결정하다

钢琴 gāngqín 명 피아노　　**诚实** chéngshí 형 성실하다 ☆

동사, 형용사, 술목구, 주술구를 취하는 동사		
进行 jìnxíng ～을 진행하다	进行调查 jìnxíng diàochá	조사를 진행하다
	进行交流 jìnxíng jiāoliú	교류를 진행하다
打算 dǎsuan ～할 계획이다	我打算出国留学。 Wǒ dǎsuan chū guó liú xué.	나는 유학을 떠날 계획이다.
准备 zhǔnbèi ～을 준비하다	准备出发 zhǔnbèi chūfā	출발하려고 준비하다
	准备下班 zhǔnbèi xià bān	퇴근을 준비하다
决定 juédìng ～을 결정하다	我决定去旅游。 Wǒ juédìng qù lǚ yóu.	나는 여행을 가기로 결정했다.
建议 jiànyì ～을 제안하다	王大夫建议他住院。 Wáng dàifu jiànyì tā zhù yuàn.	닥터 왕은 그가 입원하기를 제안했다.
认为 rènwéi ～라고 여기다, 느끼다	大家都认为他很勇敢。 Dàjiā dōu rènwéi tā hěn yǒnggǎn.	모두 다 그가 용감하다고 여긴다.
觉得 juéde ～라고 생각하다, 느끼다	我觉得不合适。 Wǒ juéde bù héshì.	나는 적합하지 않다고 생각한다.
感觉 gǎnjué ～라고 느끼다	我感觉不错。 Wǒ gǎnjué búcuò.	나는 괜찮다고 느낀다.
感到 gǎndào ～라고 느끼다, 여기다	使人感到舒服。 Shǐ rén gǎndào shūfu.	사람에게 편안함을 느끼게 한다.

3 목적어를 갖지 못하는 이합동사

이합동사는 하나의 동사처럼 보이지만 [동사 + 목적어]로 이루어진 동사를 말한다. 이합동사는 동사 자체가 목적어를 수반하고 있기 때문에 이합동사 뒤에 다른 목적어가 올 수 없다.

我　　见面　　朋友。　　(×) 나는 친구를 만난다.
주어　　술어　　목적어

我　　跟朋友　　见面。　　(○) 나는 친구와 만난다.
주어　　부사어　　술어

他们　　帮忙　　我。　　(×) 그들은 나를 도와준다.
주어　　술어　　목적어

他们　　帮　　我的　　忙。　　(○) 그들은 나를 도와준다.(나의 일을 도와준다.)
주어　　술어　　관형어　　술어

见面 jiàn miàn 만나다	我要跟他见面。 Wǒ yào gēn tā jiàn miàn.	나는 그와 만나려고 한다.
毕业 bì yè 졸업하다	她从北京大学毕业。 Tā cóng Běijīng dàxué bì yè.	그녀는 베이징 대학교를 졸업했다.
结婚 jié hūn 결혼하다	你跟谁结婚? Nǐ gēn shéi jié hūn?	당신은 누구와 결혼해요?
道歉 dào qiàn 사과하다	我向大家道歉。 Wǒ xiàng dàjiā dào qiàn.	여러분들에게 사과할게요.
看病 kàn bìng 진료하다, 치료하다	王大夫给病人看病。 Wáng dàifu gěi bìngrén kàn bìng.	닥터 왕은 환자를 진료한다.

帮忙 bāng máng 도와주다, 도움을 주다	我帮他的忙。 Wǒ bāng tā de máng.	나는 그를 도와준다.
生气 shēng qì 화나다	他生我的气。 Tā shēng wǒ de qì.	그는 나에게 화가 났다.
散步 sàn bù 산책하다	我去公园散步。 Wǒ qù gōngyuán sàn bù.	나는 공원에 산책하러 간다.
请客 qǐng kè 초대하다	他请我们的客。 Tā qǐng wǒmen de kè.	그는 우리를 초대했다.
睡觉 shuì jiào 잠자다	我睡了一个小时觉。 Wǒ shuì le yí ge xiǎoshí jiào.	나는 한 시간 잤다.
放假 fàng jià 휴가 내다	他放了两天假。 Tā fàng le liǎngtiān jià.	그는 이틀을 휴가냈다.

04 필수 어법 이해하기_ 형용사

1 형용사란

사람이나 사물의 상태, 성질 등을 묘사하는 품사를 말한다.

2 형용사의 역할

1 문장에서 ⭐술어 역할을 한다.

这个文章　　很　　复杂。　　이 글은 복잡하다.
　주어　　　부사어(정도부사)　술어

> **어휘** 文章 wénzhāng 명 글, 문장 ⭐　　复杂 fùzá 형 복잡하다 ⭐

수진 쌤의 꿀 Tip!

대부분 형용사는 정도부사의 수식을 받는다.

十分 → 重要　　매우 중요하다
정도부사　형용사(술어)

非常 → 干净　　매우 깨끗하다
정도부사　형용사(술어)

---

2 문장에서 的와 함께 쓰여 주어나 목적어를 수식하는 ⭐관형어 역할을 한다.

新鲜的 → 空气　对身体　有　好处。　　신선한 공기는 건강에 도움이 된다.
관형어　　주어　　부사어　술어　목적어

他　是　很优秀的 → 学生。　　그는 아주 우수한 학생이다.
주어　술어　관형어　　목적어

> **어휘** 空气 kōngqì 명 공기 ⭐　　好处 hǎochù 명 장점, 이점 ⭐

3 술어를 수식하는 ⭐부사어 역할을 한다.

他们 认真 → 学习 汉语。　　그들은 중국어를 열심히 공부한다.
주어　부사어　술어　목적어

4 문장에서 술어를 보충하는 ⭐보어 역할을 한다.

他　长得　很　帅。　　그는 잘생겼다.
주어　술어　부사 + 형용사
　　　　　정도보어

我们　准备　好　了。　　우리는 준비가 잘(다) 됐다.
주어　술어　결과보어

> **어휘** 准备 zhǔnbèi 동 준비하다

수진 쌤의 꿀 Tip!

[형용사 + 地]의 형태도 부사어가 될 수 있다.

她　高兴地　走了。　　그녀는 기쁘게
주어　부사어　술어　　떠났다.

---

3 **형용사의 특징**

1 대부분 형용사는 정도부사와 함께 쓰인다.

教室里　非常　干净。　교실 안은 매우 깨끗하다.
주어　　정도부사　형용사

这个　十分　重要。　이것은 아주 중요하다.
주어　정도부사　형용사

어휘 干净 gānjìng 형 깨끗하다　　　重要 zhòngyào 형 중요하다

2 형용사는 일반적으로 목적어를 가질 수 없다.

这套房子不太合适我们。(×)
　　　　　　　형용사 목적어

⋯➔ 这套房子不太合适。(○) 이 방은 그다지 적합하지 않다.

⋯➔ 这套房子不太适合我们。(○) 이 방은 우리들에게 그다지 적합하지 않다.
　　　　　　　　동사 목적어

어휘 套 tào 양 세트　　合适 héshì 형 적합하다, 알맞다 ★　　适合 shìhé 동 적합하다, 알맞다, 적절하다 ★

1 수사와 양사란?

수사는 하나, 둘, 셋 등 수를 나타내는 품사를 말하고, 양사는 한 명, 한 개, 한 번 등 사람이나 사물 또는 동작을 세는 단위를 나타내는 품사이다.

2 수사와 양사의 종류

1 수사는 '하나, 둘'과 같이 숫자를 세는 것과 '첫째, 둘째'와 같이 순서를 나타낸다.

四十 sìshí 사십   五百 wǔbǎi 오백

第一 dì yī 첫째   第二页 dì èr yè 2페이지

─ 수진 쌤의 꿀 Tip!

수사는 단독으로 명사와 쓸 수 없고, 항상 [수사 + 양사]의 형태로 쓰인다.

一老师 （ × ）

一位老师 （ ○ ）

2 양사는 사람의 수나 사물의 개수를 나타낼 때 쓰인다.

个 ge	명, 개 (사람, 사물을 세는 단위) 一个人 yí ge rén 사람 한 명 一个西红柿 yí ge xīhóngshì 토마토 한 개	棵 kē	그루, 포기 (식물을 세는 단위) 一棵树 yì kē shù 나무 한 그루
本 běn	권 (책을 세는 단위) 两本书 liǎng běn shū 책 두 권 这本小说 zhè běn xiǎoshuō 이 소설	份 fèn	부, 통 (신문이나 잡지를 세는 단위) 一份报纸 yí fèn bàozhǐ 신문 한 부
位 wèi	분 (사람을 세는 단위) 一位老人 yí wèi lǎorén 노인 한 분	篇 piān	편, 장 (문장, 작품을 세는 단위) 这篇文章 zhè piān wénzhāng 이 문장
名 míng	명 (사람을 세는 단위) 一名画家 yì míng huàjiā 화가 한 명	双 shuāng	켤레 (쌍을 세는 단위) 一双袜子 yì shuāng wàzi 양말 한 켤레 一双筷子 yì shuāng kuàizi 젓가락 한 벌
条 tiáo	줄기, 가닥 (긴 모양의 물건을 세는 단위) 一条裙子 yì tiáo qúnzi 치마 하나 三条鱼 sān tiáo yú 물고기 세 마리	部 bù	편 (영화를 세는 단위) 这部电影 zhè bù diànyǐng 이 영화
张 zhāng	장 (종이나 가죽 등을 세는 단위) 一张床 yì zhāng chuáng 침대 하나 一张桌子 yì zhāng zhuōzi 책상 하나	页 yè	페이지, 쪽 (책의 한쪽을 세는 단위) 第一页 dì yí yè 1페이지
台 tái	대 (기계를 세는 단위) 一台电脑 yì tái diànnǎo 컴퓨터 한 대	项 xiàng	항목, 사항을 세는 단위 这项计划 zhè xiàng jìhuà 이 계획
家 jiā	식당, 가게를 세는 단위 一家餐厅 yì jiā cāntīng 식당 하나 一家公司 yì jiā gōngsī 회사 하나	道 dào	음식, 요리를 세는 단위 这道菜 zhè dào cài 이 요리

书写

쓰기

3 동량사와 함께 쓰여 동작의 횟수를 나타내기도 한다.

次 cì	번, 회 (동작을 세는 단위) **去一次** qù yí cì 한 번 가다	遍 biàn	번, 차례, 회 (처음부터 끝까지 온전히 반복한 횟수를 세는 단위) **看一遍** kàn yí biàn 처음부터 끝까지 한 번 읽다
趟 tàng	차례, 번 (왕래한 횟수를 세는 단위) **回去一趟** huíqu yí tàng 한 번 갔다 오다	场 chǎng	회, 번, 차례, 한 차례 (문예, 오락, 체육활동을 세거나 눈이나 비 등이 내릴 때 세는 단위) **这场比赛** zhè chǎng bǐsài 이번 경기 **下一场雨** xià yì chǎng yǔ 비가 한 차례 내리다

———— 수진 쌤의 꿀 Tip!

公里(gōnglǐ 킬로미터), 公斤(gōngjīn 킬로그램) 등과 같이 길이, 무게 등을 세는 단위와 一些(yì xiē 약간), 一点儿(yì diǎnr 조금) 등과 같이 정해지지 않는 수량을 표시하는 양사도 있다.

3 수사＋양사의 역할

1 [수사 + 명량사]는 문장에서 주로 주어나 목적어를 수식하는 관형어 역할을 한다.

两位　老师　正在　讨论。　　두 선생님은 토론 중이시다.
관형어　주어　부사어　술어

拿　一双　筷子。　　젓가락 한 쌍을 가져오다.
술어　관형어　목적어

2 [수사 + 동량사]는 문장에서 술어를 보충하는 동량보어 역할을 한다.

我　去过　一次　中国。　　나는 중국에 한 번 가본 적이 있다.
주어　술어　동량보어　목적어

3 [수사 + 양사] 앞에는 지시대명사 (这, 那)가 자주 쓰이며, 수사가 '一'인 경우 생략할 수 있다.

这　篇　文章　이 문장　　这(一)条　裤子。　　이 바지
지시대명사　양사　명사　　　　　　지시대명사 (수사) 양사　명사

06 필수 어법 이해하기_부사

1 부사란?

동사나 형용사 앞에서 동작이나 상태의 정도, 시간, 빈도, 부정, 상태, 범위, 어기를 나타내는 품사이다.

2 부사의 종류

정도부사	很 hěn 아주 非常 fēicháng 매우 比较 bǐjiào 비교적 稍微 shāowēi 약간, 조금 十分 shífēn 매우 越来越 yuèláiyuè 점점 더	很聪明 hěn cōngming 아주 똑똑하다 非常优秀 fēicháng yōuxiù 매우 우수하다 比较便宜 bǐjiào piányi 비교적 싸다 稍微热 shāowēi rè 약간 덥다 十分重要 shífēn zhòngyào 매우 중요하다 越来越厉害 yuèláiyuè lìhai 점점 더 심하다
시간부사	正在 zhèngzài ~하고 있다 刚刚 gānggāng 막 已经 yǐjing 이미	正在讨论 zhèngzài tǎolùn 토론하고 있다 刚刚洗澡 gānggāng xǐ zǎo 막 샤워했다 已经来不及了 yǐjing láibují le 이미 늦었다
빈도부사	经常 jīngcháng 자주, 항상 往往 wǎngwǎng 종종, 늘 再 zài 다시 又 yòu 또	经常出门旅游 jīngcháng chū mén lǚ yóu 자주 여행을 가다 往往迟到 wǎngwǎng chídào 종종 늦다 再报名 zài bào míng 다시 신청하다 又忘记 yòu wàngjì 또 잊어버리다
부정부사	不 bù ~아니다 没 méi ~않다 别 bié ~하지 마라 并不 bìngbù 결코 ~않다	不礼貌 bù lǐmào 예의가 아니다 没答应 méi dāying 허락하지 않다 别抽烟 bié chōu yān 담배를 피우지 마라 并不困难 bìngbù kùnnan 결코 어렵지 않다
상태부사	互相 hùxiāng 서로 仍然 réngrán 여전히 突然 tūrán 갑자기	互相理解 hùxiāng lǐjiě 서로 이해하다 仍然出色 réngrán chūsè 여전히 뛰어나다 突然下雨 tūrán xià yǔ 갑자기 비가 내리다
범위부사	都 dōu 모두 全 quán 전부 一共 yígòng 모두, 합쳐서	都喜欢 dōu xǐhuan 모두 좋아하다 全吃光了 quán chī guāng le 전부 다 먹었다 一共多少钱? yígòng duōshao qián? 모두 얼마예요?
어기부사	难道 nándào 설마 到底 dàodǐ 도대체 不得不 bùdébù 어쩔 수 없이 竟然 jìngrán 뜻밖에	难道你不懂? nándào nǐ bù dǒng? 설마 너 모르는 거야? 到底怎么回事? dàodǐ zěnme huíshì? 도대체 무슨 일이야? 不得不放弃 bùdébù fàngqì 어쩔 수 없이 포기하다 竟然忘记 jìngrán wàngjì 뜻밖에 잊어버리다

③ 부사의 역할

1 문장에서 술어나 문장 전체를 수식하는 *부사어* 역할을 한다.

这条　裙子　有点儿　小。　　이 치마는 약간 작다. (술어 수식)
관형어　주어　부사어　술어

我　经常　购物。　　나는 자주 쇼핑을 한다. (술어 수식)
주어　부사어　술어

2 단, 주어 앞에 나올 수 있는 부사로는 **到底(도대체), 怪不得(어쩐지), 幸亏(다행히)** 등이 있다.

到底　你知不知道?　　도대체 넌 아는 거야 모르는 거야? (전체 문장 수식)
부사어　주어 + 술어(문장)

07 필수 어법 이해하기_ 조동사

1 조동사란?

동사를 보조하는 역할로 동사 앞에서 가능, 바람, 당위를 나타내는 품사이다.

2 조동사의 종류

가능	能 néng ~할 수 있다	能明白 néng míngbai 이해할 수 있다
	会 huì ~할 줄 안다	会说汉语 huì shuō Hànyǔ 중국어를 할 줄 안다
	可以 kěyǐ ~할 수 있다, ~해도 된다	可以进去 kěyǐ jìnqu 들어갈 수 있다
	能够 nénggòu ~할 수 있다	能够坚持 nénggòu jiānchí 꾸준히 할 수 있다
바람	想 xiǎng ~하고 싶다	想成功 xiǎng chénggōng 성공하고 싶다
	要 yào ~하려고 한다	要出国留学 yào chū guó liú xué 유학을 가려고 한다
당위	要 yào ~해야 한다	要保护环境 yào bǎohù huánjìng 환경을 보호해야 한다
	得 děi ~해야 한다	得改变 děi gǎibiàn 고쳐야 한다
	应该 yīnggāi 마땅히 ~해야 한다	应该努力工作 yīnggāi nǔlì gōngzuò 마땅히 열심히 일해야 한다

3 조동사의 역할

문장에서 술어를 수식하는 부사어 역할을 한다.

我　想　去　旅游。　나는 여행을 가고 싶다.
주어　조동사　술어　목적어

4 조동사의 특징

1 조동사는 동사 앞에 온다.

我　想　买　一件　衬衫。　나는 와이셔츠 한 벌을 사고 싶다.
주어　조동사　술어　관형어　목적어

2 조동사가 부사나 전치사구(개사구)와 함께 쓰일 때는 일반적으로 [부사 + 조동사 + 전치사구]의 순서이다.

부사 + 조동사
你们　千万　不+能　抽烟。　당신들은 절대 담배를 피우면 안 된다.
주어　부사어　부사어　술어

조동사 전치사구
你　可以　在这儿　工作。　너 여기에서 일해도 돼.
주어　부사어　부사어　술어

08 필수 어법 이해하기_ 전치사(개사)

1 전치사란?

명사나 대명사 앞에서 시간, 장소, 방향, 위치 등을 이끌어 내는 품사이다. 항상 대명사 또는 명사(구)와 함께 전치사구 형태로 쓰인다.

[전치사 + 대명사]

我　和他一起　去　中国。　　나는 그와 함께 중국에 간다.

주어　부사어　술어　목적어

2 전치사의 종류

시간 장소 방향	从 cóng ~부터, ~에서	从现在开始 cóng xiànzài kāishǐ 지금부터 시작하다
	在 zài ~에서	在图书馆学习 zài túshūguǎn xuéxí 도서관에서 공부하다
	离 lí ~에서, ~로부터	离公司很近 lí gōngsī hěn jìn 회사에서 가깝다
대상 주체	跟 gēn ~와	跟朋友见面 gēn péngyou jiàn miàn 친구와 만나다
	和 hé ~와	和朋友一起去 hé péngyou yìqǐ qù 친구와 같이 가다
	给 gěi ~에게	给你打电话 gěi nǐ dǎ diànhuà 당신에게 전화걸다
	对 duì ~에 대해	对汉语很感兴趣 duì Hànyǔ hěn gǎn xìngqù 중국어에 대해 관심이 있다
	由 yóu ~가, ~로부터	由你决定 yóu nǐ juédìng 네가 정해라
	比 bǐ ~에 비해	比他更高 bǐ tā gèng gāo 그에 비해 훨씬 크다
	把 bǎ ~을(를)	把衣服洗干净了 bǎ yīfu xǐ gānjìng le 옷을 깨끗하게 빨았다
	被 bèi ~에 의해	手机被他弄坏了 shǒujī bèi tā nòng huài le 휴대폰이 그에 의해 망가졌다
목적 원인 방식	为 wèi ~을(를) 위하여	为增加销量 wèi zēngjiā xiāoliàng 판매량을 늘리기 위하여
	为了 wèile ~을(를) 위해서	为了保护环境 wèile bǎohù huánjìng 환경을 보호하기 위해서
	因为 yīnwèi ~때문에	因为公司的要求 yīnwèi gōngsī de yāoqiú 회사의 요구 때문에
	用 yòng ~로써	用文章表达 yòng wénzhāng biǎodá 문장으로써 표현하다
	按照 ànzhào ~에 따라	按照规定 ànzhào guīdìng 규정에 따라

3 전치사의 역할

1 전치사구 형태로 문장에서 술어를 수식하는 부사어 역할을 한다.

我们 从小 认识。 우리는 어려서부터 알았다.

　　　　[전치사구]
주어　부사어　술어

2 문장에서 동사 뒤에 놓여 술어를 보충하는 보어 역할을 한다.

　　　[동사 + 전치사 + 장소]
他 出生 在 北京。 그는 베이징에서 태어났다.
주어　술어　　보어

09 필수 어법 이해하기_ 조사

1 조사란?

우리말의 '～의, ～하게, ～한' 등과 같이 단어와 단어 사이 또는 문장 끝에 쓰여 어법적 역할을 하거나 문장의 어기를 나타내는 품사이다.

2 구조조사

구조조사는 단어와 단어 사이의 관계를 나타낸다.

的 de	'～의, ～한'이라는 의미로 쓰이는 조사 관형어와 함께 주어나 목적어를 수식함	我的帽子 나의 모자 wǒ de màozi 安静的街道 조용한 거리 ānjìng de jiēdào
地 de	'～하게, ～하며'라는 의미를 나타내는 조사 형용사가 술어 앞에 쓰여 부사어 역할을 할 때 사용함	详细地说明 상세하게 설명하다 xiángxì de shuōmíng 认真地学习 성실하게 공부하다 rènzhēn de xuéxí
得 de	정도, 가능을 나타낼 때 사용하는 조사 술어와 보어를 연결함	说得很标准 정확하게 말하다 shuō de hěn biāozhǔn 看得懂 보고 이해할 수 있다 kàn de dǒng

3 동태조사

동태조사는 동사 뒤에서 동작의 완료, 경험, 지속을 나타낸다.

了 le	'～했다'라는 동작의 완료를 나타낼 때 쓰임	懂了 이해했다 dǒng le 睡觉了 잠을 잤다 shuì jiào le
过 guo	'～한 적이 있다'라는 동작의 경험을 나타낼 때 쓰임	去过 가본 적이 있다 qù guo 工作过 일한 적이 있다 gōngzuò guo
着 zhe	'～하고 있다'라는 동작의 지속이나 상태를 나타낼 때 쓰임	站着 서 있다 zhàn zhe 躺着 누워 있다 tǎng zhe

4 어기조사

어기조사는 문장 끝에 쓰여 의문, 청유, 추측, 변화 등을 나타낸다.

吗 ma	'~입니까, ~예요?'라는 의문의 어기를 나타냄	**现在打折吗?** 지금 할인하나요? Xiànzài dǎ zhé ma? **能解决问题吗?** 문제를 해결할 수 있어요? Néng jiějué wèntí ma?
呢 ne	의문사와 함께 쓰여 의문을 강조하거나 동작의 진행을 나타냄	**你为什么哭呢?** 왜 울어요? Nǐ wèishénme kū ne? **正在开会呢。** 지금 회의하고 있다. Zhèngzài kāi huì ne.
吧 ba	'~하자, ~하겠지'라는 청유나 추측의 어기를 나타냄	**咱们一起去吧。** 우리 함께 가요. Zánmen yìqǐ qù ba. **应该不是吧。** 당연히 아니겠지. Yīnggāi búshì ba.
了 le	'~되다, ~해지다'라는 변화의 어기를 나타냄	**不见了。** 사라졌다. Bú jiàn le. **天冷了。** 날씨가 추워졌다. Tiān lěng le.

书写

쓰기

HSK 20일 프로젝트

DAY 15 공략비법 01

DAY 16 공략비법 02 공략비법 03

DAY 17 공략비법 04 공략비법 05

DAY 18 공략비법 06 공략비법 07

DAY 19 공략비법 08

DAY 20

출제 비율

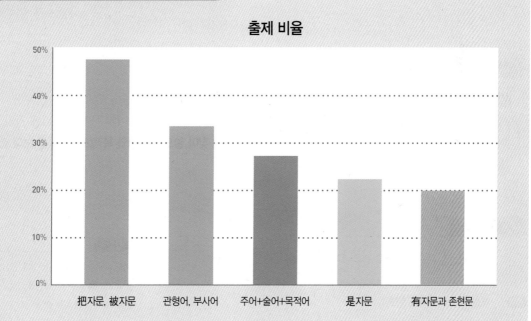

가장 출제 비중이 높은 문제는 把자문, 被자문이므로 把자문, 被자문 기본 어순과 어법적인 특징을 숙지해야 한다. 그 뒤로 관형어와 부사어, [주어 + 술어 + 목적어] 배열이 자주 출제 되며, 是자문과 존현문 어순 배열도 1문제씩 꼭 출제되므로 문제 풀이 전략을 익혀두는 것이 좋다.

9 패턴을 알고 익숙해져라! 그만큼 점수는 향상된다!

공략비법 01 주어, 술어, 목적어 배열하기

출제 형식

4급 시험에서 문장의 기본 구조를 묻는 문제는 반드시 나온다. 중국어 기본 구조인 [주어 + 술어 + 목적어]를 배열하는 문제가 10문제 중 7~8문제가 출제되며, 단순하게 [주어 + 술어 + 목적어]를 배열하는 문제보다는 관형어나 부사어 등이 추가되어 어순에 맞게 배열하는 문제들이 출제된다.

핵심 전략

1 먼저 술어를 찾아라!

제시된 어휘 가운데 명사는 주어와 목적어 자리에 쓰이는 경우가 많아서 주어와 목적어 자리에 각각 어떤 어휘를 배치해야 할지 혼동스럽다. 하지만 **술어를 먼저 찾아 놓으면 주어와 목적어의 자리를 보다 쉽게 파악**할 수 있다.

유형맛보기 1

我们	完成	这项任务	也能

보기 어휘

完成 wánchéng 통 완수하다, 완성하다

项 xiàng 양 항목이나 조항을 세는 단위

任务 rènwu 명 임무 ★

해설

Step 1 술어를 찾는다.

술어
完成

Step 2 부사어(也能)는 술어 앞에 배치한다.

부사어	술어
也能	完成

Step 3 주어는 인칭대명사 我们(우리)이며 목적어 자리에는 남은 어휘인 这项任务 (이 임무)를 술어 뒤에 배치한다. 这项은 [지시대명사 + 양사] 구조의 관형어로 목적어 任务(임무)를 수식한다.

주어	부사어	술어	관형어	목적어
我们	也能	完成	这项	任务

정답 我们也能完成这项任务。

해석 우리도 이 임무를 완수할 수 있습니다.

2 **술어가 형용사라면 문장 제일 마지막에 위치!**

제시된 어휘 가운데 술어가 合适(적합하다), 好看(보기 좋다), 厉害(대단하다), 顺利(순조롭다), 友好(우호적이다) 등의 형용사라면 **문장 맨 마지막에 배치**해야 한다. **일반적으로 형용사는 목적어를 가질 수 없기 때문이다.** 형용사는 대부분 정도부사의 수식을 받으므로 제시된 어휘 가운데 형용사를 수식할 만한 **정도부사가 있는지 찾아보고 형용사 앞에 배치한다.**

유형맛보기 2

教授	很	这位	优秀

보기 어휘

教授 jiàoshòu ⑲ 교수 ★
优秀 yōuxiù ⑱ 우수하다, 뛰어나다 ★

 Step 1 술어를 찾는다. 술어가 优秀(우수하다)처럼 형용사라면 문장 제일 마지막에 배치한다.

술어
优秀

Step 2 주어 자리에 올 수 있는 명사는 教授(교수)뿐이므로 教授를 주어에 배치하고 这位(이 분은)는 [지시대명사 + 양사] 구조의 관형어이므로 주어 앞에 놓는다.

관형어	주어	술어
这位	教授	优秀

Step 3 정도부사 很은 형용사를 수식하므로, 술어 앞에 배치한다.

관형어	주어	부사어	술어
这位	教授	很	优秀

정답 这位教授很优秀。

해석 이 교수님은 매우 우수하다.

중국어 기본 구조
내공 쌓기

① 중국어 대표 술어

1 동사 술어

每天	喝	李明	牛奶	三杯
명사	동사	명사	명사	수사 + 양사
주어	부사어	술어	관형어	목적어
李明	每天	喝	三杯	牛奶。

해석 리밍은 매일 우유를 세 잔 마신다.

어휘 每天 měitiān 명 매일　　牛奶 niúnǎi 명 우유

2 형용사 술어

热闹	北京	特别	的	春节
형용사	명사	부사	구조조사 的	명사
관형어	주어	부사어	술어	
北京的	春节	特别	热闹。	

해석 베이징의 설날은 특히 시끌벅적하다.

어휘 热闹 rènao 형 시끌벅적하다, 번화하다 ★　　特别 tèbié 부 특히, 특별히　　春节 Chūn Jié 명 설날

3 주술 술어

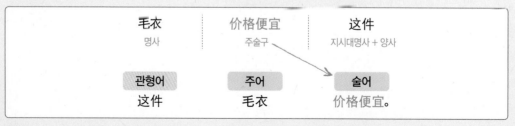

毛衣	价格便宜	这件
명사	주술구	지시대명사 + 양사
관형어	주어	술어
这件	毛衣	价格便宜。

해석 이 스웨터는 가격이 싸다.

어휘 毛衣 máoyī 명 스웨터　　价格 jiàgé 명 가격 ★　　便宜 piányi 형 싸다

1 동사 + 了, 着, 过

동태조사 **了, 着, 过**는 술어 뒤에서 동작의 완료, 지속, 경험을 나타내므로 **了, 着, 过**가 붙은 동사는 술어 자리에 **배치**할 수 있다.

| 완료 | 동사 + 了 | 很多 | 积累 | 了 | 我们 | 经验 |

我们　积累了　很多　经验。　우리는 많은 경험을 쌓았다.
주어　술어　관형어　목적어

어휘 **积累** jīlěi 통 쌓다. 축적되다 ★　　**经验** jīngyàn 명 경험 ★

| 지속 | 동사 + 着 | 他 | 推 | 一辆 | 着 | 自行车 |

他　推着　一辆　自行车。　그가 자전거 한 대를 밀고 있다.
주어　술어　관형어　목적어

어휘 **推** tuī 통 밀다 ★　　**辆** liàng 양 대

| 경험 | 동사 + 过 | 看过 | 中国小说 | 我 | 一次 |

我　看过　一次　中国小说。　나는 중국 소설을 한 번 본 적이 있다.
주어　술어　동량보어　목적어

어휘 **次** cì 양 번

2 동사 / 형용사 + 得

구조조사 **得**는 술어 뒤에서 술어와 정도보어를 연결하므로 **得**가 붙은 동사나 형용사는 바로 술어 자리에 **배치**할 수 있다.

| 동사 + 得 | 计划 | 非常 | 进行得 | 顺利 |

计划　进行得　非常顺利。　계획이 매우 순조롭게 진행되었다.
주어　술어　정도보어

어휘 **计划** jìhuà 명 계획 통 계획하다 ★

3 부사 + 동사 / 형용사

부사는 술어 앞에서 부사어로 쓰인다.

| 부사 + 동사 | 正在 | 他们 | 讨论 | 周末计划 |

他们　正在　讨论　周末计划。　그들은 주말 계획을 토론하고 있다.
주어　부사어　술어　목적어

어휘 **讨论** tǎolùn 통 토론하다 ★

4 조동사 + 동사

조동사는 술어 앞에서 부사어로 쓰인다.

조동사 + 동사	你能	介绍一下	当时的	吗	情况

你　　　能　　　介绍一下　当时的　情况　　吗?　　당신이 그때의 상황을 좀 소개해 주실 수 있나요?
주어　부사어(조동사)　술어 + 동량사　관형어　목적어　어기조사 吗

어휘 　介绍 jièshào 동 소개하다　　　情况 qíngkuàng 명 상황, 정황 ⭐

---

3 주어, 목적어 자리에 배치할 수 있는 것

1 (대)명사 / 술목구 / 주술구 + 的

[(대)명사 / 술목구 / 주술구 + 的] 형태는 주어나 목적어 역할을 하는 명사 앞에서 관형어 역할을 하므로 的
가 붙은 명사(구)는 주어나 목적어 자리에 배치할 수 있다.

ㅣ주어 자리ㅣ 명사 + 的 + 명사	都	周围的人	他们	羡慕

周围的人　都　羡慕　他们。　주위 사람 모두가 그들을 부러워한다.
관형어 + 주어　부사어　술어　목적어

어휘 　周围 zhōuwéi 명 주위, 주변 ⭐　　羡慕 xiànmù 동 부러워하다 ⭐

ㅣ목적어 자리ㅣ 명사 + 的 + 명사	听听	学生的	我想	意见

我　想　听听　学生的　意见。　나는 학생의 의견을 한번 듣고 싶습니다.
주어　부사어　술어　관형어　목적어

어휘 　意见 yìjiàn 명 의견, 견해 ⭐

ㅣ목적어 자리ㅣ 술목구 + 的 + 명사	说明了	参加比赛的	他	方法

他　说明了　参加比赛的　方法。　그가 경기에 참가하는 방법을 설명했다.
주어　술어　관형어(술목구)　목적어

어휘 　说明 shuōmíng 동 설명하다 ⭐　　参加 cānjiā 동 참가하다　　比赛 bǐsài 명 경기, 시합　　方法 fāngfǎ 명 방법 ⭐

ㅣ목적어 자리ㅣ 주술구 + 的 + 명사	尝尝	饺子	我做的	你们

你们　尝尝　我做的　饺子。　여러분 제가 만든 만두를 맛보세요.
주어　술어　관형어(주술구)　목적어

어휘 　尝 cháng 동 맛보다 ⭐　　饺子 jiǎozi 명 만두 ⭐

2 대명사 / 수사 + 양사

[대명사/수사 + 양사] 형태도 주어나 목적어 역할을 하는 명사 앞에서 관형어 역할을 하므로 양사가 붙은 명사(구)는 주어나 목적어 자리에 배치할 수 있다.

| |주어 자리| 대명사 + 양사 + 명사 | 写得 | 这篇文章 | 好 | 比较 |

这篇文章 写得 比较好。　이 글은 비교적 잘 썼다.
관형어 + 주어　술어　정도보어

| |목적어 자리| 수사 + 양사 + 명사 | 成为 | 一名 | 博士了 | 他 | 已经 |

他 已经 成为 一名 博士了。　그는 이미 (한 명의) 박사가 되었다.
주어　부사어　술어　관형어　목적어

어휘 ▶ 成为 chéngwéi 동 ~이 되다 ☆　博士 bóshì 명 박사 ☆

第1-5题 **完成句子。**

제시된 어휘로 어순에 맞게 문장을 완성하세요.

1 改变了　　　我们的　　　科技　　　生活方式

_____

2 教授的　　　表扬　　　受到了　　　他的文章

_____

3 要　　　我　　　开　　　餐厅　　　一家

_____

4 礼貌　　　那个　　　很有　　　演员

_____

5 公司　　　的　　　面试　　　他　　　通过了

_____

정답 및 해설 ≫ 해설서 p. 91

DAY 16

9 패턴을 알고 익숙해져라! 그만큼 점수는 향상된다!

공략비법 02 관형어, 부사어 배열하기

출제 형식

구조조사 的를 이용한 관형어와 부사를 이용한 부사어 배열 문제도 4급 시험에서 빠지지 않고 출제된다. 매회마다 관형어 배열 문제는 1~2문제가 출제되며, 부사어 배열 문제도 1문제씩은 반드시 출제된다.

핵심 전략

1 ★ **제시된 어휘에 인칭대명사가 두 개 이상 나왔다면 的가 붙어있는 인칭대명사를 주목하라!**

구조조사 的를 이용한 관형어는 자리 배치가 관건이다. 주어나 목적어를 수식하는 성분으로 주어, 목적어 자리 배치가 모두 가능하기 때문에 **구조조사 的와 같이 쓸 수 있는 어휘를 먼저 찾아**내는 것이 중요하다.

✏️ 유형맛보기 1

我们	同意	完全	意见	他的

보기 어휘

同意 tóngyì 통 동의하다

完全 wánquán 부 완전히, 전부 ★

意见 yìjiàn 명 의견

해설

Step 1 술어를 찾는다.

술어
同意

Step 2 인칭대명사 我们(우리)과 명사 意见(의견)은 주어나 목적어 자리에 올 수 있는데, 문맥상 술어 同意(동의하다)의 목적어로 가장 적합한 것은 意见이다. 따라서 意见을 목적어 자리에 我们은 주어 자리에 배치한다. 구조조사 的가 붙어있는 관형어 他的(그의)는 목적어 意见을 수식하는 것이 가장 자연스러우므로 목적어 앞에 놓는다.

주어	술어	관형어	목적어
我们	同意	他的	意见

Step 3 남은 어휘 完全(완전히)은 부사로 술어 앞 부사어 자리에 배치한다.

주어	부사어	술어	관형어	목적어
我们	完全	同意	他的	意见

정답 我们完全同意他的意见。

해석 우리는 그의 의견에 완전히 동의합니다.

书写

쓰기

2 구조조사 的가 보이면 빠르게 명사를 찾는다.

제시된 어휘에 구조조사 的가 단독으로 나오면 的와 어울리는 명사를 찾아 관형어 형태로 배치해야 한다.

유형맛보기 2

| 的 | 这道题 | 答案 | 错了 | 肯定 |

보기 어휘

答案 dá'àn 명 답, 답안 ★

错 cuò 동 틀리다

肯定 kěndìng 부 틀림없이, 확실히 ★

해설

Step 1 술어를 찾는다. 동태조사 了가 붙어있는 错了(틀렸다)를 술어 자리에 배치한다.

| 술어 |
| 错了 |

Step 2 제시된 어휘 가운데 [지시대명사 + 양사 + 명사]의 형태로 쓰인 这道题(이 문제)가 수식하는 것은 명사 答案(답)이므로 答案 앞에 구조조사 的를 써서 두 단어를 연결해 这道题的答案(이 문제의 답은)으로 만들어 각각의 자리에 배치한다.

관형어	주어	술어
这道题的	答案	错了

Step 3 남은 어휘 肯定(틀림없이)은 부사로 쓰였으므로 술어 앞 부사어 자리에 배치한다.

관형어	주어	부사어	술어
这道题的	答案	肯定	错了

정답 这道题的答案肯定错了。

해석 이 문제의 답은 틀림없이 틀렸다.

3 ★부조전 [부사 + 조동사 + 전치사구]를 기억해라! 부사어는 무조건 주어 뒤, 술어 ★앞이다!

부사어의 순서는 비교적 고정적이다. 부사어는 술어를 수식하는 성분이므로 **주어 뒤, 술어 앞에 위치**한다. 일반적으로 부사어는 [부사 + 조동사 + 전치사구]의 순서로 배치하므로 이 순서만 제대로 익혀둔다면 부사어 배열은 아주 쉽다.

> ── 수진 쌤의 꿀 Tip!
> 전치사구는 [전치사 + 명사/대명사]의 형태를 말한다. 전치사는 단독으로는 쓸 수 없으며, 위와 같이 명사나 대명사와 함께 쓰여 구를 이루어 술어를 수식하는 역할을 한다.

✎ **유형맛보기 3**

医生	看病	给病人	正在

보기 어휘

医生 yīshēng 몡 의사
看病 kàn bìng 동 진찰하다, 진료하다
病人 bìngrén 몡 환자
正在 zhèngzài 부 ~하고 있다

해설 **Step 1** 술어를 찾는다. 동사 看病(진찰하다)을 술어 자리에 배치한다.

술어
看病

Step 2 술어 看病(진찰하다)의 의미와 어울리는 주어는 医生(의사)이므로 주어 자리에 배치한다.

주어	술어
医生	看病

Step 3 부사 正在(~하고 있다)와 전치사구 给病人(환자에게) 모두 부사어에 속하므로 부조전의 순서에 따라 正在给病人으로 만들어 술어 앞 부사어 자리에 배치한다.

주어	부사어		술어
医生	正在	给病人	看病

정답 医生正在给病人看病。

해석 의사는 환자를 진찰하고 있다.

관형어, 부사어
내공 쌓기

① 관형어란?

우리말의 '~한, ~의, ~하는'의 의미에 해당하는 문장성분으로 대개 주어나 목적어를 수식한다.

1 관형어의 역할은?

❶ 주어 앞에서 **주어를 수식한다.**

书的　内容　很　精彩。　책의 내용은 아주 다채롭다.
관형어　주어　부사어　술어

❷ 목적어 앞에서 **목적어를 수식한다.**

我　刚　看了　一部　爱情电影。　나는 방금 멜로 영화 한 편을 봤다.
주어　부사어　술어　관형어　목적어

2 관형어 자리에 올 수 있는 것

구조조사 的는 주어나 목적어 앞에 쓰여 주어와 목적어를 수식하므로 的가 붙은 어휘는 관형어 자리에 온다.

❶ 명사 + 的 / 대명사 + 的

座位	旁边的	有	人了	已经
명사	명사 + 구조조사	동사	명사 + 어기조사 了	부사
관형어	주어	부사어	술이	목적어 了
旁边的	座位	已经	有	人了。

해석 옆 자리는 이미 사람이 있다.

어휘 座位 zuòwèi 명 자리, 좌석 ⭐

> **[해석]** 그곳의 상황은 모든 게 정상이다.

> **[어휘]** 情况 qíngkuàng 명 상황, 정황 ⭐ 正常 zhèngcháng 형 정상적이다, 정상적인 ⭐ 一切 yíqiè 대 모든, 전체 ⭐

❷ 형용사 + 的 / 동사 + 的

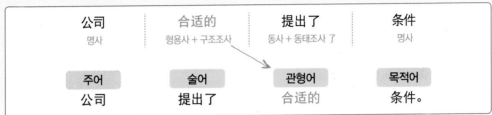

> **[해석]** 회사는 적합한 조건을 제의했다.

> **[어휘]** 合适 héshì 형 적합하다, 알맞다 ⭐ 提出 tíchū 동 제의하다, 제출하다 ⭐ 条件 tiáojiàn 명 조건 ⭐

❸ 주술구 + 的

> **[해석]** 엄마가 만든 국은 아주 맛있다.

> **[어휘]** 汤 tāng 명 국, 탕 ⭐ 好喝 hǎohē 형 (음료수 등이) 맛있다

❹ 술목구 + 的

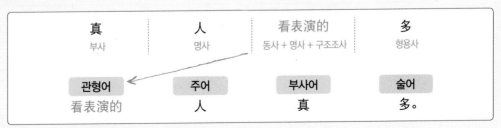

> **[해석]** 공연을 보는 사람들이 정말 많다.

> **[어휘]** 表演 biǎoyǎn 명 공연 ⭐

❺ 대명사 / 수사 + 양사 + 형용사 + 的

[대명사 / 수사 + 양사] 형태와 [형용사 + 的] 등 2개 이상의 관형어가 동시에 제시되어 있는 경우에는
[대명사 / 수사 + 양사 + 형용사 + 的] 순으로 배치한다.

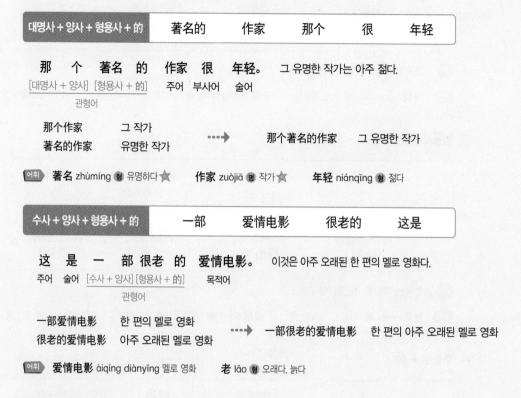

대명사 + 양사 + 형용사 + 的	著名的	作家	那个	很	年轻

那 个 著名 的 作家 很 年轻。 그 유명한 작가는 아주 젊다.
[대명사 + 양사] [형용사 + 的] 주어 부사어 술어
　　　　관형어

那个作家　　그 작가
著名的作家　유명한 작가　　➡　那个著名的作家　그 유명한 작가

어휘 著名 zhùmíng 형 유명하다 ☆　　作家 zuòjiā 명 작가 ☆　　年轻 niánqīng 형 젊다

수사 + 양사 + 형용사 + 的	一部	爱情电影	很老的	这是

这 是 一 部 很老 的 爱情电影。 이것은 아주 오래된 한 편의 멜로 영화다.
주어 술어 [수사 + 양사] [형용사 + 的] 목적어
　　　　　　관형어

一部爱情电影　　한 편의 멜로 영화
很老的爱情电影　아주 오래된 멜로 영화　　➡　一部很老的爱情电影　한 편의 아주 오래된 멜로 영화

어휘 爱情电影 àiqíng diànyǐng 멜로 영화　　老 lǎo 형 오래다, 늙다

❻ 대명사 + 수사 / 양사

양사는 대명사나 수사와 함께 쓰여 주어 또는 목적어를 수식하기 때문에 **양사가 붙은 어휘는 관형어 자리에 온다.**

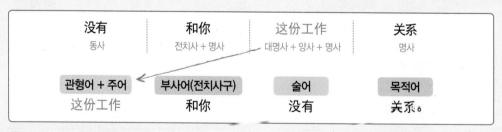

해석 이 일은 당신과 관계가 없습니다.

어휘 关系 guānxi 명 관계

② 부사어란?

동사 술어나 형용사 술어를 수식하는 성분으로서 대개 부사, 조동사, 전치사구가 부사어가 될 수 있다.

1 부사어의 역할

술어 앞에서 술어를 수식하는 역할을 한다.

老李 经常 **迟到。**　　라오리는 자주 지각한다.

주어　부사어　술어

2 부사어 자리에 올 수 있는 것

> 부조전 : 부사, 조동사, 전치사구(개사)

❶ 부사

> [해석] 나는 어쩔 수 없이 이곳을 떠난다.

> [어휘] **离开** lí kāi 〈동〉 떠나다　　**不得不** bùdébù 〈부〉 어쩔 수 없이, 부득이 ☆　　**地方** dìfang 〈명〉 곳, 장소

❷ 조동사

> [해석] 운동을 하면 체중을 줄일 수 있다.

> [어휘] **减轻** jiǎnqīng 〈동〉 (수량·중량이) 줄다, 감소하다　　**体重** tǐzhòng 〈명〉 체중, 몸무게

❸ 전치사구(개사구)

> [해석] 등산은 건강에 좋다.

> [어휘] **爬山** pá shān 〈동〉 등산하다　　**好处** hǎochù 〈명〉 좋은 점, 이로운 점 ☆

3 2개 이상의 부사어가 제시될 경우

❶ 부사어가 2개 이상일 경우, [부사 + 조동사 + 전치사구(개사구)] 순으로 배치한다.

부사 + 조동사	能	第一名了	一定	这次	拿

这次 一定 能 拿 第一名了。　　이번에는 반드시 일등할 수 있습니다.
주어　부사　조동사　술어　목적어
　　　　　부사어

어휘 **一定** yídìng 부 반드시, 꼭, 틀림없이　　**拿** ná 동 가지다　　**第一名** dì yī míng 명 일등

조동사 + 전치사구	从身边小事	应该	环保	做起

环保 应该 从身边小事 做起。　　환경보호는 주변의 작은 일부터 시작해야 한다.
주어　조동사　전치사구　술어

어휘 **身边** shēnbiān 명 몸, 곁　　**小事** xiǎoshì 명 작은 일, 사소한 일　　**应该** yīnggāi 조동 마땅히 ~해야 한다
环保 huánbǎo 环境保护(환경보호)의 줄임말

부사 + 전치사구	从上海大学	他	毕业了	已经

他 已经 从上海大学 毕业了。　　그는 이미 상하이 대학을 졸업했다.
주어　부사　전치사구　술어

어휘 **毕业** bì yè 동 졸업하다 ★

꼭 알아두어야 할 [부사 + 조동사] 표현

一定 + 要(能) 반드시 ~해야 한다 yídìng yào(néng)	**演出开始后一定要安静。** Yǎnchū kāishǐ hòu yídìng yào ānjìng. 공연이 시작된 후에는 반드시 조용히 해야 한다.
一定 + 会 꼭 ~할 것이다 yídìng huì	**我一定会安排好的。**　　제가 꼭 배치를 잘 해놓을게요. Wǒ yídìng huì ānpái hǎo de.
恐怕 + 要(会) 아마도 ~일 것이다 kǒngpà yào(huì)	**我恐怕要晚一点儿才能到。**　　아마도 조금 늦게 도착할 거예요. Wǒ kǒngpà yào wǎn yìdiǎnr cái néng dào.
终于 + 可以 드디어(마침내) zhōngyú kěyǐ ~할 수 있다	**他终于可以解决了这个问题。** Tā zhōngyú kěyǐ jiějué le zhè ge wèntí 그는 마침내 이 문제를 해결할 수 있었다.
也许 + 会 어쩌면 ~일 것이다 yěxǔ huì	**她明天也许会来这儿。**　　그녀는 내일 어쩌면 이곳에 올 거예요. Tā míngtiān yěxǔ huì lái zhèr.
还 + 可能会 여전히 ~일 것이다 hái kěnéng huì	**他还可能会让人觉得讨厌。** Tā hái kěnéng huì ràng rén juéde tǎoyàn. 그는 여전히 사람들에게 미움을 살 것 같아요.

至少 + 要 적어도 ~해야 한다 zhìshǎo yào	邀请别人吃饭，至少要提前一天联系。 Yāoqǐng biérén chī fàn, zhìshǎo yào tíqián yì tiān liánxì. 다른 사람을 식사에 초대를 하려면, 적어도 하루 전에는 연락해야 한다.
必须 + 要 반드시 ~해야 한다 bìxū yào	你必须要对自己的健康负责。 Nǐ bìxū yào duì zìjǐ de jiànkāng fùzé. 당신은 반드시 자신의 건강을 책임져야 한다.

★
❷ 부사가 2개 이상 제시되는 문제도 출제되므로 **자주 연결하여 사용하는 부사들을** 미리 익혀두자.

부사 + 부사	并	生活	这里的	容易	不

这里的生活 并 不 容易。　이곳의 생활이 결코 쉽지 않다.
관형어 + 주어　부사어1　부사어2　술어

어휘 **生活** shēnghuó 명 생활 ★　　**容易** róngyì 형 쉽다　　**并不** bìngbù 부 결코 ~않다

꼭 알아두어야 할 짝꿍 부사 표현

最好先 제일 좋은 것은 먼저 zuìhǎo xiān ~하는 것이다	你最好先听听他们的意见。 Nǐ zuìhǎo xiān tīngting tāmen de yìjiàn. 제일 좋은 것은 먼저 그들의 의견을 들어보는 것이다.
必须按时 반드시 제시간에 bìxū ànshí	你必须按时完成任务。　당신은 반드시 제시간에 임무를 완수해야 한다. Nǐ bìxū ànshí wánchéng rènwu.
往往也(都) 종종, 늘 또한 wǎngwǎng yě (dōu)	节日往往都变成了购物节。　연휴는 종종 쇼핑데이로 바뀌곤 했다. Jiérì wǎngwǎng dōu biànchéng le gòuwù jié.
并不 결코 ~않다 bìngbù	做导游并不像人们想的那样轻松。 Zuò dǎoyóu bìngbù xiàng rénmen xiǎng de nàyàng qīngsōng. 가이드를 하는 것은 결코 사람들이 생각하는 만큼 그렇게 수월하지 않다.
千万不要(别) 절대 ~하지 마라 qiānwàn búyào(bié)	你千万不要忘了带护照。 Nǐ qiānwàn búyào wàng le dài hùzhào. 당신은 여권 가지고 오는 것을 절대 잊지마라. 你千万别怀疑自己的能力。 Nǐ qiānwàn bié huáiyí zìjǐ de nénglì. 당신 자신의 능력을 절대 의심하지 마라.
从来不 여태껏 ~하지 않다 cónglái bù	我从来不在网上买鞋。　나는 여태껏 인터넷에서 신발을 사지 않았다. Wǒ cónglái bú zài wǎngshàng mǎi xié.
平时都 평소에 (모두) píngshí dōu	你平时都用现金付款吗？　당신은 평소에 현금으로 계산하나요? Nǐ píngshí dōu yòng xiànjīn fù kuǎn ma?

书写
쓰기

稍微有点儿 다소 조금, 조금 약간 shāowēi yǒudiǎnr	车站稍微有点儿远。 정류장은 다소 좀 멀다. Chēzhàn shāowēi yǒudiǎnr yuǎn.
一般都 일반적으로 (모두) yìbān dōu	我一般都会在家里喝喝茶、看看电影。 Wǒ yìbān dōu huì zài jiā li hēhe chá、kànkan diànyǐng. 나는 일반적으로 집에서 차를 마시거나 영화를 본다.
一般比较 일반적으로 비교적 yìbān bǐjiào	喜欢做菜的人一般比较有耐心。 Xǐhuan zuò cài de rén yìbān bǐjiào yǒu nàixīn. 요리를 좋아하는 사람은 일반적으로 비교적 인내심이 있다.

별 다섯개! ★ ★ ★ ★ ☆

❸ 부조전 [부사 + 조동사 + 전치사구]를 벗어난 예외의 경우도 있으므로 시험 전에 미리 익혀두자.

전치사 + 부사어 구조

对 + 명사 + 很(不) duì hěn(bù) ~에 대해 ~하다(~하지 않다)	我对中国文化很感兴趣。 나는 중국 문화에 관심이 있다. Wǒ duì Zhōngguó wénhuà hěn gǎn xìngqù. 我对中国文化不感兴趣。 나는 중국 문화에 관심이 없다. Wǒ duì Zhōngguó wénhuà bù gǎn xìngqù.
对 + 명사 + 一点儿也(都) duì yìdiǎnr yě(dōu) ~에 대해 조금도	我对历史一点儿也不感兴趣。 Wǒ duì lìshǐ yìdiǎnr yě bù gǎn xìngqù. 나는 역사에 대해 조금도 관심이 없다.
和(跟) + 명사 + 共同 hé(gēn) gòngtóng ~와 공동으로(더불어)	我们和公司共同发展。 우리는 회사와 공동으로 발전해야 한다. Wǒmen hé gōngsī gòngtóng fāzhǎn.
和(跟) + 명사 + 一起 hé(gēn) yìqǐ ~와 함께, 같이	我和朋友一起去旅游。 나는 친구와 함께 여행을 간다. Wǒ hé péngyou yìqǐ qù lǚ yóu.

조동사 + 부사어 구조

应该互相 마땅히 서로 ~해야 한다 yīnggāi hùxiāng	我们应该互相支持。 우리는 서로 지지 해야 한다. Wǒmen yīnggāi hùxiāng zhīchí.
应该及时 마땅히 즉시(곧바로) ~해야 한다 yīnggāi jíshí	你应该及时报告。 너는 즉시 보고 해야 한다. Nǐ yīnggāi jíshí bàogào.
会准时 제때에(정시에) ~할 것이다 huì zhǔnshí	我会准时参加面试的。 저는 제때에 면접에 참가할 것입니다. Wǒ huì zhǔnshí cānjiā miànshì de.
想再 더 ~해보고 싶다 xiǎng zài	我想再逛逛。 저는 (다른 곳도) 더 돌아다녀 보고 싶어요. Wǒ xiǎng zài guàngguang.

第1-5题 完成句子。

제시된 어휘로 어순에 맞게 문장을 완성하세요.

① 不到　　5公里　　从　　我们学校　　到家的距离

_____

② 一点儿也　　健康　　喝酒　　对　　好处　　没有

_____

③ 由我　　这次会议　　和经理　　共同　　安排

_____

④ 材料　　所有　　都　　好了　　整理

_____

⑤ 先　　建议　　你最好　　听听医生的

_____

9 패턴을 알고 익숙해져라! 그만큼 점수는 향상된다!

공략비법 03 보어 배열하기 별다섯개! ★★★★★

출제 형식

보어는 [술어 + 得] 또는 술어 뒤에서 술어의 의미를 보충하는 문장 성분을 말한다. 보어에는 정도보어, 방향보어, 수량보어(동량보어, 시량보어), 결과보어 등이 있는데, 이들 중에서 4급 시험에 가장 많이 출제되는 보어는 단연 정도보어이다. 정도보어는 매회 1~2문제씩은 반드시 출제가 되므로 알아두어야 한다. 4급 시험에서 결과보어 문제는 출제 비중이 높진 않으나 기본 구조를 묻는 문제는 간혹 출제되기도 한다.

핵심 전략

1 ★ 제시된 어휘에 得가 보이면? 정도보어 구조부터 떠올려라!

정도보어는 **[술어 + 得 + 정도보어(정도부사 + 형용사)]의 형태**로 쓰인다. 최근 시험에서는 술어와 得가 같이 붙어서 나오기 때문에 뒤에 정도보어 어순만 떠올리면 쉽게 풀 수 있는 문제가 출제되고 있다.

✏️ 유형맛보기 1

| 越来越 | 厉害 | 得 | 咳嗽 | 妈妈 |

보기 어휘

越来越 yuèláiyuè 부 점점 더, 갈수록
厉害 lìhai 형 심하다, 심각하다 ★
咳嗽 késou 동 기침하다 ★

해설

Step 1 술어를 찾는다. 동사 咳嗽(기침하다)를 술어 자리에 배치하고, 제시된 어휘에 得가 있으므로 [술어+得] 형태로 배치한다.

술어	구조조사
咳嗽	得

Step 2 제시된 어휘 가운데 주어 자리에 올 수 있는 것은 명사 妈妈(어머니)뿐이므로 妈妈를 주어 자리에 놓는다.

주어	술어
妈妈	咳嗽得

Step 3 남은 어휘는 [정도부사 + 형용사]의 순으로 배열해야 하므로 정도부사 越来越(갈수록)와 형용사 厉害(심하다)를 구조조사 得 뒤에 순서대로 놓는다.

주어	술어	정도부사	형용사
妈妈	咳嗽得	越来越	厉害

정답 妈妈咳嗽得越来越厉害。

해석 어머니는 갈수록 기침을 심하게 하신다.

2 ★보어 문제는 기본 어순만 익혀도 충분히 풀 수 있다.

보어 어순 배열 문제는 정도보어를 제외하고 나머지의 출제 비중이 높지 않다. 문제의 난이도 또한 기본 형식을 이해하면 풀 수 있는 수준이므로 각각의 기본 형식과 특징만 이해한다면 충분히 해결할 수 있다.

 유형맛보기 2

| 我的日程 | 都 | 安排 | 了 | 好 |

보기 어휘

日程 rìchéng 몡 스케줄, 일정

安排 ānpái 동 안배하다, 계획하다 ★

해설 **Step 1** 술어를 찾는다. 동사 安排(안배하다, 계획하다)를 술어 자리에 놓는다.

| 술어 |
| 安排 |

Step 2 주어 자리에는 我的日程(나의 스케줄)을 배치하고, 都(이미, 벌써)는 부사이므로 술어 앞 부사어 자리에 놓는다.

| 주어 | 부사어 | 술어 |
| 我的日程 | 都 | 安排 |

Step 3 好는 술어 安排(안배하다, 계획하다)의 결과이므로 결과보어의 어순인 [주어 + 술어 + 결과보어]에 따라 배치하면 된다.

| 주어 | 부사어 | 술어 | 결과보어 |
| 我的日程 | 都 | 安排 | 好 了 |

정답 我的日程都安排好了。

해석 내 스케줄은 이미 다 짰다.

─ 수진 쌤의 꿀 Tip!

결과보어는 술어 뒤에 쓰여 동작의 결과가 어떠한지 나타내는 역할을 한다. 위의 문제에 제시된 결과보어 好는 결과보어에 자주 쓰이는 형용사로 동작이 완성되거나 만족할만한 수준에 이르렀음을 나타낸다.

书写

쓰기

보어
내공 쌓기

1 보어란?

술어 뒤에서 술어의 정도, 결과, 방향, 수량 등을 나타내는 문장성분으로 4급 시험에 자주 출제되는 보어로는 **정도보어, 결과보어, 방향보어, 수량보어(동량보어/시량보어)**가 있다.

2 정도보어

1 정도보어의 역할은?

정도보어는 술어 뒤에서 **동작이나 상태의 정도가 어떠한지를 나타낼 때 사용**한다.

❶ [술어 + **得**] 또는 술어 바로 뒤에 쓰여 동작이나 상태의 정도를 나타낸다.

环境　保护得　　很好。　　환경 보호가 잘 되어있다.
주어　　술어 + 得　　정도보어

❷ 기본 형식은 [술어 + **得** + 정도부사 + 형용사]이다.

很	业务	进行得	顺利
정도부사	명사	동사 + 得	형용사

주어	술어 + 得	정도보어
业务	进行得	很顺利。

[해석] 업무는 아주 순조롭게 진행됐다.

[어휘] **业务** yèwù 명 업무　　**顺利** shùnlì 형 순조롭다 ★

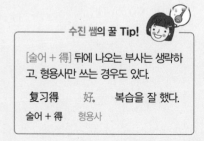

수진 쌤의 꿀 Tip!

[술어 + 得] 뒤에 나오는 부사는 생략하고, 형용사만 쓰는 경우도 있다.

复习得　　好。　　복습을 잘 했다.
술어 + 得　　형용사

进行得很顺利 순조롭게 진행하다 jìnxíng de hěn shùnlì	讨论进行得很顺利。 Tǎolùn jìnxíng de hěn shùnlì. 토론은 순조롭게 진행되었다.
说得不太标准 말하는 게 그다지 정확하지 않다 shuō de bú tài biāozhǔn	普通话说得不太标准。 Pǔtōnghuà shuō de bú tài biāozhǔn. 표준어가 그다지 정확하지 않다.
刮得确实很大 (바람이) 정말로 심하게 불다 guā de quèshí hěn dà	昨晚的风刮得确实很大。 Zuówǎn de fēng guā de quèshí hěn dà. 어제 저녁에 바람이 정말로 심하게 불었다.
咳嗽得越来越厉害 기침을 심하게 한다 késou de yuèláiyuè lìhai	弟弟咳嗽得越来越厉害。 Dìdi késou de yuèláiyuè lìhai. 남동생이 기침을 점점 더 심하게 한다.
做得真好吃 정말 맛있게 만들다 zuò de zhēn hǎochī	这次蛋糕做得真好吃。 Zhè cì dàngāo zuò de zhēn hǎochī. 이번 케이크는 정말 맛있게 만들었다.
说得很流利 유창하게 말하다 shuō de hěn liúlì	他的汉语说得很流利。 Tā de Hànyǔ shuō de hěn liúlì. 그는 중국어를 유창하게 말한다.
长得很像 생긴 게 매우 닮았다 zhǎng de hěn xiàng	你和你姐长得很像。 Nǐ hé nǐ jiě zhǎng de hěn xiàng. 당신과 당신 누나는 생긴 게 매우 닮았어요.
变得越来越普遍 점점 더 보편화되다 biàn de yuèláiyuè pǔbiàn	网上购物变得越来越普遍。 Wǎngshàng gòuwù biàn de yuèláiyuè pǔbiàn. 인터넷 쇼핑은 점점 더 보편화되고 있다.
打得真棒 정말 잘 치다 dǎ de zhēn bàng	他羽毛球打得真棒。 Tā yǔmáoqiú dǎ de zhēn bàng. 그는 배드민턴을 정말 잘 친다.
表演得非常精彩 연기를 아주 잘한다 biǎoyǎn de fēicháng jīngcǎi	这些演员表演得非常精彩。 Zhè xiē yǎnyuán biǎoyǎn de fēicháng jīngcǎi. 이 배우들은 연기를 아주 잘한다.
变得这么黑 이렇게 검게 변했다 biàn de zhème hēi	你的皮肤怎么变得这么黑? Nǐ de pífū zěnme biàn de zhème hēi? 당신 피부가 어쩜 이렇게 검게 변했어요?

书写

쓰기

2 정도보어의 구조

❶ 구조조사 得가 쓰이는 정도보어

| 긍정 형식 |

(술어)	+	목적어	+	술어	+	得	+	(부사)	+	형용사

(说) 汉语　　说得　　**很好。** 　중국어를 아주 잘 한다.
술어 + 목적어　[술어 + 得]　[부사 + 형용사]

他　　(写)字　　写得　　**很清楚。** 　그는 글씨를 아주 분명하게 썼다.
주어　술어 + 목적어　[술어 + 得]　[부사 + 형용사]

> **수진 쌤의 꿀 Tip!**
> 구조조사 得가 쓰인 정도보어 문장에서 [술어 + 목적어] 형태가 나오면 첫 번째 술어는 생략 가능하다.
> 说汉语说得很好。　(○)
> 汉语说得很好。　(○)

| 부정 형식 |

(술어)	+	목적어	+	술어	+	得	+	不	+	형용사

(说)汉语　　说得　　**不好。** 　중국어를 못한다.
동사 + 목적어　[술어 + 得]　[不 + 형용사]

他　　(写)字　　写得　　**不清楚。** 　그는 글자를 잘 못쓴다.
주어　술어 + 목적어　[술어 + 得]　[不 + 형용사]

❷ 구조조사 得가 쓰이지 않는 정도보어

술어 (형용사/동사)	+	极了 / 透了 / 死了 / 坏了

极了 jí le 정말 ~하다	**可爱**极了 kě'ài jí le. 정말 귀엽다. **高兴**极了 gāoxìng jí le. 정말 기쁘다.
透了 tòu le 심하게 ~하다	**烦**透了 fán tòu le. 심하게 귀찮다. **糟**透了 zāo tòu le. 완전히 엉망이 되다.
死了 sǐ le 죽을 정도로 ~하다, ~해 죽겠다	**急**死了 jí sǐ le. 죽을 정도로 급하다. (= 급해 죽겠다) **饿**死了 è sǐ le. 죽을 정도로 배고프다. (= 배고파 죽겠다)
坏了 huài le 몹시 ~하나	**累**坏了 lèi huài le. 몹시 피곤하다. **气**坏了 qi huài le. 몹시 화나다.

3 정도보어의 기능

❶ 행위의 정도를 나타낸다.

他说得很清楚。　그는 아주 분명하게 말한다.

❷ 시간의 정도를 나타낸다.

你来得很早。　아주 일찍 왔구나.

❸ 계량의 정도를 나타낸다.

他喝酒喝得很多。　그는 술을 아주 많이 마셨다.

❹ 본질적/습관적 행위의 정도를 나타낸다.

他脑子转得很快。　그는 두뇌 회전이 아주 빠르다.

> **어휘** 脑子 nǎozi 명 머리, 두뇌　　转 zhuàn 동 돌다, 회전하다 ★

❺ 상태 자체를 묘사한다.

今天天气冷得很。　오늘 날씨가 아주 춥다.

4 정도보어의 형태

❶ 형용사(구)는 정도보어로 쓰인다.

你　说得　对。　당신이 말이 맞아요.
주어　술어得　형용사

他　汉语　说得　非常流利。　그는 중국어를 유창하게 말한다.
주어　목적어　술어得　부사 + 형용사

❷ 동사(구)는 정도보어로 쓰인다.

她　疼得　哭了。　그녀는 아파서 울었다.
주어　술어得　[동사 + 了]
　　　　　　정도보어

她　高兴得　跳了起来。　그녀는 기뻐서 껑충 뛰었다.
주어　술어得　[동사 + 了 + 방향보어]
　　　　　　정도보어

❸ 술목구는 정도보어로 쓰인다.

| 她 | 感动得 | 流下了眼泪。 | 그녀는 감동해서 눈물을 흘렸다. |

주어　　술어得　[동사 + 了 + 목적어]
　　　　　　　　　　정도보어

❹ 주술구는 정도보어로 쓰인다.

| 她 | 哭得 | 眼都红了。 | 그녀는 울어서 눈이 빨갛다. |

주어　　술어得　[주어 + 부사어 + 동사 + 了]
　　　　　　　　　　정도보어

③ 방향보어

1 방향보어의 역할은?

★방향보어는 술어 뒤에서 동작의 방향을 나타내는 문장성분이다.

| 他 | 从图书馆 | 借 | 来 | 一本 | 小说。 | 그는 도서관에서 소설책 한 권을 빌려 왔다. |

주어　　부사어　술어　방향보어　관형어　목적어

2 방향보어의 종류

❶ 단순 방향보어

> 동사　+　来 / 去

❷ 복합 방향보어

> 동사　+　上 / 下 / 出 / 回 / 过 / 起 / 开　+　来 / 去

3 방향보어와 목적어의 위치

❶ ★장소 목적어는 반드시 来 / 去 앞에 위치해야 한다.

> 동사　+　장소 목적어　+　来 / 去

| 他 | 回 | 家 | 去了。 | 그는 집에 돌아갔다. |

주어　동사　장소 목적어　술어(방향보어) + 了

| 他 | 进 | 教室 | 来了。 | 그는 교실로 들어왔다. |

주어　동사　장소 목적어　술어(방향보어) + 了

❷ **일반 목적어는 '来 / 去' 앞 뒤에 모두 올 수 있다.**

| 동사 | + | 일반 목적어 | + | 来 / 去 | 혹은 | 동사 | + | 来 / 去 | + | 일반 목적어 |

他　帯了　一本　小说　　来了。　　(○)　그는 소설책 한 권을 가져왔다.
주어　술어+了　관형어　　일반 목적어　방향보어 + 了

他　　帯来了　一本　小说。　　(○)　그는 소설책 한 권을 가져왔다.
주어　술어 + 방향보어 +了　관형어　일반 목적어

4　1음절(단순) 방향보어

来 lái 오다	下来 xiàlai 내려오다	进来 jìnlai 들어오다	出来 chūlai 나오다
	回来 huílai 돌아오다	过来 guòlai 다가오다	拿来 nálai 가져오다
去 qù 가다	上去 shàngqu 올라가다	下去 xiàqu 내려가다	进去 jìnqu 들어가다
	出去 chūqu 나가다	回去 huíqu 돌아가다	过去 guòqu 지나가다
上 shàng 오르다	爬上 páshang 기어 올라가다	跳上 tiàoshang 뛰어오르다	拿上 náshang 들어올리다
下 xià 내리다	走下 zǒuxia 내려가다	跳下 tiàoxia 뛰어내리다	拿下 náxia 들어내리다
进 jìn 들다	走进 zǒujin 걸어 들어오다	跑进 pǎojin 뛰어 들어오다	
出 chū 나다	走出 zǒuchu 걸어나가다	跑出 pǎochu 뛰어나가다	拿出 náchu 꺼내다
回 huí 돌다	拿回 náhui 가져오다	寄回 jìhui 돌려보내다	
过 guò 지나다	走过 zǒuguo 지나가다	路过 lùguo 지나다, 거치다	
起 qǐ 서다	拿起 náqi 들다, 집어 올리다	抬起 táiqi 들어 올리다	站起 zhànqi 일어서다
	升起 shēngqi 떠오르다		
开 kāi 열리다, 분리되다	打开 dǎkai 열다, 열어 젖히다	让开 ràngkai 길을 비키다	走开 zǒukai 비키다, 물러나다

书写

쓰기

5 2음절(복합) 방향보어

❶ 기본 용법

上来 shànglai 올라오다	走上来 zǒu shànglai 걸어 올라오다 跑上来 pǎo shànglai 뛰어 올라오다 爬上来 pá shànglai 기어 올라오다
上去 shàngqu 올라가다	走上去 zǒu shàngqu 걸어 올라가다 跑上去 pǎo shàngqu 뛰어 올라가다 爬上去 pá shàngqu 기어 올라가다
下来 xiàlai 내려오다	走下来 zǒu xiàlai 걸어 내려오다 爬下来 pá xiàlai 기어 내려오다
下去 xiàqu 내려가다	走下去 zǒu xiàqu 걸어 내려가다 跑下去 pǎo xiàqu 뛰어 내려가다
进来 jìnlai 들어오다	跑进来 pǎo jìnlai 뛰어 들어오다 拿进来 ná jìnlai 들고 들어오다
进去 jìnqu 들어가다	走进去 zǒu jìnqu 걸어 들어가다 跑进去 pǎo jìnqu 뛰어 들어가다 拿进去 ná jìnqu 들고 들어가다
过来 guòlai 다가오다	走过来 zǒu guòlai 걸어오다 跑过来 pǎo guòlai 뛰어오다 送过来 sòng guòlai 보내오다
过去 guòqu 다가가다	走过去 zǒu guòqu 걸어가다 跑过去 pǎo guòqu 뛰어가다 送过去 sòng guòqu 보내다
出来 chūlai 나오다	走出来 zǒu chūlai 걸어나오다 跑出来 pǎo chūlai 뛰어나오다 拿出来 ná chūlai 꺼내다 搬出来 bān chūlai 옮겨나오다
出去 chūqu 나가다	走出去 zǒu chūqu 걸어나가다 跑出去 pǎo chūqu 뛰어나가다 拿出去 ná chūqu 내가다 搬出去 bān chūqu 옮겨가다
起来 qǐlai 일어서다	站起来 zhàn qǐlai 일어서다 抬起来 tái qǐlai 들이 올리다 举起来 jǔ qǐlai (손을) 들어 올리다

❷ 파생 용법

下来 xiàlai	사물이 고정되거나 분리됨	停下来 tíng xiàlai 멈추다, 정지하다 脱下来 tuō xiàlai 벗다
下去 xiàqu	진행 중인 동작이 계속 이어짐	坚持下去 jiānchí xiàqu 견디어 나가다 讨论下去 tǎolùn xiàqu 토론해 나가다
过来 guòlai	정상적인 상태로 돌아옴	醒过来 xǐng guòlai 깨어나다 改过来 gǎi guòlai 고치다, 수정하다
过去 guòqu	비정상적으로 상태로 변함	昏过去 hūn guòqu 정신을 잃다 熬过去 áo guòqu 밤을 새다
出来 chūlai	동작이 완성됨, '무에서 유'로 드러남	看出来 kàn chūlai 알아차리다, 분간해내다 猜出来 cāi chūlai 알아맞히다
起来 qǐlai	동작이 시작함	笑起来 xiào qǐlai 웃기 시작하다 想起来 xiǎng qǐlai 생각나기 시작하다 响起来 xiǎng qǐlai 울리기 시작하다

4 결과보어

1 결과보어의 역할은?

결과보어는 **술어 뒤에서 동작의 결과를 나타내는 문장성분**이다.

我 写 错了。　나는 잘못 썼다.
주어　술어　결과보어

他 听 到了 一个好消息。　나는 좋은 소식 하나를 들었다.
주어　술어　결과보어　관형어 + 목적어

2 결과보어의 형식

❶ 기본 형식

동사 +	결과보어 (동사 / 형용사)

我 听 懂了 你的意思。　나는 너의 뜻을 알아들었다.
주어　술어　결과보어　관형어 + 목적어

❷ 부정 형식

没 +	동사 +	결과보어

我 没听 懂 你的意思。　나는 너의 뜻을 못 알아들었다.
주어　没+술어　결과보어　관형어 + 목적어

❸ 동사와 결과보어 사이에는 어떤 성분도 들어갈 수 없다.

我吃饭完了。(×) ➡ **我吃完饭了。**(○)　나는 밥을 다 먹었다.

동사 　결과보어 　　　　　　동사 결과보어

3 결과보어가 될 수 있는 것

— 수진 쌤의 꿀 Tip!

完은 '마치다, 다하다'라는 동사이지만 여기에서는 술어 看(보다)의 결과보어로 쓰였다.

❶ 동사

我　已经　看　完了。　나는 이미 다 봤다.

주어　부사어　술어　결과보어(동사)

시험에 잘 나오는 동사 결과보어	
完 wán 동작이나 행위가 완료됨	这本小说你看完了吗? Zhè běn xiǎoshuō nǐ kàn wán le ma? 이 소설 너 다 봤어?
到 dào ① 동작을 통해 사물/사람이 어떤 장소에 도달함 ② 일정한 시간까지 동작이 지속됨 ③ 동작의 목적이 달성됨 ④ 일이나 상태의 변화가 도달된 정도를 나타냄	他把我送到家门口了。 Tā bǎ wǒ sòng dào jiā ménkǒu le. 그는 나를 집 입구까지 데려다줬다.
	我昨天看电视看到夜里1点。 Wǒ zuótiān kàn diànshì kàn dào yèli yīdiǎn. 나는 어제 TV를 새벽 1시까지 봤다.
	我终于找到了我的钱包。 Wǒ zhōngyú zhǎo dào le wǒ de qiánbāo. 나는 마침내 내 지갑을 찾았다.
成 chéng 동작이 완료된 후 다른 것으로 바뀌었음을 나타냄	他把这本书翻译成英文了。 Tā bǎ zhè běn shū fānyì chéng Yīngwén le. 그는 이 책을 영문으로 번역했다.
住 zhù 동작이나 상태가 고정되거나 정지됨	我的话你一定要记住。 Wǒ de huà nǐ yídìng yào jì zhù. 내 말을 넌 반드시 기억해야 해.

❷ 형용사

我　都　安排　好了。　나는 이미 다 안배했다.

주어　부사어　술어　결과보어(형용사)

— 수진 쌤의 꿀 Tip!

好는 '좋다'라는 형용사이지만 여기에서는 安排(안배하다)의 결과보어로 동작이 다 완료되었음을 의미한다.

시험에 잘 나오는 형용사 결과보어	
好 hǎo 동작이 완성되거나 만족할만한 수준에 이르렀음을 나타냄	刘先生的病很快就治好了。 Liú xiānsheng de bìng hěn kuài jiù zhì hǎo le. 리우 씨의 병은 금방 잘(다) 나았다.
错 cuò 동작의 결과가 잘못됨	他把我的手机号码记错了。 Tā bǎ wǒ de shǒujī hàomǎ jì cuò le. 그는 내 휴대폰 번호를 잘못 기억했다.
光 guāng 동작이 완료한 후 아무것도 남지 않음	我一个星期就把这个月的零用钱花光了。 Wǒ yí ge xīngqī jiù bǎ zhè ge yuè de língyòngqián huā guāng le. 나는 일주일 만에 한 달 용돈을 다 써버렸다.
清楚 qīngchu 동작의 결과가 명확하거나 분명함	对于这个问题，我们一定要讨论清楚。 Duìyú zhè ge wèntí, wǒmen yídìng yào tǎolùn qīngchu. 이 문제에 대해 우리는 반드시 명확하게 논의해야 한다.

5 수량보어

수량보어는 **술어 뒤에서 동작의 횟수나 지속된 시간을 보충하는 문장 성분**이다. 수량보어에는 동량보어와 시량보어가 있다.

1 시량보어의 역할은?

시량보어는 **동작이 지속된 시간**을 말한다. 一年(1년), 一个月(한 달), 半天(반나절) 등 시간의 길이를 나타내는 명사가 시량보어가 된다.

我　在北京　住了　五年。　　나는 베이징에서 5년 동안 살았다.
주어　부사어　술어　시량보어

2 시량보어의 형태

❶ 일반명사가 목적어로 쓰인 경우 위치

주어	+	(술어 1)	+	목적어	+	술어 1	+	了	+	시량보어

일반명사

他　(学) 汉语　学了　一年。　　그는 중국어를 1년 동안 공부했다.
주어　술어　목적어　술어　시량보어

❷ 인칭대명사가 목적어로 쓰인 경우 위치

주어	+	동사(了)	+	인칭대명사 목적어	+	시량보어

인칭대명사

我　等了　他　一个小时。　　나는 그를 한 시간 동안 기다렸다.
주어　술어　목적어　시량보어

3 **동량보어의 역할?**

동량보어는 **동작이 발생한 횟수를 나타내며, [수사 + 동량사]의 형태가 동량보어**이다.

我　去过　一次　北京。　　나는 베이징에 한 번 가본 적이 있다.
주어　술어　동량보어　목적어

4 **동량보어의 형태**

❶ **목적어가 일반명사일 경우 동량보어는 목적어 앞에 위치**한다.

주어	+	동사	+	了 / 过	+	동량보어	+	목적어

　　　　　　　일반명사
我　看过　一次　中国电影。　나는 중국 영화를 한 번 본 적이 있다.
주어　술어　동량보어　　목적어

　　　　　　　일반명사
我们　吃过　几次　四川菜。　우리는 쓰촨 요리를 몇 번 먹어본 적이 있다.
주어　술어　동량보어　　목적어

❷ **목적어가 대명사일 경우 동량보어는 목적어 뒤에 위치**한다.

주어	+	동사	+	了 / 过	+	대명사 목적어	+	동량보어

　　　　　　인칭대명사
我　见过　他　一次。　　나는 그를 한 번 본 적이 있다.
주어　술어　목적어　동량보어

　　　　　　지시대명사
他　去过　那儿　两次。　　그는 거기에 두 번 가본 적이 있다.
주어　술어　목적어　동량보어

---

6 **가능보어**

가능보어는 **술어 뒤에 쓰여 동작의 가능/불가능을 나타내는 문장성분**이다.

1 **가능보어의 역할은?**

가능보어는 **술어 뒤에 쓰여 동작이 실현 가능한지 불가능한지를 나타내는 역할**을 한다.

你　看　得懂　这篇文章 吗?　너 이 글을 보고 이해할 수 있어? (가능)
주어　술어　가능보어　　목적어

我　吃　不下　这么多 饺子。　나는 이렇게 많은 만두를 먹을 수 없어요. (불가능)
주어　술어　가능보어　관형어　목적어

2 가능보어의 형태

① 동사 + 得 / 不 + 결과보어

가능	불가능
听得见 tīng de jiàn 들리다	**听不见** tīng bu jiàn 들리지 않다
看得懂 kàn de dǒng 보고 이해할 수 있다	**看不懂** kàn bu dǒng 보고 이해할 수 없다
听得清楚 tīng de qīngchu 명확하게 들리다	**听不清楚** tīng bu qīngchu 명확하게 들리지 않다
搬得动 bān de dòng 옮길 수 있다	**搬不动** bān bu dòng 옮길 수 없다
睡得着 shuì de zháo 잠들 수 있다	**睡不着** shuì bu zháo 잠들 수 없다

② 동사 + 得 / 不 + 방향보어

가능	불가능
回得来 huí de lái 돌아올 수 있다	**回不来** huí bu lái 돌아올 수 없다
看得出来 kàn de chūlai 보고 알아낼 수 있다	**看不出来** kàn bu chūlai 보고 알아낼 수 없다
吃得下 chī de xià 먹을 수 있다	**吃不下** chī bu xià 먹을 수 없다
买得起 mǎi de qǐ 살 수 있다	**买不起** mǎi bu qǐ 살 수 없다

③ 동사 + 得 / 不 + 了(liǎo)

가능	불가능
走得了 zǒu de liǎo 걸을 수 있다	**走不了** zǒu bu liǎo 걸을 수 없다
解决得了 jiějué de liǎo 해결할 수 있다	**解决不了** jiějué bu liǎo 해결할 수 없다
翻译得了 fānyì de liǎo 번역할 수 있다	**翻译不了** fānyì bu liǎo 번역할 수 없다

3 알아두면 유용한 가능보어

★ 서술문에 나오는 가능보어는 주로 부정 형식으로 나온다.

① 동사 + 不成 : 어떤 사정이 생겨서 할 수 없다

　　吃不成 chī bu chéng 먹을 수 없다　　**去不成** qù bu chéng 갈 수 없다

② 동사 + 不到 : 접할 수 없어서 할 수 없다

　　吃不到 chī bu dào 먹을 수 없다　　**买不到** mǎi bu dào 살 수 없다

❸ 동사 + 不动 : 너무 아프거나 힘들어서 할 수 없다

走不动 zǒu bu dòng 걸을 수 없다   跑不动 pǎo bu dòng 달릴 수 없다

搬不动 bān bu dòng 옮길 수 없다   抬不动 tái bu dòng 들 수 없다

(너무 무거워서 할 수 없다)

❹ 동사 + 不惯 : 습관이 되지 않아 할 수 없다

吃不惯 chī bu guàn 먹는데 습관이 되지 않다

住不惯 zhù bu guàn 사는데 익숙지 않다

❺ 동사 + 不起 : 경제 사정상 할 수 없다

买不起 mǎi bu qǐ 살 수 없다   吃不起 chī bu qǐ 먹을 수 없다

经不起 jīng bu qǐ 감당해 낼 수 없다   承担不起 chéngdān bu qǐ 감당할 수 없다

(고통, 시련 따위를 견딜 수 없다)

❻ 동사 + 不完 : 너무 많아 끝낼 수 없다

做不完 zuò bu wán 다 해낼 수 없다   吃不完 chī bu wán 다 먹을 수 없다

喝不完 hē bu wán 다 마실 수 없다

❼ 동사 + 不下 : 수용할 공간이 없어 할 수 없다

装不下 zhuāng bu xià 담을 수 없다   放不下 fàng bu xià 넣을 수 없다

坐不下 zuò bu xià 앉을 수 없다   吃不下 chī bu xià 먹을 수 없다

❽ 동사 + 不着 : 없어서(존재하지 않아서) 할 수 없다

吃不着 chī bu zháo 먹을 수 없다   找不着 zhǎo bu zháo 찾을 수 없다

买不着 mǎi bu zháo 살 수 없다

❾ 동사 + 不过 : 이길 수 없어 / 넘어가지 않아 할 수 없다

比不过 bǐ bu guò 이길 수 없다   说不过 shuō bu guò 설득시킬 수 없다

瞒不过 mán bu guò 숨길 수 없다   骗不过 piàn bu guò 속일 수 없다

실전 테스트

第1-5题 完成句子。

제시된 어휘로 어순에 맞게 문장을 완성하세요.

1 还没出来   结果   这次考试   的

_____

2 这个单词   不   用得   准确

_____

3 小说   不够浪漫   写得   这位作家的

_____

4 申请了   一遍   又重新   校长

_____

5 课外班   很满   安排   得   寒假的

_____

书写

쓰기

10 어렵다는 편견은 NO! 점수를 끌어올려주는 효자 문제!

공략 비법 04 有자문, 존현문 배열하기

출제 형식

有자문은 '(주어)에 (목적어)이/가 있다'라는 의미이고, 존현문은 '(장소/시간)에는 (목적어)가 (술어)하다'라는 의미를 나타내는 문장 형식을 말한다. 4급 시험에서 有자문과 존현문 문제도 꾸준히 1문제씩 출제되고 있다.

핵심 전략

1 ★ **有자문과 존현문 문제는 장소명사나 시간명사를 주어 자리에 배치!**

제시된 어휘에 장소명사나 방위사 어휘가 제시되어 있고 **有나 在 또는 [동사 + 着] 등의 형태가 나오면, 有자문이나 존현문 문제임을 캐치**하여 주어 자리에 장소명사나 시간명사를 배치한다.

유형맛보기 1

| 有 | 院子里 | 几棵 | 苹果树 |

보기 어휘

院子 yuànzi 명 정원

棵 kē 양 그루, 포기 ★

해설 **Step 1** 술어를 찾는다. 동사 有(있다)를 술어 자리에 배치한다.

술어
有

Step 2 이 문장은 有자문 형태로 장소명사나 시간명사를 주어 자리에 배치하면 된다. 따라서 院子里(정원 안에는)를 주어 자리에 놓는다.

주어	술어
院子里	有

Step 3 술어 뒤에 목적어를 배치하면 된다. 几棵는 [수사 + 양사]구조의 관형어이므로 목적어 苹果树(사과나무) 앞에 배치한다.

주어	술어	관형어	목적어
院子里	有	几棵	苹果树

정답 院子里有几棵苹果树。

해석 정원 안에는 사과나무 몇 그루가 있다.

有자문, 존현문 문제에 자주 출제되는 장소명사와 시간명사			
장소명사	外面 wàimian 밖 对面 duìmiàn 건너편	前面 qiánmian 앞 附近 fùjìn 근처	
	房间里 fángjiān li 방 안 院子里 yuànzi li 정원 안	教室里 jiàoshì li 교실 안 城市里 chéngshì li 도시 안	
	冰箱里 bīngxiāng li 냉장고 안 店里 diàn li 가게 안	厨房里 chúfáng li 주방 안 海洋里 hǎiyáng li 바다 안	
	墙上 qiáng shàng 벽	草地上 cǎodì shàng 잔디밭 위	
시간명사	明天 míngtiān 내일	昨天 zuótiān 어제	前天 qiántiān 그저께
	刚才 gāngcái 방금 전 去年 qùnián 작년	将来 jiānglái 미래 今年 jīnnián 올해	明年 míngnián 내년
	以后 yǐhòu 이후	礼拜天 lǐbàitiān 일요일	
일반명사	钱包里 qiánbāo li 지갑 안 桌子上 zhuōzi shàng 책상 위	电视里 diànshì li TV 안 床底下 chuángdǐ xià 침대 아래	
	塑料袋里 sùliàodài li 비닐봉지 안	垃圾桶里 lājītǒng li 쓰레기통 안	

 수진 쌤의 꿀 Tip!

장소를 나타내는 지시대명사 这里(이곳), 那儿(저쪽)도 존현문의 주어가 될 수 있으며 일반 사물을 나타내는 명사도 방위사와 함께 쓰여 주어가 될 수 있다.

书写

쓰기

有자문, 존현문
내공 쌓기

1 존현문의 구조

존현문은 '(장소/시간)에 (목적어)가 (술어)하다'라는 의미를 가지는 문장으로 제시된 어휘에 장소명사나 시간명사가 있고 존재, 출현, 소실을 의미하는 동사가 있으면 존현문 어순대로 문장을 완성해야 한다.

수진 쌤의 꿀 Tip!

술어 자리에는 동사와 동태조사 了, 着, 过 또는 결과보어, 방향보어를 함께 쓴다. 동태조사 着는 주로 존재함을 의미하는 동사 뒤에 사용되고, 동태조사 了는 주로 출현이나 소실을 의미하는 동사 뒤에 온다.

주어	술어	목적어
장소 시간 일반명사 + 방위사	존재, 출현, 소실을 의미 하는 동사	수사 + 양사 + 명사 구조조사 的 + 명사 불특정 대상

존재	墙上 _{주어}	挂着 _{술어}	一张 _{관형어}	照片。 _{목적어}	벽에 한 장의 사진이 걸려 있다.
출현	店里 _{주어}	来了 _{술어}	几位 _{관형어}	客人。 _{목적어}	매장에 몇 명의 손님이 오셨다.
소실	早上 _{주어}	走了 _{술어}	三位 _{관형어}	游客。 _{목적어}	아침에 세 분의 관광객이 떠났다.

> **어휘** 墙 qiáng 명 벽   挂 guà 동 걸다, 걸리다 ⭐   照片 zhàopiàn 명 사진   客人 kèrén 명 손님   游客 yóukè 명 관광객

2 有자문을 사용한 존현문: ~에 ~이(가) 있다

수진 쌤의 꿀 Tip!

有자문의 목적어 자리에는 특정한 신분이나 인물 또는 「지시대명사 + 양사」와 같이 구체적이거나 특정한 대상을 쓸 수 없다.

办公室里有张老板。　　(×)
_{특정한 신분을 나타내는 명사}

桌子上有那本书。　　(×)
_{대명사 + 양사 + 명사}

주어(장소)	有	(관형어)	목적어(불특정 명사)

办公室里　有　　两个人。　　사무실 안에 두 사람이 있어요.
_{주어(장소)　술어　관형어 + 목적어}

桌子上　有　　汉语书。　　책상 위에 중국어 책이 있어요.
_{주어(장소)　술어　관형어 + 목적어}

3 상태를 나타내는 존현문: ～에 ～이(가) 있는 상태다

주어(장소) + 동사 + 着 + (관형어) + 목적어(불특정 사람/사물)

外边　停着　一辆 自行车。　바깥에 자전거 한 대가 세워져 있다.
주어(장소)　술어　관형어 + 목적어

墙上　挂着　一个 空调。　벽에 에어컨 한 대가 걸려 있다.
주어(장소)　술어　관형어 + 목적어

어휘　停 tíng 동 서다, 멈추다 ☆　　空调 kōngtiáo 명 에어컨

		[동사 + 着/了] 표현	
	开着 kāi zhe ☆ 켜져 있다, 열려있다	**家里一直开着空调。** Jiāli yìzhí kāi zhe kōngtiáo.	집 안에 줄곧 에어컨이 켜져 있다.
	贴着 tiē zhe ☆ 빈출문제 붙여져 있다	**墙上贴着一张福字。** Qiáng shàng tiē zhe yì zhāng fú zì.	벽에 '복' 자가 한 장 붙여져 있다.
	放着 fàng zhe ☆ 빈출문제 놓여있다	**盒子上放着一本词典。** Hézi shàng fàng zhe yì běn cídiǎn.	상자 위에 사전 한 권이 놓여 있다.
존재	挂着 guà zhe ☆ 빈출문제 걸려있다	**门上挂着一张照片。** Mén shàng guà zhe yì zhāng zhàopiàn.	문 위에 사진 한 장이 걸려있다.
	停着 tíng zhe ☆ 빈출문제 세워져 있다(멈춰져 있다)	**门口停着一辆自行车。** Ménkǒu tíng zhe yí liàng zìxíngchē.	입구에 저전거가 한 대가 세워져 있다.
	躺着 tǎng zhe ☆ 빈출문제 누워있다	**床上躺着一个可爱的孩子。** Chuáng shàng tǎng zhe yí ge kě'ài de háizi.	침대 위에 귀여운 아이 한 명이 누워있다.
	来 lái 오다 ☆ 빈출문제	**今天来了一位新老师。** Jīntiān lái le yí wèi xīn lǎoshī.	오늘 새 선생님 한 분이 오셨다.
출현	发生 fāshēng ☆ 빈출문제 발생하다	**昨天发生了一件奇怪的事。** Zuótiān fāshēng le yí jiàn qíguài de shì.	어제 이상한 일 한 가지가 발생했다.
	出现 chūxiàn ☆ 빈출문제 나타나다, 발생하다	**最近出现了几个问题。** Zuìjìn chūxiàn le jǐ ge wèntí.	최근에 몇 가지 문제가 생겼다.
소실	走 zǒu 가다 ☆ 빈출문제	**今天走了很多人。** Jīntiān zǒu le hěn duō rén.	오늘 많은 사람들이 떠났다.
	死 sǐ 죽다 ☆ 빈출문제	**去年死了几万个人。** Qùnián sǐ le jǐ wàn ge rén.	작년에 몇 만 명의 사람들이 죽었다.

书写

쓰기

第1-5题 **完成句子。**

제시된 어휘로 어순에 맞게 문장을 완성하세요.

① 她手里　　拿　　各种颜色的　　着　　铅笔

_____

② 一只　　猫　　沙发上　　躺着

_____

③ 客厅里　　一张　　挂着　　世界地图

_____

④ 一张　　信封里　　白纸　　有

_____

⑤ 怎么有　　桌子上　　橡皮　　一块

_____

정답 및 해설 ≫ 해설서 p. 99

DAY 17

10 어렵다는 편견은 NO! 점수를 끌어올려주는 효자 문제!

공략비법 05 把자문, 被자문 배열하기

📏 **출제 형식**

把자문과 被자문은 어순 배열 문제에서 매우 중요한 비중을 차지한다. 매회 把자문이나 被자문이 출제되거나, 두 문제가 동시에 출제되기도 한다. 4급시험에서는 복잡하거나 난이도가 높은 문장이 출제되는 편은 아니므로 把자문과 被자문의 기본 어순만 익혀도 충분히 문제를 풀 수 있다.

📏 **핵심 전략**

1 ★把자문은 행위의 대상, 被자문은 행위의 주체와 함께 쓰인다.

把자문과 被자문은 중국어의 기본 어순과 달리 목적어를 술어보다 앞에 쓸 수 있다는 문법적인 특징이 있으므로 각각의 기본 어순과 把와 被의 뒤에 오는 목적어의 특징에 대해 정확하게 알고 있어야 한다.

★**把자문**은 **[주어 + 把 + 목적어(행위의 대상) + 술어 + 기타성분]**의 순으로 쓰이며, **목적어 자리에는 주로 일반명사나 구조조사 的가 붙은 사물명사**를 쓸 수 있다는 특징이 있다.

반면에 **被자문**은 **[주어 + 被 + 목적어(행위의 주체) + 술어 + 기타성분]**의 순으로 쓰이며, **목적어 자리에는 주로 인칭대명사나 사람명사**를 쓸 수 있다는 것을 꼭 암기해 두어야 한다.

✏️ **유형맛보기1-1**

| 信用卡的密码 | | 把 | | 他 | | 忘记了 |

보기 어휘

信用卡 xìnyòngkǎ 몡 신용카드
密码 mìmǎ 몡 비밀번호 ★
忘记 wàngjì 동 잊어버리다

해설

Step 1 술어를 찾는다. 동사 忘记(잊어버리다)뒤에 붙은 동태조사 了는 이 문장에서 기타성분으로 쓰였다.

술어
忘记了

Step 2 제시된 어휘에 把가 있으므로 把자문 어순으로 배열한다. 把의 목적어 자리에는 행위의 대상인 사물명사가 쓰인다. 보기 가운데 사물명사는 관형어(信用卡的)의 수식을 받은 密码(비밀번호)가 있으므로 把 뒤의 목적어 자리에 信用卡的密码(신용카드의 비밀번호)를 놓고, 남은 어휘 他(그)는 주어 자리에 배치하면 된다.

주어	把	관형어 + 목적어		술어 + 기타성분
他	把	信用卡的	密码	忘记 了

정답 他把信用卡的密码忘记了。

해석 그는 신용카드의 비밀번호를 잊어버렸다.

书写

쓰기

哥哥	被	饺子	了	吃光

보기 어휘

饺子 jiǎozi 명 만두 ★

光 guāng 형 하나도 남지 않다 ★

 Step 1　술어를 찾는다. 동사 吃光(다 먹어 치우다) 뒤에 기타성분인 동태조사 了를 붙여 술어 자리에 배치한다.

> 술어 + 기타성분
> 吃光　了

Step 2　제시된 어휘 가운데 被가 있으므로 被자문 어순으로 배열한다. 被자문의 목적어 자리에는 행위의 주체인 사람명사나 인칭대명사가 쓰이므로 哥哥(형)를 被 뒤의 목적어 자리에 놓고, 남은 어휘인 饺子(만두)는 주어 자리에 배치한다.

주어	被	목적어	술어 + 기타성분
饺子	被	哥哥	吃光　了

정답　饺子被哥哥吃光了。

해석　만두는 형에 의해 다 먹어 치워졌다.(만두는 형이 다 먹어 치웠다.)

被자문에 자주 출제되는 동사

弄丢 nòng diū 잃어버리다	**钥匙被女儿弄丢了。** 열쇠는 딸에 의해 잃어버려졌다. (열쇠는 딸이 잃어버렸다.) Yàoshi bèi nǚ'ér nòng diū le.
吃光 chī guāng 다 먹어치우다	**巧克力被弟弟吃光了。** Qiǎokèlì bèi dìdi chī guāng le. 초콜릿은 남동생에 의해 다 먹어 치워졌다. (초콜릿은 동생이 다 먹어 치웠다.)
感动 gǎndòng 감동하다	**同学们被他的行为感动了。** 반 친구들은 그의 행동에 의해 감동을 받았다. Tóngxuémen bèi tā de xíngwéi gǎndòng le.
批评 pīpíng 꾸짖다, 나무라다	**我被老师批评了。** 나는 선생님에 의해 꾸지람을 들었다. (나는 선생님께 야단맞았다.) Wǒ bèi lǎoshī pīpíng le.
打破 dǎpò 깨지다	**镜子被他打破了。** 거울은 그에 의해 깨졌다. (거울은 그가 깼다.) Jìngzi bèi tā dǎpò le.
推迟 tuīchí 연기하다	**起飞时间被推迟了。** 이륙 시간이 연기되었다. Qǐfēi shíjiān bèi tuīchí le.
拒绝 jùjué 거절하다	**他的意见被拒绝了。** 그의 의견은 거절당했다. Tā de yìjiàn bèi jùjué le.

把자문, 被자문
내공 쌓기

1 把자문

중국어의 기본 어순은 [주어 + 술어 + 목적어]이지만 문장의 **목적어에 전치사 '把(~을/를)'를 붙여 [把 + 목적어] 형태로 만들면 목적어를 술어 앞으로 보낼 수 있다.** 이러한 형식의 문장을 '처치문'이라고도 하며, 문어체로 쓸 때는 把 대신 将(~을/를)을 쓰기도 한다.

1 把자문의 기본 구조

주어	+	把(将)	+	목적어(행위의 대상)	+	술어	+	기타성분
她		把		衣服		洗		干净了。

그녀는 옷을 깨끗하게 빨았다.

2 把자문의 특징 헷갈리지 말자!

❶ **把**자문의 목적어(행위의 대상) 자리에는 주로 사물명사가 오거나 관형어(~**的**)의 수식을 받은 명사가 온다.

我　　把文章　　**读完了。**　나는 문장을 다 읽었다.
주어　把 + 목적어　술어 + 기타성분

你　　把你的传真号码　　**发给我。**　네 팩스번호를 나에게 보내줘.
주어　把 + 관형어 + 목적어　술어 + 기타성분

❷ **把**자문의 목적어 자리에는 불특정 명사를 쓸 수 없고, 서로 이미 알고 있는 것이거나 명확한 대상을 써야 한다.

把那本词典递给我。（○）　　그 사전을 내게 건네 줘.
把一本词典递给我。（×）　　사전 한 권을 내게 건네 줘.

❸ **把**자문의 술어는 동사 혼자서는 쓰일 수 없고, 반드시 기타성분과 함께 써야 한다.

了

我　　把手机　　丢　了。　나는 휴대폰을 잃어버렸다.
주어　把 + 목적어　술어　기타성분

결과보어

我　　把这篇文章　　翻译 成汉语。　나는 이 문장을 중국어로 번역했다.
주어　把 + 목적어　술어　기타성분

수량보어	我	把这部电影	看了	两遍。	나는 이 영화를 두 번 봤다.
	주어	把 + 목적어	술어	기타성분	

정도보어	司机	把自己的车	擦得	很干净。	기사 아저씨는 자신의 차를 깨끗하게 닦았다.
	주어	把 + 목적어	술어	기타성분	

방향보어	我	把零钱	都	存了	起来。 나는 잔돈을 모두 저금하기 시작했다.
	주어	把 + 목적어	부사어	술어	기타성분

❹ 일반적으로 부사나 조동사는 **把**의 앞에 위치한다. 또한 청유를 나타내는 **请**은 주어 앞, '〜하지 마라'라는 의미의 **别**는 주어의 뒤, **把**의 앞에 위치한다. 이때 주어는 대개 생략한다.

她	没	把钥匙	带	来。	그녀는 열쇠를 가져오지 않았다.
주어	부사어	把 + 목적어	술어	기타성분	

妈妈	已经	把签证	办	好了。	엄마는 비자를 이미 발급했다.
주어	부사어	把 + 목적어	술어	기타성분	

请	把你的手机号码	发	给我。	당신의 휴대폰 번호를 저에게 보내주세요.
부사어	把 + 목적어	술어	기타성분	

(你)	别	把顺序	弄	乱了。	순서를 혼동하지 마세요.
(주어)	부사어	把 + 목적어	술어	기타성분	

② 被자문

전치사 被를 사용하여 '〜에 의해 〜되다(당하다)'라는 의미를 나타내는 피동형 문장이다. 被대신 叫, 让을 쓸 수 있다.

1 被자문의 기본 구조

주어	+	被	+	목적어(행위의 주체)	+	술어	+	기타성분

打印机	被	她	弄坏	了。

프린터는 그녀에 의해 망가졌다. (프린터는 그녀가 망가뜨렸다.)

2 被자문의 특징

❶ 被자문 목적어(행위의 주체) 자리에는 주로 인칭대명사나 사람명사가 온다. ★빈출문제

我的雨伞	被妹妹	弄丢了。	내 우산은 여동생에 의해 잃어버려졌다. (내 우산은 여동생이 잃어버렸다.)
주어	被 + 목적어	술어 + 기타성분	

단, 행위의 주체자가 누구인지 전혀 알 수 없거나, **반대로** 확실히 알 수 있을 때는 행위의 주체자는 생략할 수 있다.

我的申请	被(人)	拒绝了。	나의 신청이 (누군가에 의해) 거절당했다.
주어	被	술어 + 기타성분	

❷ **被**자문의 주어 자리에는 불특정한 대상을 쓸 수 없고, 서로 이미 알고 있는 것이거나 명확한 대상을 쓸 수 있다.

他的意见被拒绝了。(○)　　　　　그의 의견은 거절당했다.

一个人的意见被拒绝了。(×)　　　한 사람의 의견은 거절당했다.

❸ 일반적으로 부사와 조동사는 **被** 앞에 위치한다.

我	从来	没	被父母	批评过。	나는 여태껏 부모님에게 야단맞은 적이 없다.
주어	부사어	부사어	被 + 목적어	술어 + 기타성분	

垃圾	已经	被他	扔掉了。	쓰레기는 그에 의해 버려졌다. (쓰레기는 그가 버렸다.)
주어	부사어	被 + 목적어	술어 + 기타성분	

❹ 일반적으로 술어 뒤에는 기타성분을 함께 쓰는데, 동태조사 **着**와 가능보어는 쓸 수 없다.

了	饼干	被丈夫	吃光	了。	과자는 남편에 의해 다 먹어 치워졌다.
	주어	被 + 목적어	술어	기타성분	

수량보어	我的作业	被老师	修改了	两遍。	내 숙제는 선생님에 의해 2번 고쳐졌다.
	주어	被 + 목적어	술어	기타성분	

书写

쓰기

第1-5题 完成句子。

제시된 어휘로 어순에 맞게 문장을 완성하세요.

① 这件事情　　请　　向李教授　　将　　报告一下

_____

② 他的小说　　三种语言　　已经　　被翻译成了

_____

③ 发到　　报名表　　请你　　将我们的　　电子邮箱

_____

④ 把　　哥哥不小心　　弄丢了　　信用卡

_____

⑤ 拒绝　　她申请的　　被　　美国签证　　了

_____

정답 및 해설 ≫ 해설서 p. 101

DAY 18

10 어렵다는 편견은 NO! 점수를 끌어올려주는 효자 문제!

공략비법 06 연동문, 겸어문 배열하기

출제 형식

연동문과 겸어문 모두 한 문장에 2개 이상의 동사를 가질 수 있다는 특징이 있어 매회 1문제 이상 꾸준히 출제된다. 제시된 어휘에 동사가 여러 개 보인다면 연동문이나 겸어문을 만드는 문제일 가능성이 높다. 연동문 문제는 去, 用이 자주 출제되며, 겸어문은 让(~하도록 시키다)과 祝(~하길 기원하다)가 주로 출제된다.

핵심 전략

1 ★ 술어에 주목하라!

연동문은 한 문장에 술어가 2개 혹은 2개 이상 쓰인다. 따라서 술어를 알맞은 자리에 순서대로 배치하는 것이 문제 해결의 핵심이므로 술어를 배열하는 순서 세 가지를 정확하게 파악하여 그에 맞게 술어를 배치하면 된다. **주로 '去, 用, 来, 坐, 陪'와 같은 1음절 동사는 술어1에 쓰이는 경우가 많으며 수단이나 방식을 나타내는 연동문에서는 '坐/骑(타다)'를 술어1에 놓고 '去(가다)'를 술어2 자리에 배치한다.**

① 연이어 발생하는 동작의 순서(시간의 순서) – **술어1하고 술어2하다**
② 동작을 하는 수단이나 방식 – **술어1로 술어2하다**
③ 동작을 하려는 목적 – **술어2하려고 술어1하다**

유형맛보기 1

你	拿一双	厨房	筷子	再去

보기 어휘

厨房 chúfáng 명 주방, 부엌 ★
筷子 kuàizi 명 젓가락

해설

Step 1
제시된 어휘에 술어는 拿(가져오다)와 去(가다)가 있으므로 연동문 배열 문제임을 알 수 있다. 연이어 발생하는 동작의 순서대로 술어를 배열해야 하므로 술어 1의 자리에 去, 술어 2의 자리에 拿를 놓는다.

술어 1	술어 2
去	拿

Step 2
술어 1 去의 뒤에는 장소명사인 厨房(주방)을 놓고, 술어 2 자리의 拿는 拿一双으로 제시되었으므로 관형어 一双(한 쌍)과 가장 잘 어울리는 명사 筷子(젓가락)를 목적어 2 자리에 배치한다. 마지막으로 你를 주어 자리에 놓는다.

주어	부사어 + 술어 1	목적어1	술어 2 + 관형어	목적어2
你	再 去	厨房	拿 一双	筷子

정답 你再去厨房拿一双筷子。

해석 너 주방에 다시 가서 젓가락 하나 가지고 와.

2 让이 보이면 무조건 겸어문 어순을 떠올려라!

4급 겸어문 문제에서 가장 많이 출제되는 사역동사는 바로 让이다. 제시된 어휘에 让이 있으면 무조건 겸어문 기본 어순을 떠올려서 대입하듯 문제를 풀면 된다. 겸어문의 기본 어순은 [주어 1 + 술어 1 + 겸어 (술어 1의 목적어/술어 2의 주어) + 술어 2 + 목적어 2]이다. 겸어문의 술어 1 자리에 자주 쓰이는 사역동사로는 叫, 使, 请이 있다.

유형맛보기 1

> 让我　　　父亲的　　　很感动　　　回答

보기 어휘

让 ràng 통 ~하게 하다

父亲 fùqīn 명 아버지, 부친 ★

感动 gǎndòng 통 감동하다 ★

回答 huídá 명 대답 통 대답하다

해설　**Step 1**　제시된 어휘에 사역동사 让이 보이므로 겸어문 배열 문제임을 알 수 있다. 먼저 让을 술어 1 자리에 배치한다. 보기의 제시된 어휘에 처음부터 술어 1 让과 겸어 我(나)를 함께 제시해 주었으므로 바로 두 번째 술어인 很感动을 술어 2 자리에 놓는다.

술어 1	겸어	술어 2
让	我	很感动

Step 2　관형어인 父亲的(아버지의)와 명사 回答(대답)를 순서대로 연결해 주어 자리에 놓는다.

관형어 + 주어		술어 1	겸어	술어 2
父亲的	回答	让	我	很感动

정답　父亲的回答让我很感动。

해석　아버지의 대답은 나를 매우 감동시켰다.

수진 쌤의 꿀 Tip!

겸어문 출제 경향을 보면 제시된 어휘에 让을 단독으로 제시하기도 하지만 위의 유형맛보기처럼 제시된 어휘에 처음부터 让과 겸어를 함께 제시해 주는 경우도 있다. 이럴 경우에는 바로 두 번째 술어를 찾아 술어 2 자리에 배치하고 남은 어휘를 순서대로 배열해야 문제 푸는 시간을 단축할 수 있다.

연동문, 겸어문
내공 쌓기

1 연동문

1 연동문의 기본 구조 헷갈리지 말자!

주어 + 술어1 + 목적어1 + 술어2 + (목적어2)

我　去　大使馆　办　签证。　나는 비자 발급하러 대사관에 간다. [술어 2 하려고 술어 1 하다.]
주어　술어1　목적어1　술어2　목적어2

어휘　签证 qiānzhèng 명 비자 ☆

2 연동문의 기능

❶ **동작의 발생 순서를 나타낸다. (연속 발생)**

他　陪　我们　参观　博物馆。　그는 우리를 데리고 박물관을 견학한다.
주어　술어1　목적어1　술어2　목적어2

어휘　陪 péi 동 모시다, 동반하다 ☆　　参观 cānguān 동 견학하다, 참관하다 ☆　　博物馆 bówùguǎn 명 박물관

❷ **첫 번째 술어가 두 번째 술어의 수단 / 방식 / 방법을 나타낸다.**

我们明天　坐　火车　出差。　우리는 내일 기차타고 출장 간다.
주어 + 부사어　술어1　목적어1　술어2

我每天　骑　自行车　去　学校。　나는 매일 자전거를 타고 학교에 간다.
주어 + 부사어　술어1　목적어1　술어2　목적어2

어휘　出差 chū chāi 동 출장 가다 ☆

❸ **두 번째 술어가 첫 번째 술어의 목적을 나타낸다. (행위의 목적)**

他　去　北京　学习　汉语。　그는 중국어를 공부하러 베이징에 간다.
주어　술어1　목적어1　술어2　목적어2

我　来　这儿　参加　面试。　나는 면접에 참가하러 여기에 왔다.
주어　술어1　목적어1　술어2　목적어2

3 연동문의 특징

❶ 조동사, 부사는 술어 1 앞에 위치한다.

주어	+	조동사 / 부사	+	술어 1	+	목적어 1	+	술어 2	+	목적어 2

我　　想　去　中国　学习　汉语。　나는 중국어를 공부하러 중국에 가고 싶다.
주어　조동사　술어1　목적어1　술어2　목적어2

昨天　他　没　去　图书馆　借　　书。　어제 그는 책을 빌리러 도서관에 가지 않았다.
부사어　주어　부사어　술어1　목적어1　술어2　목적어2

❷ 연동문에서 동태조사 了 / 着 / 过의 위치

★ 술어 1에 来나 去가 있을 경우, 了와 过는 술어 2의 뒤에 위치한다.

> — 수진 쌤의 꿀 Tip!
>
> 시간명사 昨天, 明天, 今天은 주어 앞, 뒤에 모두 올 수 있다.

昨天他　去　图书馆　借　了　一本书。　어제 그는 도서관에 가서 책 한 권을 빌렸다.
부사어 주어　술어1　목적어1　술어2　　　목적어2

我　去　中国　旅行　过。　나는 중국에 가서 여행한 적이 있다.
주어　술어1　목적어1　술어2

★ 着는 술어 1 뒤에 위치한다.

他　常常　躺　着　看　书。　그는 늘 누워서 책을 본다.
주어　부사어　술어1　　술어2　목적어2

★ 단, 술어 1의 동작이 끝난 후 바로 연이어 술어 2의 동작이 진행됨을 나타낼 때 了는 술어 1 뒤에 위치한다.

他　到　了　北京　就　去　长城。　그는 베이징에 도착하자 마자 바로 만리장성에 간다.
주어　술어　　목적어1　부사어　술어2　목적어

2 겸어문

1 겸어문이란?

술어 1의 목적어가 술어 2의 주어를 겸하는 문장을 겸어문이라고 한다.

```
这个消息   让      我      吃惊。     이 소식은 나를 놀라게 했다.
주어 1    술어 1   목적어 1   술어 2
                  주어 2
```

어휘 消息 xiāoxi 명 소식 ☆   让 ràng 동 ~하게 하다. ~하도록 시키다 ☆   吃惊 chī jīng 동 놀라다 ☆

2 겸어문의 특징 헷갈리지 말자!

❶ 겸어는 술어 1 (동사)의 목적어가 되는 동시에 술어 2 (동사)의 주어이다.

```
老师   让    我    准备   材料。     선생님은 나에게 자료를 준비하게 했다.
주어  술어 1  겸어  술어 2  목적어
      ┌ 술어 1의 목적어 ┐
      └ 술어 2의 주어 ┘
```

어휘 材料 cáiliào 명 자료

❷ 부정부사, 조동사는 주로 술어 1 앞에 위치한다.

```
他们   没    让    我    失望。     그들은 나를 실망시키지 않았다.
주어 1 부사어 술어 1  겸어  술어 2
```

```
我    想    请    大家   吃   饭。     나는 여러분에게 식사 대접하고 싶다.
주어 1 조동사  술어 1  겸어  술어 2 목적어 2
```

어휘 失望 shīwàng 동 실망하다 ☆

3 겸어문의 종류

❶ 사역의 의미를 나타내는 겸어문

사역의 의미를 가진 동사를 술어 1 자리에 써서 겸어문으로 만들 수 있다.

─ 수진 쌤의 꿀 Tip!

겸어문에서 정도부사 真은 술어 1 자리 앞에 놓이고, 기타 정도부사(十分, 非常, 特別)는 술어 2 앞에 놓인다는 것을 알아두자!

他真让人失望。
그는 사람들은 정말 실망하게 한다.

他说的话让我十分生气。
그가 한 말은 나를 매우 화나게 했다.

· 술어 1 자리에 자주 쓰이는 사역동사

— 수진 쌤의 꿀 Tip! —

사역동사 가운데 派(pài)와 令(lìng)은 4급 보다는 5급 시험에 종종 출제되는 사역동 사이다.

让 ràng ~하게 하다	叫 jiào ~하게 하다
使 shǐ ~하게 시키다	请 qǐng ~하게 하다

老师　叫　我们　回答　问题。　선생님은 우리가 질문에 대답하게 했다.
주어 1　술어 1　겸어　술어 2　목적어 2

我们　想　请　王老师　来　讲课。　우리는 왕 선생님이 수업하러 오도록 하고 싶다.
주어 1　조동사　술어 1　겸어　술어 2　목적어 2

❷ 애증 또는 좋고 나쁨을 나타내는 겸어문

이럴 경우 심리동사를 술어 1 자리에 써서 겸어문으로 만들 수 있다.

· 첫 번째 동사로 자주 쓰이는 심리동사

喜欢(爱) xǐhuan(ài) 좋아하다	原谅 yuánliàng 용서하다	羡慕 xiànmù 부러워하다
讨厌 tǎoyàn 싫어하다	批评 pīpíng 꾸짖다	希望 xīwàng 희망하다

我们　很　喜欢　她　懂　礼貌。　우리는 그녀가 예의 바른 것을 아주 좋아한다.
주어 1　부사어　술어 1　겸어　술어 2　목적어 2

어휘 礼貌 lǐmào 명 예의 ★

❸ 그 외, 겸어문으로 종종 시험에 출제되는 요청동사도 있다.

祝 zhù ~하길 기원하다	提醒 tíxǐng ~을(를) 일깨우다	通知 tōngzhī ~을(를) 통지하다
建议 jiànyì ~하길 제안하다	要求 yāoqiú ~을(를) 요구하다	

祝　你们　永远　幸福。　당신들이 영원히 행복하길 기원합니다.
술어 1　겸어　부사어　술어 2

— 수진 쌤의 꿀 Tip! —

请, 祝를 사용한 겸어문에서 주어는 종종 생략되기도 한다.

第1-5题 完成句子。

제시된 어휘로 어순에 맞게 문장을 완성하세요.

1 回答　　让他　　女朋友的　　很失望

_____

2 可以使　　我们　　轻松愉快　　变得　　玩笑

_____

3 我去　　回来　　取点儿　　银行　　钱

_____

4 你们俩　　祝　　考试　　顺利

_____

5 麻烦你　　办公室　　打印一份　　再去　　材料

_____

10 어렵다는 편견은 NO! 점수를 끌어올려주는 효자 문제!

공략비법 07 비교문 배열하기

출제형식

쓰기 1부분에서 비교문 문제는 꾸준히 출제되었으나 최근 시험에서는 매회 출제되지 않고 3회에 한 번씩 출제되는 경향을 보이며, 지금까지는 기본 어순인 [주어 + 比 + 비교 대상 + 술어]가 가장 많이 출제되었다. 하지만 여전히 쓰기 2부분이나 듣기, 독해 영역에 출제되는 문형이므로 정확하고 꼼꼼하게 학습해 두어야 한다.

핵심 전략

1 **비교 대상에 주어와 동일한 어휘가 쓰였다면 생략 가능**하다!

'상하이의 공기는 베이징의 공기보다 훨씬 신선하다'라는 비교문에서 주어는 '상하이의 공기'이고, 주어와 비교할 대상은 바로 '베이징의 공기'이다. 이처럼 주어와 비교할 대상에 공통으로 '공기'라는 어휘가 쓰였을 때, 뒤에 쓰인 '공기'는 생략해 쓸 수 있다. 따라서 **제시된 어휘의 주어와 비교 대상의 어휘가 동일하지 않더라도 당황하지 말고 比를 기준으로 하여 차분히 문제를 풀어나가면 된다.**

유형맛보기 1

| 弟弟的普通话 | 比 | 标准 | 更 | 我的 |

보기 어휘

普通话 pǔtōnghuà 명 표준어, 보통화

标准 biāozhǔn 형 정확하다, 표준적이다 ⭐

해설

Step 1 제시된 어휘 가운데 比가 있으므로 비교문 어순 배열 문제임을 알 수 있다. 비교문의 술어 자리에 올 수 있는 어휘는 标准(정확하다)이다.

| 술어 |
| 标准 |

Step 2 먼저 比를 술어 앞에 배치하고 주어와 비교 대상 자리에 올 수 있는 어휘를 찾는다. 弟弟的普通话(남동생의 표준어)와 我的(나의)를 각각 주어와 비교 대상 자리에 놓는다. 비교 대상에 쓰인 我的는 주어와 동일하게 쓰인 어휘 普通话(표준어)를 생략한 형태로 주어 자리에 쓸 수 없다. 남은 어휘인 更(디, 더욱)은 부사이로 술어 标准(정확하다) 앞에 놓는다.

주어	比	비교 대상	부사어	술어
弟弟的普通话	比	我的	更	标准

정답 弟弟的普通话比我的更标准。

해석 남동생의 표준어가 나보다 더 정확하다.

2 ★비교의 정도는 술어 앞 또는 술어 뒤에 온다!

비교문에서는 비교의 정도를 강조할 수 있는 두 가지 방법이 있다. ★첫 번째는 술어 앞에 정도부사 '还, 更, 稍微'를 써서 '더(더욱) ~(술어)하다, 조금 ~(술어)하다'와 같이 비교의 정도를 표현하는 것이고 두 번째는 술어 뒤에 정도보어, 결과보어 또는 구체적인 수량을 써서 표현하는 방법이다. 단, 첫 번째 방법의 경우 모든 정도부사를 술어 앞에 쓸 수 있는 것은 아니므로 주의해야 한다. 우리가 입버릇처럼 사용하던 ★'很'이나 '非常'은 비교문의 부사어로 쓰일 수 없다는 사실을 잊지 말자!

 유형맛보기 2

| 便宜了 | 葡萄 | 五毛 | 比昨天 |

보기 어휘

葡萄 pútao 명 포도 ★

毛 máo 양 마오(중국의 화폐 단위) ★

해설

Step 1 먼저 술어를 찾는다. 제시된 어휘 가운데 [동사 + 了]의 형태인 '便宜了'를 술어 자리에 놓는다.

술어
便宜了

Step 2 [比 + 비교 대상] 형태로 쓰인 比昨天(어제보다)을 술어 앞에 배치한 후에, 술어 便宜了(싸졌다)와 가장 잘 어울리는 어휘인 葡萄(포도)를 주어 자리에 놓는다.

주어	比 + 비교 대상		술어
葡萄	比	昨天	便宜了

Step 3 남은 어휘인 五毛(5마오)는 구체적인 수량을 뜻하는 수량사로 술어 便宜了 뒤의 보어 자리에 배치해 便宜了五毛(5마오 싸졌다)라고 비교의 정도를 강조할 수 있다.

주어	比 + 비교 대상		술어	보어(구체적인 수량)
葡萄	比	昨天	便宜了	五毛

정답 葡萄比昨天便宜了五毛。

해석 포도는 어제보다 5마오 싸졌다.

비교문
내공 쌓기

① 비교문이란?

★ 둘 이상의 사람 혹은 사물을 비교해 그 상태나 정도의 차이를 나타낼 때 사용하는 문장이다.

② 비교문의 종류

1 比자 비교문

比자문은 '(주어)가 (비교 대상)보다 (술어)하다'라는 의미를 가지며, **[比 + 비교 대상]을 술어 앞에 배치**하는 것이 특징이다.

❶ 比자 비교문 형식

긍정	주어	+	比	+	비교 대상	+	술어		(주어)는 (비교 대상)보다 (술어)하다
	她		比		我		出色。		그녀는 나보다 출중하다.
	주어		比		비교 대상		술어		

부정	주어	+	不比	+	비교 대상	+	술어		(주어)는 (비교 대상)보다 (술어)하지 않다.
	我		不比		她		努力。		나는 그녀보다 노력하지 않는다.
	주어		不比		비교 대상		술어		

❷ 比자 비교문 특징

• **비교 대상에 주어와 동일한 어휘가 쓰였다면 동일한 어휘는 생략**이 가능하다.

上海的空气	比	北京(的空气)	更	新鲜。	상하이의 공기는 베이징(의 공기)보다 더 신선하다.
주어	比	비교 대상	부사어	술어	

• 比자를 사용한 비교문에는 **更(더욱), 还(더, 여전히), 都(모두), 再(다시), 稍微(약간)와 같은 부사를 술어 앞에 사용해 비교의 정도를 나타낼 수 있다.**

주어	+	比	+	비교 대상	+	부사어	+	술어	(주어)는 (비교 대상)보다 더 (술어)하다
这里		比		那里		还		漂亮。	이곳은 그곳보다 더 예쁘다.

- '很, 十分, 非常, 特别, 比较'와 같은 정도부사는 비교문의 술어 앞에 쓸 수 없다.

这里	比	那里	很	漂亮。	(X)
주어	比	비교 대상	부사어	술어	

- 比자 비교문 술어 뒤에는 보어를 써서 비교의 정도를 표현할 수 있다. 술어 뒤에 자주 쓰이는 보어로는 **수량보어(一点儿, 一些, 구체적인 수량), 정도보어(得多, 多了) 등**이 있다.

西红柿	比	西瓜	便宜	一些。	토마토는 수박보다 약간 싸다.
주어	比	비교 대상	술어	보어	

今年的	销量	比	去年	增加了	两倍。	금년 판매량은 작년보다 두배로 늘어났다.
관형어	주어	比	비교 대상	술어	수량구(구체적인 수치)	

今天	比	昨天	冷	得多。	오늘은 어제보다 훨씬 춥다.
주어	比	비교 대상	술어	정도보어	

어휘 西红柿 xīhóngshì 명 토마토 ★   销量 xiāoliàng 명 판매량   增加 zēngjiā 동 증가하다, 늘리다 ★
倍 bèi 양 배, 배수 ★

2 有자 비교문

❶ 有 자문 형식

주어	+	有/没有	+	비교 대상	+	(这么/那么)	+	술어	(주어)는 (비교 대상)만큼 (이렇게/그렇게) (술어)하다/하지 않다
他		有		爸爸		(那么)		冷静。	그는 아버지만큼 (그렇게) 냉정하다.
今天		没有		昨天		(那么)		热。	오늘은 어제만큼 (그렇게) 따뜻하지 않다.

어휘 冷静 lěngjìng 형 냉정하다, 침착하다 ★   暖和 nuǎnhuo 형 따뜻하다 ★

❷ 跟/和 ~ 一样을 이용한 비교문

주어	+	跟 / 和	+	비교 대상	+	一样/不一样	(주어)는 (비교 대상)과 같다/같지 않다
我的袜子		跟		同事的(袜子)		一样。	내 양말은 동료의 것과 같다.

어휘 袜子 wàzi 명 양말 ★   同事 tóngshì 명 동료

- 跟/和 ~ 一样의 비교문은 '一样' 뒤에 형용사나 동사구를 써서 비교한 결과 차이가 없음을 나타내거나 '不一样' 뒤에 형용사나 동사구를 써서 비교한 결과의 차이가 있음을 나타낸다.

주어	+	跟 / 和	+	비교 대상	+	一样/不一样	+	술어 (형용사/동사구)
我		跟		母亲		一样		喜欢吃巧克力。

나는 어머니처럼 초콜릿 먹는 것을 좋아한다.

叔叔		和		我的爸爸		不一样		高。

삼촌은 나의 아버지처럼 크지 않다.

第1-5题　完成句子。

제시된 어휘로 어순에 맞는 문장을 완성하세요.

1 新打印机　　比　　好用　　原来的

_____

2 比去年　　贵了　　新的苹果手机　　500块钱

_____

3 一些　　她的　　慢　　比　　我的表

_____

4 比平时　　一倍　　增加了　　去北京的航班

_____

5 没有　　姐姐　　活泼　　她的性格

_____

정답 및 해설 ≫ 해설서 p. 107

DAY 19

10 어렵다는 편견은 NO! 점수를 끌어올려주는 효자 문제!

공략비법 08 是자문, 강조구문 배열하기

출제형식

是자문의 기본 어순은 [A 是 B]으로 'A는 B이다'라는 의미를 갖는다. 중국어의 가장 기본이 되는 문장으로 4급 시험에도 자주 출제되는 편이며, 술어 '是'를 사용한 '是~的' 강조구문 배열 문제 또한 출제 비중이 높다.

핵심 전략

1 是자문의 목적어 자리에는 주로 관형어 '~的'가 있다.

是자문은 동일한 관계, 귀속 관계를 나타낼 수 있으며 상황이나 원인에 대한 서술을 나타내기도 한다. 이 중 4급 시험에서는 귀속, 서술의 유형이 가장 많이 출제된다.

귀속은 주어가 속해있는 소속, 집단, 범주에 대해 설명하는 문장이며 서술은 목적어가 주어에 대해 설명하는 문장이다. 두 유형 모두 관형어 형태인 '~的(~의)'가 목적어 자리에 쓰이므로 제시된 어휘에 '是' 자가 보인다면 관형어가 포함된 어휘를 목적어 자리에 배치해 문제 푸는 시간을 절약하자!

유형맛보기 1

| 是 | 获得成功的 | 自信 | 主要条件 |

보기 어휘

获得 huòdé 동 얻다, 취득하다 ☆
成功 chénggōng 명 성공
동 성공하다 ☆
自信 zìxìn 명 자신감 ☆
条件 tiáojiàn 명 조건 ☆

해설

Step 1 술어를 먼저 찾는다. 제시된 어휘 가운데 是가 있으므로 是자문 어순 배열 문제임을 알 수 있다.

| 술어 |
| 是 |

Step 2 일단 관형어가 포함된 어휘인 获得成功的(성공을 거두는데)를 먼저 목적어 자리에 배치하고, 관형어 获得成功的와 가장 잘 어울리는 어휘인 主要条件(주요 조건)을 관형어 뒤의 목적어 자리에 놓는다. 남은 어휘 自信(자신감)은 이 문장의 주어이며, 성공을 거두는데 주요 조건은(목적어) 자신감(주어)이라는 의미로 목적어가 주어에 대해 설명하는 서술 유형의 是자문이다.

| 주어 | 술어 | 관형어 | 목적어 |
| 自信 | 是 | 获得成功的 | 主要条件 |

정답 自信是获得成功的主要条件。

해석 자신감은 성공을 거두는데 주요 조건이다.

书写
쓰기

2 다 같은 '的'가 아니다. 강조구문에 쓰이는 '是~的'를 잊지 말자!

지금까지 우리는 관형어 형태의 ~的와 관련된 내용을 주로 학습하여 제시된 어휘에 的가 보이면 관형어의 역할을 먼저 떠올릴 것이다. 하지만 的가 是의 뒤에 쓰여 是~的 어순이 되면 강조구문의 역할을 하게 된다. 是~的 강조구문은 이미 발생한 과거 행위에 대해 강조하는 문형으로 [주어 + 是 + 강조 내용 + 술어 + 的]의 어순으로 배열한다. 강조하고자 하는 내용에는 시간, 장소, 방식, 대상, 목적을 쓸 수 있다. 따라서 제시된 어휘에 是와 的가 보이고, 是외에도 술어 역할을 할 수 있는 동사가 있다면 是~的 강조구문 배열 문제일 확률이 높다.

✏️ **유형맛보기 2**

| 叔叔 | 给我的 | 是 | 这个帽子 |

보기 어휘

叔叔 shūshu 명 삼촌

帽子 màozi 명 모자

해설 ▶ **Step 1** 제시된 어휘에 是와 的가 보이고, 是 외에 给(주다)라는 동사가 하나 더 제시되었으므로 是~的 강조구문 배열 문제임을 알 수 있다. 따라서 먼저 是와 的가 포함된 给我的(나에게 주다)를 배치한다.

是	(술어 + 목적어 +) 的
是	给我的

Step 2 这个帽子(이 모자)를 주어 자리에 배치한다. 참고로 这个는 [지시대명사 + 양사] 형태의 관형어이다.

주어	是	(술어 + 목적어 +) 的
这个帽子	是	给我的

Step 3 남은 어휘인 叔叔(삼촌)는 이 모자를 나에게 준 대상으로 是와 的의 사이에 강조 내용으로 넣는다. 따라서 是의 뒤, 술어 给(주다) 앞에 叔叔(삼촌)를 배치한다.

주어	술어	강조 내용(대상)	(술어 + 목적어 +) 的
这个帽子	是	叔叔	给我的

정답 ▶ 这个帽子是叔叔给我的。

해석 ▶ 이 모자는 삼촌이 나에게 준 것이다.

是자문과 강조구문
내공 쌓기

1 是자문

'A는 B이다'의 의미로 중국어에서 가장 기본적인 문장 형식이다.

1 是자문의 기본 구조

주어	+	是	+	(관형어)	+	목적어

他　是　(著名的)　演员。　　그는 (유명한) 배우이다.
주어　술어　(관형어)　목적어

> **어휘** 著名 zhùmíng 형 유명하다, 저명하다 ☆　　演员 yǎnyuán 명 배우, 연기자 ☆

2 是자문의 특징

❶ 주어와 목적어가 동일한 관계임을 나타낸다. (주어 = 목적어)
목적어 앞에는 '~的(~의)' 형태의 관형어를 쓸 수 있다.

这本书　是　他今天送我的　礼物。(这本书 = 送我的礼物)　　이 책은 그가 오늘 나에게 선물한 것이다.
　주어　술어　관형어　목적어

环境保护　是　我们的　共同责任。(环境保护 = 共同责任)　　환경보호는 우리의 공동 책임이다.
　주어　술어　관형어　목적어

> **어휘** 环境 huánjìng 명 환경 ☆　　保护 bǎohù 동 보호하다 ☆　　责任 zérèn 명 책임 ☆

❷ 주어가 목적어 안에 귀속됨을 나타낸다. 주로 **주어는 구체적인 대상이거나 어느 범주나 카테고리 안의 일부분일 경우가 많고, 목적어는 추상적인 대상이거나 어느 한 범주나 카테고리처럼 넓은 영역**일 경우가 많다. 목적어에는 [명사 + 之一(~중의 하나)]의 형태가 자주 쓰인다.

春节　是　中国的　传统节日。(春节 < 中国的传统节日)　　설날은 중국의 전통 명절이다.
주어　술어　관형어　목적어

她　是　中国的　儿童作家之一。(她 < 中国的儿童作家之一)　　그녀는 중국의 아동 작가 중 하나이다.
주어　술어　관형어　목적어

> **어휘** 传统 chuántǒng 명 전통 ☆　　节日 jiérì 명 기념일, 공휴일　　儿童 értóng 명 아동, 어린이
> 作家 zuòjiā 명 작가 ☆　　之一 zhīyī 명 ~중의 하나

② 是~的 강조구문

是~的 강조구문은 **이미 발생한 과거 행위에 대해 강조하는 문형으로 시간이나 장소, 방식, 목적, 행위자(대상)** 등을 강조할 수 있으며, **是와 的 사이에는 강조하고자 하는 내용과 술어를 쓸 수 있다.**

1 是~的 강조구문의 기본 구조

| 주어 | + | 是 | + | 강조 내용 | + | 술어 | + | (목적어) 的 |

这本书 是 昨天 买 的。　이 책은 어제 산 것이다.
주어　술어　강조 내용　술어　的

2 是~的 강조구문의 특징

- **是와 的 사이에 강조 내용(시간, 장소, 방식, 목적, 대상)과 술어를 순서대로 쓴다.**

| 시간 | 那本书 | 是 | 去年 | 出版 | | 的。 | 그 책은 작년에 출간된 것이다. |
| | 주어 | 술어 | 강조 내용 | 술어 | | 的 | |

| 장소 | 我们 | 是 | 从中国 | 来 | | 的。 | 우리는 중국에서 온 것이다. |
| | 주어 | 술어 | 강조 내용 | 술어 | | 的 | |

| 방식 | 我 | 是 | 坐飞机 | 去 | 北京 | 的。 | 나는 비행기를 타고 베이징에 간 것이다. |
| | 주어 | 술어 | 강조 내용 | 술어 | 목적어 | 的 | |

| 목적 | 这双袜子 | 是 | 为爸爸 | 买 | | 的。 | 이 양말은 아버지를 위해 산 것이다. |
| | 주어 | 술어 | 강조 내용 | 술어 | | 的 | |

| 행위자 | 这个计划 | 是 | 由王主任 | 负责 | | 的。 | 이 계획은 왕 주임이 맡은 것이다. |
| | 주어 | 술어 | 강조 내용 | 술어 | | 的 | |

어휘 出版 chūbǎn 图 출간하다, 출판하다　　袜子 wàzi 명 양말 ★　　计划 jìhuà 명 계획 图 계획하다 ★
由 yóu 젠 ~이, ~가(동작의 주체를 이끌어냄) ★　　　　主任 zhǔrèn 명 주임
负责 fùzé 图 책임지다 ★

第1-5题 完成句子。

제시된 어휘로 어순에 맞는 문장을 완성하세요.

1 是   大学毕业   我弟弟   的   去年

_____

2 他   优秀的   一名   是   律师

_____

3 获得成功的   也许   关键   这才是

_____

4 饼干   是   谁买   你猜   这盒   的

_____

5 个   假   这是   原来   手机

_____

书写

쓰기

정답 및 해설 ≫ 해설서 p. 109

书写

3

제2부분
제시된 어휘로 사진과 연관된 문장 만들기

제시된 단어를 중심으로 살을 붙여라!

书写

3

제2부분
제시된 어휘로 사진과 연관된 문장 만들기

문제 형식

제2부분은 각 문제에 어휘와 사진이 하나씩 제시되며, 제시된 어휘를 사용하여 사진과 관련된 문장을 작문하는 유형의 시험 문제이다. 총 5문제(96번~100번)가 출제되는데 답안지에 직접 중국어로 답을 써야 하므로 쓰기 연습이 필요하다.

출제 경향 1

품사 가운데 동사 작문 문제가 가장 많이 출제된다.

매회 동사로 작문하는 문제는 2~3문제로 출제 비중이 가장 높고, 그 다음으로 출제 빈도수가 높은 어휘는 명사(1~2문제), 형용사(1문제), 양사(1문제)순이다.

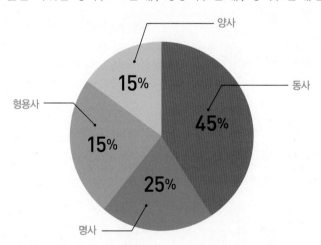

간혹 제시어로 부사 어휘가 출제되는 경우도 있다.

你是故意输给他们的吗?　　　　　당신은 고의로 그들에게 진 것입니까?
我不是故意这样做的。　　　　　　제가 일부러 이렇게 한 것이 아니에요.

어휘 故意 gùyì **부** 고의로, 일부러　輸 shū **동** 지다

★**인물이 등장하는 사진이 거의 대부분을 차지한다.**

제2부분에서는 주어진 어휘를 가지고 제시된 사진과 알맞게 작문해야 좋은 점수를 받을 수 있으므로 자주 출제되는 유형의 사진들을 미리 익혀주는 것이 매우 중요하다. 주로 인물의 상태, 감정, 동작을 나타내는 사진과 사물의 상태나 위치, 분위기를 나타내는 사진이 출제되므로 관련된 어휘화 표현들을 연결해 암기해 두어야 한다.

사진 속에는 책상에 엎드린 인물이 있고 제시어로 형용사 困(졸리다)이 출제된 문제이다. 여자가 아주 피곤해하는 모습과 연관된 표현을 떠올려 작문하면 된다.

모범답안 她看起来很困。
그녀는 매우 졸려 보인다.

困 kùn 졸리다

★**제시어로 주어지는 어휘는 4급 어휘만 출제된다.**

제시어로 주어지는 어휘는 모두 4급 어휘만 출제되므로 4급 어휘력 확보가 매우 중요하다. 품사별로 빈출 어휘 및 문장을 충분히 익혀두는 것이 좋다.

문제는 이렇게 풀어라!

Step 1 **품사 떠올리기**
제시된 어휘가 동사인지 형용사인지 명사인지를 떠올려야 문법에 맞게 작문할 수 있다.

Step 2 **사진 보며 표현 떠올리기**
제시된 어휘의 품사 및 의미를 파악한 후, 사진과 알맞은 표현을 먼저 떠올린다. **자신이 중국어로 쓸 수 있는 표현으로 작문**하는 것이 가장 좋으며, 너무 복잡하고 길게 작문하려고 하는 것보다 기본 어순을 중심으로 정확하게 작문하는 것이 바람직하다.

Step 3 **떠올린 표현에 살 붙이기**
떠올린 표현을 **[주어 + 술어 + 목적어]의 순서에 맞게 배치**한 후, 내용에 따라 부사어 또는 보어 등의 문장성분을 적절히 사용해 좀 더 정확한 묘사가 될 수 있게 한다. 마지막으로 문장 끝에는 반드시 **마침표(.) 또는 물음표(?)와 같은 문장부호**를 붙여서 답안지에 옮겨 쓴다.

书写
쓰기

DAY **19**   공략비법 09

DAY **20**   공략비법 10
공략비법 11

DAY **20**

쓰기 제2부분 최신 경향 분석

출제 비율

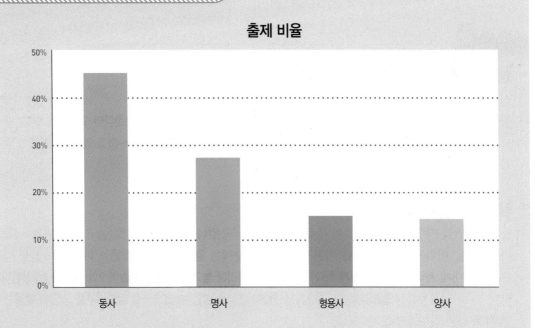

중요도 ★★★★ 난이도 ★★

문장 만들기에서 가장 출제 비중이 높은 어휘는 동사이다. 그 뒤로 명사, 형용사, 양사 순으로 문제가 출제되며, 인물이 등장하는 사진이 거의 대부분을 차지한다.

11 제시된 단어를 중심으로 살을 붙여라!

공략비법 09 동사로 문장 만들기

출제 형식

인물의 동작이나 감정 또는 상태에 대한 사진의 출제 비율이 높다보니 동사를 이용해 작문하는 문제가 가장 많이 출제되며, 5문제 가운데 2~3문제 이상 출제된다. 일상생활과 관계된 동작이나 심리동사가 자주 출제되므로 빈출 동사와 문장을 암기해 두자.

핵심 전략

1 1음절 동작동사는 把자문이나 被자문으로 만들면 고득점이다!

시험에 破(망가지다, 찢어지다), 抬(들어올리다), 脱(벗다), 擦(닦다) 등과 같은 1음절 동작동사들이 자주 출제된다. 이런 어휘가 출제되면 '把'나 '被'를 활용해 어순에 맞게 작문한다면 고득점을 받을 수 있다. 단, 把자문과 被자문이 익숙하지 않다면 진행을 나타내는 부사 '正在(~하고 있다)'를 활용해 문장을 완벽하게 만드는 것이 더 낫다.

2 심리동사는 겸어문으로 작문하라!

동작동사만큼 자주 출제 되는 것이 바로 심리동사로 '失望(실망하다)', '吃惊(놀라다)', '感动(감동하다)'과 같은 어휘를 말한다. 이런 어휘가 제시될 경우에는 겸어문 형태로 작문을 하면 고득점을 받을 수 있다. 대개 사역동사 '让(~하게 하다)'을 술어 1의 자리에 놓고 심리동사를 술어 2의 자리에 배치해 작문한다. 특히 심리동사는 정도부사(很, 非常, 十分)의 수식을 받을 수 있으므로 정도부사를 적당히 활용한다면 더욱 높은 점수를 받을 수 있다.

3 잊지말자! 이합동사는 이미 목적어를 가지고 있다!

出差(출장 가다), 毕业(졸업하다)와 같은 동사는 [동사 + 목적어] 구조로 이루어진 이합동사로 이미 목적어를 가지고 있다. 따라서 이합동사 뒤에 또 다른 목적어가 올 수 없으므로 목적어 위치에 주의하여 작문해야 한다.

유형맛보기 1

抬 _____

抬 tái 통 들어올리다, 들다 ★

沙发 shāfā 명 소파 ★

해설

Step 1 먼저 품사를 떠올린 후에, 사진과 알맞은 어휘나 표현을 떠올린다.

- **제시 어휘 :** 抬 [tái]는 '들어올리다'라는 동사 어휘
- **관련 어휘 :** [명사] 소파 ➡ 沙发

Step 2 사진을 보며 떠올린 표현에 살을 붙인다.

- **사진 관찰 :** 소파를 들어 올리고 있는 모습
- **연상 문장 :** 그는 소파를 들어올리기 시작했다
  그는 소파를 들어올리고 있다

모범답안

1. 他把沙发抬起来了。
   그는 소파를 들어올리기 시작했다.

   ─ 수진 쌤의 꿀 Tip!
   把자문[把 + 행위의 대상 + 술어 + 방향보어]를 이용해 문장을 만들면 된다.

2. 他正在抬沙发。
   그는 소파를 들어올리고 있다.

   ─ 수진 쌤의 꿀 Tip!
   동작동사는 진행을 나타내는 부사 正在(~하고 있다)를 넣어 작문을 해도 좋다.

书写

쓰기

伤心 shāngxīn 图 슬퍼하다, 상심하다 ⭐
看起来 kànqǐlái 보기에, 보아하니

伤心 _____

해설 **Step 1** 먼저 품사를 떠올린 후에, 사진과 알맞은 어휘나 표현을 떠올린다.

- **제시 어휘 :** 伤心 [shāngxīn]은 '상심하다'라는 심리동사
- **관련 어휘 :** 보기에 ～한 것 같다 ➡ 看起来   그 일은 ➡ 那件事
  사역동사 ➡ 让

Step 2 사진을 보며 떠올린 표현에 살을 붙인다.

- **사진 관찰 :** 매우 슬퍼 보이는 모습
- **연상 문장 :** 그 일은 그녀를 매우 슬프게 했다
  그녀는 보기에 슬픈 것 같다

— 수진 쌤의 꿀 Tip!
겸어문 [주어 1 + 让(술어 1) +
겸어(목적어 1/주어 2) + 伤心
(술어 2)]형태로 문장을 만들면
된다.

모범답안 **1.** **那件事让她非常伤心。**
그 일은 그녀를 매우 슬프게 했다.

— 수진 쌤의 꿀 Tip!
看起来(보기에, 보아하니)라는
표현을 이용해 작문을 해도 좋
다.

2. **她看起来很伤心。**
그녀는 보기에 아주 슬픈 것 같다.

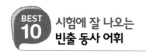
1 脱 벗다
tuō

她把大衣脱了下来。 그녀는 외투를 벗었다.
Tā bǎ dàyī tuō le xiàlai.

2 挂 걸다
guà

他把镜子挂在墙上。 그는 거울을 벽에 걸었다.
Tā bǎ jìngzi guà zài qiáng shang.

3 抬 들어올리다
tái

他们正在一起抬桌子。 그들은 함께 책상을 들어올리고 있다.
Tāmen zhèngzài yìqǐ tái zhuōzi.

4 擦 닦다
cā

她把窗户擦得很干净。 그녀는 창문을 깨끗이 닦는다.
Tā bǎ chuānghu cā de hěn gānjìng.

5 咳嗽 기침하다
késou

他咳嗽得很厉害。 그는 기침을 심하게 한다.
Tā késou de hěn lìhai.

6 失望 실망하다
shīwàng

他让我很失望。 그는 나를 아주 실망시켰다.
Tā ràng wǒ hěn shīwàng.

7 出差 출장 가다
chū chāi

他们坐飞机出差。 그들은 비행기를 타고 출장 간다.
Tāmen zuò fēijī chū chāi.

8 讨论 토론하다
tǎolùn

他们正在进行讨论。 그들은 토론을 진행하고 있다.
Tāmen zhèngzài jìnxíng tǎolùn.

9 毕业 졸업하다
bì yè

他们刚刚大学毕业。 그들은 막 대학을 졸업했다.
Tāmen gānggāng dàxué bì yè.

10 吃惊 놀라다
chī jīng

这个消息太让我吃惊了。 이 소식은 정말 나를 놀라게 했다.
Zhè ge xiāoxi tài ràng wǒ chī jīng le.

书写

쓰기

출제 빈도수 높은 동사
내공 쌓기

1 출제 빈도수 높은 동작동사와 모범 답안

破 찢어지다, 망가지다
pò

1. 他的袜子破了。 　　　　　그의 양말이 찢어졌다.
2. 他的袜子破了一个洞。 　　　그의 양말은 구멍이 났다.

어휘 **袜子** wàzi 명 양말 ⭐ 　 **洞** dòng 명 구멍

空 텅 비다
kōng

1. 那个盒子里面都是空的。 　　그 상자 안은 텅 비어 있었다.
2. 店里摆的都是空盒子。 　　　상점 안에 놓여진 것은 모두 텅 빈 상자이다.

어휘 **盒子** hézi 명 상자 ⭐ 　 **摆** bǎi 동 진열하다, 놓다

尝 맛보다, 먹어보다
cháng

1. 你尝一下我做的饺子。 　　　제가 만든 만두 한번 맛보세요.
2. 你尝尝，这个饺子特别好吃。 한번 맛보세요, 이 만두 정말 맛있어요.

어휘 **饺子** jiǎozi 명 만두 ⭐

挂 걸다
guà

1. 她在墙上挂了一张照片。 　　그녀는 벽에 사진 한 장을 걸었다.
2. 她把照片挂在墙上了。 　　　그녀는 사진을 벽에 걸었다.

어휘 **墙** qiáng 명 벽 　 **照片** zhàopiàn 명 사진

擦 닦다
cā

1. 她把窗户擦得很干净。 　　그녀는 창문을 깨끗하게 닦는다.
2. 她正在擦窗户。 　　그녀는 창문을 닦고 있다.

어휘　窗户 chuānghu 명 창문 ⭐　　干净 gānjìng 형 깨끗하다

醒 잠에서 깨다
xǐng

1. 她还没睡醒呢。 　　그녀는 아직 잠에서 덜 깼어요.
2. 你快醒醒! 不要睡。 　　빨리 잠에서 깨! 자지 말고.

어휘　睡 shuì 동 잠을 자다

猜 알아맞히다, 추측하다
cāi

1. 你猜我收到了什么礼物? 　　제가 무슨 선물을 받았는지 맞혀 볼래요?
2. 你猜猜这个盒子里有什么? 　　이 상자 안에 무엇이 있는지 알아맞혀 볼래요?

어휘　盒子 hézi 명 상자 ⭐

收拾 정리하다
shōushi

1. 你把房间收拾一下。 　　방 정리 좀 하세요.
2. 你把房间收拾好了没有? 　　방 정리 다 했어요?

어휘　房间 fángjiān 명 방

讨论 토론하다
tǎolùn

1. 他们正在讨论明天的活动。 　　그들은 내일 행사에 대해서 토론하고 있다.
2. 我们讨论一下明天的活动。 　　우리 내일 행사에 대해 토론 좀 합시다.

어휘　活动 huódòng 명 행사, 활동 ⭐

书写
쓰기

打扮　화장하다, 꾸미다
dǎban

1. 她正在照着镜子打扮。　그녀는 거울을 보면서 화장을 하고 있다.
2. 她今天打扮得很漂亮。　그녀는 오늘 아주 예쁘게 꾸몄다.

어휘　照 zhào 동 비추다 ★　　镜子 jìngzi 명 거울 ★

禁止　금지하다
jìnzhǐ

1. 这里禁止抽烟。　이곳은 흡연 금지입니다.
2. 飞机上禁止使用手机。　비행기 안에서 휴대폰 사용을 금지하다.

어휘　抽烟 chōu yān 동 담배를 피우다 ★

出生　태어나다
chūshēng

1. 他们看到刚出生的孩子，特别高兴。　그들은 막 태어난 아이를 보며 아주 기뻐했다.
2. 今天是宝宝出生的第100天。　오늘은 아기가 태어난 지 백일이다.

어휘　宝宝 bǎobao 명 귀염둥이, 예쁜이(아이에 대하여 친밀하게 부르는 애칭)

排队　줄을 서다
pái duì

1. 你们要在这里排队。　당신들은 여기에 줄을 서야 한다.
2. 你们必须排队买票。　당신들은 반드시 줄을 서서 표를 사야 한다.

어휘　必须 bìxū 부 반드시 ~해야 한다

复印　복사하다
fùyìn

1. 他正在复印文件。　그는 지금 문서를 복사하고 있다.
2. 他复印了几份文件。　그는 문서 몇 부를 복사했다.

어휘　文件 wénjiàn 명 문서, 파일　　份 fèn 양 부, 벌(잡지나 자료를 세는 단위)

出差 출장 가다
chū chāi

1. 他今天去北京出差。   그는 오늘 베이징으로 출장 간다.
2. 他常常坐飞机出差。   그는 자주 비행기를 타고 출장 간다.

打针 주사를 놓다
dǎ zhēn

1. 护士正在给病人打针。   간호사가 환자에게 주사를 놓고 있다.
2. 那位护士正在打针。   그 간호사는 주사를 놓고 있다.

어휘 护士 hùshi 몡 간호사 ⭐

咳嗽 기침하다
késou

1. 他咳嗽得很厉害。   그는 기침을 심하게 한다.
2. 他一直咳嗽，好像感冒了。   그가 계속 기침하는데, 감기에 걸린 것 같다.

어휘 厉害 lìhai 혱 심하다 ⭐ 　　好像 hǎoxiàng 뷔 아마 ~인 것 같다

毕业 졸업하다
bì yè

1. 今天他们终于大学毕业了。   오늘 그들은 마침내 대학을 졸업했다.
2. 今天他们照毕业照了。   오늘 그들은 졸업 사진을 찍었다.

어휘 照 zhào 됭 찍다 ⭐

동작이나 상태를 나타내는 동사에 사용할 수 있는 표현

- 正在(zhèngzài) + 술어: ~하고 있다, ~하고 있는 중이다
- 一边(yìbiān) + 술어, 一边(yìbiān) + 술어: ~하면서 ~하다
- 很喜欢(hěn xǐhuan) + 술어: ~하는 것을 좋아하다

失望 실망하다
shīwàng

1. 他对我很失望。   그는 나에게 매우 실망했다.
2. 你为什么要这么做? 我很失望。   당신은 왜 이렇게 했나요? 저 실망했어요.

 对 duì 전 ~에게, ~에 대해

吃惊 놀라다
chī jīng

1. 这个消息太让我吃惊了。   이 소식은 정말 나를 놀라게 했다.
2. 看到那个新闻报道, 我很吃惊。   그 뉴스 보도를 보고서 나는 놀랐다.

 消息 xiāoxi 명 소식⭐   新闻 xīnwén 명 뉴스   报道 bàodào 보도

激动 흥분하다, 격분하다
jīdòng

1. 他接到女朋友的电话后, 很激动。   그는 여자친구의 전화를 받고, 매우 흥분했다.
2. 他激动得跳了起来。   그는 흥분해서 껑충 뛰었다.

 接 jiē 동 받다   跳 tiào 동 뛰다

感动 감동하다
gǎndòng

1. 他让我很感动。   그는 나를 감동시켰다.
2. 我被这篇文章感动了。   나는 이 글에 감동했다.

 文章 wénzhāng 명 글, 문장⭐

감정, 심리를 나타내는 동사에 사용일 수 있는 표현

- 真让人(zhēn ràng rén) + 술어: 정말 사람을 ~하게 하다
- 太让人(tài ràng rén) + 술어 +了(le): 너무 사람을 ~하게 하다
- 주어 + 让我十分(ràng wǒ shífēn) + 술어: 나를 매우 ~하게 하다
- 对(duì) + 사람 + 술어: ~에게 ~하다

第1-5題　看图，用词造句。

그림을 보고 주어진 단어를 사용하여 문장을 만드세요.

1

擦

2

戴

3

抽烟

4

堵车

5

害羞

정답 및 해설 ≫ 해설서 p. 112

11 제시된 단어를 중심으로 살을 붙여라!

공략비법 10 명사, 양사로 문장 만들기

출제 형식

명사 어휘를 이용해 작문하는 문제는 동사 어휘 다음으로 가장 많이 출제되는 품사로 매회 1~2문제 이상 출제된다. 명사 어휘는 일상생활에서 주로 등장하는 명사들이 많이 출제되며 양사는 간혹 1문제 정도 출제되는 편이다. 주로 거리(公里), 시간(秒)을 세는 양사가 출제된다.

핵심 전략

1 ★명사 어휘 작문은 술어가 관건!

4급 시험에서 출제되는 명사 어휘는 생활용품(수건, 비누, 치약, 거울)이나 신분을 나타내는 명사 (기사, 판매원, 의사, 간호사) 또는 사물명사(현금, 동전) 등이 출제되는데, 명사 어휘는 주로 주어와 목적어로 쓸 수 있기 때문에 **명사에 알맞은 술어를 쓰는 것**이 좋은 점수를 받을 수 있는 방법이다.

> - '毛巾 수건'이라는 어휘는? ➡ '擦 닦다'라는 동사
> - '售货员 판매원'이라는 어휘는? ➡ '热情 친절하다'라는 형용사
> - '现金 현금'이라는 어휘는? ➡ '用 사용하다'라는 동사

2 ★양사 어휘는 숫자를 써서 작문해라!

4급 시험에서 양사로 작문하는 문제는 출제 비중이 낮지만 간혹 1문제씩 출제되기도 한다. 시험에서 자주 등장하는 양사는 거리(公里), 시간(秒)을 세는 양사들이 출제된다. 양사를 작문할 때는 주로 **관형어 형식의 [수사 + 양사 + 명사] 또는 [지시대명사 + 수사 + 양사 + 명사]로 쓰거나 술어 뒤 수량보어** 형태로 쓴다.

유형맛보기 1

現金 xiànjīn 명 현금 ★

現金 _____

해설

Step 1   먼저 품사를 떠올린 후에, 사진과 알맞은 어휘나 표현을 떠올린다.

- **제시 어휘 :** 現金 [xiànjīn]은 '현금'이라는 명사 어휘
- **관련 어휘 :** [동사] 사용하다 ➡ 用

Step 2   사진을 보며 떠올린 표현에 살을 붙인다.

- **사진 관찰 :** 현금을 사용하려는 모습
- **연상 문장 :** 여기는 현금만 가능한가요?
  지금 현금밖에 없다

모범답안

1. 这里只能用现金吗?
   여기는 현금만 가능한가요?

   — 수진 쌤의 꿀 Tip!
   가능 · 허락의 조동사 能(~할 수 있다, ~해도 된다)과 동사 用(사용하다)을 이용해 의문문으로 만들면 된다.

2. 我现在只有现金。
   저는 지금 현금만 있어요.

   — 수진 쌤의 꿀 Tip!
   只(단지, 다만)라는 부사를 넣어 작문을 해도 좋다.

书写

쓰기

公里 gōnglǐ 양 킬로미터(km) ⭐
离 lí 전 ～까지, ～에서
目的地 mùdìdì 명 목적지

公里 _____

해설　**Step 1**　먼저 품사를 떠올린 후에, 사진과 알맞은 어휘나 표현을 떠올린다.

- **제시 어휘 :** 公里 [gōnglǐ]는 '킬로미터'를 나타내는 양사(거리를 나타내는 단위)
- **관련 어휘 :** [동사] 달리다 ➡ 跑

Step 2　사진을 보며 떠올린 표현에 살을 붙인다.

- **사진 관찰 :** 열심히 달리고 있는 모습
- **연상 문장 :** 그녀는 이미 10km를 달렸다
　　　　　　　목적지까지 몇 km가 남았다

모범답안 ▶

1. 她已经跑了10公里。
　 그녀는 이미 10km를 뛰었다.

─ 수진 쌤의 꿀 **Tip!**
수량보어 [술어 + 了 + 수량보어] 형태로 문장을 만들면 된다.

2. 离目的地还有20公里。
　 목적지까지 아직 20km가 남았다.

─ 수진 쌤의 꿀 **Tip!**
주로 거리를 말해 줄 때 사용하는 전치사 离(～까지, ～에서)를 넣어 작문을 해도 좋다.

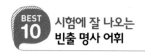
1 镜子 거울
jìngzi
她在照镜子。 그녀는 거울을 보고 있다.
Tā zài zhào jìngzi.

2 售货员 판매원
shòuhuòyuán
这位售货员印象特别好。 이 판매원은 인상이 아주 좋다.
Zhè wèi shòuhuòyuán yìnxiàng tèbié hǎo.

3 短信 메시지
duǎnxìn
他正在看手机短信。 그는 휴대폰 메시지를 보고 있다.
Tā zhèngzài kàn shǒujī duǎnxìn.

4 价格 가격
jiàgé
手表价格很便宜。 시계의 가격이 아주 싸다.
Shǒubiǎo jiàgé hěn piányi.

5 味道 맛
wèidao
这个菜的味道真不错。 이 요리의 맛은 아주 괜찮다.
Zhè ge cài de wèidao zhēn bú cuò.

6 护士 간호사
hùshi
护士给病人打针呢。 간호사가 환자에게 주사를 놓고 있다.
Hùshi gěi bìngrén dǎ zhēn ne.

7 现金 현금
xiànjīn
这里只能用现金。 여기는 현금만 사용 가능합니다.
Zhèli zhǐ néng yòng xiànjīn.

8 零钱 잔돈
língqián
我需要一些零钱。 저는 약간의 잔돈이 필요합니다.
Wǒ xūyào yìxiē língqián.

9 耐心 인내심
nàixīn
学习要有耐心。 공부는 인내심이 있어야 한다.
Xuéxí yào yǒu nàixīn.

10 密码 비밀번호
mìmǎ
他把银行卡的密码忘了。 그는 은행카드의 비밀번호를 잊어버렸다.
Tā bǎ yínhángkǎ de mìmǎ wàng le.

书写

쓰기

출제 빈도수 높은
명사, 양사 내공 쌓기

① 출제 빈도수 높은 명사와 모범 답안

糖 설탕
táng

1. 喝咖啡要加糖。 　　　　커피를 마실 때 설탕을 넣어야 한다.
2. 咖啡里放了一个白糖。 　커피에 흰 설탕 하나를 넣었다.

어휘 加 jiā 통 더하다, 보태다　　放 fàng 통 넣다

饼干 과자, 비스킷
bǐnggān

1. 她正在做饼干。 　　　그녀는 과자를 만들고 있다.
2. 她做的饼干真好吃。 　그녀가 만든 과자는 정말 맛있다.

어휘 好吃 hǎochī 형 맛있다

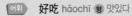

味道 맛
wèidao

1. 这道菜的味道真香。 　　　이 요리의 맛은 아주 좋다.
2. 他现在尝尝那个汤的味道。 　그는 지금 그 국의 맛을 보고 있다.

어휘 香 xiāng 형 맛있다 ★　　尝 cháng 통 맛보다 ★　　汤 tāng 명 국, 탕 ★

短信 메시지
duǎnxìn

1. 他正在查看手机短信。 　그는 휴대폰 메시지를 살펴보고 있다.
2. 他收到女朋发的短信，心里特别高兴。
　그는 여자친구의 메시지를 받고 아주 기뻐했다.

어휘 查看 chákàn 통 살펴보다

价格　가격
jiàgé

1. 西红柿价格都很便宜。　　　토마토의 가격은 모두 싸다.
2. 西红柿的价格比苹果贵了一些。　토마토 가격은 사과보다 약간 비싸다.

어휘　西红柿 xīhóngshì 명 토마토 ⭐

毛巾　수건, 타월
máojīn

1. 脖子上挂着一条毛巾。　　　목에 수건 한 장이 걸쳐져 있다.
2. 他运动后用毛巾擦汗。　　　그는 운동 후에 수건으로 땀을 닦는다.

어휘　脖子 bózi 명 목　　擦 cā 동 닦다 ⭐　　汗 hàn 명 땀 ⭐

信封　봉투
xìnfēng

1. 信封里有很多现金。　　　봉투 안에는 많은 현금이 있다.
2. 可以把钱放在信封里。　　　돈을 봉투에 넣어도 된다.

어휘　现金 xiànjīn 명 현금 ⭐　　放 fàng 동 넣다, 놓다

牙膏　치약
yágāo

1. 牙膏快要用完了。　　　치약을 거의 다 썼다.
2. 没有牙膏了，我要去买。　치약이 없으니 사러 가야한다.

어휘　快要~了 kuàiyào~le 곧 ~하려고 하다

镜子　거울
jìngzi

1. 他们要挂镜子了。　　　그들은 거울을 걸려고 한다.
2. 他们把镜子挂在墙上。　그들은 거울을 벽에 걸었다.

어휘　挂 guà 동 걸다 ⭐

零钱　잔돈
língqián

1. 可以用零钱买东西吗?　잔돈으로 물건을 살 수 있어요?
2. 我只有零钱。　나는 잔돈밖에 없어요.

어휘　**只有** zhǐyǒu 동 ～밖에 없다, ～만 있다

耐心　인내심
nàixīn

1. 学外语要有耐心。　외국어를 배우려면 인내심이 있어야 한다.
2. 爸爸耐心地教儿子。　아버지는 인내심 있게 아들을 가르친다.

어휘　**外语** wàiyǔ 명 외국어

售货员　판매원
shòuhuòyuán

1. 这位售货员印象很好。　이 판매원은 인상이 아주 좋다.
2. 那位售货员对客人很热情。　그 판매원은 손님에게 아주 친절하다.

어휘　**印象** yìnxiàng 명 인상 ★　**热情** rèqíng 형 친절하다, 열정적이다

护士　간호사
hùshi

1. 那位护士非常热情。　그 간호사는 아주 친절하다.
2. 那位护士给病人打针。　그 간호사는 환자에게 주사를 놓는다.

어휘　**打针** dǎ zhēn 동 주사를 놓다 ★

长城　창청(만리장성)
Chángchéng

1. 我去过一次长城。　나는 창청(만리장성)에 한 번 가본 적이 있다.
2. 长城是中国的名胜古迹之一。　창청(만리장성)은 중국의 명승고적 중 하나이다.

어휘　**名胜古迹** míngshènggǔjì 명승고적

- 对(duì) + 명사 + 感兴趣(gǎn xìngqù): ~에 매우 관심이 있다
- 请你把 + 행위의 대상 + 술어 + (在, 给, 到 등): 당신은 ~을 ~해 주세요

2 출제 빈도수 높은 양사와 모범 답안

趋 번, 차례
tàng

1. 他去了一趟北京。　　　　　그는 베이징에 한 번 갔다 왔다.
2. 经理让他去一趟中国。　　　사장님은 그에게 중국에 한 번 다녀오라고 했다.

[어휘] 经理 jīnglǐ 명 사장, 지배인　　让 ràng 통 ~하게 하다

秒 초
miǎo

1. 800米跑了2分30秒。　　　　800미터를 2분 30초에 뛰었다.
2. 他的手表慢了5秒。　　　　　그의 손목시계는 5초 느리다.

[어휘] 米 mǐ 양 미터　　手表 shǒubiǎo 명 손목시계　　慢 màn 형 느리다

页 페이지
yè

1. 这本书他才看了二十几页。　그는 이 책을 겨우 20여 페이지 봤다.
2. 你读到了第几页？　　　　　당신은 몇 페이지까지 읽었어요?

[어휘] 才 cái 부 겨우, 고작　　读 dú 통 읽다

遍 번, 차례, 회
biàn

1. 她又听了一遍这首歌。　　　그녀는 이 노래를 또 한 번 (처음부터 끝까지) 들었다.
2. 那首歌她听了好多遍。　　　그 노래를 그녀는 여러 번 들었다.

[어휘] 首 shǒu 양 노래를 세는 단위

실전 테스트

第1-5题 看图，用词造句。

그림을 보고 주어진 단어를 사용하여 문장을 만드세요.

1

果汁

2

袜子

3

胳膊

4

签证

5

警察

정답 및 해설 ≫ 해설서 p. 115

DAY 20

11 제시된 단어를 중심으로 살을 붙여라!

공략비법 11 형용사로 문장 만들기

출제 형식

명사 어휘 다음으로 많이 출제되는 품사가 바로 형용사 어휘를 이용한 작문 문제이다. 총 5문제 중 1~2문제 정도 출제된다. 형용사 어휘로 문장을 만드는 문제가 최근 시험에서는 자주 출제되고 있다. 형용사 어휘 가운데 상태를 나타내는 '脏(더럽다), 困(졸리다), 兴奋(흥분하다)'이라는 어휘와 오감을 표현하는 '咸(짜다), 香(향기롭다, 맛있다)'이라는 어휘 그리고 날씨를 나타내는 '暖和(따뜻하다), 凉快(시원하다)'라는 어휘가 자주 출제된다.

핵심 전략

1 형용사 어휘는 정도부사를 꼭 써라!

형용사 작문의 고득점 여부는 정도부사를 붙였는지 붙이지 않았는지에 따라 달라진다. 만약 정도부사가 덜 숙지되었다면 무조건 很을 쓰면 된다. 특히 **형용사가 제시어로 나오면 '看起来(보기에, 보아하니), 感觉(~라고 여기다)' 등과 같은 표현을 활용**해도 좋다.

书写
쓰기

暖和 nuǎnhuo 형 따뜻하다 ⭐
围巾 wéijīn 명 머플러, 목도리, 스카프
感觉 gǎnjué 동 느끼다, 여기다 ⭐

暖和 _____

해설 Step 1 먼저 품사를 떠올린 후에, 사진과 알맞은 어휘나 표현을 떠올린다.

- **제시 어휘 :** 暖和 [nuǎnhuo]는 '따뜻하다'라는 형용사 어휘
- **관련 어휘 :** [동사] 커피를 마시다 ➡ 喝咖啡

Step 2 사진을 보며 떠올린 표현에 살을 붙인다.

- **사진 관찰 :** 여자가 커피를 마시면서 따뜻한 표정을 짓고 있는 모습
- **연상 문장 :** 보기에 그녀의 머플러는 따뜻해 보인다
  커피를 마신 후, 따뜻함을 느낀다

모범답안 1. 看起来她的围巾很暖和。
  보기에 그녀의 머플러는 따뜻해 보인다.

— 수진 쌤의 꿀 Tip!
看起来(보기에 ~한 것 같다)라
는 표현을 넣어 작문하면 된다.

2. 喝完咖啡，她感觉特别暖和。
  커피를 마신 후, 그녀는 아주 따뜻함을 느낀다.

— 수진 쌤의 꿀 Tip!
感觉(느끼다, 여기다)라는 동사
를 이용해 문장을 만들어도 좋다.

1 脏 더럽다
zāng
我觉得她的衣服很脏。 나는 그녀의 옷이 아주 더럽다고 생각한다.
Wǒ juéde tā de yīfu hěn zāng.

2 香 향기롭다
xiāng
这些花特别香。 이런 꽃들은 아주 향기롭다.
Zhè xiē huā tèbié xiāng.

3 暖和 따뜻하다
nuǎnhuo
她的毛衣看起来很暖和。 그녀의 스웨터는 보기에 따뜻해 보인다.
Tā de máoyī kànqǐlái hěn nuǎnhuo.

4 兴奋 흥분하다
xīngfèn
比赛赢了，他们都很兴奋。 경기에 이겨서 그들은 아주 흥분했다.
Bǐsài yíng le, tāmen dōu hěn xīngfèn.

5 困 졸리다
kùn
她很困，想睡觉。 그녀는 졸려서 자고 싶어 한다.
Tā hěn kùn, xiǎng shuì jiào.

6 凉快 시원하다
liángkuai
现在觉得很凉快。 지금 아주 시원함을 느낀다.
Xiànzài juéde hěn liángkuai.

7 咸 짜다
xián
她觉得这道菜很咸。 그녀는 이 음식이 아주 짜게 느껴진다.
Tā juéde zhè dào cài hěn xián.

8 乱 어지럽다
luàn
这个房间很乱。 이 방은 아주 어지럽다.
Zhè ge fángjiān hěn luàn.

9 紧张 긴장하다
jǐnzhāng
她参加面试的时候总是很紧张。 그녀는 면접에 참가할 때마다 늘 긴장한다.
Tā cānjiā miànshì de shíhou zǒngshì hěn jǐnzhāng.

10 合适 알맞다
héshì
这件衣服对她正合适。 이 옷은 그녀에게 딱 알맞다.
Zhè jiàn yīfu duì tā zhèng héshì.

출제 빈도수 높은 형용사
내공 쌓기

1 출제 빈도수 높은 형용사와 모범 답안

香 향기롭다
xiāng

1. 这种花特别香。　　　　　　　이런 꽃은 매우 향기롭다.
2. 这种花又香又漂亮。　　　　　이런 꽃은 향기롭기도 하고 예쁘기도 하다.

> 어휘 　花 huā 명 꽃　　又~ 又~ yòu~ yòu~ ~하기도 하고 ~하기도 하다

脏 더럽다
zāng

1. 我觉得他的手很脏。　　　　나는 그의 손이 더럽다고 생각한다.
2. 他不小心把手弄脏了。　　　그는 실수로 손을 더럽혔다.

> 어휘 　觉得 juéde 동 ~라고 생각하다, 여기다　　不小心 bù xiǎoxīn 실수로, 잘못해서

困 졸리다
kùn

1. 她看起来很困。　　　　　　　그녀는 매우 졸려 보인다.
2. 她今天起床太早了，现在很困。
　　그녀는 오늘 너무 일찍 일어나서, 지금 매우 졸리다.

> 어휘 　起床 qǐ chuáng 동 일어나다

咸 짜다
xián

1. 她觉得这道菜很咸。　　　　　그녀는 이 음식이 매우 짜다고 생각한다.
2. 她现在减肥，不想吃咸的东西。
　　그녀는 지금 다이어트를 해서 짠 음식을 먹고 싶어하지 않는다.

> 어휘 　减肥 jiǎnféi 동 다이어트하다 ☆

乱　어지럽다
luàn

1. 这个房间很乱。　　　　　　　이 방은 매우 어지럽다.
2. 他把他的房间弄乱了。　　　　그는 그의 방을 어지럽혔다.

[어휘] **弄乱** nòng luàn ⑧ 어지럽히다

重　무겁다
zhòng

1. 这些盒子非常重。　　　　　　이 상자들은 아주 무겁다.
2. 这些太重了，抬不动。　　　　이것들은 너무 무거워서 들어올릴 수 없다.

[어휘] **盒子** hézi ⑲ 상자 ☆　　**抬不动** táibudòng 들어올릴 수 없다

兴奋　흥분하다
xīngfèn

1. 比赛非常精彩，他们都很兴奋。　경기가 흥미진진해서 그들은 매우 흥분했다.
2. 他们变得十分兴奋。　　　　　그들은 매우 흥분되었다.

[어휘] **精彩** jīngcǎi ⑲ 뛰어나다, 훌륭하다 ☆　　**变得** biàn de ～로 되다

合适　알맞다, 적합하다
héshì

1. 这条裙子对她正合适。　　　　이 치마는 그녀에게 딱 알맞다.
2. 她穿这条裙子很合适。　　　　그녀가 이 치마를 입으면 잘 어울린다.

[어휘] **裙子** qúnzi ⑲ 치마, 스커트

수진 쌤의 꿀 Tip!

适合는 '적합하다, 알맞다, 적절하다'라는 동사이므로 목적어를 취할 수 있다.
这条裤子很适合你。　이 바지는 너에게 잘 어울린다.

凉快 시원하다
liángkuai

1. 现在天气很凉快。　　　　지금 날씨는 아주 시원하다.
2. 我喜欢比较凉快的天气。　나는 비교적 시원한 날씨를 좋아한다.

어휘 **天气** tiānqì 명 날씨　　**喜欢** xǐhuan 동 좋아하다

紧张 긴장하다
jǐnzhāng

1. 她看起来特别紧张。　　　그녀는 아주 긴장한 것처럼 보인다.
2. 考试前她总是很紧张。　　시험 전에 그녀는 늘 긴장한다.

어휘 **总是** zǒngshì 부 늘, 언제나

严重 심각하다
yánzhòng

1. 他咳嗽得很严重。　　　　그는 기침을 아주 심하게 한다.
2. 他感冒越来越严重了。　　그는 감기에 걸렸는데 갈수록 심해진다.

어휘 **咳嗽** késou 동 기침하다 ★　　**感冒** gǎnmào 동 감기에 걸리다

活泼 활발하다, 활달하다
huópō

1. 她的性格很活泼。　　　　그녀의 성격은 아주 활발하다.
2. 她又可爱又活泼。　　　　그녀는 귀엽고 활발하다.

어휘 **性格** xìnggé 명 성격 ★　　**可爱** kě'ài 형 귀엽다

仔细 세심하다, 꼼꼼하다
zǐxì

1. 他是个很仔细的人。　　　그는 아주 세심한 사람이다.
2. 他做事十分仔细。　　　　그는 하는 일이 매우 꼼꼼하다.

어휘 **做事** zuò shì 동 일을 하다

감정, 상태를 나타내는 형용사에 사용할 수 있는 표현

- **看起来**(kànqǐlái) + 술어: 보기에, 보아하니, ~처럼 보이다
- **又**(yòu) + 술어 + **又**(yòu) + 술어: ~하기도 하고 ~하기도 하다
- **觉得**(juéde) + 술어: ~라고 생각하다
- **感觉**(gǎnjué) + 술어: ~을 느끼다

第1-5题 看图，用词造句。

그림을 보고 주어진 단어를 사용하여 문장을 만드세요.

1

苦

2

辣

3

幸福

4

开心

5

无聊

정답 및 해설 ≫ 해설서 p. 118

실전모의고사

1, 2회분

실제 시험을 보는 것처럼 시간에 맞춰 실전모의고사를 풀어보세요.

잠깐! 테스트 전 확인사항

1. 휴대폰의 전원을 끄셨나요?
2. 답안지, 연필, 지우개가 준비되셨나요?
3. 시계가 준비되셨나요?(제한시간 약100분)

1회 해설서는 p.120, 2회 해설서는 p.179에 수록되어 있습니다.

HSK（四级）答题卡

HSK (4급) 답안지 작성법

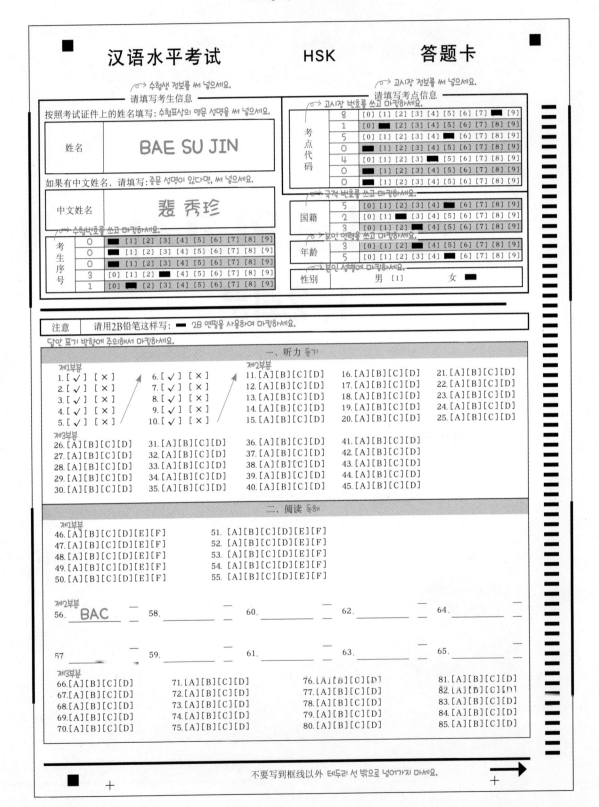

汉语水平考试　　　　HSK　　　　答题卡

请填写考生信息 — 수험생 정보를 써 넣으세요.

按照考试证件上的姓名填写: 수험표상의 영문 성명을 써 넣으세요.

| 姓名 | BAE SU JIN |

如果有中文姓名，请填写: 중문 성명이 있다면, 써 넣으세요.

| 中文姓名 | 裴秀珍 |

수험번호를 쓰고 마킹하세요.

考生序号	0	[■][1][2][3][4][5][6][7][8][9]
	0	[■][1][2][3][4][5][6][7][8][9]
	0	[■][1][2][3][4][5][6][7][8][9]
	3	[0][1][2][■][4][5][6][7][8][9]
	1	[0][■][2][3][4][5][6][7][8][9]

请填写考点信息 — 고시장 정보를 써 넣으세요.

고시장 번호를 쓰고 마킹하세요.

考点代码	8	[0][1][2][3][4][5][6][7][■][9]
	1	[0][■][2][3][4][5][6][7][8][9]
	5	[0][1][2][3][4][■][6][7][8][9]
	0	[■][1][2][3][4][5][6][7][8][9]
	4	[0][1][2][3][■][5][6][7][8][9]
	0	[■][1][2][3][4][5][6][7][8][9]

국적 번호를 쓰고 마킹하세요.

| 国籍 | 5 | [0][1][2][3][4][■][6][7][8][9] |
| | 2 | [0][1][■][3][4][5][6][7][8][9] |

본인 연령을 쓰고 마킹하세요.

| 年龄 | 3 | [0][1][2][■][4][5][6][7][8][9] |
| | 5 | [0][1][2][3][4][■][6][7][8][9] |

본인 성별에 마킹하세요.

| 性别 | 男 [1] | 女 ■ |

注意　请用2B铅笔这样写: ■　2B 연필을 사용하여 마킹하세요.

답안 표기 방향에 주의해서 마킹하세요.

一、听力 듣기

제1부분
1. [✓] [×]
2. [✓] [×]
3. [✓] [×]
4. [✓] [×]
5. [✓] [×]

6. [✓] [×]
7. [✓] [×]
8. [✓] [×]
9. [✓] [×]
10. [✓] [×]

제2부분
11. [A][B][C][D]
12. [A][B][C][D]
13. [A][B][C][D]
14. [A][B][C][D]
15. [A][B][C][D]

16. [A][B][C][D]
17. [A][B][C][D]
18. [A][B][C][D]
19. [A][B][C][D]
20. [A][B][C][D]

21. [A][B][C][D]
22. [A][B][C][D]
23. [A][B][C][D]
24. [A][B][C][D]
25. [A][B][C][D]

제3부분
26. [A][B][C][D]
27. [A][B][C][D]
28. [A][B][C][D]
29. [A][B][C][D]
30. [A][B][C][D]

31. [A][B][C][D]
32. [A][B][C][D]
33. [A][B][C][D]
34. [A][B][C][D]
35. [A][B][C][D]

36. [A][B][C][D]
37. [A][B][C][D]
38. [A][B][C][D]
39. [A][B][C][D]
40. [A][B][C][D]

41. [A][B][C][D]
42. [A][B][C][D]
43. [A][B][C][D]
44. [A][B][C][D]
45. [A][B][C][D]

二、阅读 독해

제1부분
46. [A][B][C][D][E][F]
47. [A][B][C][D][E][F]
48. [A][B][C][D][E][F]
49. [A][B][C][D][E][F]
50. [A][B][C][D][E][F]

51. [A][B][C][D][E][F]
52. [A][B][C][D][E][F]
53. [A][B][C][D][E][F]
54. [A][B][C][D][E][F]
55. [A][B][C][D][E][F]

제2부분
56. BAC ___
57. ___
58. ___
59. ___
60. ___
61. ___
62. ___
63. ___
64. ___
65. ___

제3부분
66. [A][B][C][D]
67. [A][B][C][D]
68. [A][B][C][D]
69. [A][B][C][D]
70. [A][B][C][D]

71. [A][B][C][D]
72. [A][B][C][D]
73. [A][B][C][D]
74. [A][B][C][D]
75. [A][B][C][D]

76. [A][B][C][D]
77. [A][B][C][D]
78. [A][B][C][D]
79. [A][B][C][D]
80. [A][B][C][D]

81. [A][B][C][D]
82. [A][B][C][D]
83. [A][B][C][D]
84. [A][B][C][D]
85. [A][B][C][D]

不要写到框线以外 테두리 선 밖으로 넘어가지 마세요.

86. 医生正在给病人看病。 ——

87. _____ ——

88. _____ ——

89. _____ ——

90. _____ ——

91. _____ ——

92. _____ ——

93. _____ ——

94. _____ ——

95. _____

96. 他把沙发抬起来了。 ——

97. _____ ——

98. _____ ——

99. _____ ——

100. _____

汉语水平考试
HSK（四级）模拟试题
第一套

注　　　意

一、 HSK（四级）分三部分：

　　1. 听力（45题，约30分钟）

　　2. 阅读（40题，40分钟）

　　3. 书写（15题，25分钟）

二、 听力结束后，有5分钟填写答题卡。

三、 全部考试约105分钟（含考生填写个人信息时间5分钟）。

一、听力

第一部分

第1－10题：判断对错。

例如：我想去办个信用卡，今天下午你有时间吗？陪我去一趟银行？

　　　★ 他打算下午去银行。　　　　　　　　　　　　　　（ ✓ ）

　　　现在我很少看电视，其中一个原因是，广告太多了，不管什么时间，也不管什么节目，只要你打开电视，总能看到那么多的广告，浪费我的时间。

　　　★ 他喜欢看电视广告。　　　　　　　　　　　　　　（ ✗ ）

1. 　★ 正式通知还没下来。　　　　　　　　　　　　　　（　）

2. 　★ 他希望快点儿下雪。　　　　　　　　　　　　　　（　）

3. 　★ 小李和同学意见不同。　　　　　　　　　　　　　（　）

4. 　★ 那种手机很受欢迎。　　　　　　　　　　　　　　（　）

5. 　★ 他们想学乒乓球。　　　　　　　　　　　　　　　（　）

6. 　★ 电影票已经卖完了。　　　　　　　　　　　　　　（　）

7. 　★ 他想报名参加普通话考试。　　　　　　　　　　　（　）

8. 　★ 她在国家图书馆工作。　　　　　　　　　　　　　（　）

9. 　★ 手机有很多用途。　　　　　　　　　　　　　　　（　）

10. 　★ 他们来不及收拾行李。　　　　　　　　　　　　　（　）

第二部分

第11-25题：请选出正确答案。

例如： 女：该加油了，去机场的路上有加油站吗？

男：有，你放心吧。

问：男的主要是什么意思？

A 去机场   B 快到了   C 油是满的   D 有加油站 ✓

11.   A 厕所   B 银行   C 宾馆   D 地铁站

12.   A 散步   B 旅行   C 结婚   D 看电影

13.   A 倒垃圾   B 修理家具   C 收拾厨房   D 尝一下汤

14.   A 那儿不让停   B 太危险   C 距离很近   D 停车费贵

15.   A 十分难过   B 特别轻松   C 很冷静   D 很吃惊

16.   A 草地上   B 行李箱里   C 房间里   D 床下

17.   A 表格弄脏了   B 电话占线   C 再发一遍   D 再打印一份

18.   A 迷路了   B 被骗了   C 没带钥匙   D 要加班

19.   A 餐厅   B 动物园   C 游泳馆   D 洗手间

20.   A 非常流行   B 非常有趣   C 不够浪漫   D 没有意思

21.   A 叔叔   B 儿子   C 弟弟   D 母亲

22.   A 再找路   B 坐出租车走   C 问警察   D 下来推车

23.   A 要照顾母亲   B 外语不合格   C 年龄太大   D 不符合要求

24.   A 认真练习   B 戴泳帽   C 慢慢游   D 不要害怕

25.   A 工作有问题   B 被批评了   C 事情没办好   D 文件丢了

第三部分

第26－45题：请选出正确答案。

例如： 男：把这个文件复印五份，一会儿拿到会议室发给大家。

女：好的。会议是下午3点吗?

男：改了。三点半，推迟了半个小时。

女：好，602会议室没变吧?

男：对，没变。

问：会议几点开始?

A 两点　　　　　　B 3点　　　　　　C 15：30 ✓　　　　D 18：00

26.　A 搬东西　　　　B 抽时间　　　　C 取报纸　　　　D 洗衣服

27.　A 个子　　　　　B 力气　　　　　C 性格　　　　　D 声音

28.　A 邮局没开门　　B 没带钱包　　　C 没拿信用卡　　D 地址忘记了

29.　A 邻居家　　　　B 超市　　　　　C 医院　　　　　D 药店

30.　A 要研究气候　　B 工作需要　　　C 学习　　　　　D 生病了

31.　A 冰箱　　　　　B 镜子　　　　　C 塑料桶　　　　D 皮鞋

32.　A 海洋公园　　　B 森林公园　　　C 游乐园　　　　D 长城

33. A 肚子不舒服　　B 饿死了　　　C 腿疼　　　　D 心情不好

34. A 客厅很小　　　B 周围很安静　C 很破　　　　D 在公司附近

35. A 约会　　　　　B 理发　　　　C 买手机　　　D 看电影

36. A 能见到名人　　B 干净卫生　　C 买一送一　　D 广告做得好

37. A 无需预约　　　B 卖西装　　　C 价格贵　　　D 在郊区

38. A 记者　　　　　B 校长　　　　C 新同学　　　D 学生

39. A 介绍学校环境　B 介绍学校历史　C 安排讨论　　D 发奖金

40. A 很无聊　　　　B 更有趣　　　C 让人变懒　　D 很辛苦

41. A 海边　　　　　B 滑雪场　　　C 游乐园　　　D 游泳馆

42. A 让人有信心　　B 降低费用　　C 提高竞争力　D 有效使用时间

43. A 打扰到他人　　B 危害健康　　C 变穷　　　　D 让人讨厌

44. A 天气　　　　　B 经济水平　　C 职业环境　　D 好吃的东西

45. A 是个导游　　　B 不爱照相　　C 是著名作家　D 去过很多地方

二、阅读

第一部分

第46－50题：选词填空。

A 丰富　　　　B 节　　　　C 错误　　　　D 坚持　　　　E 超过　　　　F 一切

例如：她每天都（　D　）走路上下班，所以身体一直很不错。

46.　　既然知道不是你的（　　　　），你就别往心里去了。

47.　　这又不是写论文的，不管写什么内容，不用（　　　　）一万字。

48.　　人生没有正确答案，只要你想干什么就干什么，那么（　　　　）都有可能。

49.　　黑板上老师写的内容先不要擦掉，老师说下一（　　　　）课还要继续讲。

50.　　张师傅的经验很（　　　　），你要多向他学习，有时间就和他多交流。

第51-55题：选词填空。

A 提醒　　　B 座位　　　C 温度　　　D 准时　　　E 举行　　　F 考虑

例如：A：今天真冷啊，好象白天最高（　C　）才20℃。
　　　B：刚才电视里说明天更冷。

51.　A：请让一下，先生，这是我的（　　）。
　　　B：不好意思，我以为这儿没有人呢。

52.　A：你跟王总联系了吗？他同意这次合同吗？
　　　B：联系过了，他说会（　　）我们的建议。

53.　A：下周运动会的地点改到友谊体育中心了，时间不变，不见不散啊。
　　　B：好的，我一定（　　）到。

54.　A：小姐，等一下，你的手机忘拿了。
　　　B：谢谢师傅，要不是你（　　）我，我都没想起来呢。

55.　A：刚才新闻里说什么？你听清楚了吗？
　　　B：北京要（　　）青年奥运会。

第二部分

第56－65题：排列顺序。

例如：　A 可是今天起晚了

　　　　B 平时我骑自行车上下班

　　　　C 所以就打车来公司　　　　　　　　　　　　 B A C

56.　A 但有几处语法错误

　　　B 这篇论文写得还不错

　　　C 我已经画出来了，你先改一下，然后再发给我　　＿＿＿＿＿＿

57.　A 估计是看电视时间过长引起的

　　　B 医生建议我没事多在外面走走，少看电视

　　　C 我最近眼睛疼得不得了　　　　　　　　　　　＿＿＿＿＿＿

58.　A 并且启发了我的思想

　　　B 他给我留下了很深刻的印象

　　　C 我在学校认识了一个特别聪明的学生　　　　　＿＿＿＿＿＿

59.　A 这种白色的花很漂亮

　　　B 所以我就买了点儿回来

　　　C 听说放在室内，能起到让心情变轻松的作用　　＿＿＿＿＿＿

60.　A 我们离机场大约还有10公里

　　　B 等到了我再告诉你

　　　C 你要是累了就休息一会儿吧，我刚刚看了一下　＿＿＿＿＿＿

61. A 就直接去那家餐厅

B 肯定要排队

C 要是不提前预约 _____

62. A 有些方面准备得还不够好

B 这是我们第一次举行这么大的比赛

C 希望大家能理解，我们会继续努力的 _____

63. A 喂，你告诉我的这条路好像不太正确

B 麻烦你过来接我吧

C 到处找也没找到你说的餐厅 _____

64. A 一共是4000元

B 小徐，昨天房东打电话了

C 我们得交9月和10月的房费 _____

65. A 这份工作就先交给你了

B 小张，我下周要出国

C 如果有什么问题及时联系我 _____

第三部分

第66－85题：请选出正确答案。

例如： 她很活泼，说话很有趣，总给我们带来欢乐，我们都很喜欢和她在一起。

★ 她是个什么样的人？

A 幽默 ✓ B 马虎 C 骄傲 D 害羞

66. 李老师，麻烦您再帮我准备教材吧。听说报名的学生人数比原计划还增加了两倍，现有的教材肯定不够。

★ 说话人让李老师：

A 解决问题 B 减少人数

C 准备教材 D 按原计划进行

67. 工作的时候，要尊重有能力的人，不要怀疑他们的做事方法，要敢于放手让他们随便去做。所以人们常说"用人不疑，疑人不用"。

★ 对于有能力的人，应该：

A 更加严格 B 相信他们 C 多表扬 D 多发工资

68. 女儿，我今晚突然有聚会，你要是饿了可以先吃点儿饼干，等我回家给你买烤鸭吃。

★ 说话人：

A 压力不大 B 晚上有约会

C 讨厌吃烤鸭 D 晚上加班

69. 紫金山是中国著名的旅游景区，每年都会吸引很多游客前来参观。紫金山四季分明，景色也特别美丽，每一个季节都有自己的特点。如果您想真正了解紫金山的美丽，那么就请来紫金山做客吧。

   ★ 关于紫金山，可以知道什么？

   A 景色美丽　　　　　　　　　B 附近商店多

   C 温度很低　　　　　　　　　D 交通不便

70. 我知道一个教英文的网站，上面有很多免费提供的语法材料。你如果感兴趣，我把网址发给你吧。

   ★ 通过那个网站，可以：

   A 学英语　　　　　　　　　　B 购买机票

   C 获取招聘信息　　　　　　　D 申请留学

71. 我周六去看篮球比赛了。我支持的球队在比赛结束前的最后3秒进了一个球，赢了那场比赛。所有喜欢他们的球迷都特别激动。

   ★ 他支持的球队：

   A 没按时到场　　　　　　　　B 水平很差

   C 赢了　　　　　　　　　　　D 判决有误

72. 大家都说对小张的印象很好。虽然他不爱说话，但很有礼貌，对人也非常友好，不管谁在工作上向他提出要求，他都很愿意提供帮助。

   ★ 说话人觉得小张：

   A 喜欢帮助别人　　　　　　　B 很诚实

   C 说话直接　　　　　　　　　D 很有信心

73. 老张，你身体这么不好，就别再抽烟了。你难道忘掉医生的话了？你一定要对自己的健康负责呀。

   ★ 关于老张，可以知道：

   A 皮肤很白　　　　　　　　　B 拒绝打针

   C 很细心　　　　　　　　　　D 经常抽烟

74. 人们都有长处和短处。不聪明的人常拿自己的长处与别人的缺点比，因此总是觉得自己很骄傲；然而聪明人却正好相反，他们拿自己的短处和别人的长处比，所以总是在积极地向别人学习，以使自己变得更优秀。

★ 聪明的人：

A 有责任心   B 常学他人的长处

C 没烦恼   D 主意多

75. 小刘从小的梦想就是当一名足球选手。为了加入国家队，他做了很多努力。尽管后来失败了，但每次想起那个时候，他都表示自己并不痛苦，因为追求梦想的过程让他感到很幸福。

★ 他为什么不后悔？

A 学到了技术   B 为梦想努力过

C 赚钱了   D 获得了经验

76. 你女朋友找到工作了吗？我记得她是搞建筑的，我们公司现在正好在招这个行业的人，收入也不错，你问问她有没有兴趣。

★ 那个公司要招聘哪方面的人？

A 建筑   B 法律   C 数学   D 基础科学

77. 我从来不在网上买衣服，因为想买的话，就一定要试穿，才能知道大小合不合适。而且网上卖的衣服质量很差劲，一不小心买到假的就不好办了。

★ 他为什么不在网上买衣服？

A 担心质量   B 邮费贵

C 卖家服务不好   D 送货速度慢

78. 有的人常说："长相决定人生的一切"。其实，长相虽然重要，但是能够正确认识自己的长处，选择适合自己能做好的事并坚持下去，才是成功的关键。

★ 根据这段话，成功的关键是什么？

A 做适合自己的事   B 有魅力

C 按照规定做   D 长相

79. 一位公司的面试官指出：有些学生成绩很优秀，但连简单的交流都有问题。他们不敢大声回答，而且不敢抬头看面试官。学生们应该理解工作与在校园学习是不一样的，要积极改变自己，以早日适应社会。

★ 根据这段话，学生们应该：

A 按时做作业   B 提高要求

C 多努力学习   D 适应社会

80-81

许多人认为工作太忙没有时间是他们不做运动的主要原因。其实，最重要的是让他们知道到处都有锻炼身体的机会。上下班乘坐电梯或公交车时，提前一站下车，步行前往；上楼时放弃乘坐电梯，改爬楼梯。这些不都是在锻炼身体吗？

★ 许多人认为自己缺少锻炼的原因是：

A 学习任务重   B 动作难懂

C 工作太忙   D 身体条件差

★ 根据这段话，可以知道：

A 跑步能减肥   B 运动要有选择

C 到处都可以运动   D 要坚持运动

82-83

　　这本书的作者是位著名的历史学家，这本书共分为三个部分，详细地介绍了古代中国的社会发展情况和成就。书中不仅提到了中国文学发展的思潮，也介绍了农业发展过程中出现的一些问题。书的内容很丰富多采，值得一看。

　　★ 那本书主要讲的是：

　　　A 节日文化　　　　　　　　B 民族文化

　　　C 中国经济发展　　　　　　D 中国古代社会

　　★ 说话人认为那本书怎么样？

　　　A 很精彩　　　　　　　　　B 用词不准确

　　　C 让人失望　　　　　　　　D 语言幽默

84-85

　　有些孩子们为什么会有坏习惯？这个问题往往可以从父母的态度上找到答案。一些父母说的是一个样子，做的却是另外一个样子。比如，父母刚跟孩子说环保的问题，自己却又乱扔垃圾。实际上，孩子从父母身上学到的并不只是知识，还有一言一行的态度。父母要永远记得：自己的一切都会影响孩子的习惯，甚至会影响他们的一生。

　　★ 孩子的坏习惯可能和什么有关？

　　　A 互联网信息　　　　　　　B 社会环境

　　　C 学校教育　　　　　　　　D 父母的习惯

　　★ 这段话告诉父母要：

　　　A 学会原谅　　　　　　　　B 注意言行

　　　C 重视阅读　　　　　　　　D 多鼓励孩子

三、书写

第一部分

第86-95题：完成句子。

例如： 那座桥　800年的　历史　有　了

那座桥有800年的历史了。

86. 你这次　　顺利　　考试　　吗

87. 我想　　成绩　　的　　看看你们俩

88. 她坐的　　刚刚　　出发　　火车

89. 弟弟　　被　　吃光　　饼干　　了

90. 在　　他们好像　　什么事情　　讨论

91. 运动　　有好处　　对身体　　坚持

92. 进行了　　左右　　这次活动　　一个月

93. 一些　　我感觉　　今年夏天　　热　　比去年

94. 重要　　获得成功的　　准备是　　条件

95. 给王总　　那个座位　　是专门　　留的

第二部分

第96－100题：看图，用词造句。

例如： 乒乓球 他很喜欢打乒乓球。

96.  短信

97.  巧克力

98.  脏

99.  商量

100. 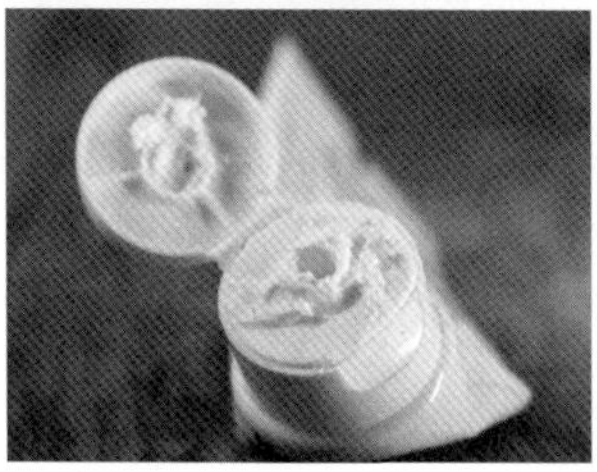 牙膏

HSK（四级）答题卡

汉语水平考试　　　　HSK　　　　答题卡

—— 请填写考生信息 ——　　　　　　—— 请填写考点信息 ——

按照考试证件上的姓名填写：

姓名

如果有中文姓名，请填写：

中文姓名

考生序号
[0] [1] [2] [3] [4] [5] [6] [7] [8] [9]
[0] [1] [2] [3] [4] [5] [6] [7] [8] [9]
[0] [1] [2] [3] [4] [5] [6] [7] [8] [9]
[0] [1] [2] [3] [4] [5] [6] [7] [8] [9]
[0] [1] [2] [3] [4] [5] [6] [7] [8] [9]

考点代码
[0] [1] [2] [3] [4] [5] [6] [7] [8] [9]
[0] [1] [2] [3] [4] [5] [6] [7] [8] [9]
[0] [1] [2] [3] [4] [5] [6] [7] [8] [9]
[0] [1] [2] [3] [4] [5] [6] [7] [8] [9]
[0] [1] [2] [3] [4] [5] [6] [7] [8] [9]
[0] [1] [2] [3] [4] [5] [6] [7] [8] [9]
[0] [1] [2] [3] [4] [5] [6] [7] [8] [9]

国籍
[0] [1] [2] [3] [4] [5] [6] [7] [8] [9]
[0] [1] [2] [3] [4] [5] [6] [7] [8] [9]
[0] [1] [2] [3] [4] [5] [6] [7] [8] [9]

年龄
[0] [1] [2] [3] [4] [5] [6] [7] [8] [9]
[0] [1] [2] [3] [4] [5] [6] [7] [8] [9]

性别　　　　男 [1]　　　　女 [2]

注意　　　请用2B铅笔这样写：▬

一、听力

1.[✓] [✗]　　6.[✓] [✗]　　11.[A][B][C][D]　　16.[A][B][C][D]　　21.[A][B][C][D]
2.[✓] [✗]　　7.[✓] [✗]　　12.[A][B][C][D]　　17.[A][B][C][D]　　22.[A][B][C][D]
3.[✓] [✗]　　8.[✓] [✗]　　13.[A][B][C][D]　　18.[A][B][C][D]　　23.[A][B][C][D]
4.[✓] [✗]　　9.[✓] [✗]　　14.[A][B][C][D]　　19.[A][B][C][D]　　24.[A][B][C][D]
5.[✓] [✗]　　10.[✓] [✗]　　15.[A][B][C][D]　　20.[A][B][C][D]　　25.[A][B][C][D]

26.[A][B][C][D]　　31.[A][B][C][D]　　36.[A][B][C][D]　　41.[A][B][C][D]
27.[A][B][C][D]　　32.[A][B][C][D]　　37.[A][B][C][D]　　42.[A][B][C][D]
28.[A][B][C][D]　　33.[A][B][C][D]　　38.[A][B][C][D]　　43.[A][B][C][D]
29.[A][B][C][D]　　34.[A][B][C][D]　　39.[A][B][C][D]　　44.[A][B][C][D]
30.[A][B][C][D]　　35.[A][B][C][D]　　40.[A][B][C][D]　　45.[A][B][C][D]

二、阅读

46.[A][B][C][D][E][F]　　51.[A][B][C][D][E][F]
47.[A][B][C][D][E][F]　　52.[A][B][C][D][E][F]
48.[A][B][C][D][E][F]　　53.[A][B][C][D][E][F]
49.[A][B][C][D][E][F]　　54.[A][B][C][D][E][F]
50.[A][B][C][D][E][F]　　55.[A][B][C][D][E][F]

56.　　58.　　60.　　62.　　64.

57.　　59.　　61.　　63.　　65.

66.[A][B][C][D]　　71.[A][B][C][D]　　76.[A][B][C][D]　　81.[A][B][C][D]
67.[A][B][C][D]　　72.[A][B][C][D]　　77.[A][B][C][D]　　82.[A][B][C][D]
68.[A][B][C][D]　　73.[A][B][C][D]　　78.[A][B][C][D]　　83.[A][B][C][D]
69.[A][B][C][D]　　74.[A][B][C][D]　　79.[A][B][C][D]　　84.[A][B][C][D]
70.[A][B][C][D]　　75.[A][B][C][D]　　80.[A][B][C][D]　　85.[A][B][C][D]

不要写到框线以外

三、书写

86. _____

87. _____

88. _____

89. _____

90. _____

91. _____

92. _____

93. _____

94. _____

95. _____

96. _____

97. _____

98. _____

99. _____

100. _____

汉语水平考试
HSK（四级）模拟试题
第二套

注　　　意

一、 HSK（四级）分三部分：

　　1. 听力（45题，约30分钟）

　　2. 阅读（40题，40分钟）

　　3. 书写（15题，25分钟）

二、 听力结束后，有5分钟填写答题卡。

三、 全部考试约105分钟（含考生填写个人信息时间5分钟）。

一、听力

第一部分

第1-10题：判断对错。

例如： 我想去办个信用卡，今天下午你有时间吗? 陪我去一趟银行?

　　　★ 他打算下午去银行。　　　　　　　　　　　　　　　（ ✓ ）

　　　现在我很少看电视，其中一个原因是，广告太多了，不管什么时间，也不管什么节目，只要你打开电视，总能看到那么多的广告，浪费我的时间。

　　　★ 他喜欢看电视广告。　　　　　　　　　　　　　　　（ × ）

1. 　★ 会议提前了。　　　　　　　　　　　　　　　　　　（　）

2. 　★ 他们现在在餐厅。　　　　　　　　　　　　　　　　（　）

3. 　★ 他父亲是一位律师。　　　　　　　　　　　　　　　（　）

4. 　★ 他们两个人不熟悉。　　　　　　　　　　　　　　　（　）

5. 　★ 那本书是张教授送的。　　　　　　　　　　　　　　（　）

6. 　★ 他同意妈妈的看法。　　　　　　　　　　　　　　　（　）

7. 　★ 那部电影很无聊。　　　　　　　　　　　　　　　　（　）

8. 　★ 绿茶蛋糕正在打折。　　　　　　　　　　　　　　　（　）

9. 　★ 适应新环境需要一个过程。　　　　　　　　　　　　（　）

10. 　★ 旅游时间还没有定。　　　　　　　　　　　　　　（　）

第二部分

第11－25题：请选出正确答案。

例如： 女：该加油了，去机场的路上有加油站吗？

男：有，你放心吧。

问：男的主要是什么意思？

A 去机场　　　　B 快到了　　　　C 油是满的　　　　D 有加油站 ✓

11. A 学生　　　　B 公司职员　　　　C 老板　　　　D 老师

12. A 首都剧院　　　　B 公园　　　　C 体育场　　　　D 教室

13. A 瘦了　　　　B 胖了　　　　C 结婚了　　　　D 哭了

14. A 拿厚衣服　　　　B 带上自己　　　　C 带牙刷　　　　D 少带衣服

15. A 是个老板　　　　B 放弃了学习　　　　C 钢琴弹得好　　　　D 年龄很小

16. A 邮件发不了　　　　B 忘打电话了　　　　C 对方没时间　　　　D 电话打不通

17. A 词语错误很多　　　　B 不适合老人　　　　C 很旧　　　　D 很受欢迎

18. A 没有客厅　　　　B 不会降价　　　　C 房租很贵　　　　D 正在道歉

19.   A 父亲   B 母亲   C 儿子   D 女儿

20.   A 想学车   B 想买杂志   C 想当老师   D 打算买车

21.   A 暑假时   B 年底   C 明天   D 春天

22.   A 要打扫   B 外边不下雨了   C 想吃饭   D 先别倒垃圾

23.   A 有人敲门   B 孩子醒了   C 电话在响   D 门坏了

24.   A 汽车   B 飞机上   C 剧场   D 学校

25.   A 改密码   B 买电脑   C 借电话   D 借电脑

第三部分

第26—45题：请选出正确答案。

例如： 男：把这个文件复印五份，一会儿拿到会议室发给大家。

女：好的。会议是下午3点吗？

男：改了。三点半，推迟了半个小时。

女：好，602会议室没变吧？

男：对，没变。

问：会议几点开始？

A 两点　　　　　B 3点　　　　　C 15：30 ✓　　　　　D 18：00

26.　A 锻炼身体　　　B 电梯停电　　　C 没有电梯　　　D 生病了

27.　A 他们在吃饭　　　　　　　　　B 女的在邮局
　　　C 东西没收到　　　　　　　　　D 是母亲和儿子间的对话

28.　A 小夏是学生　　　B 学过管理　　　C 学习不好　　　D 学过音乐

29.　A 头疼得厉害　　　B 很会照顾自己　　C 咳嗽严重了　　D 没吃药

30.　A 照片不合格　　　B 没有交钱　　　C 没交照片　　　D 年纪没填

31.　A 商店旁边　　　B 学校西门　　　C 学校东门　　　D 超市东门

32.　A 生孩子　　　B 喜欢吃糖　　　C 喜欢水果　　　D 准备结婚

33.   A 20元   B 8元   C 10元5角   D 2元

34.   A 想晚点儿回家   B 不想考试   C 回家的路上   D 不开心

35.   A 语法错误   B 让人失望   C 语言精彩   D 内容简单

36.   A 422   B 300   C 1000   D 500

37.   A 更多了   B 更大了   C 叶子更多了   D 数量少了

38.   A 很有爱心   B 生活富有   C 看重输赢   D 身体健康

39.   A 开心更重要   B 对自己失望   C 努力决定一切   D 要变得富有

40.   A 爱说话   B 喜欢看电视   C 特别自信   D 上过电视

41.   A 朋友很有礼貌   B 节目不好看   C 羡慕朋友   D 朋友唱得难听

42.   A 坐出租车   B 开汽车   C 跑步   D 乘飞机

43.   A 汽车很环保   B 油价很高   C 骑车很环保   D 节日景区人少

44.   A 发展很快   B 不需要电脑   C 报名费高   D 获取知识更难

45.   A 著名老师   B 能上网的电脑   C 我们的生活   D 互联网的影响

二、阅读

第一部分

第46-50题：选词填空。

    A 尽管   B 判断   C 关键   D 坚持   E 情况   F 趟

例如：她每天都（　D　）走路上下班，所以身体一直很不错。

46. 快点儿，不及时出发就来不及坐最后一（　　　）地铁了。

47. 到底是选择艺术专业还是新闻专业，（　　　）得看你的爱好，我们不能代替你拿主意。

48. 阳光对葡萄的味道有比较大的作用，正常（　　　）下，阳光越好，葡萄越甜。

49. （　　　）努力不一定能获得成功，但不努力肯定无法成功。

50. 我们通常可以通过一个人做事的习惯、态度等来（　　　）他的工作能力。

第51－55题：选词填空。

A 偶尔　　　B 顺序　　　C 温度　　　D 既然　　　E 够　　　F 积极

例如： A：今天真冷啊，好象白天最高（　C　）才20℃。

B：刚才电视里说明天更冷。

51.　A：经理，经过考虑，我还是决定离开公司。

B：好吧，（　　　）如此，我尊重你的决定。

52.　A：我出门太粗心，没有带公交卡。你带零钱了吗？

B：有，4块（　　　）吗？

53.　A：如果能举办这个活动，肯定会吸引更多旅客来我们这里旅游。

B：是的，这对城市的发展起非常（　　　）的作用。

54.　A：父亲，您岁数大了，少喝点酒。

B：没事，大夫说，（　　　）喝酒对健康也有好处。

55.　A：客人，请您按（　　　）取餐。

B：非常抱歉，我现在去排队。

第二部分

第56－65题：排列顺序。

例如：　A 可是今天起晚了

　　　　B 平时我骑自行车上下班

　　　　C 所以就打车来公司　　　　　　　　　　　 B　A　C

56.　A 只能用手机简单照了几张

　　　B 但是我没带相机

　　　C 这里的景色很棒　　　　　　　　　　 ＿＿＿＿＿＿＿＿

57.　A 我原来非常紧张

　　　B 但张叔叔给我讲了笑话之后

　　　C 一下子就放松了很多　　　　　　　 ＿＿＿＿＿＿＿＿

58.　A 演员们的演出深深地吸引住了观众

　　　B 还不想离开

　　　C 表演都已经结束了　　　　　　　　 ＿＿＿＿＿＿＿＿

59.　A 也能让人感受幸福

　　　B 其实，有时候只是一张写满关心的纸条

　　　C 有人说，做浪漫的事情需要很多钱　 ＿＿＿＿＿＿＿＿

60.　A 森林公园里有很多的植物

　　　B 让他多学点儿自然知识

　　　C 周末我们带孩子去参观一下吧　　　 ＿＿＿＿＿＿＿＿

61. A 这个外国年轻人

B 因此完全不用翻译

C 汉语说得很好，普通话讲得比我还流利　　＿＿＿＿＿＿＿＿

62. A 我担心会影响到他们

B 就没有跟他们打招呼

C 校长现在和同事聊天儿　　＿＿＿＿＿＿＿＿

63. A 那时奶奶害羞得不敢抬头见爷爷

B 说起和爷爷的第一次约会，奶奶仍然记得很清楚

C 连脸都红了　　＿＿＿＿＿＿＿＿

64. A 这里写明这份工作对应聘者的岁数没有要求

B 我看过这个招聘要求了

C 只要有科学研究经历就可以　　＿＿＿＿＿＿＿＿

65. A 以减少对比赛胜负的影响

B 其质量有严格的要求

C 国际比赛中使用的羽毛球与普通羽毛球不一样　　＿＿＿＿＿＿＿＿

第三部分

第66－85题：请选出正确答案。

例如：她很活泼，说话很有趣，总给我们带来欢乐，我们都很喜欢和她在一起。

★ 她是个什么样的人？

A 幽默 ✓   B 马虎   C 骄傲   D 害羞

66.   小张，我看过了你昨天提交的调查报告，写得很好，而且你发现了很多新问题。但是，你在提出问题的时候，最好也提供一下解决这个问题的方法。

★ 小张的那份调查：

A 很简单   B 发现了新问题

C 写得不好   D 今天提交的

67.   人们经常说；"说了就要做到"。这句话说明我们要对自己说过的话负责任，只说不做的人很难给别人留下好印象。

★ 根据这段对话，我们要：

A 对自己的话负责   B 对别人负责

C 好好学习   D 努力工作

68.   姐姐是一家医院的医生，经常要加班到很晚才能下班，有时连节假日也上班。但即使如此，她也从不说累，因为她很爱这个工作。

★ 关于姐姐，可以知道：

A 是个老师   B 是个售货员

C 经常加班   D 不喜欢加班

69. 在中国，火车票可以提前2个月购买，购买车票后，乘客的出行计划如有变化，可在距离火车出发30分钟前进行改签，但是需要注意的是每张车票只能改签一次。

★ 如果想要改签车票，应该：

A 至少提前30分钟　　　　　B 提前2个月

C 提交照片　　　　　　　　D 提交书面申请

70. 对于相同的一件事情，每个人都有不同的看法。我们无法让全部人都接受自己的看法，但应该允许不同的声音出现。

★ 这段话中的"声音"指的是：

A 看法　　　B 汽车　　　C 电视　　　D 别人

71. 很抱歉，春节期间，我们网店的工作量比平常增加了很多。您付款后，我们可能无法马上发货，因此无法肯定您的东西能按时送到，希望您理解。

★ 春节前后，那家网店：

A 十分忙　　　B 休息　　　C 收入减少了　　D 招聘司机

72. 大多数人对越亲的人越缺点儿耐心，但是对那些不了解的人却很有礼貌。这可能是因为我们内心明白，那些真正爱我们的人，即使再伤心也会原谅我们。因此，我们最不应该做的事情就是让爱我们的人伤心。

★ 这段话主要想告诉我们要：

A 重视工作　　　　　　　　B 对亲人耐心

C 做事要有耐心　　　　　　D 不要原谅亲友

73. 她从小生活在南方的一个小城市，今年冬天第一次到北方来，第一次看见这么漂亮的雪景，她高兴得差点儿跳起来。

★ 看到雪景后，她：

A 非常兴奋　　　B 感觉冷　　　C 感觉难过　　　D 想回家

74. 烤鸭是北京一道著名的菜，它不但味道鲜美，而且对人的健康也很有好处，特别是对那些岁数小的女性来说，多吃鸭皮能使皮肤变白。

   ★ 这段话主要谈的是什么？

   A 烤鸭的价格   B 人的健康

   C 吃烤鸭的好处   D 吃烤鸭能减肥

75. 当我小的时候在日记里写过：等我长大了，一定要赚很多钱，然后要去世界旅游。但现在，我有钱了，却没有一点时间去旅游，更别说游遍全世界了。

   ★ 说话人现在：

   A 想吃饭   B 没空儿旅游   C 想长大   D 还很小

76. 人们都应该知道一些简单的法律知识，因为通过它我们能知道哪些事是可以做的，哪些是不能做的。我们必须按照法律要求做事，不要做让自己后悔的事情。

   ★ 根据这段话，我们应该：

   A 好好学习   B 好好工作   C 懂些法律   D 原谅别人

77. 人们经常说，难过时最好不要听音乐，因为它会让人更伤心，但是我伤心时却爱听慢音乐，因为它会让我冷静下来。

   ★ 伤心时听慢音乐，会让说话人：

   A 变有钱   B 变老   C 变冷静   D 变开心

78. 我出差刚回来，家里一个月没人打扫了，到处都很乱，我先整理一下。你先坐沙发上看会儿电视吧。

   ★说话人接下来最可能要做什么？

   A 吃饭   B 看电视   C 收拾房间   D 出差

79. 很多公司都习惯在年底开一场热闹的年会。首先，举办年会是为了对公司一年的工作进行总结；其次，通过表扬优秀者让大家在新的一年里继续努力工作，为公司取得更好的成绩。

★ 年会：

A 多在春天举行　　　　　　　　B 没有意思

C 组织学习　　　　　　　　　　D 有鼓励作用

80－81

上午，妻子给来电话，兴奋地问我："今天是什么日子？"我回答：今天是10月28号星期三，怎么了？"没想到，她听完就很生气地直接把电话挂了。我想半天也没明白因为什么，一直到下班回家，经过一家蛋糕店时，我忽然记起来，原来今天是她的生日。

★ 听完他的话，妻子：

A 很开心　　　　B 哭了　　　　C 生气了　　　　D 很兴奋

★ 根据这段话，下列哪个正确？

A 蛋糕很好吃　　　　　　　　　B 那天是妻子生日

C 忘记买礼物　　　　　　　　　D 他很开心

82－83

海洋是世界上最深的地方，但是比海洋更深的是人心。有些时候，如果我们把所有事情都放在心上，而不讲出来，不但得不到他人的理解，而且容易产生误会。因此，我们多与别人交流，把心中真正的想法讲出来，不要让别人猜，这样才能得到别人的理解与支持。

★ "深"说明人心：

A 总在变化　　　B 都很简单　　　C 难猜　　　　D 易被理解

★ 这段话主要想告诉我们要：

A 原谅别人　　　B 学会理解　　　C 冷静　　　　D 学会交流

每次你对周围那些抽烟者说这样对健康不好时，他们一般都会说：没事，有些人抽了很多年烟，身体一样很健康。他们虽然也明白"有些人"可能只是所有抽烟者的千分之一或者万分之一，但他们仍然相信自己就是其中之一。

★ 很多抽烟者不担心什么？

A 没钱　　　　　B 没工作　　　　C 身体变差　　　D 结婚

★ "万分之一"说明：

A 抽烟者很有钱　　B 健康者很多　　C 难以解释　　　D 健康者极少

三、书写

第一部分

第86－95题：完成句子。

例如： 那座桥　800年的　历史　有　了

那座桥有800年的历史了。
_____

86.　方法了　　吗　　他们想　　出来

87.　感谢你　　我的　　帮助　　对

88.　好方式　　保持健康的　　跑步　　是一种

89.　禁止　　北京的　　餐厅里　　抽烟

90.　考试　　得第一　　要　　我一定　　这次

91.　在超市　　我的　　旁边　　办公室

92.　一直　　老师　　没有　　见到学生

93.　电视　　弄坏　　被女儿　　了

94.　意思　　请告诉我　　的　　这些词语　　准确

95.　比以前　　这个人　　好听了　　唱歌

第二部分

第96—100题：看图，用词造句。

例如：　　　　乒乓球　　　他很喜欢打乒乓球。

96.　　　　　　伤心

97.　　　　　　教授

98.　　　　　　复印

99.　　　　　　整理

100.　　　　　饺子

HSK（四级）答题卡

汉语水平考试　　　　　　HSK　　　　　　答题卡

───── 请填写考生信息 ─────　　　　　　───── 请填写考点信息 ─────

按照考试证件上的姓名填写：

姓名	

如果有中文姓名，请填写：

中文姓名	

考生序号	[0] [1] [2] [3] [4] [5] [6] [7] [8] [9]
	[0] [1] [2] [3] [4] [5] [6] [7] [8] [9]
	[0] [1] [2] [3] [4] [5] [6] [7] [8] [9]
	[0] [1] [2] [3] [4] [5] [6] [7] [8] [9]
	[0] [1] [2] [3] [4] [5] [6] [7] [8] [9]

考点代码	[0] [1] [2] [3] [4] [5] [6] [7] [8] [9]
	[0] [1] [2] [3] [4] [5] [6] [7] [8] [9]
	[0] [1] [2] [3] [4] [5] [6] [7] [8] [9]
	[0] [1] [2] [3] [4] [5] [6] [7] [8] [9]
	[0] [1] [2] [3] [4] [5] [6] [7] [8] [9]
	[0] [1] [2] [3] [4] [5] [6] [7] [8] [9]
	[0] [1] [2] [3] [4] [5] [6] [7] [8] [9]

国籍	[0] [1] [2] [3] [4] [5] [6] [7] [8] [9]
	[0] [1] [2] [3] [4] [5] [6] [7] [8] [9]
	[0] [1] [2] [3] [4] [5] [6] [7] [8] [9]

年龄	[0] [1] [2] [3] [4] [5] [6] [7] [8] [9]
	[0] [1] [2] [3] [4] [5] [6] [7] [8] [9]

性别	男 [1]　　　　女 [2]

注意	请用2B铅笔这样写：▬

一、听力

1. [✓] [✕]　　6. [✓] [✕]　　11. [A][B][C][D]　　16. [A][B][C][D]　　21. [A][B][C][D]
2. [✓] [✕]　　7. [✓] [✕]　　12. [A][B][C][D]　　17. [A][B][C][D]　　22. [A][B][C][D]
3. [✓] [✕]　　8. [✓] [✕]　　13. [A][B][C][D]　　18. [A][B][C][D]　　23. [A][B][C][D]
4. [✓] [✕]　　9. [✓] [✕]　　14. [A][B][C][D]　　19. [A][B][C][D]　　24. [A][B][C][D]
5. [✓] [✕]　　10. [✓] [✕]　　15. [A][B][C][D]　　20. [A][B][C][D]　　25. [A][B][C][D]

26. [A][B][C][D]　　31. [A][B][C][D]　　36. [A][B][C][D]　　41. [A][B][C][D]
27. [A][B][C][D]　　32. [A][B][C][D]　　37. [A][B][C][D]　　42. [A][B][C][D]
28. [A][B][C][D]　　33. [A][B][C][D]　　38. [A][B][C][D]　　43. [A][B][C][D]
29. [A][B][C][D]　　34. [A][B][C][D]　　39. [A][B][C][D]　　44. [A][B][C][D]
30. [A][B][C][D]　　35. [A][B][C][D]　　40. [A][B][C][D]　　45. [A][B][C][D]

二、阅读

46. [A][B][C][D][E][F]　　51. [A][B][C][D][E][F]
47. [A][B][C][D][E][F]　　52. [A][B][C][D][E][F]
48. [A][B][C][D][E][F]　　53. [A][B][C][D][E][F]
49. [A][B][C][D][E][F]　　54. [A][B][C][D][E][F]
50. [A][B][C][D][E][F]　　55. [A][B][C][D][E][F]

56. _____　　58. _____　　60. _____　　62. _____　　64. _____

57. _____　　59. _____　　61. _____　　63. _____　　65. _____

66. [A][B][C][D]　　71. [A][B][C][D]　　76. [A][B][C][D]　　81. [A][B][C][D]
67. [A][B][C][D]　　72. [A][B][C][D]　　77. [A][B][C][D]　　82. [A][B][C][D]
68. [A][B][C][D]　　73. [A][B][C][D]　　78. [A][B][C][D]　　83. [A][B][C][D]
69. [A][B][C][D]　　74. [A][B][C][D]　　79. [A][B][C][D]　　84. [A][B][C][D]
70. [A][B][C][D]　　75. [A][B][C][D]　　80. [A][B][C][D]　　85. [A][B][C][D]

不要写到框线以外

三、书写

86. _____

87. _____

88. _____

89. _____

90. _____

91. _____

92. _____

93. _____

94. _____

95. _____

96. _____

97. _____

98. _____

99. _____

100. _____

최신 개정판

배수진 l 저

파고다
HSK

해설서

4급
종합서

PAGODA Books

최신 개정판

파고다
HSK

해설서

4급
종합서

HSK
4급

실전테스트

공략비법 01 직업, 신분 관련 문제

1.

她是当时韩国最著名的女演员，演的每部电视剧都非常受欢迎。即使现在她已不再演电视剧了，但仍然有很多人喜欢她。

★ 那位女演员很受欢迎。

2.

新搬来的邻居是一名律师，他很有礼貌，对人也很友好，大家对他的印象都很好。

★ 新邻居是艺术家。

3.

他很有耐心，把客人感兴趣的复印机都详细地说明了一遍，还让我们复印几张试试，他热情的态度给客人留下了很深的印象。

★ 这位售货员很热情。

4.

这件是我们店今年的新款，而且价格也不贵，我觉得很适合你，喜欢可以试穿一下。

★ 他很可能是售货员。

5.

爸爸妈妈都是老师，所以他们一直都希望我也当一名老师。虽然我觉得老师很好，但是我更想做一名牙医。

★ 他想当老师。

공략비법 02 장소, 시간 문제

1.

小张打电话说他可能要迟到了，让你们稍微等一会儿。这里风大，我们去对面的咖啡馆儿等他吧。不用站在这儿。

★ 他建议去咖啡馆儿等小张。

2.

这儿距离地铁站就十几分钟的路，咱们现在过去还来得及。你慢慢收拾一下，我们等会儿就出发。

★ 现在出发来不及了。

3.

小陈，实在是太感谢你了。如果不是你及时通知我活动的时间提前了，我一定来不及参加。那样的话就太可惜了。

★ 说话人没赶上活动。

4.

太阳花因喜欢阳光而得名，阳光越好，花儿也就开得越好。而且太阳花的颜色很丰富、很漂亮，非常适合在家里养。

★ 太阳花喜欢有阳光的地方。

5.

我下午本来打算去图书馆学习的，但是好朋友突然打电话来说要我陪他去买东西，我们就一起去了商场。

★ 他下午没有去图书馆学习。

공략비법 03 **전체 내용 파악 문제**

1.

我最近读过两篇跟社会有关的文章，一篇介绍的是环境污染，另外一篇介绍的是法律问题，都很有趣，让我学到了很多知识。

★ 他读了介绍长城的文章。

2.

很多人认为，牙刷只要没坏就可以继续使用，然而牙刷与筷子一样，都需要经常换。一般来说，牙刷的使用时间最好别超过两个月。

★ 牙刷也需要经常换。

3.

这个电脑的优点是速度很快，可以用很多年。缺点是经常死机，而且坏了特别不好修。

★ 那台电脑容易修。

4.

北京好玩有趣的地方非常多，如果你要去那儿旅游，我可以给你免费当导游。

★ 说话人要去北京旅游。

5.

小美买了条裙子，她说280块钱买的，不过我看最多80块就能买到，肯定是被人给骗了。

★ 小美的裙子不应该这么贵。

공략비법 04 **행동 문제**

1.

这里距离北京大概300公里，开车得四个多小时。我们先吃点儿东西再出发吧，我太饿了。

★ 他想先去修车。

2.

我当然知道小明，他可是我们学校的大名人。不仅长得帅，而且很有礼貌。他既是学生会会长，又是足球队队长。

★ 小明篮球打得好。

3.

昨天是我妻子的生日，当7岁的女儿拿着自己做的礼物，对她妈妈说"生日快乐"时，她感动得都要哭了。

★ 礼物是女儿自己做的。

4.

为了让儿子练习画画儿，我专门买了一块小黑板，放在他的书房里。儿子非常喜欢这块小黑板，每次画完画儿，他都会把它擦得干干净净。

★ 儿子正在学普通话。

5.

我们每天都很忙，没有时间经常见面，但是我们会经常打电话，或者发短信，互相关心关心。

★ 他们很少打电话。

1.

小张，你刚才打篮球出了那么多汗，不要现在开空调，不然真的很容易感冒。给你毛巾，先擦一擦。

★ 出汗后开空调容易感冒。

2.

这个问题到底是谁引起的，还需要更仔细调查。我保证年底前一定查清楚，然后写一份报告交给您。

★ 问题已经查清楚了。

3.

我跟小李是上学的时候认识的，尽管我们开始工作后去了不同的地区，很长时间没有联系，但我们之间的友谊一直没有变。

★ 他们仍然是朋友。

4.

第一次参加面试的时候，他心里很紧张，在回答问题的时候都不敢抬头看面试的人，全部的过程好像都没有把头抬起来。

★ 他面试时一点也不紧张。

5.

李老师的性格幽默、热情。她讲课的时候，总是喜欢做动作。本来很普通的内容，经她一讲，就变得非常有趣！她这种讲课方法特别受欢迎。

★ 李老师性格幽默。

1.

由于是第一次上台演讲，学生们既兴奋又紧张。尽管他们还很年轻，演讲却非常精彩。听众被他们的演讲深深地吸引了。

★ 演讲十分精彩。

2.

这次演出是在林教授的支持和帮助下完成的。她指出了我们节目中的问题，并提出了许多建议，所以这次演出才能举办得这么成功。在这里我要向林教授表示感谢。

★ 他在向林教授道歉。

3.

我哥早上突然头很疼，自己去医院了。到现在还没有来电话，我很担心他有什么事。

★ 哥哥担心我去医院。

4.

儿子肚子难受，我带他去医院，医生给他打了针。五岁的儿子尽管很害怕打针，不过，他没有哭。

★ 儿子愿意打针。

5.

生活中没有人能够随随便便成功，但有些人获得了成功后，马上就变得特别骄傲。其实，这是很危险的，成功者千万不要骄傲，因为没有永远的成功。

★ 成功者不要得意。

공략비법 07 동의어, 반의어 표현문제

1.

我用汉语词典查了意思，这两个字的中文意思虽然相同，但实际用法完全是不一样的。按照词典上的解释，第一个字更正式些。

★ 那两个字的意思相反。

2.

她3岁就开始画画，18岁就已经成为有名的画家了。有人问她："为什么能画得这么好？"她只说了三个字"不放弃"。

★ 画家认为坚持才能成功。

3.

我丈夫一开始反对我学网球，但当他听说打网球有助于减肥后，不仅不再反对，而且还和我一起报名参加了网球班。

★ 她丈夫现在支持她学网球。

4.

社会上很多流行的减肥药都是没有效果的，而且还可能会引起各种健康问题。因此还是要通过运动等科学的方法来减肥。

★ 减肥药有助于减肥。

5.

昨晚去朋友家一直玩到12点，到我家的公交车和地铁都没有了。所以只好打车回去，花了我60块！

★ 他昨晚坐出租车回家。

공략비법 08 필수 관용어 공략 문제

1.

他从小就喜欢跳舞，但母亲却希望他当一名律师，结果他不得不按照母亲的想法当了一名律师。

★ 他不想成为律师。

2.

我和小王下班后一起去餐厅吃饭，吃到一半儿的时候，他突然接到一个电话，然后就走了，到现在一直联系不上。我真担心他会出什么事。

★ 他联系上了小王。

3.

我这次出差计划安排得很紧，可能没有时间去看你，其实现在不好说。你等我的电话吧。如果有空，我们就聚一聚。

★ 他们不一定见面。

4.

这座大楼是这儿附近最高的，晚上如果你站在楼上往外看，可以看到上海最漂亮的夜景，各种灯光照着这座城市，美得不能再美了。

★ 这座城市的夜景美极了。

5.

今天我要去商店买毛巾，顺便去附近的书店买一本书，你有需要买的东西吗？我帮你买吧。

★ 他专门去买书的。

5.

男: 昨天晚上放在电脑桌上的那本书呢?

女: 我没有看到啊, 你问问儿子, 看他是不是拿去看了。

男: 他怎么没在家啊?

女: 对, 他早上突然说要去跑步, 一大早走的, 到现在还没有回来呢。

问: 男的和女的是什么关系?

공략비법 09 　직업, 신분, 관계 문제

1.

男: 九号是奶奶的生日, 可惜我那天有事, 没法陪她。

女: 没关系, 你可以提前祝贺她。我猜她也会很高兴的。

问: 男的不能陪谁过生日了?

2.

男: 这本书的作者是你的大学同学?

女: 对。上大学的时候, 他就爱写东西。没想到, 现在还真成了一名作家。

问: 他们在谈谁?

3.

男: 我嗓子有点儿不舒服, 还咳嗽。

女: 来, 张开嘴让我给你检查一下。

问: 女的可能是做什么的?

4.

女: 老张你是坐MU5102这趟航班去上海吧?

男: 是的, 李奶奶您有什么事吗?

女: 我孙子也坐这趟航班, 麻烦你照顾他一下, 他爸妈会到机场接他。

男: 没问题, 您放心吧。

问: 女的让男的帮她照顾谁?

공략비법 10 　장소, 수단 문제

1.

女: 先生, 你坐的是我的座位, 你看, 这是我的登机牌。

男: 真对不起, 我看错了。我应该坐在前一排。

问: 他们最有可能在哪儿?

2.

女: 您好, 请问世纪宾馆怎么走?

男: 从这儿往西走, 大约五百米, 过了一个加油站就能看到。

问: 女的要去哪儿?

3.

女: 麻烦你问一下, 离这儿最近的银行怎么走?

男: 一直往前走大概50多米, 然后往右拐就到了。银行就在图书馆旁边。

问: 女的想去哪儿?

4.

女：先生，您的信用卡密码还是不正确。

男：真奇怪，就是这个。

女：卡暂时刷不了，您能现金付款吗？

男：对不起，我没带钱。那这盒饼干，我不要了。

问：男的最可能在哪儿？

5.

男：打了一天羽毛球，累死了！腿都动不了。

女：我还好，不怎么累，就是有点儿饿。

男：那我们去吃点儿东西吧。

女：好啊！这儿附近有家餐厅的牛肉做得不错，一起去吧。

问：他们要去哪儿？

공략비법 11 **숫자, 시간 문제**

1.

女：礼拜天，王阿姨一家要来。家里住不下，怎么办？

男：没关系，对面的黄河宾馆条件挺好的，安排他们住那儿吧。

问：王阿姨一家什么时候来？

2.

男：这个周末你有没有空儿，我想约你去郊外玩儿。

女：恐怕不可以，这周末我要去参加公司的第一次聚会。

问：公司聚会什么时候举行？

3.

男：玛丽的中文说得很标准啊，要是光听声音不看人的话，还以为她是中国人呢。

女：是啊，她今年25岁，可是在中国就呆了12年。

问：玛丽来中国多少年了？

4.

男：王教授，这几篇文章我还没写完，您什么时候要？

女：你慢慢来，不着急，只要在暑假前交给我就行。

男：没问题，我肯定会提前写完的。

女：那就更好。

问：王教授什么时候要那几篇文章？

5.

女：你家人爱看京剧吗？

男：除了爷爷其他人都不是特别感兴趣。

女：我有一张周日下午国家大剧院京剧演出的票，送给你爷爷吧！

男：太好了！他一定会很开心的。谢谢你。

女：不客气。

问：演出是哪天的？

1.

女: 我老是跟不上老师讲语法的速度，听了一节课，还是没听懂。

男: 语法本来就难，你上课之前一定要好好儿预习。

问: 男的建议女的怎么做？

2.

女: 经理，外面有位客人说来找您谈广告。

男: 是李先生吧，让他在外面等一下。

问: 李先生来做什么？

3.

女: 这儿的景色真美，帮我照张相吧。

男: 好的，你稍微往左边站一点儿，我帮你把后面的大桥也照上。

问: 女的让男的做什么？

4.

女: 今天晚上我要去看广州队的足球比赛。

男: 你还在发烧，怎么能出去呢？还是在家看电视吧！

女: 这场比赛我一定要去看，在家躺了这么多天，我都受不了了！

男: 真拿你没办法，出去的话，必须穿厚点儿。

问: 女的想要做什么？

5.

男: 明年我打算去美国留学，但是申请材料还没准备好。

女: 来得及，你联系好美国那边的教授了没有？

男: 联系好了，我已经用电子邮件把我的推荐信发给教授了。就是申请签证比较麻烦。

女: 是吗？那就慢慢儿弄吧。

男: 对了，我现在还想找一位外教，练习一下口语。

问: 男的接下来最可能做什么？

1.

女: 凯凯，你申请出国留学的事情，办得怎么样了？

男: 最近太忙了，材料都还没来得及交呢。

问: 关于男的，可以知道什么？

2.

男: 你房间为什么又脏又乱，怎么弄的？

女: 我刚搬的新家，还没来得及整理呢。所以就这样了。

问: 关于女的，可以知道什么？

3.

女: 受不了了，教我开车的老师每天批评我，马虎一点儿都不可以。

男: 那也是为你好，怕你以后出错，现在严格才能保证以后安全。

问：关于女的，下列哪个正确？

4.

女：把葡萄皮扔到垃圾桶里去，以后别随便扔东西。

男：知道了，妈妈。

女：英语作业写完了没有？

男：没呢。我先出去玩一会儿，您在家休息吧。

问：根据对话，可以知道什么？

5.

女：喂，您好，这里是友谊餐厅。

男：您好，明天我想在你们那里举办生日聚会，你们能提供蛋糕吗？

女：可以的，先生，我们有巧克力和水果两种。

男：我要个巧克力的。

问：关于那家餐厅，下列哪个正确？

공략비법 14 **어투, 심정, 태도 문제**

1.

男：才一个月没见，你的皮肤怎么变得这么黑？

女：暑假去海南玩儿了，那儿的阳光特别厉害。

问：女的怎么了？

2.

男：你现在感觉怎么样了？好像咳嗽没那么严重了。

女：好多了，这种感冒药确实有用，头也不怎么疼了。

问：女的怎么了？

3.

女：你觉得这儿变化大吗？

男：挺大的。以前这条街道很破，商场也少，你看现在多热闹啊！

问：男的觉得那儿现在怎么样？

4.

男：朴小姐，你做导游很久了吧？

女：没有，才一年。

男：那你真棒，知道那么多有趣的历史故事，跟着你旅游很愉快。

女：您这么说，我太开心了。

问：男的觉得女的怎么样？

5.

男：这台电脑是昨天刚到的。您觉得满意吗？

女：价格和样子都不错，就是有点儿重。

男：那您再看看这台，这台比较轻而且价格也合适。

女：还是有点儿重，我再考虑一下。

问：女的觉得电脑怎么样？

5. 问：说话人本来想去哪里参观？

6. 问：说话人认为管理者应该怎么做？

공략비법 15 **이야기성 내용 파악 문제**

1-2.

您好，李经理。我是北京大学的研究生王丽。最近我系教授让我们做一个关于经济发展的调查。听说您在这方面很厉害，所以我想和您见个面了解一下这方面的内容。要是您有时间的话，我稍后用邮件把我们需要讨论的内容发给您。

1. 问：王丽是做什么的？

2. 问：王丽将怎样联系李经理？

3-4.

这个电子城很不错，去过的朋友说它虽然在郊区，交通不太方便，但东西很全，价格又便宜。不管买得多还是少，都免费送货上门，所以生意特别好。等有空了，咱们去看看，正好家里的电脑坏了。

3. 问：朋友觉得那个电子城怎么样？

4. 问：他们想去那个电子城买什么？

5-6.

好不容易休息一天，我专门带女儿去海洋馆看表演。但没想到海洋馆这个礼拜天竟然关门，真是太让我和女儿失望了。像这种事情海洋馆的管理者应该及时在网站上发出通知，提醒来参观的人，别白跑一趟。

공략비법 16 **설명문, 실용문 내용 파악 문제**

1-2.

乘客们请注意，上海动物园站快到了，本站是换乘车站。需要换乘21路公交车的乘客请提前做好下车准备，在上海动物园站，按顺序从后边车门下车。

1. 问：这段话最可能在哪里听到？

2. 问：这段话提醒乘客什么？

3-4.

"干杯"是什么意思？干杯的意思是大家一起举杯，喝光杯中的酒。过去人们在干杯时总是用右手举杯，同时高高举起自己的胳膊，为的是让对方看到自己身上没有带危险的东西，这是表示友好的意思。现在人们用干杯表示祝贺，并且举杯的时候还会说一些贺词。

3. 问：过去人们干杯时会怎么做？

4. 问：现在干杯主要表示什么？

5-6.

当当网是中国专门卖书的网站。这个网站对喜欢看书的人来说真的特别方便。因为在这儿买书的顾客不但可以货到付款，而且还可以节约时间和钱。另外，当当网还提供在规定的时间内把货寄到家的服务，所以越来越多的人选择在当当网上买需要的书。

5. 问：通过当当网人们可以做什么？

6. 问：关于当当网，下列哪个正确？

공략비법 17 논설문 내용 파악 문제

1-2.

为了让孩子更早地了解中国的历史文化，现在很多家长会带孩子去参观博物馆。这肯定会对孩子的学习有很大的帮助，不过父母一定要提醒孩子，在参观时不要大声说话，也不要随便拿东西。因为这些都是在参观时的基本礼仪。

1. 问：参观博物馆对孩子有什么好处？

2. 问：参观时应提醒孩子什么？

3-4.

"三心二意" 的意思是说，做事不认真，做着一件事儿想着另外一件事儿。比如，有的人一边儿写着作业，一边儿想着是不是该去踢足球，结果就是什么都没做好。所以我们要想成功，就应该一心一意地做好每一件事儿。

3. 问："三心二意" 的意思是什么？

4. 问：这段话主要谈的是什么？

5-6.

"理解万岁" 这句话主要有两个意思。第一，告诉我们理解的重要性；第二，还告诉我们理解也是一件很难的事情。说实话，尊重是互相理解的最重要的条件。这是因为我们在尊重别人的时候，才会考虑别人的想法，理解他们所做的事情。

5. 问：关于 "理解万岁"，下列哪个说法正确？

6. 问：理解他人的关键是什么？

실전테스트 정답

一、听力 듣기 실전테스트

공략비법 01 **직업, 신분 문제**

1. ✓   2. X   3. ✓   4. ✓   5. X

공략비법 02 **장소, 시간 문제**

1. ✓   2. X   3. X   4. ✓   5. ✓

공략비법 03 **전체 내용 파악 문제**

1. X   2. ✓   3. X   4. X   5. ✓

공략비법 04 **행동 문제**

1. X   2. X   3. ✓   4. X   5. X

공략비법 05 **상태, 상황 문제**

1. ✓   2. X   3. ✓   4. X   5. ✓

공략비법 06 **어기, 심정, 태도 문제**

1. ✓   2. X   3. X   4. X   5. ✓

공략비법 07 **동의어, 반의어 표현 문제**

1. X   2. ✓   3. ✓   4. X   5. ✓

공략비법 08 **필수 관용어 공략 분세**

1. ✓   2. X   3. ✓   4. ✓   5. X

공략비법 09 **직업, 신분, 관계 문제**

1. C   2. A   3. C   4. A   5. D

공략비법 10 **장소, 수단 문제**

1. C   2. A   3. C   4. A   5. B

공략비법 11 **숫자, 시간 문제**

1. B   2. A   3. C   4. B   5. B

공략비법 12 **행동 문제**

1. A   2. A   3. C   4. C   5. C

공략비법 13 **상태, 상황 문제**

1. C   2. A   3. A   4. B   5. D

공략비법 14 **어투, 심정, 태도 문제**

1. D   2. D   3. B   4. A   5. D

공략비법 15 **이야기성 내용 파악 문제**

1. B   2. B   3. C   4. D   5. D
6. D

공략비법 16 **설명문, 실용문 내용 파악 문제**

1. D   2. B   3. C   4. B   5. C
6. B

공략비법 17 **논설문 내용 파악 문제**

1. B   2. A   3. D   4. A   5. A
6. B

공략비법 01 **동사 어휘 채우기**

1. A   2. C   3. E   4. B   5. E   6. A

공략비법 02 **명사 어휘 채우기**

1. F   2. A   3. B   4. E   5. F   6. B

공략비법 03 **형용사 어휘 채우기**

1. B   2. C   3. A   4. B   5. A   6. F

공략비법 04 **부사, 접속사 어휘 채우기**

1. C   2. A   3. B   4. A   5. F   6. D

공략비법 05 **짝꿍 어휘 채우기**

1. A   2. E   3. B   4. D   5. F   6. E

공략비법 06 **접속사부터 찾자!**

1. CAB   2. ABC   3. ABC   4. CAB   5. BAC

공략비법 07 **도대체 그, 그것이 무엇인지 파악하자!**

1. CBA   2. BAC   3. ACB   4. BCA   5. ACB

공략비법 08 **문장 간의 논리 관계를 파악하자!**

1. CBA   2. BAC   3. BAC   4. CAB   5. CAB

공략비법 09 **질문 속 핵심어 문제**

1. B   2. A   3. C   4. B   5. B

공략비법 10 **의문문 키워드 문제**

1. C　　2. A　　3. A　　4. D　　5. A

공략비법 11 **유사 표현 문제**

1. B　　2. D　　3. D　　4. B　　5. B

공략비법 12 **주제 찾기 문제**

1. A　　2. A　　3. B　　4. D　　5. C

三、书写　쓰기 실전테스트

공략비법 01 **주어, 술어, 목적어 배열하기**

1. 科技改变了我们的生活方式。
2. 他的文章受到了教授的表扬。
3. 我要开一家餐厅。
4. 那个演员很有礼貌。
5. 他通过了公司的面试。

공략비법 02 **관형어, 부사어 배열하기**

1. 从我们学校到家的距离不到5公里。
2. 喝酒对健康一点儿也没有好处。
3. 这次会议由我和经理共同安排。
4. 所有材料都整理好了。
5. 你最好先听听医生的建议。

공략비법 03 **보어 배열하기**

1. 这次考试的结果还没出来。
2. 这个单词用得不准确。
3. 这位作家的小说写得不够浪漫。
4. 校长又重新申请了一遍。
5. 寒假的课外班安排得很满。

공략비법 04 有자문, 존현문 배열하기

1. 她手里拿着各种颜色的铅笔。

2. 沙发上躺着一只猫。

3. 客厅里挂着一张世界地图。

4. 信封里有一张白纸。

5. 桌子上怎么有一块橡皮?

공략비법 05 把자문, 被자문 배열하기

1. 请将这件事情向李教授报告一下。

2. 他的小说已经被翻译成了三种语言。

3. 请你将我们的报名表发到电子邮箱。

4. 哥哥不小心把信用卡弄丢了。

5. 她申请的美国签证被拒绝了。

공략비법 06 연동문, 겸어문 배열하기

1. 女朋友的回答让他很失望。

2. 玩笑可以使我们变得轻松愉快。

3. 我去银行取点儿钱回来。

4. 祝你们俩考试顺利。

5. 麻烦你再去办公室打印一份材料。

공략비법 07 비교문 배열하기

1. 新打印机比原来的好用。

2. 新的苹果手机比去年贵了500块钱。

3. 我的表比她的慢一些。

4. 去北京的航班比平时增加了一倍。

5. 她的性格没有姐姐活泼。

공략비법 08 是자문, 강조구문 배열하기

1. 我弟弟是去年大学毕业的。

2. 他是一名优秀的律师。

3. 也许这才是获得成功的关键。

4. 你猜这盒饼干是谁买的。

5. 原来这是个假手机。

1. 1. 她正在擦窗户。 (그녀는 지금 창문을 닦고 있다.)

    2. 她把窗户擦得特别干净。 (그녀는 창문을 아주 깨끗하게 닦았다.)

2. 1. 她戴着很漂亮的帽子。 (그녀는 예쁜 모자를 쓰고 있다.)

    2. 她戴的帽子特别漂亮。 (그녀가 쓴 모자는 특히 예쁘다.)

3. 1. 抽烟对我们的身体有害。 (담배는 우리 몸에 해롭다.)

    2. 这里不允许抽烟。 (이곳에서는 흡연을 금지하고 있다.)

4. 1. 今天堵车堵得很厉害。 (오늘 차가 심하게 막힌다.)

    2. 现在路上堵车，我恐怕要迟到。 (지금 길에 차가 막혀서, 아마도 지각할 것 같다.)

5. 1. 她是个很害羞的人。 (그녀는 부끄러움을 잘 타는 사람이다.)

    2. 那个女的很容易害羞。 (그 여자는 수줍음을 쉽게 탄다.)

1. 1. 他们都很喜欢喝果汁。 (그들은 과일 주스 마시는 것을 좋아한다.)

    2. 每天喝一杯果汁，对身体有好处。 (매일 과일 주스를 한 잔씩 마시면, 몸에 이롭다.)

2. 1. 那双袜子看起来很厚。 (그 양말은 보기에 두꺼운 것 같다.)

    2. 这是一双很漂亮的袜子。 (이것은 한 쌍의 매우 예쁜 양말이다.)

3. 1. 那个女的胳膊受伤了。 (그 여자는 팔을 다쳤다.)

    2. 医生正在仔细地看病人的胳膊。 (의사는 환자의 팔을 꼼꼼히 보고 있다.)

4. 1. 去美国留学需要办签证。 (미국으로 유학을 가려면 비자를 발급받아야 한다.)

    2. 我现在去大使馆申请留学签证。 (저는 지금 대사관에 유학 비자를 신청하러 갑니다.)

5. 1. 他的职业是警察。 (그의 직업은 경찰이다.)

    2. 他是一名优秀警察。 (그는 한 명의 뛰어난 경찰이다.)

1. 1. 这个药太苦了。(이 약은 너무 써요.)

   2. 那个男孩子不喜欢吃苦药。(그 남자 아이는 쓴 약 먹는 것을 싫어한다.)

2. 1. 我不太喜欢吃辣的汉堡包。(나는 매운 햄버거 먹는 것을 그다지 좋아하지 않는다.)

   2. 这个汉堡包太辣，我不能吃。(이 햄버거는 너무 매워서 나는 먹을 수가 없다.)

3. 1. 她跟男朋友在一起很幸福。(그녀는 남자친구와 함께 있어서 매우 행복하다.)

   2. 我们的生活幸福极了。(우리의 생활은 아주 행복하다.)

4. 1. 听到这个好消息，他很开心。(이 좋은 소식을 듣고 그는 매우 기뻐한다.)

   2. 他开心得跳起来了。(그는 기뻐서 껑충 뛰기 시작했다.)

5. 1. 无聊的时候，我常常玩游戏。(심심할 때, 나는 종종 게임을 한다.)

   2. 她觉得无聊，拿着手机玩。(그녀는 심심해서 휴대폰을 가지고 논다.)

실전테스트

공략비법 01 직업, 신분 문제

본서 p. 37 🎧 01_5

1

★ 那位女演员很受欢迎。(✓)

她是当时韩国最著名的女演员，演的每部电视剧都非常受欢迎。即使现在她已不再演电视剧了，但仍然有很多人喜欢她。

★ 그 여자 배우는 매우 인기가 있다.

그녀는 당시에 한국에서 가장 유명한 여자 배우였으며, 연기한 모든 드라마마다 매우 사랑을 받았다. 설령 현재 그녀가 이미 더 이상 드라마에서 연기하지 않는다 하더라도, 여전히 많은 사람들이 그녀를 좋아한다.

지문 어휘

演员 yǎnyuán
명 배우, 연기자 ⭐
电视剧 diànshìjù 명 드라마, 연속극
受欢迎 shòu huānyíng
인기가 있다, 사랑받다
即使 jíshǐ 접 설령 ~하더라도 ⭐
仍然 réngrán
부 여전히, 변함없이 ⭐

정답 ✓

해설 **제시 문장** 那位女演员很受欢迎(그 여자 배우는 매우 인기가 있다)
녹음 내용 仍然有很多人喜欢她(여전히 많은 사람들이 그녀를 좋아한다)
녹음 마지막 부분에 여전히 많은 사람들이 그녀를 좋아한다고 했으므로 두 내용은 서로 일치한다.
▶ 很受欢迎(인기가 있다)과 喜欢(좋아하다)은 동의어 표현에 속한다.

2

★ 新邻居是艺术家。(✗)

新搬来的邻居是一名律师，他很有礼貌，对人也很友好，大家对他的印象都很好。

★ 새 이웃은 예술가이다.

새로 이사 온 이웃은 변호사이다. 그는 매우 예의 바르며, 사람에게도 우호적이라 모두가 그에 대한 인상이 좋다.

지문 어휘

邻居 línjū 명 이웃, 이웃 사람
搬 bān 동 이사하다, 옮겨 가다
律师 lǜshī 명 변호사 ⭐
礼貌 lǐmào 명 예의, 예의범절 ⭐
友好 yǒuhǎo 형 우호적이다 ⭐
印象 yìnxiàng 명 인상 ⭐

정답 ✗

해설 **제시 문장** 新邻居是艺术家(새 이웃은 예술가이다)
녹음 내용 新搬来的邻居是一名律师(새로 이사 온 이웃은 변호사이다)
새로 이사 온 이웃은 변호사라고 했으므로 제시된 예술가와는 일치하지 않는다.

3

★ 这位售货员很热情。(✓)

他很有耐心，把客人感兴趣的复印机都详细地说明了一遍，还让我们复印几张试试，他热情的态度给客人留下了很深的印象。

★ 이 판매원은 매우 친절하다.

그는 매우 인내심이 있어서, 손님이 관심을 갖는 복사기를 상세하게 한 번 설명해 주었고, 우리에게 몇 장 복사해 보라고 하였다. 그의 친절한 태도는 손님들에게 매우 깊은 인상을 남겼다.

정답 ✓

해설　**제시 문장** 这位售货员很热情(이 판매원은 매우 친절하다)

녹음 내용 他热情的态度给客人留下了很深的印象(그의 친절한 태도는 손님들에게 매우 깊은 인상을 남겼다)

그의 친절한 태도는 손님들에게 깊은 인상을 남겼다고 했으므로 제시된 문장과 내용이 일치한다.

> **지문 어휘**
>
> **售货员** shòuhuòyuán
> 명 판매원, 점원 ⭐
> **热情** rèqíng 형 친절하다,
> 열정적이다
> **耐心** nàixīn 명 인내심 ⭐
> **客人** kèrén 명 손님
> **感兴趣** gǎn xìngqù
> 동 관심을 갖다, 흥미가 있다
> **复印机** fùyìnjī 명 복사기
> **详细** xiángxì 형 상세하다 ⭐
> **说明** shuōmíng 동 설명하다,
> 해설하다 ⭐
> **态度** tàidu 명 태도 ⭐

4

★ 他很可能是售货员。(✓)

这件是我们店今年的新款，而且价格也不贵，我觉得很适合你，喜欢可以试穿一下。

★ 그는 아마도 판매원일 것이다.

이 옷은 저희 가게 올해 신상품인데, 게다가 가격도 비싸지 않아요. 제 생각엔 당신에게 잘 어울릴 것 같은데, 마음에 드시면 한번 입어보세요.

정답 ✓

해설　**제시 문장** 他很可能是售货员(그는 아마도 판매원일 것이다)

녹음 내용 这件是我们店今年的新款(이 옷은 저희 가게 올해 신상품입니다)

喜欢可以试穿一下(마음에 드시면 한번 입어보세요)

화자의 직업과 관련된 문제이다. 녹음 내용에서 이 옷은 저희 가게 올해 신상품이라고 설명하며, 마음에 들면 입어보라고 하였으므로 판매원임을 짐작할 수 있다. 따라서 두 내용은 서로 일치한다.

> **지문 어휘**
>
> **可能** kěnéng 부 아마도
> **售货员** shòuhuòyuán
> 명 판매원, 점원 ⭐
> **新款** xīnkuǎn 명 신상품,
> 새로운 스타일
> **适合** shìhé 동 적합하다, 알맞다,
> 어울리다 ⭐
> **试穿** shì chuān 동 입어보다

5

★ 他想当老师。(✗)

爸爸妈妈都是老师，所以他们一直都希望我也当一名老师。虽然我觉得老师很好，但是我更想做一名牙医。

> **지문 어휘**
>
> **当** dāng 동 ~이 되다, 맡다,
> 담당하다 ⭐
> **一直** yìzhí 부 줄곧, 계속
> **希望** xīwàng 동 바라다,
> 희망하다

★ 그는 선생님이 되고 싶어한다.

아빠와 엄마는 모두 선생님이시다. 그래서 그들은 줄곧 나도 선생님이 되길 바라신다. 선생님이 좋다고 생각하지만, 나는 치과 의사가 더 되고 싶다.

虽然A, 但是B
suīrán A, dànshì B
비록 A하지만, B하다
牙医 yáyī 명 치과 의사

정답 ✕

해설 **제시 문장** 他想当老师(그는 선생님이 되고 싶어 한다)
녹음 내용 我更想做一名牙医(나는 치과 의사가 더 되고 싶다)
녹음 내용의 '虽然A , 但是B' 부분을 유심히 들으면 정답을 쉽게 맞출 수 있다. 선생님도 좋다고 생각하지만 치과 의사가 더 되고 싶다고 했으므로 두 내용은 서로 일치하지 않는다.

공략비법 02 장소, 시간 문제

본서 p. 42 🎧02_6

1

★ 他建议去咖啡馆儿等小张。(✓)

小张打电话说他可能要迟到了，让你们稍微等一会儿。这里风大，我们去对面的咖啡馆儿等他吧。不用站在这儿。

★ 그는 커피숍에 가서 샤오장을 기다릴 것을 제안했다.

샤오장이 전화로 그가 늦을 것 같으니 조금 기다려 달라고 했어. 여기는 바람이 세니, 우리 건너편 커피숍에 가서 그를 기다리자. 여기에 서 있지 말고.

지문 어휘

建议 jiànyì 통 제안하다
명 제안 ★
咖啡馆儿 kāfēiguǎnr 명 커피숍
要~了 yào~le 막 ~하려고 하다
迟到 chídào 통 지각하다
稍微 shāowēi 부 조금, 약간 ★
对面 duìmiàn 명 건너편, 맞은편 ★

정답 ✓

해설 **제시 문장** 建议去咖啡馆儿等小张(커피숍에 가서 샤오장을 기다릴 것을 제안했다)
녹음 내용 去对面的咖啡馆儿等他吧(건너편 커피숍에 가서 그를 기다리자)
녹음 내용에서 건너편 커피숍에 가서 그를 기다리자고 제안했으므로 일치한다.

2

★ 现在出发来不及了。(✕)

这儿距离地铁站就十几分钟的路，咱们现在过去还来得及。你慢慢收拾一下，我们等会儿就出发。

★ 지금 출발하면 늦을 것이다.

여기서 지하철역까지 10여 분 정도 거리니까, 우리가 지금 가도 늦지 않을 거야. 넌 천천히 정리 좀 해, 우리 좀 이따가 출발하자.

지문 어휘

来不及 láibují 통 제 시간에 댈 수 없다, 늦다 ★
距离 jùlí 명 거리, 간격
통 (~로 부터) 떨어지다 ★
来得及 láidejí 통 늦지 않다, 시간에 댈 수 있다 ★
收拾 shōushi 통 정리하다, 치우다 ★
出发 chūfā 통 출발하다, 떠나다 ★

정답 ✕

해설 **제시 문장** 现在出发来不及了(지금 출발하면 늦을 것이다)
녹음 내용 咱们现在过去还来得及(우리가 지금 가도 늦지 않을 거야)
시간과 거리에 관한 내용이 나오면 집중해서 들어야 한다. 녹음에서 우리가 지금 가도 늦지 않을 거라고 언급했으므로 두 내용은 서로 일치하지 않는다.

★ 说话人没赶上活动。(✗)

小陈，实在是太感谢你了。如果不是你及时通知我活动的时间提前了，我一定来不及参加。那样的话就太可惜了。

★ 화자는 행사를 놓쳤다.

샤오천, 정말 너무 고마워. 만약 네가 행사 시간이 앞당겨졌다고 곧바로 내게 알리지 않았다면, 난 틀림없이 참가할 수 없었을 거야. 그러면 너무 아쉬웠을 거야.

정답 ✗

해설 **제시 문장** 说话人没赶上活动(화자는 활동을 놓쳤다)
녹음 내용 如果不是你及时通知我活动的时间提前了，我一定来不及参加 (만약 네가 행사 시간이 앞당겨졌다고 곧바로 내게 알리지 않았다면, 난 틀림없이 참가할 수 없었을 거야)
녹음 내용을 통해 샤오천이 화자에게 행사 시간이 앞당겨졌음을 알려주어 결과적으로 화자는 활동에 참석했음을 알 수 있다. 따라서 두 문장은 서로 일치하지 않는다.

★ 太阳花喜欢有阳光的地方。(✓)

太阳花因喜欢阳光而得名，阳光越好，花儿也就开得越好。而且太阳花的颜色很丰富、很漂亮，非常适合在家里养。

★ 태양화는 햇빛이 있는 곳을 좋아한다.

태양화는 햇빛을 좋아하여 붙여진 이름으로, 햇빛이 잘 들수록 꽃도 잘 핀다. 또한 태양화의 색은 풍부하고 아름다워서 집에서 키우기에 매우 적합하다.

정답 ✓

해설 **제시 문장** 太阳花喜欢有阳光的地(태양화는 햇빛이 있는 곳을 좋아한다)
녹음 내용 太阳花因喜欢阳光而得名，阳光越好，花儿也就开得越好(태양화는 햇빛을 좋아하여 붙여진 이름으로, 햇빛이 잘 들수록 꽃도 잘 핀다)
녹음 내용에서 태양화는 햇빛을 좋아하여 붙여진 이름으로 햇빛이 잘 들수록 꽃도 잘 핀다고 언급하였으므로 제시 문장과 서로 일치한다.

★ 他下午没有去图书馆学习。(✓)

我下午本来打算去图书馆学习的，但是好朋友突然打电话来说要我陪他去买东西，我们就一起去了商场。

지문 어휘

赶上 gǎnshàng 시간에 댈 수 있다(↔ **没赶上** méi gǎnshàng 놓치다, 시간에 댈 수 없다)
实在 shízài ⓤ 정말, 확실히 ★
感谢 gǎnxiè 통 감사하다 ★
及时 jíshí ⓤ 곧바로, 즉시 ★
通知 tōngzhī 통 알리다, 통지하다 ★
活动 huódòng 명 행사, 활동 ★
提前 tíqián 통 (예정된 시간을) 앞당기다 ★
来不及 láibují 통 (시간이 촉박하여) ~할 수 없다, 늦다 ★
可惜 kěxī 형 아쉽다, 아깝다, 안타깝다 ★

지문 어휘

因~而~ yīn ~ ér ~ ~때문에 ~하다
阳光 yángguāng 명 햇빛 ★
得名 dé míng 통 이름을 얻다, 명칭을 얻다
越~越~ yuè ~ yuè ~ ~하면 할수록 ~하다
颜色 yánsè 명 색, 색깔
丰富 fēngfù 형 풍부하다, 풍족하다 ★
适合 shìhé 통 적합하다, 알맞다 ★
养 yǎng 통 (농작물이나 화초 따위를) 키우다, 기르다

지문 어휘

本来 běnlái ⓤ 원래, 본래 ★
打算 dǎsuɑn 통 ~하려고 하다
突然 tūrán ⓤ 갑자기
陪 péi 통 동반하다, 배석하다 ★
商场 shāngchǎng 명 쇼핑센터, 백화점

> ★ 그는 오후에 도서관에 공부하러 가지 않았다.
>
> 나는 오후에 원래 도서관에 공부하러 가려고 했지만 친한 친구가 갑자기 전화해 물건을 사러 같이 가자고 하여 우리는 함께 쇼핑센터에 갔다.

정답 ✓

해설 **제시 문장** 下午没有去图书馆学习(오후에 도서관에 공부하러 가지 않았다)

녹음 내용 我们就一起去了商场(우리는 함께 쇼핑센터에 갔다)

우리는 함께 쇼핑센터에 갔다고 한 것으로 보아 결국 도서관에 공부하러 가지 않았다는 제시 문장과 일치한다.

공략비법 03 전체 내용 파악 문제

본서 p. 47 🎧 03_5

1

> ★ 他读了介绍长城的文章。(✗)
>
> 我最近读过两篇跟社会有关的文章，一篇介绍的是环境污染，另外一篇介绍的是法律问题，都很有趣，让我学到了很多知识。
>
> ★ 그는 만리장성을 소개하는 글을 읽었다.
>
> 나는 최근에 사회와 관계있는 글 두 편을 읽은 적이 있는데, 한 편은 환경 오염을 소개하는 글이고, 다른 한 편은 법률문제를 소개하는 글로, 모두 매우 재미있었으며, 나로 하여금 많은 지식을 습득하게 해주었다.

정답 ✗

해설 **제시 문장** 读了介绍长城的文章(만리장성을 소개하는 글을 읽었다)

녹음 내용 一篇介绍的是环境污染，另外一篇介绍的是法律问题(한 편은 환경 오염을 소개하는 글이고, 다른 한 편은 법률문제를 소개하는 글이다)

그는 사회와 관계있는 환경 오염과 법률문제를 소개하는 글을 읽은 적이 있다고 했지 만리장성을 소개하는 글이라고 언급하지 않았으므로 서로 일치하지 않는다.

지문 어휘

介绍 jièshào 용 소개하다

长城 Chángchéng
교유 창청(만리장성), 万里长城의 약칭 ★

文章 wénzhāng 명 글, 문장 ★

社会 shèhuì 명 사회 ★

有关 yǒuguān 형 관계있는, 관련 있는 용 관계가 있다, 관련이 있다

环境 huánjìng 명 환경

污染 wūrǎn 명 오염 용 오염시키다 ★

另外 lìngwài 대 다른 사람이나 사물 ★

有趣 yǒuqù 형 재미있다, 흥미가 있다 ★

知识 zhīshi 명 지식 ★

2

> ★ 牙刷也需要经常换。(✓)
>
> 很多人认为，牙刷只要没坏就可以继续使用，然而牙刷与筷子一样，都需要经常换。一般来说，牙刷的使用时间最好别超过两个月。

지문 어휘

牙刷 yáshuā 명 칫솔

需要 xūyào 용 필요하다, 요구되다

经常 jīngcháng 부 자주, 종종

换 huàn 용 바꾸다, 교환하다

认为 rènwéi 용 여기다, 생각하다

只要A, 就B zhǐyào A, jiù B A하기만 하면, B하다 ★

继续 jìxù 용 계속하다 ★

★ 칫솔 또한 자주 바꿔야 한다.

많은 사람들이 칫솔은 망가지지만 않으면 계속 사용해도 된다고 생각한다. 그러나 칫솔은 젓가락과 마찬가지로, 모두 자주 바꿔줘야 한다. 일반적으로 칫솔의 사용 기간은 2개월을 넘지 않는 것이 가장 좋다.

정답 ✓

해설 **제시 문장** 需要经常换(자주 바꿔야 한다)
녹음 내용 都需要经常换(모두 자주 바꿔줘야 한다)
칫솔은 자주 바꿔줘야 한다는 내용이 녹음 내용에서도 그대로 언급되었으므로 일치한다.

使用 shǐyòng ⑧ 사용하다, 쓰다 ★
然而 rán'ér ⑳ 그러나, 하지만 ★
筷子 kuàizi ⑲ 젓가락
一般 yìbān ⑱ 일반적이다, 보통이다
最好 zuìhǎo ⑨ ~하는 게 가장 좋다 ★
超过 chāoguò ⑧ 넘다, 초과하다 ★
与~一样 yǔ~yíyàng ~와 마찬가지로, ~와 같다

3

★ 那台电脑容易修。(✗)

这个电脑的优点是速度很快，可以用很多年。缺点是经常死机，而且坏了特别不好修。

★ 그 컴퓨터는 쉽게 고칠 수 있다.

이 컴퓨터의 장점은 속도가 매우 빠른 것이며, 오래 쓸 수 있다는 것이다. 단점은 자주 컴퓨터가 다운될 뿐만 아니라, 망가지면 특히 고치기 어렵다.

정답 ✗

해설 **제시 문장** 容易修(쉽게 고칠 수 있다)
녹음 내용 坏了特别不好修(망가지면 특히 고치기 어렵다)
컴퓨터의 단점 중 하나로 망가지면 고치기 어렵다고 언급했으므로 두 문장은 일치하지 않는다.

지문 어휘

修 xiū ⑧ 고치다, 수리하다
优点 yōudiǎn ⑲ 장점 ★
速度 sùdù ⑲ 속도 ★
缺点 quēdiǎn ⑲ 단점 ★
死机 sǐjī ⑧ 컴퓨터가 다운되다
而且 érqiě ⑳ 뿐만 아니라, 또한
坏 huài ⑱ 망가지다, 고장 나다

4

★ 说话人要去北京旅游。(✗)

北京好玩有趣的地方非常多，如果你要去那儿旅游，我可以给你免费当导游。

★ 화자는 베이징에 여행을 가려고 한다.

베이징에는 재미있게 놀 곳이 매우 많아. 만약 네가 그곳에 여행을 가려고 한다면 내가 너에게 무료로 가이드해 줄 수 있어.

정답 ✗

해설 **제시 문장** 要去北京旅游(베이징에 여행을 가려고 한다)
녹음 내용 如果你要去那儿旅游，我可以给你免费当导游(만약 네가 그곳에 여행을 가려고 한다면 내가 너에게 무료로 가이드해 줄 수 있다)
화자는 청자가 베이징에 간다면 무료로 가이드해 주겠다고 한 것이지 실제로 화자가 베이징에 여행 가려고 한다는 것은 아니므로 일치하지 않는다.

지문 어휘

旅游 lǚyóu ⑧ 여행하다, 관광하다
有趣 yǒuqù ⑱ 재미있다, 흥미가 있다 ★
如果 rúguǒ ⑳ 만약, 만일
免费 miǎnfèi ⑧ 무료로 하다 ★
导游 dǎoyóu ⑲ 가이드, 관광 안내원 ★

★ 小美的裙子不应该这么贵。(✓)

小美买了条裙子，她说280块钱买的，不过我看最多80块就能
买到，肯定是被人给骗了。

★ 샤오메이의 치마가 이렇게 비쌀리 없다.

샤오메이가 치마 한 벌을 샀어, 그녀는 280위안 주고 샀다고 말하는데, 내가 보기엔 기껏해야
80위안 정도면 살 수 있을 것 같아, 속임을 당한 게 틀림없어.

지문 어휘

裙子 qúnzi 몡 치마, 스커트
不过 búguò 젭 그런데, 그러나 ★
最多 zuìduō 뷔 기껏해야,
최대한
肯定 kěndìng 뷔 틀림없이,
확실히, 분명히 ★
骗 piàn 동 속이다 ★

정답 ✓

해설 **제시 문장** 小美的裙子不应该这么贵(샤오메이의 치마가 이렇게 비쌀리 없다)

녹음 내용 我看最多80块就能买到，肯定是被人给骗了(내가 보기엔 기껏해
야 80위안 정도면 살 수 있을 것 같아, 속임을 당한 게 틀림없어)

녹음 내용에 전환을 나타내는 접속사 '不过(그런데, 그러나)'가 언급되어 있으므로 이
글의 핵심 포인트는 '不过'의 뒷부분에 있다. 화자의 생각에는 샤오메이의 치마가 80
위안 정도면 살 수 있을 것 같아 보여 속임을 당한게 틀림없다고 했으므로 샤오메이
의 치마가 이렇게 비쌀리 없다는 제시 문장과는 서로 일치한다.

공략비법 **04** 행동 문제

본서 p. 52 🎧 04_5

★ 他想先去修车。(✗)

这里距离北京大概300公里，开车得四个多小时。我们先吃点
儿东西再出发吧，我太饿了。

★ 그는 먼저 가서 차를 고치고 싶어 한다.

여기는 베이징에서 대략 300km 떨어져 있어, 운전하고 가면 4시간 남짓 걸려, 우리 먼저 음식
을 좀 먹고 출발하자, 나 너무 배고파.

지문 어휘

距离 jùlí 동 (~로 부터) 떨어지
다, 사이를 두다 ★
大概 dàgài 뷔 대략, 대강,
아마(도) ★
公里 gōnglǐ 양 킬로미터(km) ★
开车 kāi chē 동 운전하다,
차를 몰다
出发 chūfā 동 출발하다 ★
饿 è 혱 배고프다

정답 ✗

해설 **제시 문장** 想先去修车(먼저 가서 차를 고치고 싶어 한다)

녹음 내용 先吃点儿东西再出发吧(먼저 음식을 좀 먹고 출발하자)

음식을 좀 먹고 출발하자고 했으므로 먼저 차를 고치고 싶어한다는 제시 문장과는 일
치하지 않는다.

2

★ 小明篮球打得好。（ ✗ ）

我当然知道小明，他可是我们学校的大名人。不仅长得帅，而且很有礼貌。他既是学生会会长，又是足球队队长。

★ 샤오밍은 농구를 잘 한다.

나는 당연히 샤오밍을 안다. 그는 우리 학교의 대스타이다. 잘생겼을 뿐만 아니라, 매우 예의도 바르다. 그는 학생회 회장이기도 하며, 축구부 주장이기도 하다.

정답 ✗

해설 **제시 문장** 小明篮球打得好(샤오밍은 농구를 잘 한다)
녹음 내용 又是足球队队长(축구부 주장이기도 하다)
녹음 내용의 마지막 부분에서 그는 축구부 주장이라고 했지 농구를 잘 한다고 언급하지 않았으므로 일치하지 않는다.

지문 어휘

篮球 lánqiú 명 농구
当然 dāngrán 부 당연히, 물론
名人 míngrén 명 유명인사, 유명인
不仅A, 而且B bùjǐn A, érqiě B A뿐만 아니라 B이다
礼貌 lǐmào 명 예의 형 예의바르다 ★
既A, 又B jì A, yòu B A 하기도 하고 B 하기도 하다
足球 zúqiú 명 축구
队长 duìzhǎng 명 주장, 팀장, 리더

3

★ 礼物是女儿自己做的。（ ✓ ）

昨天是我妻子的生日，当7岁的女儿拿着自己做的礼物，对她妈妈说"生日快乐"时，她感动得都要哭了。

★ 선물은 딸이 직접 만든 것이다.

어제는 아내의 생일이었는데, 7살 된 딸이 자기가 만든 선물을 들고 엄마에게 "생일 축하해요" 라고 말했을 때, 그녀는 감동해서 눈물이 나오려고 했다.

정답 ✓

해설 **제시 문장** 礼物是女儿自己做的(선물은 딸이 직접 만든 것이다)
녹음 내용 拿着自己做的礼物(자신이 직접 만든 선물을 들고)
녹음 내용에서 '자기가 만든 선물을 들고'라고 언급하였으므로 선물은 딸이 직접 만든 것이라는 제시 문장과 서로 일치한다.

지문 어휘

礼物 lǐwù 명 선물, 예물
女儿 nǚ'ér 명 딸
妻子 qīzi 명 아내
当 dāng 동 ~이 되다 ★
感动 gǎndòng 동 감동하다, 감동시키다 ★
哭 kū 동 울다

4

★ 儿子正在学普通话。（ ✗ ）

为了让儿子练习画画儿，我专门买了一块小黑板，放在他的书房里。儿子非常喜欢这块小黑板，每次画完画儿，他都会把它擦得干干净净。

★ 아들은 표준어를 배우고 있다.

아들이 그림 그리는 연습을 할 수 있도록 나는 특별히 작은 칠판을 사서, 그의 서재에 두었다. 아들은 이 작은 칠판을 매우 좋아해서, 매번 그림을 다 그리고 나면 그것을 깨끗하게 닦는다.

지문 어휘

正在 zhèngzài 부 ~하고 있다
普通话 pǔtōnghuà 명 표준어, 보통화 ★
画画儿 huà huàr 동 그림을 그리다
专门 zhuānmén 부 특별히, 일부러 ★
块 kuài 양 장(일부 얇은 모양 또는 납작한 모양의 물건을 세는 단위)
擦 cā 동 닦다 ★
干净 gānjìng 형 깨끗하다

정답 ✕
해설 **제시 문장** 儿子正在学普通话(아들은 표준어를 배우고 있다)
녹음 내용 为了让儿子练习画画儿(아들이 그림 그리는 연습을 할 수 있도록)
녹음 내용의 시작 부분에서 아들이 그림 그리는 연습을 할 수 있도록 작은 칠판을 사
주었다고 언급하였으므로 표준어를 배우고 있다는 제시 문장과는 일치하지 않는다.

5

★ 他们很少打电话。(✕)

我们每天都很忙，没有时间经常见面，但是我们会经常打电
话，或者发短信，互相关心关心。

★ 그들은 드물게 전화를 한다.

우리는 매일 아주 바빠서 자주 만날 시간이 없지만, 우리는 자주 전화를 하거나 메시지를 보내
서 서로 관심을 갖는다.

정답 ✕
해설 **제시 문장** 很少打电话(드물게 전화를 한다)
녹음 내용 会经常打电话，或者发短信(자주 전화를 하거나 메시지를 보낸다)
우리는 자주 만날 시간이 없지만 자주 전화를 하거나 메시지를 보낸다고 했으므로 드
물게 전화를 한다는 내용과는 일치하지 않는다.
▶ 很少(드물게)와 经常(자주)은 반의어 표현에 속한다.

공략비법 05 상태, 상황 문제

본서 p. 57 🎧 05_5

1

★ 出汗后开空调容易感冒。(✓)

小张，你刚才打篮球出了那么多汗，不要现在开空调，不然真
的很容易感冒。给你毛巾，先擦一擦。

★ 땀을 흘린 후에 에어컨을 틀면 감기에 걸리기 쉽다.

샤오장, 네가 방금 농구를 하다 땀을 그렇게 많이 흘렸으니, 지금은 에어컨을 틀지 마, 그렇게
않으면 진짜 감기에 걸리기 쉬워. 네게 수건을 줄게, 우선 땀부터 좀 닦으렴.

정답 ✓
해설 **제시 문장** 出汗后开空调容易感冒(땀을 흘린 후에 에어컨을 틀면 감기에 걸리기 쉽다)
녹음 내용 不要现在开空调，不然真的很容易感冒(지금은 에어컨을 틀지 마, 그
렇지 않으면 진짜 감기에 걸리기 쉬워)
샤오장에게 농구를 하다 땀을 많이 흘렸으니 에어컨을 틀지 말라는 얘기와 함께 감기
에 걸리기 쉽다고 했으므로 일치한다.

2

★ 问题已经查清楚了。（✗）

这个问题到底是谁引起的，还需要更仔细调查。我保证年底前一定查清楚，然后写一份报告交给您。

★ 문제는 이미 명백히 조사했다.

이 문제는 도대체 누가 일으킨 것인지, 좀 더 자세한 조사가 필요해요. 제가 책임지고 연말 전까지 반드시 명백하게 조사할게요. 그런 다음에 보고서를 써서 제출하겠습니다.

정답 ✗

해설 **제시 문장** 问题已经查清楚了(문제는 이미 명백히 조사했다)
녹음 내용 年底前一定查清楚(연말 전까지 반드시 명백하게 조사할게요)
녹음 내용에서는 연말 전까지 명백하게 조사하겠다고 했으므로 이미 명백하게 조사했다는 제시 문장과는 서로 일치하지 않는다.

지문 어휘

清楚 qīngchu 〔형〕 명백하다,
뚜렷하다

到底 dàodǐ 〔부〕 도대체 ★

引起 yǐnqǐ 〔동〕 (사건 등을) 일으
키다, 야기하다 ★

仔细 zǐxì 〔형〕 자세하다,
꼼꼼하다 ★

调查 diàochá 〔동〕 조사하다 ★

年底 niándǐ 〔명〕 연말

报告 bàogào 〔명〕 보고서, 레포트

交 jiāo 〔동〕 제출하다, 내다 ★

3

★ 他们仍然是朋友。（✓）

我跟小李是上学的时候认识的，尽管我们开始工作后去了不同的地区，很长时间没有联系，但我们之间的友谊一直没有变。

★ 그들은 여전히 친구이다.

나와 샤오리는 학교 다닐 때 알게 되었다. 비록 우리는 일을 시작한 후에 다른 지역으로 가서, 오랫동안 연락을 못했지만, 우리 사이의 우정은 줄곧 변하지 않았다.

정답

해설 **제시 문장** 仍然是朋友(여전히 친구이다)
녹음 내용 我们之间的友谊一直没变(우리 사이의 우정은 줄곧 변하지 않았다)
녹음 내용의 마지막 부분에서 우리 사이의 우정은 줄곧 변하지 않았다고 했으므로 그들은 여전히 친구라는 제시 문장과는 서로 일치한다.

지문 어휘

仍然 réngrán 〔부〕 여전히,
변함없이 ★

尽管 jǐnguǎn 〔접〕 비록 ~하지만 ★

不同 bùtóng 〔형〕 다르다, 같지 않다

地区 dìqū 〔명〕 지역

联系 liánxì 〔동〕 연락하다,
연결하다 ★

友谊 yǒuyì 〔명〕 우정, 우의 ★

4

★ 他面试时一点也不紧张。（✗）

第一次参加面试的时候，他心里很紧张，在回答问题的时候都不敢抬头看面试的人，全部的过程好像都没有把头抬起来。

★ 그는 면접 볼 때 조금도 긴장하지 않는다.

처음 면접에 참가했을 때 그는 매우 긴장했다. 질문에 대답할 때 고개를 들고 면접관을 쳐다볼 엄두를 못내고, 모든 과정에서 고개를 들지 못한 것 같다.

정답 ✗

지문 어휘

紧张 jǐnzhāng 〔형〕 긴장하다 ★

参加 cānjiā 〔동〕 참가하다

回答 huídá 〔동〕 대답하다

不敢 bùgǎn 〔동〕 ~할 엄두를 못
내다, ~할 용기가 없다, 감히 ~하
지 못하다

抬头 tái tóu 〔동〕 머리를 들다

过程 guòchéng 〔명〕 과정 ★

好像 hǎoxiàng
〔부〕 ~인 것 같다 ★

제시 문장 一点也不紧张(조금도 긴장하지 않는다)
녹음 내용 心里很紧张(매우 긴장했다)

그는 면접 볼 때 매우 긴장했다고 언급했으므로 조금도 긴장하지 않는다는 제시 문장
과는 서로 일치하지 않는다.

▶ 不紧张(긴장하지 않다)인지 紧张(긴장하다)인지 구분해서 들어야 한다.

5

★ 李老师性格幽默。(✓)

李老师的性格幽默、热情。她讲课的时候，总是喜欢做动作。
本来很普通的内容，经她一讲，就变得非常有趣！她这种讲课
方法特别受欢迎。

― ― ― ― ― ― ― ― ― ― ― ― ― ― ― ―

★ 이 선생님의 성격은 유머러스하다.

이 선생님의 성격은 유머러스하고 친절하다. 그녀는 강의할 때, 늘 동작하는 것을 좋아한다. 원
래 매우 일반적인 내용이어도 그녀의 설명을 거치기만 하면 아주 재미있게 변한다! 그녀의 이
런 강의 방법은 특히 인기가 있다.

정답 ✓

해설 **제시 문장** 李老师性格幽默(이 선생님의 성격은 유머러스하다)
녹음 내용 李老师的性格幽默(이 선생님의 성격은 유머러스하다)

녹음 내용의 첫 부분에서 이 선생님은 유머러스하다고 그대로 언급하고 있으므로 두 문
장은 서로 일치한다.

지문 어휘

性格 xìnggé 몡 성격 ⭐
幽默 yōumò 혱 유머러스하다 ⭐
热情 rèqíng 혱 친절하다,
다정하다
讲课 jiǎng kè 동 강의하다,
수업하다
总是 zǒngshì 분 늘, 항상
动作 dòngzuò 몡 행동, 동작 ⭐
本来 běnlái 분 원래, 본래 ⭐
普通 pǔtōng 혱 일반적이다,
보통이다, 평범하다
内容 nèiróng 몡 내용 ⭐
有趣 yǒuqù 혱 재미있다,
흥미가 있다 ⭐
方法 fāngfǎ 몡 방법 ⭐
受欢迎 shòu huānyíng
인기가 있다, 환영받다

공략비법 **06** 어기, 심정, 태도 문제

본서 p. 62 06_5

1

★ 演讲十分精彩。(✓)

由于是第一次上台演讲，学生们既兴奋又紧张。尽管他们还很
年轻，演讲却非常精彩。听众被他们的演讲深深地吸引了。

― ― ― ― ― ― ― ― ― ― ― ― ― ― ― ―

★ 강연은 매우 훌륭하다.

첫 번째로 무대에 오른 강연이기 때문에, 학생들은 흥분하기도 하고, 긴장하기도 했다. 비록 그
들은 나이가 어리지만, 강연은 오히려 대단히 훌륭했다. 청중들은 그들이 강연에 깊이 매료되
었다.

지문 어휘

演讲 yǎnjiǎng 몡 강연, 웅변
精彩 jīngcǎi 혱 훌륭하다,
뛰어나다 ⭐
兴奋 xīngfèn 혱 흥분하다 ⭐
既A, 又B jì A, yòu B
A 하기도 하고 B 하기도 하다
紧张 jǐnzhāng 혱 긴장하다 ⭐
却 què 분 오히려, 도리어 ⭐
听众 tīngzhòng 몡 청중
吸引 xīyǐn 동 매료시키다,
끌어당기다 ⭐

정답 ✓

해설 **제시 문장** 演讲十分精彩(강연은 매우 훌륭하다)
녹음 내용 演讲却非常精彩(강연은 오히려 대단히 훌륭했다)

강연이 훌륭하다는 말이 모두 언급되었으므로 두 문장은 서로 일치한다.

▶ 十分(매우, 아주)과 非常(매우, 아주)은 동의어에 속한다.

2

★ 他在向林教授道歉。(✗)

这次演出是在林教授的支持和帮助下完成的。她指出了我们节目中的问题，并提出了许多建议，所以这次演出才能举办得这么成功。在这里我要向林教授表示感谢。

★ 그는 임 교수에게 사과하고 있다.

이번 공연은 임 교수님의 지지와 도움으로 완성되었습니다. 그녀가 우리 프로그램의 문제점을 지적해주고, 많은 제안을 해주었기 때문에 이번 공연을 이렇게 성공적으로 개최할 수 있었습니다. 여기서 저는 임 교수님에게 감사의 뜻을 표하려 합니다.

[정답] ✗

[해설] **제시 문장** 他在向林教授道歉(그는 임 교수에게 사과하고 있다)
녹음 내용 我要向林教授表示感谢(저는 임 교수님에게 감사의 뜻을 표하려 합니다)
녹음 내용에서는 임 교수님의 지지와 도움으로 완성된 공연에 대해 감사의 뜻을 표하려 한다고 언급했으므로 사과하고 있다는 제시 문장과는 일치하지 않는다.

지문 어휘

向 xiàng 젠 ~에게
道歉 dào qiàn 동 사과하다 ★
演出 yǎnchū 명 공연 ★
支持 zhīchí 동 지지하다 ★
指出 zhǐchū 동 지적하다
节目 jiémù 명 프로그램, 종목
提出 tíchū 동 제시하다, 제의하다, 제기하다
许多 xǔduō 수 많은, 허다한 ★
建议 jiànyì 명 제안, 건의 ★
举办 jǔbàn 동 개최하다, 열다 ★
表示 biǎoshì 동 표명하다, 나타내다 ★
感谢 gǎnxiè 동 감사하다 ★

3

★ 哥哥担心我去医院。(✗)

我哥早上突然头很疼，自己去医院了。到现在还没有来电话，我很担心他有什么事。

★ 형은 내가 병원에 간 것을 걱정한다.

우리 형이 아침에 갑자기 머리가 아파서, 혼자 병원에 갔어요. 지금까지 아직 연락이 없는데 무슨 일이 생긴 건지 너무 걱정돼요.

[정답] ✗

[해설] **제시 문장** 哥哥担心我去医院(형은 내가 병원에 간 것을 걱정한다)
녹음 내용 我哥早上突然头很疼，自己去医院了(우리 형이 아침에 갑자기 머리가 아파서, 혼자 병원에 갔다)
병원에 간 대상과 현재 화자의 심정이나 어기를 주의 깊게 들어야 한다. 녹음 내용에서는 아파서 혼자 병원에 간 사람은 형이고 이에 대해 동생의 걱정스러운 심정이 드러나므로 제시 문장과는 일치하지 않는다.

지문 어휘

担心 dān xīn 동 걱정하다, 염려하다
医院 yīyuàn 명 병원
突然 tūrán 부 갑자기, 문득
头疼 tóuténg 동 머리가 아프다

4

★ 儿子愿意打针。(✗)

儿子肚子难受，我带他去医院，医生给他打了针。五岁的儿子尽管很害怕打针，不过，他没有哭。

★ 아들은 주사 맞는 것을 원한다.

아들이 배가 아프다고 해서 데리고 병원에 갔더니 의사 선생님께서 주사를 놓아주셨다. 다섯살짜리 아들은 비록 주사 맞는 것을 무서워했지만 울지 않았다.

지문 어휘

儿子 érzi 명 아들
愿意 yuànyì 동 바라다, 원하다
打针 dǎ zhēn 동 주사를 놓다, 주사를 맞다 ★
肚子 dùzi 명 배 ★
难受 nánshòu 형 아프다, 불편하다, 견딜 수 없다 ★

실전테스트

듣기

해설

제시 문장 儿子愿意打针(아들은 주사 맞는 것을 원한다)

녹음 내용 儿子尽管很害怕打针, 不过, 他没有哭(아들은 비록 주사 맞는 것을 무서워했지만 울지 않았다)

녹음 내용에서 아들은 비록 주사 맞는 것을 무서워했지만 울지 않았다고 언급했으나 주사 맞는 것을 원한다는 의미는 아니므로 제시 문장과는 일치하지 않는다.

尽管 jǐnguǎn 접 비록 ~이지만, 비록 ~에도 불구하고 ⭐

害怕 hàipà 동 무서워하다, 두려워하다

不过 búguò 접 하지만, 그러나, 그런데 ⭐

哭 kū 동 울다

5

★ 成功者不要得意。(✓)

生活中没有人能够随随便便成功, 但有些人获得了成功后, 马上就变得特别骄傲。其实, 这是很危险的, 成功者千万不要骄傲, 因为没有永远的成功。

★ 성공한 자는 의기양양하지 말아라.

살다 보면 마음대로 성공할 수 있는 사람은 없다. 하지만 어떤 이들은 성공을 거두고 바로 아주 거만해진다. 사실, 이것은 매우 위험한 일이며 성공한 자는 절대 거만해서는 안 된다. 왜냐하면 영원한 성공은 없기 때문이다.

정답 ✓

해설

제시 문장 成功者不要得意(성공한 자는 의기양양하지 말아라)

녹음 내용 成功者千万不要骄傲(성공한 자는 절대 거만해서는 안 된다)

성공한 자는 절대로 거만해서는 안 된다고 언급했으므로 의기양양하지 말라는 제시 문장과 서로 일치한다.

▶ 得意(의기양양하다)와 骄傲(거만하다)는 동의어 표현에 속한다.

지문 어휘

成功 chénggōng 명 성공 동 성공하다 ⭐

不要 búyào 부 ~하지 마라

得意 déyì 형 의기양양하다, 대단히 만족하다 ⭐

生活 shēnghuó 동 살다, 생활하다 명 생활 ⭐

能够 nénggòu 조동 ~할 수 있다

随便 suíbiàn 부 마음대로, 좋을대로 ⭐

获得 huòdé 동 얻다, 획득하다 ⭐

骄傲 jiāo'ào 형 거만하다, 자만하다 ⭐

其实 qíshí 부 사실, 실제(로는)

危险 wēixiǎn 형 위험하다 ⭐

千万 qiānwàn 부 절대, 부디 ⭐

永远 yǒngyuǎn 부 영원히, 언제나 ⭐

공략비법 07 동의어, 반의어 표현 문제

본서 p. 70 🎧 07_6

1

★ 那两个字的意思相反。(✕)

我用汉语词典查了意思, 这两个字的中文意思虽然相同, 但实际用法完全是不一样的。按照词典上的解释, 第一个字更正式些。

★ 그 두 글자의 뜻은 상반된다.

내가 중국어 사전을 이용해 뜻을 조사했는데, 이 두 글자의 중국어 뜻은 비록 똑같지만, 실제 용법은 완전히 달라. 사전 상의 해석에 의하면, 첫 번째 글자가 좀 더 공식적이야.

지문 어휘

意思 yìsi 명 의미, 뜻

相反 xiāngfǎn 형 상반되다 ⭐

词典 cídiǎn 명 사전

虽然A, 但B suīrán A, dàn B 비록 A하지만, B하다

相同 xiāngtóng 형 똑같다 ⭐

实际 shíjì 형 실제의, 실제적이다 ⭐

用法 yòngfǎ 명 용법

按照 ànzhào 전 ~에 의하면 ⭐

解释 jiěshì 동 해석하다 ⭐

正式 zhèngshì 형 공식의, 정식의 ⭐

정답 X

해설

제시 문장 意思相反(뜻이 상반되다)

녹음 내용 意思虽然相同(뜻은 비록 똑같지만)

녹음 내용에서는 두 글자의 중국어 뜻은 똑같다고 했고, 제시 문장에서는 두 글자의
뜻은 상반된다고 했으므로 두 문장은 서로 일치하지 않는다.

▶ 相反(상반되다)과 相同(똑같다)은 반의어에 속한다.

2

★ 画家认为坚持才能成功。(✓)

她3岁就开始画画，18岁就已经成为有名的画家了。有人问
她：“为什么能画得这么好？”她只说了三个字“不放弃”。

★ 화가는 꾸준히 해야 비로소 성공할 수 있다고 생각한다.

그녀는 3세부터 그림 그리기 시작했고, 18세에 이미 유명한 화가가 되었다. 누군가 그녀에게
"어찌 (그림을) 이렇게 잘 그리나요?"라고 묻자, 그녀는 그저 세 글자로 답했다. "포기하지 않았
거든요."

정답 ✓

해설

제시 문장 坚持才能成功(꾸준히 해야 비로소 성공할 수 있다)

녹음 내용 不放弃(포기하지 않다)

그녀는 포기하지 않았다고 언급했으므로 결과적으로 꾸준히 해야 성공한다는 의미와
일치한다.

▶ 坚持(꾸준히 하다)와 不放弃(포기하지 않다)는 동의어에 속한다.

지문 어휘

画家 huàjiā 명 화가

认为 rènwéi 동 ~라고 생각하
다, ~라고 여기다

坚持 jiānchí 동 꾸준히 하다 ★

成功 chénggōng 명 성공
동 성공하다 ★

画画 huà huà 동 그림을 그리다

成为 chéngwéi 동 ~이 되다 ★

有名 yǒumíng 형 유명하다

只 zhǐ 부 단지, 다만

放弃 fàngqì 동 포기하다 ★

3

★ 她丈夫现在支持她学网球。(✓)

我丈夫一开始反对我学网球，但当他听说打网球有助于减肥
后，不仅不再反对，而且还和我一起报名参加了网球班。

★ 그녀의 남편은 지금 그녀가 테니스를 배우는 것을 지지한다.

제 남편은 처음에는 제가 테니스를 배우는 것을 반대했지만, 그는 테니스를 치는 것이 다이어
트에 도움이 된다는 말을 들은 후에, 더 이상 반대하지 않을 뿐만 아니라 저와 함께 테니스 반
에 등록했습니다.

정답 ✓

해설

제시 문장 她丈夫现在支持她学网球(그녀의 남편은 지금 그녀가 테니스를 배우
는 것을 지지한다)

녹음 내용 当他听说打网球有助于减肥后，不仅不再反对(그는 테니스를 치는
것이 다이어트에 도움이 된다는 말을 들은 후에, 더 이상 반대하지 않을 뿐만 아니라)

녹음 내용의 중간 부분부터 테니스를 치는 것이 다이어트에 도움이 된다는 말을 들은
후에는 더 이상 반대하지 않는다고 언급했으므로 지금은 테니스 배우는 것을 지지한
다는 제시 문장과 일치한다.

▶ 支持(지지하다)는 不再反对(더 이상 반대하지 않는다)와 동의어 표현에 속한다.

지문 어휘

丈夫 zhàngfu 명 남편

支持 zhīchí 동 지지하다 ★

网球 wǎngqiú 명 테니스 ★

一开始 yīkāishǐ 처음(부터),
시작(부터)

反对 fǎnduì 동 반대하다 ★

有助于 yǒuzhùyú
~에 도움이 되다

不仅A，而且B bùjǐn A, érqiě B
A할 뿐만 아니라, B하다

不再 búzài 더는 ~하지 않다,
다시는 ~하지 않다

报名 bào míng 동 신청하다,
등록하다 ★

★ 减肥药有助于减肥。(✗)

社会上很多流行的减肥药都是没有效果的，而且还可能会引起各种健康问题。因此还是要通过运动等科学的方法来减肥。

★ 다이어트 약은 다이어트에 도움이 된다.

사회적으로 유행하는 많은 다이어트 약들은 효과가 없으며, 또한 각종 건강 문제를 일으킬 수도 있다. 그러므로 운동 등 과학적인 방법을 통해 살을 빼야 한다.

정답 ✗

해설 **제시 문장** 减肥药有助于减肥(다이어트 약은 다이어트에 도움이 된다)
녹음 내용 很多流行的减肥药都是没有效果的(유행하는 많은 다이어트 약들은 효과가 없다)

다이어트 약은 다이어트에 도움이 된다는 제시 문장과는 반대로 유행하는 많은 다이어트 약들은 효과가 없다고 언급했으므로 두 내용은 서로 일치하지 않는다.

▶ 有助于(~에 도움이 되다)와 没有效果(효과가 없다)는 상반된 표현이다.

---

⑤

★ 他昨晚坐出租车回家。(✓)

昨晚去朋友家一直玩到12点，到我家的公交车和地铁都没有了。所以只好打车回去，花了我60块！

★ 그는 어제 저녁에 택시를 타고 집에 갔다.

어제 저녁에 친구 집에 가서 12시까지 놀다 보니 우리 집에 가는 버스와 지하철이 끊겨서 할 수 없이 택시 타고 집에 가는 바람에, 60위안이나 써 버렸어!

정답 ✓

해설 **제시 문장** 坐出租车回家(택시를 타고 집에 갔다)
녹음 내용 只好打车回去(할 수 없이 택시 타고 집에 갔다)

打车와 坐出租车는 '택시를 타다'라는 뜻의 동의어이므로 두 문장은 서로 일치한다.

공략 비법 08 필수 관용어 공략 문제

본서 p. 74 ∩ 08_5

①

★ 他不想成为律师。(✓)

他从小就喜欢跳舞，但母亲却希望他当一名律师，结果他不得不按照母亲的想法当了一名律师。

★ 그는 변호사가 되고 싶지 않다.

그는 어릴 때부터 춤 추는 것을 좋아했다. 하지만 어머니는 그가 변호사가 되기를 바랐고 결국 그는 어쩔 수 없이 어머니의 생각대로 변호사가 되었다.

정답 ✓

해설 **제시 문장** 不想成为律师 (변호사가 되고 싶지 않다)
녹음 내용 不得不按照母亲的想法当了一名律师(어쩔 수 없이 어머니의 생각대로 변호사가 되었다)
어쩔 수 없이 어머니의 생각대로 변호사가 되었다고 하였으므로 그는 변호사가 되고 싶지 않다는 내용과 일치한다.

希望 xīwàng 동 바라다, 희망하다
结果 jiéguǒ 접 결국, 마지막에, 결과적으로 ★
不得不 bùdébù 부 어쩔 수 없이 ★
按照 ànzhào 전 ~대로, ~에 따라 ★
想法 xiǎngfǎ 명 생각, 의견, 뜻

2

★ 他联系上了小王。(✗)

我和小王下班后一起去餐厅吃饭，吃到一半儿的时候，他突然接到一个电话，然后就走了，到现在一直联系不上。我真担心他会出什么事。

★ 그는 샤오왕과 연락했다.

저와 샤오왕이 퇴근 후 함께 밥을 먹으러 식당에 갔는데, 밥을 반 정도 먹었을 때 그가 갑자기 전화 한 통을 받고 나서 바로 간 후로, 지금까지 계속 연락이 안 돼요. 그에게 무슨 일이 생긴 건지 저는 정말 걱정돼요.

정답 ✗

해설 **제시 문장** 他联系上了小王(그는 샤오왕과 연락했다)
녹음 내용 到现在一直联系不上(지금까지 계속 연락이 안 된다)
녹음 끝 부분에서 지금까지 계속 연락이 안 된다고 언급했으므로 연락했다는 제시 문장과는 서로 일치하지 않는다. 참고로 동사 뒤에 上을 붙여 쓰면 어떤 결과가 있거나 목적을 달성함을 나타낼 수 있으며, 반대로 동사 뒤에 不上을 붙이면 '~할 수 없다, ~하지 못하다'의 뜻으로 쓰인다는 것을 기억해 두자.

지문 어휘
联系 liánxì 동 연락하다 ★
下班 xià bān 동 퇴근하다
餐厅 cāntīng 명 식당 ★
一半儿 yíbànr 수 반, 절반
接 jiē 동 받다
然后 ránhòu 접 그리고 나서, 그런 후(다음)에
不上 bushàng ~하지 못하다(동사 뒤에 놓여, 동작의 결과가 이루어질 수 없거나 성공하기 어려움을 나타냄)

3

★ 他们不一定见面。(✓)

我这次出差计划安排得很紧，可能没有时间去看你，其实现在不好说。你等我的电话吧。如果有空，我们就聚一聚。

★ 그들이 반드시 만나는 것은 아니다.

나는 이번 출장 계획이 너무 타이트하게 짜여 있어서 아마도 널 보러 갈 시간이 없을 것 같아, 사실 지금은 얘기하기가 어려우니 내 전화를 기다려줘. 만약 틈이 나면, 우리 모이자.

정답 ✓

지문 어휘
不一定 bùyídìng 부 (반드시) ~한 것은 아니다, ~할 필요는 없다
出差 chū chāi 동 출장 가다 ★
计划 jìhuà 명 계획 동 계획하다 ★
其实 qíshí 부 사실, 실제(로는)
有空 yǒukòng 동 틈이 나다
如果A，就B rúguǒ A, jiù B 만약 A한다면, B하다
聚 jù 동 모이다, 회합하다

제시 문장 他们不一定见面(그들이 반드시 만나는 것은 아니다)

녹음 내용 如果有空，我们就聚一聚(만약 틈이 나면, 우리 모이자)

녹음 내용에서 만약 틈이 나면 모이자고 했기 때문에 결과적으로 그들이 반드시 만나는 것은 아니라는 의미와 일치한다.

4

★ 这座城市的夜景美极了。(✓)

这座大楼是这儿附近最高的，晚上如果你站在楼上往外看，可以看到上海最漂亮的夜景，各种灯光照着这座城市，美得不能再美了。

★ 이 도시의 야경은 너무 아름답다.

이 빌딩은 이 근처에서 가장 높아서, 밤에 네가 만약 위층에 서서 밖을 보면, 상하이에서 가장 아름다운 야경을 볼 수 있을 거야. 여러 가지 불빛이 이 도시를 비추면 이보다 더 아름다울 수는 없어.

지문 어휘

座 zuò 형 도시를 세는 양사 ★
城市 chéngshì 명 도시
夜景 yèjǐng 명 야경
大楼 dàlóu 명 빌딩, 고층 건물
附近 fùjìn 명 근처, 부근
楼上 lóushàng 명 위층
灯光 dēngguāng 명 불빛, 조명
照 zhào 동 비추다 ★

정답 ✓

해설 **제시 문장** 美极了(너무 아름답다)

녹음 내용 美得不能再美了(이보다 더 아름다울 수는 없다)

美极了(너무 아름답다)와 美得不能再美了(이보다 더 아름다울 수는 없다)는 아름다움의 정도를 표현한 문장으로 두 문장의 의미는 서로 일치한다.

5

★ 他专门去买书的。(✗)

今天我要去商店买毛巾，顺便去附近的书店买一本书，你有需要买的东西吗? 我帮你买吧。

★ 그는 일부러 책을 사러 갔다.

오늘 나는 상점에 가서 수건 사는 김에, 근처 서점에 가서 책을 한 권 살 건데, 너 사야 할 물건 있니? 내가 사다 줄게.

지문 어휘

专门 zhuānmén 부 일부러, 오로지, 전문적으로 ★
毛巾 máojīn 명 수건, 타월 ★
顺便 shùnbiàn 부 ~하는 김에 ★

정답 ✗

해설 **제시 문장** 他专门去买书的(그는 일부러 책을 사러 갔다)

녹음 내용 今天我要去商店买毛巾，顺便去附近的书店买一本书(오늘 나는 상점에 가서 수건 사는 김에, 근처 서점에 가서 책을 한 권 살 거야)

그는 수건 사러 간 김에 근처 서점에 가서 책을 한 권 살거라고 언급했으므로 일부러 책을 사러 갔다는 제시 문장과는 일치하지 않는다.

본서 p. 89 🎧 09_5

1

男: 九号是奶奶的生日，可惜我那天有事，没法陪她。

女: 没关系，你可以提前祝贺她。我猜她也会很高兴的。

问: 男的不能陪谁过生日了?

A 叔叔　　　B 阿姨　　　C 奶奶　　　D 妻子

남: 9일이 할머니 생신인데, 아쉽게도 내가 그날은 일이 있어서, 할머니와 함께 할 수 없어.

여: 괜찮아, 너는 그 전에 (앞당겨서) 축하드리면 되지. 내가 추측건대 할머니 역시 기뻐하실 거야.

질문: 남자는 누구의 생일에 함께 할 수 없는가?

A 삼촌　　　B 이모　　　C 할머니　　　D 아내

정답 C

해설 남자는 누구의 생일에 함께 할 수 없는지 묻고있다. 남자는 9일이 할머니 생신이지만 일이 있어서 함께 할 수 없다고 했으므로 정답은 C 奶奶(할머니)이다.

지문 어휘

可惜 kěxī 형 아쉽다, 안타깝다 ⭐

陪 péi 동 함께 하다, 모시다 ⭐

提前 tíqián 동 (예정된 시간을) 앞당기다 ⭐

祝贺 zhùhè 동 축하하다 ⭐

猜 cāi 동 추측하다, 짐작하다 ⭐

보기 어휘

叔叔 shūshu 명 작은 아버지, 삼촌

2

男: 这本书的作者是你的大学同学?

女: 对。上大学的时候，他就爱写东西。没想到，现在还真成了一名作家。

问: 他们在谈谁?

A 书的作者　　B 一位律师　　C 小学校长　　D 医院大夫

남: 이 책의 저자가 네 대학 동창이야?

여: 맞아. 대학 다닐 때, 그는 글 쓰는 것을 좋아했었는데, 지금 진짜로 작가가 된 줄은 생각지도 못했어.

질문: 그들은 누구를 이야기하고 있는가?

A 책의 저자　　B 변호사　　C 초등학교 교장　　D 병원 의사

정답 A

해설 그들이 이야기하고 있는 사람이 누구인지 묻고 있다. 남자가 이 책의 저자가 대학 동창인지 여자에게 묻자, 여자가 맞다고 하였으므로 정답은 A 书的作者(책의 저자)이다.

지문 어휘

作者 zuòzhě 명 저자, 지은이 ⭐

没想到 méixiǎngdào 생각지 못하다, 뜻밖에도

作家 zuòjiā 명 작가 ⭐

보기 어휘

律师 lǜshī 명 변호사 ⭐

校长 xiàozhǎng 명 학교장

大夫 dàifu 명 의사 ⭐

3

男：我嗓子有点儿不舒服，还咳嗽。

女：来，张开嘴让我给你检查一下。

问：女的可能是做什么的？

    A 职员   B 老师   C 医生   D 服务员

남: 저 목이 조금 불편해요. 기침도 하고요.

여: 자, 제가 검사 좀 하게 입을 벌려 보세요.

질문: 여자는 무엇을 하는 사람이겠는가?

    A 직원   B 선생님   C 의사   D 종업원

지문 어휘

嗓子 sǎngzi 명 목

咳嗽 késou 통 기침하다 ★

张开 zhāng kāi 통 벌리다

检查 jiǎnchá 통 검사하다

보기 어휘

职员 zhíyuán 명 직원

服务员 fúwùyuán 명 종업원

정답 C

해설 이 문제는 여자의 직업을 묻는 문제로 보기를 먼저 읽고 녹음 내용에 언급될 관련 어휘들을 유추해보는 것이 좋다. 여자가 검사 좀 하게 입을 벌려 보라고 했으므로 여자는 의사임을 알 수 있다.

4

女：老张你是坐MU5102这趟航班去上海吧？

男：是的，李奶奶您有什么事吗？

女：我孙子也坐这趟航班，麻烦你照顾他一下，他爸妈会到机场接他。

男：没问题，您放心吧。

问：女的让男的帮她照顾谁？

    A 孙子   B 李律师   C 孙师傅   D 她丈夫

여: 라오장, MU5102 항공편을 타고 상하이에 가지?

남: 네, 이 할머니 무슨 일 있으세요?

여: 내 손자도 이번 항공편을 탄다네. 번거롭겠지만 자네가 좀 돌봐주게나. 그의 부모가 공항에 마중 나올 걸세.

남: 문제없어요, 안심하세요.

질문: 여자가 남자에게 누구를 돌봐달라고 했는가?

    A 손자   B 이 변호사   C 손 기사   D 그녀의 남편

지문 어휘

趟 tàng 양 차례, 번(왕래한 횟수를 세는 데 쓰임) ★

航班 hángbān 명 항공편 ★

照顾 zhàogù 통 보살피다, 돌보다

接 jiē 통 마중하다

放心 fàng xīn 통 안심하다, 마음을 놓다

보기 어휘

师傅 shīfu 명 기사님, 선생님(기술직에 종사하는 사람에 대한 존칭) ★

정답 A

해설 여자가 남자에게 누구를 돌봐달라고 했는지 묻고 있다. 여자가 내 손자도 이번 항공편을 탄다고 하면서 좀 돌봐달라고 언급했으므로 정답은 A 孙子(손자)이다.

5

男: 昨天晚上放在电脑桌上的那本书呢?

女: 我没有看到啊，你问问儿子，看他是不是拿去看了。

男: 他怎么没在家啊?

女: 对，他早上突然说要去跑步，一大早走的，到现在还没有回来呢。

问: 男的和女的是什么关系?

　A 同事　　　B 朋友　　　C 邻居　　　D 夫妻

남: 어제 저녁에 컴퓨터 책상 위에 놓아둔 그 책은?
여: 전 못 봤는데요. 아들에게 물어봐요. 걔가 가져가서 본 것 같은데요.
남: 왜 집에 없지?
여: 참, 걔 아침에 갑자기 달리기 하러 가야 한다고 이른 아침에 나가서는 지금까지 아직 안 돌아왔어요.

질문: 남자는 여자와 무슨 관계인가?
　A 동료　　　B 친구　　　C 이웃　　　D 부부

放 fàng 통 놓다, 두다
突然 tūrán 부 갑자기
跑步 pǎo bù 통 달리기 하다, 달리다
一大早 yídàzǎo 명 이른 아침, 이른 새벽

보기 어휘

同事 tóngshì 명 동료
邻居 línjū 명 이웃

[정답] D

[해설] 남자와 여자의 관계를 묻는 문제로 보기를 먼저 읽어 대화 도중에 나올 수 있는 소재나 관련 어휘를 미리 생각해 두는 것이 좋다. 여자가 아들에게 물어보라고 했으므로 두 사람간의 관계는 부부 사이임을 알 수 있다.

공략비법 10 장소, 수단 문제

1

女: 先生，你坐的是我的座位，你看，这是我的登机牌。

男: 真对不起，我看错了。我应该坐在前一排。

问: 他们最有可能在哪儿?

　A 售票处　　　　　　B 长江大桥上
　C 飞机上　　　　　　D 公共汽车上

여: 선생님, 당신이 앉은 곳은 제 자리예요. 보세요, 여기 제 탑승권이요.
남: 정말 죄송합니다, 제가 잘못 보았어요. 앞줄에 앉아야 하네요.

질문: 그들은 어디에 있을 가능성이 가장 큰가?
　A 매표소　　　　　　B 장강대교 위
　C 비행기 안　　　　　D 버스 안

지문 어휘

座位 zuòwèi 명 자리, 좌석 ★
登机牌 dēngjīpái 명 탑승권 ★
看错 kàn cuò 잘못 보다

보기 어휘

售票处 shòupiàochù 명 매표소
长江 Cháng Jiāng 고유 장강, 양쯔강 ★
大桥 dàqiáo 명 대교

[정답] C

해설 보기를 통해 장소를 묻는 질문임을 알 수 있다. 여자가 자신의 자리라고 탑승권을 남자에게 보여 주었으므로 그들의 대화 장소는 비행기 안이다.

2

女: 您好，请问世纪宾馆怎么走？
男: 从这儿往西走，大约五百米，过了一个加油站就能看到。

问: 女的要去哪儿？
　　A 宾馆　　　B 火车站　　　C 长城　　　D 国家大剧院

여: 안녕하세요, 실례지만 세기호텔은 어떻게 가야 하나요?
남: 여기서 서쪽을 향해 대략 500미터 걸어 가서, 주유소 하나를 지나면 바로 볼 수 있어요.

질문: 여자는 어디를 가려고 하는가?
A 호텔　　　　B 기차역　　　　C 만리장성　　　　D 국가대극장

지문 어휘

宾馆 bīnguǎn 명 (규모가 비교적 큰) 호텔
大约 dàyuē 부 대략, 대강 ⭐
过 guò 동 지나다, 건너다
加油站 jiāyóuzhàn 명 주유소 ⭐

보기 어휘

长城 Chángchéng 고유 창청(만리장성), **万里长城**의 약칭 ⭐
剧院 jùyuàn 명 극장

정답 A

해설 여자가 가려고 하는 장소를 묻는 문제로 여자가 남자에게 세기호텔은 어떻게 가는지 길을 묻고 있다. 따라서 여자가 가려고 하는 장소는 호텔임을 알 수 있다.

3

女: 麻烦你问一下，离这儿最近的银行怎么走？
男: 一直往前走大概50多米，然后往右拐就到了。银行就在图书馆旁边。

问: 女的想去哪儿？
　　A 地铁站　　　B 图书馆　　　C 银行　　　D 厕所

여: 실례지만 좀 여쭤볼게요. 여기서 가장 가까운 은행은 어떻게 가나요?
남: 대략 50여 미터쯤 계속 앞으로 간 후에 우회전하시면 돼요. 은행은 도서관 바로 옆에 있어요.

질문: 여자는 어디를 가고자 하는가?
A 지하철역　　　B 도서관　　　C 은행　　　D 화장실

지문 어휘

一直 yìzhí 부 줄곧, 계속
大概 dàgài 부 대략, 대강 ⭐
拐 guǎi 동 (모퉁이를) 돌다, 꺾다, 방향을 틀다

보기 어휘

厕所 cèsuǒ 명 화장실 ⭐

정답 C

해설 보기를 통해 장소를 묻는 문제임을 알 수 있다. 여자가 가장 가까운 은행은 어떻게 가는지 남자에게 물어보고 있으므로 여자가 가려고 하는 장소는 은행임을 알 수 있다.

4

女：先生，您的信用卡密码还是不正确。
男：真奇怪，就是这个。
女：卡暂时刷不了，您能现金付款吗？
男：对不起，我没带钱。那这盒饼干，我不要了。

问：男的最可能在哪儿？

　　A 超市　　　　B 银行　　　　C 出租车上　　　D 卫生间

여: 선생님, 당신의 신용카드 비밀번호가 여전히 정확하지 않습니다.
남: 진짜 이상하네요, 이건데요.
여: 카드를 잠시 긁을 수 없습니다. 현금으로 지불하시겠어요?
남: 죄송합니다. 현금을 안 가져 왔어요. 그럼 이 과자, 안 할게요.

질문: 남자는 어디에 있을 가능성이 가장 높은가?

　　A 슈퍼마켓　　　　B 은행　　　　C 택시 안　　　　D 화장실

지문 어휘

信用卡 xìnyòngkǎ 명 신용카드
密码 mìmǎ 명 비밀번호 ⭐
正确 zhèngquè 형 정확하다,
올바르다 ⭐
奇怪 qíguài 형 이상하다
暂时 zànshí 명 잠깐, 잠시 ⭐
刷 shuā 동 (카드를) 긁다
不了 bùliǎo ~할 수 없다(동사
뒤에 써서 할 수 없거나 불가능함
을 나타냄)
现金 xiànjīn 명 현금 ⭐
付款 fù kuǎn 동 돈을 지불하다 ⭐
盒 hé 양 갑, 통, 박스
饼干 bǐnggān 명 과자, 비스킷 ⭐

보기 어휘

超市 chāoshì 명 슈퍼마켓
卫生间 wèishēngjiān
명 화장실 ⭐

정답 A

해설 보기를 통해 장소를 묻는 문제임을 알 수 있다. 여자가 남자에게 현금으로 지불할지
묻자 남자는 현금이 없어서 과자를 사지 않겠다고 했으므로 슈퍼마켓에서 나누는 대
화임을 짐작할 수 있다. 따라서 정답은 A 超市(슈퍼마켓)이다.

5

男：打了一天羽毛球，累死了！腿都动不了。
女：我还好，不怎么累，就是有点儿饿。
男：那我们去吃点儿东西吧。
女：好啊！这儿附近有家餐厅的牛肉做得不错，一起去吧。

问：他们要去哪儿？

　　A 体育馆　　　B 饭店　　　　C 咖啡厅　　　D 书店

남: 배드민턴을 하루 종일 쳤더니, 피곤해 죽겠어! 다리를 움직일 수가 없네.
여: 나는 괜찮아, 그렇게 피곤하진 않은데, 배가 좀 고프네.
남: 그럼 우리 뭐 좀 먹으러 가자.
여: 좋아! 여기 근처 식당에 소고기 요리 잘 하더라, 같이 가자.

질문: 그들은 어디에 가려고 하는가?

　　A 체육관　　　　B 식당　　　　C 커피숍　　　　D 서점

지문 어휘

羽毛球 yǔmáoqiú
명 배드민턴 ⭐
腿 tuǐ 명 다리
餐厅 cāntīng 명 식당 ⭐
牛肉 niúròu 명 소고기

보기 어휘

体育馆 tǐyùguǎn 명 체육관
饭店 fàndiàn 명 식당, 호텔
咖啡厅 kāfēitīng 명 커피숍,
카페
书店 shūdiàn 명 서점

정답 B

해설 보기를 통해 장소를 묻는 문제임을 알 수 있다. 뭐 좀 먹으러 가자는 남자의 말에 여
자가 근처 식당에 가자고 했으므로 그들이 가려고 하는 곳은 B 饭店(식당)이다.
▶ 餐厅(식당)과 饭店(식당)은 동의어에 속한다.

1

女: 礼拜天，王阿姨一家要来。家里住不下，怎么办？

男: 没关系，对面的黄河宾馆条件挺好的，安排他们住那儿吧。

问: 王阿姨一家什么时候来？

    A 今晚   B 星期日   C 明天   D 下个月

지문 어휘

礼拜天 lǐbàitiān 명 일요일 ⭐
条件 tiáojiàn 명 조건 ⭐
挺 tǐng 부 아주, 꽤, 대단히 ⭐
安排 ānpái 동 (인원·시간 등을) 배치하다, 마련하다, 안배하다 ⭐

여: 일요일에 왕 이모네가 오기로 했어. 집안에 다 머물 수 없을텐데, 어떡하지?

남: 괜찮아, 맞은편의 황허호텔 조건이 아주 좋으니 그들이 거기에 머물 수 있도록 하자.

질문: 왕 이모네는 언제 오는가?

    A 오늘 밤   B 일요일   C 내일   D 다음 달

정답   B

해설   보기에 시간명사가 있는 것으로 보아 시간을 묻는 문제임을 알 수 있다. 대화의 시작 부분에서 여자가 礼拜天(일요일)이라고 직접적으로 언급했으므로 정답은 B 星期日 (일요일)이다. 住不下는 가능보어의 부정형으로 '묵을 수 없다'라는 뜻이다.

  ▶ [동사+不下]는 충분한 공간이나 수량의 여유가 없어서 하지 못함을 나타낸다.

    예 坐不下 앉을 수 없다 ↔ 坐得下 앉을 수 있다

  ▶ 礼拜天, 星期天, 周日, 星期日 모두 일요일을 뜻한다.

2

男: 这个周末你有没有空儿，我想约你去郊外玩儿。

女: 恐怕不可以，这周末我要去参加公司的第一次聚会。

问: 公司聚会什么时候举行？

    A 这个周末   B 下礼拜天   C 下个月底   D 今天晚上

지문 어휘

空儿 kòngr 명 시간, 짬
郊外 jiāowài 명 교외
恐怕 kǒngpà 부 아마 ~일 것이다 ⭐
聚会 jùhuì 명 모임 ⭐

보기 어휘

举行 jǔxíng 동 열리다, 개최하다 ⭐
月底 yuèdǐ 명 월말

남: 이번 주말에 시간 있어요? 나 당신이랑 교외로 놀러 가고 싶어요.

여: 아마도 안 될 거 같아요. 이번 주말에는 회사의 첫 번째 모임에 참가하러 가야 해요.

질문: 회사 모임은 언제 열리는가?

    A 이번 주말   B 다음 주 일요일   C 다음 달 말   D 오늘 저녁

정답   A

해설   보기를 통해 시간을 묻는 문제임을 알 수 있다. 여자가 이번 주말에 회사 모임에 참가 한다고 언급했으므로 정답은 A 这个周末(이번 주말)이다.

3

男：玛丽的中文说得很标准啊，要是光听声音不看人的话，还以为她是中国人呢。

女：是啊，她今年25岁，可是在中国就呆了12年。

问：玛丽来中国多少年了？

    A 25年   **B** 13年   **C** 12年   **D** 10年

남: 마리의 중국어가 매우 표준적이라 만약 사람을 보지 않고 목소리만 들으면 그녀가 중국인 인줄 알겠어.

여: 맞아, 그녀는 올해 25살인데, 12년동안 중국에서 살았어.

질문: 마리는 중국에 온지 얼마나 됐나?

    A 25년   **B** 13년   C 12년   D 10년

정답   C

해설   보기를 통해 숫자를 묻는 문제임을 예측할 수 있다. 여자가 12년동안 중국에서 살았다고 했으므로 그녀는 중국에 온지 12년이 되었음을 알 수 있다.

지문 어휘

标准 biāozhǔn ⓗ 표준적이다 ★

要是 yàoshì ⓒ 만약 ~하면 ★

光 guāng ⓟ 다만, 오로지, 오직 ★

声音 shēngyīn ⓟ 목소리, 소리

以为 yǐwéi ⓢ ~라고 생각하다, 여기다 ★

呆 dāi ⓢ 살다, 머무르다

4

男：王教授，这几篇文章我还没写完，您什么时候要？

女：你慢慢来，不着急，只要在暑假前交给我就行。

男：没问题，我肯定会提前写完的。

女：那就更好。

问：王教授什么时候要那几篇文章？

    A 晚上   **B** 暑假前   **C** 周末   **D** 月底

남: 왕 교수님, 제가 이 글들을 아직 다 쓰지 못했는데요, 언제까지 필요하신가요?

여: 천천히 하세요, 급하지 않아요, 여름 방학 전에만 제출하면 돼요.

남: 문제 없습니다, 틀림없이 그 전에는 다 쓸 수 있을 것 같습니다.

여: 그럼 더 좋겠네요.

질문: 왕 교수님은 그 글들이 언제 필요한가?

    A 저녁   B 여름 방학 전   C 주말   D 월말

정답   B

해설   보기를 통해 시간을 묻는 문제임을 알 수 있다. 언제까지 글이 필요하냐는 남자의 질문에 여름 방학 전에만 제출하면 된다고 했으므로 정답은 B 暑假前(여름 방학 전)이다.

▶ 暑假(여름 방학)와 寒假(겨울 방학) 어휘를 미리 알아두자!

지문 어휘

教授 jiàoshòu ⓟ 교수 ★

文章 wénzhāng ⓟ 독립된 한 편의 글 ★

着急 zháo jí ⓗ 급하다, 조급해하다

只要A, 就B zhǐyào A, jiù B A하기만 하면, B하다

暑假 shǔjià ⓟ 여름 방학

肯定 kěndìng ⓟ 틀림없이, 확실히 ★

5

女: 你家人爱看京剧吗?

男: 除了爷爷其他人都不是特别感兴趣。

女: 我有一张周日下午国家大剧院京剧演出的票，送给你爷爷吧!

男: 太好了! 他一定会很开心的。谢谢你。

女: 不客气。

问: 演出是哪天的?

    A 周六中午   **B** 星期日下午

    C 礼拜一早上   **D** 周五上午

여: 너희 가족들 경극 보는 거 좋아하니?

남: 할아버지를 제외하고 다른 사람들 모두 특별히 관심이 있진 않아.

여: 나한테 일요일 오후 표 한 장 있는데, 국가 대극장에서 하는 경극 공연표야. 너희 할아버지에게 드려!

남: 잘 됐다! 틀림없이 기뻐하실 거야. 고마워.

여: 뭘.

질문: 공연은 언제인가?

    A 토요일 정오   B 일요일 오후

    C 월요일 아침   D 금요일 오전

정답   B

해설   보기를 통해 시간을 묻는 문제임을 알 수 있다. 여자가 남자에게 일요일 오후 표 한 장이 있으니 할아버지에게 드리라고 했으므로 정답은 B 星期日下午(일요일 오후)이다.

 공략 비법 12 행동 문제   본서 p. 108   12_5

1

女: 我老是跟不上老师讲语法的速度，听了一节课，还是没听懂。

男: 语法本来就难，你上课之前一定要好好儿预习。

问: 男的建议女的怎么做?

    A 提前预习   **B** 重新修改

    C 加倍努力   **D** 不要迟到

여: 나는 늘 선생님이 어법 설명하시는 속도를 따라갈 수가 없어, 1교시 수업이 끝나도, 여전히 못 알아듣겠어.

남: 어법은 원래 어려워, 네가 수업 전에 반드시 열심히 예습해야 해.

질문: 남자가 여자에게 어떻게 하라고 제안했는가?

    A 그 전에 예습할 것을   B 새로 다시 고칠 것을

    C 두 배로 노력할 것을   D 지각하지 말 것을

修改 xiūgǎi 동 고치다, 수정하다
加倍 jiā bèi 부 배로, 갑절로
迟到 chídào 동 지각하다

정답 A

해설 남자가 여자에게 어떻게 하라고 제안했는지 묻고 있다. 마지막 남자의 말에서 어법이 어려우니 수업 전에 예습을 꼭 해야 한다고 제안했으므로 정답은 A이다.

2

女: 经理，外面有位客人说来找您谈广告。
男: 是李先生吧，让他在外面等一下。

问: 李先生来做什么?

    A 谈广告的事   B 打针

    C 送杂志   D 道歉

지문 어휘

客人 kèrén 명 손님, 방문객
谈 tán 동 이야기하다, 말하다, 토론하다 ⭐
广告 guǎnggào 명 광고 ⭐

보기 어휘

打针 dǎ zhēn 동 주사를 맞다, 주사를 놓다 ⭐
杂志 zázhì 명 잡지 ⭐
道歉 dào qiàn 동 사과하다, 사죄하다 ⭐

여: 사장님, 밖에 손님 한 분이 오셨는데 사장님과 광고에 대해 얘기하러 왔다고 하네요.
남: 이 선생이군요, 그에게 밖에서 잠시 기다리라고 해 주세요.

질문: 이 선생은 무엇을 하러 왔는가?

    A 광고 일을 얘기하려고   B 주사 맞으려고

    C 잡지를 보내주려고   D 사과하려고

정답 A

해설 이 선생이 무엇을 하러 왔는지 방문 목적에 대해 묻고 있다.
여자가 손님이 사장님과 광고에 대해 얘기하러 왔다고 언급했으므로 이 선생은 광고 일을 얘기하러 왔음을 알 수 있다.

3

女: 这儿的景色真美，帮我照张相吧。
男: 好的，你稍微往左边站一点儿，我帮你把后面的大桥也照上。

问: 女的让男的做什么?

    A 扔垃圾   B 推车

    C 照相   D 关窗户

지문 어휘

景色 jǐngsè 명 경치, 풍경 ⭐
照相 zhàoxiàng 동 사진을 찍다
稍微 shāowēi 부 조금, 약간, 다소 ⭐
大桥 dàqiáo 명 대교

보기 어휘

扔 rēng 동 내버리다, 던지다 ⭐
垃圾 lājī 명 쓰레기
推 tuī 동 밀다 ⭐
窗户 chuānghu 명 창문, 창 ⭐

여: 이곳의 경치가 정말 아름답네, 나 사진 좀 찍어줘.
남: 좋아, 조금만 왼쪽으로 서봐, 뒤에 있는 대교도 나오게 찍어 줄게.

질문: 여자는 남자에게 무엇을 하라고 했는가?

    A 쓰레기를 버리라고   B 차를 밀라고

    C 사진을 찍으라고   D 창문을 닫으라고

여자는 남자에게 무엇을 하도록 시켰는지 묻는 문제이다. '帮我照张相吧(나 사진 좀 찍어줘)'라고 언급했으므로 정답은 C 照相(사진 찍기)이다.

4

女: 今天晚上我要去看广州队的足球比赛。
男: 你还在发烧，怎么能出去呢？还是在家看电视吧!
女: 这场比赛我一定要去看，在家躺了这么多天，我都受不了了!
男: 真拿你没办法，出去的话，必须穿厚点儿。

问: 女的想要做什么？
　　A 在家看电视　　　　　B 去买衣服
　　C 看足球比赛　　　　　D 打扫房间

여: 오늘 저녁에 나 광저우 팀의 축구 경기를 보러 갈 거예요.
남: 당신 아직도 열이 나는데 어떻게 외출을 해요? 집에서 텔레비전으로 보는 편이 좋겠어요!
여: 이번 경기는 꼭 보러 갈 거예요, 집에서 이렇게 며칠을 누워만 있었더니 이제 못 참겠어요!
남: 정말 못 말리겠네, 나갈 거면, 꼭 옷 두껍게 입어요.

질문: 여자는 무엇을 하려고 하는가?
　　A 집에서 TV 보기　　　　　B 옷 사러 가기
　　C 축구 경기 보기　　　　　D 방 청소하기

지문 어휘

队 duì 명 팀, 단체
足球 zúqiú 명 축구
比赛 bǐsài 명 경기, 시합
发烧 fā shāo 동 열이 나다
出去 chūqu 동 나가다
还是 háishi
부 ~하는 편이 더 좋다
躺 tǎng 동 눕다 ★
受不了 shòubuliǎo 참을 수 없다, 견딜 수 없다 ★
办法 bànfǎ 명 방법
必须 bìxū 부 꼭, 반드시, 기필코
厚 hòu 형 두껍다, 두텁다 ★

보기 어휘

打扫 dǎsǎo 동 청소하다

여자가 무엇을 하려고 하는지 묻고 있다. 대화 시작 부분에서 광저우 팀의 축구 경기를 보러 갈 것이라고 언급했으므로 여자가 하려는 것은 축구 경기 관람임을 알 수 있다.

5

男: 明年我打算去美国留学，但是申请材料还没准备好。
女: 来得及，你联系好美国那边的教授了没有？
男: 联系好了，我已经用电子邮件把我的推荐信发给教授了。就是申请签证比较麻烦。
女: 是吗？那就慢慢儿弄吧。
男: 对了，我现在还想找一位外教，练习一下口语。

问: 男的接下来最可能做什么？
　　A 整理行李箱　　　　　B 去大使馆
　　C 练习英语口语　　　　D 准备推荐信

남: 내년에 저 미국 유학을 가려고 하는데 신청 자료를 아직 다 준비하지 못했어요.
여: 늦지 않았어요. 미국 쪽 교수님께는 연락 드렸나요?
남: 연락 드렸어요. 이미 이메일로 제 추천서를 교수님께 보냈어요. 비자를 신청하는 게 꽤 번거롭네요.

지문 어휘

申请 shēnqǐng 동 신청하다 ★
材料 cáiliào 명 자료, 데이터 ★
来得及 láidejí 동 늦지 않다 ★
联系 liánxì 동 연락하다 ★
教授 jiàoshòu 명 교수 ★
推荐信 tuījiànxìn 명 추천서
签证 qiānzhèng 명 비자 ★
麻烦 máfan 형 번거롭다, 귀찮다 ★
外教 wàijiào 명 외국인 교사(외국 국적 교원)
练习 liànxí 동 연습하다
口语 kǒuyǔ 명 구어, 말하기

여: 그래요? 그럼 천천히 하세요.
남: 참, 저 지금 외국인 교사(원어민 교사)를 찾고 있어요. 말하기 연습 좀 하려고요.

질문: 남자는 이어서 무엇을 할 가능성이 가장 큰가?

A 캐리어 정리 　　　　　　　　　B 대사관에 가기
C 영어 말하기 연습 　　　　　　 D 추천서 준비

보기 어휘

整理 zhěnglǐ 동 정리하다 ★
行李箱 xínglixiāng 명 트렁크,
여행용 가방
大使馆 dàshǐguǎn
명 대사관 ★

정답 C

해설 남자가 이어서 할 행동을 묻는 문제이다. 대화 마지막 부분에 말하기 연습을 하기 위해 원어민 교사를 찾는다고 언급했으므로 정답은 C 练习英语口语(영어 말하기 연습)이다.

공략비법 13 상태, 상황 문제

본서 p. 113 🎧 13_4

1

女: 凯凯, 你申请出国留学的事情, 办得怎么样了?
男: 最近太忙了, 材料都还没来得及交呢。

问: 关于男的, 可以知道什么?

A 要出差 　　　　　　　　B 在打印资料
C 准备留学 　　　　　　　D 没去招聘会

지문 어휘

申请 shēnqǐng 동 신청하다 ★
留学 liú xué 동 유학하다
材料 cáiliào 명 자료, 데이터 ★
来得及 láidejí 동 시간에 댈 수
있다, 늦지 않다 ★

여: 카이카이, 너 해외 유학 신청하는 거, 어떻게 처리했니?
남: 최근에 너무 바빴어. 자료를 아직 제때 내지 못했어.

질문: 남자에 관하여, 알 수 있는 것은 무엇인가?

A 출장 가야한다 　　　　　　　B 자료를 인쇄하고 있다
C 유학을 준비하다 　　　　　　D 채용 박람회에 가지 않았다

보기 어휘

出差 chū chāi 동 출장 가다 ★
打印 dǎyìn 동 인쇄하다 ★
招聘会 zhāopìnhuì
명 채용 박람회

정답 C

해설 남자에 관해 알 수 있는 것을 고르는 문제이다. 대화 중 여자가 해외 유학 신청을 어떻게 처리했는지 물어봤으므로 C 准备留学(유학을 준비하다)가 정답이다.

2

男: 你房间为什么又脏又乱, 怎么弄的?
女: 我刚搬的新家, 还没来得及整理呢。所以就这样了。

问: 关于女的, 可以知道什么?

A 搬家了 　　　　　　　　B 手破了
C 裤子脏了 　　　　　　　D 遇到了困难

지문 어휘

房间 fángjiān 명 방
又A, 又B yòu A, yòu B
A하기도 하고 B하기도 하다
弄 nòng 동 하다, 다루다 ★
脏 zāng 형 더럽다 ★
乱 luàn 형 어지럽다 ★
搬家 bān jiā 동 이사하다,
집을 옮기다
整理 zhěnglǐ 동 정리하다 ★

남: 네 방이 어째서 더럽고 어지러운 거야? 어떻게 했길래 그래?

여: 금방 이사한 새 집이라 정리할 겨를이 없었어. 그래서 그래.

질문: 여자에 관하여, 알 수 있는 것은 무엇인가?

A 이사했다 B 손이 찢어졌다

C 바지가 더러워졌다 D 곤란한 일이 생겼다

破 pò 통 찢어지다, 망가지다 ★

裤子 kùzi 명 바지

遇到 yùdào 통 부딪치다, 만나다

困难 kùnnan 명 곤란, 문제 형 곤란하다, 힘들다 ★

정답 A

해설 여자에 관해 알 수 있는 것은 무엇인지 묻고 있다.
대화 중 여자가 금방 이사한 새 집이라고 하였으므로 정답은 A 搬家了(이사했다)이다.

3

女: 受不了了，教我开车的老师每天批评我，马虎一点儿都不可以。

男: 那也是为你好，怕你以后出错，现在严格才能保证以后安全。

问: 关于女的，下列哪个正确?

A 在学开车 B 做事认真

C 要买新车 D 很开心

여: 정말 못 참겠어, 운전 가르쳐 주는 선생님이 매일 나를 나무라서, 대충하는 걸 조금도 허락 안 하신다니까.

남: 그건 너를 위해서잖아, 네가 나중에 실수할까 봐 염려하시는 거야, 지금 엄하게 해야 나중에 안전을 보장할 수 있지.

질문: 여자에 관하여, 다음 중 옳은 것은?

A 운전을 배우고 있다 B 일을 열심히 한다

C 새 차를 사려 한다 D 즐겁다

지문 어휘

受不了 shòubuliǎo 견딜 수 없다, 참을 수 없다 ★

开车 kāi chē 통 운전하다

批评 pīpíng 통 나무라다, 꾸짖다 ★

马虎 mǎhu 형 대충하다, 건성으로 하다 ★

出错 chū cuò 통 실수하다, 잘못되다

严格 yángé 형 엄하다, 엄격하다 ★

保证 bǎozhèng 통 보장하다, 확실히 하다 ★

以后 yǐhòu 명 이후

安全 ānquán 형 안전하다 ★

보기 어휘

做事 zuò shì 통 일을 하다

认真 rènzhēn 형 진지하다

新车 xīnchē 명 새 차

开心 kāixīn 형 기쁘다, 즐겁다 ★

정답 A

해설 여자에 관해 옳은 것을 찾는 문제이다. 여자는 자신에게 운전을 가르쳐 주는 선생님이 매일 자신을 나무란다고 얘기했으므로 지금 현재 그녀는 운전을 배우고 있음을 알 수 있다.

4

女: 把葡萄皮扔到垃圾桶里去，以后别随便扔东西。

男: 知道了，妈妈。

女: 英语作业写完了没有?

男: 没呢。我先出去玩一会儿，您在家休息吧。

问: 根据对话，可以知道什么?

A 儿子去上课 B 作业没写完

C 天黑了 D 葡萄不好吃

지문 어휘

葡萄 pútao 명 포도 ★

皮 pí 명 껍질

垃圾桶 lāiītǒng 명 쓰레기통 ★

随便 suíbiàn 부 아무렇게나, 함부로 ★

扔 rēng 통 내버리다, 던지다 ★

보기 어휘

根据 gēnjù 전 ~에 근거하여

儿子 érzi 명 아들

天黑 tiān hēi 통 날이 어두워지다, 해가 지다

여: 포도 껍질을 쓰레기통에 버려라. 나중에 아무렇게나 물건을 버리지 말고.

남: 알았어요, 엄마.

여: 영어 숙제는 다 했니?

남: 아니요, 저 먼저 잠깐 나가서 놀게요, 엄마는 집에서 쉬세요.

질문: 대화에 근거하여 알 수 있는 것은 무엇인가?

A 아들은 수업하러 간다	B 숙제를 안 했다
C 날이 저물었다	D 포도는 맛없다

정답 B

해설 대화에 근거하여 알 수 있는 것을 찾는 문제로 영어 숙제를 다 했냐는 엄마의 말에 '아니요'라고 대답하였으므로 정답은 B 作业没写完(숙제를 안 했다)이다.

5

女: 喂，您好，这里是友谊餐厅。

男: 您好，明天我想在你们那里举办生日聚会，你们能提供蛋糕吗?

女: 可以的，先生，我们有巧克力和水果两种。

男: 我要个巧克力的。

问: 关于那家餐厅，下列哪个正确?

A 菜单很丰富	B 烤鸭好吃
C 果汁很酸	D 提供蛋糕

지문 어휘

友谊 yǒuyì 명 우정, 우의 ★

餐厅 cāntīng 명 식당 ★

举办 jǔbàn 동 열다, 개최하다 ★

聚会 jùhuì 명 모임
동 (한데) 모이다 ★

提供 tígōng 동 제공하다 ★

巧克力 qiǎokèlì 명 초콜릿 ★

보기 어휘

菜单 càidān 명 메뉴, 메뉴판

丰富 fēngfù 형 풍부하다, 많다 ★

烤鸭 kǎoyā 명 오리구이 ★

果汁 guǒzhī 명 과일 주스 ★

酸 suān 형 시다, 시큼하다 ★

여: 여보세요, 안녕하세요, 여기는 우정식당입니다.

남: 안녕하세요, 내일 그곳에서 생일 모임을 열고 싶은데요, 케이크를 제공해 줄 수 있나요?

여: 가능합니다, 선생님, 우리는 초콜릿 맛과 과일 맛 두 종류가 있습니다.

남: 초콜릿 맛을 원합니다.

질문: 그 식당에 관하여, 다음 중 옳은 것은?

A 메뉴가 풍부하다	B 오리구이가 맛있다
C 과일 주스가 매우 시다	D 케이크를 제공한다

정답 D

해설 그 식당에 관해서 옳은 것을 고르는 문제이다.
남자가 케이크를 제공해 줄 수 있는지 여자에게 묻자 가능하다고 대답했으므로 정답은 D 提供蛋糕(케이크를 제공한다)이다.

1

男: 才一个月没见，你的皮肤怎么变得这么黑？
女: 暑假去海南玩儿了，那儿的阳光特别厉害。

问: 女的怎么了？

A 累病了   B 护照丢了
C 长胖了   D 变黑了

남: 고작 한 달 못 봤는데, 네 피부가 왜 이렇게 까맣게 변한거야?
여: 여름 방학에 하이난에 놀러 갔었어, 그곳의 햇빛이 아주 대단하더라고.

질문: 여자는 어떠한가?

A 피로하여 병이 났다   B 여권을 잃어버렸다
C 살쪘다   D 까맣게 변했다

지문 어휘

才 cái 🔵 고작, 겨우, 기껏해야
皮肤 pífū 🔵 피부 ⭐
暑假 shǔjià 🔵 여름 방학,
여름 휴가
阳光 yángguāng 🔵 햇빛,
태양 ⭐

보기 어휘

丢 diū 🔵 잃어버리다, 분실하다 ⭐
长胖 zhǎng pàng
🔵 (사람이) 살찌다, 뚱뚱해지다

정답 D

해설 여자가 어떠한지 상태를 묻고 있다. 피부가 왜 이렇게 까맣게 변한건지 묻는 남자의 질문을 통해 여자는 피부가 까맣게 변했음을 알 수 있다.

2

男: 你现在感觉怎么样了？好像咳嗽没那么严重了。
女: 好多了，这种感冒药确实有用，头也不怎么疼了。

问: 女的怎么了？

A 困了   B 饿了   C 变活泼了   D 生病了

남: 너 지금은 어떤 것 같아? 기침하는 게 그렇게 심하진 않은 거 같은데.
여: 많이 좋아졌어, 이 감기약 확실히 효과가 있네, 머리도 그렇게 아프지 않고.

질문: 여자는 어떠한가?

A 졸렸다   B 배고팠다   C 활발해졌다   D 병이 났다

지문 어휘

感觉 gǎnjué 🔵 느끼다 🔵 느낌,
감각 ⭐
好像 hǎoxiàng 🔵 ~인 것 같다 ⭐
咳嗽 késou 🔵 기침하다 ⭐
严重 yánzhòng 🔵 (정도가) 심
하다, 심각하다 ⭐
确实 quèshí 🔵 확실히,
틀림없이 ⭐
有用 yǒu yòng 🔵 쓸모가 있다,
유용하다

보기 어휘

困 kùn 🔵 졸리다
活泼 huópō 🔵 활발하다,
활달하다 ⭐

정답 D

해설 여자가 어떠한지 상태를 묻는 문제이다. 기침이 그렇게 심하진 않은 것 같다는 남자의 말에 여자는 많이 좋아졌다고 했으므로 여자는 병이 났음을 알 수 있다.

3

女：你觉得这儿变化大吗？

男：挺大的。以前这条街道很破，商场也少，你看现在多热闹啊！

问：男的觉得那儿现在怎么样？

  A 很富　　　B 很热闹　　　C 污染严重　　　D 交通不便

여: 너는 이곳이 변화가 크다고 생각해?

남: 꽤 크지. 이전에 이 길은 매우 파손되어 있었고, 쇼핑 센터도 적었는데, 지금 얼마나 시끌벅적한지 봐봐!

질문: 남자는 지금 그곳이 어떠하다고 생각하는가?

  A 부유하다　　　B 시끌벅적하다　　　C 오염이 심하다　　　D 교통이 불편하다

정답　B

해설　남자는 이전에 이 길은 매우 파손되어 있었고, 쇼핑 센터도 적었는데 지금은 시끌벅적하다고 언급했으므로 정답은 B이다.

4

男：朴小姐，你做导游很久了吧？

女：没有，才一年。

男：那你真棒，知道那么多有趣的历史故事，跟着你旅游很愉快。

女：您这么说，我太开心了。

问：男的觉得女的怎么样？

  A 很优秀　　　　　　　　B 有些粗心

  C 非常冷静　　　　　　　D 很可爱

남: 박 양, 가이드 한지 오래되었죠?

여: 아니에요, 겨우 1년 되었어요.

남: 그럼 당신 정말 대단하네요, 그렇게 많은 흥미로운 역사 이야기를 알고 있다니, 당신을 따라다니면서 여행하는 게 매우 즐거웠어요.

여: 당신이 이렇게 말해줘서, 제가 너무 기쁘네요.

질문: 남자는 여자가 어떻다고 생각하는가?

  A 뛰어나다　　　　　　　B 다소 세심하지 못하다
  C 매우 침착하다　　　　　D 귀엽다

정답　A

해설　남자가 여자에 대해 어떻게 생각하는지 묻고 있다. 여자가 가이드한지 겨우 1년 되었다는 말에 남자가 '那你真棒(그럼 당신 정말 대단하네요)'이라고 말했으므로 여자는 뛰어남을 짐작할 수 있다.

▶ 棒(대단하다)과 优秀(뛰어나다)는 비슷한 의미의 표현이다.

男: 这台电脑是昨天刚到的。您觉得满意吗?

女: 价格和样子都不错, 就是有点儿重。

男: 那您再看看这台, 这台比较轻而且价格也合适。

女: 还是有点儿重, 我再考虑一下。

问: 女的觉得电脑怎么样?

　　A 价格贵　　　B 不漂亮　　　C 声音小　　　D 有点重

남: 이 컴퓨터는 어제 막 도착한 거예요. 마음에 드시나요?

여: 가격과 디자인 모두 괜찮은데 좀 무겁네요.

남: 그럼 이 걸로 다시 한번 보시죠. 이 컴퓨터는 비교적 가볍고 가격도 적당합니다.

여: 그래도 좀 무겁네요. 다시 한번 생각해 볼게요.

질문: 여자는 컴퓨터가 어떻다고 느끼는가?

　　A 가격이 비싸다　　B 예쁘지 않다　　C 소리가 작다　　D 좀 무겁다

정답 D

해설 여자는 가격과 디자인 모두 괜찮은데, 조금 무겁다고 했으므로 정답은 D이다.

▶ '就是~' 뒷부분에 언급되는 내용이 정답이 될 확률이 높으므로 주의깊게 들어야 한다.

지문 어휘

电脑 diànnǎo 몡 컴퓨터

满意 mǎnyì 혱 만족하다

价格 jiàgé 몡 가격, 값 ★

样子 yàngzi 몡 디자인, 스타일, 모양 ★

重 zhòng 혱 무겁다 ★

轻 qīng 혱 가볍다 ★

而且 érqiě 젭 게다가, ~뿐만 아니라

合适 héshì 혱 적당하다, 적절하다, 알맞다 ★

考虑 kǎolǜ 동 생각하다, 고려하다 ★

보기 어휘

声音 shēngyīn 몡 소리

공략 비법 15 이야기성 내용 파악 문제

본서 p. 128　🎧 15_2

[1-2]

　　　您好, 李经理。1 我是北京大学的研究生王丽。最近我系教授让我们做一个关于经济发展的调查。听说您在这方面很厉害, 所以我想和您见个面了解一下这方面的内容。要是您有时间的话, 我稍后 2 用邮件把我们需要讨论的内容发给您。

안녕하세요, 이 사장님. 1 저는 베이징 대학교의 대학원생 왕리입니다. 최근 저희 과 교수님께서 저희에게 경제 발전에 관한 조사를 하라고 하셨는데요. 사장님께서 이 분야에서 대단하신 분이라고 들어 한 번 만나 뵙고 이 분야의 내용을 좀 알아보고 싶습니다. 만약 시간이 있으시다면 잠시 뒤에 제가 2 메일로 저희 토론에 필요한 내용을 발송해 드리겠습니다.

지문 어휘

研究生 yánjiūshēng 몡 대학원생, 연구원생

系 xì 몡 (고등 교육 기관의) 과, 학과

教授 jiàoshòu 몡 교수 ★

关于 guānyú 전 ~에 관해서

发展 fāzhǎn 동 발전하다 ★

调查 diàochá 동 조사 ★

听说 tīng shuō ~라고 들었다

方面 fāngmiàn 몡 분야, 방면 ★

厉害 lìhai 혱 대단하다 ★

了解 liǎojiě 동 (진상을) 알아보다, 조사하다

稍后 shāohòu 부 잠시 뒤, 조금 뒤

邮件 yóujiàn 몡 메일, 우편물

需要 xūyào 동 필요하다, 요구되다

讨论 tǎolùn 동 토론하다 ★

1

问: 王丽是做什么的?

    A 警察   B 研究生   C 经理   D 记者

警察 jǐngchá 명 경찰 ☆
记者 jìzhě 명 기자 ☆

질문: 왕리는 직업이 무엇인가?

    A 경찰   B 대학원생   C 사장님   D 기자

정답 B

해설 보기를 통해 직업을 묻는 문제임을 알 수 있다. 녹음의 첫 부분에 베이징 대학교의 대학생 왕리라고 자신을 소개하였으므로 화자의 직업은 대학원생임을 알 수 있다.

2

问: 王丽将怎样联系李经理?

    A 发传真   B 发邮件

    C 让人转交   D 发短信

보기 어휘

传真 chuánzhēn 명 팩스 ☆
转交 zhuǎn jiāo 동 대신 전달하다, 전해 주다
短信 duǎnxìn 명 문자 메시지 ☆

질문: 왕리는 이 사장님에게 어떻게 연락할 것인가?

    A 팩스를 보낸다   B 메일을 보낸다
    C 다른 사람에게 전달을 부탁한다   D 문자 메시지를 보낸다

정답 B

해설 보기를 통해 행동을 묻는 질문이 나올 것임을 짐작할 수 있다.
녹음의 끝 부분에 '用邮件把我们需要讨论的内容发给您(메일로 저희 토론에 필요한 내용을 발송해 드리겠습니다)'이라고 언급했으므로 정답은 B이다.

[3-4]

    这个电子城很不错，3 去过的朋友说它虽然在郊区，交通不太方便，但东西很全，价格又便宜。不管买得多还是少，都免费送货上门，所以生意特别好。等有空了，咱们去看看，4 正好家里的电脑坏了。

지문 어휘

电子城 diànzǐchéng 명 전자상가

虽然A, 但B suīrán A, dàn B 비록 A하지만, B하다

郊区 jiāoqū 명 변두리, 교외 ☆

交通 jiāotōng 명 교통 ☆

全 quán 형 모두 갖추다, 완비하다

价格 jiàgé 명 가격 ☆

便宜 piányi 형 (값이) 싸다

不管A, 还是B bùguǎn A, háishi B A든(지) B든(지) 상관없이 ☆

免费 miǎnfèi 동 무료로 하다 ☆

이 전자상가 꽤 괜찮나 봐요. 3 가 본 친구가 그러는데 전자상가가 비록 변두리에 있어서 교통이 그다지 편리하진 않지만, 물건이 잘 갖춰져 있고 가격도 아주 저렴하대요. 많이 사든 적게 사든 상관없이 무료로 집까지 배달해 줘서 장사가 아주 잘 되나 봐요. 시간 있으면, 저희도 한번 가 봐요. 4 마침 집에 컴퓨터가 고장 났잖아요.

送货 sònghuò 통 (물건을 소비자에게) 배달하다
生意 shēngyi 명 장사, 사업 ⭐
正好 zhènghǎo 부 마침 ⭐

3

问：朋友觉得那个电子城怎么样?

  A 容易迷路   B 不太安全

  C 东西不贵   D 付款方便

보기 어휘

迷路 mí lù 동 길을 잃다 ⭐
安全 ānquán 형 안전하다 ⭐
付款 fù kuǎn 동 돈을 지불하다 ⭐

질문: 친구는 그 전자상가가 어떠하다고 생각하는가?

  A 길을 잃기 쉽다   B 그다지 안전하지 않다

  C 물건이 비싸지 않다   D 돈을 지불하기가 편리하다

정답 C

해설 녹음 시작 부분에서 '去过的朋友说~(가 본 친구가 그러는데~)'라고 언급하므로 그 뒤의 내용을 집중해 들어야 한다. 전환을 나타내는 접속사 구문 [虽然A, 但B]를 사용해 비록 변두리에 있어 교통이 그다지 편리하지 않지만 물건이 잘 갖추어져 있고 가격도 저렴하다고 언급했으므로 정답은 C이다.

  ▶ 便宜(싸다)와 不贵(비싸지 않다)는 동의어에 속한다.

4

问：他们想去那个电子城买什么?

  A 手机   B 传真机   C 空调   D 电脑

보기 어휘

传真机 chuánzhēnjī 명 팩스기
空调 kōngtiáo 명 에어컨

질문: 그들은 그 전자상가에 무엇을 사러 가고 싶어하는가?

  A 휴대폰   B 팩스기   C 에어컨   D 컴퓨터

정답 D

해설 녹음 마지막 부분에 마침 집에 컴퓨터가 고장 났다고 했으므로 그들이 전자상가에 사러 가려고 한 물건은 컴퓨터임을 알 수 있다.

[5-6]

     好不容易休息一天，5 我专门带女儿去海洋馆看表演。但没想到海洋馆这个礼拜天竟然关门，真是太让我和女儿失望了。像这种事情海洋馆的 6 管理者应该及时在网站上发出通知，提醒来参观的人，别白跑一趟。

지문 어휘

好不容易 hǎoburóngyì
부 간신히, 가까스로, 겨우
专门 zhuānmén 부 특별히,
일부러 ⭐
海洋馆 hǎiyángguǎn
명 아쿠아리움, 해양관
表演 biǎoyǎn 명 공연 ⭐
没想到 méixiǎngdào
생각지도 못하다, 뜻밖에도

간신히 하루 쉬게 되어 5 특별히 딸을 데리고 아쿠아리움에 공연을 보러 갔다. 그런데 생각지도 못하게 아쿠아리움이 이번 주 일요일에 문을 닫았고, 정말 나와 딸은 실망했다. 이와 같은 일은 아쿠아리움의 6 관리자가 즉시 웹 사이트에 공지해 견학하러 오는 사람들이 헛걸음하지 않도록 상기시켜줘야 한다.

礼拜天 lǐbàitiān 명 일요일 ⭐
竟然 jìngrán 부 뜻밖에, 의외로 ⭐
关门 guān mén 동 문을 닫다
失望 shīwàng 동 실망하다 ⭐
像 xiàng 동 ~와 같다
管理者 guǎnlǐzhě 명 관리자
及时 jíshí 부 즉시, 곧바로 ⭐
网站 wǎngzhàn 명 웹 사이트 ⭐
发出 fāchū 동 (명령·지시 따위를) 발표하다, 내리다
通知 tōngzhī 명 통지문, 통지 ⭐
提醒 tíxǐng 동 상기시키다 ⭐
参观 cānguān 동 견학하다, 참관하다 ⭐
白跑 báipǎo 헛걸음하다, 헛수고하다
趟 tàng 양 차례, 번(왕래한 횟수를 세는 데 쓰임) ⭐

5

问: 说话人本来想去哪里参观?
　A 北京博物馆　　　　B 首都艺术馆
　C 长江公园　　　　　D 海洋馆

질문: 화자는 원래 어디에 견학가려고 했는가?
　A 베이징박물관　　　　B 수도예술관
　C 장강공원　　　　　　D 아쿠아리움

보기 어휘

博物馆 bówùguǎn 명 박물관
首都 shǒudū 명 수도 ⭐
艺术馆 yìshùguǎn 명 예술관
长江 Cháng Jiāng 고유 장강, 양쯔강 ⭐

정답 ▷ D

해설 ▷ 보기를 보고 장소를 묻는 문제임을 알 수 있다. 녹음 시작 부분에 특별히 딸을 데리고 아쿠아리움에 공연을 보러 갔다고 언급했으므로 정답은 D이다.

6

问: 说话人认为管理者应该怎么做?
　A 禁止停车　　　　　B 向客人道歉
　C 别扔垃圾　　　　　D 及时发通知

질문: 화자는 관리자가 어떻게 해야 한다고 생각하는가?
　A 주차를 금지시켜야 한다고　　　　B 손님에게 사과해야 한다고
　C 쓰레기를 버리지 말아야 한다고　　D 즉시 공지해야 한다고

보기 어휘

禁止 jìnzhǐ 동 금지하다 ⭐
道歉 dào qiàn 동 사과하다 ⭐
垃圾 lājī 명 쓰레기

정답 ▷ D

해설 ▷ 화자는 관리자가 어떻게 해야 한다고 생각하는지 묻고 있다. 녹음 마지막 부분에 관리자가 즉시 웹 사이트에 공지해야 한다고 언급했으므로 정답은 D이다.

공략비법 16 설명문, 실용문 내용 파악 문제

[1-2]

乘客们请注意，上海动物园站快到了，本站是换乘车站。需要 1 换乘21路公交车的乘客 2 请提前做好下车准备，在上海动物园站，按顺序从后边车门下车。

승객 여러분에게 알려드립니다. 상하이 동물원 역에 곧 도착하겠습니다. 이번 역은 환승역입니다. 1 21번 버스로 갈아타시는 승객 분들은 2 미리 하차하실 준비를 하시고, 상하이 동물원 역에서 차례대로 뒤쪽 문으로 하차하십시오.

지문 어휘

乘客 chéngkè 몡 승객
注意 zhùyì 통 주의하다
动物园 dòngwùyuán 몡 동물원
站 zhàn 몡 역
换乘 huànchéng 통 환승하다, 갈아타다
车站 chēzhàn 몡 역, 정류장, 정거장
提前 tíqián 통 앞당기다 ⭐
下车 xià chē 통 하차하다, 차에서 내리다
准备 zhǔnbèi 통 준비하다
按 àn 전 ～대로, ～에 따르면
顺序 shùnxù 몡 순서, 차례 ⭐

①

问: 这段话最可能在哪里听到?
A 火车上　　　　B 动物园里
C 高速公路上　　D 公交车里

질문: 이 이야기는 어디에서 들을 가능성이 가장 큰가?
A 기차에서　　　　B 동물원에서
C 고속도로에서　　D 버스에서

보기 어휘

高速公路 gāosù gōnglù 몡 고속도로 ⭐

정답 D

해설 실용문 중에서도 교통수단의 안내 방송은 자주 출제되는 유형임을 기억해두자. 녹음의 중간 부분에서 '换乘21路公交车的乘客(21번 버스로 갈아타시는 승객)'라는 말을 통해 버스의 안내 방송임을 알 수 있다.

②

问: 这段话提醒乘客什么?
A 照顾自己的东西　　B 做好下车准备
C 下一站不停　　　　D 注意安全

질문: 이 이야기는 승객에게 무엇을 일깨워 주는가?
A 소지품을 잘 챙기라고　　B 하차할 준비를 하라고
C 다음 역에는 서지 않는다고　　D 안전에 주의하라고

보기 어휘

照顾 zhàogù 통 보살피다, 돌보다
停 tíng 통 서다, 정지하다 ⭐
安全 ānquán 형 안전하다 ⭐

정답 B

해설 녹음의 중간 부분에서 미리 하차할 준비를 하라고 안내했으므로 정답은 B 做好下车准备(하차할 준비를 하다)가 정답이다.

[3-4]

　　"干杯"是什么意思？干杯的意思是大家一起举杯，喝光杯中的酒。3 过去人们在干杯时总是用右手举杯，同时高高举起自己的胳膊，为的是让对方看到自己身上没有带危险的东西，这是表示友好的意思。4 现在人们用干杯表示祝贺，并且举杯的时候还会说一些贺词。

　　'건배'는 무슨 뜻일까? 건배의 뜻은 모두 함께 잔을 들어서 잔 안에 있는 술을 전부 마셔버린다는 것이다. 3 과거에 사람들은 건배를 할 때 늘 오른손으로 잔을 드는 동시에 자신의 팔을 높이 들었는데, 이것은 자신의 몸에 위험한 물건을 가지고 있지 않음을 상대방에게 보여주기 위해서였고, 이는 우호적인 의미를 나타낸다. 4 현재 사람들은 건배로 축하를 하고, 잔을 들 때 축사를 하기도 한다.

지문 어휘

干杯 gān bēi 〔동〕 건배하다 ★
举杯 jǔ bēi 〔동〕 잔을 들다
过去 guòqù 〔명〕 과거
右手 yòushǒu 〔명〕 오른손
同时 tóngshí 〔부〕 동시에, 또한 ★
胳膊 gēbo 〔명〕 팔 ★
对方 duìfāng 〔명〕 상대방
危险 wēixiǎn 〔형〕 위험하다 ★
表示 biǎoshì 〔동〕 나타내다, 의미하다, 가리키다 ★
友好 yǒuhǎo 〔형〕 우호적이다 ★
祝贺 zhùhè 〔동〕 축하하다 ★
贺词 hècí 〔명〕 축사, 축하 멘트

3

问：过去人们干杯时会怎么做？

　A 到前面说　　　　　B 站起来
　C 高举胳膊　　　　　D 边喝边唱

질문: 과거에 사람들은 건배할 때 어떻게 했는가?

　A 앞에 가서 말한다　　　　B 일어선다
　C 팔을 높이 든다　　　　　D 마시면서 노래 부른다

보기 어휘

站 zhàn 〔동〕 서다, 똑바로 서다
边~边~ biān~ biān~ ~하면서 ~하다

정답 C

해설 과거에 사람들은 건배할 때 어떻게 했는지 묻고 있다. 오른손으로 잔을 드는 동시에 자신의 팔을 높이 들었다고 했으므로 정답은 C이다.

4

问：现在干杯主要表示什么？

　A 尊重　　　B 祝贺　　　C 表扬　　　D 反对

질문: 현재 건배는 주로 무엇을 의미하는가?

　A 존중한다　　　B 축하한다　　　C 칭찬한다　　　D 반대한다

보기 어휘

尊重 zūnzhòng 〔동〕 존중하다 ★
表扬 biǎoyáng 〔동〕 칭찬하다 ★
反对 fǎnduì 〔동〕 반대하다 ★

정답 B

해설 현재 건배는 주로 무엇을 의미하는지 묻고 있다.
녹음의 마지막 부분에서 현재 사람들은 건배로 축하를 한다고 언급했으므로 정답은 B이다.

5 当当网是中国专门卖书的网站。这个网站对喜欢看书的人来说真的特别方便。因为 **6** 在这儿买书的顾客不但可以货到付款，而且还可以节约时间和钱。另外，当当网还提供在规定的时间内把货寄到家的服务，所以越来越多的人选择在当当网上买需要的书。

---

5 땅땅왕은 중국의 전문적인 도서 판매 웹 사이트다. 이 웹 사이트는 독서를 좋아하는 사람들에게 있어서 정말로 매우 편리하다. **6** 여기서 책을 사는 고객은 착불로 결제할 수 있을 뿐 아니라 시간과 돈도 절약할 수 있기 때문이다. 이 밖에 땅땅왕에서는 정해진 시간 내에 물건을 집까지 보내는 서비스 또한 제공한다. 그러므로 점점 많은 사람들이 땅땅왕에서 필요한 책을 사는 것을 선택하고 있다.

지문 어휘

网站 wǎngzhàn 명 웹 사이트 ⭐
顾客 gùkè 명 고객, 손님 ⭐
货到付款 huòdào fùkuǎn 착불 결제
节约 jiéyuē 동 절약하다 ⭐
另外 lìngwài 접 이 밖에, 그 외에 ⭐
规定 guīdìng 동 정하다, 규정하다 명 규정 ⭐
选择 xuǎnzé 동 선택하다, 고르다
需要 xūyào 동 필요하다, 요구되다 명 필요

5

问: 通过当当网人们可以做什么?

A 寄信   B 免费看书
C 买书   D 邀请教授

질문: 땅땅왕을 통해 사람들은 무엇을 할 수 있는가?
A 편지를 부친다   B 무료로 책을 본다
C 책을 구매한다   D 교수를 초청한다

보기 어휘

寄信 jìxìn 동 편지를 부치다
免费 miǎn fèi 동 무료로 하다 ⭐
邀请 yāoqǐng 동 초청하다, 초대하다 ⭐

정답 C

해설 땅땅왕을 통해 사람들이 무엇을 할 수 있는지에 대해 묻고 있다. 녹음의 시작 부분에서 땅땅왕은 중국의 전문적인 도서 판매 웹 사이트라고 했으므로 정답은 C이다.

6

问: 关于当当网，下列哪个正确?

A 价格贵   B 可以货到付款
C 只收现金   D 管理严格

질문: 땅땅왕에 관하여, 다음 중 옳은 것은?
A 가격이 비싸나   B 착불 결제를 할 수 있다
C 현금만 받는다   D 관리가 엄석아나

보기 어휘

现金 xiànjīn 명 현금 ⭐
管理 guǎnlǐ 동 관리하다 ⭐
严格 yángé 형 엄격하다 ⭐

정답 B

해설 땅땅왕과 관련해서 옳은 내용을 고르는 문제로 보기를 미리 읽어두는 것이 문제를 푸는데 유리하다. 녹음 중간 부분에 '在这儿买书的顾客不但可以货到付款(여기서 책을 사는 고객은 착불로 결제할 수 있을 뿐 아니라)'이라고 언급했으므로 정답은 B이다.

본서 p. 136 🎧17_2

지문 어휘

历史 lìshǐ 몡 역사
文化 wénhuà 몡 문화
家长 jiāzhǎng 몡 학부모, 가장
参观 cānguān 통 견학하다, 참관하다 ⭐
博物馆 bówùguǎn 몡 박물관
肯定 kěndìng 閈 틀림없이, 분명히 ⭐
帮助 bāngzhù 통 돕다
提醒 tíxǐng 통 일깨우다, 상기시키다 ⭐
随便 suíbiàn 閈 마음대로, 좋을 대로 ⭐
礼仪 lǐyí 몡 예의

[1-2]

　1 为了让孩子更早地了解中国的历史文化，现在很多家长会带孩子去参观博物馆。这肯定会对孩子的学习有很大的帮助，不过 2 父母一定要提醒孩子，在参观时不要大声说话，也不要随便拿东西。因为这些都是在参观时的基本礼仪。

---

　1 아이들에게 좀 더 빨리 중국의 역사 문화를 이해시키기 위해, 현재 많은 학부모들이 아이들을 데리고 박물관에 견학을 갈 것이다. 이것은 틀림없이 아이들의 공부에 큰 도움이 될 것이다. 그러나 2 부모는 반드시 아이들에게 견학 시 큰 소리로 말하면 안 되며, 마음대로 물건을 가져가면 안 된다는 것을 일깨워줘야 한다. 이러한 것들은 견학 시의 기본적인 예의이기 때문이다.

1

보기 어휘

关心 guān xīn 통 관심을 갖다
感情 gǎnqíng 몡 감정 ⭐
尊重 zūnzhòng 통 존중하다 몡 존중 ⭐

问: 参观博物馆对孩子有什么好处?

A 关心孩子　　　　　　B 了解历史文化
C 丰富感情　　　　　　D 尊重历史

질문: 박물관 견학은 아이들에게 어떤 좋은 점이 있는가?
A 아이들에게 관심을 갖게 한다　　B 역사 문화를 이해하게 한다
C 감정을 풍부하게 한다　　D 역사를 존중하게 한다

정답　B

해설　박물관 견학이 아이들에게 어떤 좋은 점이 있는지 묻는 문제이다. 녹음 시작 부분에 좀 더 빨리 중국의 역사 문화를 이해시키기 위해 아이들을 데리고 박물관에 견학을 간다고 언급했으므로 정답은 B이다.

2

보기 어휘

仔细 zǐxì 톙 자세하다, 꼼꼼하다 ⭐
戴 dài 통 쓰다, 착용하다 ⭐

问: 参观时应提醒孩子什么?

A 不能大声说话　　　　B 要仔细看
C 随便参观　　　　　　D 戴上眼镜

질문: 견학 시 아이들에게 일깨워줘야 하는 것은 무엇인가?
A 큰 소리로 말하면 안 된다　　B 자세히 보아야 한다
C 마음대로 견학한다　　D 안경을 쓴다

정답　A

해설　박물관 견학 시 아이들에게 무엇을 일깨워줘야 하는지 묻는 문제이다. 부모는 아이들에게 견학 시 큰 소리로 말하면 안 되며, 마음대로 물건을 가져가면 안 된다는 것을 반드시 일깨워줘야 한다고 언급했으므로 정답은 A이다.

실전테스트 **59**

실전테스트

듣기

[3-4]

3 "三心二意" 的意思是说，做事不认真，做着一件事儿想着另外一件事儿。比如，有的人一边儿写着作业，一边儿想着是不是该去踢足球，结果就是什么都没做好。所以 4 我们要想成功，就应该一心一意地做好每一件事儿。

3 '삼신이의'의 뜻은 일을 진지하게 하지 않고, 한 가지 일을 하면서 다른 일을 생각하는 것이다. 예를 들면, 어떤 사람은 숙제를 하면서 축구를 하러 가야 할지 말아야 할지를 생각하다가 결과적으로 아무것도 잘 해내지 못한다는 것이다. 그러므로 4 우리는 성공하고 싶다면, 매사에 전심전력으로 임해야 한다.

지문 어휘

三心二意 sānxīn'èryì
⑱ (결정을 내리지 못하고) 이리저리 망설이다, 딴 마음을 품다

做事 zuòshì ⑧ 일을 하다

认真 rènzhēn ⑲ 진지하다, 착실하다

另外 lìngwài ⑳ 그 밖에, 이 외에 ★

比如 bǐrú ⑧ 예를 들어 ★

一边(儿)A 一边(儿)B yìbiān(r) A yìbiān(r) B A하면서 B하다

结果 jiéguǒ ⑳ 결과적으로 ⑲ 결과 ★

成功 chénggōng ⑧ 성공하다 ★

一心一意 yìxīnyíyì ⑱ 전심전력으로, 한마음 한뜻으로

3

问: "三心二意" 的意思是什么?

A 太懒　　　B 想法多　　　C 太积极　　　D 不认真

질문: '삼신이의'는 무슨 뜻인가?

A 너무 게으르다　　B 생각이 많다　　C 너무 적극적이다　　D 진지하지 않다

정답 D

해설 '삼신이의'의 뜻을 묻고 있다. 녹음의 시작 부분에 '삼신이의'의 뜻을 그대로 밝히고 있는데, 일을 진지하게 하지 않고 한 가지 일을 하면서 다른 일을 생각하는 것을 뜻한다.

4

问: 这段话主要谈的是什么?

A 做事的态度　　　　　B 兴趣爱好
C 学习的烦恼　　　　　D 怎样幸福

질문: 이 글이 주로 이야기하는 것은 무엇인가?

A 일을 하는 태도　　　　　B 흥미와 취미
C 공부의 어려움　　　　　D 어떻게 하면 행복한가

정답 A

해설 이 글의 주제를 묻는 문제이다. 녹음의 마지막 부분에서 성공하고 싶다면 매사에 전심전력으로 임해야 한다고 언급하였으므로 이 글의 주제는 일을 하는 태도이다.

[5-6]

　　"理解万岁"这句话主要有两个意思。第一，告诉我们理解的重要性；5 第二，还告诉我们理解也是一件很难的事情。说实话，6 尊重是互相理解的最重要的条件。这是因为我们在尊重别人的时候，才会考虑别人的想法，理解他们所做的事情。

　　'이해만세'라는 이 말에는 주된 두 가지 의미가 있다. 첫 번째로는 우리에게 이해의 중요성을 알려주고, 5 두 번째로는, 우리에게 이해도 하나의 어려운 일임을 알려준다. 사실, 6 존중은 서로 이해하는 데 가장 중요한 조건이다. 이것은 우리가 다른 사람을 존중할 때, 비로소 다른 사람의 생각을 고려할 수 있고, 그들이 하는 일을 이해할 수 있기 때문이다.

지문 어휘

理解万岁 lǐjiě wànsuì 이해만세 (1980년대 북경대학 학생들이 처음 제시한 구호로 서로 이해하고 존중할 것을 호소하는 구호)
理解 lǐjiě 명 이해 ★
主要 zhǔyào 부 주로, 대부분
告诉 gàosu 동 알리다, 말하다
重要 zhòngyào 형 중요하다 ★
事情 shìqing 명 일, 사건
说实话 shuō shíhuà 동 진실을 말하다, 솔직히 말하면
尊重 zūnzhòng 동 존중하다 ★
条件 tiáojiàn 명 조건 ★
别人 biéren 대 다른 사람, 남
想法 xiǎngfǎ 명 생각, 의견

5

问: 关于"理解万岁"，下列哪个说法正确?

A 理解是件不容易的事　　　B 对人应该有礼貌

C 误会是很难解释的　　　　D 尊重别人很重要

질문: '이해만세'에 관하여, 다음 중 옳은 것은?

A 이해는 쉽지 않은 일이다　　　　B 예의 바르게 사람을 대해야 한다

C 오해는 해명하기 어렵다　　　　D 다른 사람을 존중하는 것은 중요하다

정답　A

해설　'이해만세'의 의미를 [第一…, 第二…]을 사용해 언급하였으므로 서수 뒷부분을 집중해 들어야 한다. 녹음 중간 부분에서 두 번째로는 우리에게 이해도 하나의 매우 어려운 일이라고 언급했으므로 정답은 A 理解是件不容易的事(이해는 쉽지 않은 일이다)이다.

6

问: 理解他人的关键是什么?

A 相信　　　B 尊重　　　C 感谢　　　D 帮助

질문: 타인을 이해하는 데 중요한 것은 무엇인가?

A 믿음　　　B 존중　　　C 감사　　　D 도움

정답　B

해설　타인을 이해하는 데 중요한 것은 무엇인지 묻고 있다. 녹음 중간 부분에서 존중은 서로를 이해하는 데 가장 중요한 조건이라고 언급했으므로 정답은 B이다.

독해 실전테스트

공략비법 01 동사 어휘 채우기

본서 p. 154

1-3

A 讨厌	B 丰富
C 收拾	D 坚持
E 适应	F 因此

A tǎoyàn 통 싫어하다　　B fēngfù 형 풍부하다
C shōushi 통 치우다, 정리하다　　D jiānchí 통 꾸준히 하다
E shìyìng 통 적응하다　　F yīncǐ 접 이 때문에, 그렇기에

1

他最(A 讨厌)吃辣的菜了，每次去餐厅吃饭的时候，他都不点辣的菜。

그는 매운 음식 먹는 걸 매우 (A 싫어해), 매번 식당에 가서 밥을 먹을 때면 매운 요리를 시키지 않아.

지문 어휘

辣 là 형 맵다 ⭐
每次 měicì 명 매번
餐厅 cāntīng 명 식당 ⭐
时候 shíhou 명 때
点 diǎn 통 주문하다

정답 A

해설 빈칸 뒤 목적어는 吃辣的菜이고, 빈칸 앞에는 정도부사 最가 있으므로 정도부사와 함께 쓸 수 있는 동사를 찾으면 된다. 대개 형용사나 심리동사가 정도부사와 함께 쓰이는데 보기 가운데 문맥상 가장 잘 어울리는 어휘는 A 讨厌(싫어하다)이다.

2

你的房间怎么这么脏，你现在能不能(C 收拾)一下?

네 방은 어쩜 이렇게 더럽니, 지금 좀 (C 치울 수) 없어?

지문 어휘

房间 fángjiān 명 방
怎么 zěnme 대 어떻게, 어째서
这么 zhème 대 이렇게
脏 zāng 형 더럽다 ⭐
一下 yíxià 양 좀 ~하다(동사 뒤에 놓여 보어로 쓰임)

정답 C

해설 빈칸 뒤에 동량보어 一下가 있고, 빈칸 앞에 조동사 能이 있으므로 동사를 넣어 동량사 어순인 [동사+양사]의 어순으로 배치하면 된다. 문맥상 방이 더러우니 좀 치울 수 없냐는 내용이 가장 자연스러우므로 빈칸에 들어갈 어휘는 C 收拾(치우다, 정리하다)이다.

3

既然你选择去美国留学，那么你就要努力去(E 适应)美国的文化和生活。

네가 미국 유학을 선택한 이상, 너는 미국의 문화와 생활에 (E 적응하도록) 노력해야 해.

지문 어휘

既然 jìrán 접 ~한 이상, ~한 바에야 ⭐
选择 xuǎnzé 통 선택하다, 고르다
留学 liú xué 통 유학하다
文化 wénhuà 명 문화
生活 shēnghuó 명 생활 ⭐

정답   E

해설   빈칸 뒤에 목적어 美国的文化和生活(미국의 문화와 생활)가 있으므로 빈칸에는 동사 술어가 위치한다. '미국 문화와 생활에 ~해 가다'와 어울리는 동사를 넣어야 하므로 빈칸에 어울리는 어휘는 E 适应(적응하다)이다.

4-6

A 解释	B 扔	A jiěshì (동) 설명하다, 해명하다	B rēng (동) 버리다
C 温度	D 因此	C wēndù (명) 온도	D yīncǐ (접) 이 때문에, 그렇기에
E 来不及	F 游戏	E láibují (동) 시간에 댈 수 없다, 늦다	F yóuxì (명) 게임

4

A: 儿子，你怎么把西瓜(B 扔)垃圾桶里了?
B: 买回来好几天了，都不新鲜了，会吃坏肚子的。

A: 아들아, 너는 왜 수박을 쓰레기통에 (B 버리니)?
B: 사 온지 꽤 오래 되어서 신선하지 않아, 배탈 날 것 같아서요.

지문 어휘

西瓜 xīguā (명) 수박
垃圾桶 lājītǒng (명) 쓰레기통 ★
新鲜 xīnxiān (형) 신선하다
吃坏 chī huài (먹고 나서) 배탈 나다, 탈이 나다
肚子 dùzi (명) 배 ★

정답   B

해설   빈칸 앞에 把자문이 있고, 빈칸 뒤에는 목적어인 垃圾桶(쓰레기통)이 있으므로 동사 술어가 위치해야 한다. 문맥상 '수박을 쓰레기통에 ~하다'라는 문장이 성립되어야 하므로 빈칸에 가장 어울리는 어휘는 B 扔(버리다)이다.

5

A: 开快点儿，还有5分钟电影就要开始了，(E 来不及)了。
B: 这个速度已经够快了，再快会很危险。

A: 빨리 운전해, 5분 있으면 곧 영화가 시작될 거야, (E 늦겠어).
B: 이 속도는 이미 충분히 빨라, 더 빠르면 위험해질 거야.

지문 어휘

分钟 fēnzhōng (명) 분
速度 sùdù (명) 속도 ★
够 gòu (동) 충분하다, (필요한 수량·기준 등을) 만족시키다 ★
危险 wēixiǎn (형) 위험하다 ★

정답   E

해설   빈칸 뒤에 동태조사 了가 있으므로 빈칸에는 동사가 와야 한다. 보기 어휘 중 A 解释(설명하다, 해명하다), E 来不及(시간에 댈 수 없다, 늦다)가 정답일 확률이 높다.
빈칸 앞 절이 '빨리 운전해, 5분 있으면 곧 영화가 시작될 거야'라는 내용이므로 문맥상 가장 잘 어울리는 어휘는 E 来不及(시간에 댈 수 없다, 늦다)이다.

6

A: 我男朋友误会我们了，你去跟他(A 解释)一下。
B: 好的，一会儿我就去找他，跟他说清楚。

A: 내 남자친구가 우리를 오해했어, 네가 가서 그에게 (A 설명) 좀 해줘.
B: 알겠어, 좀 있다가 내가 그를 찾아가서, 확실하게 말해 줄게.

지문 어휘

误会 wùhuì (동) 오해하다 ★
找 zhǎo (동) 찾다
清楚 qīngchu (형) 확실하다, 분명하다

정답 A

해설 빈칸 뒤에 동량보어 一下(좀 ~하다)가 있으므로 빈칸에는 동사 술어가 와야 한다. 보기 어휘 가운데 남은 동사는 A 解释(설명하다, 해명하다)이며, 문맥상으로도 '내 남자 친구가 우리를 오해했어, 네가 가서 그에게 설명 좀 해줘'라는 내용이 가장 자연스러우므로 정답은 A 解释(설명하다, 해명하다)이다.

공략비법 02 명사 어휘 채우기

본서 p. 161

1-3

A 规定   B 发展
C 来不及 D 坚持
E 轻松   F 年龄

A guīdìng 명 규정, 규칙   B fāzhǎn 명 발전
C láibují 동 늦다, 시간에 댈 수 없다 D jiānchí 동 꾸준히 하다
E qīngsōng 형 수월하다   F niánlíng 명 나이, 연령

1

我这身打扮是跟姐姐学的，她说我这个(F 年龄)就该穿得活泼点儿。

나의 이 옷차림은 언니에게 배웠는데, 그녀는 내 이 (F 나이)에는 좀 생기 있게 입어야 한다고 말했다.

지문 어휘

打扮 dǎban 명 옷차림, 차림새 동 꾸미다, 화장하다 ☆
年龄 niánlíng 명 나이, 연령 ☆
活泼 huópō 형 생기가 돌다, 활발하다, 활기차다 ☆

정답 F

해설 빈칸 앞에 [지시대명사+양사] 这个가 있으므로 빈칸에는 명사가 와야 한다. 보기 중 A 规定(규정, 규칙), B 发展(발전), F 年龄(나이, 연령)이 정답일 확률이 높다. 빈칸 뒷부분의 '좀 생기 있게 입어야 한다'와 가장 잘 어울리는 어휘는 F 年龄(나이, 연령)이다.

2

按照(A 规定)，只有在考试中进入前5名的学生，才有机会获得奖学金。

(A 규정)에 따르면, 시험에서 5등 안에 드는 학생마이, 장학금을 획득할 기회가 있다.

지문 어휘

按照 ànzhào 전 ~에 따라 ☆
考试 kǎoshì 명 시험 동 시험을 치다
进入 jìnrù 동 들다, 진입하다
机会 jīhuì 명 기회
奖学金 jiǎngxuéjīn 명 장학금

정답 A

해설 빈칸 뒤에 쉼표(,)가 있고 뒤에는 하나의 완벽한 문장이 서술되어 있으므로 빈칸에는 명사 어휘가 올 확률이 높다. 또한 전치사 按照(~에 따르면)는 뒤에 规定(규정)이나 标准(기준) 등과 어울려 고정적으로 쓰이므로 정답은 A 规定 (규정)이다.

64 파고다 HSK 4급

3

中国经济的（ B 发展 ）速度，让世界所有的人都大吃一惊。

중국 경제의 (B 발전) 속도는 세계의 모든 사람들을 깜짝 놀라게 하였다.

지문 어휘

经济 jīngjì 명 경제 ★
速度 sùdù 명 속도 ★
世界 shìjiè 명 세계
所有 suǒyǒu 형 모든, 일체의, 전부의 ★
吃惊 chī jīng 동 놀라다

정답 B

해설 빈칸 앞에 的가 있으므로 명사가 와야 한다. 관형어 中国经济的(중국 경제의) 빈칸 뒤의 速度(속도)와 가장 잘 어울리는 어휘는 B 发展(발전)이다.

4-6

A 稍微	B 印象	A shāowēi 부 조금, 약간	B yìnxiàng 명 인상
C 温度	D 麻烦	C wēndù 명 온도	D máfan 형 귀찮다
E 房东	F 效果	E fángdōng 명 집주인	F xiàoguǒ 명 효과

4

A: (E 房东)今天怎么没来收房租啊？
B: 听说他的小孙子出生了，估计明天会来收钱。

A: (E 집주인)이 오늘 어째서 집세를 받으러 오지 않지?
B: 듣자 하니 손자가 태어났대, 내일 돈 받으러 올 것 같은데.

지문 어휘

收 shōu 동 받다 ★
房租 fángzū 명 집세, 임대료
孙子 sūnzi 명 손자 ★
出生 chūshēng 동 태어나다 ★
估计 gūjì 동 추측하다 ★

정답 E

해설 제일 처음에 빈칸이 있을 경우 대개 빈칸에는 주어 역할을 하는 명사나 접속사가 쓰이는데 이 문장에서는 뒤 절의 房租(집세)와 어울리는 어휘를 찾으면 된다. 收房租(집세를 받다)하는 사람은 바로 집주인이므로 정답은 E 房东(집주인)이다.

5

A: 孩子还是一直咳嗽，打针吃药都没什么(F 效果)。
B: 别担心，我们明天带他去医院重新做个检查。

A: 아이가 여전히 계속 기침을 하네요, 주사 맞고 약을 먹어도 별 (F 효과) 가 없어요.
B: 걱정 마요, 우리 내일 아이 데리고 병원에 가서 다시 한번 검사를 해 봅시다.

지문 어휘

咳嗽 késou 동 기침하다 ★
打针 dǎ zhēn 동 주사를 맞다, 주사를 놓다 ★
吃药 chī yào 동 약을 먹다
担心 dān xīn 동 걱정하다, 염려하다
重新 chóngxīn 부 다시, 재차 ★
检查 jiǎnchá 동 검사하다, 조사하다

정답 F

해설 빈칸 앞에 의문대명사 什么가 있으므로 什么 뒤에는 명사가 와야 한다. 의미상 '주사 맞고 약을 먹어도 별 ~가 없다'라는 문장이 성립되어야 하므로 정답은 F 效果(효과)이다.

6

A: 你今天怎么打扮得这么漂亮? 有约会吗?

B: 不是，我今天要去应聘一个工作，听说第一(B 印象)很重要。

A: 너 오늘 왜 이렇게 예쁘게 꾸몄어? 데이트 있어?

B: 아니, 나 오늘 일자리 하나 지원하러 가려고 해, 듣자하니 첫 (B 인상)이 중요하대.

지문 어휘

打扮 dǎban 동 꾸미다, 화장하다 ★

约会 yuēhuì 명 데이트, 약속 ★

应聘 yìngpìn 동 지원하다, 초빙에 응하다 ★

重要 zhòngyào 형 중요하다

정답 B

해설 빈칸 앞에 수사 第一(첫, 맨 처음)와 빈칸 뒤의 술어 很重要(중요하다)가 있으므로 빈칸에는 명사가 와야한다. 보기 가운데 문맥상 가장 어울리는 어휘는 B 印象(인상)이다.

공략비법 03 형용사 어휘 채우기

본서 p. 166

1-3

A 共同	B 活泼
C 流利	D 坚持
E 详细	F 任务

A gòngtóng 형 공동의, 공통의	B huópō 형 활발하다, 활달하다
C liúlì 형 유창하다	D jiānchí 동 꾸준히 하다
E xiángxì 형 상세하다, 자세하다	F rènwu 명 임무

1

小刘性格(B 活泼)，大家对她的印象都很好。

샤오리우의 성격은 (B 활발해서), 모두 그녀의 대한 인상이 좋다.

지문 어휘

性格 xìnggé 명 성격 ★

印象 yìnxiàng 명 인상 ★

정답 B

해설 빈칸 뒤에 목적어가 없으므로 주어 小刘性格(샤오리우의 성격)와 어울릴 형용사가 와야 한다. 보기 중 小刘性格(샤오리우의 성격)와 가장 잘 어울리는 어휘는 B 活泼(활발하다, 활달하다)이다.

2

虽然他没去过中国，但是汉语说得很(C 流利)。

비록 그는 중국에 가본 적이 없지만, 중국어를 (C 유창하게) 한다.

지문 어휘

虽然A, 但是B

suīrán A, dànshì B

비록 A하지만, 그러나 B하다

정답 C

해설 빈칸 앞에 정도부사 很이 있고, 빈칸 뒤에는 목적어가 없으므로 형용사가 와야 한다. 문맥상 '비록 중국에 가본 적이 없지만 중국어를 ~하다'라는 문장이 성립되어야 하므로 보기 중 가장 어울리는 어휘는 C 流利(유창하다)이다.

有（ A 共同 ）的兴趣爱好是成为好朋友最关键的条件。

（A 공통)의 흥미와 취미가 있는 것은 친한 친구가 되기 위한 가장 중요한 조건이다.

정답 A

해설 빈칸 앞에 동사 有가 있고, 빈칸 뒤에 的가 있는 것으로 보아 빈칸에는 주어를 수식하는 관형어가 쓰여야 함을 알 수 있다. 형용사는 문장에서 주어를 수식하는 관형어 역할을 하므로 的 뒤에 兴趣爱好(흥미와 취미)를 수식할 수 있는 어휘를 찾으면 된다. 문맥상 가장 잘 어울리는 어휘는 A 共同(공통의)이다.

▶ 共同的兴趣爱好(공통된 흥미와 취미)라는 표현을 한 단어처럼 외워두자!

지문 어휘

兴趣 xìngqù 명 흥미, 관심
爱好 àihào 명 취미
成为 chéngwéi 동 ~이(가) 되다 ⭐
关键 guānjiàn 형 매우 중요한, 결정적인 명 관건, 핵심 ⭐
条件 tiáojiàn 명 조건 ⭐

4-6

A 无聊	B 困
C 温度	D 既然
E 复杂	F 所有

A wúliáo 형 심심하다, 무료하다
B kùn 형 졸리다
C wēndù 명 온도
D jìrán 접 ~한 이상, ~된 바에야
E fùzá 형 복잡하다
F suǒyǒu 형 모든, 전부의

A: 外面阳光不错，咱们出去玩儿吧。
B: 我昨天晚上聚会回来得太晚了，现在还特别（ B 困 ），想再睡一会儿。

A: 바깥에 햇빛이 좋은데, 우리 나가서 놀자.
B: 나 어제 저녁에 모임 갔다가 늦게 왔어, 지금 너무 (B 졸려서), 좀 자고 싶어.

지문 어휘

阳光 yángguāng 명 햇빛 ⭐
聚会 jùhuì 명 모임 ⭐

정답 B

해설 빈칸 앞에 정도부사 特别가 있으므로 빈칸에는 정도부사의 수식을 받는 형용사가 와야 한다. '저녁에 모임 갔다가 늦게 와서 지금 너무 ~하다'라는 문장이 성립되어야 하므로 문맥상 어울리는 어휘는 B 困(졸리다)이다.

A: 我现在很（ A 无聊 ），做什么好呢？
B: 那咱们去爬山吧，对身体也有好处。

A: 나 지금 매우 (A 심심해), 무엇을 하면 좋을까?
B: 그러면 우리 등산 가자, 건강에도 좋고.

지문 어휘

爬山 pá shān 동 등산하다
身体 shēntǐ 명 건강, 몸
好处 hǎochù 명 좋은 점, 이로운 점 ⭐

정답 A

해설 빈칸 앞에 정도부사 很이 있으므로 빈칸에는 형용사가 와야 한다. 빈칸 뒤 절의 '做什么好呢？(무엇을 하면 좋을까?)'와도 가장 어울리는 어휘는 A 无聊(심심하다, 무료하다)이다.

6

A: 我看一遍都记不住，你把（ F 所有 ）材料都发给我吧。
B: 知道了，我一会儿给你发电子邮件吧。

A: 한 번 봐서는 기억을 못하겠어요, (F 모든) 자료를 저에게 보내주세요.
B: 알겠어요, 이따가 이메일로 보내드릴게요.

정답 F

해설 빈칸 앞에 전치사 把(~을/를)가 있고, 빈칸 뒤에 명사 材料(자료, 데이터)가 있는 것으로 보아 빈칸에는 명사 材料(자료, 데이터)를 꾸며줄 형용사가 와야 함을 알 수 있다. 보기 가운데 문맥상 가장 어울리는 어휘는 F 所有(모든, 전부의)이다.

본서 p. 171

지문 어휘

遍 biàn 양 번, 차례, 회(한 동작의 처음부터 끝까지의 전 과정을 가리킴) ⭐
记不住 jì bu zhù 기억하지 못하다, 기억할 수 없다
材料 cáiliào 명 자료, 데이터 ⭐
发 fā 동 보내다, 부치다
电子邮件 diànzǐ yóujiàn 명 이메일, 전자우편

공략비법 04 부사, 접속사 어휘 채우기

1-3

A 顺便	B 只要
C 无论	D 坚持
E 重新	F 可是

A shùnbiàn 부 ~하는 김에　　B zhǐyào 접 ~하기만 하면
C wúlùn 접 ~든지, ~에 관계없이　　D jiānchí 동 꾸준히 하다
E chóngxīn 부 다시, 재차　　F kěshì 접 그러나, 하지만

1

别担心，（ C 无论 ）发生什么，我都会永远在你的身边保护你。

걱정 마, 무슨 일이 생기 (C 든지), 나는 영원히 네 곁에서 너를 보호해 줄게.

정답 C

해설 쉼표(,) 바로 뒤 절의 맨 앞에는 부사 또는 접속사가 나온다. 문맥상 '무슨 일이 생기든지'라는 의미가 성립되어야 하므로 정답은 C 无论(~든지, ~에 관계없이)이다. 참고로 접속사 无论(~든지, ~에 관계없이)은 주로 부사 都와 어울려 [无论 A, 都 B]의 구문으로 쓰인다.

지문 어휘

发生 fāshēng 동 (원래 없던 현상이) 생기다, 발생하다 ⭐
永远 yǒngyuǎn 부 영원히, 언제나 ⭐
身边 shēnbiān 명 곁, 신변
保护 bǎohù 동 보호하다 ⭐

2

等一会儿你出去的时候，（ A 顺便 ）去商店买个牙膏。

좀 이따가 네가 나가는 (A 김에) 가게에 가서 치약 하나 사와.

정답 A

해설 쉼표(,) 바로 뒤 절의 맨 앞에 빈칸이 있으므로 빈칸에는 부사나 접속사가 와야 한다. 문맥상 '이따가 나가는 김에 ~해라'라는 문장이 성립되어야 하므로 가장 어울리는 어휘는 A 顺便(~하는 김에)이다.

지문 어휘

商店 shāngdiàn 명 상점, 가게
出去 chūqu 동 나가다
牙膏 yágāo 명 치약 ⭐

3

（ B 只要 ）你每天坚持复习和预习，这次考试你就一定会获得第一名。

네가 매일 복습과 예습을 꾸준히 (B 하기만 하면), 이번 시험에서 너는 반드시 일등을 하게 될 거야.

...

지문 어휘

每天 měitiān 몡 매일
复习 fùxí 통 복습하다
预习 yùxí 통 예습하다 ★
获得 huòdé 통 얻다, 획득하다 ★
第一名 dìyīmíng 몡 일등

정답 B

해설 문장의 맨 앞 빈칸에는 접속사나 부사가 올 수 있다. 보기 가운데 뒤 절의 부사 就와 잘 어울리면서도 문맥상 가장 자연스러운 어휘는 접속사 B 只要(~하기만 하면)이다.

4-6

A 尤其	B 不过
C 温度	D 稍微
E 光	F 恐怕

A yóuqí 뷔 특히, 더욱이　　B búguò 젭 그러나, 그런데
C wēndù 몡 온도　　D shāowēi 뷔 조금, 약간
E guāng 뷔 다만, 오직　　F kǒngpà 뷔 아마 ~일 것이다

4

A: 你吃过北京菜吗？
B: 我吃过，（ A 尤其 ）是北京烤鸭，真的太好吃了。

A: 너 베이징 요리 먹어본 적 있니?
B: 먹어본 적 있어. (A 특히) 베이징 오리구이는 정말 너무 맛있었어.

지문 어휘

菜 cài 몡 요리, 음식
北京烤鸭 Běijīng kǎoyā 몡 베이징 오리구이

정답 A

해설 빈칸 뒤에 동사 是(~이다)가 있으므로 문장 제일 앞에 올 수 있는 품사는 부사이다. 빈칸 뒤의 是와 尤其(특히, 더욱이)는 나란히 쓰여 尤其是(특히 ~이다) 형태로 자주 쓰인다. 문맥상으로도 '특히 베이징 오리구이는 정말 맛있었어'라는 문장이 가장 자연스러우므로 정답은 A 尤其(특히)이다.

5

A: 下周李老师生日，我们送她一盒巧克力怎么样？
B: 她最近牙疼，（ F 恐怕 ）不能吃甜的。

A: 다음주 이 선생님 생일에, 우리가 그녀에게 초콜릿 한 상자 드리는 게 어떨까?
B: 그녀는 요즘 이가 아파서, (F 아마) 단 것은 못 드실 거야.

지문 어휘

生日 shēngrì 몡 생일
盒 hé 얭 상자, 통, 곽
巧克力 qiǎokèlì 몡 초콜릿 ★
牙疼 yá téng 통 이가 아프다
甜 tián 몡 달다

정답 F

해설 쉼표(,) 바로 뒤 절의 맨 앞에 빈칸이 있으면 부사 또는 접속사가 온다. '그녀는 요즘 이가 아파서 ~단 것은 못 드실 거야'라는 문장이 성립되어야 하므로 추측과 짐작을 나타내는 부사를 고르면 된다. 문맥상 가장 잘 어울리는 어휘는 F 恐怕(아마 ~일 것이다)이다.

6

A: 服务员，这个巧克力的盒子破了。

B: 对不起，您（ D 稍微 ）等一下，我给您换一盒新的。

A: 종업원, 이 초콜릿의 상자가 부서졌어요.

B: 죄송합니다, (D 잠시만) 기다려 주세요, 제가 새 것으로 바꿔 드리겠습니다.

지문 어휘

巧克力 qiǎokèlì 명 초콜릿 ⭐

盒子 hézi 명 상자 ⭐

破 pò 동 부서지다, 파손되다, 망가지다 ⭐

换 huàn 동 바꾸다, 교환하다

정답 D

해설 동사 等(기다리다) 앞에 빈칸이 위치하고 있으므로 부사가 올 확률이 높다. 보기 어휘 가운데 부사는 D 稍微(조금, 약간), E 光(다만, 오직)이 있다. 이 중에서 의미상 '잠시만(=조금만) 기다려 주세요'라는 문장의 성립이 가장 자연스러우므로 정답은 D 稍微(조금, 약간)이다.

공략비법 05 짝꿍 어휘 채우기

본서 p. 174

1-3

A 千万	B 调查	A qiānwàn 부 제발, 부디	B diàochá 명 조사
C 力气	D 坚持	C lìqi 명 힘	D jiānchí 동 꾸준히 하다
E 对于	F 难受	E duìyú 전 ~에 대해	F nánshòu 형 불편하다, 견딜 수 없다

1

回国前记得把行李检查一遍，（ A 千万 ）别忘了要带回的东西。

귀국하기 전에 짐을 한 번 점검해 보는 것을 잊지 말아라, (A 제발) 챙겨갈 물건 잊지 말고.

지문 어휘

回国 huí guó 동 귀국하다

行李 xíngli 명 짐

检查 jiǎnchá 동 점검하다, 조사하다

정답 A

해설 쉼표(,) 바로 뒤 절의 맨 앞에 빈칸이 있으면 부사나 접속사가 올 확률이 크다. 보기 가운데 부사는 千万(제발, 부디) 하나이므로 어렵지 않게 정답을 찾을 수 있다. 게다가 千万(제발, 부디)은 빈칸 뒤에 쓰인 别(~하지 마라)와 나란히 쓰여 짝꿍 어휘로 문제에 출제되는 경향이 높으므로 한 단어처럼 외워두도록 하자.

2

（ E 对于 ）学过跆拳道的人来说，这个动作实在太简单了。

태권도를 배우는 사람들(E 에 대해 말하자면), 이 동작은 정말 너무 간단하다.

지문 어휘

跆拳道 táiquándào 명 태권도

动作 dòngzuò 명 동작 ⭐

实在 shízài 부 정말, 확실히 ⭐

对于 ~ 来说 duìyú ~ láishuō ~에 대해 말하자면

정답 E

해설 앞 절의 맨 뒤에 来说가 힌트로 보기 가운데 来说와 짝꿍으로 호응하는 어휘를 찾으면 된다. 정답은 E 对于(~에 대해)로 对于~来说(~에 대해 말하자면)로 자주 쓰인다.

3

根据这次（ B 调查 ），55%的观众更喜欢看爱情电影。

이번 (B 조사)에 따르면, 55%의 관객들은 멜로 영화 보는 것을 더 좋아한다.

지문 어휘

根据 gēnjù 전 ~에 따라, ~을(를) 근거하여

调查 diàochá 명 조사

观众 guānzhòng 명 관객, 시청자, 관중 ⭐

爱情电影 àiqíng diànyǐng 멜로 영화

정답 B

해설 빈칸 앞의 관형어인 这次[지시대명사 + 양사]의 수식을 받을 수 있으며, 문장 맨 앞의 전치사인 根据(~에 따라, ~을(를) 근거하여)와 함께 쓸 수 있는 품사는 명사이다. 보기 중 명사는 B 调查(조사)와 C 力气(힘)가 있지만 의미상 '이번 조사에 따르면'이라는 내용이 가장 자연스러우므로 정답은 B 调查(조사)이다.

4-6

A 千万	B 精彩
C 温度	D 压力
E 举办	F 乱

A qiānwàn 부 부디, 제발	B jīngcǎi 형 재미있다, 흥미진진하다
C wēndù 명 온도	D yālì 명 스트레스, 압력
E jǔbàn 동 개최하다, 열다	F luàn 부 함부로, 제멋대로

4

A: 我发现大部分的人喜欢下班后去公园散步，这是为什么呢?
B: 我觉得他们是为了让自己减轻（ D 压力 ）。

A: 대부분의 사람들이 퇴근 후에 공원으로 산책 가길 좋아하는 걸 알게 됐는데, 이것은 왜일까?
B: 나는 그들 스스로가 (D 스트레스)를 줄이기 위해서라고 생각해.

지문 어휘

发现 fāxiàn 동 알아차리다, 발견하다

大部分 dàbùfen 명 대부분

下班 xià bān 동 퇴근하다

公园 gōngyuán 명 공원

散步 sàn bù 동 산책하다 ⭐

为了 wèi le 전 ~하기 위하여

减轻 jiǎnqīng 동 줄이다, 감소하다

정답 D

해설 빈칸 앞에 동사 减轻(줄이다)이 있으므로 减轻과 호응하여 쓰이는 목적어 역할의 명사를 찾아야 한다. 보기 가운데 减轻과 호응하여 쓰이는 명사는 压力이므로 정답은 D 压力(스트레스, 압력)이다.
 ▶ 减轻压力는 '스트레스를 줄이다'라는 뜻의 짝꿍 표현이다.

5

A: 你怎么（ F 乱 ）扔垃圾啊? 桌子上有塑料袋，下次记得扔塑料袋里。
B: 知道了，今天着急上班，下次不会了。

A: 너 왜 쓰레기를 (F 함부로) 버리니? 책상 위에 비닐봉지가 있잖니, 다음번에는 잊지말고 비닐봉지 안에 버리렴.
B: 알겠어요, 오늘 급하게 출근하느라 그랬어요, 다음 번엔 안 그럴게요.

지문 어휘

扔 rēng 동 버리다 ⭐

垃圾 lājī 명 쓰레기

桌子 zhuōzi 명 책상, 테이블

塑料袋 sùliàodài 명 비닐봉지 ⭐

记得 jìde 동 잊지 않다, 기억하다

着急 zháo jí 동 조급해하다, 서두르다

上班 shàng bān 동 출근하다

下次 xiàcì 명 다음번

F

해설 빈칸 뒤에 동사 扔(버리다)을 꾸며줄 부사어가 올 수 있다. 보기 가운데 부사는 A
千万(부디, 제발)과 F 乱(함부로, 제멋대로)이 있는데 扔垃圾(쓰레기를 버리다)와 가
장 잘 어울리는 부사는 F 乱(함부로, 제멋대로)이다.

> 乱은 형용사로 쓰일 때, 어지럽다, 무질서하다, 혼란하다의 뜻으로 쓰여 房间很
乱(방이 어지럽다, 방이 더럽다)이라는 짝꿍 표현으로도 자주 쓰인다.

6

A: 这条街真热闹，(E 举办)什么活动呢?
B: 今天正好是一个少数民族的艺术节，我带你去看看。

A: 이 거리가 정말 시끌벅적하네. 무슨 행사를 (E 개최한) 거야?
B: 오늘 마침 소수민족 예술제라서 내가 너를 데리고 보러 가려고.

지문 어휘

街 jiē 명 거리, 큰길
活动 huódòng 명 행사, 활동 ⭐
正好 zhènghǎo 부 마침 ⭐
少数民族 shǎoshù mínzú
명 소수민족
带 dài 동 데리다, 이끌다

정답 E

해설 빈칸 뒤에 什么活动(무슨 행사)이라는 목적어가 있는 것으로 보아 빈칸에는 술어로
쓰일 수 있는 동사나 형용사가 올 수 있다. 보기 가운데 活动과 짝꿍 어휘로 쓰일 수
있는 술어는 동사 E 举办(개최하다, 열다) 뿐이며, 문맥상으로도 '이 거리가 정말 시끌
벅적하네. 무슨 행사를 개최한 거야?'라는 내용이 가장 자연스러우므로 정답은 E 举
办(개최하다, 열다)이다.

공략비법 06 접속사부터 찾자!

본서 p. 190

1

A 除了与它的自然环境有关
B 还会受到其经济发展水平的影响
C 一座城市的公共交通情况

A 그것의 자연환경과 관계가 있다는 것을 제외하고는
B 그 경제 발전 수준에도 영향을 받을 것이다
C 한 도시의 대중교통 상황은

지문 어휘

除了~ 还~ chúle~ hái~
~을(를) 제외하고 또 ~
自然 zìrán 명 자연 ⭐
环境 huánjìng 명 환경
有关 yǒuguān 동 관계가 있다,
관련이 있다
受到 shòu dào 동 받다, 얻다 ⭐
其 qí 대 그, 그것
城市 chéngshì 명 도시
情况 qíngkuàng 명 상황, 정황 ⭐

 정답 CAB

해설 ❶ 우선 A의 除了(~을 제외하고)는 B의 还(또)와 짝을 이루어 [除了~, 还~]의 구
문으로 쓰이므로 A 뒤에 B가 온다.
❷ 남은 보기 C는 '한 도시의 대중교통 상황은'이라는 의미로 A → B보다 앞의 내용이
다. 따라서 정답은 C → A → B임을 알 수 있다.
C 一座城市的公共交通情况, (한 도시의 대중교통 상황은)
A 除了与它的自然环境有关, (그것의 자연환경과 관계가 있다는 것을 제외하고는)
B 还会受到其经济发展水平的影响。(그 경제 발전 수준에도 영향을 받을 것이다)

2

A 尽管他生意失败过

B 但是这也让他积累了丰富的经验

C 所以他说，现在的成功离不开过去的失败

A 비록 그는 사업에 실패한 적이 있다

B 하지만 이것 역시 그에게 풍부한 경험을 쌓게 해 주었다

C 그러므로 그는 현재의 성공은 과거의 실패와 뗄 수 없다고 말한다

정답 ABC

해설 ❶ A의 尽管(비록 ~하더라도)은 B의 但是(하지만 ~하다)와 함께 [尽管 A, 但是B]의 형태로 자주 쓰이는 구문이므로 A → B의 순서로 배열한 후에 C의 순서를 정하면 된다.

❷ 남은 보기 C에는 결과를 나타내는 접속사인 所以(그러므로)가 있으므로 A → B의 뒤에 C가 위치해야 한다. 따라서 정답은 A → B → C이다.

A 尽管他生意失败过, (비록 그는 사업에 실패한 적이 있지만)

B 但是这也让他积累了丰富的经验, (이것 역시 그에게 풍부한 경험을 쌓게 해 주었으므로)

C 所以他说，现在的成功离不开过去的失败。(그는 현재의 성공은 과거의 실패와 뗄 수 없다고 말한다)

지문 어휘

尽管A, 但是B
jǐnguǎn A, dànshì B
비록 A하더라도, 하지만 B하다

生意 shēngyi 명 사업, 장사 ★

失败 shībài 동 실패하다 ★

积累 jīléi 동 쌓이다, 축적되다 ★

丰富 fēngfù 형 풍부하다 ★

经验 jīngyàn 명 경험 ★

离不开 líbukāi 떨어질 수 없다, 벗어날 수 없다

过去 guòqù 명 과거

3

A 学法律专业的人都很重视根据

B 他们认为只有调查中发现的实际情况

C 才比较可信

A 법률을 전공하는 사람들은 모두 근거를 중시한다

B 그들은 단지 조사 중에 발견된 실제 상황만이 ~라고 생각한다

C 비교적 믿을 만하다

정답 ABC

해설 ❶ B의 只有(~해야만)는 C의 才(비로소 ~하다)와 짝을 이루어 [只有A, 才B] 구문으로 자주 쓰이므로 B → C의 순서대로 배열한다.

❷ 남은 보기 A는 B와 C에 대한 주장으로 B → C보다 앞에 위치해야 한다. 따라서 정답은 A → B → C이다.

A 学法律专业的人都很重视根据, (법률을 전공하는 사람들은 모두 근거를 중시하는데)

B 他们认为只有调查中发现的实际情况, (그들은 단지 조사 중에 발견된 실제 상황만이)

C 才比较可信。(비교적 믿을 만하다고 생각한다)

지문 어휘

法律 fǎlǜ 명 법률 ★

专业 zhuānyè 명 전공 ★

重视 zhòngshì 동 중시하다, 중요시하다 ★

根据 gēnjù 명 근거

认为 rènwéi 동 생각하다, 여기다

只有A, 才B zhǐyǒu A, cái B
A해야만, (비로소) B하다

实际 shíjì 형 실제적이다, 구체적이다 ★

可信 kěxìn 형 믿을 만하다, 미덥다

4

A 即使比赛再精彩

B 也不会给人们留下难忘的印象

C 一场足球比赛要是没有进球

지문 어휘

即使A, 也B jíshǐ A, yě B
설령 A할지라도, B하다

比赛 bǐsài 명 경기, 시합

A 설령 경기가 아무리 재미있다 하더라도
B 사람들에게 잊지 못할 인상을 남길 수 없을 것이다
C 축구 경기에서 만약 골을 못 넣으면

精彩 jīngcǎi 형 흥미진진하다, 다채롭다 ⭐
留下 liúxià 동 남기다
难忘 nánwàng 동 잊지 못하다, 잊을 수 없다
印象 yìnxiàng 명 인상 ⭐
进球 jìn qiú 동 골을 넣다

정답 CAB

해설 ❶ 눈에 익은 접속사를 먼저 찾아 순서대로 배열한다. A, B의 문장 맨 앞에 위치한 접속사 即使(설령 ~할지라도)와 也는 [即使A, 也B]의 형태로 쓰이는 구문이므로 A → B 순서로 배열한다.
❷ 남은 보기 C에는 주어인 足球比赛(축구 경기)가 있으므로 C를 A → B 앞에 배치해야 한다. 따라서 정답은 C → A → B가 정답이다.
C 一场足球比赛要是没有进球, (축구 경기에서 만약 골을 못 넣으면)
A 即使比赛再精彩, (설령 경기가 아무리 재미있다 하더라도)
B 也不会给人们留下难忘的印象。(사람들에게 잊지 못할 인상을 남길 수 없을 것이다)

5

A 而且很有热情，外语也很流利
B 那位医生不仅技术好
C 最重要的是总是为病人考虑

A 친절하기도 하고 외국어도 유창하다
B 그 의사는 기술이 좋을 뿐 아니라
C 가장 중요한 것은 늘 환자를 위해 고민한다는 것이다

지문 어휘

不仅A, 而且B
bùjǐn A, érqiě B
A뿐만 아니라, 게다가 B하다
热情 rèqíng 형 친절하다, 다정하다
外语 wàiyǔ 명 외국어
流利 liúlì 형 유창하다 ⭐
医生 yīshēng 명 의사
技术 jìshù 명 기술 ⭐
总是 zǒngshì 부 늘, 항상
病人 bìngrén 명 환자
考虑 kǎolǜ 동 고려하다, 생각하다 ⭐

정답 BAC

해설 ❶ B의 不仅(~뿐만 아니라)과 A의 而且(게다가 ~하다)는 [不仅A, 而且B]의 형태로 쓰이는 구문으로 B → A의 순으로 먼저 배열한다.
❷ 보기 C의 最重要的是(가장 중요한 것은~)는 앞서 얘기한 것들 외에도 특별하게 더 강조할 내용을 쓸 때 사용하므로 가장 마지막에 배열한다. 따라서 정답은 B → A → C이다.
B 那位医生不仅技术好, (그 의사는 기술이 좋을 뿐 아니라)
A 而且很有热情，外语也很流利, (친절하기도 하고 외국어도 유창하다)
C 最重要的是总是为病人考虑。(가장 중요한 것은 늘 환자를 위해 고민한다는 것이다)

공략비법 07 도대체 그, 그것이 무엇인지 파악하자! 본서 p. 193

1

A 我肯定认不出她来
B 今天要是不是她先和我打招呼
C 毕业后，我和小珍有十多年没有见面了

지문 어휘

肯定 kěndìng 부 틀림없이, 확실히 ⭐
要是 yàoshi 접 만약 ~한다면
打招呼 dǎ zhāohu 동 (말이나 행동으로) 인사하다

A 나는 틀림없이 그녀를 알아보지 못했을 것이다
B 오늘 만약 그녀가 먼저 내게 인사하지 않았다면
C 졸업 후, 나는 샤오전과 10여 년 동안 만나지 않았다

정답 **CBA**

해설 ❶ C의 小珍(샤오전)은 A와 B의 인칭대명사 她가 가리키는 대상이므로 C 문장을 맨 앞에 배치한다.

❷ B의 要是不是~打招呼(만약 ~ 인사하지 않았다면)은 가정을 나타내며, A의 认不出她来(그녀를 알아보지 못했을 것이다)는 B에 대한 결과를 나타내므로 B → A의 순서로 배열해야 한다. 따라서 정답은 C → B → A이다.

▶ 제시된 문장에 대사(她/他/它/这/那 등)와 대사가 가리키는 대상(이름/명칭/지명 등)이 함께 나온다면 대사는 대상보다 뒤에 놓여야 한다.

C 毕业后, 我和小珍有十多年没有见面了. (졸업 후, 나는 샤오전과 10여 년 동안 만나지 않았다)

B 今天要是不是她先和我打招呼. (오늘 만약 그녀가 먼저 내게 인사하지 않았다면)

A 我肯定认不出她来. (나는 틀림없이 그녀를 알아보지 못했을 것이다)

2

A 所以当她听到面试通过的消息后
B 这是女儿第一次参加面试
C 她激动地哭了起来

A 그래서 그녀는 면접에 통과했다는 소식을 들은 후에
B 이것은 딸이 처음 참가한 면접이다
C 그녀는 감격해 울기 시작했다

정답 **BAC**

해설 ❶ B의 女儿(딸)은 A, C의 她가 가리키는 대상이므로 B 문장을 첫 번째 자리에 놓는다.

❷ A의 听到~消息后(소식을 들은 후)의 결과가 C의 哭了起来(울기 시작했다)이 므로 A → C의 순으로 배열한다. 따라서 정답은 B → A → C이다.

B 这是女儿第一次参加面试. (이것은 딸이 처음 참가한 면접이다)

A 所以当她听到面试通过的消息后. (그래서 그녀는 면접에 통과했다는 소식을 들은 후에)

C 她激动地哭了起来. (그녀는 감격해 울기 시작했다)

지문 어휘

所以 suǒyǐ 접 그래서, 그러므로
面试 miànshì 명 면접
通过 tōngguò 통 통과하다 ★
消息 xiāoxi 명 소식 ★
参加 cānjiā 통 참가하다
激动 jīdòng 형 감격하다, 흥분하다 ★
哭 kū 통 울다

3

A 他是亲戚家的小孩
B 所以他很喜欢我妈妈, 还经常来我家玩儿
C 因为以前我妈妈常常照顾他

A 그는 친척집 아이이다
B 그래서 그는 우리 엄마를 좋아하고, 게다가 우리 집에 자주 와서 논다
C 이전에 우리 엄마가 자주 그를 돌봐줬기 때문에

정답 **ACB**

지문 어휘

亲戚 qīnqi 명 친척 ★
经常 jīngcháng 부 자주, 항상
照顾 zhàogù 통 돌보다, 보살피다
因为A, 所以B
yīnwèi A, suǒyǐ B
A하기 때문에, B하다

❶ A의 亲属家的小孩(친척집 아이)는 B, C의 他가 가리키는 대상이므로 A 문장을 첫 번째 자리에 놓는다.

❷ 남은 보기 B와 C는 접속사 구문인 [因为A, 所以B]의 순서로 배열하면 된다. 따라서 정답은 A → C → B이다.

A 他是亲戚家的小孩, (그는 친척집 아이이다)

C 因为以前我妈妈常常照顾他, (이전에 우리 엄마가 자주 그를 돌봐줬기 때문에)

B 所以他很喜欢我妈妈, 还经常来我家玩儿。(그래서 그는 우리 엄마를 좋아하고, 게다가 우리 집에 자주 와서 논다.)

A 这五种的味道都不一样, 而且现在可以免费试吃

B 那家店新推出了一些冰淇淋

C 一共五种

A 이 다섯 가지의 맛은 모두 다르며, 지금 무료로 시식할 수 있다

B 그 가게는 아이스크림들을 새로 출시하였다

C 모두 다섯 가지이다

정답 BCA

해설 ❶ B에서 구체적인 대상인 冰淇淋(아이스크림)을 언급하므로 B 문장을 맨 앞에 놓는다.

❷ 남은 보기 A의 这(이)가 가리키는 대상은 B의 冰淇淋이므로 B보다 뒤에 위치해야 하며, 문맥상으로도 '새로 출시한 아이스크림은 모두 다섯 가지 이고, 이 다섯 가지의 맛은 모두 다르며, 지금 무료로 시식할 수 있다'라고 배열하는 것이 가장 자연스럽다. 따라서 정답은 B → C → A이다.

B 那家店新推出了一些冰淇淋。(그 가게는 아이스크림들을 새로 출시하였다)

C 一共五种, (모두 다섯 가지이다)

A 这五种的味道都不一样, 而且现在可以免费试吃。(이 다섯 가지의 맛은 모두 다르며, 지금 무료로 시식할 수 있다)

지문 어휘

味道 wèidao 몡 맛 ★

免费 miǎnfèi 통 무료로 하다 ★

推出 tuīchū 통 출시하다, 내놓다

冰淇淋 bīngqílín 몡 아이스크림

一共 yígòng 분 모두, 전부

A 妹妹只是拿着地图看了几眼

B 于是我们按照她的话往北开, 还真到了长城

C 就很肯定地告诉我们, 长城在我们的北边

A 여동생은 그저 지도를 들고 몇 번 봤을 뿐인데

B 그래서 우리는 그녀의 말대로 북쪽을 향해 운전하였고, 정말로 창청에 도착했다

C 아주 명확하게 우리에게 창청은 우리의 북쪽에 있다고 말했다

정답 ACB

해설 ❶ 보기 가운데 구체적인 대상 妹妹(여동생)을 언급한 A 문장을 첫 번째 자리에 놓은 후에, 의미상 A와 가장 자연스럽게 연결되는 C를 뒤이어 배열한다.

❷ 남은 보기 B의 于是(그래서)는 결론을 이끄는 접속사로 A → C의 뒤에 배열한다. 따라서 정답은 A → C → B이다.

A 妹妹只是拿着地图看了几眼, (여동생은 그저 지도를 들고 몇 번 봤을 뿐인데)

지문 어휘

地图 dìtú 몡 지도

眼 yǎn 양 눈으로 보는 횟수를 세는 양사

于是 yúshì 젭 그래서, 그리하여 ★

按照 ànzhào 젠 ~대로 ★

肯定 kěndìng 혱 명확하다, 확실하다, 분명하다 ★

告诉 gàosu 통 말하다, 알리다

长城 Chángchéng 고유 창청(만리징성), 万里长城의 약칭 ★

C 就很肯定地告诉我们，长城在我们的北边，(아주 명확하게 우리에게 창청
　　은 우리의 북쪽에 있다고 말했다)

B 于是我们按照她的话往北开，还真到了长城。(그래서 우리는 그녀의 말대
　　로 북쪽을 향해 운전하였고, 정말로 창청에 도착했다)

공략 비법 08 문장 간의 논리 관계를 파악하자!

본서 p. 197

1

A 千万别忘了给我打个电话
B 大概五天左右就能到，收到后
C 您要的照相机我已给你寄过去了

A 제발 잊지 말고 내게 전화해 줘
B 대략 5일 정도면 받아볼 수 있대, 받은 후에
C 네가 원하는 카메라 내가 이미 부쳤어

정답 CBA

해설
❶ 동작 진행 순서에 따라 문장을 배열해야 한다. C의 我已给你寄过去了(내가 이미
부쳤어) 뒤에는 물건을 받는 동작이 나와야 하므로 B의 收到后(받은 후에)를 C → B의
순으로 배열한다.
❷ 남은 보기 A 给我打个电话(내게 전화해 줘)는 받은 후에 이어져야 할 동작이므
로 가장 마지막에 놓는다. 따라서 정답은 C → B → A이다.
C 您要的照相机我已给你寄过去了，(네가 원하는 카메라 내가 이미 부쳤어)
B 大概五天左右就能到，收到后，(대략 5일 정도면 받아볼 수 있대, 받은 후에)
A 千万别忘了给我打个电话。(제발 잊지 말고 내게 전화해 줘)

지문 어휘

千万 qiānwàn ㈜ 제발, 부디, 아
무쪼록 ⭐

忘 wàng ⑧ 잊다

大概 dàgài ㈜ 대략, 약 ⭐

左右 zuǒyòu ⑲ 정도 ⭐

收 shōu ⑧ 받다 ⭐

照相机 zhàoxiàngjī ⑲ 사진기,
카메라

寄 jì ⑧ (우편으로) 부치다, 보내
다 ⭐

2

A 有车的人变得越来越多，空气质量却越来越差
B 随着人们生活水平的提高
C 这也成为了我们要马上解决的问题

A 차를 소유한 사람이 점점 더 많아지면서, 공기가 오히려 점점 더 나빠졌다
B 사람들 생활 수준이 향상됨에 따라
C 이것 역시 우리가 해결해야 할 숙제가 되었다

정답 BAC

해설
❶ B의 随着(~에 따라)는 주로 개사구 형태로 문장의 맨 앞에 위치할 수 있으므로 B를
가장 맨 앞에 배치해야 한다. 越来越(점점 더~)를 사용해 생활 수준 향상에 따른 세부
적인 내용을 서술한 A를 B → A 순서로 놓는다.
❷ 남은 보기 C는 A에 대한 결과로 A → C의 순서로 놓아야 하며, 문맥상 '공기가 오
히려 점점 나빠졌고, 이것 역시 우리가 해결해야 할 숙제가 되었다'라는 의미가 가장
자연스러우므로 정답은 B → A → C이다.

지문 어휘

变得 biàn de ~로 되다,
~로 변하다

越来越 yuèláiyuè ㈜ 점점 더,
더욱더

空气 kōngqì ⑲ 공기 ⭐

质量 zhìliàng ⑲ 질, 품질 ⭐

差 chà ⑱ 나쁘다, 좋지 않다

随着 suízhe 졘 ~함에 따라,
~에 따라서 ⭐

水平 shuǐpíng ⑲ 수준

提高 tígāo ⑧ 향상시키다,
제고되다

成为 chéngwéi ⑧ ~이 되다 ⭐

B 随着人们生活水平的提高, (사람들 생활 수준이 향상됨에 따라)

A 有车的人变得越来越多, 空气质量却越来越差, (차를 소유한 사람이 점점 더 많아지면서, 공기가 오히려 점점 더 나빠졌다)

C 这也成为了我们要马上解决的问题。(이것 역시 우리가 해결해야 할 숙제가 되었다)

马上 mǎshàng 🔵 곧, 바로
解决 jiějué 🔵 해결하다
问题 wèntí 🔵 숙제, 문제

3

A 我建议你回去找找这方面的材料
B 全球气候变化是一个值得研究的问题
C 下次带来我们好好讨论一下

A 저는 당신이 돌아가서 이 분야의 자료를 좀 찾아보길 제안합니다
B 전 세계 기후 변화는 연구할 만한 가치가 있는 문제입니다
C 다음번에 가지고 와서 우리 잘 토론해 봅시다

지문 어휘

建议 jiànyì 🔵 제안하다, 건의하다 ⭐
找 zhǎo 🔵 찾다
方面 fāngmiàn 🔵 분야, 방면 ⭐
材料 cáiliào 🔵 자료, 데이터 ⭐
全球 quánqiú 🔵 전 세계
气候 qìhòu 🔵 기후 ⭐
值得 zhídé 🔵 ~할 만한 가치가 있다, ~할 만하다 ⭐
研究 yánjiū 🔵 연구 ⭐
下次 xiàcì 🔵 다음번
讨论 tǎolùn 🔵 토론하다 ⭐

정답 BAC

해설 ❶ 우선 전 세계 기후 변화는 연구할 만한 가치가 있는 문제라고 화두를 던지는 B 문장을 맨 앞에 배치한다.

❷ 남은 보기 A와 C는 동작이 진행될 순서대로 문장을 배열하면 되는데, '자료를 좀 찾아보고 다음 번에 가지고 와서 토론해 보자'라는 내용이 문맥상으로도 가장 자연스러우므로 A → C의 순서로 배열한다. 따라서 정답은 B → A → C이다.

B 全球气候变化是一个值得研究的问题, (전 세계 기후 변화는 연구할 만한 가치가 있는 문제입니다)

A 我建议你回去找找这方面的材料, (저는 당신이 돌아가서 이 분야의 자료를 좀 찾아보길 제안합니다)

C 下次带来我们好好讨论一下。(다음번에 가지고 와서 우리 잘 토론해 봅시다)

4

A 这一天会举办很多活动
B 其目的就是鼓励大家阅读
C 每年的4月23日是世界读书日

A 이 날은 많은 행사가 열린다
B 그 목적은 바로 모두에게 독서를 장려하기 위함이다
C 매년 4월 23일은 세계 독서일이다

지문 어휘

举办 jǔbàn 🔵 열리다, 개최되다 ⭐
活动 huódòng 🔵 행사, 활동 ⭐
目的 mùdì 🔵 목적 ⭐
鼓励 gǔlì 🔵 장려하다, 격려하다 ⭐
阅读 yuèdú 🔵 독서하다 ⭐
世界 shìjiè 🔵 세계

정답 CAB

해설 ❶ 큰 개념에서 작은 개념의 순서로 문장을 배열하면 된다. C의 世界读书日(세계 독서일)이라는 큰 개념을 맨 앞에 놓은 후에, 세계 독서일에 대한 작은 개념을 언급한 문장을 순서대로 배열한다. 따라서 C의 世界读书日(세계 독서일)을 这一天(이날은)으로 이어받는 A를 C의 뒤에 놓는다.

❷ 남은 보기 B는 문맥상 세계 독서일에 많은 이벤트가 열리는 목적을 설명하는 문장으로 맨 마지막에 배열해야 한다. 따라서 정답은 C → A → B이다.

C 每年的4月23日是世界读书日, (매년 4월 23일은 세계 독서일이다)

A 这一天会举办很多活动, (이 날은 많은 행사가 열린다)

B 其目的就是鼓励大家阅读。(그 목적은 바로 모두에게 독서를 장려하기 위함이다)

A 可他今天咳嗽得更厉害了
B 我们明天再带他去看看大夫吧
C 儿子礼拜天刚打过针

A 그런데 그는 오늘 기침이 더 심해졌어
B 우리 내일 다시 그를 데리고 의사를 보러 가자
C 아들은 일요일에 막 주사를 맞았어

지문 어휘

咳嗽 késou 동 기침하다 ★
厉害 lìhai 형 대단하다, 심각하다 ★
大夫 dàifu 명 의사 ★
礼拜天 lǐbàitiān 명 일요일 ★
刚 gāng 부 막, 바로 ★
打针 dǎ zhēn 동 주사를 맞다, 주사를 놓다 ★

정답 CAB

해설 ❶ 사건의 발생 순서에 따라 문장을 배열하면 된다. 문장 가운데 구체적인 대상 儿子(아들)와 구체적인 시간사 礼拜天(일요일)을 밝힌 C 문장을 가장 맨 앞에 배치한다.
❷ 남은 보기 가운데 A에는 今天(오늘), B에는 明天(내일)이 있는 것으로 보아 A → B의 순서로 배치해야 함을 알 수 있다. 따라서 정답은 C→ A → B이다.
C 儿子礼拜天刚打过针, (아들은 일요일에 막 주사를 맞았어)
A 可他今天咳嗽得更厉害了, (그런데 그는 오늘 기침이 더 심해졌어)
B 我们明天再带他去看看大夫吧。(우리 내일 다시 그를 데리고 의사를 보러 가자)

공략비법 09 질문 속 핵심어 문제

본서 p. 209

李天，按照你现在的学习成绩，恐怕很难毕业。接下来这几个月，你要多多学习，成绩一定要超过60分。

★ 说话人担心李天：

A 身体不好　　　　　　B 不能毕业
C 整天玩儿　　　　　　D 性格内向

리텐, 너의 현재 학업 성적으로는 졸업하기 힘들 것 같아. 다음 몇 달 동안은 열심히 공부해서, 반드시 성적이 60점을 넘어야 해.

★ 화자는 리티엔의 무엇을 걱정하는가：

A 몸이 좋지 않은 것　　　　B 졸업을 할 수 없는 것
C 하루 종일 노는 것　　　　D 성격이 내성적인 것

지문 어휘

按照 ànzhào 전 ~에 따라 ★
成绩 chéngjì 명 성적
恐怕 kǒngpà 부 아마 ~일 것이다 ★
毕业 bì yè 명 졸업 동 졸업하다
接下来 jiēxiàlái 다음은, 이하는, 이어서
超过 chāoguò 동 넘다, 초과하다 ★

보기 어휘

整天 zhěngtiān 명 하루 종일
性格 xìnggé 명 성격 ★
内向 nèixiàng 형 내성적이다, 내향적이다

정답 B

해설 질문 속 주어인 리텐을 지문에서 찾아 그 뒷부분을 주의 깊게 살펴봐야 한다.
지문의 첫머리에서 리텐의 이름을 그대로 언급하며 현재 학업 성적 때문에 졸업하기 힘들 것 같다며 걱정하고 있으므로 정답은 B임을 알 수 있다.

2

在我的大学同学中，只有张青和李雪因为喜欢做研究而选择了继续读硕士。除了他们俩以外，其他同学毕业后都工作了，而且大部分都去做生意了。

★ 大部分同学毕业后都：

A 做生意了   B 当老师了

C 出国留学了   D 读硕士了

나의 대학 동창들 중에 오직 장칭과 리쉐만이 연구하는 것을 좋아하여 석사를 계속하기로 선택했다. 그들 둘을 제외하고, 다른 친구들은 졸업 후에 모두 일을 하고, 또 대부분이 사업을 한다.

★ 대부분의 동창들은 졸업 후 모두:

A 사업을 한다   B 선생님이 되었다

C 외국 유학을 한다   D 석사과정을 밟는다

정답 A

해설 대부분의 동창생들이 졸업 후에 무엇을 하는지 묻고 있다. 지문 마지막 부분에 대부분 모두가 사업을 한다고 언급했으므로 정답은 A임을 알 수 있다.

3

中国社会学家把1980到1989年出生的人叫作"80后"，"80后"生活在中国经济高速发展的时期。他们大都有知识、有自信、有理想，是推动社会前进的重要力量。

★ "80后"：

A 爱打扮   B 很勇敢

C 有自信   D 脾气大

중국 사회학자들은 1980~1989년에 출생한 사람을 '80후'라고 부르며, '80후'는 중국 경제가 고속으로 발전하는 시기에 살고 있다. 그들 대부분은 지식이 있고 자신감이 있으며 이상을 가지고 있다. 사회를 전진하게 하는 중요한 힘이다.

★ '80후'는:

A 꾸미기를 좋아하다   B 매우 용감하다

C 자신감이 있다   D 성격이 세다

정답 C

해설 '80후'에 대해 묻고 있다. 지문에서 '80后'를 그대로 언급한 부분을 찾아 보기와 대조하며 문제를 풀어야 한다. '그들 대부분은 지식이 있고 자신감이 있으며 이상을 가지고 있다'는 내용으로 보아 정답은 C 有自信(자신감이 있다)이다.

这种植物在我们老家很常见，人们都叫它"猫爪子"。我母亲喜欢用它来做凉菜，不仅好吃，而且对健康也有好处。

★ "猫爪子"：

A 没有叶子　　　　　　B 可以食用
C 有点儿苦　　　　　　D 是一种动物

이 식물은 우리 고향에서 매우 흔히 보이는데, 사람들 모두 그것을 '고양이 발'이라고 부른다. 우리 어머니는 그것으로 차게 먹는 요리를 만드는 것을 좋아하신다, 맛있을 뿐만 아니라 건강에도 이로운 점이 있다.

★ '고양이 발'은:

A 잎이 없다　　　　　　B 먹을 수 있다
C 약간 쓰다　　　　　　D 동물의 일종이다

정답　B

해설　식물 '고양이 발'에 대해 묻는 문제이다. 지문에서 '猫爪子'를 그대로 언급하는 부분을 찾아 보기와 대조하며 문제를 풀어야 한다. 지문 중간 부분에서 어머니는 그것으로 차게 먹는 요리를 만드는 것을 좋아하신다라는 내용으로 보아 정답은 B 可以使用(먹을 수 있다)이다.

지문 어휘

种 zhǒng 양 종류, 가지
植物 zhíwù 명 식물 ☆
老家 lǎojiā 명 고향, 고향 집
常见 chángjiàn 형 흔히 보는, 늘 보이는, 흔한
猫爪子 māo zhuǎzi 명 고양이 발(고양이 발처럼 생겼다 하여 붙여진 이름으로 중국에서 흔히 볼 수 있는 식물)
母亲 mǔqīn 명 어머니 ☆
凉菜 liángcài 명 차게 먹는 요리, 냉채
好处 hǎochù 명 이로운 점, 이점 ☆

보기 어휘

叶子 yèzi 명 잎, 잎사귀 ☆
食用 shíyòng 동 먹다, 식용하다
苦 kǔ 형 쓰다 ☆
动物 dòngwù 명 동물

父母在教育子女时，大部分家长都不会考虑孩子的想法。他们当然是为了孩子好，但有的时候，也应该听听孩子的意见，考虑考虑孩子提出的要求。

★ 父母应该：

A 考虑老师意见　　　　B 听孩子的意见
C 教孩子经验　　　　　D 多批评孩子

부모가 자녀를 교육할 때, 대부분의 학부모들은 아이의 생각을 고려하지 않는다. 그들은 당연히 아이가 잘 되기 위해 하는 것이지만, 때로는 아이의 의견도 좀 들어 주어야 하고, 아이가 제시한 요구를 고려해야 한다.

★ 부모는 마땅히:

A 선생님의 의견을 생각해야 한다　　B 아이의 의견을 들어야 한다
C 아이에게 경험을 가르쳐야 한다　　D 아이를 많이 나무라야 한다

정답　B

해설　부모들은 마땅히 어떻게 해야 하는지 묻고 있다. 질문의 应该(~해야 한다)를 지문에서 찾아 그 뒤의 내용을 유심히 살펴 보아야 한다. 부모는 아이의 의견도 좀 들어 주어야 한다고 언급했으므로 정답은 B이다.

지문 어휘

教育 jiàoyù 동 교육하다 ☆
子女 zǐnǚ 명 자녀
大部分 dàbùfen 명 대부분, 모두
家长 jiāzhǎng 명 학부모, 가장
考虑 kǎolǜ 동 고려하다, 생각하다 ☆
想法 xiǎngfǎ 명 생각, 의견
当然 dāngrán 부 당연히
为了 wèile 전 ~을(를) 위해
有的时候 yǒu de shíhou 때로는, 어떤 경우에는
意见 yìjiàn 명 의견, 견해 ☆

보기 어휘

经验 jīngyàn 명 경험 ☆
批评 pīpíng 동 나무라다, 비판하다, 꾸짖다 ☆

공략비법 10 의문문 키워드 문제

1

很抱歉，最近游客比较多，所以现在酒店的房间已经订满了。您可以去其他酒店看看，不过您最好提前打电话问一下。要不您可能又白跑一趟了。

★ 酒店为什么不能入住?

A 停电了　　　　　　　B 没打扫干净
C 没有空房间　　　　　D 服务员下班了

죄송합니다, 요즘 관광객이 비교적 많아서 현재 호텔의 객실 예약이 이미 꽉 찼습니다. 다른 호텔에 가셔서 알아보셔도 되지만, 미리 전화해서 물어보시는 게 가장 좋을 것 같습니다. 아니면 또 헛걸음하실 수 있습니다.

★ 왜 호텔에 숙박할 수 없는가?

A 정전되었다　　　　　B 깨끗이 청소하지 않았다
C 빈 방이 없다　　　　D 종업원이 퇴근했다

정답　C

해설　为什么(왜)로 물었으므로 지문에서 결과를 나타내는 접속사가 있는지 찾아본다. 첫 번째 문장에 '따라서'라는 의미의 所以가 있으므로 그 뒤 내용을 주목해야 한다. 호텔 객실 예약이 이미 꽉 찼다는 내용이 언급되어 있으므로 현재 빈 방이 없음을 알 수 있다. 따라서 정답은 C이다.

▶ 질문에 원인을 나타내는 为什么(왜)가 나오면 지문 속에 결과를 나타내는 접속사 '所以'나 '因此'가 있는지 살펴보자!

지문 어휘

抱歉 bào qiàn 동 죄송하다, 미안해하다 ★
游客 yóukè 명 관광객, 여행객
酒店 jiǔdiàn 명 호텔, 식당
房间 fángjiān 명 객실, 방
满 mǎn 형 꽉 차다, 가득 차다 ★
其他 qítā 대 그 외 다른(사물·것·사람)
提前 tíqián 동 앞당기다 ★
白跑 báipǎo 동 헛걸음하다

보기 어휘

入住 rùzhù 동 (호텔 등에서) 숙박하다, 입주하다
停电 tíng diàn 동 정전되다
打扫 dǎsǎo 동 청소하다
干净 gānjìng 형 깨끗하다
空 kōng 형 비다, 안에 아무것도 없다 ★
下班 xià bān 동 퇴근하다

2

由于时间关系，剩下的几个语法先不讲了，大家回去预习一下，下节课我会详细讲。

★ 为什么没讲剩下的内容?

A 没有时间　　　　　B 不是重点
C 已经讲过　　　　　D 老师没准备

시간 관계로 인하여, 남은 몇 가지 어법은 먼저 설명하지 않을게요. 모두들 돌아가서 예습 좀 해오세요. 다음 시간에 제가 상세하게 설명할게요.

★ 왜 나머지 내용은 설명하지 않았는가?

A 시간이 없어서　　　　B 핵심이 아니라서
C 이미 설명한 적이 있어서　D 선생님이 준비하지 않아서

정답　A

해설　为什么(왜)로 물었으므로 지문에서 결과를 나타내는 접속사가 있는지 찾아본다. 지문의 시작 부분에 '~로 인하여'라는 뜻의 由于로 시작하는 由于时间关系(시간 관계로 인하여)가 있으므로 정답은 A 没有时间(시간이 없어서)이다.

지문 어휘

由于 yóuyú 접 ~인하여 ★
剩下 shèng xia 동 남다, 남기다
语法 yǔfǎ 명 어법, 문법 ★
讲 jiǎng 동 설명하다, 강의하다
预习 yùxí 동 예습하다 ★
节 jié 양 여러 개로 나누어진 것을 세는 데 쓰는 단위 ★
详细 xiángxì 형 상세하다, 자세하다 ★

보기 어휘

重点 zhòngdiǎn 명 핵심, 중점 ★

3

无论是上网还是聊天，为了在交流中给人留下难忘的印象，很多人都会注意自己的语言。研究发现，适当的语速听起来更舒服，还会让别人更加喜欢你。

★ 怎样的交流方式容易给人留下好印象？

　A 合适的语速　　　　　B 奇怪的动作
　C 多说流行语　　　　　D 积极的态度

인터넷을 하든 채팅을 하든, 의사소통에 있어서, 사람들에게 잊을 수 없는 인상을 남기기 위해, 많은 사람들이 자신의 언어에 주의를 기울인다. 연구는 적절한 말의 속도는 더 편안하게 들리며, 다른 사람들이 당신을 더 좋아하게 만들 수도 있다고 밝혔다.

★ 어떠한 의사소통 방식이 사람들에게 좋은 인상을 남기기 쉬운가?

　A 적당한 말의 속도　　　　B 이상한 행동
　C 유행어를 많이 구사하기　　D 적극적인 태도

정답　A

해설　어떠한 교류 방식이 사람들에게 좋은 인상을 남기기 쉬운지 묻고 있다.
지문 마지막에 적절한 말의 속도는 더 편안하게 들리고 다른 사람들이 당신을 더 좋아하게 만들 수도 있다고 했으므로 정답은 A 合适的语速(적당한 말의 속도)이다.

지문 어휘

无论A, 还是B
wúlùn A, háishi B
A이든(지), B이든(지)

上网 shàng wǎng 동 인터넷을 하다

聊天 liáo tiān 동 채팅하다, 이야기하다 ★

交流 jiāoliú 동 의사소통하다 ★

留下 liú xià 동 남기다, 남겨두다

难忘 nánwàng 동 잊을 수 없다

印象 yìnxiàng 명 인상 ★

注意 zhùyì 동 주의하다

语言 yǔyán 명 언어, 말 ★

研究 yánjiū 명 연구 동 연구하다

发现 fāxiàn 동 발견하다

适当 shìdàng 형 적절하다, 적당하다, 알맞다

语速 yǔsù 명 말의 속도

舒服 shūfu 형 편안하다

보기 어휘

合适 héshì 형 적당하다 ★

奇怪 qíguài 형 이상하다

动作 dòngzuò 명 행동, 동작 ★

积极 jījí 형 적극적이다 ★

4-5.

跑步是一个非常好的运动方式。通过跑步，5 你既可以锻炼身体，又可以达到减肥的效果，还可以减少压力使心情愉快。4 喜欢跑步的人一般比较爱生活，性格也比较好，而且还比较有耐心。如果你现在还不知道做什么运动好，那么就选择跑步吧。

달리기는 매우 좋은 운동 방식이다. 달리기를 통하여 5 당신은 신체를 단련할 수 있고, 다이어트의 효과를 얻을 수도 있으며, 스트레스를 감소시켜 기분을 유쾌하게 할 수도 있다. 4 달리기를 좋아하는 사람은 일반적으로 생활을 사랑하고, 성격도 비교적 좋으며, 게다가 비교적 인내심도 있다. 만약 당신이 어떤 운동을 하면 좋을지 아직 모르겠다면, 그럼 달리기를 선택해 보아라.

지문 어휘

跑步 pǎobù 명 달리기

方式 fāngshì 명 방식

既A, 又B jì A, yòu B
A하기도 하고, B하기도 하다

锻炼 duànliàn 동 단련하다

达到 dá dào 동 도달하다

减肥 jiǎnféi 동 다이어트하다 ★

效果 xiàoguǒ 명 효과 ★

减少 jiǎnshǎo 동 감소하다, 줄이다 ★

压力 yālì 명 스트레스 ★

心情 xīnqíng 명 기분 ★

愉快 yúkuài 형 유쾌하다, 즐겁다 ★

4

★ 喜欢跑步人有什么特点?

A 身体健康 B 自信
C 普遍很瘦 D 有耐心

★ 달리기를 좋아하는 사람은 어떤 특징이 있는가?

A 신체가 건강하다 B 자신감 있다
C 보편적으로 날씬하다 D 인내심이 있다

정답 D

해설 달리기를 좋아하는 사람은 어떤 특징이 있는지 묻고 있다. 질문의 喜欢跑步人을 지문에서 찾아야 한다. 달리기를 좋아하는 일반적으로 사람은 생활을 사랑하고, 성격도 비교적 좋으며, 비교적 인내심도 있다고 언급했으므로 정답은 D 有耐心(인내심이 있다)이다.

自信 zìxìn 형 자신감 있다, 자신
만만 하다 ★
普遍 pǔbiàn 형 보편적이다 ★
耐心 nàixīn 명 인내심 ★

5

★ 根据上文，跑步有助于:

A 减肥 B 发展经济
C 改变性格 D 减少污染

★ 윗글에 근거해, 달리기는 어디에 도움이 되는가:

A 다이어트 B 경제 발전
C 성격을 바꾸다 D 오염 감소

정답 A

해설 달리기는 어디에 도움이 되는지 묻고 있다. 지문의 앞 부분에 달리기를 통해 할 수 있는 것들을 나열하는데, 달리기는 신체 단련, 다이어트 효과 달성, 스트레스를 감소시켜 기분을 유쾌하게 한다고 했으므로 정답은 A이다.

보기 어휘

发展 fāzhǎn 명 발전
동 발전하다 ★
经济 jīngjì 명 경제 ★
改变 gǎibiàn 동 바꾸다,
고치다 ★
污染 wūrǎn 명 오염
동 오염시키다, 오염되다 ★

공략비법 11 유사 표현 문제

본서 p. 216

1

那次你给我介绍的那部儿童电影，我儿子看完后说内容很有意思。他非常喜欢这样的故事，你还有没有别的适合我儿子看的电影啊，要是有的话，再给我介绍几个吧。

★ 那部儿童电影:

A 非常无聊 B 很有趣
C 翻译得不准确 D 内容太难

지문 어휘

介绍 jièshào 동 소개하다
儿童 értóng 명 어린이, 아동 ★
儿子 érzi 명 아들
内容 nèiróng 명 내용 ★
有意思 yǒu yìsi 형 재미있다
故事 gùshi 명 이야기
适合 shìhé 동 적합하다,
알맞다 ★

지난번 네가 내게 소개해준 그 어린이 영화 있잖아. 우리 아들이 다 보고 나서 재밌다고 하더라. 아이가 이런 이야기를 아주 좋아해. 우리 아들이 볼만한 다른 영화가 또 없을까. 만약 있다면 내게 몇 편 더 소개해 줘.

★ 그 어린이 영화는:

A 너무 지루하다   B 재미있다
C 번역이 정확하지 않다   D 내용이 어렵다

정답   B

해설   그 어린이 영화에 대해 묻고 있다. 지문 앞 부분에 아들이 다 보고 나서 재밌다고 한다고 했으므로 지문의 很有意思(재미있다)와 동의어인 B 很有趣(재미있다)가 정답이다.

无聊 wúliáo 형 지루하다, 무료하다 ★
有趣 yǒuqù 형 재미있다 ★
翻译 fānyì 통 번역하다, 통역하다 ★
准确 zhǔnquè 형 정확하다, 확실하다 ★

2

这家咖啡厅在这一带很有名, 不但价格比较便宜, 而且味道也特别好。 每次我去买咖啡的时候, 都需要排队, 可见这家店很受欢迎。

★ 关于这家咖啡厅, 可以知道:

A 节日有表演   B 缺少顾客
C 咖啡不好喝   D 生意很好

이 커피숍은 이 일대에서 유명하다. 가격이 비교적 저렴할 뿐 아니라, 게다가 맛도 매우 좋다. 매번 내가 커피를 사러 갈 때마다 줄을 서야 하므로 이 가게는 인기가 많다는 것을 알 수 있다.

★ 이 커피숍에 관하여, 알 수 있는 것은:

A 명절에 공연이 있다   B 고객이 적다
C 커피가 맛없다   D 장사가 잘 된다

정답   D

해설   이 커피숍에 대해 알 수 있는 것을 물었으므로 지문을 보기와 대조해 나가면서 문제를 풀어야 한다. 지문 뒷부분에 이 가게는 인기가 많다는 것을 알 수 있다고 언급했으므로 这家店很受欢迎(이 가게는 인기가 많다)과 유사 표현인 D 生意很好(장사가 잘 된다)가 정답이다.

咖啡厅 kāfēitīng 명 커피숍, 카페
有名 yǒumíng 형 유명하다
价格 jiàgé 명 가격 ★
味道 wèidao 명 맛 ★
需要 xūyào 통 필요하다
排队 pái duì 통 줄을 서다
可见 kějiàn 접 ~라는 것을 알 수 있다
受欢迎 shòu huānyíng 인기가 있다, 환영을 받다

보기 어휘

节日 jiérì 명 명절, 기념일
表演 biǎoyǎn 명 공연, 연기 ★
缺少 quēshǎo 통 (사람이나 사물의 수량이) 부족하다, 모자라다 ★
顾客 gùkè 명 고객, 손님 ★
生意 shēngyi 명 비즈니스, 사업 ★

3

有时候可选择的太多并不是一件好事, 因为可选择的越多, 要放弃的就越多, 而放弃哪个都觉得可惜, 所以我们往往需要花很长时间来考虑。

★ 选择太多有什么坏处?

A 浪费钱   B 判断会出错
C 会让人误会   D 要选很久

지문 어휘

选择 xuǎnzé 통 선택하다
并不 bìngbù 부 결코 ~이 아니다, 결코 ~하지 않다
件 jiàn 양 건(일·사건을 세는 단위)
好事 hǎoshì 명 좋은 일
越~越~ yuè~ yuè~ ~할수록 ~하다

때로는 선택할 수 있는 것이 너무 많다는 것은 결코 좋은 일이 아니다. 선택할 수 있는 것이 많을수록 포기해야 할 것이 많아지기 때문에, 어느 것을 포기하든 아깝다고 느낀다. 그래서 우리는 종종 생각하는 데 긴 시간을 필요로 한다.

★ 선택을 너무 많이 하는 것의 나쁜 점은 무엇인가?

A 돈을 낭비한다   B 판단 실수를 하다

C 사람을 오해하게 한다   D 선택하는데 오래 걸린다

정답 D

해설 선택을 너무 많이 하는 것에 대해 나쁜 점을 찾는 문제이다. 지문의 마지막 부분에 '우리는 종종 생각하는 데 긴 시간을 필요로 한다'라고 언급했으므로 보기 가운데 유사 표현을 찾아야 한다. 정답은 D 要选很久(선택하는 데 오래 걸린다)이다.

4

这次的考试题太难了，很多单词我都不认识。看来以后我要多下点儿功夫努力背单词了。另外，我还要坚持每天复习和预习。我相信下次我一定会考得很好的。

★ 为了下次考得好，他需要做什么？

A 多研究语法   B 多花时间背单词

C 记笔记   D 积极讨论

이번 시험 문제는 너무 어려웠고, 나는 많은 단어를 알지 못했다. 보아하니 앞으로 나는 좀 더 공을 들여 열심히 단어를 외워야 할 것 같다. 이 외에도 나는 매일 복습과 예습을 꾸준히 해야 한다. 나는 다음번에는 반드시 시험을 잘 볼거라고 믿는다.

★ 다음 시험을 잘 보려면, 그는 무엇을 해야 하는가?

A 어법을 많이 연구한다   B 단어를 암기하는 데 시간을 더 들이다

C 필기한다   D 적극적으로 토론한다

정답 B

해설 다음 시험을 잘 보려면 그는 무엇을 해야 하는지 묻고 있다. 보기와 지문을 대조해 나가면서 문제를 풀어야 하는데 지문 중간 부분에 以后我要(이후에 나는 ~해야 한다)를 사용해 무엇을 해야할 지 언급하고 있다. 좀 더 공을 들여 열심히 단어를 외워야겠다고 했으므로 정답은 B 多花时间背单词(단어를 암기하는 데 시간을 더 들이다)이다.

▶ 下功夫(공을 들이다)와 花时间(시간을 들이다)은 유사한 표현임을 알아두자!

5

再过几天我就要当爸爸了，尽管还不知道是男孩儿还是女孩儿，但我和我妻子都特别兴奋，同时还有点儿担心。医生让妻子多走走，放松心情。

★ 夫妻俩为什么很激动？

A 当医生了   B 孩子要出生了

C 受到邀请了   D 涨工资了

放弃 fàngqì 통 버리다, 포기하다 ★

可惜 kěxī 통 아깝다, 아쉽다 ★

花 huā 통 (돈, 시간 등을) 쓰다

考虑 kǎolǜ 통 생각하다, 고려하다 ★

보기 어휘

坏处 huàichu 명 나쁜 점

浪费 làngfèi 통 낭비하다 ★

判断 pànduàn 명 판단 ★

出错 chū cuò 통 실수를 하다

误会 wùhuì 명 오해하다 ★

지문 어휘

单词 dāncí 명 단어

下功夫 xià gōngfū 공을 들이다, 애를 쓰다

背 bèi 통 외우다

另外 lìngwài 접 이 외에, 이 밖에 ★

坚持 jiānchí 통 꾸준히 하다 ★

复习 fùxí 통 복습하다

预习 yùxí 통 예습하다 ★

相信 xiāngxìn 통 믿다

下次 xiàcì 명 다음번

보기 어휘

研究 yánjiū 통 연구하다 ★

语法 yǔfǎ 명 어법 ★

花时间 huā shíjiān 시간을 들이다

记 jì 통 적다, 암기하다

笔记 bǐjì 명 필기

积极 jījí 형 적극적이다 ★

讨论 tǎolùn 통 토론하다 ★

지문 어휘

就要 ~ **了** jiùyào ~ le 곧(머지않아) ~하려고 하나

当 dāng 통 ~이 되다, 맡다 ★

尽管 jǐnguǎn 접 비록(설령) ~라 하더라도, ~에도 불구하고 ★

男孩儿 nánháir 명 남자 아이

女孩儿 nǚháir 명 여자 아이

兴奋 xīngfèn 형 흥분하다, 격분하다 ★

며칠 더 지나면 제가 곧 아빠가 됩니다. 비록 아직 남자 아이인지 여자 아이인지 모르겠지만, 저와 제 아내는 대단히 감격스럽고, 동시에 좀 걱정도 됩니다. 의사 선생님은 아내에게 많이 걷고, 마음을 편안하게 하라고 합니다.

★ 부부는 왜 감격스러운가?

A 의사가 되었으므로
C 초대를 받았으므로
B 아이가 곧 태어나므로
D 월급이 올랐으므로

정답 **B**

해설 부부는 왜 감격스러운지 묻고 있다. 지문 첫 머리에 며칠 더 지나면 아빠가 된다고 했으므로 부부에게 곧 아이가 태어나 감격스럽다고 했음을 알 수 있다.

▶ 要当爸爸了(곧 아빠가 되다)와 孩子要出生了(아이가 곧 태어난다)는 유사한 표현에 속한다.

지문 어휘 (우측 상단)

同时 tóngshí 부 동시에 ★
担心 dān xīn 동 걱정하다, 염려하다
放松 fàngsōng 동 늦추다, 느슨하게 하다 ★
心情 xīnqíng 명 마음, 기분 ★

보기 어휘

激动 jīdòng 동 감격하다, 흥분하다
出生 chūshēng 동 태어나다, 출생하다 ★
受到 shòudào 동 받다, 얻다
邀请 yāoqǐng 동 초청하다 ★
涨 zhǎng 동 (수위나 물가가) 오르다, 상승하다
工资 gōngzī 명 월급, 임금 ★

본서 p. 219

공략 비법 **12** 주제 찾기 문제

有些人很想成功，他们不停地努力着，但是却总觉得不幸福。其实，有时候放弃一些不适合自己的东西，可能会更好。当你敢放弃一些东西的时候，生活会变得慢下来，心情会变得更加轻松、愉快，你也会更明白自己真正想要的是什么。所以，有时候放弃也是一种幸福。

★ 这段话告诉我们要：

A 学会放弃
C 接受失败
B 少发脾气
D 获得成功

어떤 사람들은 매우 성공하고 싶어한다, 그들은 끊임없이 노력하지만 오히려 줄곧 행복하지 않다고 느낀다. 사실, 때로는 자신에게 맞지 않는 것들을 포기하는 것이 더 좋을 수도 있다. 당신이 무언가를 과감히 포기할 때 생활은 느긋해질 것이고, 마음이 더욱 더 홀가분해지고 유쾌해질 것이며, 자신이 정말로 원하는 것이 무엇인지 당신도 더 명확해질 것이다. 그러므로 때로는 포기하는 것도 일종의 행복이다.

★ 이 글이 우리에게 알려주는 것은:

A 포기할 줄 알아야 한다
C 실패를 받아들여야 한다
B 화를 덜 내야 한다
D 성공을 거둬야 한다

정답 **A**

해설 이 글의 주제를 묻고 있으므로 첫 문장과 마지막 문장에 주목해야 한다. 지문에서는 결과를 이끄는 접속사 所以(그러므로)를 사용해 그 뒤에 핵심 내용을 언급하였다. 지문 마지막 문장에 때로는 포기하는 것도 일종의 행복이라고 언급하였으므로 A의 포기할 줄 알아야 한다가 정답이다.

지문 어휘

成功 chénggōng 동 성공하다 ★
不停 bùtíng 끊임이 없다
却 què 부 오히려 ★
总 zǒng 부 줄곧, 항상, 내내
幸福 xìngfú 형 행복하다
其实 qíshí 부 사실, 실제(로는)
放弃 fàngqì 동 포기하다 ★
适合 shìhé 동 알맞다, 적합하다 ★
东西 dōngxi 명 것, 물건
可能 kěnéng 부 ~일지도 모른다(추측을 나타냄)
敢 gǎn 조동 과감하게 ~하다 ★
心情 xīnqíng 명 마음, 기분 ★
更加 gèngjiā 부 더욱 더
轻松 qīngsōng 형 홀가분하다, 수월하다 ★
愉快 yúkuài 형 유쾌하다, 즐겁다 ★
明白 míngbai 형 분명하다, 명확하다
真正 zhēnzhèng 부 정말로 ★

보기 어휘

发脾气 fā píqì 동 화내다, 성내다
接受 jiēshòu 동 받아들이다, 받다
失败 shībài 동 실패하다 ★
获得 huòdé 동 얻다, 획득하다 ★

2

中国有句叫"骄傲使人退步"，意思就是在你获得成功时，如果你骄傲了，你就一定会落后。这句话告诉我们，获得任何成功时，千万不要骄傲，否则下一次你可能就会失败。

★ 这段话告诉我们：

A 别骄傲　　　　　　　B 成功的方法

C 失败的意义　　　　　D 要诚实

중국에는 '자만은 사람을 퇴보시킨다'라는 말이 있다. 당신이 성공했을 때, 만약 자만한다면, 당신은 틀림없이 뒤쳐질 것이라는 의미이다. 이 말은 우리에게 어떠한 성공을 거뒀을 때, 절대 자만하지 마라, 그렇지 않으면 다음에 당신은 실패할 지도 모른다는 것을 알려준다.

★ 이 글이 우리에게 알리고자 하는 것은:

A 자만하지 마라　　　　　B 성공의 방법
C 실패의 의의　　　　　　D 성실해야 한다

지문 어휘

骄傲 jiāo'ào 형 자만하다 ★
退步 tuìbù 동 퇴보하다
落后 luòhòu 형 뒤처지다, 낙후되다, 뒤떨어지다
任何 rènhé 대 어떠한, 무슨 ★
千万 qiānwàn 부 절대, 제발 ★
否则 fǒuzé 접 그렇지 않으면 ★
失败 shībài 동 실패하다 ★

보기 어휘

方法 fāngfǎ 명 방법 ★
意义 yìyì 명 의의, 의미
诚实 chéngshí 형 성실하다 ★

정답　A

해설　이 글의 주제를 묻는 문제는 첫 문장과 마지막 문장에 주목해야 한다. 지문 중간 부분에 这句话告诉我们(이 말을 우리에게 알린다)을 통해 주제를 언급하므로 그 뒷부분을 집중해서 읽어야 한다. 성공을 거뒀을 때 절대 자만하지 말라고 언급했으므로 정답은 A이다.

3

学习并不是一件很难的事情，从出生开始，我们就要学习一切自己不会的。但在学习的过程中，有的人能坚持下去，而有的人却会在中间选择放弃，人与人之间的距离在于坚持。

★ 这段话告诉我们要：

A 学会放弃　　　　　　B 坚持学习

C 学会理解　　　　　　D 保持距离

공부하는 것은 결코 어려운 일이 아니다. 태어나면서부터 우리는 자기가 할 줄 모르는 모든 것을 배우기 시작한다. 하지만 공부하는 과정에서 어떤 사람은 꾸준히 해나가는 반면 어떤 사람은 중간에 포기를 선택한다. 사람과 사람 사이의 격차는 꾸준히 하는 것에 달려 있다.

★ 이 글이 우리에게 알려주는 것은:

A 포기를 배워야 한다　　　　　B 꾸준히 공부해야 한다
C 이해를 배워야 한다　　　　　D 거리를 유지해야 한다

지문 어휘

并不 bìngbù 부 결코 ~이 아니다, 결코 ~하지 않다
从~ 开始~ cóng~ kāishǐ~ ~에서부터 시작하다
出生 chūshēng 동 태어나다, 출생하다 ★
过程 guòchéng 명 과정 ★
中间 zhōngjiān 명 중간
选择 xuǎnzé 동 선택하다, 고르다
放弃 fàngqì 동 포기하다, 버리다 ★
之间 zhījiān 명 사이, ~지간
距离 jùlí 명 격차, 거리, 간격 ★
在于 zàiyú 동 ~에 달려 있다, ~에 있다

보기 어휘

保持 bǎochí 동 (어떤 상태를) 계속 유지하다, 지키다 ★

정답　B

해설　이 글의 주제를 묻는 문제는 첫 문장과 마지막 문장에 주목해야 한다. 지문의 마지막 부분에 사람과 사람 사이의 격차는 꾸준히 (공부)하는 것에 달려 있다고 언급했으므로 보기 B의 꾸준히 공부해야 한다가 이 글의 주제임을 알 수 있다.

4-5.

5 理解在人与人的交流中有着非常重要的作用。理解就是为别人考虑，也就是"将心比心"。当别人遇到困难向你求救时，我们要把自己当成对方，这样才可以真正同情别人的不幸，理解别人的需要。因此，4 我们只有互相理解，才能够交到真正的朋友，最后赢得友谊。

---

5 이해는 사람과 사람 사이의 교류하는데 매우 중요한 역할을 한다. 이해는 다른 사람을 위해 고려하는 것으로 바로 '자신의 마음으로 다른 사람의 마음을 헤아리는 것'이기도 하다. 다른 사람이 어려움에 처해서 당신에게 도움을 요청할 때, 우리는 스스로를 상대방이라고 여겨야 한다. 그래야만 다른 사람의 불행을 진정으로 동정할 수 있으며, 다른 사람의 요구를 이해할 수 있다. 그러므로 4 우리는 서로를 이해해야만 진정한 친구를 사귈 수 있으며, 결국에는 우정을 얻을 수 있다.

지문 어휘

理解 lǐjiě 명 이해 동 이해하다 ★
交流 jiāoliú 동 교류하다, 소통하다 ★
作用 zuòyòng 명 역할, 작용 ★
考虑 kǎolǜ 동 고려하다, 생각하다 ★
将心比心 jiāngxīnbǐxīn 성 자신의 마음으로 남의 마음을 헤아리다, 처지를 바꾸어 생각하다(역지사지)
求救 qiújiù 동 도움을 요청하다, 구원을 청하다
当成 dàngchéng 동 ~로 여기다, ~로 간주하다
对方 duìfāng 명 상대방
同情 tóngqíng 동 동정하다 ★
不幸 búxìng 명 불행 형 불행하다
需要 xūyào 명 요구 동 요구하다, 필요하다
只有A, 才B zhǐyǒu A, cái B A해야만, B하다
互相 hùxiāng 부 서로, 상호 ★
能够 nénggòu 조동 ~할 수 있다
最后 zuìhòu 명 결국, 제일 마지막, 최후
赢得 yíngdé 동 얻다, 획득하다
友谊 yǒuyì 명 우정, 우의 ★

4

★ 理解的好处是：

A 羡慕别人　　　　　　B 发现缺点
C 伤自己的心　　　　　D 赢得友谊

★ 이해의 장점은：

A 다른 사람을 부러워한다　　B 단점을 발견한다
C 자신의 마음을 다치게 한다　D 우정을 얻는다

보기 어휘

羡慕 xiànmù 동 부러워하다 ★
发现 fāxiàn 동 발견하다, 알아차리다
缺点 quēdiǎn 명 단점, 결점 ★
伤心 shāngxīn 형 마음 아파하다, 상심하다, 슬퍼하다 ★

정답　D

해설　이해의 장점에 대해 묻는 문제로 결론을 이끌어 내는 접속사 因此(그러므로) 뒷부분과 보기를 대조하여 문제를 풀어야 한다. 지문 마지막 부분에 서로를 이해해야만 진정한 친구를 사귈 수 있으며 결국에는 우정을 얻을 수 있다고 했으므로 정답은 D이다.

★ 这段话告诉我们：

A 要帮助别人	**B** 真正的友谊
C 理解的重要性	**D** 怎么和人交流

보기 어휘

帮助 bāngzhù 통 돕다
别人 biéren 대 다른 사람, 남
真正 zhēnzhèng 형 진정한,
참된 ★

★ 이 글이 우리에게 알리고자 하는 것은:

A 다른 사람을 도와야 한다	B 진정한 우정
C 이해의 중요성	D 어떻게 다른 사람과 교류하는지에 대해서

정답   C

해설   이 글의 주제를 묻고 있으므로 첫 문장과 마지막 문장에 주목하자!
지문 첫 머리에 이해는 사람과 사람 사이의 교류하는데 중요한 역할을 한다고 했으므
로 C 이해의 중요성을 알리고자 함을 알 수 있다.

HSK 4급

쓰기 **실전테스트**

공략 비법 **01 주어, 술어, 목적어 배열하기**

본서 p. 256

1

| 改变了 | 我们的 | 科技 | 生活方式 |

보기 어휘

改变 gǎibiàn 통 바꾸다, 변경하다, 변하다 ★
科技 kējì 명 과학 기술
生活 shēnghuó 명 생활 통 생활하다
方式 fāngshì 명 방식, 방법

[해설] **Step 1** 술어를 찾는다. 술어 자리에는 [동사+了] 형태의 改变了(바꾸었다)를 배치한다.

| 술어 |
| 改变了 |

Step 2 주어는 科技(과학 기술)이고, 술어 改变了(바꾸었다)와 호응할 수 있는 生活方式(생활 방식)가 목적어가 된다.

| 주어 | 술어 | 목적어 |
| 科技 | 改变了 | 生活方式 |

Step 3 我们的(우리의)는 生活方式(생활 방식)를 수식하는 관형어로 목적어 앞에 배치한다.

| 주어 | 술어 | 관형어 | 목적어 |
| 科技 | 改变了 | 我们的 | 生活方式 |

[정답] 科技改变了我们的生活方式。

[해석] 과학 기술은 우리의 생활 방식을 바꾸었다.

2

| 教授的 | 表扬 | 受到了 | 他的文章 |

보기 어휘

教授 jiàoshòu 명 교수 ★
表扬 biǎoyáng 통 칭찬하다 ★
受到 shòu dào 통 받다, 얻다 ★
文章 wénzhāng 명 독립된 한 편의 글 ★

[해설] **Step 1** 술어를 찾는다. [동사+了] 형태의 受到了(받았다)를 술어 자리에 배치한다.

| 술어 |
| 受到了 |

Step 2 술어 受到了와 문맥상 호응하는 表扬(칭찬)을 목적어 자리에 배치한다. 教授的(교수의)는 관형어로 목적어 表扬(칭찬) 앞에 놓은 후에, 남은 어휘 他的文章(그의 글)을 주어 자리에 배치한다.

| 주어 | 술어 | 관형어 | 목적어 |
| 他的文章 | 受到了 | 教授的 | 表扬 |

[정답] 他的文章受到了教授的表扬。

[해석] 그의 글은 교수님의 칭찬을 받았다.

실전테스트 **91**

3

要	我	开	餐厅	一家

보기 어휘

餐厅 cāntīng 명 식당 ⭐
家 jiā 양 식당, 회사 등 건물을
세는 단위

해설 **Step 1** 술어를 찾는다.

술어
开

Step 2 동사 술어 开(열다)와 문맥상 어울리는 餐厅(식당)을 목적어 자리에 배치하고 [수사+양사] 형태의 一家는 관형어로 목적어를 수식할 수 있으므로 餐厅(식당) 앞에 놓는다.

술어	관형어	목적어
开	一家	餐厅

Step 3 주어는 我이고, 조동사 要는 부사어로 술어 앞에 배치한다.

주어	부사어	술어	관형어	목적어
我	要	开	一家	餐厅

정답 我要开一家餐厅。

해석 나는 식당을 열려고 한다.

4

礼貌	那个	很有	演员

보기 어휘

礼貌 lǐmào 명 예의, 예의범절 ⭐
演员 yǎnyuán 명 배우, 연기자 ⭐

해설 **Step 1** 술어를 찾는다. 보기 가운데 술어를 포함한 어구는 很有로 很은 정도 부사, 有는 동사이다

술어
很有

Step 2 술어 很有와 문맥상 가장 잘 어울리는 목적어는 礼貌(예의)이므로 술어 뒤에 배치한다.

술어	목적어
很有	礼貌

Step 3 남은 어휘 가운데 주어 자리에 올 수 있는 것은 명사 演员(배우)이며, [지시대명사+양사] 형태의 那个는 주어를 수식하는 관형어이므로 주어 앞에 배치한다.

관형어	주어	술어	목적어
那个	演员	很有	礼貌

정답 那个演员很有礼貌。

해석 그 배우는 매우 예의 있다.

5

公司	的	面试	他	通过了

보기 어휘

面试 miànshì 圆 면접
通过 tōngguò 图 통과하다 ⭐

해설 **Step 1** 술어를 찾는다. 술어 자리에는 [동사+了] 형태의 通过了(통과했다)를 배치한다.

술어
通过了

Step 2 술어 通过了와 문맥상 어울리는 面试(면접)를 목적어 자리에 배치하고 구조조사 的는 公司(회사)와 연결해 面试(면접) 앞에 관형어로 배치한다.

술어	관형어 (명사 + 구조조사 的)	목적어
通过了	公司 的	面试

Step 3 남은 어휘 他(그)는 주어 자리에 배치하면 된다.

주어	술어	관형어 (명사 + 구조조사 的)	목적어
他	通过了	公司 的	面试

정답 他通过了公司的面试。

해석 그는 회사의 면접을 통과했다.

공략비법 02 관형어, 부사어 배열하기

본서 p. 267

1

不到	5公里	从	我们学校	到家的距离

보기 어휘

不到 búdào 图 미치지 못하다, 차지 않다
公里 gōnglǐ 圆 킬로미터(km) ⭐
距离 jùlí 圆 거리 ⭐

해설 **Step 1** 술어를 찾는다. 동사 不到(미치지 못하다)를 술어 자리에 배치한다.

술어
不到

Step 2 '从~到~'는 '~에서 ~까지'라는 뜻으로 전치사 从과 到 뒤에 장소명사나 시간명사를 써서 전치사구를 만들 수 있다. 따라서 从(~에서) 뒤에 장소명사 我们学校(우리 학교)를 배치한 후에 到家的距离(집까지의 거리)를 나란히 연결해 술어 앞에 놓는다.

부사어(전치사구)		술어
从我们学校	到家的距离	不到

Step 3 남은 어휘인 5公里(5킬로미터)는 목적어로 술어 不到 뒤에 배치한다.

부사어(전치사구)		술어	목적어
从我们学校	到家的距离	不到	5公里

从我们学校到家的距离不到5公里。

우리 학교에서 집까지의 거리는 5킬로미터가 안 된다.

2

| 一点儿也 | 健康 | 喝酒 | 对 | 好处 | 没有 |

보기 어휘

健康 jiànkāng 명 건강
喝酒 hē jiǔ 술을 마시다
好处 hǎochù 명 이로운 점, 장점 ★

해설 **Step 1** 술어를 찾는다.

술어
没有

Step 2 술어 没有(없다)와 문맥상 잘 어울리는 好处(이로운 점)를 목적어 자리에 배치한다.

술어	목적어
没有	好处

Step 3 전치사 对(~에 대해)는 부사 一点儿也와 함께 어울려 对 ~ 一点儿也(~에 조금도) 구문으로 자주 쓰인다. 따라서 对 뒤에 명사 健康(건강)을 배치해 전치사구로 만들어 주고 一点儿也와 연결해 술어 앞 부사어 자리에 놓는다. 주어는 喝酒(술을 마시다)이며 주어 자리에는 喝酒와 같은 술목구도 올 수 있음을 알아두자.

주어	부사어(전치사구 + 부사)	술어	목적어
喝酒	对健康 一点儿也	没有	好处

Tip 일반적으로 부사어의 순서 배열은 '부조전'이지만 '对 ~ 一点儿也'와 같은 예외 표현도 있음을 기억해 두자!

喝酒对健康一点儿也没有好处。

술을 마시는 것은 건강에 조금도 이로운 점이 없다.

3

| 由我 | 这次会议 | 和经理 | 共同 | 安排 |

보기 어휘

由 yóu 전 ~이(가), ~에서(동작의 주체를 이끌어 냄) ★
会议 huìyì 명 회의
共同 gòngtóng 부 함께, 다같이 형 공동의 ★
安排 ānpái 동 준비하다, 마련하다 ★

해설 **Step 1** 술어를 찾는다.

술어
安排

Step 2 주어는 这次会议(이번 회의)이고, 보기에 由我와 和经理는 전치사구[전치사+명사/대명사]로 술어 앞 부사어 자리에 배치한다. 배열 순서는 문맥상 자연스러운 由我和经理의 순으로 배열한다.

관형어 + 주어		부사어(전치사구)		술어
这次	会议	由我	和经理	安排

Step 3　남은 어휘인 共同(함께)은 형용사나 부사로 쓰이지만, 이 문장에서는 의미상 부사로 쓰이는게 적합하므로 술어 앞 부사어 자리에 배치하면 된다.

관형어 + 주어		부사어(전치사구 + 부사)			술어
这次	会议	由我	和经理	共同	安排

Tip　共同安排(공동으로 계획하다)를 하나의 표현으로 암기해두자.

정답　这次会议由我和经理共同安排。

해석　이번 회의는 저와 사장님이 함께 계획했습니다.

4

材料	所有	都	好了	整理

보기 어휘

材料 cáiliào 명 자료, 데이터 ⭐
所有 suǒyǒu 형 모든, 일체의 ⭐
整理 zhěnglǐ 동 정리하다 ⭐

해설　**Step 1**　술어를 찾는다.

술어
整理

Step 2　제시된 어휘 가운데 好了는 결과보어로 술어인 整理(정리하다) 뒤에 놓여 술어의 결과를 보충하는 역할을 하며, 부사 都(다)는 부사어로 술어 앞에 놓는다.

부사어	술어	결과보어
都	整理	好了

Step 3　주어는 材料(자료)이고, 형용사 所有(모든)는 주어를 꾸며주는 관형어 역할을 하므로 주어 앞에 배치한다.

관형어	주어	부사어	술어	결과보어
所有	材料	都	整理	好了

정답　所有材料都整理好了。

해석　모든 자료를 다 잘 정리했다.

5

先	建议	你最好	听听医生的

보기 어휘

建议 jiànyì 명 제안 동 제안하다
最好 zuìhǎo 부 ~하는 것이 가장 좋다, 가장 좋기로는 ⭐
医生 yīshēng 명 의사

해설　**Step 1**　술어를 찾는다. 보기에서 술어가 포함된 어구는 听听医生的로 听听은 술어, 医生的는 목적어 앞에 쓰일 관형어이다

술어
听听医生的

Step 2　술어 听听(들어보다)과 문맥상 어울리며 관형어 医生的(의사의)의 수식을 받을 수 있는 建议(제안)를 목적어 자리에 배치한다.

술어 + 관형어		목적어
听听	医生的	建议

Step 3	最好先(먼저 ~하는 것이 가장 좋다)라는 뜻으로 고정격식처럼 쓰이는 표현이다. 따라서 부사어 자리에 最好를 먼저 배치한 후에 先을 이어서 배치하고, 남은 어휘 你는 주어이다.		

주어	부사어	술어 + 관형어	목적어
你	最好　先	听听　医生的	建议

정답 你最好先听听医生的建议。

해석 당신은 먼저 의사의 제안을 들어보는 것이 가장 좋다.

공략비법 03 보어 배열하기

본서 p. 283

1

还没出来	结果	这次考试	的

보기 어휘

结果 jiéguǒ 명 결과 ⭐

考试 kǎoshì 명 시험
동 시험을 치다

해설 **Step 1** 보기 중 술어 자리에 올 수 있는 어구는 还没出来(아직 나오지 않았다)이다. 여기에서 还没는 부사어, 出는 술어, 来는 방향보어에 해당한다.

술어
还没出来

Step 2 '결과가 아직 나오지 않았다'가 문맥상 자연스러우므로 주어는 结果(결과)이다.

주어	부사어 + 술어 + 방향보어
结果	还没　出　来

Step 3 남은 어휘 这次考试(이번 시험) 뒤에 구조조사 的를 연결한 후, 주어 结果(결과) 앞에 관형어로 배치한다.

관형어	주어	부사어 + 술어 + 방향보어
这次考试的	结果	还没　出　来

정답 这次考试的结果还没出来。

해석 이번 시험의 결과가 아직 나오지 않았다.

2

这个单词	不	用得	准确

보기 어휘

单词 dāncí 명 단어

用 yòng 동 쓰다, 사용하다

准确 zhǔnquè 형 정확하다,
꼭 맞다 ⭐

해설 **Step 1** 술어를 찾는다. [동사+得] 형태인 用得(~하게 쓰이다)와 准确(정확하다) 중에서 用得를 술어 자리에 배치한다. 여기에서 술어는 用이고, 得는 동사 뒤에 놓여 보어를 연결하는 역할을 한다.

술어
用得

Step 2 술어 用得 뒤에 정도보어가 위치해야 하므로 [술어+得+정도보어]의 순으로 나열한다. 따라서 부사 不와 형용사 准确(정확하다)를 연결해 술어 뒤에 놓는다.

술어 + 得		정도보어	
用	得	不	准确

Step 3 남은 어휘 这个单词(이 단어)는 주어 자리에 놓는다.

관형어 + 주어		술어 + 得		정도보어	
这个	单词	用	得	不	准确

정답 这个单词用得不准确。

해석 이 단어는 정확하지 않게 쓰인다.

③

小说	不够浪漫	写得	这位作家的

보기 어휘

小说 xiǎoshuō 몡 소설 ⭐
不够 búgòu 뫼 ~하지 못하다 (일정한 기준이나 요구에 미치지 못함을 나타냄) ⭐
浪漫 làngmàn 톙 낭만적이다 ⭐
作家 zuòjiā 몡 작가 ⭐

해설 **Step 1** 술어를 찾는다. [동사+得] 형태인 写得(~하게 쓰다)와 不够浪漫(낭만적이지 못하다) 중에 写得를 술어 자리에 배치한다. 여기에서 술어는 写이고 得는 동사 뒤에 놓여 보어를 연결하는 역할을 한다.

술어
写得

Step 2 술어 写得 뒤에 정도보어가 위치해야 하므로 [술어+得+정도보어]의 순으로 나열한다. 따라서 [부사+형용사]의 형태로 쓰인 不够浪漫을 술어 뒤에 놓는다.

술어 + 得		정도보어	
写	得	不够	浪漫

Step 3 남은 어휘 가운데 주어는 小说(소설)이며, 这位作家的(이 작가의)는 관형어로 주어 小说 앞에 배치한다.

관형어	주어	술어 + 得		정도보어	
这位作家的	小说	写	得	不够	浪漫

정답 这位作家的小说写得不够浪漫。

해석 이 작가의 소설은 낭만적이지 못하다.

④

申请了	一遍	又重新	校长

보기 어휘

申请 shēnqǐng 됭 신청하다 ⭐
遍 biàn 얭 번, 차례, 회(한 동작의 처음부터 끝까지의 전 과정을 가리킴) ⭐
重新 chóngxīn 뫼 다시, 재차 ⭐
校长 xiàozhǎng 몡 교장

해설 **Step 1** 술어를 찾는다. 술어 자리에는 [동사+了] 형태의 申请了(신청했다)를 배치한다

술어
申请了

Step 2 보기에 [수사+동량사] 형태의 一遍(한번)은 동량보어로 동작이 발생한 횟수를 나타내며, 일반적으로 술어 뒤에 동량보어를 배치한다. 따라서 一遍을 술어 申请了 뒤에 놓는다.

술어	동량보어
申请了	一遍

Step 3 남은 어휘 가운데 校长(교장 선생님)은 주어이고, 又重新은 부사어로 술어 앞에 배치한다. 참고로 又(또)와 重新(다시)의 품사는 부사이다.

주어	부사어	술어	동량보어
校长	又 重新	申请了	一遍

정답 校长又重新申请了一遍。

해석 교장 선생님은 또 다시 한번 신청했다.

5

课外班	很满	安排	得	寒假的

보기 어휘

课外班 kèwài bān 명 과외, 학원

满 mǎn 형 꽉 차다, 가득하다 ⭐

安排 ānpái 동 배정하다, 안배하다 ⭐

寒假 hánjià 명 겨울 방학 ⭐

Step 1 술어를 찾는다. 安排(안배하다)와 很满(꽉 차다) 중에 安排를 술어 자리에 배치한다.

술어
安排

Step 2 제시된 어휘 가운데 得와 很满[정도부사+형용사]이 있는 것으로 보아 정도보어 배열 문제임을 알 수 있다. 따라서 정도보어의 어순인 [술어+得+정도보어(정도부사+형용사)]의 순서로 배열한다.

술어	得	정도보어
安排	得	很满

Step 3 남은 어휘 가운데 课外班(과외)은 주어이고 寒假的(겨울 방학의)는 관형어로 주어 课外班 앞에 배치한다.

관형어	주어	술어	得	정도보어
寒假的	课外班	安排	得	很满

정답 寒假的课外班安排得很满。

해석 겨울 방학의 과외가 빡빡하게 짜여져 있다.

공략비법 04 有자문, 존현문 배열하기

본서 p. 288

1

她手里　　拿　　各种颜色的　　着　　铅笔

보기 어휘

拿 ná 동 쥐다, 잡다, 가지다
各种 gèzhǒng 형 여러 가지의, 각종의, 갖가지의
颜色 yánsè 명 색깔
铅笔 qiānbǐ 명 연필

[해설]

Step 1 술어를 찾는다.

술어
拿

Step 2 보기에 着가 있는 것으로 보아 존현문 어순 배열 문제임을 알 수 있다. 따라서 着를 동사 拿의 뒤에 붙여 술어 자리에 놓는다. 존현문에서 주어는 주로 장소명사가 쓰이므로 她手里(그녀 손에)를 주어 자리에 놓는다.

주어	술어
她手里	拿　着

Step 3 남은 어휘 중 铅笔(연필)는 목적어이며, 各种颜色的(여러 색깔의)는 铅笔(연필)를 수식해 주는 관형어이므로 목적어 앞에 놓는다.

주어	술어	관형어	목적어
她手里	拿　着	各种颜色的	铅笔

[정답] 她手里拿着各种颜色的铅笔。

[해석] 그녀는 손에 여러 색깔의 연필을 쥐고 있다.

2

一只　　猫　　沙发上　　躺着

보기 어휘

猫 māo 명 고양이
沙发 shāfā 명 소파 ★
躺 tǎng 동 눕다 ★

[해설]

Step 1 술어를 찾는다. [동사+着] 형태의 躺着(누워있다)를 술어 자리에 놓는다.

술어
躺着

Step 2 술어 자리에 [동사+着]가 있으므로 존현문의 어순 배열 문제임을 알 수 있다. 존현문의 주어 자리에는 주로 장소명사가 쓰이므로 沙发上(소파 위에)을 주어 자리에 놓는다.

주어	술어
沙发上	躺　着

Step 3 남은 어휘 猫(고양이)는 목적어 자리에 놓고, [수사+양사] 형태의 一只(한 마리)는 猫를 수식하는 관형어로 목적어 앞에 배치한다.

주어	술어	관형어	목적어
沙发上	躺　着	一只	猫

[정답] 沙发上躺着一只猫。

[해석] 소파 위에 고양이 한 마리가 누워있다.

3

客厅里　　一张　　挂着　　世界地图

보기 어휘

客厅 kètīng 몡 거실 ★
挂 guà 통 걸다 ★
世界 shìjiè 몡 세계
地图 dìtú 몡 지도

[해설] **Step 1**　술어를 찾는다. [동사+着] 형태의 挂着(걸려있다)를 술어 자리에 놓는다.

술어
挂着

Step 2　술어 자리에 [동사+着]가 있으므로 존현문의 어순 배열 문제임을 알 수 있다. 존현문의 주어 자리에는 주로 장소명사가 쓰이므로 客厅里(거실에)를 주어 자리에 놓는다.

주어	술어
客厅里	挂　着

Step 3　남은 어휘 世界地图(세계 지도)는 목적어 자리에 놓고, [수사+양사] 형태의 一张(한 장)은 世界地图를 수식하는 관형어로 목적어 앞에 배치한다.

주어	술어	관형어	목적어
客厅里	挂　着	一张	世界地图

[정답] 客厅里挂着一张世界地图。

[해석] 거실에 세계 지도 한 장이 걸려있다.

4

一张　　信封里　　白纸　　有

보기 어휘

信封 xìnfēng 몡 편지 봉투 ★
白纸 báizhǐ 몡 백지, 흰 종이
放 fàng 통 놓다, 넣다

[해설] **Step 1**　술어를 찾는다. 동사 有(~에 ~이 있다)를 술어 자리에 배치한다.

술어
有

Step 2　이 문제는 有자문 배열 문제이므로 장소명사나 시간명사를 주어 자리에 배치해야 한다. 이 문장에서 주어는 信封里(편지 봉투 안에)이다.

주어	술어
信封里	有

Step 3　남은 어휘 白纸(백지)는 목적어이며, [수사+양사] 형태의 一张(한 장)은 白纸를 수식하는 관형어로 목적어 앞에 배치한다.

주어	술어	관형어	복적어
信封里	有	一张	白纸

[정답] 信封里有一张白纸。

[해석] 편지 봉투 안에는 한 장의 백지가 있다.

怎么有　　　桌子上　　　橡皮　　　一块

보기 어휘

桌子 zhuōzi 몡 탁자, 테이블
橡皮 xiàngpí 몡 지우개 ⭐
块 kuài 양 개, 조각, 덩이 (덩어리 모양의 물건을 세는 단위)

해설 **Step 1** 술어를 찾는다. 보기 중 술어를 포함한 어구는 怎么有로 怎么는 의문대사, 有는 동사이다. 참고로 의문대사 怎么는 동사나 형용사 앞에 쓰여 의문을 나타낸다

술어
怎么有

Step 2 술어 자리에 有가 있으므로 有자문의 어순으로 배열한다. 有자문의 주어 자리에는 장소명사가 쓰이므로 桌子上(탁자 위에)을 주어 자리에 놓는다.

주어　　　술어
桌子上　　怎么　有

Step 3 남은 어휘 橡皮(지우개)는 목적어이며 [수사+양사] 형태의 一块(한 개)는 橡皮를 수식하는 관형어로 목적어 앞에 배치한 후, 물음표를 붙여 문장을 완성한다.

주어	술어	관형어	목적어
桌子上	怎么　有	一块	橡皮

정답 桌子上怎么有一块橡皮?

해석 탁자 위에 왜 지우개 한 개가 있지?

공략비법 05 把자문, 被자문 배열하기

본서 p. 294

这件事情　　　请　　　向李教授　　　将　　　报告一下

보기 어휘

教授 jiàoshòu 몡 교수 ⭐
将 jiāng 전 ~을(를) (=把)
报告 bàogào 통 보고하다

해설 **Step 1** 술어를 찾는다. 보기 가운데 술어를 포함한 어구는 报告一下(보고 좀 하다)이다. 여기에서 报告(보고하다)는 술어이고, 一下(좀 ~하다)는 동사 뒤에 쓰여 동작의 횟수를 보충해주는 보어로 기타성분이다.

술어 + 기타성분
报告一下

Step 2 将(~을/를)은 把와 같은 역할을 하므로 把자문의 어순으로 배열한다. 将 뒤는 목적어 자리로 동작의 영향을 받는 사물명사 这件事情(이 일)을 将 뒤에 놓는다.

将 + 목적어	술어 + 기타성분
将　这件事情	报告　一下

Step 3 청유를 나타내는 请(~해 주세요)은 주어 앞에 배치하는데 이 때, 주어는 주로 생략된다. [전치사+명사] 형태의 전치사구 向李教授(이 교수에게는) 부사어로 술어 앞에 배치한다.

부사어	将 + 목적어	부사어(전치사구)	술어 + 기타성분
请	将 这件事情	向李教授	报告 一下

정답 请将这件事情向李教授报告一下。

해석 이 일을 이 교수에게 좀 보고해 주세요.

2

他的小说	三种语言	已经	被翻译成了

小说 xiǎoshuō 명 소설 ⭐
语言 yǔyán 명 언어 ⭐
翻译 fānyì 동 번역하다,
통역하다 ⭐

해설 **Step 1** 술어를 찾는다. 보기 가운데 술어를 포함한 어구는 被翻译成了(번역되었다)이다. 여기에서 被(~에 의해)는 전치사, 翻译(번역하다)는 술어, 成了는 결과보어로 기타성분에 해당한다. 참고로 被 뒤에 쓰이는 행위의 주체는 잘 알거나 전혀 모르는 사람명사일 경우 생략할 수 있다.

술어
被翻译成了

Tip 被~翻译成~(~에 의해 번역되었다)은 고정격식처럼 사용되니 암기해두자!

Step 2 주어 자리에는 [관형어+주어] 형태의 他的小说(그의 소설)를 배치하고, 부사 已经(이미)은 부사어이므로 被 앞에 놓는다.

관형어 + 주어	부사어	被 + 술어 + 기타성분
他的 小说	已经	被 翻译 成了

Step 3 남은 어휘 三种语言(세 가지 언어)은 결과보어 成의 목적어이므로 翻译成了 뒤에 배치한다.

관형어 + 주어	부사어	被 + 술어 + 기타성분	기타성분(결과보어 成의 목적어)
他的 小说	已经	被 翻译 成了	三种语言

정답 他的小说已经被翻译成了三种语言。

해석 그의 소설은 이미 세 가지 언어로 번역되었다.

3

发到	报名表	请你	将我们的	电子邮箱

报名表 bàomíngbiǎo
명 신청서
电子邮箱 diànzǐ yóuxiāng
명 이메일

해설 **Step 1** 술어를 찾는다. 发到(부내다)에서 술어는 发, 到는 결과보어로 기타성분에 해당한다

술어
发到

Step 2 将 뒤는 목적어(행위의 대상) 자리로 관형어(的)의 수식을 받은 명사를 쓸 수 있다. 따라서 将我们的 뒤에 报名表(신청서)를 배치해 술어 앞에 놓는다.

将 + 목적어	술어
将　我们的报名表	发到

Step 3　남은 어휘 请你는 将 앞에 배치하고 电子邮箱(이메일)은 결과보어
到의 목적어로 술어 发到 뒤에 배치한다.

부사어 + 주어	将 + 목적어	술어	기타성분(결과보어 到의 목적어)
请　你	将　我们的报名表	发到	电子邮箱

정답　请你将我们的报名表发到电子邮箱。

해석　당신은 우리의 신청서를 이메일로 보내주세요.

4

把	哥哥不小心	弄丢了	信用卡

해설　**Step 1**　술어를 찾는다. 弄丢는 술어, 了는 술어를 보충해주는 기타성분이다.

술어 + 기타성분
弄丢了

Step 2　보기에 把가 있으므로 [주어+把+목적어(행위의 대상)+술어+기타성분]
의 어순으로 배치한다. 把 뒤에는 주로 사물명사가 쓰이므로 信用卡
(신용카드)를 把 뒤에 배치해 술어 앞에 놓는다.

把 + 행위대상	술어 + 기타성분
把　信用卡	弄丢　了

Step 3　남은 어휘 哥哥不小心에서 哥哥는 주어이고 不小心은 부사이므로
把 앞에 나란히 배치한다.

주어 + 부사어	把 + 행위대상	술어 + 기타성분
哥哥　不小心	把　信用卡	弄　丢了

정답　哥哥不小心把信用卡弄丢了。

해석　형은 실수로 신용카드를 잃어버렸다.

5

拒绝	她申请的	被	美国签证	了

해설　**Step 1**　술어를 찾는다.

술어
拒绝

Step 2　보기에 被가 있으므로 [주어+被+목적어(행위의 주체)+술어+기타성
분]의 어순으로 배치한다. 被 뒤에는 인칭대명사나 사람명사가 목적어
로 쓰이지만 여기에서는 행위의 주체가 생략되었으므로 술어 앞에 바로
被를 놓고, 술어 뒤에는 기타성분 了를 배치한다.

被	술어	기타성분
被	拒绝	了

Tip 被 뒤의 목적어(행위의 주체) 자리에는 인칭대명사나 사람명사가 쓰이지만 누구인지 잘 알거나 전혀 모르는 경우에는 생략할 수 있다.

Step 3 남은 어휘 가운데 她申请的(그녀가 신청한)는 주어 美国签证(미국 비자)을 수식하는 관형어이므로 [관형어+주어]의 순으로 被 앞에 놓는다.

관형어	주어	被	술어	기타성분
她申请的	美国签证	被	拒绝	了

정답 她申请的美国签证被拒绝了。

해석 그녀가 신청한 미국 비자는 거절당했다.

공략비법 06 연동문, 겸어문 배열하기

본서 p. 301

1

回答	让他	女朋友的	很失望

보기 어휘

回答 huídá 명 대답
통 대답하다 ★
女朋友 nǚ péngyou
명 여자친구
失望 shīwàng 통 실망하다 ★

해설 **Step 1** 술어를 찾는다. 보기에 让이 있으므로 겸어문 어순으로 배열한다. 여기에서 사역동사 让(~하게 하다)은 술어 1이며, 他는 겸어로 술어 1의 목적어이자 주어 2의 역할을 한다.

술어 1 + 겸어
让 他

Step 2 보기 가운데 또 다른 술어인 很失望을 술어 2 자리에 놓는다.

술어 1 + 겸어	술어 2
让 他	很失望

Step 3 남은 어휘 가운데 女朋友的(여자친구의)는 주어 回答(대답)를 수식하는 관형어이므로 [관형어+주어]의 순서로 让 앞에 배치한다.

관형어	주어	술어 1 + 겸어	술어 2
女朋友的	回答	让 他	很失望

정답 女朋友的回答让他很失望。

해석 여자친구의 대답은 그를 매우 실망스럽게 했다.

2

可以使	我们	轻松愉快	变得	玩笑

보기 어휘

轻松 qīngsōng 형 편안하다,
수월하다 ★
愉快 yúkuài 형 유쾌하다,
즐겁다 ★
玩笑 wánxiào 명 농담, 장난

해설 **Step 1** 술어를 찾는다. 보기에 使가 있으므로 겸어문 어순으로 배열한다. 사역동사 使(~하게 하다)는 술어 1이며, 可以(~할 수 있다)는 조동사이므로 첫 번째 술어인 使의 앞에 올 수 있다.

104 파고다 HSK 4급

조동사 + 술어 1
可以　使

Step 2 我们(우리)을 겸어 자리에 배치한 후에, 보기 중 또 다른 술어인 变得를 술어 2 자리에 배치한다. 变得의 得는 구조조사로 술어와 정도보어를 연결하는 역할을 한다. 따라서 轻松愉快(편안하고 유쾌하다)를 得 뒤에 정도보어로 놓는다.

조동사 + 술어 1	겸어	술어 2 + 得	정도보어
可以　使	我们	变　得	轻松愉快

Step 3 남은 어휘 玩笑(농담)는 주어 자리에 배치한다.

주어	조동사 + 술어 1	겸어	술어 2 + 得	정도보어
玩笑	可以　使	我们	变　得	轻松愉快

정답 玩笑可以使我们变得轻松愉快。

해석 농담은 우리를 편안하고 유쾌하게 만들 수 있다.

3

我去	回来	取点儿	银行	钱

보기 어휘

取 qǔ 통 찾다 ★
银行 yínháng 명 은행
钱 qián 명 돈

해설 **Step 1** 보기에 동사가 2개인 것으로 보아 연동문 어순 배열 문제임을 알 수 있다. 去(가다)와 取(찾다) 두 개의 동사 가운데 동작이 먼저 발생한 去를 술어 1 자리에 배치한다. 我去에서 我는 주어이다.

주어 + 술어 1
我　去

Step 2 술어 1 去에 어울리는 목적어는 银行(은행)이므로 去 뒤의 목적어 1 자리에 银行을 배치한다. 은행에 간 목적이 取点儿钱(돈을 좀 찾다)이므로 술어 2 자리에는 取点儿을 목적어 2 자리에는 钱을 놓는다.

주어 + 술어 1	목적어 1	술어 2	목적어 2
我　去	银行	取点儿	钱

Step 3 연동문의 가장 중요한 포인트는 동작이 발생한 순서대로 동사를 배열하는 것이므로 남은 어휘 回来(돌아오다)를 제일 마지막에 놓는다.

주어 + 술어 1	목적어 1	술어 2	목적어 2	술어 3
我　去	银行	取点儿	钱	回来

정답 我去银行取点儿钱回来。

해석 나 은행에 가서 돈 좀 찾아 올게.

4

你们俩　　祝　　考试　　顺利

보기 어휘

俩 liǎ 令 두 사람, 두 개 ★
祝 zhù 동 기원하다, 바라다 ★
顺利 shùnlì 형 순조롭다 ★

해설　**Step 1**　보기에 祝(기원하다)가 있으므로 겸어문 어순으로 배열한다. 술어 1 자리에는 祝를 놓는다. 祝는 일반적으로 문장의 맨 앞에 위치하며, 이 때 주어는 생략된다.

> 술어 1
> 祝

Step 2　보기 가운데 술어 2 자리에 올 수 있는 것은 형용사 술어 顺利(순조롭다)로 술어 2 자리에 먼저 놓는다. 남은 어휘 你们俩(너희 두 사람)와 考试(시험)는 나란히 연결해 겸어 자리에 배치한다. 참고로 [지시대명사+수사] 형태의 你们俩는 관형어로 考试를 수식하는 역할을 한다.

술어 1	겸어		술어 2
祝	你们俩	考试	顺利

정답　祝你们俩考试顺利。

해석　너희 두 사람 시험이 순조롭길 기원할게.

5

麻烦你　　办公室　　打印一份　　再去　　材料

보기 어휘

麻烦 máfan 동 번거롭게 하다, 폐를 끼치다 ★
办公室 bàngōngshì 명 사무실
打印 dǎ yìn 동 인쇄하다, 프린트하다 ★
份 fèn 양 부(서류, 잡지를 세는 단위) ★
材料 cáiliào 명 자료 ★

해설　**Step 1**　보기에 동사가 2 있으므로 연동문의 어순으로 배열한다. 동사 去(가다)와 打印(프린트하다) 가운데 동작이 먼저 발생한 去를 술어 1 자리에 배치한다. 再去의 再는 술어를 꾸며주는 부사어이다.

> 부사어 + 술어 1
> 再去

Step 2　술어 1 去에 대한 목적어는 办公室(사무실)로 목적어 1 자리에 배치하고 그 다음 동작인 동사 打印을 술어 2 자리에 배치한다. 打印一份에서 一份은 목적어 2 材料(자료)를 수식하는 [수사+양사] 형태의 관형어이다.

부사어 + 술어 1	목적어1	술어2 + 관형어		목적어 2
再　去	办公室	打印	一份	材料

Step 3　남은 어휘 麻烦你의 你는 이 문장의 주어이므로 주어 자리에 배치한다. 麻烦은 '번거롭겠지만~'의 의미로 주로 문장의 맨 앞에 위치한다.

부사어 + 주어	부사어 + 술어 1	목적어 1	술어 2		목적어 2
麻烦　你	再　去	办公室	打印	一份	材料

정답　麻烦你再去办公室打印一份材料。

해석　번거롭겠지만 다시 사무실에 가서 자료 한 부를 인쇄해 주세요.

공략비법 07 비교문 배열하기

본서 p. 306

1

| 新打印机 | 比 | 好用 | 原来的 |

보기 어휘

打印机 dǎyìnjī 명 프린터
好用 hǎoyòng 형 쓰기에 간편하다, 성능이 좋다
原来 yuánlái 형 원래의 ★

[해설] Step 1 술어를 찾는다. 형용사 好用을 술어 자리에 배치한다.

| 술어 |
| 好用 |

Step 2 보기에 比가 있으므로 비교문 어순인 [주어+比+비교 대상+술어]의 순으로 배열한다. 먼저 比를 술어 好用(쓰기에 편하다) 앞에 배치한다. 비교문에서 比 뒤에 오는 비교 대상은 간단하게 표현할 수 있으므로 新打印机(새 프린터)를 주어 자리에 놓고 打印机가 생략된 原来的(원래 것)는 比 뒤의 비교 대상 자리에 배치한다.

| 관형어 + 주어 | 比 + 비교 대상 | 술어 |
| 新 打印机 | 比 原来的 | 好用 |

[정답] 新打印机比原来的好用。

[해석] 새 프린터는 원래 것보다 쓰기에 편하다.

2

| 比去年 | 贵了 | 新的苹果手机 | 500块钱 |

보기 어휘

贵 guì 형 비싸다
苹果手机 píngguǒ shǒujī 명 아이폰
块 kuài 양 위안(돈을 세는 단위)

[해설] Step 1 술어를 찾는다. [동사+了] 형태의 贵了(비싸졌다)를 술어 자리에 배치한다.

| 술어 |
| 贵了 |

Step 2 [比+비교 대상] 형태로 쓰인 比去年(작년 보다)을 술어 앞에 배치한 후, 술어 贵了와 가장 잘 어울리는 어휘 新的苹果手机(새 아이폰)를 주어 자리에 놓는다. 참고로 新的는 관형어이고, 苹果手机는 관형어의 수식을 받는 주어이다.

| 관형어 + 주어 | 比 + 비교 대상 | 술어 |
| 新的 苹果手机 | 比 去年 | 贵了 |

Step 3 남은 어휘인 500块钱(500 위안)은 구체적인 수량을 뜻하는 수량사로 술어 뒤에 배치한다.

| 관형어 + 주어 | 比 + 비교 대상 | 술어 | 보어(구체적인 수량) |
| 新的 苹果手机 | 比 去年 | 贵了 | 500块钱 |

[정답] 新的苹果手机比去年贵了500块钱。

[해석] 새 아이폰은 작년보다 500위안 비싸졌다.

3

一些　　她的　　慢　　比　　我的表

보기 어휘

一些 yìxiē 양 약간, 조금
慢 màn 형 느리다
表 biǎo 명 시계

해설 **Step 1** 술어를 찾는다. 형용사 慢을 술어 자리에 배치한다.

술어
慢

Step 2 보기에 比가 있으므로 [주어+比+비교 대상+술어]의 어순으로 배열한다. 비교문에서는 주어와 비교 대상에 동일한 어휘가 쓰였을 경우, 비교 대상을 간단하게 표현할 수 있으므로 我的表(내 시계)를 주어 자리에 놓고 간단하게 표현한 她的(그녀의 것)는 비교 대상 자리에 놓는다.

관형어 + 주어	比	비교 대상	술어
我的　表	比	她的	慢

Step 3 남은 어휘 一些(약간)는 수량보어로 술어 뒤에 쓰여 비교의 정도를 나타낼 수 있다.

관형어 + 주어	比	비교 대상	술어	보어
我的　表	比	她的	慢	一些

정답 我的表比她的慢一些。

해석 내 시계는 그녀 것보다 약간 느리다.

4

比平时　　一倍　　增加了　　去北京的航班

보기 어휘

平时 píngshí
명 평소, 평상시 ★
倍 bèi 양 배, 배수 ★
增加 zēngjiā 동 늘어나다,
증가하다 ★
航班 hángbān 명 항공편 ★

해설 **Step 1** 술어를 찾는다. [동사+了] 형태의 增加了(늘었다)를 술어에 배치한다.

술어
增加了

Step 2 보기에 比가 있으므로 [주어+比+비교 대상+술어+수량구]의 순서로 배열한다. 보기의 比平时(평소보다)는 [比+비교 대상]이므로 술어 增加了 앞에 놓고 去北京的航班(베이징으로 가는 항공편)은 주어 자리에 놓는다.

주어	比 + 비교 대상	술어
去北京的航班	比　平时	增加了

Step 3 남은 어휘 一倍(배)는 수량구로 술어 뒤에 놓여 구체적인 수량을 나타낸다.

주어	比 + 비교 대상	술어	보어(구체적인 수량)
去北京的航班	比　平时	增加了	一倍

정답 去北京的航班比平时增加了一倍。

해석 베이징으로 가는 항공편이 평소보다 배나 늘었다.

5

| 没有 | 姐姐 | 活泼 | 她的性格 |

보기 어휘

活泼 huópō 형 활발하다, 활달하다 ⭐

性格 xìnggé 명 성격 ⭐

[해설] **Step 1** 술어를 찾는다. 형용사 活泼를 술어 자리에 배치한다.

술어
活泼

Step 2 보기에 没有가 있으므로 有자 비교문(부정형)의 어순 배열 문제임을 알 수 있다. [주어+没有+비교 대상+술어]의 순서대로 배열한다. 술어 活泼(활발하다)와 의미상 어울리는 他的性格(그녀의 성격)를 주어 자리에 배치하고, 남은 어휘 姐姐(언니)는 비교 대상이므로 没有 뒤에 놓는다.

관형어 + 주어		没有(비교문 부정형)	비교 대상	술어
她的	性格	没有	姐姐	活泼

[정답] 她的性格没有姐姐活泼。

[해석] 그녀의 성격은 언니만큼 활발하지 못하다.

공략비법 08 是자문, 강조구문 배열하기

본서 p. 311

1

| 是 | 大学毕业 | 我弟弟 | 的 | 去年 |

보기 어휘

毕业 bì yè 동 졸업하다 ⭐

去年 qùnián 명 작년

[해설] **Step 1** 보기에 是와 的가 보이고 동사 술어 毕业(졸업하다)가 하나 더 있으므로 是~的 강조구문 배열 문제임을 알 수 있다. 따라서 먼저 是와 的를 배치한다.

是		的
是		的

Step 2 [주어+是+강조 내용+술어+的]의 어순에 따라 술어 毕业를 是와 的 사이에 배치한다.

是	술어(주술구)		的
是	大学	毕业	的

[Tip] 毕业는 이합동사로 이미 목적어를 가지고 있기 때문에 또 다른 목적어를 가질 수 없다는 특징이 있다. 따라서 '대학을 졸업하다'라는 표현은 '毕业大学'가 아닌 '大学毕业'임을 꼭 알아두어야 한다.

Step 3 술어 大学毕业(대학을 졸업하다)와 문맥상 가장 잘 어울리는 我弟弟를 주어 자리에 배치한다. 남은 어휘 去年(작년)은 시간명사로 강조하고자 하는 내용에 해당한다. 따라서 是 뒤의 강조 내용에 去年을 배치한다.

주어	是	강조 내용	술어(주술구)		的
我弟弟	是	去年	大学	毕业	的

정답 我弟弟是去年大学毕业的。

해석 내 남동생은 작년에 대학을 졸업한 것이다.

2

他	优秀的	一名	是	律师

보기 어휘

优秀 yōuxiù 형 우수하다, 뛰어나다 ★

律师 lǜshī 명 변호사 ★

해설

Step 1 술어를 찾는다. 보기에 동사 是가 있으므로 [A 是 B (A는 B이다)]의 어순으로 배열한다.

술어
是

Step 2 먼저 他(그)는 주어, 律师(변호사)는 목적어 자리에 배치한다. 남은 어휘 优秀的(우수한)와 一名(한 명)은 목적어를 꾸며주는 관형어이므로 [수량사+형용사+的]의 순서로 목적어 앞에 배열한다.

주어	술어	수량사	형용사 + 的		목적어
他	是	一名	优秀	的	律师

정답 他是一名优秀的律师。

해석 그는 한 명의 우수한 변호사이다.

3

获得成功的	也许	关键	这才是

보기 어휘

获得 huòdé 동 얻다, 획득하다 ★

成功 chénggōng 명 성공 동 성공하다 ★

也许 yěxǔ 부 아마도, 어쩌면 ★

关键 guānjiàn 명 관건, 핵심 ★

才 cái 부 ~야 말로(강조를 나타냄)

해설

Step 1 술어를 찾는다. 보기에 동사 是가 있으므로 [A 是 B (A는 B이다)]의 어순으로 배열한다. 참고로 '这才是'에서 这는 주어, 才는 부사어이다.

술어
这才是

Step 2 부사 也许는 주어 앞 뒤에 올 수 있는데 문맥상 也许这才是(아마도 이것이야 말로)가 자연스러우므로 주어 앞에 也许(아마도)를 배치한다.

부사어	주어 + 부사어 + 술어		
也许	这	才	是

Step 3 남은 어휘 가운데 关键(관건)은 목적어 자리에 배치한다. 관형어 获得成功的(성공을 거두는데)는 목적어를 수식하는 역할을 하므로 목적어 앞에 놓는다.

부사어	주어 + 부사어 + 술어			관형어	목적어
也许	这	才	是	获得成功的	关键

정답 也许这才是获得成功的关键。

해석 아마도 이것이야말로 성공을 거두는데 관건일 것입니다.

4

| 饼干 | 是 | 谁买 | 你猜 | 这盒 | 的 |

饼干 bǐnggān 몡 과자, 비스킷, 쿠키 ⭐
猜 cāi 동 알아맞히다, 추측하다 ⭐

해설 **Step 1** 전체 문장의 술어를 찾는 것이 중요한 문제이다. 보기 가운데 동사 술어 猜(알아맞히다)를 포함한 어구 你猜를 술어 자리에 배치한다. 你는 주어, 猜는 술어이다.

| 술어 |
| 你猜 |

Step 2 전체 문장의 주어와 술어는 你猜이고 [지시대명사+양사] 형태의 这盒는 饼干(과자)를 수식하는 관형어이므로 这盒饼干(이 과자)의 순으로 배치해 술어 猜의 목적어 자리에 놓는다.

| 주어 + 술어 | 관형어 + 목적어 |
| 你 猜 | 这盒 饼干 |

Step 3 보기의 남은 어휘에 是와 的가 있는 것으로 보아 행위 대상을 강조하는 是~的 구문으로 만들어야 한다. 따라서 [是+강조 내용+的]의 순서로 배열한다.

| 주어 + 술어 | 관형어 + 목적어 | 是 + 강조 내용 + 的 |
| 你 猜 | 这盒 饼干 | 是 谁买 的 |

정답 你猜这盒饼干是谁买的。

해석 너 이 쿠키 누가 산 것인지 알아맞혀 봐.

5

| 个 | 假 | 这是 | 原来 | 手机 |

假 jiǎ 혱 가짜의, 거짓의 ⭐
原来 yuánlái 凰 알고 보니 ⭐
手机 shǒujī 몡 휴대폰

해설 **Step 1** 술어를 찾는다. 보기에 동사 是를 포함한 어구 这是가 있으므로 [A 是 B (A는 B이다)]의 어순으로 배열한다. 这는 이 문장의 주어이다.

| 술어 |
| 这是 |

Step 2 原来(알고 보니)는 주어 앞에 올 수 있는 부사로 주어 앞에 놓는다.

| 부사어 | 주어 + 술어 |
| 原来 | 这 是 |

Step 3 1음절 형용사 假(가짜의)는 명사를 수식할 때 的가 생략되므로 假手机(가짜 휴대폰)로 연결하고, 个는 수사 一가 생략된 양사로 목적어 假手机를 수식하는 관형어 역할을 한다. 따라서 목적어 앞에 个를 배치하면 된다.

| 부사어 | 주어 + 술어 | 관형어 | 목적어 |
| 原来 | 这 是 | 个 | 假手机 |

정답 原来这是个假手机。

해석 알고보니 이것은 (하나의) 가짜 휴대폰이다.

공략비법 09 동사로 문장 만들기

1

擦

지문 어휘

擦 cā 통 (천·수건 등으로) 닦다 ⭐
窗户 chuānghu 명 창문, 창 ⭐
干净 gānjìng 형 깨끗하다 ⭐

해설 **Step 1** 먼저 품사를 떠올린 후에, 사진과 알맞은 어휘나 표현을 떠올린다.
　　　　　제시 어휘 : 擦 통 닦다
　　　　　관련 어휘 : 명사 ⋯ 창문(窗户)
　　　　　　　　　　　형용사 ⋯ 깨끗하다(干净)

　Tip 동작의 진행을 나타내는 正在(~하고 있다)를 활용해서 작문하거나
　　　　1음절 동사의 경우에는 把자문을 활용해서 작문한다.

　Step 2 사진을 보며 떠올린 표현에 살을 붙인다.
　　　　　사진 관찰 : 창문을 닦고 있는 모습
　　　　　연상 문장 : 그녀는 창문을 닦고 있다
　　　　　　　　　　　창문을 깨끗하게 닦다

정답 1. 她正在擦窗户。(그녀는 지금 창문을 닦고 있다.)
　　　 2. 她把窗户擦得特别干净。(그녀는 창문을 아주 깨끗하게 닦았다.)

2

戴

지문 어휘

戴 dài 통 쓰다, 착용하다 ⭐
帽子 màozi 명 모자
漂亮 piàoliang 형 예쁘다

해설 **Step 1** 먼저 품사를 떠올린 후에, 사진과 알맞은 어휘나 표현을 떠올린다.
　　　　　제시 어휘 : 戴 통 쓰다
　　　　　관련 어휘 : 명사 ⋯ 모자 (帽子)
　　　　　　　　　　　형용사 ⋯ 예쁘다(漂亮)

　Tip 戴 뒤에 동작, 상태, 지속을 나타내는 着를 붙여 작문한다.

Step 2   사진을 보며 떠올린 표현에 살을 붙인다.

사진 관찰 : 예쁜 모자를 쓰고 있는 모습

연상 문장 : 그녀는 예쁜 모자를 쓰고 있다

그녀가 쓴 모자는 예쁘다

 정답   1. 她戴着很漂亮的帽子。(그녀는 예쁜 모자를 쓰고 있다.)

2. 她戴的帽子特别漂亮。(그녀가 쓴 모자는 특히 예쁘다.)

③

抽烟

지문 어휘

抽烟 chōu yān 통 담배를 피우다, 흡연하다 ⭐

身体 shēntǐ 명 건강, 몸, 신체

有害 yǒu hài 통 해롭다, 유해하다

允许 yǔnxǔ 통 허가하다, 허락하다 ⭐

해설 **Step 1**   먼저 품사를 떠올린 후에, 사진과 알맞은 어휘나 표현을 떠올린다.

제시 어휘 : **抽烟** 통 담배를 피우다

관련 어휘 : 명사 … 건강, 몸(**身体**)

동사 … 금지하다(**不允许, 禁止**)

… 해롭다(**有害**)

Tip   전치사 对(~에 대해)를 활용해 전치사구 형태로 작문한다.

Step 2   사진을 보며 떠올린 표현에 살을 붙인다.

사진 관찰 : 남자가 담배를 피우고 있는 모습

연상 문장 : 담배는 우리 몸에 해롭다

이곳에서 흡연은 금지이다

 정답   1. 抽烟对我们的身体有害。(담배는 우리 몸에 해롭다.)

2. 这里不允许抽烟。(이곳에서는 흡연을 금지하고 있다.)

④

堵车

지문 어휘

堵车 dǔ chē 통 차가 막히다 ⭐

厉害 lìhai 형 심하다, 극심하다 ⭐

恐怕 kǒngpà 부 아마 ~일 것이다 ⭐

迟到 chídào 통 지각하다

해설 **Step 1**   먼저 품사를 떠올린 후에, 사진과 알맞은 어휘나 표현을 떠올린다

제시 어휘 : **堵车** 통 차가 막히다

Tip　구조조사 得를 활용해 정도보어 형태로 작문한다.

Step 2　사진을 보며 떠올린 표현에 살을 붙인다.

　사진 관찰 : 차가 심하게 막히고 있는 모습

　연상 문장 : 오늘 차가 심하게 막힌다

　　　　　　지금 차가 막혀서 나는 지각할 것 같다

정답　1. 今天堵车堵得很厉害。(오늘 차가 심하게 막힌다.)

　　　2. 现在路上堵车，我恐怕要迟到。(지금 길에 차가 막혀서, 아마도 지각할 것 같다.)

5

害羞

지문 어휘

害羞 hàixiū 图 부끄러워하다, 수줍어하다 ★

해설　**Step 1**　먼저 품사를 떠올린 후에, 사진과 알맞은 어휘나 표현을 떠올린다.

　제시 어휘 : 害羞 图 부끄러워하다

　관련 어휘 : 명사 ⋯→ 여자(**女的**)

　　　　　　형용사 ⋯→ 쉽다(**容易**)

Tip　是자문 [A 是 B (A는 B이다)]를 활용해 작문한다.

Step 2　사진을 보며 떠올린 표현에 살을 붙인다.

　사진 관찰 : 여자가 매우 부끄러워하고 있는 모습

　연상 문장 : 그녀는 부끄러움을 잘 타는 사람이다

　　　　　　그 여자는 수줍음을 쉽게 탄다

정답　1. 她是个很害羞的人。(그녀는 부끄러움을 잘 타는 사람이다.)

　　　2. 那个女的很容易害羞。(그 여자는 수줍음을 쉽게 탄다.)

공략비법 10 명사, 양사로 문장 만들기

본서 p. 336

1

果汁

> **지문 어휘**
>
> **果汁** guǒzhī 명 과일 주스 ★
> **每天** měitiān 부 매일, 날마다
> **好处** hǎochù 명 이로운 점, 이점 ★

해설

Step 1 먼저 품사를 떠올린 후에, 사진과 알맞은 어휘나 표현을 떠올린다.

제시 어휘 : **果汁** 명 과일 주스

관련 어휘 : 동사 ··· 마시다(**喝**)

명사 ··· 장점(**好处**)

Tip 명사와 잘 어울리는 양사와 함께 활용해서 작문한다.

Step 2 사진을 보며 떠올린 표현에 살을 붙인다.

사진 관찰 : 남녀가 과일 주스를 마시려는 모습

연상 문장 : 그들은 과일 주스 마시는 것을 좋아한다

매일 과일 주스를 마시면 몸에 이롭다

정답

1. 他们都很喜欢喝果汁。(그들은 과일 주스 마시는 것을 좋아한다.)
2. 每天喝一杯果汁，对身体有好处。(매일 과일 주스를 한 잔씩 마시면, 몸에 이롭다.)

2

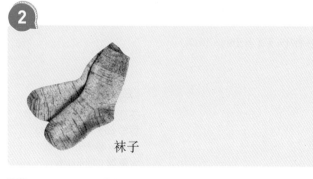

袜子

> **지문 어휘**
>
> **袜子** wàzi 명 양말 ★
> **双** shuāng 양 짝, 켤레, 쌍
> **厚** hòu 형 두껍다, 두텁다 ★

해설

Step 1 먼저 품사를 떠올린 후에, 사진과 알맞은 어휘나 표현을 떠올린다.

제시 어휘 : **袜子** 명 양말

관련 어휘 : 양사 ··· 짝, 켤레(**双**)

형용사 ··· 두껍다(**厚**)

Tip 명사와 잘 어울리는 양사와 함께 활용해서 작문한다.

Step 2 사진을 보며 떠올린 표현에 살을 붙인다.

사진 관찰 : 두꺼워 보이는 양말 한 켤레

연상 문장 : 저 양말은 두껍다

이것은 매우 예쁜 양말이다

1. 那双袜子看起来很厚。 (그 양말은 보기에 두꺼운 것 같다.)

2. 这是一双很漂亮的袜子。 (이것은 한 쌍의 매우 예쁜 양말이다.)

3

胳膊

胳膊 gēbo 📗 팔 ⭐

受伤 shòu shāng 📘 다치다, 부상당하다

仔细 zǐxì 📙 꼼꼼하다, 세심하다 ⭐

病人 bìngrén 📗 환자, 병자

Step 1 먼저 품사를 떠올린 후에, 사진과 알맞은 어휘나 표현을 떠올린다.

제시 어휘 : **胳膊** 📗 팔

관련 어휘 : 동사 ⋯ 다치다(**受伤**)

명사 ⋯ 의사(**医生**), 환자(**病人**)

> **Tip** 제시된 명사와 잘 어울리는 짝꿍 어휘를 활용해서 작문한다.

Step 2 사진을 보며 떠올린 표현에 살을 붙인다.

사진 관찰 : 의사가 환자의 팔을 보고 있는 모습

연상 문장 : 그녀는 팔을 다쳤다

의사가 환자의 팔을 보고 있다

1. 那个女的胳膊受伤了。 (그 여자는 팔을 다쳤다.)

2. 医生正在仔细地看病人的胳膊。 (의사는 환자의 팔을 꼼꼼히 보고 있다.)

4

签证

签证 qiānzhèng 📗 비자 ⭐

留学 liú xué 📘 유학하다

办 bàn 📘 처리하다, 하다

大使馆 dàshǐguǎn 📗 대사관 ⭐

申请 shēnqǐng 📘 신청하다 ⭐

Step 1 먼저 품사를 떠올린 후에, 사진과 알맞은 어휘나 표현을 떠올린다.

제시 어휘 : **签证** 📗 비자

관련 어휘 : 동사 ⋯ 처리하다(**办**), 신청하다(**申请**)

명사 ⋯ 대사관(**大使馆**)

> **Tip** 제시된 명사와 잘 어울리는 짝꿍 어휘를 활용해서 작문한다.

Step 2   사진을 보며 떠올린 표현에 살을 붙인다.
　　　　　　　사진 관찰 : 비자를 발급하는 모습
　　　　　　　연상 문장 : 미국 유학을 가려면 비자 발급이 필요하다
　　　　　　　　　　　　　　대사관에 가서 유학 비자를 신청하다

정답　1. 去美国留学需要办签证。(미국으로 유학을 가려면 비자를 발급받아야 한다.)
　　　　2. 我现在去大使馆申请留学签证。(저는 지금 대사관에 유학 비자를 신청하러 갑니다.)

5

警察

지문 어휘

警察 jǐngchá 몡 경찰 ⭐
优秀 yōuxiù 톙 뛰어나다,
우수하다 ⭐
职业 zhíyè 몡 직업 ⭐

해설　**Step 1**   먼저 품사를 떠올린 후에, 사진과 알맞은 어휘나 표현을 떠올린다.
　　　　　　　제시 어휘 : **警察** 톙 경찰
　　　　　　　관련 어휘 : 형용사 ⋯▸ 뛰어나다(**优秀**)
　　　　　　　　　　　　　명사 ⋯▸ 직업(**职业**)

　Tip　제시된 명사와 잘 어울리는 짝꿍 어휘를 활용해서 작문을 하거나 是자문
　　　　[A 是 B (A는 B이다)]를 활용해 작문한다.

Step 2   사진을 보며 떠올린 표현에 살을 붙인다.
　　　　　　　사진 관찰 : 제복을 입은 경찰의 모습
　　　　　　　연상 문장 : 그는 경찰이다
　　　　　　　　　　　　　그의 직업은 경찰이다

정답　1. 他的职业是警察。(그의 직업은 경찰이다.)
　　　　2. 他是一名优秀警察。(그는 한 명의 뛰어난 경찰이다.)

실전테스트

쓰기

공략 11 형용사로 문장 만들기
비법

본서 p. 343

1

苦

지문 어휘

苦 kǔ 형 쓰다 ★
男孩子 nánháizi 명 남자 아이
吃药 chī yào 동 약을 먹다

해설 **Step 1** 먼저 품사를 떠올린 후에, 사진과 알맞은 어휘나 표현을 떠올린다.

제시 어휘 : 苦 형 쓰다

관련 어휘 : 명사 ⋯ 약(药)

동사 ⋯ 약을 먹다(吃药)

Tip 제시된 형용사와 잘 어울리는 [太~了 (매우~하다)]라는 표현을 활용해 작문한다.

Step 2 사진을 보며 떠올린 표현에 살을 붙인다.

사진 관찰 : 한 남자 아이가 약을 먹고 있는 모습

연상 문장 : 이 약은 너무 쓰다

남자 아이는 쓴 약 먹는 것을 싫어한다

정답 1. 这个药太苦了。(이 약은 너무 써요.)

2. 那个男孩子不喜欢吃苦药。(그 남자 아이는 쓴 약 먹는 것을 싫어한다.)

2

辣

지문 어휘

辣 là 형 맵다 ★
汉堡包 hànbǎobāo 명 햄버거

해설 **Step 1** 먼저 품사를 떠올린 후에, 사진과 알맞은 어휘나 표현을 떠올린다.

제시 어휘 : 辣 형 맵다

관련 어휘 : 명사 ⋯ 햄버거(汉堡包)

Tip '대명사 + 양사 + 명사' 형태로 작문한다.

Step 2 사진을 보며 떠올린 표현에 살을 붙인다.

사진 관찰 : 햄버거를 먹고 아주 매워하는 여자 모습

연상 문장 : 매운 햄버거를 그다지 좋아하지 않는다

이 햄버거는 너무 매워서 먹을 수 없다

정답 1. 我不太喜欢吃辣的汉堡包。

(나는 매운 햄버거 먹는 것을 그다지 좋아하지 않는다.)

2. 这个汉堡包太辣，我不能吃。 (이 햄버거는 너무 매워서 나는 먹을 수가 없다.)

幸福

지문 어휘

幸福 xìngfú 형 행복하다
명 행복 ⭐
生活 shēnghuó 명 생활
동 생활하다 ⭐
极了 jíle 매우, 아주(형용사 뒤에
쓰여 정도를 강조함)

해설 **Step 1** 먼저 품사를 떠올린 후에, 사진과 알맞은 어휘나 표현을 떠올린다.

제시 어휘 : 幸福 형 행복하다

관련 어휘 : 명사 ⋯▸ 선물(**礼物**)

정도보어 ⋯▸ 너무 ~하다(~**极了**)

Tip 전치사를 활용해 [A 跟 B 在一起] 형태로 작문하거나 정도보어 [형용사 + 极
了]형태로 작문한다.

Step 2 사진을 보며 떠올린 표현에 살을 붙인다.

사진 관찰 : 아주 행복해하는 모습

연상 문장 : 그녀는 남자친구와 함께 있어서 행복하다

우리의 생활은 행복하다

정답 1. 她跟男朋友在一起很幸福。 (그녀는 남자친구와 함께 있어서 매우 행복하다.)

2. 我们的生活幸福极了。 (우리의 생활은 아주 행복하다.)

开心

지문 어휘

开心 kāixīn 형 기쁘다,
즐겁다 ⭐
消息 xiāoxi 명 소식 ⭐
跳 tiào 동 뛰다, 껑충 뛰다

해설 **Step 1** 먼저 품사를 떠올린 후에, 사진과 알맞은 어휘나 표현을 떠올린다.

제시 어휘 : 开心 형 기쁘다, 즐겁다

관련 어휘 : 명사 ⋯▸ 소식(**消息**)

동사 ⋯▸ 뛰다(**跳**)

Tip 구조조사 得를 활용한 정도보어 형태로 작문한다.

Step 2	사진을 보며 떠올린 표현에 살을 붙인다.
	사진 관찰 : 아주 기뻐하는 모습
	연상 문장 : 그는 좋은 소식을 듣고 기뻐한다
	그는 매우 기뻐서 뛴다

정답 1. 听到这个好消息，他很开心。(이 좋은 소식을 듣고 그는 매우 기뻐한다.)
2. 他开心得跳起来了。(그는 기뻐서 껑충 뛰기 시작했다.)

5

无聊

지문 어휘

无聊 wúliáo 혱 심심하다,
무료하다 ⭐
觉得 juéde 동 ~라고 느끼다,
생각하다
玩 wán 동 (게임 등을) 하다, 놀다

해설 **Step 1** 먼저 품사를 떠올린 후에, 사진과 알맞은 어휘나 표현을 떠올린다.
제시 어휘 : **无聊** 혱 심심하다
관련 어휘 : 동사 ⋯▸ 놀다(**玩**)
명사 ⋯▸ 휴대폰(**手机**)

Tip ~的时候(~할 때)나 觉得(~라고 느끼다)를 활용해 작문한다.

Step 2 사진을 보며 떠올린 표현에 살을 붙인다.
사진 관찰 : 아주 심심해하는 모습
연상 문장 : 그녀는 매우 심심해 하고 있다
그녀는 심심해서 휴대폰을 가지고 논다

정답 1. 无聊的时候，我常常玩游戏。(심심할 때, 나는 종종 게임을 한다.)
2. 她觉得无聊，拿着手机玩。(그녀는 심심해서 휴대폰을 가지고 논다.)

HSK
4급

실전모의고사
1회

HSK(四级)模拟试题第一套

大家好! 欢迎参加HSK(四级)考试。

HSK(四级)听力考试分三部分, 共45题。

请大家注意, 听力考试现在开始。

第一部分

一共10个题, 每题听一次。

现在开始第一题:

1 他跟我说的这个事情, 我已经知道了。
   公司那边暂时还没有消息, 估计过几天
   就会正式下通知。

   ★ 正式通知还没下来。

2 今年冬天真冷! 我从房间里出来还不到
   10分钟, 就浑身发抖。冷得受不了! 真
   希望春天快点儿到来。

   ★ 他希望快点儿下雪。

3 小李, 大家对成绩有不同的看法很正
   常。但你和同学们, 因为这个发生不愉
   快就不对了。

   ★ 小李和同学意见不同。

4 这种手机是我们店里卖得最好的。无论
   上网还是打电话, 功能都非常棒。而且
   现在正在打折, 比平时便宜很多。

   ★ 那种手机很受欢迎。

5 你一直想学打羽毛球吧? 下学期正好有
   羽毛球课, 每周三节。我们一起报名
   吧。

   ★ 他们想学乒乓球。

6 喂, 我的一些朋友, 对明晚的电影特别
   感兴趣, 你可以帮他们在网上买票吗?
   他们可能五点半左右到, 谢谢。

   ★ 电影票已经卖完了。

7 我是北方人, 但是普通话说得不太好。
   明年我就要去北京读书了。我想在开学
   前, 好好儿学习普通话, 方便以后交
   流。

   ★ 他想报名参加普通话考试。

8 这张照片是我和老公刚认识的时候照
   的。当时我刚到大使馆工作, 而他还在
   读研究生。由于我们都很忙, 所以往往
   一个月才见两三次面。

   ★ 她在国家图书馆工作。

9 手机是很常见的电子产品, 几乎全世界
   的人都使用。手机既可以打电话, 又可
   以随时上网、玩游戏或者写日记等。

   ★ 手机有很多用途。

10 已经六点了, 行李都整理好了吗? 要不
   你再检查一下。千万不要忘记带火车票!
   我们是晚上九点的火车。司机一个小时
   后会来接我们。

   ★ 他们来不及收拾行李。

第二部分

一共15个题，每题听一次。

现在开始第11题：

11

男：不好意思！让你久等了。厕所那边排队的人实在太多了！

女：没事，我正好在商店逛了逛。顺便买了几件衣服。

问：男的刚才去哪儿了？

12

女：你去上海玩儿，需要导游吗？

男：不，我打算自己走，我喜欢一个人旅游。

问：男的要去做什么？

13

男：番茄鸡蛋汤好了吗？

女：好了，不过糖好像放多了。你先过来尝一下，甜不甜？

问：女的让男的做什么？

14

女：你把车子停在这儿吧，银行离这儿不太远。

男：不行，这里写着"禁止停车"。我到前面左转，然后你再下车吧。

问：男的为什么不让女的下车？

15

男：什么？我得了第一名？你不要跟我开玩笑！

女：是真的。恭喜你！

问：男的对自己得了第一名，感觉怎么样？

16

女：我刚才在房间打开行李箱时，发现了一个护照。

男：小李昨天还在找呢。原来放在那儿了。

问：护照放哪儿了？

17

男：你收到我传给你的资料了吗？

女：没有。你重新发一遍可以吗？

问：女的是什么意思？

18

女：老公，你在哪儿？我忘带钥匙了。

男：我下班了，正在车上，大概十五分钟后到家。

问：女的怎么了？

19

男：服务员，这张桌子还没收拾好。麻烦你擦一下。

女：不好意思，先生。我这就去拿毛巾擦。

问：他们最可能在哪儿？

20

女：这是一部很老的动作片，但现在看还是挺好玩儿的。

男：是。我也对它印象很深，非常有意思。

问：男的觉得那部电影怎么样？

21

男：弟弟的腿怎么样了？他已经出院了吗？

女：他在家休息呢。医生说没有什么问题，暂时不能做运动。

问：谁出院了？

22

女：你刚才不是说，火车站就在前面吗？怎么还没到？

男：我好像走错了路。我再看看地图。

问：男的接下来准备怎么做？

23

男：你为什么放弃了出国的机会？太可惜了！

女：我老妈身体不舒服，需要我照顾。

问：女的为什么不出国？

24

女：我从来没有去过游泳馆，还真有点儿害怕。

男：不用害怕！那里水一点儿也不深，才一米二，放心吧。

问：男的让女的怎么做？

25

男：小王怎么又发脾气了？我从来没见过他这么生气的样子。

女：好像他工作上出了点儿问题。不过，到底什么情况我也不知道。

问：小王为什么发脾气？

第三部分

一共20个题，每题听一次。

现在开始第26题：

26

男：东西都搬好了吗？

女：还剩一个，那个特别重。我自己搬不动。你能跟我一起搬吗？

男：行。我先把衣服脱下。

女：好的，不用着急。

问：女的想让男的做什么？

27

男：你和你妹长得很像！

女：是啊，经常有人把我俩认错。

男：你俩性格也像吗？

女：不太像，她比较活泼，我就比较内向。

问：女的和妹妹在哪方面不像？

28

女：你怎么这么快就回来了？东西寄出去了？

男：没有。我把钱包忘在家里了，我白跑了一趟。

女：你这马虎的习惯可真得改改了。

男：知道了。我一定注意！

问：男的为什么很快就回来了？

29

男：带100块钱够了吧？

女：你不用带钱，我有信用卡。

男：好。咱们快走吧。我怕超市要关门了。

女：稍等一下。我拿个购物袋。

问：他们要去哪儿？

30

女：下学期你还继续留在云南吗？

男：对。我准备在这里读博士，所以我暂时不会回国。

女：羡慕你！我还从来没去过云南呢。

男：有空就过来玩儿吧。这边景色很不错，空气也很好。

问：男的为什么要留在云南？

31

男：上次你在商店看上的那个冰箱，买了吗？

女：还没有。我不知道该不该买。

男：你仔细考虑一下。最好多看几家再决定。

女：好的。我也想这么做，选个质量好的。

问：女的想买什么？

32

女：今天天气真好！

男：是啊，前几天一直下雨。今天终于晴了。

女：咱们去游乐园玩儿吧？

男：好的。外面空气一定很好。确实应该出去玩儿一玩儿。

问：女的建议去哪儿？

33

男：肚子还不舒服吗？

女：比昨天好多了。估计是昨天早上吃的西瓜太凉了。

男：以后从冰箱里拿出来的东西，不要直接吃。先放一会儿。

女：好，我以后会注意的。

问：女的怎么了？

34

女：听同事说，你要租房？找到了没有？

男：还没有。看了好几个，不是太远就是太贵。

女：我有个朋友要出国，他打算把房子租出去。离咱公司很近。

男：是吗？那你能帮我问一下吗？

问：关于那个房子，可以知道什么？

35

男：这个星期天，你有空吗？

女：上午没什么事，下午我要陪老爸和老妈去看电影。

男：那上午你跟我去买手机吧？

女：行啊。我也顺便看看有没有合适的。

问：女的星期日下午要干什么？

第36到37题是根据下面一段话：

这家服装店之所以有名，除了男装好看以外，在这里，你偶尔还能遇到名人。所以，尽管这里的价格普遍较高，但来的客人还是很多。我们每次来都要提前预约。

36 那家服装店为什么很有名？

37 关于那家服装店，可以知道什么？

第38到39题是根据下面一段话：

各位新同学，上午好！首先，我要祝贺大家入学成功，正式成为我们学校的一员。为了使大家能更快地适应新环境。接下来，我将为大家介绍一下学校的环境。这中间要是有什么问题，大家可以随时问。

38 说话人在对谁讲这段话？

39 说话人接下来要做什么？

第40到41题是根据下面一段话：

比起寒假，我觉得暑假更有意思。因为能和家人一起去海边。不但感觉特别热闹，随时随地可以吃喝玩乐，还能吃到平时不常见的海鲜。大家聚在一起，别提多热闹了。

40 说话人觉得暑假怎么样？

41 说话人认为暑假可以去哪儿？

第42到43题是根据下面一段话：

日程管理的目的是使人们更有效地使用时间。让我们知道：什么事情需要做，什么事情不需要做；哪些要先做，哪些可以后做。如果没有安排好时间，没做完的事情就会一件接着一件。这就影响我们的工作，甚至影响我们的健康和生活。所以，把时间安排好，也可以提高我们的生活质量。

42 时间安排的目的是什么？

43 如果没有安排好时间，会怎么样？

第44到45题是根据下面一段话：

我弟弟用十年的时间，走遍了中国三十多个地方。同时，他还将自己一路上看到的景色、尝过的特色美味、遇见的各种事情全部写进了日记里。回来后，他又花了一年多的时间加以整理。最后，就有了这本《中国旅行日记》。

44 通过那本日记，可以了解各地的什么？

45 关于弟弟，可以知道什么？

一、听力

第一部分

1. ✓ 2. X 3. ✓ 4. ✓ 5. X 6. X 7. X 8. X 9. ✓ 10. X

第二部分

11. A 12. B 13. D 14. A 15. D 16. B 17. C 18. C 19. A 20. B
21. C 22. A 23. A 24. D 25. A

第三部分

26. A 27. C 28. B 29. B 30. C 31. A 32. C 33. A 34. D 35. D
36. A 37. C 38. C 39. A 40. B 41. A 42. D 43. B 44. D 45. D

二、阅读

第一部分

46. C 47. E 48. F 49. B 50. A 51. B 52. F 53. D 54. A 55. E

第二部分

56. BAC 57. CAB 58. CBA 59. ACB 60. CAB
61. CAB 62. BAC 63. ACB 64. BCA 65. BAC

第三部分

66. C 67. B 68. B 69. A 70. A 71. C 72. A 73. D 74. B 75. B
76. A 77. A 78. A 79. D 80. C 81. C 82. D 83. A 84. D 85. B

三、书写

第一部分

86. 你这次考试顺利吗?

87. 我想看看你们俩的成绩。

88. 她坐的火车刚刚出发。

89. 饼干被弟弟吃光了。

90. 他们好像在讨论什么事情。

91. 坚持运动对身体有好处。

92. 这次活动进行了一个月左右。

93. 我感觉今年夏天比去年热一些。

94. 准备是获得成功的重要条件。

95. 那个座位是专门给王总留的。

第二部分

96. 1. 她经常给朋友发短信。 (그녀는 항상 친구에게 문자 메시지를 보낸다.)

    2. 现在越来越多的人通过手机短信进行交流。

    (현재 점점 더 많은 사람들이 휴대폰 문자 메시지를 통해서 소통하고 있다.)

97. 1. 我很喜欢吃巧克力。 (나는 초콜릿 먹는 것을 매우 좋아한다.)

    2. 这种巧克力味道很好。 (이런 종류의 초콜릿은 맛이 좋다.)

98. 1. 这个孩子的衣服看起来很脏。 (이 아이의 옷이 더러워 보인다.)

    2. 小朋友在踢球的时候，把衣服弄脏了。 (아이가 축구할 때, 옷을 더럽혔다.)

99. 1. 他们俩正在商量明天的业务。 (그 두 사람은 내일 업무에 대해 의논하고 있다.)

    2. 男的正在跟爸爸商量结婚的事。 (남자는 아버지와 결혼하는 일을 상의하고 있다.)

100. 1. 牙膏快要用完了。 (치약을 거의 다 써 간다.)

    2. 我打算今天去超市买个牙膏。 (나는 오늘 슈퍼마켓에 가서 치약을 하나 사려고 한다.)

| 제1부분 | 1~10번 문제는 들리는 내용이 시험지에 제시된 문장과 일치하는지 판단하는 문제입니다. |

---

1 선생님 강추!

★ 正式通知还没下来。（ ✓ ）

他跟我说的这个事情，我已经知道了。公司那边暂时还没有消息，估计过几天就会正式下通知。

★ 정식 통지는 아직 나지 않았다.

그가 내게 말한 이 일을 나는 이미 알고 있어요. 회사 쪽에서 아직 소식이 없는데, 짐작건대 며칠 지나면 정식으로 통지할 것 같아요.

정답 ✓

해설 며칠 지나면 정식으로 통지할 것 같다고 했으므로 제시 문장의 정식 통지는 아직 나지 않았다는 내용과 서로 일치한다.

지문 어휘

正式 zhèngshì 형 정식의, 공식의 ★
通知 tōngzhī 명 통지 동 통지하다, 알리다 ★
暂时 zànshí 명 잠시 ★
消息 xiāoxi 명 소식, 뉴스 ★
估计 gūjì 동 짐작하다, 추측하다 ★

2

★ 他希望快点儿下雪。（ ✗ ）

今年冬天真冷！我从房间里出来还不到10分钟，就浑身发抖。冷得受不了！真希望春天快点儿到来。

★ 그는 빨리 눈이 오기를 희망한다.

올해 겨울은 정말 추워요! 제가 방에서 나온지 아직 10분도 안 되었는데, 온 몸이 떨리네요. 추워서 못 참겠어요! 정말 봄이 빨리 오길 바라요.

정답 ✗

해설 추워서 못 참겠고, 정말 봄이 빨리 오길 바란다고 하였으므로 눈이 빨리 오길 희망한다는 내용과 일치하지 않는다.

지문 어휘

冷 lěng 형 춥다
浑身 húnshēn 명 전신
发抖 fā dǒu 동 떨다
受不了 shòubuliǎo 견딜 수 없다, 참을 수 없다 ★
希望 xīwàng 동 바라다, 희망하다

---

3 선생님 강추!

★ 小李和同学意见不同。（ ✓ ）

小李，大家对成绩有不同的看法很正常。但你和同学们，因为这个发生不愉快就不对了。

지문 어휘

意见 yìjiàn 명 의견, 견해 ★
成绩 chéngjì 명 성적
看法 kànfǎ 명 의견, 견해 ★
正常 zhèngcháng 형 정상적인 ★

★ 샤오리와 반 친구들의 의견은 다르다.

샤오리, 모두들 성적에 대해 다른 의견을 가지고 있는 것은 정상이야. 하지만 너와 반 친구들이
이것 때문에 불쾌한 일이 생기는 것은 잘못된 거야.

정답 ✓

해설 모두들 성적에 대해 다른 의견을 가지고 있다고 했으므로 샤오리와 학우들의 의견이
다르다는 내용과 일치한다.

发生 fāshēng 통 생기다,
발생하다 ★
愉快 yúkuài 형 유쾌하다,
기쁘다 ★

4

★ 那种手机很受欢迎。（ ✓ ）

这种手机是我们店里卖得最好的。无论上网还是打电话，功能
都非常棒。而且现在正在打折，比平时便宜很多。

★ 그 휴대폰은 인기가 많다.

이 휴대폰이 우리 가게에서 가장 잘 팔리는 것입니다. 인터넷을 하든 전화를 하든, 기능이 모두
뛰어납니다. 게다가 지금 할인 중이라 평소보다 훨씬 저렴합니다.

정답 ✓

해설 우리 가게에서 가장 잘 팔린다고 했으므로 그 휴대폰은 인기가 많다는 내용과 일치한
다.

▶ 受欢迎(인기가 많다)과 卖得最好(가장 잘 팔리다)는 유사한 의미로 쓰인다.

지문 어휘

手机 shǒujī 명 휴대폰
受欢迎 shòu huānyíng
인기가 있다, 환영 받다
无论A 还是B
wúlùn A háishi B
A이든 B이든 상관없이
功能 gōngnéng 명 기능
棒 bàng 형 뛰어나다,
대단하다 ★
正在 zhèngzài 부 ~하고 있다
打折 dǎ zhé 통 할인하다 ★
平时 píngshí 명 평소, 평상시 ★

5

★ 他们想学乒乓球。（ ✗ ）

你一直想学打羽毛球吧？下学期正好有羽毛球课，每周三节。
我们一起报名吧。

★ 그들은 탁구를 배우고 싶어 한다.

너 줄곧 배드민턴 치는 거 배우고 싶어 했지? 마침 다음 학기에 배드민턴 수업이 있는데, 매주
세 시간 이야. 우리 같이 신청하자.

정답 ✗

해설 줄곧 배우고 싶어한 것은 배드민턴이지 탁구가 아니므로 두 내용은 서로 일치하지 않
는다.

지문 어휘

乒乓球 pīngpāngqiú
명 탁구 ★
羽毛球 yǔmáoqiú
명 배드민턴 ★
正好 zhènghǎo 부 마침 ★
节 jié 양 수업을 세는 단위
(여러 개로 나누어진 것을 세는 데
쓰임) ★
报名 bào míng 통 신청하다,
등록하다 ★

6

★ 电影票已经卖完了。（ ✗ ）

喂，我的一些朋友，对明晚的电影特别感兴趣，你可以帮他们
在网上买票吗？他们可能五点半左右到，谢谢。

지문 어휘

电影票 diànyǐngpiào
명 영화표
已经 yǐjīng 부 이미, 벌써
卖完 mài wán 매진되다,
다 팔리다

★ 영화표는 이미 매진됐다.

여보세요, 내 친구들이 내일 저녁 영화에 특히 관심이 많은데, 네가 (그들이) 인터넷으로 표 사는 걸 도와줄 수 있니? 그들은 아마 다섯시 반 정도에 도착할 거야, 고마워.

정답 ✕

해설 표 사는 걸 도와달라고 부탁했으므로 영화표가 이미 매진되었다는 제시 문장과는 서로 일치하지 않는다.

---

7 🔽 선생님 강추! 👍

★ 他想报名参加普通话考试。(✕)

　我是北方人，但是普通话说得不太好。明年我就要去北京读书了。我想在开学前，好好儿学习普通话，方便以后交流。

★ 그는 표준어 시험에 참가 신청을 하고 싶어한다.

나는 북방사람이지만 표준어를 그다지 잘 하지 못한다. 내년에 나는 베이징으로 공부하러 갈 것이다. 개학 전에 열심히 표준어를 공부해서 앞으로의 의사소통을 편하게 하고 싶다.

정답 ✕

해설 열심히 표준어를 공부한다고 했지 표준어 시험에 참가 신청을 하고자 한 것은 아니므로 두 내용은 서로 일치하지 않는다.

지문 어휘

报名 bào míng 동 신청하다 ★
参加 cānjiā 동 참가하다
普通话 pǔtōnghuà
동 표준어, 보통화 ★
读书 dú shū 동 공부하다, 책을 읽다
开学 kāi xué 동 개학하다
方便 fāngbiàn 형 편리하다
交流 jiāoliú 동 의사소통하다, 교류하다 ★

8

★ 她在国家图书馆工作。(✕)

这张照片是我和老公刚认识的时候照的。当时我刚到大使馆工作，而他还在读研究生。由于我们都很忙，所以往往一个月才见两三次面。

★ 그녀는 국립 도서관에서 일한다.

이 사진은 나와 남편이 막 알았을 때 찍은 것이다. 당시 나는 대사관에서 막 일할 때였고, 그는 여전히 대학원에 다니고 있었다. 우리는 모두 바빴기 때문에 종종 한 달에 겨우 두세 번 만났다.

정답 ✕

해설 그녀는 당시 대사관에서 일할 때라고 했으므로 국립 도서관에서 일한다는 내용과는 일치하지 않는다.

지문 어휘

照片 zhàopiàn 명 사진
老公 lǎogōng 명 남편
认识 rènshi 동 알다
大使馆 dàshǐguǎn
명 대사관 ★
读 dú 동 (학교에) 다니다, 공부하다
研究生 yánjiūshēng
명 대학원생, 연구생
由于A, 所以B
yóuyú A, suǒyǐ B
A때문에, B하다
往往 wǎngwǎng
부 종종, 자주 ★

9

★ 手机有很多用途。(✓)

手机是很常见的电子产品，几乎全世界的人都使用。手机既可以打电话，又可以随时上网、玩游戏或者写日记等。

지문 어휘

用途 yòngtú 명 용도
常见 chángjiàn 형 흔히 보는
电子产品 diànzǐ chǎnpǐn
전자제품
几乎 jīhū 부 거의, 하마터면

★ 휴대폰은 많은 용도가 있다.

휴대폰은 흔히 보는 전자제품으로 거의 전 세계 사람 모두가 사용한다. 휴대폰은 전화를 할 수도 있고, 수시로 인터넷을 하고, 게임을 하거나 일기도 쓸 수 있다.

(정답) ✓

(해설) 휴대폰은 전화, 인터넷, 게임도 할 수 있고, 일기도 쓸 수 있다고 했으므로 많은 용도가 있다는 제시 문장과 서로 일치한다.

10 선생님 강추! 👍

★ 他们来不及收拾行李。 (✗)

已经六点了，行李都整理好了吗？要不你再检查一下。千万不要忘记带火车票！我们是晚上九点的火车。司机一个小时后会来接我们。

⸻

★ 그들은 짐 정리할 시간이 없다.

벌써 6시네요, 짐은 다 정리했어요? 아니면 다시 한번 검사해 봐요. 기차표 챙기는 거 절대 잊지 마세요! 우리는 저녁 9시 기차예요. 기사님이 한 시간 후에 우리를 데리러 오실 거예요.

(정답) ✗

(해설) 기사님이 한 시간 후에 데리러 온다고 했으므로 짐 정리할 여유 시간이 한 시간 정도 있음을 알 수 있다. 따라서 짐 정리할 시간이 없다는 제시 문장과는 일치하지 않는다.

| 全世界 quánshìjiè 명 전 세계 |
| 使用 shǐyòng 동 사용하다 ⭐ |
| 既A 又B jì A yòu B |
| A하기도 하고 B하기도 하다 |
| 随时 suíshí 부 수시로, 그때 |
| 玩游戏 wán yóuxì 게임을 하다 |
| 或者 huòzhě 접 ~이거나, ~든지 |
| 日记 rìjì 명 일기 ⭐ |

지문 어휘

| 来不及 láibují 동 시간에 댈 수 없다 ⭐ |
| 收拾 shōushi 동 정리하다 ⭐ |
| 行李 xíngli 명 짐 |
| 整理 zhěnglǐ 동 정리하다 ⭐ |
| 检查 jiǎnchá 동 검사하다 |
| 千万 qiānwàn 부 절대, 제발 ⭐ |
| 忘记 wàngjì 동 잊어버리다 |
| 司机 sījī 명 기사 |

제2부분 11~25번 문제는 남녀 간의 대화를 듣고 질문에 알맞은 답을 고르는 문제입니다.

11

男: 不好意思！让你久等了。厕所那边排队的人实在太多了！
女: 没事，我正好在商店逛了逛。顺便买了几件衣服。

问: 男的刚才去哪儿了？
　　A 厕所　　　B 银行　　　C 宾馆　　　D 地铁站

⸻

남: 죄송해요! 오래 기다리게 했네요. 화장실 쪽에 줄 선 사람이 정말 너무 많았어요!
여: 괜찮아요, 저는 마침 가게 구경했어요. 구경하는 김에 옷을 몇 벌 샀어요.

질문: 남자는 방금 어디에 갔는가?
　　A 화장실　　　B 은행　　　C 호텔　　　D 지하철역

(정답) A

(해설) 보기를 통해 장소를 묻는 질문이 나올 것임을 예측할 수 있다. 화장실 쪽에 줄 선 사람이 많았다고 했으므로 화장실에 갔음을 알 수 있다.

지문 어휘

| 厕所 cèsuǒ 명 화장실, 변소 ⭐ |
| 排队 pái duì 동 줄을 서다 ⭐ |
| 实在 shízài 부 정말, 참으로 ⭐ |
| 正好 zhènghǎo 부 마침 ⭐ |
| 逛 guàng 동 구경하다, 거닐다 ⭐ |
| 顺便 shùnbiàn 부 ~하는 김에 ⭐ |

보기 어휘

| 宾馆 bīnguǎn 명 호텔 |

12

女：你去上海玩儿，需要导游吗?

男：不，我打算自己走，我喜欢一个人旅游。

问：男的要去做什么?

　　A 散步　　　B 旅行　　　C 结婚　　　D 看电影

지문 어휘

需要 xūyào 图 필요하다, 요구하다

导游 dǎoyóu 뎡 가이드 ★

打算 dǎsuan 图 ~할 계획이다

보기 어휘

散步 sàn bù 图 산보하다 ★

旅行 lǚxíng 图 여행하다 ★

结婚 jié hūn 图 결혼하다

여: 당신 상하이에 놀러 갈 때, 가이드 필요해요?

남: 아니요, 저는 혼자 갈 계획이에요, 저는 혼자 여행하는 걸 좋아해요.

질문: 남자는 무엇을 하러 가려고 하는가?

　　A 산책하러　　　B 여행하러　　　C 결혼하러　　　D 영화보러

정답 B

해설 남자가 무엇을 하러 가는지 묻고 있다.
여자가 가이드가 필요한지 남자에게 묻자 남자는 혼자 갈 예정이며, 혼자 여행하는 것을 좋아한다고 대답했으므로 정답은 B 旅行(여행)이다.

13　　　　　　　　　　　　　　　　　　선생님 강추!

男：番茄鸡蛋汤好了吗?

女：好了，不过糖好像放多了。你先过来尝一下，甜不甜?

问：女的让男的做什么?

　　A 倒垃圾　　　B 修理家具　　　C 收拾厨房　　　D 尝一下汤

지문 어휘

番茄 fānqié 뎡 토마토

鸡蛋 jīdàn 뎡 계란, 달걀

汤 tāng 뎡 국, 탕 ★

糖 táng 뎡 설탕 ★

好像 hǎoxiàng 뷔 ~인 것 같다 ★

放 fàng 图 넣다

甜 tián 헝 달다

보기 어휘

倒 dào 图 붓다, 쏟다 ★

垃圾 lājī 뎡 쓰레기

修理 xiūlǐ 图 수리하다 ★

家具 jiājù 뎡 가구 ★

厨房 chúfáng 뎡 주방 ★

남: 토마토 계란국 다 되었어요?

여: 다 되었어요, 그런데 설탕을 많이 넣은 것 같아요. 당신이 와서 우선 맛 좀 봐 주세요, 달아요?

질문: 여자는 남자에게 무엇을 하게 했는가?

　　A 쓰레기 버리기　　B 가구 수리　　C 주방 정리　　D 국 맛보기

정답 D

해설 여자가 남자에게 무엇을 하게 했는지 묻는 문제이다. 여자가 남자에게 당신이 와서 우선 맛 좀 봐 달라고 했으므로 정답은 D 尝一下汤(국맛보기)이다.

14

女：你把车子停在这儿吧，银行离这儿不太远。

男：不行，这里写着"禁止停车"。我到前面左转，然后你再下车吧。

问：男的为什么不让女的下车?

　　A 那儿不让停　　　　　　B 太危险

　　C 距离很近　　　　　　D 停车费贵

지문 어휘

停 tíng 图 세우다, 주차하다 ★

禁止 jìnzhǐ 图 금지하다 ★

左转 zuǒzhuǎn 图 좌회전하다, 왼쪽으로 돌다

보기 어휘

不让 bùràng 图 허용하지 않다, 못하게 하다

危险 wēixiǎn 헝 위험하다 ★

距离 jùlí 뎡 거리 ★

停车费 tíngchēfèi 뎡 주차요금

여: 차를 여기에 세워주세요, 은행이 여기에서 그다지 멀지 않아요.

남: 안돼요, 여기 '주차금지'라고 써 있잖아요. 내가 앞에서 좌회전한 후에 내리세요.

질문: 남자는 왜 여자에게 내리지 말라고 하였나?

A 그곳은 주차하는 것을 허용하지 않으므로 B 너무 위험해서
C 거리가 가까우므로   D 주차비가 비싸므로

정답 A

해설 남자가 여자에게 내리지 말라고 한 이유에 대해 묻고 있다.

차를 세워달라는 여자의 말에 남자가 주차금지라고 써 있어서 안 된다고 이야기했으므로 정답은 A 那儿不让停(그곳은 주차하는 것을 허용하지 않는다)이다.

15 선생님 강추!

男: 什么？我得了第一名？你不要跟我开玩笑！

女: 是真的。恭喜你！

问: 男的对自己得了第一名，感觉怎么样？

A 十分难过   B 特别轻松
C 很冷静   D 很吃惊

남: 뭐라고? 내가 1등했다고? 내게 농담 하지마!

여: 정말이야, 축하해!

질문: 남자는 자신이 1등했다는 것에 대해 어떻게 생각하는가?

A 매우 괴롭다   B 아주 홀가분하다
C 냉정하다   D 놀라다

정답 D

해설 보기를 통해 감정이나 상태를 묻는 문제임을 알 수 있다. 따라서 화자간의 어투에 집중한다면 보다 쉽게 정답을 찾을 수 있다. 녹음의 첫머리에 什么?(뭐라고?)라고 말하며 놀란 감정을 나타내고 있으므로 정답은 D 很吃惊(놀라다)이다.

▶ 남자가 말한 什么는 의문대명사로 사용할 수 있지만 단독으로 쓰일 때는 놀람을 나타내는 표현으로도 쓰인다.

16

女: 我刚才在房间打开行李箱时，发现了一个护照。

男: 小李昨天还在找呢。原来放在那儿了。

问: 护照放哪儿了？

A 草地上   B 行李箱里   C 房间里   D 床下

여: 나 방금 방에서 캐리어를 열다가, 여권 하나를 발견했어.

남: 샤오리가 어제까지도 찾고 있었어, 원래 거기에 두었구나.

질문: 여권은 어디에 두었나?

A 풀밭에   B 캐리어 안에   C 방에   D 침대 아래에

정답 B

해설 보기를 통해 장소를 묻는 문제임을 알 수 있다. 여자가 캐리어를 열다가 여권을 발견했다고 했으므로 여권을 캐리어 안에 넣어 두었음을 알 수 있다.

17 선생님 강추!

男: 你收到我传给你的资料了吗?
女: 没有。你重新发一遍可以吗?

问: 女的是什么意思?
　　A 表格弄脏了　　　　　B 电话占线
　　C 再发一遍　　　　　　D 再打印一份

남: 제가 보내 드린 자료 받으셨어요?
여: 아니요. 다시 한 번 보내 주시겠어요?

질문: 여자의 말은 무슨 의미인가?
　　A 양식을 더럽혔다　　　　B 전화가 통화 중이다
　　C 다시 한 번 보내 달라고　　D 한 부 더 인쇄해 달라고

지문 어휘

资料 zīliào 명 자료
重新 chóngxīn 부 다시 ⭐

보기 어휘

表格 biǎogé 명 양식, 표 ⭐
弄脏 nòng zāng
동 더럽히다
占线 zhàn xiàn
동 (전화가) 통화 중이다 ⭐
打印 dǎyìn 동 인쇄하다 ⭐

정답 C

해설 자료를 받았는지 묻는 남자의 질문에 여자는 다시 한번 보내달라고 요청했으므로 정답은 C 再发一遍(다시 한 번 보내다)이다.
▶ 重新(다시, 재차)과 再(다시)는 동의어이다.

18 선생님 강추!

女: 老公，你在哪儿? 我忘带钥匙了。
男: 我下班了，正在车上，大概十五分钟后到家。

问: 女的怎么了?
　　A 迷路了　　　　　　　B 被骗了
　　C 没带钥匙　　　　　　D 要加班

여: 여보, 어디에요? 나 열쇠 챙기는 걸 잊었어요.
남: 나 퇴근했어요. 지금 차 안이에요. 약 15분 후면 집에 도착할 거예요.

질문: 여자는 어떠한가?
　　A 길을 잃었다　　　　　B 속았다
　　C 열쇠를 가져 오지 않았다　D 야근해야 한다

지문 어휘

老公 lǎogōng 명 남편
忘 wàng 동 잊다
钥匙 yàoshi 명 열쇠 ⭐
大概 dàgài 부 대략, 대강 ⭐

보기 어휘

迷路 mí lù 동 길을 잃다 ⭐
骗 piàn 동 속이다 ⭐

정답 C

해설 여자가 어떤 상황에 처했는지 묻는 문제이다. 여자가 열쇠 챙기는 것을 잊었다고 했으므로 정답은 C 没带钥匙(열쇠를 가져 오지 않았다)이다.

男：服务员，这张桌子还没收拾好。麻烦你擦一下。

女：不好意思，先生。我这就去拿毛巾擦。

问：他们最可能在哪儿?

    A 餐厅   B 动物园   C 游泳馆   D 洗手间

지문 어휘

服务员 fúwùyuán 몡 종업원
收拾 shōushi 통 정리하다, 치우다 ★
擦 cā 통 닦다 ★
毛巾 máojīn 몡 수건 ★

남: 종업원, 이 테이블 아직 정리가 안 되었어요. 한 번 닦아주세요.

여: 죄송합니다. 선생님. 제가 바로 수건(행주)을 가져다 닦아 드리겠습니다.

질문: 그들은 어디에 있을 가능성이 가장 높은가?

    A 식당   B 동물원   C 수영장   D 화장실

보기 어휘

动物园 dòngwùyuán 몡 동물원
游泳馆 yóuyǒngguǎn 몡 수영장

정답 A

해설 보기를 통해 장소를 묻는 문제임을 알 수 있다. 녹음 시작 부분에서 남자가 '종업원'이라고 직접 언급하며 테이블 정리를 부탁하므로 정답은 A 餐厅(식당)이다.

▶ 服务员(종업원)은 식당 등과 같은 서비스업에서 자주 쓰는 호칭임을 알아두자.

20

女：这是一部很老的动作片，但现在看还是挺好玩儿的。

男：是。我也对它印象很深，非常有意思。

问：男的觉得那部电影怎么样?

    A 非常流行   B 非常有趣
    C 不够浪漫   D 没有意思

지문 어휘

动作片 dòngzuòpiàn 몡 액션 영화
印象 yìnxiàng 몡 인상 ★
深 shēn 톙 깊다 ★

여: 이건 오래된 액션 영화지만, 지금 보아도 여전히 꽤 재미있어.

남: 그래. 나도 그 영화에 대한 인상이 깊어, 아주 재미있었어.

질문: 남자는 그 영화가 어떠하다고 느끼는가?

    A 매우 유행이다   B 아주 재미있다
    C 낭만적이지 못하다   D 재미없다

보기 어휘

流行 liúxíng 통 유행하다 ★
有趣 yǒuqù 톙 재미있다 ★
浪漫 làngmàn 톙 낭만적이다 ★

정답 B

해설 남자가 영화에 대한 인상이 깊고, 아주 재미있었다고 언급했으므로 정답은 B이다.

▶ 有意思와 有趣 모두 '재미있다'라는 뜻의 동의어이다.

21

男：弟弟的腿怎么样了？他已经出院了吗？

女：他在家休息呢。医生说没有什么问题，暂时不能做运动。

问：谁出院了？

　　A 叔叔　　　　**B** 儿子　　　　**C** 弟弟　　　　**D** 母亲

남: 남동생 다리는 어때요? 벌써 퇴원했나요?

여: 그는 집에서 쉬고 있어요. 의사 선생님 말로는 별 문제 없대요. 당분간 운동은 하면 안 된다고 해요.

질문: 누가 퇴원하였는가?

　　A 삼촌　　　　　　B 아들　　　　　　C 남동생　　　　　　D 어머니

지문 어휘

腿 tuǐ 몡 다리

出院 chū yuàn 동 퇴원하다

暂时 zànshí 틘 당분간, 얼마동안 ★

보기 어휘

叔叔 shūshu 몡 삼촌

정답 C

해설 누가 퇴원했는지 묻는 문제이다. 남동생 다리는 어떤지 묻는 남자의 질문을 통해 입원한 사람이 남동생임을 알 수 있다.

22　　　　　　　　　　　　　　　　　　　선생님 강추!

女：你刚才不是说，火车站就在前面吗？怎么还没到？

男：我好像走错了路。我再看看地图。

问：男的接下来准备怎么做？

　　A 再找路　　　　　　　　　　**B** 坐出租车走

　　C 问警察　　　　　　　　　　**D** 下来推车

여: 너 방금 기차역이 바로 앞이라고 하지 않았어? 왜 아직 도착하지 않았니?

남: 내가 길을 잘못 든 것 같아. 다시 지도 좀 볼게.

질문: 남자는 이어서 어떻게 할 준비를 하는가?

　　A 다시 길을 찾는다　　　　　　B 택시 타고 간다

　　C 경찰에게 묻는다　　　　　　D 내려서 차를 민다

지문 어휘

好像 hǎoxiàng 틘 ~인 것 같다 ★

走路 zǒu lù 동 걷다

地图 dìtú 몡 지도

보기 어휘

警察 jǐngchá 몡 경찰 ★

推 tuī 동 밀다 ★

정답 A

해설 길을 잘못 들어 다시 지도를 보겠다는 남자의 말을 통해 다시 길을 찾겠다는 의미임을 알 수 있다. 따라서 정답은 A 在走路(다시 길을 찾는다)이다.

23

男: 你为什么放弃了出国的机会? 太可惜了!
女: 我老妈身体不舒服, 需要我照顾。

问: 女的为什么不出国?

    A 要照顾母亲   B 外语不合格
    C 年龄太大   D 不符合要求

남: 당신은 왜 출국 기회를 포기했어요? 너무 아까워요!
여: 저희 노모께서 몸이 편치 않으셔서, 제가 돌봐드려야 해요.

질문: 여자는 왜 출국하지 않는가?

    A 어머니를 돌봐야 하므로   B 외국어에 합격하지 못해서
    C 나이가 너무 많아서   D 조건에 부합하지 않아서

정답   A

해설   여자가 노모의 몸이 편치 않아 돌봐드려야 해서 출국하지 않았다고 했으므로 정답은 A 要照顾母亲(어머니를 돌봐야 한다)이다.

지문 어휘

放弃 fàngqì 동 포기하다 ⭐
机会 jīhuì 명 기회
可惜 kěxī 형 아깝다, 아쉽다 ⭐
老妈 lǎomā 명 노모
不舒服 bùshūfu 형 (몸이나 몸의 어떤 부위가) 편치 않다, 불편하다
照顾 zhàogù 동 돌보다, 보살피다

보기 어휘

母亲 mǔqīn 명 어머니, 모친 ⭐
合格 hégé 형 합격하다 ⭐
符合 fúhé 동 부합하다 ⭐

---

24   선생님 강추!

女: 我从来没有去过游泳馆, 还真有点儿害怕。
男: 不用害怕! 那里水一点儿也不深, 才一米二, 放心吧。

问: 男的让女的怎么做?

    A 认真练习   B 戴泳帽
    C 慢慢游   D 不要害怕

여: 나는 여태껏 수영장에 가본 적이 없어, 진짜 좀 무서워.
남: 겁먹을 필요 없어! 거기 물도 조금도 깊지 않아, 겨우 1미터 20이니, 안심해.

질문: 남자는 여자에게 어떻게 하라고 하는가?

    A 열심히 연습하라고   B 수영 모자를 쓰라고
    C 천천히 수영하라고   D 겁내지 말라고

정답   D

해설   여태껏 수영장에 가본 적이 없어 무섭다는 여자의 말에 남자는 겁먹을 필요 없다고 대답하므로 정답은 D 不要害怕(겁내지 말아라)이다.

    ▶ 不用(~할 필요 없다)과 不要(~하지 마라)는 유사한 의미의 표현이다.

지문 어휘

从来 cónglái 부 여태껏 ⭐
有点儿 yǒudiǎnr 부 조금
害怕 hàipà 동 무서워하다, 겁내다
深 shēn 형 깊다 ⭐
才 cái 부 겨우, 고작
放心 fàng xīn 동 안심하다, 마음을 놓다

보기 어휘

练习 liànxí 동 연습하다
戴 dài 동 쓰다, 착용하다 ⭐
泳帽 yǒngmào 명 수영모

25

男：小王怎么又发脾气了？我从来没见过他这么生气的样子。

女：好像他工作上出了点儿问题。不过，到底什么情况我也不知道。

问：小王为什么发脾气？

    A 工作有问题   B 被批评了

    C 事情没办好   D 文件丢了

남: 샤오왕은 왜 또 화를 내니? 나는 여태껏 그가 이렇게 화를 내는 모습을 본 적이 없어.

여: 그의 업무에 문제가 좀 생긴 것 같아. 하지만 도대체 어떤 상황인지는 나도 모르겠어.

질문: 샤오왕은 왜 화가 났는가?

    A 업무에 문제가 있어서   B 꾸중들어서

    C 일이 잘 처리되지 않아서   D 서류를 잃어버려서

지문 어휘

发脾气 fā píqi 통 화내다, 성내다

从来 cónglái 부 (과거부터 지금까지) 여태껏 ★

样子 yàngzi 명 모습, 모양 ★

到底 dàodǐ 부 도대체, 마침내 ★

보기 어휘

批评 pīpíng 통 꾸짖다, 비판하다 ★

文件 wénjiàn 명 서류, 문건

정답 A

해설 샤오왕이 화내는 이유에 대해 묻는 문제로 여자가 업무에 문제가 좀 생긴 것 같다고 언급했으므로 정답은 A이다.

▶ 出问题(문제가 생기다)와 有问题(문제가 있다)는 유사한 표현이다.

제3부분   26~45번 문제는 남녀간의 대화 또는 지문을 듣고 질문에 알맞은 답을 고르는 문제입니다.

26   선생님 강추!

男：东西都搬好了吗？

女：还剩一个，那个特别重。我自己搬不动。你能跟我一起搬吗？

男：行。我先把衣服脱下。

女：好的，不用着急。

问：女的想让男的做什么？

    A 搬东西   B 抽时间   C 取报纸   D 洗衣服

남: 물건은 다 옮겼어요?

여: 아직 하나 남았는데, 그게 엄청 무거워요. 저 혼자서는 옮길 수가 없어요. 저랑 같이 옮겨주실 수 있으신가요?

남: 좋아요, 제가 우선 옷 좀 벗고요.

여: 네, 급하지 않아요.

질문: 여자는 남자에게 무엇을 하도록 했는가?

    A 물건을 옮기다   B 시간을 내다   C 신문을 수령하다   D 옷을 빨다

지문 어휘

搬 bān 통 운반하다

剩 shèng 통 남다 ★

搬不动 bānbudòng 옮길 수 없다

着急 zháo jí 통 조급해하다, 서두르다

보기 어휘

抽时间 chōu shíjiān 시간을 내다

取 qǔ 통 수령하다, 찾다 ★

报纸 bàozhǐ 명 신문

정답 A

해설 여자가 남자에게 같이 옮겨줄 수 있는지 묻는 것으로 보아 정답은 A 搬东西(물건을 옮기다)이다.

27

男：你和你妹长得很像!
女：是啊，经常有人把我俩认错。
男：你俩性格也像吗?
女：不太像，她比较活泼，我就比较内向。

问：女的和妹妹在哪方面不像?
　　A 个子　　　B 力气　　　C 性格　　　D 声音

남: 너랑 네 여동생 정말 닮았다!
여: 맞아, 종종 사람들이 우리 둘을 잘못 알아 봐.
남: 너희 둘 성격도 비슷하니?
여: 별로 비슷하지 않아. 여동생은 꽤 활발하고, 난 비교적 내성적이야.

질문: 여자와 여동생은 무엇이 닮지 않았는가?
　　A 키　　　　　B 힘　　　　　C 성격　　　　D 목소리

지문 어휘

长 zhǎng 통 생기다, 자라다
像 xiàng 통 닮다, 같다
认错 rèn cuò 통 잘못 보다, 잘못알다
性格 xìnggé 명 성격 ⭐
活泼 huópō 형 활발하다 ⭐
内向 nèixiàng 형 내성적이다

보기 어휘

个子 gèzi 명 키
力气 lìqi 명 힘 ⭐
声音 shēngyīn 명 목소리, 소리

정답 C

해설 여자와 여동생은 무엇이 닮지 않았는지 묻는 문제이다.
녹음 마지막 여자의 말에서 性格(성격)라는 단어가 언급되었으므로 여자와 여동생이 닮지 않은 부분은 성격임을 알 수 있다.

28

女：你怎么这么快就回来了? 东西寄出去了?
男：没有。我把钱包忘在家里了，白跑了一趟。
女：你这马虎的习惯可真得改改了。
男：知道了。我一定注意!

问：男的为什么很快就回来了?
　　A 邮局没开门　　　　　B 没带钱包
　　C 没拿信用卡　　　　　D 地址忘记了

여: 당신 왜 이렇게 빨리 돌아왔어요? 물건은 부쳤어요?
남: 아니요. 내가 지갑을 집에 두고 가서, 헛걸음만 했지 뭐예요.
여: 당신은 이 덤벙대는 습관을 정말 고쳐야 겠어요.
남: 알겠어요. 꼭 주의할게요!

질문: 남자는 왜 빨리 돌아왔는가?
　　A 우체국이 문을 열지 않아서　　　B 지갑을 챙기지 않아서
　　C 신용카드를 가져가지 않아서　　　D 주소를 잊어버려서

지문 어휘

寄 jì 통 부치다, 보내다 ⭐
白 bái 부 헛되이, 쓸데없이
趟 tàng 양 차례, 번(왕래한 횟수를 세는 데 쓰임) ⭐
马虎 mǎhu 형 덤벙대다, 대충하다 ⭐
注意 zhùyì 통 주의하다

보기 어휘

邮局 yóujú 명 우체국 ⭐
钱包 qiánbāo 명 지갑
信用卡 xìnyòngkǎ 명 신용카드
地址 dìzhǐ 명 주소 ⭐

정답 B

해설 남자가 빨리 돌아온 이유에 대해 묻는 문제로 녹음 시작 부분에 여자가 왜 빨리 왔는지 묻자 지갑을 집에 두고 갔다고 대답했다. 따라서 정답은 B 没带钱包(지갑을 챙기지 않아서)이다.

29

男: 带100块钱够了吧?

女: 你不用带钱,我有信用卡。

男: 好。咱们快走吧。我怕超市要关门了。

女: 稍等一下。我拿个购物袋。

问: 他们要去哪儿?

　　A 邻居家　　　B 超市　　　C 医院　　　D 药店

남: 100위안 가져가면 충분하겠지?

여: 돈 가지고 갈 필요 없어, 나 신용카드 있어.

남: 좋아. 우리 빨리 가자. 슈퍼마켓 문 닫을 까봐 걱정 돼.

여: 잠시만 기다려, 내가 쇼핑백 가져갈게.

질문: 그들은 어디에 가려고 하는가?

　　A 이웃집　　　B 슈퍼마켓　　　C 병원　　　D 약국

정답　B

해설　녹음의 중간 부분에서 남자가 슈퍼마켓 문 닫을 까봐 걱정된다고 말했으므로 이들은 슈퍼마켓에 가려함을 알 수 있다.

够 gòu 동 충분하다 ★

信用卡 xìnyòngkǎ 명 신용카드

怕 pà 동 걱정하다, 겁내다

超市 chāoshì 명 슈퍼마켓, 마트

稍 shāo 부 잠시, 약간

购物袋 gòuwùdài 명 쇼핑백

보기 어휘

邻居 línjū 명 이웃집

药店 yàodiàn 명 약국

30

女: 下学期你还继续留在云南吗?

男: 对。我准备在这里读博士,所以我暂时不会回国。

女: 羡慕你! 我还从来没去过云南呢。

男: 有空就过来玩儿吧。这边景色很不错,空气也很好。

问: 男的为什么要留在云南?

　　A 要研究气候　　B 工作需要　　C 学习　　D 生病了

여: 다음 학기에도 당신은 계속해서 윈난에 남을 건가요?

남: 네, 여기에서 박사할 예정이라, 당분간은 귀국하지 않을 거예요.

여: 부럽네요! 나는 여태껏 윈난에 가 본 적이 없어요.

남: 시간 있을 때 놀러 오세요. 여기 경치도 좋고, 공기도 좋아요.

질문: 남자는 왜 윈난에 남으려고 하는가?

　　A 기후를 연구하려고　　B 업무상 필요해서　　C 공부하려고　　D 병이 나서

정답　C

해설　녹음의 시작 부분에서 여자가 다음 학기에도 계속해서 윈난에 남을 깃인지 묻자 남자는 여기에서 박사할 예정이라고 대답했다. 따라서 정답은 C이다.

지문 어휘

继续 jìxù 동 계속하다 ★

留 liú 동 남다, 머무르다 ★

云南 Yúnnán 교 윈난, 운남

准备 zhǔnbèi 동 ~할 예정이다, ~하려고 하다

博士 bóshì 명 박사 ★

暂时 zànshí 부 당분간, 얼마동안 ★

羡慕 xiànmù 동 부러워하다 ★

从来 cónglái 부 여태껏, 지금까지 ★

景色 jǐngsè 명 경치 ★

空气 kōngqì 명 공기 ★

보기 어휘

气候 qìhòu 명 기후 ★

生病 shēng bìng 동 병이 나다

31

男：上次你在商店看上的那个冰箱，买了吗?
女：还没有。我不知道该不该买。
男：你仔细考虑一下。最好多看几家再决定。
女：好的。我也想这么做，选个质量好的。

问：女的想买什么?
    A 冰箱   B 镜子   C 塑料桶   D 皮鞋

남: 지난번에 당신이 상점에서 마음에 들어 하던 그 냉장고, 샀어요?
여: 아직요. 사야 할 지 말아야 할 지 잘 모르겠어요.
남: 잘 생각해 보세요. 몇 군데 더 보고 다시 결정하는 게 제일 좋아요.
여: 네. 저도 이렇게 하고 싶어요. 품질 좋은 걸로 골라야죠.

질문: 여자는 무엇을 사려 하는가?
    A 냉장고   B 거울   C 플라스틱 통   D 구두

정답   A

해설   여자가 무엇을 사려고 하는지를 묻는 문제이다. 녹음의 시작 부분에서 지난번에 마음에 들어 하던 냉장고를 샀는지 물었으므로 여자는 냉장고를 사려 함을 알 수 있다.

지문 어휘

看上 kàn shàng 통 마음에 들다, 반하다 ⭐
冰箱 bīngxiāng 명 냉장고
仔细 zǐxì 형 꼼꼼하다, 세심하다 ⭐
考虑 kǎolù 통 생각하다, 고려하다 ⭐
决定 juédìng 통 결정하다
质量 zhìliàng 명 품질, 질 ⭐

보기 어휘

镜子 jìngzi 명 거울 ⭐
塑料桶 sùliàotǒng 명 플라스틱 통
皮鞋 píxié 명 구두

32

女：今天天气真好!
男：是啊，前几天一直下雨，今天终于晴了。
女：咱们去游乐园玩儿吧?
男：好的。外面空气一定很好。确实应该出去玩儿一玩儿。

问：女的建议去哪儿?
    A 海洋公园   B 森林公园   C 游乐园   D 长城

여: 오늘 날씨 정말 좋다!
남: 그래, 며칠 전부터 줄곧 비가 오더니, 오늘은 드디어 맑게 개었네.
여: 우리 놀이공원에 놀러 갈까?
남: 좋아. 밖의 공기가 틀림 없이 좋을 거야. 정말로 나가서 좀 놀아야겠어.

질문: 여자는 어디에 가자고 제안하는가?
    A 해양공원   B 삼림공원   C 놀이공원   D 만리장성

정답   C

해설   여자가 어디에 가자고 제안했는지 묻는 문제이다. 여자가 남자에게 놀이공원에 놀러 갈지 묻자 남자가 좋다고 대답했으므로 정답은 놀이공원임을 알 수 있다.

지문 어휘

终于 zhōngyú 부 마침내
晴 qíng 형 맑게 개다, (하늘이) 맑다
游乐园 yóulèyuán 명 놀이공원, 유원지
确实 quèshí 부 정말로, 확실히 ⭐

보기 어휘

建议 jiànyì 통 제안하다, 제기하다 ⭐
海洋 hǎiyáng 명 해양 ⭐
森林 sēnlín 명 삼림, 숲 ⭐

실전모의고사

1회

33

男：肚子还不舒服吗？
女：比昨天好多了。估计是昨天早上吃的西瓜太凉了。
男：以后从冰箱里拿出来的东西，不要直接吃。先放一会儿。
女：好，我以后会注意的。

问：女的怎么了？
　　A 肚子不舒服　　B 饿死了　　C 腿疼　　D 心情不好

남: 배가 아직도 아파요?
여: 어제보다 많이 좋아졌어요. 추측건대 어제 아침에 먹은 수박이 너무 차가웠던 것 같아요.
남: 다음에는 냉장고에서 꺼낸 음식은 바로 먹지 말고, 우선 잠시 놓아두어요.
여: 네, 다음엔 주의할게요.

질문: 여자는 어떠한가?
　A 배가 아프다　　B 배고파 죽겠다　　C 다리가 아프다　　D 기분이 좋지 않다

지문 어휘

肚子 dùzi 명 배 ★
估计 gūjì 동 추측하다 ★
西瓜 xīguā 명 수박
凉 liáng 형 차갑다, 서늘하다
冰箱 bīngxiāng 명 냉장고
直接 zhíjiē 형 바로, 직접 ★

보기 어휘

腿 tuǐ 명 다리
心情 xīnqíng 명 기분, 심정 ★

정답 A

해설 보기를 통해 상태나 상황을 묻는 문제임을 알 수 있다. 녹음 시작 부분에서 남자가 배가 아직도 아프냐고 묻는 것으로 보아 정답은 A 肚子不舒服(배가 아프다)이다.

34　　　　　　　　　　　　선생님 강추!

女：听同事说，你要租房？找到了没有？
男：还没有。看了好几个，不是太远就是太贵。
女：我有个朋友要出国，他打算把房子租出去。离咱公司很近。
男：是吗？那你能帮我问一下吗？

问：关于那个房子，可以知道什么？
　　A 客厅很小　　　　　　　B 周围很安静
　　C 很破　　　　　　　　　D 在公司附近

여: 동료에게 듣자하니 당신 전세집 얻는다면서요? 찾았어요?
남: 아직요. 여러 개 봤는데 너무 멀거나 아니면 너무 비싸요.
여: 출국하려는 친구 하나가 있는데, 그는 집을 세 놓으려고 해요. 우리 회사에서도 가까워요.
남: 그래요? 그럼 저를 도와서 좀 물어봐 주실 수 있어요?

질문: 그 집에 관하여, 알 수 있는 것은 무엇인가?
　A 거실이 작다　　　　　　B 주변이 조용하다
　C 낡았다　　　　　　　　D 회사 근처에 있나

지문 어휘

同事 tóngshì 명 동료
租房 zū fáng 동 (집을) 세 놓다, 임대하다
不是A 就是B
búshì A jiùshì B
A이거나 아니면 B다

보기 어휘

客厅 kètīng 명 객실 ★
周围 zhōuwéi 명 주위, 주변
安静 ānjìng 형 조용하다
破 pò 형 낡은, 너덜너덜한 ★
附近 fùjìn 명 근처, 부근

정답 D

해설 그 집에 관해서 묻는 문제이다. 녹음의 중간 부분에서 여자가 출국하려는 친구의 집 얘기를 하며 우리 회사에서 아주 가깝다고 언급했으므로 그 집이 회사 근처에 있음을 알 수 있다. 따라서 정답은 D 在公司附近(회사 근처에 있다)이다.

男：这个星期天，你有空吗？
女：上午没什么事，下午我要陪老爸和老妈去看电影。
男：那上午你跟我去买手机吧？
女：行啊。我也顺便看看有没有合适的。

问：女的星期日下午要干什么？

　　A 约会　　　　B 理发　　　　C 买手机　　　D 看电影

남: 이번 주 일요일에 시간 있어요?
여: 오전에는 별 일 없는데, 오후에는 아버지와 어머니를 모시고 영화 보러 가려고요.
남: 그럼 오전에 저와 휴대폰 사러 갈래요?
여: 좋아요. 나도 가는 김에 괜찮은 게 있는지 좀 봐야겠어요.

질문: 여자는 일요일 오후에 무엇을 하려고 하는가?

　　A 데이트 하기　　B 이발 하기　　C 휴대폰 사기　　D 영화 보기

정답 D

해설 여자가 일요일 오후에 할 행동을 묻는 문제이다. 여자는 오후에 아버지와 어머니를 모시고 영화 보러 가려 한다고 했으므로 정답은 D이다.

[36-37]

　　这家服装店之所以有名，除了男装好看以外，36 在这里，你偶尔还能遇到名人。所以，尽管 37 这里的价格普遍较高，但来的客人还是很多。我们每次来都要提前预约。

　　이 옷가게가 유명한 이유는 남성복이 예쁜 것 이외에도, 36 여기에서 가끔 유명인사를 만날 수 있기 때문이다. 그래서 비록 37 이곳 가격이 보편적으로 비교적 높다 하더라도, 오는 손님은 여전히 많다. 우리는 매번 올 때마다 방문 전에 예약을 해야 한다.

지문 어휘

陪 péi 통 모시다, 동반하다 ★
顺便 shùnbiàn 부 ~하는 김에 ★
合适 héshì 형 알맞다, 적합하다 ★

보기 어휘

约会 yuēhuì 통 데이트하다 ★
理发 lǐ fà 통 이발하다 ★

지문 어휘

服装店 fúzhuāngdiàn 옷가게, 의류 상점
之所以 zhīsuǒyǐ 접 ~한 이유는
除了~ 以外~ chúle~ yǐwài~ ~이외에(도), ~를 제외하고
男装 nánzhuāng 명 남성복
偶尔 ǒu'ěr 부 때때로, 가끔 ★
名人 míngrén 명 유명인사
尽管 jǐnguǎn 접 비록 ~라 하더라도 ★
价格 jiàgé 명 가격 ★
普遍 pǔbiàn 형 보편적인 ★
提前 tíqián 통 앞당기다 ★
预约 yùyuē 통 예약하다

실전모의고사

1회

36

问: 那家服装店为什么很有名?

A 能见到名人　　　　B 干净卫生
C 买一送一　　　　　D 广告做得好

질문: 그 옷가게는 왜 유명한가?

A 유명인사를 만날 수 있다　　　B 깨끗하고 위생적이다
C 하나를 사면 하나를 더 준다　　D 광고를 잘 만들었다

보기 어휘

干净 gānjìng 형 깨끗하다
卫生 wèishēng 형 위생적이다
买一送一 mǎiyī sòngyī
하나를 사면 하나를 더 준다(1+1)
广告 guǎnggào 명 광고 ⭐

정답　A

해설　그 옷가게가 왜 유명한지 묻는 문제로 녹음의 시작 부분에서 [之所以~ (是因为~) ~한 이유는 (~ 하기 때문이다)]의 구문을 사용해 남성복이 예쁜 것 이외에도 가끔 유명인사를 만날 수 있기 때문이라고 언급했다. 따라서 정답은 A이다.

37

问: 关于那家服装店，可以知道什么?

A 无需预约　　　　　B 卖西装
C 价格贵　　　　　　D 在郊区

질문: 그 옷가게에 관하여, 알 수 있는 것은 무엇인가?

A 예약이 필요 없다　　　B 양복을 판다
C 가격이 비싸다　　　　D 교외에 있다

보기 어휘

预约 yùyuē 동 예약하다
西装 xīzhuāng 명 양복
郊区 jiāoqū 명 교외, 변두리 ⭐

정답　C

해설　그 옷가게에 관하여 알 수 있는 것이 무엇인지 묻는 문제이다. 녹음 중간 부분에서 가격은 보편적으로 비교적 높다고 언급했으므로 정답은 C이다.

[38-39]

　　38 各位新同学，上午好! 首先，我要祝贺大家入学成功，正式成为我们学校的一员。为了使大家能更快地适应新环境，接下来，39 我将为大家介绍一下学校的环境。这中间要是有什么问题，大家可以随时问。

---

　　38 신입생 여러분, 안녕하십니까! 우선, 여러분의 성공적인 입학과 정식으로 우리 학교의 일원이 되신 것을 축하드립니다. 여러분이 새로운 환경에 더욱 빠르게 적응하기 위해 이어서 39 여러분에게 학교 환경을 소개해 드리겠습니다. 중간에 질문이 있으시면, 언제든지 질문하시기 바랍니다.

지문 어휘

祝贺 zhùhè 동 축하하다 ⭐
成功 chénggōng
동 성공하다 ⭐
正式 zhèngshì 형 정식의,
공식의 ⭐
成为 chéngwéi 동 ~이 되다 ⭐
适应 shìyìng 동 적응하다 ⭐
环境 huánjìng 명 환경
随时 suíshí 부 수시로, 즉시

38

问：说话人在对谁讲这段话?

　　A 记者　　　B 校长　　　C 新同学　　　D 学生

질문: 화자는 누구에게 연설하고 있나?

　　A 기자　　　B 교장　　　C 신입생　　　D 학생

보기 어휘

记者 jìzhě 명 기자 ★
校长 xiàozhǎng 명 교장

정답　C

해설　화자는 누구에게 연설하는지 묻는 문제이다. 녹음의 첫머리에서 신입생 여러분이라고 직접적으로 언급하였으므로 정답은 신입생임을 알 수 있다.

39

问：说话人接下来要做什么?

　　A 介绍学校环境　　　　　B 介绍学校历史
　　C 安排讨论　　　　　　　D 发奖金

질문: 화자는 이어서 무엇을 하려고 하나?

　　A 학교 환경 소개　　　　B 학교 역사 소개
　　C 토론 준비　　　　　　　D 장학금 수여

보기 어휘

历史 lìshǐ 명 역사
安排 ānpái 동 안배하다 ★
讨论 tǎolùn 명 토론
동 토론하다 ★
发奖金 fā jiǎngjīn
장학금을 지급하다

정답　A

해설　녹음의 후반부에서 여러분이 새로운 환경에 더욱 빠르게 적응하게 하기 위해 이어서 학교 환경을 소개하겠다고 언급하였다. 따라서 정답은 A이다.

[40-41]

　　比起寒假，我觉得 40 暑假更有意思。41 因为能和家人一起去海边。不但感觉特别热闹，随时随地可以吃喝玩乐，还能吃到平时不常见的海鲜。大家聚在一起，别提多热闹了。

　　겨울 방학과 비교해서, 저는 40 여름 방학이 더 재미있다고 생각해요. 41 가족과 함께 해변에 갈 수 있기 때문이죠. 아주 시끌벅적하게 느껴질 뿐만 아니라 언제 어디서나 먹고 마시고 신나게 놀 수 있고, 평소에는 흔히 볼 수 없는 해산물도 먹을 수 있어요. 모두 함께 모여 있으면, 얼마나 활기가 넘치는지 몰라요.

지문 어휘

寒假 hánjià 명 겨울 방학 ★
暑假 shǔjià 명 여름 방학
海边 hǎibian 명 해변
不但A, 还B búdàn A, hái B
A뿐만 아니라, B도 하다
热闹 rènao 형 시끌벅적하다, 활기가 넘치다 ★
随时 suíshí 부 언제나, 수시로
随地 suídì 부 어디서나,
아무 데나
常见 chángjiàn 형 흔히 보이는,
자주 보다
海鲜 hǎixiān 명 해산물
聚 jù 동 모이다
别提多~了 biétí duō ~ le
얼마나 ~한지 말도 마라

실전모의고사

1회

40

问：说话人觉得暑假怎么样？

　　A 很无聊　　　　　　B 更有趣
　　C 让人变懒　　　　　D 很辛苦

질문: 화자의 여름 방학을 어떻다고 느끼는가?

　　A 지루하다　　　　　　B 더욱 재미있다
　　C 게을러지게 한다　　　D 고생스럽다

보기 어휘

无聊 wúliáo 혱 무료하다,
지루하다 ⭐
懒 lǎn 혱 게으르다, 나태하다 ⭐

정답　B

해설　녹음의 첫머리에서 겨울 방학과 비교해서 여름 방학이 더 재미있다고 생각한다고 언
급하였으므로 정답은 B이다.

　▶ 有意思와 有趣 모두 '재미있다'라는 동의어이다.

41

问：说话人认为暑假可以去哪儿？

　　A 海边　　　B 滑雪场　　　C 游乐园　　　D 游泳馆

질문: 화자는 여름 방학에 어디를 갈 수 있다고 생각하는가?

　　A 해변　　　B 스키장　　　C 놀이동산　　　D 수영장

보기 어휘

滑雪场 huáxuěchǎng
명 스키장
游泳馆 yóuyǒngguǎn
명 수영장

정답　A

해설　보기를 통해 장소를 묻는 문제임을 알 수 있다. 녹음의 시작 부분에서 가족과 함께 해
변에 갈 수 있기 때문에 여름 방학이 재미있다고 생각한다고 언급하였다. 따라서 정답
은 A이다.

[42-43]

　　日程管理的 **42** 目的是使人们更有效地使用时间。让我们
知道：什么事情需要做，什么事情不需要做；哪些要先做，哪
些可以后做。如果没有安排好时间，没做完的事情就会一件接
着一件。这就 **43** 影响我们的工作，甚至影响我们的健康和生
活。所以，把时间安排好，也可以提高我们的生活质量。

　스케줄 관리의 42 목적은 사람들로 하여금 더욱 효과적으로 시간을 사용하게 하는데 있
다. 우리로 하여금 어떤 일을 해야 하는지, 어떤 일을 할 필요가 없는지, 어떤 것을 먼저 해야
하고, 어떤 일을 나중에 해야 하는지를 알게 해 준다. 만약 시간을 잘 안배하지 못한다면 끝내
지 못한 일이 하나 하나 뒤따를 것이다. 이것은 우리의 43 업무에 영향을 끼치고, 심지어 우리
의 건강과 생활에도 영향을 끼친다. 그러므로 시간을 잘 안배하면 우리 생활의 질도 향상시킬
수 있다.

지문 어휘

日程 rìchéng 명 스케줄, 일정
管理 guǎnlǐ 동 관리하다 ⭐
目的 mùdì 명 목적 ⭐
有效 yǒuxiào 혱 유효하다
使用 shǐyòng 동 사용하다 ⭐
安排 ānpái 동 안배하다 ⭐
接着 jiēzhe 동 뒤따르다, 연잇다 ⭐
影响 yǐngxiǎng 동 영향을 끼치다
甚至 shènzhì 부 심지어 ⭐
健康 jiànkāng 명 건강
生活 shēnghuó 명 생활 ⭐
提高 tígāo 동 향상시키다
质量 zhìliàng 명 질, 품질 ⭐

42

선생님 강추!

问：时间安排的目的是什么？

A 让人有信心　　　　　　B 降低费用
C 提高竞争力　　　　　　D 有效使用时间

질문: 시간 안배의 목적은 무엇인가？
A 사람들에게 자신감을 주는 것　　　B 비용을 낮추는 것
C 경쟁력을 끌어 올리는 것　　　　　D 시간을 효과적으로 사용하는 것

정답 D

해설 녹음의 첫머리에서 스케줄 관리의 목적은 효과적으로 시간을 사용하게 하는데 있다고 언급했으므로 정답은 D이다.

보기 어휘

降低 jiàngdī 동 낮추다, 줄이다, 인하하다 ☆

费用 fèiyòng 명 비용, 지출

竞争力 jìngzhēnglì 명 경쟁력

43

선생님 강추!

问：如果没有安排好时间，会怎么样？

A 打扰到他人　　　　　　B 危害健康
C 变穷　　　　　　　　　D 让人讨厌

질문: 시간 안배를 잘 하지 못하면, 어떻게 되는가？
A 타인에게 폐를 끼친다　　　　B 건강을 해친다
C 가난해 진다　　　　　　　　D 미움을 산다

정답 B

해설 시간 안배를 잘 하지 못하면 어떻게 되는지를 묻는 문제이다. 녹음의 후반부에서 시간 안배를 잘 하지 못하면 업무와 건강, 생활에도 영향을 끼친다고 언급했으므로 정답은 B 이다.

보기 어휘

打扰 dǎrǎo 동 폐를 끼치다, 방해하다 ☆

危害 wēihài 동 해를 끼치다, 손상시키다

穷 qióng 형 가난하다, 빈곤하다 ☆

讨厌 tǎoyàn 동 미워하다, 싫어하다 ☆

[44-45]

　　我弟弟用十年的时间，**45** 走遍了中国三十多个地方。同时，他还 **44** 将自己一路上看到的景色、尝过的特色美味、遇见的各种事情全部写进了日记里。回来后，他又花了一年多的时间加以整理。最后，就有了这本《中国旅行日记》。

내 남동생은 10년이란 시간을 들여 45 중국의 30여 개 지역을 두루 돌아다녔다. 동시에, 그는 44 직접 여정에서 본 경치, 맛 본 특색있고 맛있는 음식, 우연히 겪었던 다양한 일들을 전부 일기에 적어 놓았다. 돌아 온 후에, 그는 또 1년이 넘는 시간을 들여 정리하였다. 마지막으로 이 〈중국 여행 일기〉가 탄생하게 되었다.

지문 어휘

将 jiāng 전 ~을

景色 jǐngsè 명 경치, 풍경 ☆

美味 měiwèi 명 맛있는 음식

遇见 yùjiàn 동 우연히 만나다, 마주치다

全部 quánbù 명 전부, 전체 형 전부의, 전체의 ☆

日记 rìjì 명 일기, 일지 ☆

花 huā 동 쓰다, 소모하다, 들이다

加以 jiāyǐ 동 ~을 가하다

整理 zhěnglǐ 동 정리하다 ☆

44

선생님 강추! 👍

问: 通过那本日记，可以了解各地的什么?

A 天气　　　 B 经济水平　　　 C 职业环境　　　 D 好吃的东西

질문: 그 일기를 통하여 각 지역의 무엇을 이해할 수 있는가?

A 날씨　　　 B 경제 수준　　　 C 직업 환경　　　 D 맛있는 음식

보기 어휘

经济 jīngjì 명 경제 ★
水平 shuǐpíng 명 수준
职业 zhíyè 명 직업 ★
环境 huánjìng 명 환경

정답 ▶ D

해설 ▶ 그 일기를 통하여 각 지역의 무엇을 이해할 수 있는지 묻고 있다.
녹음의 중간 부분에 경치, 맛있는 음식, 겪었던 다양한 일들을 일기에 적었다고 언급했으므로 정답은 D이다.

선생님 강추! 👍

问: 关于弟弟，可以知道什么?

A 是个导游　　　　　　　 B 不爱照相
C 是著名作家　　　　　　 D 去过很多地方

질문: 남동생에 관하여, 알 수 있는 것은 무엇인가?

A 가이드이다　　　　　　 B 사진 찍기를 즐겨하지 않는다
C 저명한 작가이다　　　　 D 많은 곳을 가본 적이 있다

보기 어휘

导游 dǎoyóu 명 가이드 ★
照相 zhàoxiàng 동 사진을 찍다, 촬영하다
著名 zhùmíng 형 저명하다, 유명하다 ★
作家 zuòjiā 명 작가 ★

정답 ▶ D

해설 ▶ 남동생에 관하여 알 수 있는 것이 무엇인지 묻는 문제이다. 녹음의 첫머리에서 중국의 30여 개 지역을 두루 돌아다녔다고 언급했으므로 남동생은 많은 곳을 가봤음을 알 수 있다.

HSK 4급 1회 **독해**

제1부분   46~55번 문제는 문장 또는 대화 속 빈칸에 알맞은 단어를 고르는 문제입니다.

46-50

A 丰富	B 节	A fēngfù 형 풍부하다	B jié 양 수업을 세는 단위
C 错误	D 坚持	C cuòwù 명 잘못	D jiānchí 통 꾸준히 하다
E 超过	F 一切	E chāoguò 통 초과하다	F yíqiè 때 모든, 일체

46

既然知道不是你的（ **C 错误** ），你就别往心里去了。

당신의 (**C 잘못**)이 아닌 것을 안 만큼, 마음에 두지 말아요.

지문 어휘

既然A, 就B jìrán A, jiù B
기왕 A된 바에야, B하겠다
往 wǎng 전 ～쪽으로, ～을 향해
心理 xīnlǐ 명 마음, 심리

정답   C

해설   빈칸 앞에 的가 있으므로 빈칸에는 명사가 들어갈 확률이 높다. 문맥상 '당신의 ～이 아니다'라는 문장이 성립되어야 하므로 정답은 C 错误(잘못)이다.

47

这又不是写论文的，不管写什么内容，不用（ **E 超过** ）一万字。

이것은 논문을 쓰는 것이 아니니, 어떤 내용을 쓰든지 관계없이, 10,000자를 (**E 넘길**) 필요가 없다.

지문 어휘

论文 lùnwén 명 논문
不管 bùguǎn 접 ～에 관계없이,
～을 막론하고 ⭐
内容 nèiróng 명 내용 ⭐

정답   E

해설   빈칸 앞에는 조동사 不用(～할 필요가 없다)이 있고, 빈칸 뒤에는 목적어 一万字 (10,000자)가 있으므로 빈칸에는 동사가 올 수 있다.
'논문을 쓰는데 10,000자를 ～할 필요가 없다'라는 문장이 성립되어야 하므로 정답은 E 超过(초과하다)이다.

48

人生没有正确答案，只要你想干什么就干什么，那么（ **F 一切** ）都有可能。

인생에는 정확한 답이 없다. 그저 네가 하고 싶은 대로 하면 (**F 모든**) 것에 가능성이 있다.

지문 어휘

正确 zhèngquè 형 정확하다,
명확하다, 올바르다 ⭐
答案 dá'àn 명 답, 답안
只要A, 就B zhǐyào A, jiù B
A하기만 하면, B하다

F

빈칸 앞에는 접속사 那么(그럼)가 있고, 빈칸 뒤에는 부사 都가 있으므로 빈칸에 들어갈 문장 성분은 주어일 확률이 높다. 주어 자리에 올 수 있는 품사는 주로 명사, 대명사이며, 都와 문맥상 어울리는 대명사 一切(모든)이다. 따라서 정답은 F이다.

一切 yíqiè 때 모든, 전부 ★
可能 kěnéng 명 가능성

49 선생님 강추!

黑板上老师写的内容先不要擦掉，老师说下一（ B 节 ）课还要继续讲。

칠판에 선생님이 쓰신 내용은 우선 지우지 마, 선생님께서 다음 (B 수업)에도 계속 설명하신다고 말씀하셨어.

B

빈칸 앞에는 수사 一가 있고, 빈칸 뒤에는 명사 课(수업)가 위치해 있으므로 빈칸에는 양사 가 올 수 있다. 보기 가운데 빈칸 뒤의 명사 课와 잘 어울리는 어휘는 수업을 세는 단위인 B 节(수업을 세는 단위)이다.

▶ 节는 수업 시간을 세는 양사이므로 '一节课'를 통으로 외워두자!

지문 어휘

黑板 hēibǎn 명 칠판
内容 nèiróng 명 내용 ★
擦 cā 동 닦다, 문지르다 ★
掉 diào 동 ~해 버리다(동사 뒤에 쓰여 동작의 결과를 나타냄) ★
继续 jìxù 동 계속하다 ★
讲 jiǎng 동 설명하다, 말하다

50

张师傅的经验很（ A 丰富 ），你要多向他学习，有时间就和他多交流。

장 선생님의 경험은 (A 풍부해요), 그를 보고 많이 배우고, 시간이 있으면 그와 많이 소통하세요.

A

张师傅的经验(장 선생님의 경험)이 주어이므로, 뒤에는 술어가 뒤따라야 하며, 정도부사 很 뒤에는 형용사 술어가 자주 온다. 따라서 정답은 A 丰富(풍부하다)이다.

지문 어휘

师傅 shīfu 명 기사님, 선생님 ★
经验 jīngyàn 명 경험 ★
有时间 yǒu shíjiàn 시간이 있다, 시간이 나다
交流 jiāoliú 동 소통하다, 교류하다 ★

51-55		
A 提醒	B 座位	A tíxǐng 동 일러주다, 깨우치다 / B zuòwèi 명 자리, 좌석
C 温度	D 准时	C wēndù 명 온도 / C zhǔnshí 부 제시간에, 제때에
E 举行	F 考虑	E jǔxíng 동 개최하다, 거행하다 / F kǎolǜ 동 고려하다, 생각하다

51

A: 请让一下，先生，这是我的（ B 座位 ）。
B: 不好意思，我以为这儿没有人呢。

A: 비켜주세요, 선생님, 여기는 제 (B 자리)입니다.
B: 죄송합니다, 여기 아무도 없는 줄 알았어요.

지문 어휘

让 ràng 통 비키다, 양보하다
以为 yǐwéi 통 간주하다, 여기다,
생각하다 ⭐

정답 B

해설 빈칸 앞에는 구조조사 的가 있고, 的 앞에는 뒤 절의 술어인 是가 있다. 따라서 빈칸
은 목적어 자리이며, 명사가 올 수 있음을 알 수 있다. '이것은 나의 ~이다'라는 문장
이 성립되어야 하므로 문맥상 가장 어울리는 어휘는 B 座位(자리)이다.

52

A: 你跟王总联系了吗？他同意这次合同吗？
B: 联系过了，他说会（ F 考虑 ）我们的建议。

A: 당신 왕 사장님과 연락했어요? 그분 이번 계약서에 동의하신답니까?
B: 연락했습니다, 왕 사장님은 우리의 제안을 (F 고려해) 보신다고 하네요.

지문 어휘

联系 liánxì 통 연락하다 ⭐
同意 tóngyì 통 동의하다 ⭐
合同 hétong 명 계약서
考虑 kǎolǜ 통 고려하다 ⭐
建议 jiànyì 명 제안, 건의 ⭐

정답 F

해설 빈칸 앞에는 조동사 会(~일 것이다)가 있고, 빈칸 뒤에는 관형어 수식을 받은 목적어
我们的建议(우리의 제안)가 있으므로 빈칸에는 동사가 올 수 있다. '우리의 제안을
~하다'라는 문장이 성립되어야 하므로 문맥상 가장 어울리는 어휘는 F 考虑(고려하
다)이다.

53

A: 下周运动会的地点改到友谊体育中心了，时间不变，不见不
散啊。
B: 好的，我一定（ D 准时 ）到。

A: 다음 주 운동회 장소가 우정 스포츠 센터로 바뀌었네요. 시간은 그대로고요, 꼭 뵈요.
B: 좋아요, 제가 꼭 (D 제 시간에) 도착하겠습니다.

지문 어휘

改 gǎi 통 바뀌다, 변경되다
友谊 yǒuyì 명 우정 ⭐
体育中心 tǐyù zhōngxīn
명 스포츠 센터
不见不散 bújiànbúsàn
약속한 장소에서 서로 만날 때까지
떠나지 않는다

정답 D

해설 빈칸 뒤에는 동사 到(도착하다)가 있고, 동사 앞에는 주로 부사가 쓰여 동사를 수식해
주므로 빈칸에는 부사가 올 수 있다. 문맥상 '꼭 ~도착하겠다'라는 문장이 성립되어
야 하므로 가장 어울리는 어휘는 D 准时(제시간에)이다.

54

A: 小姐，等一下，你的手机忘拿了。
B: 谢谢师傅，要不是你（ A 提醒 ）我，我都没想起来呢。

A: 아가씨, 잠시만요, 당신 휴대폰 두고 갔어요.
B: 감사합니다 선생님, 당신이 (A 일러주시지) 않았다면, 저는 생각도 못했을 거예요.

지문 어휘

忘 wàng 동 잊다
师傅 shīfu 명 선생님, 기사님
要不是 yàobúshì
접 ~이(가) 아니라면

정답 **A**

해설 빈칸 앞에는 주어 你, 빈칸 뒤에는 목적어 我가 있으므로 빈칸에는 술어가 와야 한다. 문맥상 '당신이 ~하지 않았다면, 나는 생각도 못했을 것이다'라는 문장이 성립되어야 하므로 가장 어울리는 어휘는 A 提醒(일러주다)이다.

55   선생님 강추! 👍

A: 刚才新闻里说什么？你听清楚了吗？
B: 北京要（ E 举行 ）青年奥运会。

A: 좀 전에 뉴스에서 뭐라고 했어요? 당신은 제대로 들었어요?
B: 베이징에서 유스(youth) 올림픽이 (E 개최)될 거예요.

지문 어휘

刚才 gāngcái 명 방금, 막
新闻 xīnwén 명 뉴스
清楚 qīngchu 형 분명하다, 명백하다
举行 jǔxíng 동 개최하다 ⭐
青年 qīngnián 명 청년, 젊은이
奥运会 Àoyùnhuì 명 올림픽

정답 **E**

해설 빈칸 앞에 조동사가 있고 빈칸 뒤에는 목적어 奥运会(올림픽)가 있으므로 빈칸에는 동사가 와야 한다. 보기 가운데 목적어 奥运会와 가장 잘 어울리는 어휘는 E 举行 (개최하다)이다.

▶ 举行奥运会(올림픽을 개최하다)를 통으로 외워두자!

제2부분   56~65번 문제는 제시된 문장을 알맞게 배열하는 문제입니다.

56

A 但有几处语法错误
B 这篇论文写得还不错
C 我已经画出来了，你先改一下，然后再发给我

A 하지만 몇 군데 문법 실수가 있단다
B 이 논문은 꽤 잘 썼구나
C 내가 이미 표시해 놓았으니, 너는 먼저 고친 후에 다시 내게 보내도록 해라

지문 어휘

处 chù 명 곳, 장소, 부분
语法 yǔfǎ 명 어법 ⭐
错误 cuòwù 명 실수, 잘못 ⭐
篇 piān 양 편, 장(문장, 종이 등을 세는 단위) ⭐
论文 lùnwén 명 논문
先A, 然后B
xiān A, ránhòu B
먼저 A하고, 그런 후에 B하다
改 gǎi 동 고치다, 수정하다

정답 **BAC**

해설 ❶ 특정 대상인 这篇论文(이 논문)을 언급한 문장 B를 맨 앞에 두고, 그 대상에 대한 구체적인 서술을 한 문장 A를 연결해 B → A 순서대로 배열한다.
❷ 남은 문장 C는 실수에 대한 대처 방안을 기술한 문장으로 맨 마지막에 배치해 B → A → C의 순으로 배열한다.

B 这篇论文写得还不错，(이 논문은 꽤 잘 썼구나)

A 但有几处语法错误，(하지만 몇 군데 문법 실수가 있단다)

C 我已经画出来了，你先改一下，然后再发给我。(내가 이미 표시해 놓았으니, 너는 먼저 고친 후에 다시 내게 보내도록 해라)

57

A 估计是看电视时间过长引起的
B 医生建议我没事多在外面走走，少看电视
C 我最近眼睛疼得不得了

A 추측건대 TV를 너무 오래 봐서 그런 것 같아
B 의사 선생님은 내게 한가할 때 밖에서 좀 걷고, TV를 적게 보라고 제안하셨어
C 나 요즘 눈이 너무 아파

정답 CAB

해설 ❶ 눈이 아프다는 사실을 먼저 언급한 C 문장을 맨 앞에 두고, 눈이 아픈 원인을 기술한 A문장을 C → A의 순서로 배열한다.
❷ 남은 문장 B는 눈이 아픈 사실에 대한 해결 방법으로 맨 마지막에 배열한다. 따라서 정답은 C → A → B이다.

C 我最近眼睛疼得不得了，(나 요즘 눈이 너무 아파)

A 估计是看电视时间过长引起的，(TV를 너무 오래 봐서 그런 것 같아)

B 医生建议我没事多在外面走走，少看电视。(의사 선생님은 내게 한가할 때 밖에서 좀 걷고, TV를 적게 보라고 제안하셨어)

지문 어휘

估计 gūjì 图 추측하다, 예측하다 ☆
引起 yǐnqǐ 图 야기하다, (주의를) 끌다, 불러일으키다 ☆
建议 jiànyì 图 제안하다, 건의하다 ☆
眼睛 yǎnjing 명 눈
疼 téng 형 아프다
不得了 bùdeliǎo 형 심하다, 큰일나다

58

A 并且启发了我的思想
B 他给我留下了很深刻的印象
C 我在学校认识了一个特别聪明的学生

A 게다가 나의 생각을 일깨워 주었다
B 그는 내게 깊은 인상을 남겼다
C 나는 학교에서 아주 똑똑한 한 학생을 알게 되었다

정답 CBA

해설 ❶ 특정 대상인 一个特别聪明的学生(아주 똑똑한 한 학생)을 언급한 C를 맨 앞에 배열하고, 특정 대상을 인칭대명사 他(그)로 받은 B 문장을 C → B의 순서로 배열한다.
❷ 남은 문장 A는 접속사 并且(게다가)를 통해 B의 他(그)에 대해 부연설명하는 문장이므로 C → B → A의 순서로 배열한다.

C 我在学校认识了一个特别聪明的学生，(나는 학교에서 아주 똑똑한 한 학생을 알게 되었다)

B 他给我留下了很深刻的印象，(그는 내게 깊은 인상을 남겼다)

A 并且启发了我的思想。(게다가 나의 생각을 일깨워 주었다)

지문 어휘

并且 bìngqiě 접 게다가, 그리고
启发 qǐfā 图 일깨우다, 영감을 주다, 계발하다
思想 sīxiǎng 명 생각, 사상
深刻 shēnkè 형 (인상이) 깊다
印象 yìnxiàng 명 인상 ☆
认识 rènshi 图 알다
聪明 cōngming 형 똑똑하다, 총명하다

A 这种白色的花很漂亮
B 所以我就买了点儿回来
C 听说放在室内，能起到让心情变轻松的作用

A 이 흰색 꽃은 매우 아름답다
B 그래서 나는 조금 사서 돌아왔다
C 듣자 하니 실내에 놓으면, 마음을 편하게 해주는 작용을 한다고 한다

지문 어휘

花 huā 몡 꽃
室内 shìnèi 몡 실내
心情 xīnqíng 몡 마음, 심정 ★
轻松 qīngsōng 톙 편하다, 수월하다 ★
作用 zuòyòng 몡 작용 ★

정답 ACB

해설
❶ 특정 대상인 这种白色的花(이 흰색 꽃)를 언급한 문장 A를 맨 앞에 놓고, 그 꽃의 작용에 대해 부연설명한 C를 A → C의 순서대로 배열한다.
❷ 결과를 나타내는 접속사 所以(그래서)를 사용한 문장 B는 맨 마지막에 배열한다. 따라서 정답은 A → C → B이다.

A 这种白色的花很漂亮, (이 흰색 꽃은 매우 아름답다)
C 听说放在室内，能起到让心情变轻松的作用, (듣자 하니 실내에 놓으면, 마음을 편하게 해주는 작용을 한다고 한다)
B 所以我就买了点儿回来。(그래서 나는 조금 사서 돌아왔다)

A 我们离机场大约还有10公里
B 等到了我再告诉你
C 你要是累了就休息一会儿吧，我刚刚看了一下

A 우리는 공항에서 약 10킬로미터 떨어져 있어
B 도착하면 내가 다시 알려줄게
C 너 만약 피곤하면 좀 쉬렴, 내가 방금 보니

지문 어휘

机场 jīchǎng 몡 공항
大约 dàyuē 틘 대략
公里 gōnglǐ 얭 킬로미터
要是 yàoshi 젭 만약 ~한다면
休息 xiūxi 통 쉬다, 휴식하다

정답 CAB

해설
❶ 동작의 진행 순서에 따라 배열하면 된다. 방금 봤다는 C 문장 뒤에, 본 내용을 기술한 문장 A를 C → A순서로 배열한다.
❷ 남은 문장 B는 도착하면 다시 알려준다고 했으므로 C → A → B의 순서대로 배열하면 된다.

C 你要是累了就休息一会儿吧，我刚刚看了一下, (너 만약 피곤하면 좀 쉬렴, 내가 방금 보니)
A 我们离机场大约还有10公里, (우리는 공항에서 약 10킬로미터 떨어져 있어)
B 等到了我再告诉你。(도착하면 내가 다시 알려줄게)

61

A 就直接去那家餐厅
B 肯定要排队
C 要是不提前预约

A 그 음식점으로 바로 가면
B 분명히 줄 서서 기다려야 할 거야
C 만약 미리 예약을 하지 않고

정답　CAB

해설　❶ 要是(만약)가 이끄는 문장 C와 就가 이끄는 문장 A를 [要是 A, 就 B]구문에 따라
C → A로 배열한다.
　　　❷ 남은 보기 B는 C → A에 대한 결과이므로 C → A → B의 순으로 배열해야 한다.
　　C　要是不提前预约，(만약 미리 예약을 하지 않고)
　　A　就直接去那家餐厅，(그 음식점으로 바로 가면)
　　B　肯定要排队。(분명히 줄 서서 기다려야 할 거야)

62

A 有些方面准备得还不够好
B 这是我们第一次举行这么大的比赛
C 希望大家能理解，我们会继续努力的

A 어떤 면에선 준비가 충분치 않을 수 있습니다
B 이것은 우리가 처음으로 이렇게 큰 경기를 개최하는 것입니다
C 여러분이 이해해 주시기를 바라며, 계속 노력하겠습니다

정답　BAC

해설　❶ 큰 경기를 개최한다는 B 문장을 언급한 후, 양해의 말을 덧붙이는 A를 이어서 B →
A의 순으로 배열한다.
　　　❷ 남은 문장 C는 계속 노력하겠다는 마무리 인사말로 B → A → C의 순서대로 배열
하면 된다.
　　B　这是我们第一次举行这么大的比赛，(이것은 우리가 처음으로 이렇게 큰 경
　　　　기를 개최하는 것입니다)
　　A　有些方面准备得还不够好，(어떤 면에선 준비가 충분치 않을 수 있습니다)
　　C　希望大家能理解，我们会继续努力的。(여러분이 이해해 주시기를 바라며,
　　　　계속 노력하겠습니다)

지문 어휘

直接 zhíjiē 형 바로, 직접,
직접적인 ⭐
餐厅 cāntīng 명 식당 ⭐
肯定 kěndìng 부 분명히,
확실히, 틀림없이 ⭐
排队 pái duì 동 줄을 서다 ⭐
提前 tíqián 동 앞당기다 ⭐
预约 yùyuē 동 예약하다

지문 어휘

方面 fāngmiàn 명 방면, 분야 ⭐
准备 zhǔnbèi 동 준비하다
够 gòu 동 충분하다, 만족시키다 ⭐
举行 jǔxíng 동 개최하다 ⭐
希望 xīwàng 동 바라다, 희망하다
继续 jìxù 동 계속하다 ⭐
努力 nǔlì 동 노력하다

A 喂，你告诉我的这条路好像不太正确
B 麻烦你过来接我吧
C 到处找也没找到你说的餐厅

A 여보세요, 당신이 제게 알려 준 이 길이 별로 정확하지 않은 것 같아요
B 번거롭겠지만 마중 나와 주세요
C 곳곳을 찾아봐도 당신이 말한 식당을 찾을 수 없어요

ACB

해설 ❶ 문장 A의 喂(여보세요)는 전화 통화 시 제일 처음 하는 말로 문장의 맨 앞에 올 수 있는 어휘이다. 따라서 문장 A를 맨 앞에 배열한다.
❷ 당신이 말한 식당을 찾을 수 없다고 상황을 설명하는 C 문장과 그러니 마중 나와 달라고 부탁하는 B 문장을 사건의 선후 관계에 따라 C → B의 순으로 배열한다. 따라서 정답은 A → C → B이다.

A 喂，你告诉我的这条路好像不太正确，(여보세요, 당신이 제게 알려 준 이 길이 별로 정확하지 않은 것 같아요)
C 到处找也没找到你说的餐厅，(곳곳을 찾아봐도 당신이 말한 식당을 찾을 수 없어요)
B 麻烦你过来接我吧。(번거롭겠지만 마중 나와 주세요)

好像 hǎoxiàng (부) ~인 것 같다 ★
正确 zhèngquè (형) 정확하다 ★
麻烦 máfan (형) 번거롭다, 귀찮다 ★
接 jiē (동) 마중하다, 접근하다, 연속하다
到处 dàochù (명) 곳곳, 도처 ★
餐厅 cāntīng (명) 식당 ★

A 一共是4000元
B 小徐，昨天房东打电话了
C 我们得交9月和10月的房费

A 총 4천 위안이에요
B 샤오쉬, 어제 집주인이 전화했어요
C 우리 9월과 10월 집세를 내야 한대요

BCA

해설 ❶ 집주인이 전화했다는 사실을 언급한 B 문장을 맨 앞에 배열한 후에, 집 주인이 전화한 목적인 집세에 관한 내용의 C 문장을 B → C의 순서로 배열한다.
❷ 남은 문장 A는 집세에 대한 구체적인 비용을 언급한 문장으로 C → A의 순으로 배열해야 한다. 따라서 정답은 B → C → A이다.

B 小徐，昨天房东打电话了，(샤오쉬, 어제 집주인이 전화했어요)
C 我们得交9月和10月的房费，(우리 9월과 10월 집세를 내야 한대요)
A 一共是4000元。(총 4천 위안이에요)

一共 yígòng (부) 총, 모두
房东 fángdōng (명) 집주인 ★
交 jiāo (동) 내다 ★
房费 fángfèi (명) 집세, 방세

65

A 这份工作就先交给你了
B 小张，我下周要出国
C 如果有什么问题及时联系我

A 이 업무는 우선 당신에게 넘길게요
B 샤오장, 저 다음 주에 출국해요
C 만약 문제 있으면 곧바로 제게 연락하세요

정답 BAC

해설 ❶ 특정 대상인 小张(샤오장)을 언급한 B 문장을 먼저 배열한 후에, 인칭대명사 你(당신)으로 받은 A 문장을 뒤이어 놓아 B → A의 순서대로 배열한다.
❷ 남은 문장 C는 업무에 문제가 있으면 연락하라는 내용으로 결론에 해당한다. 따라서 정답은 B → A → C이다.

B 小张，我下周要出国, (샤오장, 저 다음 주에 출국해요)
A 这份工作就先交给你了, (이 업무는 우선 당신에게 넘길게요)
C 如果有什么问题及时联系我。(만약 문제 있으면 곧바로 제게 연락하세요)

제3부분   66~85번 문제는 지문을 읽고 질문에 알맞은 답을 고르는 문제입니다.

66

李老师，麻烦您再帮我准备教材吧。听说报名的学生人数比原计划还增加了两倍，现有的教材肯定不够。

★ 说话人让李老师：

A 解决问题   B 减少人数
C 准备教材   D 按原计划进行

이 선생님, 번거로우시겠지만, 당신 저를 도와 교재를 준비해 주세요. 듣자 하니 신청한 학생 수가 원래 계획보다 두 배 더 늘었다고 해요. 지금 있는 교재로는 틀림없이 부족해요.

★ 화자는 이 선생님에게:

A 문제를 해결하라고 한다   B 인원수를 줄이게 한다
C 교재를 준비하게 한다   D 원래 계획대로 진행하게 한다

정답 C

해설 화자가 이 선생님에게 부탁한 것이 무엇인지 묻고 있다. 지문 첫머리에 자신을 도와 교재를 준비해 달라고 하였으므로 정답은 C이다.

67

선생님 강추!

工作的时候，要尊重有能力的人，不要怀疑他们的做事方法，要敢于放手让他们随便去做。所以人们常说"用人不疑，疑人不用"。

★ 对于有能力的人，应该：

A 更加严格   B 相信他们
C 多表扬   D 多发工资

일할 때는, 능력 있는 사람들을 존중하고, 그들의 일하는 방식을 의심하지 말고, 그들 마음대로 하도록 대담하게 내버려 두어야 한다. 그래서 사람들은 흔히 '사람을 썼다면 의심하지 말고, 의심스럽다면 쓰지 마라'라고 말한다.

★ 능력이 있는 사람에 관하여, 마땅히：

A 더욱 엄격해야 한다   B 그들을 믿어야 한다
C 많이 칭찬해야 한다   D 월급을 많이 주어야 한다

지문 어휘

尊重 zūnzhòng 동 존중하다 ★
能力 nénglì 명 능력 ★
怀疑 huáiyí 동 의심하다 ★
方法 fāngfǎ 명 방법, 방식 ★
敢于 gǎnyú 동 대담하게 ~을 하다, (~할) 용기가 있다
放手 fàngshǒu 동 내버려 두다, 손을 떼다, 신경 쓰지 않다
随便 suíbiàn 부 마음대로 ★

보기 어휘

严格 yángé 형 엄격하다 ★
表扬 biǎoyáng 동 칭찬하다 ★
发工资 fā gōngzī 월급을 주다

정답 B

해설 지문 시작 부분에서 능력이 있는 사람들의 일하는 방식을 의심하지 말라고 하였으므로 B 相信他们(그들을 믿어야 한다)와 같은 의미임을 알 수 있다.

68

女儿，我今晚突然有聚会，你要是饿了可以先吃点儿饼干，等我回家给你买烤鸭吃。

★ 说话人：

A 压力不大   B 晚上有约会
C 讨厌吃烤鸭   D 晚上加班

딸아, 오늘 저녁에 갑자기 모임이 생겼어, 만약 네가 배가 고프면 우선 과자라도 좀 먹고 있으렴, 내가 집에 돌아 가서 오리구이를 사줄게.

★ 화자는：

A 스트레스가 적다   B 저녁에 약속이 있다
C 오리구이 먹는 것을 싫어한다   D 저녁에 야근한다

지문 어휘

女儿 nǚ'ér 명 딸
今晚 jīnwǎn 명 오늘 밤
突然 tūrán 부 갑자기
聚会 jùhuì 명 모임, 파티 ★
饿 è 형 배고프다
饼干 bǐnggān 명 과자, 비스킷 ★
烤鸭 kǎoyā 명 오리구이 ★

보기 어휘

压力 yālì 명 스트레스 ★
约会 yuēhuì 명 약속, 데이트 ★
讨厌 tǎoyàn 동 싫어하다, 미워하다 ★
加班 jiā bān 동 야근하다 ★

정답 B

해설 화자의 상황을 묻는 문제로 지문 첫머리에서 화자에게 갑자기 모임이 생겼다고 언급하였으므로 정답은 B이다.

69

紫金山是中国著名的旅游景区，每年都会吸引很多游客前来参观。紫金山四季分明，景色也特别美丽，每一个季节都有自己的特点。如果您想真正了解紫金山的美丽，那么就请来紫金山做客吧。

★ 关于紫金山，可以知道什么?

A 景色美丽　　　　　B 附近商店多
C 温度很低　　　　　D 交通不便

자금산은 중국의 유명한 관광지로 매년 구경하러 오는 많은 여행객들을 끌어들입니다. 자금산은 사계절이 뚜렷하고, 경치도 매우 아름다워서 계절마다 자신만의 특징이 있습니다. 만약 자금산의 아름다움을 확실히 알고 싶다면, 자금산으로 놀러오세요.

★ 자금산에 관하여, 알 수 있는 것은 무엇인가?

A 경치가 아름답다　　　　　B 근처에 상점이 많다
C 온도가 낮다　　　　　D 교통이 불편하다

정답 A

해설 자금산에 관하여 알 수 있는 것이 무엇인지 묻는 문제이다. 지문 중간 부분에서 자금산은 사계절이 뚜렷하고 경치도 매우 아름답다고 언급했으므로 정답은 A이다.

지문 어휘

著名 zhùmíng 형 저명하다, 유명하다 ★

景区 jǐngqū 명 관광지

吸引 xīyǐn 동 끌어당기다, 매료시키다 ★

游客 yóukè 명 여행객

四季分明 sìjì fēnmíng 사계절이 뚜렷하다

景色 jǐngsè 명 풍경, 경치 ★

季节 jìjié 명 계절

真正 zhēnzhèng 부 정말로, 확실히 ★

了解 liǎojiě 동 잘 알다

做客 zuò kè 동 손님이 되다

보기 어휘

温度 wēndù 명 온도 ★

低 dī 형 (높이·등급·정도가) 낮다 ★

交通 jiāotōng 명 교통 ★

不便 búbiàn 형 불편하다

70

我知道一个教英文的网站，上面有很多免费提供的语法材料。你如果感兴趣，我把网址发给你吧。

★ 通过那个网站，可以:

A 学英语　　　　　B 购买机票
C 获取招聘信息　　　　　D 申请留学

나는 영어를 가르치는 사이트 하나를 아는데, 거기엔 무료로 제공하는 어법 자료가 많이 있어. 네가 만약 관심이 있다면, 내가 사이트 주소를 너에게 보내 줄게.

★ 그 사이트를 통해서, 할 수 있는 것은:

A 영어 공부를 한다　　　　　B 비행기표를 구매한다
C 취업 정보를 얻는다　　　　　D 유학 신청을 한다

정답 A

해설 그 사이트를 통해서 할 수 있는 것을 묻는 문제이다. 지문 첫머리에 영어를 가르치는 사이트 하나라고 언급했으므로 정답은 A이다.

지문 어휘

网站 wǎngzhàn 명 웹 사이트 ★

免费 miǎn fèi 동 무료로 하다 ★

提供 tígōng 동 제공하다 ★

语法 yǔfǎ 명 어법 ★

网址 wǎngzhǐ 명 웹 사이트 주소

보기 어휘

购买 gòumǎi 동 구매하다

机票 jīpiào 명 비행기표

获取 huòqǔ 동 얻다

招聘 zhāopìn 동 공개 채용하다 ★

信息 xìnxī 명 정보 ★

申请 shēnqǐng 동 신청하다 ★

71

我周六去看篮球比赛了。我支持的球队在比赛结束前的最后3秒进了一个球，赢了那场比赛。所有喜欢他们的球迷都特别激动。

★ 他支持的球队：

A 没按时到场	B 水平很差
C 赢了	D 判决有误

나는 토요일에 농구경기를 보러 갔다. 내가 지지하는 팀이 시합 끝나기 마지막 3초 전에 한 골을 넣어, 그 시합에서 이겼다. 그들을 좋아하는 모든 농구 팬들은 매우 흥분하였다.

★ 그가 지지하는 농구팀은:

A 경기장에 시간 맞춰 도착하지 않았다   B 수준이 형편없다
C 이겼다   D 판정이 잘못 되었다

 정답   C

해설   그가 지지하는 농구팀에 대하여 묻는 문제이다. 지문 중간 부분에서 끝나기 마지막 3초 전에 한 골을 넣어 그 시합에서 이겼다고 했으므로 정답은 C이다.

지문 어휘

篮球 lánqiú 몡 농구
比赛 bǐsài 몡 시합
支持 zhīchí 통 지지하다 ★
结束 jiéshù 통 끝나다, 마치다
秒 miǎo 양 초 ★
进球 jìn qiú 통 골을 넣다
赢 yíng 통 이기다 ★
所有 suǒyǒu 혱 모든 ★
球迷 qiúmí 몡 구기 종목 운동이나 경기 관람에 푹 빠져 있는 사람
激动 jīdòng 통 흥분하다, 감격하다 ★

보기 어휘

判决 pànjué 몡 판결
통 판결하다

72

大家都说对小张的印象很好。虽然他不爱说话，但很有礼貌，对人也非常友好，不管谁在工作上向他提出要求，他都很愿意提供帮助。

★ 说话人觉得小张：

A 喜欢帮助别人	B 很诚实
C 说话直接	D 很有信心

모두들 샤오장에 대한 인상이 좋다고 말한다. 비록 그는 말수가 적지만, 예의 있고, 사람을 대할 때 매우 우호적이다. 누가 업무상 그에게 요구를 하든 관계없이 그는 기꺼이 도움 주기를 원한다.

★ 화자의 생각에 샤오장은:

A 다른 사람을 돕길 좋아한다   B 성실하다
C 직설적으로 말한다   D 자신감이 있다

정답   A

해설   화자 생각에 샤오장은 어떤 사람인지 묻고 있다. 지문 마지막 부분에서 그는 기꺼이 도움 주기를 원한다고 했으므로 정답은 A이다.

지문 어휘

印象 yìnxiàng 몡 인상 ★
虽然A, 但B suīrán A dàn B 비록 A하지만, 그러나 B하다
礼貌 lǐmào 몡 예의
혱 예의 바르다 ★
友好 yǒuhǎo 혱 우호적이다 ★
不管 bùguǎn
접 ~에 관계없이 ★
提出 tíchū 통 제시하다
要求 yāoqiú 몡 요구
愿意 yuànyì 통 바라다, 희망하다
提供 tígōng 통 제공하다 ★

보기 어휘

诚实 chéngshí 혱 성실하다, 진실하다 ★
直接 zhíjiē 혱 직설적이다, 직접적이다 ★
信心 xìnxīn 몡 자신감 ★

73

老张，你身体这么不好，就别再抽烟了。你难道忘掉医生的话了？你一定要对自己的健康负责呀。

★ 关于老张，可以知道：

A 皮肤很白   B 拒绝打针

C 很细心   D 经常抽烟

라오장, 당신 건강이 이렇게 안 좋으니, 담배 그만 피우세요. 설마 의사 선생님의 말을 잊은 건 아니겠죠? 당신은 반드시 자신의 건강에 책임을 져야 해요.

★ 라오장에 관하여, 알 수 있는 것은:

A 피부가 하얗다   B 주사 맞는 것을 거절하다

C 세심하다   D 담배를 자주 피운다

지문 어휘

抽烟 chōu yān
图 담배를 피우다 ★

难道 nándào 图 설마 ~하겠는가 ★

负责 fùzé 图 책임지다 ★

보기 어휘

皮肤 pífū 图 피부 ★

拒绝 jùjué 图 거절하다 ★

打针 dǎ zhēn 图 주사를 맞다 ★

细心 xìxīn 图 세심하다 ★

정답   D

해설   라오장에 관하여 알 수 있는 것을 묻는 문제로 지문 시작 부분에서 담배를 그만 피우라고 했으므로 정답은 D이다.

74

人们都有长处和短处。不聪明的人常拿自己的长处与别人的缺点比，因此总是觉得自己很骄傲；然而聪明人却正好相反，他们拿自己的短处和别人的长处比，所以总是在积极地向别人学习，以使自己变得更优秀。

★ 聪明的人：

A 有责任心   B 常学他人的长处

C 没烦恼   D 主意多

사람들은 모두 장점과 단점을 가지고 있다. 똑똑하지 않은 사람은 자신의 장점을 다른 사람의 단점과 비교하여, 항상 자신을 매우 자랑스럽게 여긴다; 그렇지만 똑똑한 사람은 오히려 정반대로 그들은 자신의 단점을 다른 사람의 장점과 비교하여, 항상 적극적으로 다른 사람에게 배워서, 자신을 더 우수하게 만든다.

★ 똑똑한 사람은:

A 책임감이 있다   B 타인의 장점을 늘 배우다

C 걱정이 없다   D 아이디어가 많다

지문 어휘

长处 chángchu 图 장점

短处 duǎnchu 图 단점, 결점

聪明 cōngming 图 똑똑하다

缺点 quēdiǎn 图 결점, 단점 ★

因此 yīncǐ 图 이로 인하여 ★

总是 zǒngshì 图 늘, 줄곧

骄傲 jiāo'ào 图 거만하다 ★

然而 rán'ér 图 그렇지만 ★

正好相反 zhènghǎo xiāngfǎn 정반대로

积极 jījí 图 적극적이다, 긍정적이다 ★

以 yǐ 图 ~을(를)가지고, ~로써 ★

使 shǐ 图 ~하게 하다 ★

优秀 yōuxiù 图 우수하다 ★

보기 어휘

责任心 zérènxīn 图 책임감

烦恼 fánnǎo 图 걱정스럽다, 고민스럽다 ★

主意 zhǔyi 图 아이디어, 방법, 생각

정답   B

해설   똑똑한 사람은 어떠한지를 묻는 문제이다. 지문 후반부에서 똑똑한 사람은 자신의 단점을 다른 사람의 장점과 비교하여 항상 적극적으로 다른 사람에게 배워서 자신을 더 우수하게 만든다고 했으므로 정답은 B이다.

75

小刘从小的梦想就是当一名足球选手。为了加入国家队，他做了很多努力。尽管后来失败了，但每次想起那个时候，他都表示自己并不痛苦，因为追求梦想的过程让他感到很幸福。

★ 他为什么不后悔？

A 学到了技术   B 为梦想努力过
C 赚钱了   D 获得了经验

샤오리우는 어릴 때부터 축구선수가 되는 것이 꿈이었다. 국가 대표팀에 들어가기 위하여 그는 많은 노력을 했다. 이후에 실패했음에도 불구하고 매번 그 시절을 떠올릴 때마다, 그는 자신은 결코 괴롭지 않다고 하였는데, 꿈을 쫓던 과정이 그로 하여금 행복을 느끼게 했기 때문이다.

★ 그는 왜 후회하지 않는가?

A 기술을 배웠으므로   B 꿈을 위해 노력했으므로
C 돈을 벌었으므로   D 경험을 얻었으므로

정답 B

해설 지문 마지막 부분에서 꿈을 쫓던 과정이 그로 하여금 행복을 느끼게 했기 때문이라고 언급했으므로 정답은 B이다.

지문 어휘

梦想 mèngxiǎng 몡 꿈
选手 xuǎnshǒu 몡 선수
加入 jiārù 넣다, 가입하다
国家队 guójiāduì
몡 국가 대표팀
失败 shībài 동 실패하다 ★
表示 biǎoshì 나타내다 ★
痛苦 tòngkǔ 톙 괴롭다, 고통스럽다
追求 zhuīqiú 쫓다, 추구하다
幸福 xìngfú 톙 행복하다 ★

보기 어휘

后悔 hòuhuǐ 동 후회하다 ★
技术 jìshù 몡 기술 ★
赚钱 zhuàn qián 동 돈을 벌다
获得 huòdé 동 얻다, 획득하다 ★
经验 jīngyàn 몡 경험, 체험 ★

76

你女朋友找到工作了吗？我记得她是搞建筑的，我们公司现在正好在招这个行业的人，收入也不错，你问问她有没有兴趣。

★ 那个公司要招聘哪方面的人？

A 建筑   B 法律
C 数学   D 基础科学

네 여자친구 취업했어? 나는 그녀가 건축을 한 것으로 기억하는데, 우리 회사에서 지금 마침 이 직종의 사람을 모집하고 있어. 수입도 괜찮은데, 네가 그녀에게 관심 있는지 한번 물어봐.

★ 그 회사는 어느 방면의 사람을 모집하고자 하는가?

A 건축   B 법률
C 수학   D 기초 과학

정답 A

해설 그 회사는 어느 방면의 사람을 모집하고자 하는지 묻고 있다.
지문의 시작 부분에서 네 여자친구가 건축을 한 것으로 기억하는데 우리 회사에서 마침 이 직종의 사람을 모집하고 있나고 했으므로 정답은 A이다.

지문 어휘

搞 gǎo 동 하다
建筑 jiànzhù 동 건축하다
招 zhāo 동 모집하다, 초빙하다
行业 hángyè 몡 직종, 업종
收入 shōurù 몡 수입 ★

보기 어휘

招聘 zhāopìn 동 모집하다 ★
法律 fǎlù 몡 법률 ★
数学 shùxué 몡 수학
基础 jīchǔ 몡 기초, 기본 ★
科学 kēxué 몡 과학 ★

77

我从来不在网上买衣服，因为想买的话，就一定要试穿，才能知道大小合不合适。而且网上卖的衣服质量很差劲，一不小心买到假的就不好办了。

★ 他为什么不在网上买衣服？

A 担心质量　　　　　　B 邮费贵
C 卖家服务不好　　　　D 送货速度慢

나는 여태껏 인터넷에서 옷을 사지 않았다. 왜냐하면 옷을 사려면 반드시 입어 봐야 사이즈가 맞는지 맞지 않는지를 알 수 있기 때문이다. 게다가 인터넷에서 파는 옷은 품질이 떨어져서, 실수로 가짜 물건을 사게 되면 곤란해진다.

★ 그는 왜 인터넷에서 옷을 사지 않는가?

A 품질이 걱정되어서　　　　B 배송비가 비싸서
C 판매자의 서비스가 좋지 않아서　　D 배송 속도가 느려서

정답 A

해설 그가 인터넷에서 옷을 사지 않는 이유에 대해 묻는 문제로 지문의 마지막 부분에서 인터넷에서 파는 옷은 품질이 떨어진다고 언급했다. 따라서 정답은 A이다.

지문 어휘

从来 cónglái 🕘 여태껏, 지금까지 ⭐
合适 héshì 📗 알맞다, 적합하다 ⭐
质量 zhìliàng 📘 품질 ⭐
差劲 chà jìn 📗 뒤떨어지다, 좋지 못하다
假 jiǎ 📗 가짜의 ⭐

보기 어휘

担心 dān xīn 📙 걱정하다
邮费 yóufèi 📘 배송비, 우편료
服务 fúwù 📙 서비스하다, 근무하다
送货 sòng huò 📙 상품을 보내다
速度 sùdù 📘 속도 ⭐
慢 màn 📗 느리다

78　　　　　　　　선생님 강추!

有的人常说："长相决定人生的一切"。其实，长相虽然重要，但是能够正确认识自己的长处，选择适合自己能做好的事并坚持下去，才是成功的关键。

★ 根据这段话，成功的关键是什么？

A 做适合自己的事　　　　B 有魅力
C 按照规定做　　　　　　D 长相

어떤 이는 '생김새가 인생의 모든 것을 결정한다'고 말한다. 사실, 생김새가 중요하지만, 자신의 장점을 정확하게 인식하고, 자신이 잘 할 수 있는 적합한 일을 선택하여 꾸준히 해나가는 것이야 말로 성공의 핵심이다.

★ 이 글에 근거하여, 성공의 핵심은 무엇인가?

A 자신에게 적합한 일을 하는 것　　B 매력있는 것
C 규정에 따라 하는 것　　　　　　D 생김새

정답 A

해설 성공의 핵심이 무엇인지 묻는 문제로 지문 마지막 부분에서 자신이 잘 할 수 있는 적합한 일을 선택하여 꾸준히 해나가는 것이야 말로 성공의 핵심이라고 했으므로 정답은 A이다.

지문 어휘

长相 zhǎngxiàng 📘 생김새, 용모
决定 juédìng 📙 결정하다
人生 rénshēng 📘 인생
一切 yíqiè 📗 모든, 전부 ⭐
其实 qíshí 🕘 사실
正确 zhèngquè 📗 정확하다 ⭐
认识 rènshi 📙 인식하다
选择 xuǎnzé 📙 선택하다
适合 shìhé 📙 적합하다 ⭐
坚持 jiānchí 📙 꾸준히 하다, 견지하다 ⭐
成功 chénggōng 📘 성공 📙 성공하다 ⭐
关键 guānjiàn 📘 핵심, 관건 ⭐

보기 어휘

魅力 mèilì 📘 매력
按照 ànzhào 🔤 ~에 따라 ⭐
规定 guīdìng 📘 규정 📙 규정하다 ⭐

一位公司的面试官指出：有些学生成绩很优秀，但连简单的交流都有问题。他们不敢大声回答，而且不敢抬头看面试官。学生们应该理解工作与在校园学习是不一样的，要积极改变自己，以早日适应社会。

★ 根据这段话，学生们应该：

A 按时做作业　　　　B 提高要求

C 多努力学习　　　　D 适应社会

한 회사 면접관은 어떤 학생은 성적은 우수하나 간단한 소통조차도 문제가 있다고 지적한다. 그들은 큰소리로 대답할 엄두도 못내고 고개를 들어 면접관을 볼 용기도 없다. 학생들은 업무와 캠퍼스에서의 공부는 다르다는 것을 이해해야 하며, 빨리 사회에 적응할 수 있도록 적극적으로 자신을 변화시켜야 한다.

★ 이 글에 근거하여, 학생들은 반드시:

A 제때 숙제를 해야 한다　　　B 요구를 높여야 한다

C 더 열심히 공부해야 한다　　D 사회에 적응해야 한다

정답 D

해설 지문에 근거하여 학생들이 반드시 어떻게 해야 하는지를 묻는 문제로 지문의 끝 부분에 정답이 있다. 빨리 사회에 적응할 수 있도록 자신을 변화시켜야 한다고 언급했으므로 정답은 D이다.

지문 어휘

面试官 miànshìguān ⑧ 면접관

指出 zhǐchū ⑧ 지적하다, 밝히다, 가리키다

成绩 chéngjì ⑧ 성적, 성과

优秀 yōuxiù ⑧ 우수하다, 뛰어나다 ★

简单 jiǎndān ⑧ 간단하다

不敢 bùgǎn ⑧ ~할 엄두를 못 내다, ~할 용기가 없다

回答 huídá ⑧ 대답 ⑧ 대답하다

抬头 tái tóu ⑧ 머리를 들다

校园 xiàoyuán ⑧ 캠퍼스

积极 jījí ⑧ 적극적이다 ★

改变 gǎibiàn ⑧ 변하다, 바뀌다, 달라지다 ★

早日 zǎorì ⑨ 빨리, 신속히

适应 shìyìng ⑧ 적응하다 ★

社会 shèhuì ⑧ 사회 ★

보기 어휘

按时 ànshí ⑨ 제때에 ★

作业 zuòyè ⑧ 숙제

提高 tígāo ⑧ 높이다, 향상시키다

要求 yāoqiú ⑧ 요구

[80-81]

许多人认为 80 工作太忙没有时间是他们不做运动的主要原因。其实，最重要的是让他们知道 81 到处都有锻炼身体的机会。上下班乘坐电梯或公交车时，提前一站下车，步行前往；上楼时放弃乘坐电梯，改爬楼梯。这些不都是在锻炼身体吗？

....

많은 사람들은 80 업무가 너무 바빠서 시간이 없는 것이 그들이 운동을 하지 못하는 주요한 원인이라고 여긴다. 사실, 가장 중요한 것은 그들로 하여금 81 어디서나 운동할 기회가 있다는 것을 알게해야 한다는 것이다. 출퇴근 길에 엘리베이터를 타거나 혹은 버스를 탈 때, 한 정거장 전에 미리 하차하여 걷는다거나, 위층에 갈 때 엘리베이터 타는 것을 포기하고, 계단을 오르는 것이다. 이 모든 것이 운동이 아니겠는가?

지문 어휘

许多 xǔduō ⑧ 매우 많다 ★

认为 rènwéi ⑧ 여기다

主要 zhǔyào ⑧ 주요한

原因 yuányīn ⑧ 원인 ★

其实 qíshí ⑨ 사실

到处 dàochù ⑧ 도처, 곳곳 ★

锻炼 duànliàn ⑧ 단련하다, 운동하다

乘坐 chéngzuò ⑧ 타다 ★

电梯 diàntī ⑧ 엘리베이터

公交车 gōngjiāochē (대중교통) 버스

放弃 fàngqì ⑧ 포기하다, 버리다 ★

楼梯 lóutī ⑧ (다층 건물의) 계단

80

★ 许多人认为自己缺少锻炼的原因是：

A 学习任务重　　　　B 动作难懂

C 工作太忙　　　　　D 身体条件差

★ 많은 이들의 생각에 자신의 운동 부족 원인은:

A 학습 부담이 커서　　　B 동작이 어려워서

C 업무가 너무 바빠서　　D 신체 조건이 나빠서

보기 어휘

缺少 quēshǎo 통 부족하다, 모자라다

任务 rènwu 명 임무, 책임 ★

动作 dòngzuò 명 동작, 행동 ★

条件 tiáojiàn 명 조건 ★

정답 C

해설 많은 이들의 생각에 자신의 운동 부족 원인이 무엇인지를 묻는 문제이다. 지문의 시작 부분에서 업무가 바빠서 시간이 없는 것이 그들이 운동을 하지 못하는 주요한 원인이라고 언급했으므로 정답은 C이다.

81

★ 根据这段话，可以知道：

A 跑步能减肥　　　　B 运动要有选择

C 到处都可以运动　　D 要坚持运动

★ 이 글에 근거하여, 알 수 있는 것은:

A 달리기는 다이어트가 된다　　B 운동에는 선택이 필요하다

C 어디에서든 운동할 수 있다　　D 꾸준히 운동해야 한다

보기 어휘

减肥 jiǎnféi 통 다이어트하다, 살을 빼다 ★

选择 xuǎnzé 명 선택 통 선택하다

정답 C

해설 이 글에 근거하여 알 수 있는 것이 무엇인지 묻는 문제이다. 지문에서 어디서나 운동할 기회는 있다고 언급했으므로 정답은 C이다.

[82-83]

　　这本书的作者是位著名的历史学家，这本书共分为三个部分，82 详细地介绍了古代中国的社会发展情况和成就。书中不仅提到了中国文学发展的思潮，也介绍了农业发展过程中出现的一些问题。83 书的内容很丰富多采，值得一看。

이 책의 저자는 유명한 역사학자이다. 이 책은 모두 세 부분으로 나뉘어져 있으며, 82 고대 중국의 사회 발전 상황과 성과를 상세하게 소개하고 있다. 책에는 중국 문학 발전의 시대정신을 언급하였을 뿐만 아니라, 농업 발전 과정 중에 나타난 문제들도 소개하고 있다. 83 책의 내용이 풍부하고 다채로워서, 한번 볼만한 가치가 있다.

지문 어휘

作者 zuòzhě 명 저자, 지은이 ★

历史学家 lìshǐ xuéjiā 역사학자

分为 fēnwéi 통 ~으로 나누다

详细 xiángxì 형 상세하다 ★

古代 gǔdài 명 고대

社会 shèhuì 명 사회 ★

发展 fāzhǎn 명 발전 ★

情况 qíngkuàng 명 상황 ★

成就 chéngjiù 명 성과, 성취

不仅 bùjǐn 접 ~뿐만 아니라 ★

思潮 sīcháo 명 시대정신, 일련의 사고 활동

실전모의고사

1회

실전모의고사 1회 **167**

农业 nóngyè 📕 농업
出现 chūxiàn 📗 나타내다,
출현하다 ⭐
内容 nèiróng 📕 내용 ⭐
丰富多彩 fēngfùduōcǎi
풍부하고 다채롭다, 내용이 알차고
형식이 다양하다
值得 zhídé 📗 ~할 만한 가치가
있다 ⭐

82

★ 那本书主要讲的是:

A 节日文化　　　　　B 民族文化
C 中国经济发展　　　D 中国古代社会

보기 어휘

节日 jiérì 📕 명절, 기념일

★ 그 책이 주로 이야기하는 바는:

A 명절 문화　　　　　B 민족 문화
C 중국 경제 발전　　　D 중국 고대 사회

정답　D

해설　그 책이 주로 이야기하는 바가 무엇인지 묻는 문제로 지문의 중간 부분에서 고대 중국의 사회 발전 상황과 성과를 상세하게 소개하고 있다고 언급했다. 따라서 정답은 D이다.

83

★ 说话人认为那本书怎么样?

A 很精彩　　　　　　B 用词不准确
C 让人失望　　　　　D 语言幽默

보기 어휘

精彩 jīngcǎi 📘 훌륭하다 ⭐
准确 zhǔnquè 📘 확실하다 ⭐
失望 shīwàng 📗 실망하다 ⭐
语言 yǔyán 📕 언어 ⭐
幽默 yōumò 📘 유머러스하다 ⭐

★ 화자의 생각에 그 책은 어떠한가?

A 훌륭하다　　　　　B 사용한 어휘가 정확하지 않다
C 실망스럽다　　　　D 언어가 유머러스하다

정답　A

해설　화자의 생각에 그 책이 어떠한지 묻는 문제이다. 지문의 마지막 부분에서 책의 내용이 풍부하고 다채롭다고 언급했으므로 정답은 A이다.

有些孩子们为什么会有坏习惯？这个问题往往可以 **84 从父母的态度上找到答案**。一些父母说的是一个样子，做的却是另外一个样子。比如，父母刚跟孩子说环保的问题，自己却又乱扔垃圾。实际上，**85 孩子从父母身上学到的并不只是知识，还有一言一行的态度**。父母要永远记得：自己的一切都会影响孩子的习惯，甚至会影响他们的一生。

어떤 아이들은 왜 나쁜 습관을 가지고 있는가? 이 문제는 종종 **84 부모의 태도에서 답을 찾을 수 있다**. 일부 부모들은 말하는 것과 (행동)하는 것이 오히려 다르다. 예를 들어, 부모가 아이와 환경보호 문제에 대해 방금 이야기하고선, 자신은 오히려 다시 함부로 쓰레기를 버린다. 실제로, **85 아이가 부모로부터 배우는 것은 결코 단지 지식만이 아니라, 말과 행동 하나하나의 태도 또한 배운다**. 부모는 영원히 기억해야 한다: 자신의 모든 것이 아이의 습관에 영향을 끼치고, 심지어 그들의 일생에도 영향을 끼칠 수 있다는 것을.

지문 어휘

坏 huài 형 나쁘다

习惯 xíguàn 명 습관, 버릇

往往 wǎngwǎng 부 종종, 왕왕, 자주 ★

态度 tàidu 명 태도 ★

答案 dá'àn 명 답, 답안 ★

却 què 부 오히려 ★

另外 lìngwài 대 다른 ★

环保 huánbǎo 명 환경 보호

乱 luàn 부 함부로 ★

扔 rēng 동 버리다, 던지다

垃圾 lājī 명 쓰레기

实际上 shíjìshang 부 실제로, 사실상 ★

一言一行 yìyán yìxíng 말과 행동 하나하나, 일거수일투족

永远 yǒngyuǎn 부 영원히 ★

一切 yíqiè 대 모든 ★

甚至 shènzhì 부 심지어, ~까지도 ★

84

★ 孩子的坏习惯可能和什么有关?

A 互联网信息 　　　**B** 社会环境
C 学校教育 　　　　**D** 父母的态度

★ 아이의 나쁜 습관은 무엇과 연관이 있을 수 있는가?

A 인터넷 정보 　　　**B** 사회 환경
C 학교 교육 　　　　**D** 부모의 태도

보기 어휘

互联网 hùliánwǎng 명 인터넷 ★

정답 D

해설 아이의 나쁜 습관은 무엇과 연관이 있는지 묻는 문제로 지문 시작 부분에서 부모의 태도로부터 답을 찾을 수 있다고 했다. 따라서 정답은 D이다.

85

★ 这段话告诉父母要:

A 学会原谅 　　　　**B** 注意言行
C 重视阅读 　　　　**D** 多鼓励孩子

★ 이 글은 부모들이 어떻게 해야 한다고 알려주는가:

A 용서를 배워야 한다 　　　**B** 언행에 주의해야 한다
C 독서를 중시해야 한다 　　**D** 아이를 많이 격려해야 한다

보기 어휘

原谅 yuánliàng 동 용서하다, 양해하다 ★

言行 yánxíng 명 언행, 말과 행동

重视 zhòngshì 동 중시하다, 중요시하다 ★

阅读 yuèdú 동 열독하다, (책이나 신문을)보다

鼓励 gǔlì 동 격려하다 ★

해설 부모들이 어떻게 해야 하는지 묻는 문제로 지문의 중간 부분에서 아이가 부모로부터 단지 지식만 배우는 것이 아니라 말과 행동 하나하나의 태도 또한 배운다고 언급하며 부모는 자신의 모든 것이 아이의 습관에 영향을 끼칠 수 있음을 기억해야 한다고 했다. 따라서 정답은 B이다.

제1부분 86~95번 문제는 제시된 단어를 알맞게 배열하여 하나의 문장을 완성하는 문제입니다.

86

你这次   顺利   考试   吗

보기 어휘

顺利 shùnlì 혱 순조롭다 ★
考试 kǎoshì 몡 시험
동 시험을 치다

해설

Step 1 술어를 찾는다. 顺利(순조롭다)는 형용사이므로 뒤에 목적어를 가질 수 없다.

술어
顺利

Step 2 你这次(너 이번)가 수식하는 명사는 考试(시험)이므로 你这次考试 순서로 배열해 술어 앞에 놓는다.

주어	술어
你这次 考试	顺利

Step 3 남은 어휘 吗는 문장의 끝에 붙여 의문을 표시하는 어기조사이므로 문장 제일 마지막에 배치하고 물음표 (?)를 붙여 문장을 마무리한다.

주어	술어	吗
你这次 考试	顺利	吗

정답 你这次考试顺利吗?

해석 너 이번 시험은 순조롭니?

87

선생님 강추!

我想   成绩   的   看看你们俩

보기 어휘

成绩 chéngjì 몡 성적, 성과
俩 liǎ 중 두 개, 두 사람 ★

해설

Step 1 술어를 찾는다. 술어가 포함된 어구는 看看你们俩로 看看이 술어이다.

술어
看看 你们俩

Step 2 주어를 포함한 어구는 我想으로 주어는 我, 조동사 想은 부사어이다. 따라서 술어 看看 앞에 我想을 배치하고 남은 어휘 成绩는 목적어로 你们俩에 구조조사 的를 연결해 목적어 앞에 놓는다.

주어 + 부사어	술어 + 관형어	목적어
我 想	看看 你们俩的	成绩

정답 我想看看你们俩的成绩。

해석 나는 너희 둘의 성적을 좀 보고 싶다.

88

她坐的　　　刚刚　　　出发　　　火车

보기 어휘

刚刚 gānggāng **[부]** 막, 방금
出发 chūfā **[동]** 출발하다 ⭐

[해설] **Step 1** 술어를 찾는다.

술어
出发

Step 2 보기에 刚刚(막)은 부사어이므로, 술어 앞에 놓는다.

부사어	술어
刚刚	出发

Step 3 보기 어휘 가운데 她坐的는 구조조사 的가 붙어있으므로 관형어 역할을 할 수 있다. 따라서 이 문장의 주어인 火车(기차) 앞에 관형어 她坐的를 배치해야 한다.

관형어	주어	부사어	술어
她坐的	火车	刚刚	出发

[정답] 她坐的火车刚刚出发。

[해석] 그녀가 탄 기차가 막 출발했다.

89　　　　　　　　　　　　　　　　　　　　　선생님 강추!

弟弟　　　被　　　吃光　　　饼干　　　了

보기 어휘

被 bèi **[전]** ~에 의해
吃光 chī guāng 다 먹어 치우다
饼干 bǐnggān **[명]** 비스킷,
과자 ⭐

[해설] **Step 1** 술어를 포함한 어구는 吃光으로 술어는 동사 吃(먹다)이며, 光은 동사 뒤에 쓰여 동사의 결과를 보충해주는 보어임을 알 수 있다.

술어
吃 光

Step 2 보기에 被가 있으므로 被자문 어순인 [주어+被+목적어(행위의 주체)+술어+기타성분]순으로 배치한다. 被(~에 의해) 뒤에는 일반적으로 사람명사나 인칭대명사가 오므로 弟弟를 被 뒤에 놓고, 주어 자리에는 饼干(비스킷)을 배치한다.

주어	被	목적어(행위의 주체)	술어 + 기타성분
饼干	被	弟弟	吃 光

Step 3 남은 어휘인 어기조사 了는 기타성분으로 문장 제일 마지막에 놓는다.

주어	被	목적어(행위의 주체)	술어 + 기타성분
饼干	被	弟弟	吃 光了

[정답] 饼干被弟弟吃光了。

[해석] 비스킷은 남동생이 다 먹어치웠다.

| 在 | 他们好像 | 什么事情 | 讨论 |

보기 어휘

好像 hǎoxiàng 🖫 ~인 것 같다 ⭐
讨论 tǎolùn 🖩 토론하다 ⭐

해설 **Step 1** 술어를 찾는다.

| 술어 |
| 讨论 |

Step 2 이 문제에서는 在의 의미를 제대로 파악하는 것이 매우 중요하다. 在 는 전치사로 '~에서'라는 의미로도 쓰이지만 제시된 보기에 장소명사 가 없는 것으로 보아 진행을 나타내는 부사 '~하고 있다'의 의미로 쓰 였음을 알 수 있다. 따라서 在를 술어 앞 부사어 자리에 배치하고 [관형 어+목적어] 형태의 什么事情(무슨 일)을 목적어 자리에 놓는다.

| 부사어 | 술어 | 관형어 + 목적어 | |
| 在 | 讨论 | 什么 | 事情 |

Step 3 남은 어휘 他们好像에서 他们(그들)은 주어이므로 문장의 맨 앞에 배 치한다.

| 주어 + 부사어 | | 부사어 | 술어 | 관형어 + 목적어 | |
| 他们 | 好像 | 在 | 讨论 | 什么 | 事情 |

정답 他们好像在讨论什么事情。

해석 그들은 무슨 일을 토론하고 있는 것 같다.

| 运动 | 有好处 | 对身体 | 坚持 |

보기 어휘

对~有好处 duì ~ yǒu hǎochù
~에 좋다, ~에 장점이 있다
坚持 jiānchí 🖩 꾸준히 하다,
견지하다 ⭐

해설 **Step 1** 술어를 찾는다. 술어를 포함한 어구는 有好处로 술어는 동사 有(있다) 이며, 명사 好处(장점)는 목적어이다.

| 술어 | |
| 有 | 好处 |

Step 2 有好处는 전치사 对(~에)와 함께 어울려 对~有好处의 순으로 쓰이 므로 전치사구 对身体(건강에)를 술어 앞 부사어 자리에 배치한다.

| 부사어(전치사구) | 술어 + 목적어 | |
| 对身体 | 有 | 好处 |

Step 3 남은 어휘는 동사 坚持(꾸준히 하다)와 명사 运动(운동)으로 [술어+목 적어] 순서의 술목구로 만들어 坚持运动(운동을 꾸준히 하는 것은)의 형태로 주어 자리에 배치한다.

| 주어(술목구) | | 부사어(전치사구) | 술어 + 목적어 | |
| 坚持 | 运动 | 对身体 | 有 | 好处 |

정답 坚持运动对身体有好处。

해석 운동을 꾸준히 하는 것은 건강에 좋다.

| 进行了 | 左右 | 这次活动 | 一个月 |

보기 어휘

进行 jìnxíng 📖 진행하다, 앞으로 나아가다 ⭐
左右 zuǒyòu 📖 정도, 쯤 ⭐
活动 huódòng 📖 활동, 행사 ⭐

해설 **Step 1** 술어를 찾는다. [동사+了]의 형태인 进行了(진행했다)를 술어 자리에 배치한다.

| 술어 |
| 进行了 |

Step 2 주어를 포함한 어구는 [지시대명사+양사+명사]형태인 这次活动(이번 행사)이며, 这次(이번)는 관형어, 活动(행사)은 주어이다.

| 관형어 + 주어 | 술어 |
| 这次 活动 | 进行了 |

Step 3 남은 어휘 중 一个月는 시간의 경과를 나타내는 시량보어로 [술어+시량보어] 순으로 술어 뒤에 배치하고, 左右(정도, 쯤)는 어림수를 나타내는 어휘로 숫자 一个月(한 달) 뒤에 연결해 놓는다.

| 관형어 + 주어 | 술어 | 시량보어 |
| 这次 活动 | 进行了 | 一个月 左右 |

정답 这次活动进行了一个月左右。

해석 이번 행사는 한 달 정도 진행했다.

93

선생님 강추!

| 一些 | 我感觉 | 今年夏天 | 热 | 比去年 |

보기 어휘

一些 yìxiē 📖 조금, 약간
感觉 gǎnjué 📖 느끼다 ⭐
热 rè 📖 덥다, 뜨겁다
去年 qùnián 📖 작년

해설 **Step 1** 술어를 찾는다. 술어를 포함한 어구는 我感觉로 我는 전체 문장의 주어, 感觉는 전체 문장의 술어로 쓰였음을 알 수 있다.

| 술어 |
| 我 感觉 |

Step 2 보기에 比자가 있으므로 比자문의 기본 어순인 [주어+比+비교 대상+술어+수량구]의 순서로 배치한다. 이 문제에서는 전체 문장의 목적어 자리에 比자문이 위치한다.

| 주어 + 술어 | 전체 목적어(比자문) |
| 我 感觉 | 今年夏天 比去年 热 |

Step 3 남은 어휘 一些(조금, 약간)는 술어 뒤에 쓰여 비교의 정도를 표현할 수 있다. 따라서 热(덥나) 뒤에 一些를 배치하면 된다.

| 주어 + 술어 | 전체 목적어(比자문) |
| 我 感觉 | 今年夏天 比去年 热 一些 |

정답 我感觉今年夏天比去年热一些。

해석 내가 느끼기엔 올해 여름이 작년보다 좀 더 더운 거 같다.

Tip [주어+比+비교 대상+술어+一些 (주어)는 (비교 대상)보다 조금 (술어)하다는 一些 대신 一点儿을 쓸 수 있으며, 차이가 큰 경우에는 一些 자리에 多了를 쓸 수 있다.

94

| 重要 | 获得成功的 | 准备是 | 条件 |

보기 어휘

重要 zhòngyào 형 중요하다
获得 huòdé 동 얻다, 취득하다 ⭐
成功 chénggōng 명 성공 동 성공하다 ⭐
准备 zhǔnbèi 명 준비, 계획 동 준비하다
条件 tiáojiàn 명 조건 ⭐

해설 **Step 1** 술어를 찾는다. 보기 가운데 동사 술어 是를 포함하고 있는 准备是를 술어 자리에 배치하고 [A 是 B(A는 B이다)] 구문으로 배열한다.

술어
准备 是

Step 2 주어는 准备(준비)이고, 목적어는 명사 条件(조건)이다. 형용사 重要(중요한)은 목적어 条件을 수식하는 관형어 역할을 하므로 목적어 앞에 놓는다.

| 주어 + 술어 | 관형어 | 목적어 |
| 准备 是 | 重要 | 条件 |

Step 3 남은 어휘인 获得成功的(성공을 거두는)는 관형어로 [관형어+목적어] 형태의 重要条件(중요한 조건)을 수식하므로 重要条件 앞에 배치한다.

| 주어 + 술어 | 관형어 | 목적어 |
| 准备 是 | 获得成功的 重要 | 条件 |

정답 准备是获得成功的重要条件。

해석 준비는 성공을 거두는 중요한 조건이다.

95

| 给王总 | 那个座位 | 是专门 | 留的 |

보기 어휘

座位 zuòwèi 명 좌석, 자리 ⭐
专门 zhuānmén 부 특별히, 전문적으로 ⭐
留 liú 동 남기다 ⭐

해설 **Step 1** 제시된 어휘에 是와 的가 있는 것으로 보아 是~的 강조 구문의 어순으로 배열한다. 참고로 专门(특별히)은 부사어이고, 留(남기다)는 是 외의 또 다른 술어이다.

| 是 | 的 |
| 是 专门 | 留 的 |

Step 2 주어 자리에는 술어 留와 문맥상 어울리는 어휘인 那个座位(그 좌석)를 배치한다.

| 관형어 + 주어 | 是 + 부사어 | 술어+ 的 |
| 那个 座位 | 是 专门 | 留 的 |

Step 3 남은 어휘 给王总(왕 대표에게)은 강조하고 싶은 내용의 전치사구로 부사어 专门 뒤, 술어 留 앞에 놓는다.

| 관형어 + 주어 | 是 | 강조내용(부사어 + 전치사구) | 술어 | 的 |
| 那个 座位 | 是 | 专门 给王总 | 留 | 的 |

정답 那个座位是专门给王总留的。

해석 그 좌석은 특별히 왕 대표에게 남겨 둔 것이다.

短信

보기 어휘

短信 duǎnxìn 몡 문자 메시지 ⭐
发 fā 통 보내다
越来越 yuèláiyuè 뷔 점점 더,
더욱 더
通过 tōngguò 젠 ~을 통해서 ⭐
交流 jiāoliú 통 소통하다, 교류하
다, (정보를) 교환하다 ⭐

명사 어휘로 문장 만들기

해설 **Step 1** 먼저 품사를 떠올린 후에, 사진과 알맞은 어휘나 표현을 떠올린다.

제시 어휘 : **短信** 몡 문자 메시지

관련 어휘 : 동사 ⋯ 보내다 (**发**), 소통하다(**交流**)

Tip 给 ~发短信(~에게 문자 메시지를 보내다) 구문으로 작문을 한다.

Step 2 사진을 보며 떠올린 표현에 살을 붙인다.

사진 관찰 : 휴대폰으로 메시지를 보내는 여자 모습

연상 문장 : 그녀는 항상 친구에게 문자 메시지를 보낸다

점점 더 많은 사람들이 휴대폰 문자 메시지를 통해서 소통

하고 있다

모범답안 1. 她经常给朋友发短信。(그녀는 항상 친구에게 문자 메시지를 보낸다.)
2. 现在越来越多的人通过手机短信进行交流。
(현재 점점 더 많은 사람들이 휴대폰 문자 메시지를 통해서 소통하고 있다.)

巧克力

보기 어휘

巧克力 qiǎokèlì 몡 초콜릿 ⭐
味道 wèidao 몡 맛 ⭐

명사 어휘로 문장 만들기

해설 **Step 1** 먼저 품사를 떠올린 후에, 사진과 알맞은 어휘나 표현을 떠올린다.

제시 어휘 : **巧克力** 몡 초콜릿

관련 어휘 : 동사 ⋯ 좋아하다(**喜欢**)

명사 ⋯ 맛(**味道**)

Step 2 사진을 보며 떠올린 표현에 살을 붙인다.

　　　　　사진 관찰 : 초콜릿

　　　　　연상 문장 : 나는 초콜릿 먹는 것을 매우 좋아한다

　　　　　　　　　　　이 초콜릿은 맛이 좋다

[정답] 1. 我很喜欢吃巧克力。(나는 초콜릿 먹는 것을 매우 좋아한다.)

　　　　2. 这种巧克力味道很好。(이런 종류의 초콜릿은 맛이 좋다.)

98

脏

보기 어휘

脏 zāng 〔형〕 더럽다 ☆
小朋友 xiǎopéngyou
〔명〕 아이, 어린이, 꼬마
踢球 tī qiú 축구하다
弄脏 nòng zāng 〔동〕 더럽히다

형용사 어휘로 문장 만들기

[해설] **Step 1** 먼저 품사를 떠올린 후에, 사진과 알맞은 어휘나 표현을 떠올린다.

　　　　　제시 어휘 : **脏** 〔형〕 더럽다

　　　　　관련 어휘 : 동사 ⋯ 축구하다(**踢球**)

　　　　　　　　　　　명사 ⋯ 옷(**衣服**)

　　　Tip 把자문을 활용해서 작문을 한다.

　　　Step 2 사진을 보며 떠올린 표현에 살을 붙인다.

　　　　　사진 관찰 : 옷이 더러워 보이는 한 남자아이의 모습

　　　　　연상 문장 : 아이의 옷이 더러워 보인다

　　　　　　　　　　　아이가 축구할 때 옷을 더럽혔다

[모범답안] 1. 这个孩子的衣服看起来很脏。(이 아이의 옷이 더러워 보인다.)

　　　　　2. 小朋友在踢球的时候，把衣服弄脏了。(아이가 축구할 때, 옷을 더럽혔다.)

99

商量

보기 어휘

商量 shāngliang 〔동〕 의논하다,
상의하다 ☆
业务 yèwù 〔명〕 업무

해설　**Step 1**　먼저 품사를 떠올린 후에, 사진과 알맞은 어휘나 표현을 떠올린다.

제시 어휘: **商量** 통 의논하다, 상의하다

관련 어휘: 전치사 ⋯ ~와 (**跟**)

Step 2　사진을 보며 떠올린 표현에 살을 붙인다.

사진 관찰: 남자 둘이서 이야기를 나누는 모습

연상 문장: 그 두 사람은 업무에 대해 의논하고 있다

남자는 아버지와 결혼에 대해 상의하고 있다

모범답안　1. 他们俩正在商量明天的业务。

(그 두 사람은 내일 업무에 대해 의논하고 있다.)

2. 男的正在跟爸爸商量结婚的事。(남자는 아버지와 결혼하는 일을 상의하고 있다.)

100

牙膏

牙膏 yágāo 명 치약 ★

用 yòng 통 쓰다, 사용하다

超市 chāoshì 명 슈퍼마켓, 마트

해설　**Step 1**　먼저 품사를 떠올린 후에, 사진과 알맞은 어휘나 표현을 떠올린다.

제시 어휘: **牙膏** 명 치약

관련 어휘: 동사 ⋯ 사용하다(**用**)

명사 ⋯ 슈퍼마켓(**超市**)

Tip　快要 ~了(곧 ~하려고 한다)를 활용해서 작문을 한다.

Step 2　사진을 보며 떠올린 표현에 살을 붙인다.

사진 관찰: 거의 다 써 가는 치약

연상 문장: 치약을 거의 다 써 간다

슈퍼마켓에 가서 치약을 사려고 한다

모범답안　1. 牙膏快要用完了。(치약을 거의 다 써 간다.)

2. 我打算今天去超市买个牙膏。

(니는 오늘 슈퍼마켓에 가서 치약을 하나 사려고 한다.)

HSK
4급

HSK(四级)模拟试题第二套

大家好! 欢迎参加HSK(四级)考试。

HSK(四级)听力考试分三部分，共45题。

请大家注意，听力考试现在开始。

第一部分

一共10个题，每题听一次。

现在开始第一题:

1. 小王，幸亏你及时通知我会议提前了，不然我肯定来不及准备那么多材料。

   ★ 会议提前了。

2. 银行旁边有家餐厅，我们取完钱去那儿吃顿饭吧。我从早上到现在什么东西都没吃，肚子非常饿。

   ★ 他们现在在餐厅。

3. 我父亲是一位警察，他既勇敢又有责任心，周围很多人都很尊重他。

   ★ 他父亲是一位律师。

4. 我们俩已经认识很多年了，很了解对方，有时候仅仅一个小小的动作，我就能明白他要做什么。

   ★ 他们两个人不熟悉。

5. 张教授在我读硕士时，送给我这本书，每当看到它，我就能想起当时张教授对我的帮助。

   ★ 那本书是张教授送的。

6. 每当我边听广播边开车，妈妈就说这样不安全，特别是在高速公路上的时候。我认为她说得对，因此改掉了这个坏习惯。

   ★ 他同意妈妈的看法。

7. 功夫熊猫说的是一只熊猫学中国功夫的内容，通过这部有意思的电影，我们能接触到很多与中国文化有关的知识。

   ★ 那部电影很无聊。

8. 先生，我们这几天正在做活动，新推出的绿茶蛋糕在打半价，您要不要品尝?

   ★ 绿茶蛋糕正在打折。

9. 新鞋刚穿时会不太舒服，但过几天就好了。适应一个新环境也是如此，一开始我们可能不适应，但是时间一长，就不会有这种感觉了。

   ★ 适应新环境需要一个过程。

10. 为了对大家这一年来的辛苦工作表示感谢，公司决定为大家组织一次出国旅游，时间是十二月十日到十四日。

    ★ 旅游时间还没有定。

第二部分

一共15个题，每题听一次。

现在开始第11题：

11

男：这表上的社会经历栏里填什么？

女：你还是学生，如果没有的，这部分就不用填。

问：男的是做什么的？

12

女：明晚，你陪我去看首都剧院的民族舞表演吧。

男：好的，我正好有时间，下班后来接你。

问：他们明晚准备去哪儿？

13

男：你是不是比以前瘦了？

女：是的，我最近经常加班，忙得都没时间吃饭。

问：女的怎么了？

14

女：虽然春天到了，但北京温度还很低。你出门还是带件厚衣服吧。

男：知道了，那我带那件去年买的大衣吧。

问：女的建议男的怎么做？

15

男：没想到你钢琴弹得这么厉害。

女：我妈妈是钢琴老师，我五岁开始就跟着她学了。

问：关于女的，可以知道什么？

16

女：那位经济学家你邀请到了吗？

男：没有，他办公室的电话总是占线。我试试给他发一封电子邮件吧。

问：男的为什么还没邀请到那位经济学家？

17

男：没想到这本小说的作者是一个大学生。

女：是啊，大家很喜欢他这本书。

问：那本小说怎么样？

18

女：我对您的房子很满意，就是房租稍微贵了点。能不能便宜一点？

男：对不起，这个价格已经很便宜了，而且里面的家具全部都是刚买的。

问：男的是什么意思？

19

男：晚上没睡好吗？我看你一上午没精神。

女：是啊，昨晚我儿子生病，我在医院照顾他一晚上。

问：女的在医院陪谁了？

20

女：你为什么突然对汽车杂志感兴趣了？

男：我想买辆车，想多掌握一下这方面的知识。

问：男的为什么对汽车杂志感兴趣？

21

男：暑假我们要到云南去旅行，你去吗？

女：恐怕不行，我很久没回家了，得回家看看父母。

问：男的想什么时候去云南？

22

女：厨房的垃圾太多了，我出去扔一下。

男：现在外面下大雨，等雨停了，我出去运动的时候给你带出去。

问：男的是什么意思？

23

男：刚刚是不是有人在敲咱家的门？

女：不是，敲的是邻居家的门。

问：男的怀疑什么？

24

女：这趟航班上的机内餐真好吃。

男：是啊，这个果汁也很好喝。你要不要也来一杯？

问：他们现在最可能在哪儿？

25

男：我可以用你电脑上网吗？

女：当然可以，我手机号的后六位是开机密码。

问：男的在干什么？

第三部分

一共20个题，每题听一次。

现在开始第26题：

26

女：电梯是不是有问题？

男：啊，我想起来了，没问题，是停电了。我早上出门时看见停电通知了。

女：那我们只有从楼梯上去了。

男：嗯，就当运动了。

问：他们为什么走楼梯？

27

男：喂，姐，我没有收到你给我寄的东西。

女：怎么可能？我都寄出去一个多星期了呀。

男：地址有没有写错呀？

女：没有，最后我还检查了一遍呢。

问：根据对话，下列哪个正确？

28

女：小夏的管理方面的知识很丰富。

男：对，他大学学习的就是这个专业。

女：原来如此啊！

男：而且他当时学习很好，几乎每学期都拿奖学金。

问：关于小夏，可以知道什么？

29

男：你咳嗽更严重了。

女：对，这两天刮大风，气温降低了。

男：你得学会照顾自己，出去时戴个帽子。

女：好的，非常感谢。

问：女的怎么了？

30

女：你的签证办下来了吗？

男：没有，说我的照片不符合要求。

女：什么原因？

男：照片要求是白底的，我得重新照一张。

问：男的为什么还没办下来签证？

31

男：你了解附近哪家理发店比较好吗？

女：我们学校东门那家就很好。 你要理发？

男：明天我要去约会，想把头发整理得好看一些。

女：这样啊！

问：女的说的那家理发店在哪儿？

32

女：中国人结婚用的喜糖就是这个吗？

男：是的，有水果味儿的、牛奶味儿的，连巧克力也可以做喜糖。

女：无论是糖还是巧克力，我都爱吃。

男：你不正在减肥吗？

女：吃完再减。

问：关于女的，可以知道什么？

33

男：小姐，您要不要开通来电提醒？

女：这个是如何收费的？

男：您可以免费使用三个月，之后每个月收费两元。

女：好的，那麻烦您给我开通吧。

问：三个月后，女的每个月需要交多少服务费？

34

女：喂，聚会结束了吗？

男：没有呢，我们还在开心地玩着呢。

女：都这么晚了，早点儿回家吧。

男：再玩一个小时行吗？考试刚结束，我想放松一下。

问：男的是什么意思？

35

男：这个学生的文章语法准确，语言也很精彩。

女：是啊，但是考试题是写我的理想。

男：是啊，内容没按照要求写。

女：我们讨论一下给多少分合适吧。

问：那篇文章怎么样？

第36到37题是根据下面一段话：

研究表明：地球上每人拥有422棵左右的树，这比之前人们估计的数字高出了7倍。但和一万多年前相比，这个数字就差得远了。主要是树的总数量变少了。

36 现在每个人大约有多少棵树？

37 和一万年前相比，地球上的树有什么变化？

第38到39题是根据下面一段话：

当我年轻时，把输赢看得特别重要，经常因为暂时的失败而难过。甚至对自己失望。后来，尝过了人生的酸甜苦辣，我才明白，真正的成功不是赢了多少遍，变得多么富有，而是可以愉快、健康地生活下去。

38 说话人年轻时怎么样？

39 下列哪个是说话人现在的看法？

第40到41题是根据下面一段话：

小王有个朋友特喜欢唱歌，而且总认为自己唱得很好。有一次，他在小王家唱歌，唱完歌得意地问小王："我唱得好吧？"小王回答："我认为你可以上电视。"朋友高兴地说："你是说我唱得很好听？"小王回答："不，你如果上了电视，我就可以把电视关掉。"

40 关于小王的朋友，可以知道什么？

41 小王最后那句话是什么意思？

第42到43题是根据下面一段话：

过去人们出门更喜欢开汽车，最近，由于人们越来越重视健康和环保，骑自行车出门变成了一件普遍的事。现在每到节假日，一些喜欢骑自行车的人，就会约在一起到郊区或其他环境好的地方骑自行车。

42 以前人们更愿意选择哪种方式出行？

43 根据这段话，下列哪个正确？

第44到45题是根据下面一段话：

互联网越来越影响着我们的生活，例如，近几年快速发展的网上教育。不管什么时间，什么地点，只要有一台能上网的电脑，我们就能接受许多著名老师的教育。因此，互联网让我们获取知识更加容易了。

44 关于网上教育，可以知道什么？

45 这段话主要谈的是什么？

모의고사 정답

一、听力

第一部分

1. ✓   2. X   3. X   4. X   5. ✓   6. ✓   7. X   8. ✓   9. ✓   10. X

第二部分

11. A   12. A   13. A   14. A   15. C   16. D   17. D   18. B   19. C   20. D
21. A   22. D   23. A   24. B   25. D

第三部分

26. B   27. C   28. B   29. C   30. A   31. C   32. B   33. D   34. A   35. C
36. A   37. D   38. C   39. A   40. C   41. D   42. B   43. C   44. A   45. D

二、阅读

第一部分

46. F   47. C   48. E   49. A   50. B   51. D   52. E   53. F   54. A   55. B

第二部分

56. CBA   57. ABC   58. CAB   59. CBA   60. ACB
61 ACB   62. CAB   63. BAC   64. BAC   65. CBA

第三部分

66. B   67. A   68. C   69. A   70. A   71. A   72. B   73. A   74. C   75. B
76. C   77. C   78. C   79. D   80. C   81. B   82. C   83. D   84. C   85. D

三、书写

第一部分

86. 他们想出来方法了吗?

87. 感谢你对我的帮助。

88. 跑步是一种保持健康的好方式。

89. 北京的餐厅里禁止抽烟。

90. 这次考试我一定要得第一。

91. 我的办公室在超市旁边。

92. 老师一直没有见到学生。

93. 电视被女儿弄坏了。

94. 请告诉我这些词语的准确意思。

95. 这个人唱歌比以前好听了。

第二部分

96. 1. 她哭得很伤心。(그녀는 슬프게 운다.)

    2. 女的看起来很伤心，好像要哭了。(여자는 매우 슬퍼 보이며, 마치 곧 울 것 같다.)

97. 1. 他是一名优秀的教授。(그는 뛰어난 교수이다.)

    2. 学生们都喜欢听这位教授讲的课。(학생들은 이 교수님이 강의하시는 수업을 듣길 좋아한다.)

98. 1. 他正在复印资料。(그는 지금 자료를 복사하고 있다.)

    2. 麻烦你帮我把资料复印一下。(제 대신에 자료를 좀 복사해 주세요.)

99. 1. 她正在整理东西。(그녀는 물건을 정리하고 있다.)

    2. 房间太乱了，你整理一下。(방이 지저분하니 정리 좀 하세요.)

100. 1. 奶奶包的饺子真好吃。(할머니가 빚은 만두는 매우 맛있다.)

     2. 春节的时候，中国人都吃饺子。(설날이면 중국 사람들은 모두 만두를 먹는다.)

제1부분 1~10번 문제는 들리는 내용이 시험지에 제시된 문장과 일치하는지 판단하는 문제입니다.

1

선생님 강추!

★ 会议提前了。(✓)

小王，幸亏你及时通知我会议提前了，不然我肯定来不及准备那么多材料。

★ 회의는 앞당겨졌다.

샤오왕, 다행히 네가 즉시 내게 회의가 앞당겨졌다는 걸 알려주었어. 그렇지 않았으면 나는 틀림없이 그렇게 많은 자료를 준비하지 못 했을 거야.

정답 ✓

해설 회의가 앞당겨졌다는 걸 알려주었다고 했으므로 두 문장의 내용은 서로 일치한다.

지문 어휘

提前 tíqián 통 앞당기다 ★
幸亏 xìngkuī 부 다행히
及时 jíshí 부 즉시, 곧바로 ★
通知 tōngzhī 통 알리다, 통지하다 ★
不然 bùrán 접 그렇지 않으면
肯定 kěndìng 부 틀림없이, 확실히 ★
来不及 láibují 통 시간에 댈 수 없다 ★
材料 cáiliào 명 자료, 데이터 ★

2

★ 他们现在在餐厅。(✗)

银行旁边有家餐厅，我们取完钱去那儿吃顿饭吧。我从早上到现在什么东西都没吃，肚子非常饿。

★ 그들은 지금 식당에 있다.

은행 옆에 식당이 있던데, 우리 돈 찾고 거기 가서 밥 먹자. 나 아침부터 지금까지 아무것도 안 먹어서 배가 아주 고파.

정답 ✗

해설 돈 찾고 나서 식당에 가서 밥 먹자고 했으므로 지금 식당에 있다는 제시 문장과는 일치하지 않는다.

지문 어휘

取钱 qǔ qián 통 돈을 찾다, 출금하다
顿 dùn 양 번, 차례, 끼니
肚子 dùzi 명 배 ★
饿 è 형 배고프다

3

선생님 강추!

★ 他父亲是一位律师。(✗)

我父亲是一位警察，他既勇敢又有责任心，周围很多人都很尊重他。

지문 어휘

父亲 fùqīn 명 아버지, 부친 ★
律师 lǜshī 명 변호사 ★
警察 jǐngchá 명 경찰 ★
既A, 又B jì A, yòu B
A하기도 하고, B하기도 하다

★ 그의 아버지는 변호사이다.

나의 아버지는 경찰이다. 그는 용감하고 책임감 있어 주위의 많은 사람들이 그를 존중한다.

勇敢 yǒnggǎn 형 용감하다 ⭐
责任心 zérènxīn 명 책임감
周围 zhōuwéi 명 주위, 주변 ⭐
尊重 zūnzhòng 동 존중하다 ⭐

정답 ✕

해설 녹음 시작 부분에서 나의 아버지는 경찰이라고 언급했으므로 변호사라고 언급한 제시 문장과는 일치하지 않는다.

4

★ 他们两个人不熟悉。(✕)

我们俩已经认识很多年了，很了解对方，有时候仅仅一个小小的动作，我就能明白他要做什么。

★ 그들 두 사람은 잘 모른다.

우리 둘은 알게 된지 이미 여러 해가 되어, 상대방을 잘 안다. 때때로 그저 사소한 행동으로도 나는 그가 무엇을 하려는지 알 수 있다.

지문 어휘

认识 rènshi 동 알다
了解 liǎojiě 동 잘 알다, 이해하다
对方 duìfāng 명 상대방
仅仅 jǐnjǐn 부 단지, 다만
动作 dòngzuò 명 행동, 동작 ⭐
明白 míngbai 동 알다, 이해하다
熟悉 shúxī 형 잘 알다 ⭐

정답 ✕

해설 상대방을 잘 안다고 했으므로 두 사람은 잘 모른다는 제시 문장과는 일치하지 않는다.

5

★ 那本书是张教授送的。(✓)

张教授在我读硕士时，送给我这本书，每当看到它，我就能想起当时张教授对我的帮助。

★ 그 책은 장 교수가 준 것이다.

장 교수님은 내가 석사 공부할 때, 내게 이 책을 주셨는데, 이 책을 볼 때마다 당시 장 교수님께서 내게 주신 도움이 생각난다.

지문 어휘

教授 jiàoshòu 명 교수 ⭐
读 dú 동 공부하다
硕士 shuòshì 명 석사
当时 dāngshí 명 당시, 그 때 ⭐
帮助 bāngzhù 명 도움

정답 ✓

해설 석사 공부할 때 장 교수가 이 책을 주었다고 했으므로 제시 문장과 서로 일치한다.

6

★ 他同意妈妈的看法。(✓)

每当我边听广播边开车，妈妈就说这样不安全，特别是在高速公路上的时候。我认为她说得对，因此改掉了这个坏习惯。

지문 어휘

同意 tóngyì 동 동의하다
看法 kànfǎ 명 견해 ⭐
边A，边B biān A biān B A하면서, B하다
广播 guǎngbō 명 방송(프로그램) ⭐
开车 kāi chē 동 차를 운전하다

★ 그는 엄마의 견해에 동의한다.

내가 방송을 들으며 운전할 때마다, 엄마는 이렇게 하는 것이 안전하지 않다고 말씀하신다. 특히 고속도로에 있을 때 말이다. 나는 엄마 말씀이 옳다고 생각해서, 이 나쁜 습관을 고쳤다.

정답 ✓

해설 엄마 말씀이 옳다고 생각한다는 말을 통해서 그는 엄마의 견해에 동의한다는 제시 문장과 일치함을 알 수 있다.

安全 ānquán 형 안전하다 ★
高速公路 gāosù gōnglù
명 고속도로 ★
认为 rènwéi 동 생각하다, 여기다
因此 yīncǐ 접 그래서, 이로 인하여 ★
习惯 xíguàn 명 습관

7

★ 那部电影很无聊。(✕)

功夫熊猫说的是一只熊猫学中国功夫的内容，通过这部有意思的电影，我们能接触到很多与中国文化有关的知识。

★ 그 영화는 지루하다.

쿵푸판다(영화)가 이야기하는 것은, 한 마리의 판다가 중국 무술을 배우는 내용으로, 이 재미있는 영화를 통하여 우리는 많은 중국문화와 관련된 지식을 접할 수 있다.

정답 ✕

해설 이 재미있는 영화를 통해서 많은 중국 문화와 관련된 지식을 접할 수 있다고 했으므로 지루하다는 제시 문장과는 일치하지 않는다.

지문 어휘

无聊 wúliáo 형 지루하다 ★
功夫 gōngfu 명 쿵후, 무술 ★
熊猫 xióngmāo 명 판다
只 zhī 양 마리
内容 nèiróng 명 내용 ★
通过 tōngguò 전 ~을 통하여 ★
有意思 yǒu yìsi 형 재미있다
电影 diànyǐng 명 영화
接触 jiēchù 동 접촉하다
文化 wénhuà 명 문화
有关 yǒuguān 형 관계가 있는
知识 zhīshi 명 지식 ★

8

★ 绿茶蛋糕正在打折。(✓)

先生，我们这几天正在做活动，新推出的绿茶蛋糕在打半价，您要不要品尝？

★ 녹차케이크는 세일 중이다.

선생님, 저희는 요 며칠 행사하고 있습니다. 새로 출시된 녹차 케이크가 반값 할인 중인데, 한번 맛 보시겠어요?

정답 ✓

해설 새로 출시된 녹차 케이크가 반값 할인 중이라고 했으므로 세일 중이라는 제시 문장의 내용과 일치한다.

지문 어휘

绿茶 lǜchá 명 녹차
蛋糕 dàngāo 명 케이크
正在 zhèngzài 부 ~하고 있다
打折 dǎ zhé 동 가격을 깎다, 할인하다 ★
活动 huódòng 명 행사, 활동, 이벤트 ★
推出 tuīchū 동 (신상품 등을) 출시하다, 내놓다
半价 bànjià 명 반값
品尝 pǐncháng 동 맛보다, 시식하다

9

★ 适应新环境需要一个过程。(✓)

新鞋刚穿时会不太舒服，但过几天就好了。适应一个新环境也是如此，一开始我们可能不适应，但是时间一长，就不会有这种感觉了。

지문 어휘

适应 shìyìng 동 적응하다 ★
环境 huánjìng 명 환경
需要 xūyào 동 필요하다
过程 guòchéng 명 과정 ★
鞋 xié 명 신발

★ 새로운 환경에 적응하는 데는 과정이 필요하다.

새 신발은 막 신었을 때는 그다지 편하지 않지만 며칠 지나면 괜찮아질 거예요. 새로운 환경에 적응하는 것도 이와 같아. 처음에는 아마 적응하지 못할 수도 있지만, 시간이 지나면 이런 느낌은 곧 없어질 거야.

穿 chuān 동 신다, 입다
舒服 shūfu 형 편안하다
如此 rúcǐ 대 이와 같다
感觉 gǎnjué 명 느낌 ★

정답 ✓

해설 새 신발을 신고 며칠 지나면 괜찮아지는 것처럼 새로운 환경에 적응하는 데도 과정이 필요하다는 의미이므로 두 내용은 서로 일치한다.

10 선생님 강추!

★ 旅游时间还没有定。(✗)

为了对大家这一年来的辛苦工作表示感谢，公司决定为大家组织一次出国旅游，时间是十二月十日到十四日。

- -

★ 여행시간은 아직 정해지지 않았다.

여러분이 일 년 동안 열심히 일해 주신 데 대한 감사를 표하기 위하여 회사는 여러분을 위해 해외여행을 마련하기로 결정했으며, 시간은 12월 10일에서 14일까지입니다.

지문 어휘

旅游 lǚyóu 동 여행하다
定 dìng 동 결정하다, 정하다
为了 wèile 전 ~을(를) 위하여
辛苦 xīnkǔ 형 고생스럽다,
수고롭다 ★
表示 biǎoshì 동 나타내다,
표시하다 ★
感谢 gǎnxiè 동 고맙다,
감사하다 ★
决定 juédìng 동 결정하다
组织 zǔzhī 동 마련하다, 조직하다, 구성하다

정답 ✗

해설 녹음의 후반부에서 시간은 12월 10일에서 14일까지라고 언급하였으므로 아직 정해지지 않았다는 제시 문장과는 일치하지 않는다.

제2부분 11~25번 문제는 남녀간의 대화를 듣고 질문에 알맞은 답을 고르는 문제입니다.

11 선생님 강추!

男: 这表上的社会经历栏里填什么？
女: 你还是学生，如果没有的，这部分就不用填。

问: 男的是做什么的？
　A 学生　　　　B 公司职员　　C 老板　　　　D 老师

- -

남: 이 표의 사회 경력란에는 무엇을 써야 하나요？
여: 당신은 아직 학생이니, 만약 없으면, 이 부분은 쓰지 않으셔도 돼요.

질문: 남자는 직업이 무엇인가？
　A 학생　　　　B 회사원　　　　C 사장님　　　　D 선생님

지문 어휘

表 biǎo 명 표, 도표
社会 shèhuì 명 사회 ★
经历 jīnglì 명 경험, 경력 ★
栏 lán 명 표의 난, 줄칸
填 tián 동 기입하다, 써 넣다

보기 어휘

老板 lǎobǎn 명 사장

정답 A

해설 보기를 통해 직업·신분을 묻는 문제임을 알 수 있다. 당신은 아직 학생이니 없으면 쓰지 않아도 된다는 여자의 말을 통해 정답은 A 学生(학생)임을 알 수 있다.

12

女：明晚，你陪我去看首都剧院的民族舞表演吧。

男：好的，我正好有时间，下班后来接你。

问：他们明晚准备去哪儿？

　　A 首都剧院　　　B 公园　　　　C 体育场　　　　D 教室

여: 내일 밤에 당신이 나를 데리고 수도 극장의 민족 춤 공연 보러 가줘요.

남: 좋아요, 제가 마침 시간이 있으니 퇴근하고 당신 데리러 갈게요.

질문: 그들은 내일 밤 어디에 가려고 하는가?

　　A 수도 극장　　　B 공원　　　　C 운동장　　　　D 교실

정답 A

해설 보기를 통해 장소를 묻는 문제임을 알 수 있다. 수도 극장에 민족 춤 공연을 보러 가자는 여자의 말을 통해 정답은 A 首都剧院(수도 극장)임을 알 수 있다.

지문 어휘

陪 péi 동 동반하다 ★
首都 shǒudū 명 수도 ★
剧院 jùyuàn 명 극장
民族 mínzú 명 민족 ★
舞 wǔ 명 춤
表演 biǎoyǎn 명 공연 ★
正好 zhènghǎo 부 마침 ★
接 jiē 동 마중하다, 맞이하다

보기 어휘

体育场 tǐyùchǎng 명 운동장

13　　　　　　　　　　　　　　　　　　선생님 강추!

男：你是不是比以前瘦了？

女：是的，我最近经常加班，忙得都没时间吃饭。

问：女的怎么了？

　　A 瘦了　　　　B 胖了　　　　C 结婚了　　　　D 哭了

남: 당신 예전에 비해 말랐어요?

여: 네, 최근에 자주 야근해요, 바빠서 밥 먹을 시간이 없어요.

질문: 여자는 어떠한가?

　　A 말랐다　　　B 살쪘다　　　C 결혼했다　　　D 울었다

정답 A

해설 여자의 상태·상황을 묻는 문제이다. 예전에 비해 말랐다는 남자의 말에 여자는 밥 먹을 시간도 없이 바쁘다고 대답한다. 따라서 정답은 A 瘦了(말랐다)이다.

지문 어휘

比 bǐ 전 ~보다
以前 yǐqián 명 예전, 이전
瘦 shòu 형 마르다, 여위다
加班 jiā bān 동 야근하다 ★

보기 어휘

哭 kū 동 울다

14　　　　　　　　　　　　　　　　　　선생님 강추!

女：虽然春天到了，但北京温度还很低。你出门还是带件厚衣服吧。

男：知道了，那我带那件去年买的大衣吧。

问：女的建议男的怎么做？

　　A 拿厚衣服　　　　　　B 带上自己

　　C 带牙刷　　　　　　　D 少带衣服

지문 어휘

虽然A, 但B suīrán A, dàn B
비록 A하지만, B하다
温度 wēndù 명 온도 ★
低 dī 형 낮다 ★
还是 háishi 부 ~하는 게 좋다
厚 hòu 형 두껍다 ★
大衣 dàyī 명 외투

여: 비록 봄이 왔지만, 베이징의 온도는 아직 낮아요. 당신 외출할 때 두꺼운 옷 가져가는 게 좋겠어요.

남: 알겠어요, 그럼 나 작년에 산 그 외투 가져갈게요.

질문: 여자는 남자에게 어떻게 하라고 제안하는가?

A 두꺼운 옷을 가져갈 것을   B 자신을 데려 갈 것을
C 칫솔을 챙길 것을   D 옷을 적게 가져 갈 것을

보기 어휘

建议 jiànyì 명 제안
동 제안하다 ★
牙刷 yáshuā 명 칫솔

정답   A

해설   여자의 제안에 대해 묻는 문제이다. 여자가 남자에게 외출할 때 두꺼운 옷을 가져가는
게 좋겠다고 했으므로 정답은 A이다.

---

15 선생님 강추!

男: 没想到你钢琴弹得这么厉害。

女: 我妈妈是钢琴老师，我五岁开始就跟着她学了。

问: 关于女的，可以知道什么?

A 是个老板   B 放弃了学习
C 钢琴弹得好   D 年龄很小

지문 어휘

没想到 méixiǎngdào
생각지 못하다, 뜻밖에도
钢琴 gāngqín 명 피아노
弹 tán 동 치다
厉害 lìhai 형 대단하다,
굉장하다 ★

남: 네가 피아노를 이렇게 잘 칠 거라고 생각도 못했어.

여: 우리 엄마가 피아노 선생님이셔, 나는 5살부터 엄마를 따라 배우기 시작했어.

질문: 여자에 관하여, 알 수 있는 것은?

A 사장님이다   B 공부를 포기하였다
C 피아노를 잘 친다   D 나이가 어리다

보기 어휘

老板 lǎobǎn 명 사장, 주인
放弃 fàngqì 동 포기하다 ★
年龄 niánlíng 명 나이, 연령 ★

정답   C

해설   여자에 관해 알 수 있는 것을 묻는 문제이다. 남자가 여자에게 네가 피아노를 이렇게
잘 칠 거라고 생각도 못했다고 언급했으므로 정답은 C 钢琴弹得好(피아노를 잘 친
다)이다.

16

女: 那位经济学家你邀请到了吗?

男: 没有，他办公室的电话总是占线。我试试给他发一封电子
邮件吧。

问: 男的为什么还没邀请到那位经济学家?

A 邮件发不了   B 忘打电话了
C 对方没时间   D 电话打不通

지문 어휘

经济学家 jīngjì xuéjiā
경제 학자
邀请 yāoqǐng 동 초청하다,
초대하다 ★
总是 zǒngshì 부 줄곧
占线 zhàn xiàn
동 (전화가) 통화 중이다 ★
封 fēng 양 통(편지·공문서 따위
를 밀봉한 물건을 세는 데 쓰임)
电子邮件 diànzǐ yóujiàn
명 이메일

여: 그 경제학자 초청했어요?

남: 아니요, 그 사람 사무실 전화가 줄곧 통화 중이에요. 그에게 이메일 한 통 보내 볼게요.

질문: 남자는 왜 아직도 그 경제학자를 초청하지 못했는가?

A 메일을 보낼 수 없어서   B 전화하는 것을 잊어서
C 상대방이 시간이 없어서   D 전화 연결이 안 돼서

실전모의고사

2회

정답 D

해설 경제 학자를 초청하지 못한 이유에 대해 묻는 문제이다. 사무실 전화가 줄곧 통화 중이라는 남자의 말을 통해 전화 연결이 안되어 아직 초청하지 못했음을 알 수 있다.

보기 어휘

对方 duìfāng 몡 상대방
打不通 dǎbutōng
전화가 안 되다

17

男: 没想到这本小说的作者是一个大学生。

女: 是啊，大家很喜欢他这本书。

问: 那本小说怎么样?

A 词语错误很多 　　　B 不适合老人
C 很旧 　　　　　　　D 很受欢迎

남: 이 소설의 저자가 대학생인줄 생각지도 못했어.
여: 맞아, 모두 그의 이 책을 좋아해.

질문: 그 소설은 어떠한가?

A 어휘 실수가 많다 　　　　B 노인에겐 적합하지 않다
C 오래되다 　　　　　　　　D 인기가 많다

지문 어휘

小说 xiǎoshuō 몡 소설 ⭐
作者 zuòzhě 몡 저자, 지은이 ⭐

보기 어휘

词语 cíyǔ 몡 어휘, 글자 ⭐
错误 cuòwù 몡 실수, 오류 ⭐
适合 shìhé 동 적합하다,
부합하다 ⭐
旧 jiù 형 오래다, 낡다, 옛날의
受欢迎 shòu huānyíng
동 인기가 있다, 환영 받다

정답 D

해설 그 소설은 어떠한지 묻는 문제이다. 모두 그의 이 책을 좋아한다는 여자의 말을 통해 그 소설은 인기가 많음을 알 수 있다.

18

女: 我对您的房子很满意，就是房租稍微贵了点。能不能便宜一点?

男: 对不起，这个价格已经很便宜了，而且里面的家具全部都是刚买的。

问: 男的是什么意思?

A 没有客厅 　　　B 不会降价
C 房租很贵 　　　D 正在道歉

여: 저는 당신 집이 마음에 들어요. 다만 임대료가 좀 비싸네요. 조금 싸게 해 주실 수 있나요?
남: 미안합니다. 이 가격은 이미 저렴해요. 게다가 안의 가구 전부 막 구입한 거예요.

질문: 남자의 말은 무슨 의미인가?

A 거실이 없다 　　　　B 가격을 낮출 수 없다
C 임대료가 비싸다 　　D 사과 중이다

지문 어휘

房子 fángzi 몡 집, 건물
满意 mǎnyì 형 만족스럽다
就是 jiùshì 부 다만 ~뿐이다
房租 fángzū 몡 집세, 임대료
稍微 shāowēi 부 조금, 약간 ⭐
价格 jiàgé 몡 가격 ⭐
家具 jiājù 몡 가구 ⭐
全部 quánbù 몡 전부, 전체 ⭐

보기 어휘

客厅 kètīng 몡 거실, 객실 ⭐
降价 jiàng jià 동 가격을 낮추다
道歉 dào qiàn 동 사과하다

정답 B

해설 남자의 말의 의미를 묻는 문제이다. 이 가격은 이미 저렴하며, 가구 전부 막 구입한 것이라는 남자의 말을 통해 가격을 낮출 수 없다는 의미임을 알 수 있다.

19

男: 晚上没睡好吗? 我看你一上午没精神。

女: 是啊, 昨晚我儿子生病, 我在医院照顾他一晚上。

问: 女的在医院陪谁了?

A 父亲　　　B 母亲　　　C 儿子　　　D 女儿

지문 어휘

睡 shuì 동 (잠을) 자다

精神 jīngshen 명 기운, 활력, 생기

生病 shēng bìng 동 병이 나다

照顾 zhàogù 동 보살피다, 간호하다

보기 어휘

陪 péi 동 곁에서 도와주다, 모시다 ⭐

남: 밤에 잘 못 잤어요? 당신 오전 내내 기운이 없어 보이네요.

여: 네. 어제 밤에 아들이 아파서, 제가 병원에서 밤새 아이를 돌보았어요.

질문: 여자는 병원에서 누구를 돌보았는가?

A 아버지　　　B 어머니　　　C 아들　　　D 딸

정답 C

해설 보기를 통해 신분을 묻는 문제임을 알 수 있다. 어제 밤에 아들이 아파서 병원에서 밤새 아이를 돌보았다고 했으므로 정답은 C 儿子(아들)이다.

20

女: 你为什么突然对汽车杂志感兴趣了?

男: 我想买辆车, 想多掌握一下这方面的知识。

问: 男的为什么对汽车杂志感兴趣?

A 想学车　　　　　　B 想买杂志

C 想当老师　　　　　D 打算买车

지문 어휘

突然 tūrán 부 갑자기, 문득

杂志 zázhì 명 잡지

掌握 zhǎngwò 동 마스터 (master)하다, 파악하다

方面 fāngmiàn 명 방면, 분야 ⭐

知识 zhīshi 명 지식 ⭐

보기 어휘

打算 dǎsuan 동 ~할 생각이다

여: 당신은 왜 갑자기 자동차 잡지에 관심을 갖나요?

남: 차 한 대 사고 싶어요, 이 방면의 지식을 많이 마스터해 두려고요.

질문: 남자는 왜 자동차 잡지에 관심을 갖는가?

A 차를 배우고 싶어서　　　B 잡지를 사려고

C 선생님이 되려고　　　　　D 차를 사려고

정답 D

해설 남자가 자동차 잡지에 관심을 갖는지에 대해 묻는 문제이다. 차를 사고 싶다는 남자의 말을 통해 D가 정답임을 알 수 있다.

21

男：暑假我们要到云南去旅行，你去吗？

女：恐怕不行，我很久没回家了，得回家看看父母。

问：男的想什么时候去云南？

    A 暑假时   B 年底   C 明天   D 春天

남: 여름 휴가 때 우리 윈난 여행갈 건데, 너 갈래?

여: 아마 안될 것 같아, 내가 오랫동안 집에 못 가서, 집에 가서 부모님을 좀 뵈려고 해.

질문: 남자는 언제 윈난으로 가려 하는가?

    A 여름 휴가 때   B 연말   C 내일   D 봄

정답 A

해설 남자가 언제 윈난으로 가려고 하는지 시기를 묻는 문제이다. 남자는 여름 휴가 때 윈난으로 여행갈 거라고 언급했으므로 정답은 A 暑假时(여름 휴가 때)이다.

지문 어휘

暑假 shǔjià 몡 여름 방학, 여름 휴가
云南 Yúnnán 지명 윈난, 운남
旅行 lǚxíng 통 여행하다 ⭐
恐怕 kǒngpà 뷔 ~인 것 같다 ⭐
得 děi 통 ~해야 한다

보기 어휘

年底 niándǐ 몡 연말

---

22 선생님 강추! 👍

女：厨房的垃圾太多了，我出去扔一下。

男：现在外面下大雨，等雨停了，我出去运动的时候给你带出去。

问：男的是什么意思？

    A 要打扫   B 外边不下雨了

    C 想吃饭   D 先别倒垃圾

여: 주방의 쓰레기가 너무 많아요, 내가 나가서 좀 버리고 올게요.

남: 지금 밖에 비가 많이 와요, 비가 그치면, 내가 운동하러 나갈 때 들고 나갈게요.

질문: 남자의 말은 무슨 의미인가?

    A 청소를 하려고 한다   B 바깥에 비가 그쳤다

    C 밥을 먹으려 한다   D 우선은 쓰레기를 버리지 마라

정답 D

해설 남자의 말이 무슨 의미인지 묻는 문제이다. 쓰레기가 많아 버리고 오겠다는 여자의 말에 남자가 비가 그치면 내가 운동하러 나갈 때 들고 나가겠다고 언급했다. 따라서 정답은 D 先别倒垃圾(우선은 쓰레기를 버리지 마라)이다.

지문 어휘

厨房 chúfáng 몡 주방, 부엌 ⭐
垃圾 lājī 몡 쓰레기, 오물
扔 rēng 통 내버리다
停 tíng 통 멈추다 ⭐
给 gěi 전 ~을 대신하여

보기 어휘

打扫 dǎsǎo 통 청소하다
倒 dào 통 쏟다, 붓다 ⭐

23

男：刚刚是不是有人在敲咱家的门？

女：不是，敲的是邻居家的门。

问：男的怀疑什么？

    A 有人敲门   B 孩子醒了

    C 电话在响   D 门坏了

지문 어휘

刚刚 gānggāng 뷔 방금, 지금 막
敲 qiāo 통 두드리다 ⭐
邻居 línjū 몡 이웃집

남: 방금 누군가가 우리 집 문을 두드리지 않았어요?

여: 아니요, 두드린 것은 이웃집 문이에요.

질문: 남자는 무엇을 의심하는가?

A 누군가가 문을 두드린 것   B 아이가 깨어난 것

C 전화가 울리는 것   D 문이 고장 난 것

怀疑 huáiyí 동 의심하다, 추측하다 ★

醒 xǐng 동 깨다, 깨어나다 ★

响 xiǎng 동 울리다 ★

坏 huài 동 고장 나다 형 나쁘다

정답   A

해설 남자가 무엇을 의심했는지 묻는 문제이다. 누군가가 우리 집 문을 두드리지 않았냐고 묻는 남자의 질문으로 보아 정답은 A 有人敲门(누군가가 문을 두드린 것)임을 알 수 있다.

24

女: 这趟航班上的机内餐真好吃。

男: 是啊，这个果汁也很好喝。你要不要也来一杯？

问: 他们现在最可能在哪儿？

     A 汽车   B 飞机上   C 剧场   D 学校

지문 어휘

趟 tàng 양 편, 번, 차례(왕래의 횟수를 나타냄) ★

航班 hángbān 명 항공편, 운항편 ★

机内餐 jīnèicān 명 기내식

好吃 hǎochī 형 맛있다, 맛나다

果汁 guǒzhī 명 과일 주스 ★

好喝 hǎohē 형 (음료수 따위가) 맛있다

여: 이번 항공편의 기내식은 정말 맛있네요.

남: 그래요, 이 과일 주스도 맛있어요, 당신도 한 잔 할래요?

질문: 그들은 지금 어디에 있을 가능성이 가장 높은가?

A 자동차   B 비행기 안   C 극장   D 학교

剧场 jùchǎng 명 극장

정답   B

해설 보기를 통해 장소를 묻는 문제임을 알 수 있다. 이번 항공편의 기내식이 맛있다는 여자의 말을 통해 비행기 안에서 이루어지는 대화임을 알 수 있다. 따라서 정답은 B이다.

25

男: 我可以用你电脑上网吗？

女: 当然可以，我手机号的后六位是开机密码。

问: 男的在干什么？

     A 改密码   B 买电脑

     C 借电话   D 借电脑

지문 어휘

电脑 diànnǎo 명 컴퓨터

上网 shàng wǎng 동 인터넷을 하다

手机号 shǒujīhào 명 휴대폰 번호

位 wèi 명 자리

开机 kāi jī 동 컴퓨터를 켜다, 기계를 작동하다

密码 mìmǎ 명 비밀 번호, 패스워드 ★

남: 제가 당신 컴퓨터로 인터넷을 사용할 수 있을까요?

여: 물론이죠, 내 휴대폰 번호 뒤 6자리가 컴퓨터 비밀번호예요.

질문: 남자는 무엇을 하고 있는가?

A 비밀번호를 바꾸다   B 컴퓨터를 산다

C 전화를 빌리다   D 컴퓨터를 빌리다

改 gǎi 동 고치다, 바꾸다

借 jiè 동 빌리다

정답   D

해설 남자의 행동을 묻는 문제이다. 여자에게 컴퓨터로 인터넷을 사용할 수 있는지 묻는 것으로 보아 정답은 D 借电脑(컴퓨터를 빌리다)이다.

26 선생님 강추!

女：电梯是不是有问题?
男：啊，我想起来了，没问题，是停电了。我早上出门时看见
　　停电通知了。
女：那我们只有从楼梯上去了。
男：嗯，就当运动了。

问：他们为什么走楼梯?

A 锻炼身体　　　　　　　　B 电梯停电
C 没有电梯　　　　　　　　D 生病了

지문 어휘

电梯 diàntī 명 엘리베이터
停电 tíngdiàn 통 정전되다
通知 tōngzhī 명 통지서,
통고서, 통지 ⭐
只有 zhǐyǒu 통 ~밖에 없다,
~만 있다
楼梯 lóutī 명 계단, 층계

보기 어휘

生病 shēng bìng 통 아프다,
병이 나다

여: 엘리베이터에 문제있니?
남: 아, 생각났다. 문제없어. 정전이야. 내가 아침에 나올 때 정전 통지서를 봤어.
여: 그럼 우리 계단으로 올라갈 수 밖에 없네.
남: 응, 운동하는 셈 치자.

질문: 그들은 왜 계단으로 갔는가?

A 운동하려고　　　　　　　　B 엘리베이터가 정전이라
C 엘리베이터가 없어서　　　　D 아파서

정답 B

해설 그들이 계단으로 간 이유에 대해 묻는 문제이다. 정전 통지서를 본 것을 생각해내며
정전이라고 언급하는 남자의 말을 통해 정답은 B임을 알 수 있다.

27

男：喂，姐，我没有收到你给我寄的东西。
女：怎么可能? 我都寄出去一个多星期了呀。
男：地址有没有写错呀?
女：没有，最后我还检查了一遍呢。

问：根据对话，下列哪个正确?

A 他们在吃饭　　　　　　　　B 女的在邮局
C 东西没收到　　　　　　　　D 是母亲和儿子间的对话

지문 어휘

收 shōu 통 받다 ⭐
寄 jì 통 (우편으로) 보내다,
부치다 ⭐
地址 dìzhǐ 명 소재지, 주소 ⭐
错 cuò 형 잘못되다, 틀리다
最后 zuìhòu 명 최후, 제일 마지
막
检查 jiǎnchá 통 검사하다,
점검하다
遍 biàn 양 번, 차례, 회 ⭐

보기 어휘

邮局 yóujú 명 우체국 ⭐
对话 duìhuà 명 대화 ⭐

남: 여보세요, 누나, 누나가 나에게 보낸 물건 못 받았어요.
여: 어떻게 그럴 수가 있어? 내가 보낸 지 일주일이 넘었는데.
남: 주소를 잘못 쓴 건 아니죠?
여: 아니야, 마지막에 내가 검사도 한 번 했는걸.

질문: 대화에 근거하여, 다음 중 옳은 것은?

A 그들은 밥을 먹고 있다　　　　B 여자는 우체국에 있다
C 물건을 받지 못했다　　　　　　D 어머니와 아들 사이의 대화이다

대화를 듣고 세부내용을 파악하는 문제이다. 녹음 시작 부분에서 남자가 누나가 나에게 보낸 물건을 못 받았다고 언급한 것으로 보아 정답은 C이다.

28

女：小夏的管理方面的知识很丰富。
男：对，他大学学习的就是这个专业。
女：原来如此啊！
男：而且他当时学习很好，几乎每学期都拿奖学金。

问：关于小夏，可以知道什么?

　A 小夏是学生　　　　　B 学过管理
　C 学习不好　　　　　D 学过音乐

지문 어휘

管理 guǎnlǐ 몡 관리
方面 fāngmiàn
몡 분야, 방면 ★
知识 zhīshi 몡 지식 ★
丰富 fēngfù
몡 풍부하다, 많다 ★
专业 zhuānyè 몡 전공 ★
原来如此 yuánlái rúcǐ
그렇구나
而且 érqiě 젭 게다가
几乎 jīhū 뷰 거의
学期 xuéqī 몡 학기 ★
拿奖学金 ná jiǎngxuéjīn
장학금을 받다

여: 샤오시아의 관리 분야의 지식은 풍부해.
남: 맞아요, 그가 대학에서 공부한 게 바로 이 전공이에요.
여: 그렇구나!
남: 게다가 그가 당시에 공부를 잘 해서 거의 매 학기 장학금을 받았어요.

질문: 샤오시아에 관하여, 알 수 있는 것은 무엇인가?
　A 샤오시아는 학생이다　　　　B 관리를 배운 적이 있다
　C 공부를 잘하지 못하다　　　　D 음악을 배운 적이 있다

보기 어휘

音乐 yīnyuè 몡 음악

샤오시아에 관하여 묻는 문제이다. 여자가 샤오시아의 관리 분야 지식에 대해 칭찬하자 남자는 그가 대학에서 공부한 게 바로 이 전공이라고 대답했으므로 정답은 B이다.

29 선생님 강추!

男：你咳嗽更严重了。
女：对，这两天刮大风，气温降低了。
男：你得学会照顾自己，出去时戴个帽子。
女：好的，非常感谢。

问：女的怎么了?

　A 头疼得厉害　　　　　B 很会照顾自己
　C 咳嗽严重了　　　　　D 没吃药

지문 어휘

咳嗽 késou 동 기침하다 ★
更 gèng 뷰 더, 더욱
严重 yánzhòng 몡 심각하다 ★
刮风 guā fēng 동 바람이 불다
气温 qìwēn 몡 기온
降低 jiàngdī 동 떨어지다, 내려
가다 ★
学会 xuéhuì 동 배워서 알다,
습득하다
照顾 zhàogù 동 보살피다,
간호하다
戴 dài 동 쓰다, 착용하다 ★
帽子 màozi 몡 모자

남: 당신 기침이 더 심해졌어요.
여: 네, 요 며칠 바람이 세게 불고, 기온이 떨어져서요.
남: 당신 스스로를 보살필 줄 알아야 해요, 나갈 땐 모자 쓰세요.
여: 알겠어요, 감사해요.

질문: 여자는 어떠한가?
　A 두통이 심하다　　　　　B 스스로를 보살필 줄 안다
　C 기침이 심해졌다　　　　D 약을 먹지 않았다

보기 어휘

头疼 tóuténg 몡 두통
厉害 lìhai 몡 심하다, 지독하다,
굉장하다 ★

정답   C

해설   여자의 상태를 묻는 문제이다. 남자가 여자에게 기침이 더 심해졌다고 했으므로 정답
은 C이다.

30

女：你的签证办下来了吗？
男：没有，说我的照片不符合要求。
女：什么原因？
男：照片要求是白底的，我得重新照一张。

问：男的为什么还没办下来签证？

A 照片不合格   B 没有交钱

C 没交照片   D 年纪没填

여: 당신 비자는 처리되었나요?
남: 아니요, 제 사진이 요구에 부합하지 않는다고 해요.
여: 무슨 이유로요?
남: 사진은 흰 배경이어야 한대요, 다시 한 장 찍어야 해요.

질문: 남자는 왜 아직 비자를 발급받지 못했는가?

A 사진이 규격에 맞지 않아서   B 돈을 내지 않아서
C 사진을 제출하지 않아서   D 나이를 기입하지 않아서

지문 어휘

签证 qiānzhèng 명 비자 ⭐
办 bàn 동 처리하다
照片 zhàopiàn 명 사진
符合 fúhé 동 부합하다 ⭐
要求 yāoqiú 명 요구
　　 동 요구하다
原因 yuányīn 명 원인 ⭐
白底 báidǐ 명 흰 배경, 흰 바탕
重新 chóngxīn 부 다시, 재차 ⭐
照 zhào 동 (사진, 영화를)
찍다 ⭐

보기 어휘

合格 hégé 형 규격에 맞다,
기준에 부합하다 ⭐
交钱 jiāo qián 돈을 지불하다
年纪 niánjì 명 나이, 연령
填 tián 동 기입하다, 써 넣다

정답   A

해설   남자가 비자를 발급받지 못한 이유에 대해 묻는 문제이다. 사진이 요구에 부합하지 않
는다는 남자의 말에 따라 정답은 A임을 알 수 있다.

31

男：你了解附近哪家理发店比较好吗？
女：我们学校东门那家就很好。 你要理发？
男：明天我要去约会，想把头发整理得好看一些。
女：这样啊！

问：女的说的那家理发店在哪儿？

A 商店旁边   B 学校西门   C 学校东门   D 超市东门

남: 너 근처 어느 이발소가 좋은 지 알고 있어?
여: 우리 학교 동문의 그 집이 괜찮아, 너 이발하려고?
남: 내일 데이트하러 갈 거라, 머리 좀 보기 좋게 정리하려고.
여: 그런 거였구나!

질문: 여자가 말하는 그 이발소는 어디에 있는가?

A 상점 옆   B 학교 서문   C 학교 동문   D 슈퍼마켓 동문

지문 어휘

了解 liǎojiě 동 잘 알다,
이해하다
附近 fùjìn 명 근처, 부근
理发店 lǐfàdiàn 명 이발소
约会 yuēhuì 명 데이트, 약속 ⭐
头发 tóufa 명 머리카락
整理 zhěnglǐ 동 정리하다,
정돈하다 ⭐

32

女：中国人结婚用的喜糖就是这个吗？
男：是的，有水果味儿的、牛奶味儿的，连巧克力也可以做喜糖。
女：无论是糖还是巧克力，我都爱吃。
男：你不正在减肥吗？
女：吃完再减。

问：关于女的，可以知道什么？

A 生孩子	B 喜欢吃糖
C 喜欢水果	D 准备结婚

여：중국인 결혼에 쓰이는 결혼 축하 사탕이 바로 이거야?
남：그래, 과일 맛도 있고, 우유 맛도 있어, 초콜릿조차도 결혼 축하 사탕이 될 수 있어.
여：사탕이든 초콜릿이든 간에 나는 다 즐겨 먹어.
남：너 다이어트하고 있지 않아?
여：먹고 다시 빼지 뭐.

질문：여자에 관하여, 알 수 있는 것은 무엇인가?

A 아이를 낳는다	B 사탕을 좋아한다
C 과일을 좋아한다	D 결혼 준비한다

지문 어휘

结婚 jié hūn 동 결혼하다
喜糖 xītáng 명 결혼 축하 사탕
水果 shuǐguǒ 명 과일
味儿 wèir 명 맛
牛奶 niúnǎi 명 우유
连~ 也~ lián~ yě~
~조차도 ~하다
巧克力 qiǎokèlì 명 초콜릿 ⭐
无论 wúlùn
접 ~든 간에, ~을 막론하고 ⭐
还是 háishi 접 ~든, ~도
减肥 jiǎnféi 동 다이어트하다,
살을 빼다 ⭐
减 jiǎn 동 빼다, 줄이다

보기 어휘

生孩子 shēng háizi
아이를 낳다

33

男：小姐，您要不要开通来电提醒？
女：这个是如何收费的？
男：您可以免费使用三个月，之后每个月收费两元。
女：好的，那麻烦您给我开通吧。

问：三个月后，女的每个月需要交多少服务费？

A 20元	B 8元	C 10元5角	D 2元

남：아가씨, 캐치콜 서비스를 개통하시겠습니까?
여：요금은 어떻게 되나요?
남：3개월은 무료로 사용하실 수 있고, 그 후에는 매달 2위안씩 요금이 부과됩니다.
여：좋아요, 그럼 번거로우시겠지만 개통해 주세요.

질문：3개월 후에, 여자는 매달 얼마의 서비스 비용을 내야 하는가?

A 20위안	B 8위안	C 10.5위안	D 2위안

지문 어휘

开通 kāitōng 동 개통하다
来电提醒 láidiàn tíxǐng
캐치콜(부가서비스의 하나로 전원이 꺼져있거나 통화 중에 걸려온 전화를 모두 확인할 수 있는 서비스)
如何 rúhé 대 어떻게
收费 shōufèi 동 비용을 받다
免费 miǎn fèi 동 무료로 하다 ⭐
使用 shǐyòng 동 사용하다 ⭐
麻烦 máfan 형 귀찮다,
번거롭다 ⭐

보기 어휘

交 jiāo 동 내다
服务费 fúwùfèi 명 서비스 비용

D

보기를 통해 숫자·계산 등을 묻는 문제임을 알 수 있다. 남자가 여자에게 3개월은 무료로 사용하실 수 있고 그 후에는 매달 2위안씩 요금이 부과된다고 했으므로 정답은 D이다.

34

선생님 강추!

女：喂，聚会结束了吗？
男：没有呢，我们还在开心地玩着呢。
女：都这么晚了，早点儿回家吧。
男：再玩一个小时行吗？考试刚结束，我想放松一下。

问：男的是什么意思？
   A 想晚点儿回家   B 不想考试
   C 回家的路上   D 不开心

여: 여보세요, 모임은 끝났니?
남: 아니요, 우리 아직 즐겁게 놀고 있어요.
여: 벌써 이렇게 늦었으니 일찍 귀가해라.
남: 한 시간 더 놀면 안돼요? 시험도 막 끝났고, 저 좀 풀고 싶어요.

질문: 남자의 말은 무슨 의미인가?
   A 집에 늦게 가고 싶다   B 시험보고 싶지 않다
   C 귀가 중이다   D 즐겁지 않다

지문 어휘

聚会 jùhuì 명 모임 ★
结束 jiéshù 동 끝나다
开心 kāi xīn 형 즐겁다 ★
放松 fàngsōng 동 (정신적 긴장을) 풀다, 완화하다 ★

A

남자가 한 말의 의미를 묻는 문제이다. 한 시간 더 놀면 안되냐고 묻는 남자의 말을 통해 집에 늦게 가고 싶다는 뜻임을 알 수 있다. 따라서 정답은 A이다.

35

男：这个学生的文章语法准确，语言也很精彩。
女：是啊，但是考试题是写我的理想。
男：是啊，内容没按照要求写。
女：我们讨论一下给多少分合适吧。

问：那篇文章怎么样？
   A 语法错误   B 让人失望
   C 语言精彩   D 内容简单

남: 이 학생의 글은 문법이 정확하고, 언어노 훌륭에요.
여: 그래요, 하지만 시험 문제는 나의 이상을 쓰는 거였어요.
남: 맞아요, 내용을 요구대로 쓰지 않았어요.
여: 우리가 몇 점을 주는 게 타당할 지 토론해 봅시다.

질문: 그 글은 어떠한가?
   A 문법이 틀렸다   B 실망스럽다
   C 언어가 훌륭하다   D 내용이 간단하다

지문 어휘

文章 wénzhāng 명 독립된 한 편의 글 ★
语法 yǔfǎ 명 문법, 어법 ★
准确 zhǔnquè 형 정확하다 ★
语言 yǔyán 명 언어 ★
精彩 jīngcǎi 형 훌륭하다, 뛰어나다 ★
理想 lǐxiǎng 명 이상, 꿈 ★
内容 nèiróng 명 내용 ★
按照 ànzhào 전 ～대로 ★
要求 yāoqiú 명 요구
讨论 tǎolùn 동 토론하다 ★
合适 héshì 형 타당하다, 적절하다 ★

보기 어휘

错误 cuòwù 형 틀리다, 정확하지 않다 ★

정답 C

해설 그 글이 어떠한지 묻는 문제이다. 녹음의 시작 부분에서 남자가 문법이 정확하고 언어도 훌륭하다고 언급했으므로 정답은 C이다.

지문 어휘

失望 shīwàng 통 실망하다 ⭐
简单 jiǎndān 형 간단하다

[36-37]

　　研究表明：36 地球上每人拥有422棵左右的树，这比之前人们估计的数字高出了7倍。但和一万多年前相比，这个数字就差得远了。37 主要是树的总数量变少了。

　　연구에서 밝히길: 36 지구에는 한 사람당 422그루 안팎의 나무를 갖는데, 이는 이전에 사람들이 예측한 수량보다 7배가 넘는다. 하지만 1만여 년 전과 비교하면, 이 숫자는 턱없이 부족하다. 대부분 37 나무의 총 수량이 적어졌다.

지문 어휘

研究 yánjiū 통 연구하다 ⭐
表明 biǎomíng 통 분명하게 밝히다
地球 dìqiú 명 지구 ⭐
拥有 yōngyǒu 통 가지다
棵 kē 양 그루, 포기 ⭐
左右 zuǒyòu 명 안팎, 가량
估计 gūjì 통 예측하다, 추측하다 ⭐
数字 shùzì 명 수량, 수 ⭐
倍 bèi 명 배
相比 xiāngbǐ 통 비교하다
主要 zhǔyào 부 대부분, 주로
差 chà 통 부족하다, 모자라다
总 zǒng 형 총괄적인
数量 shùliàng 명 수량

36

问：现在每个人大约有多少棵树？

A 422　　　　**B** 300　　　　**C** 1000　　　　**D** 500

질문: 현재 한 사람당 대략 몇 그루의 나무를 갖는가?
A 422　　　　B 300　　　　C 1000　　　　D 500

보기 어휘

大约 dàyuē 부 대략, 대강 ⭐

정답 A

해설 녹음의 시작 부분에서 지구에는 한 사람당 422그루 안팎의 나무를 갖는다고 언급했으므로 정답은 A이다.

37

问：和一万年前相比，地球上的树有什么变化？

A 更多了　　　　　　　　**B** 更大了
C 叶子更多了　　　　　　**D** 数量少了

질문: 1만 년 전과 비교하여, 지구상의 나무는 어떤 변화가 있는가?
A 더욱 많아졌다　　　　　　B 더욱 커졌다
C 잎이 더 많아졌다　　　　　D 수량이 줄었다

보기 어휘

叶子 yèzi 명 잎, 잎사귀 ⭐

정답 D

해설 녹음의 마지막 부분에서 1만여 년 전과 비교하면 이 숫자는 턱없이 부족하며 나무의 총 수량이 적어졌다고 언급했으므로 정답은 D이다.

실전모의고사 2회

38 当我年轻时，把输赢看得特别重要，经常因为暂时的失败而难过。甚至对自己失望。后来，尝过了人生的酸甜苦辣，我才明白，39 真正的成功不是赢了多少遍，变得多么富有，而是可以愉快、健康地生活下去。

---

38 내가 젊었을 땐, 승패를 특히 중요하게 보았고, 자주 일시적인 실패로 인해 괴로워하곤 했다. 심지어 자신에 대해서도 실망했다. 이후에, 인생의 쓴맛 단맛을 맛 보고서야 나는 깨달았다. 39 진실로 성공하는 것은 몇 번 이기느냐, 얼마나 부유해졌는지가 아니라, 유쾌하고 건강하게 살아갈 수 있는 것이다.

지문 어휘

年轻 niánqīng 형 젊다, 어리다
输赢 shūyíng 명 승패, 승부
暂时 zànshí 명 일시, 잠깐 ⭐
失败 shībài 동 실패하다 ⭐
难过 nánguò 형 괴롭다
甚至 shènzhì 부 심지어
失望 shīwàng 동 실망하다 ⭐
酸甜苦辣 suāntiánkǔlà 성 쓴맛 단맛, 세상의 온갖 풍파, 산전수전
明白 míngbai 동 깨닫다, 깨우치다
真正 zhēnzhèng 부 진실로, 참으로, 정말로 ⭐
成功 chénggōng 동 성공하다 ⭐
富有 fùyǒu 형 부유하다
愉快 yúkuài 형 유쾌하다 ⭐
健康 jiànkāng 형 건강하다
生活 shēnghuó 동 살다 ⭐

38

问：说话人年轻时怎么样?

A 很有爱心   B 生活富有
C 看重输赢   D 身体健康

질문: 화자는 젊었을 때 어떠했는가?

A 사랑하는 마음이 컸다   B 생활이 부유했다
C 승패를 중시했다   D 몸이 건강했다

보기 어휘

爱心 àixīn 명 사랑하는 마음, 관심과 사랑
看重 kànzhòng 동 중시하다

정답 C

해설 화자가 젊었을 때 어떠했는지에 대해 묻는 문제이다. 녹음의 첫머리에서 내가 젊었을 땐 승패를 특히 중요하게 보았다고 언급했으므로 정답은 C이다.

39

问：下列哪个是说话人现在的看法?

A 开心更重要   B 对自己失望
C 努力决定一切   D 要变得富有

질문: 다음 중 어느 것이 화자의 현재 견해인가?

A 유쾌한 것이 더욱 중요하다   B 자신에게 실망하다
C 모든 것을 열심히 결정하다   D 부유해져야 한다

보기 어휘

开心 kāixīn 형 유쾌하다, 기쁘다, 즐겁다 ⭐
一切 yíqiè 대 모든, 일체, 전부 ⭐

정답 A

해설 화자의 견해를 찾는 문제이다. 녹음 마지막 부분에서 진정한 성공은 몇 번 이기느냐 얼마나 부유해졌는지가 아니라 유쾌하고 건강하게 살아나갈 수 있는 것이라고 언급했으므로 정답은 A이다.

小王有个朋友特喜欢唱歌，而且 40 总认为自己唱得很好。有一次，他在小王家唱歌，唱完歌得意地问小王："我唱得好吧？"小王回答："我认为你可以上电视。"朋友高兴地说："你是说我唱得很好听？"小王回答："不，41 你如果上了电视，我就可以把电视关掉。"

샤오왕에게 노래 부르는 것을 아주 좋아하는 친구가 하나 있는데, 40 항상 스스로 노래를 잘 한다고 생각했다. 한 번은 그 친구가 샤오왕 집에서 노래를 불렀다. 노래가 끝나자 대단히 만족하며 샤오왕에게 물었다: "나 노래 잘하지?" 샤오왕이 대답했다: "나는 네가 텔레비전에 나올 수 있다고 생각해." 친구는 신나서 말했다: "내 노래가 듣기 좋다는 말이지?" 샤오왕이 대답했다: "아니, 41 네가 만약 TV에 나오면, 나는 TV를 꺼버릴 수 있잖아."

지문 어휘

特 tè 〔부〕 아주, 유달리
喜欢 xǐhuan 〔동〕 좋아하다
唱歌 chàng gē 노래 부르다
总 zǒng 〔부〕 늘, 줄곧
认为 rènwéi 〔동〕 여기다, 생각하다
得意地 dé yì 〔형〕 대단히 만족하다, 득의양양하다
上电视 shàng diànshì TV에 나오다
关掉 guāndiào 〔동〕 꺼버리다

40

问：关于小王的朋友，可以知道什么？
　　A 爱说话　　　　　　B 喜欢看电视
　　C 特别自信　　　　　D 上过电视

질문: 샤오왕의 친구에 관하여, 알 수 있는 것은 무엇인가?
A 말하기를 좋아한다　　　　B 텔레비전 보는 것을 좋아한다
C 매우 자신감 있다　　　　D 텔레비전에 나온 적 있다

보기 어휘

自信 zìxìn 〔형〕 자신감 있다 ★

정답 C

해설 샤오왕의 친구에 관해 알 수 있는 것을 묻는 문제이다. 지문의 시작 부분에서 항상 자기가 노래를 잘한다고 생각한다고 언급했으므로 매우 자신감있는 사람임을 알 수 있다. 따라서 정답은 C이다.

41

问：小王最后那句话是什么意思？
　　A 朋友很有礼貌　　　B 节目不好看
　　C 羡慕朋友　　　　　D 朋友唱得难听

질문: 샤오왕의 마지막 말은 무슨 의미인가?
A 친구는 예의 바르다　　　B 프로그램이 재미없다
C 친구를 부러워 한다　　　D 친구가 노래하는 것은 듣기 괴롭다

보기 어휘

礼貌 lǐmào 〔명〕 예의
〔형〕 예의 바르다
节目 jiémù 〔명〕 프로그램, 항목
羡慕 xiànmù 〔동〕 부러워하다 ★
难听 nántīng 〔형〕 듣기 괴롭다, 듣기 싫다

정답 D

해설 샤오왕의 마지막 말이 무슨 의미인지를 묻는 문제이다. 녹음 마지막 부분에서 네가 만약 TV에 나오면, 나는 TV를 꺼버릴 수 있다고 하였는데 이 말은 듣기 괴로워 텔레비전을 차라리 꺼버려서 아예 안 듣겠다는 의미이므로 정답은 D이다.

실전모의고사 2회

42 过去人们出门更喜欢开汽车，最近，43 由于人们越来越重视健康和环保，骑自行车出门变成了一件普遍的事。现在每到节假日，一些喜欢骑自行车的人，就会约在一起到郊区或其他环境好的地方骑自行车。

42 과거에 사람들은 외출 시 차로 운전하는 것을 더 좋아했으나, 최근 43 사람들은 건강과 환경보호를 점점 더 중시하기 때문에 자전거를 타고 나가는 것이 보편적인 일이 되었다. 지금은 명절과 휴일마다 자전거 타는 것을 좋아하는 일부 사람들이 교외나 그 외 환경 좋은 곳으로 함께 가서 자전거를 타기로 약속한다.

지문 어휘

过去 guòqù 몡 과거
开汽车 kāi qìchē 자동차를 운전하다
由于 yóuyú 쩹 ~때문에, ~로 인하여 ★
越来越 yuèláiyuè 뫼 점점 더
重视 zhòngshì 동 중시하다 ★
健康 jiànkāng 몡 건강
环保 huánbǎo 몡 환경보호 혱 친환경적인
变成 biànchéng 동 ~로 변하다
普遍 pǔbiàn 혱 보편적인 ★
节假日 jiéjiàrì 몡 (법정) 명절과 휴일
约 yuē 동 약속하다
郊区 jiāoqū 몡 (도시의) 변두리 ★
其他 qítā 떼 기타
环境 huánjìng 몡 환경

42

问: 以前人们更愿意选择哪种方式出行?

A 坐出租车　　B 开汽车　　C 跑步　　D 乘飞机

질문: 예전에는 사람들이 어떤 방식을 택하여 외출하기를 더 원했는가?

A 택시 타기　　B 운전하기　　C 달리기　　D 비행기 타기

보기 어휘

出行 chūxíng 동 외출하다
跑步 pǎo bù 동 달리다

정답 B

해설 예전 사람들은 어떤 방식으로 외출하기를 원했는지 묻는 문제이다. 녹음의 첫머리에서 과거에 사람들은 외출 시 차로 운전하는 것을 더 좋아했다고 했으므로 정답은 B이다.

43

问: 根据这段话，下列哪个正确?

A 汽车很环保　　　　　B 油价很高
C 骑车很环保　　　　　D 节日景区人少

질문: 이 글에 근거하여, 다음 중 옳은 것은?

A 자동차는 친환경적이다　　　B 기름값이 비싸다
C 자전거 타기는 친환경적이다　D 명절 관광지에는 사람이 적다

보기 어휘

油价 yóujià 몡 기름값, 유가
景区 jǐngqū 몡 관광 지구

정답 C

해설 이 글에 근거해 옳은 것을 찾는 문제이다. 녹음의 첫머리를 뒤이어 최근 사람들은 건강과 환경보호를 점점 더 중시하기 때문에 자전거를 타고 나가는 일이 보편적인 일이 되었다고 언급했으므로 정답은 C이다.

[44-45]

45 互联网越来越影响着我们的生活，例如，44 近几年快速发展的网上教育。不管什么时间，什么地点，只要有一台能上网的电脑，我们就能接受许多著名老师的教育。因此，互联网让我们获取知识更加容易了。

45 인터넷은 우리의 생활에 점점 더 영향을 미친다. 예를 들면, 44 최근 몇 년간 빠르게 발전하고 있는 온라인 교육을 들 수 있다. 언제든지, 어디서든 관계없이, 인터넷을 할 수 있는 컴퓨터 한 대만 있다면, 우리는 많은 유명한 선생님의 교육을 받을 수 있다. 이로 인하여 인터넷은 우리로 하여금 더 쉽게 지식을 얻게 해준다.

44

问：关于网上教育，可以知道什么？

　A 发展很快　　　　　B 不需要电脑
　C 报名费高　　　　　D 获取知识更难

질문: 온라인 교육에 관하여, 알 수 있는 것은 무엇인가?

　A 발전이 빠르다　　　　B 컴퓨터가 필요 없다
　C 등록비가 비싸다　　　D 지식 획득이 더욱 어렵다

정답 A

해설 녹음의 시작 부분에서 최근 몇 년간 빠르게 발전한다고 언급했으므로 정답은 A이다.

45

问：这段话主要谈的是什么？

　A 著名老师　　　　　B 能上网的电脑
　C 我们的生活　　　　D 互联网的影响

질문: 이 글이 주로 이야기하는 것은 무엇인가？

　A 저명한 선생님　　　　B 인터넷 할 수 있는 컴퓨터
　C 우리의 생활　　　　　D 인터넷의 영향

정답 D

해설 이 글의 주제를 묻는 문제이다. 녹음의 첫머리에서 인터넷은 우리의 생활에 점점 더 영향을 미친다고 했으므로 인터넷의 영향에 관해 이야기하고 있음을 알 수 있다.

阅读

제1부분   46~55번 문제는 문장 또는 대화 속 빈칸에 알맞은 단어를 고르는 문제입니다.

46-50

A 尽管	B 判断
C 关键	D 坚持
E 情况	F 趟

A 尽管 jǐnguǎn 웹 비록 ~라 하더라도   B 判断 pànduàn 통 판단하다
D 关键 guānjiàn 명 관건   D 坚持 jiānchí 통 꾸준히 하다
E 情况 qíngkuàng 명 상황   F 趟 tàng 양 편, 번

46

선생님 강추!

快点儿，不及时出发就来不及坐最后一（ F 趟 ）地铁了。

서둘러요, 제때 출발하지 않으면 마지막 (F 편) 지하철을 놓칠거예요.

정답   F

해설   빈칸 앞에는 수사 一가 있고, 빈칸 뒤에 명사 地铁(지하철)가 있으므로 양사가 올 수 있다. 탈 것에 쓰이는 양사 가운데 '마지막 지하철을 놓칠 수 있다'와 어울리는 양사는 趟이므로 정답은 F 趟(편, 번)이다.

지문 어휘

及时 jíshí 튀 즉시, 곧바로 ★
出发 chūfā 통 출발하다 ★
来不及 láibují 통 제 시간에 댈 수 없다 ★
最后 zuìhòu 명 제일 마지막
地铁 dìtiě 명 지하철

47

선생님 강추!

到底是选择艺术专业还是新闻专业，（ C 关键 ）得看你的爱好，我们不能代替你拿主意。

도대체 예술 전공을 선택할거니 아니면 뉴스(방송)전공을 선택할거니, (C 관건)은 네 취미에 달려있어, 우리가 너 대신 결정을 내릴 수는 없잖아.

정답   C

해설   예술 전공을 선택할지 뉴스(방송)전공을 선택할지 결정하는 데 중요한 것은 네 취미에 달려있다고 했으므로 중요한 것을 이르는 말을 보기에서 찾으면 된다. 게다가 뒤 절 맨 앞에 빈칸이 있으므로 부사나 명사가 들어갈 확률이 높다. 따라서 정답은 명사 C 关键(관건)이다.

지문 어휘

到底 dàodǐ 튀 도대체 ★
选择 xuǎnzé 통 고르다, 선택하다
艺术 yìshù 명 예술 ★
专业 zhuānyè 명 전공 ★
还是 háishi 젭 아니면, 또는
新闻 xīnwén 명 뉴스
爱好 àihào 명 취미, 애호
代替 dàitì 통 대신하다
拿主意 ná zhǔyi 통 (방법 · 대책 · 마음을) 결정하다

48

阳光对葡萄的味道有比较大的作用，正常（ E 情况 ）下，阳光越好，葡萄越甜。

햇빛이 포도의 맛에 비교적 큰 작용을 한다. 정상적인 (E 상황) 하에, 햇빛이 좋을수록 포도는 더욱 달다.

정답 ▶ E

해설 빈칸 앞에 형용사 正常(정상적인)이 있고, 빈칸 뒤에는 방위사 下가 있으므로 빈칸에는 명사 어휘가 들어가야 함을 알 수 있다. 문맥상 '정상적인 ~하에'라는 문장이 성립되어야 하므로 정답은 E 情况(상황)이다.

지문 어휘

阳光 yángguāng 명 햇빛 ⭐
葡萄 pútao 명 포도 ⭐
味道 wèidao 명 맛 ⭐
作用 zuòyòng 명 작용, 영향 ⭐
正常 zhèngcháng 형 정상적인 ⭐
情况 qíngkuàng 명 상황, 정황 ⭐
越~越~ yuè~ yuè~ ~할수록 ~하다
甜 tián 형 달다

49

（ A 尽管 ）努力不一定能获得成功，但不努力肯定无法成功。

(A 비록) 노력하는 것이 반드시 성공하는 것은 아니지만, 노력하지 않으면 틀림없이 성공할 수 없다.

정답 ▶ A

해설 문장 제일 앞에 빈칸이 있으면 부사 또는 접속사가 나올 확률이 높다. 뒤 절의 맨 앞 접속사가 但이므로 但과 호응하여 쓰이는 접속사를 찾으면 된다. 문맥상 가장 어울리는 어휘는 A 尽管(비록 ~라 하더라도)이다.

▶ 尽管~, 但~ (비록 ~라 하더라도)을 익혀두자!

지문 어휘

努力 nǔlì 동 노력하다
一定 yídìng 부 반드시, 꼭
获得 huòdé 동 얻다, 취득하다
成功 chénggōng 명 성공 동 성공하다 ⭐
肯定 kěndìng 부 확실히, 틀림없이 ⭐
无法 wúfǎ 동 할 수 없다

50

我们通常可以通过一个人做事的习惯、态度等来（ B 判断 ）他的工作能力。

우리는 보통 한 사람의 일하는 습관, 태도 등을 통하여 그의 업무 능력을 (B 판단한다).

정답 ▶ B

해설 빈칸 뒤에 목적어인 他的工作能力(그의 업무 능력)가 있으므로 빈칸에는 동사 어휘가 들어가야 한다. 문맥상 '~을 통하여 그의 업무 능력을 ~한다'라는 문장이 성립되어야 하므로 정답은 B 判断(판단하다)이다.

▶ 通过~来, 判断~ (~을 통하여, ~을 판단하다)라는 구문을 익혀두자!

지문 어휘

通常 tōngcháng 형 보통, 통상
通过 tōngguò 전 ~을 통해 ⭐
习惯 xíguàn 명 습관, 버릇
态度 tàidu 명 태도 ⭐
能力 nénglì 명 능력 ⭐

51-55

A 偶尔	B 顺序
C 温度	D 既然
E 够	F 积极

A 偶尔 ǒu'ěr 튄 이따금
B 顺序 shùnxù 뎽 순서
C 温度 wēndù 뎽 온도
D 既然 jìrán 쩝 (이미) ~된 바에야
E 够 gòu 뚱 충분하다
F 积极 jījí 혱 적극적이다, 긍정적이다

---

(51) 선생님 강추!

A: 经理，经过考虑，我还是决定离开公司。
B: 好吧，(D 既然)如此，我尊重你的决定。

A: 사장님, 고민해 봤는데, 저 아무래도 회사를 떠나야 할 것 같습니다.
B: 알았네, 이렇게 (D 된 바에야), 자네의 결정을 존중하겠네.

정답 D

해설 빈칸 뒤에 如此가 있으므로 이 문제에서는 짝꿍 어휘를 찾으면 된다. 如此와 짝꿍으로 호응하여 자주 쓰이는 어휘는 D 既然(~된 바에야)로 如此와 함께 쓰이면 '이렇게 된 바에야'라는 뜻으로 쓰인다.
▶ 既然如此(이렇게 된 바에야)표현을 익혀두자.

지문 어휘

经过 jīngguò 뚱 거치다, 경험하다
考虑 kǎolǜ 뚱 고려하다 ⭐
还是 háishi 튄 그래도, 역시
决定 juédìng 뚱 결정하다
离开 líkāi 뚱 떠나다
如此 rúcǐ 뎨 이러하다
尊重 zūnzhòng 뚱 존중하다

---

(52)

A: 我出门太粗心，没有带公交卡。你带零钱了吗?
B: 有，4块(E 够)吗?

A: 내가 나올 때 부주의해서, 버스 카드를 가지고 오지 않았어. 너 잔돈 있니?
B: 있어. 4위안이면 (E 충분해)?

정답 E

해설 빈칸 앞에 주어 4块(4위안)가 있고, 빈칸 뒤에는 의문의 어기조사 吗가 있으므로 빈칸에는 동사 어휘가 들어가야 한다. 버스비를 빌려달라는 말의 대답으로 '4위안이면 ~하느냐'라는 문장이 성립되어야 하므로 정답은 E 够(충분하다)이다.

지문 어휘

粗心 cūxīn 혱 부주의하다 ⭐
公交卡 gōngjiāokǎ 뎽 버스 카드, 교통 카드
零钱 língqián 뎽 잔돈 ⭐

---

(53)

A: 如果能举办这个活动，肯定会吸引更多旅客来我们这里旅游。
B: 是的，这对城市的发展起非常(F 积极)的作用。

A: 만약 이 이벤트를 개최할 수 있다면, 이곳에 여행 오도록 더 많은 여행객을 끌어들일 텐데.
B: 그래, 도시의 발전에도 매우 (F 긍정적인) 작용을 할 거야.

정답 F

해설 빈칸 앞에 부사 非常이 있고, 빈칸 뒤에는 구조조사 的가 있으므로 빈칸에는 관형어 역할을 하는 형용사가 쓰여 명사 作用(작용)을 수식해야 한다. 문맥상 '도시 발전에도 ~작용을 할 것이다'라는 내용이 성립되어야 하므로 정답은 F 积极(긍정적이다)이다.

지문 어휘

举办 jǔbàn 뚱 개최하다 ⭐
活动 huódòng 뎽 이벤트, 활동, 행사 ⭐
肯定 kěndìng 튄 틀림없이 ⭐
吸引 xīyǐn 뚱 끌어당기다, 유인하다 ⭐
旅客 lǚkè 뎽 여행객
旅游 lǚyóu 뚱 여행하다
城市 chéngshì 뎽 도시
发展 fāzhǎn 뚱 발전하다
作用 zuòyòng 뎽 작용, 영향 ⭐

54

A: 父亲，您岁数大了，少喝点酒。
B: 没事，大夫说，(A 偶尔)喝酒对健康也有好处。

A: 아버지, 연세도 많으신데, 술 좀 적게 드세요.
B: 괜찮다. 의사가 그러는데, (A 이따금) 마시는 술은 건강에 좋대.

지문 어휘

岁数 suìshù 🅟 연세, 연령
健康 jiànkāng 🅟 건강
🅗 건강하다
好处 hǎochù 🅟 이로운 점,
장점 ⭐

정답 A

해설 뒤 절 맨 앞에 빈칸이 있으면 부사나 접속사 또는 주어 역할을 하는 문장성분이 올 수 있다. 보기 어휘 가운데 부사는 A 偶尔(이따금)뿐이며 문맥상으로도 '～마시는 술은 건강에 좋다'라는 의미가 성립해야 한다. 따라서 정답은 A 偶尔(이따금)이다.

55

A: 客人，请您按(B 顺序)取餐。
B: 非常抱歉，我现在去排队。

A: 손님, (B 순서)에 따라 음식을 받으세요.
B: 미안합니다, 지금 줄 설게요.

지문 어휘

按 àn 🅟 ~에 따라
取餐 qǔ cān 🅓 음식을 받다
抱歉 bào qiàn 🅓 미안해하다,
죄송합니다 ⭐
排队 pái duì 🅓 줄을 서다 ⭐

정답 B

해설 빈칸 앞에 전치사 按(~에 따라)이 있으므로 빈칸에는 명사가 와야 한다. 만약 어떤 품사인지 모를 경우에는 짝꿍 어휘를 찾으면 된다. 빈칸 앞에 按(~에 따라)과 서로 호응하는 어휘는 B 顺序(순서)이다.

 제2부분 56～65번 문제는 제시된 문장을 알맞게 배열하는 문제입니다.

56

A 只能用手机简单照了几张
B 但是我没带相机
C 这里的景色很棒

A 할 수 없이 휴대폰으로 간단히 몇 장 찍었다
B 하지만 카메라를 가져 오지 않았다
C 여기 풍경이 정말 멋지다

지문 어휘

手机 shǒujī 🅟 휴대폰
简单 jiǎndān 🅗 간단하다
照 zhào 🅓 (사진, 영화를)
찍다 ⭐
带 dài 🅓 (몸에) 지니다,
휴대하다
景色 jǐngsè 🅟 풍경
棒 bàng 🅗 좋다

정답 CBA

해설 ❶ 사건의 진행 흐름에 따라 문장을 배치하면 된다. 특정 대상인 这里的景色(여기 풍경)을 언급한 문장 C를 맨 앞에 둔다. 여기 풍경이 정말 멋졌다는 문장 C의 내용 뒤에 전환을 나타내는 접속사 但是(하지만)를 쓴 문장 B를 배치해 C → B의 순서로 배열한다.
❷ 남은 문장 A는 할 수 없이 휴대폰으로 몇 장 찍었다는 내용이므로 C → B → A의 순으로 배열한다.

C 这里的景色很棒, (여기 풍경이 정말 멋지다)

B 但是我没带相机, (하지만 카메라를 가져 오지 않아서)

A 只能用手机简单照了几张。(할 수 없이 휴대폰으로 간단히 몇 장 찍었다)

A 我原来非常紧张

B 但张叔叔给我讲了笑话之后

C 一下子就放松了很多

A 나 원래 아주 긴장했어

B 그런데 장 삼촌이 내게 재미있는 이야기를 해 주신 이후로

C 갑자기 마음이 많이 편해졌어

정답 ABC

해설 ❶ 사건의 진행 흐름에 따라 문장을 배열한다. 원래 긴장했다는 내용의 문장 A를 먼저 놓은 후에, 전환을 나타내는 접속사 但(그런데)을 포함하고 있는 문장 B를 뒤이어 연결해준다.

❷ 남은 문장 C는 A → B의 결과이므로 A → B → C의 순으로 배열한다.

A 我原来非常紧张, (나 원래 아주 긴장했어)

B 但张叔叔给我讲了笑话之后, (그런데 장 삼촌이 내게 재미있는 이야기를 해 주신 이후로)

C 一下子就放松了很多。(갑자기 마음이 많이 편해졌어)

지문 어휘

原来 yuánlái 🖤 원래, 본래 ⭐

紧张 jǐnzhāng
🖤 긴장하다 ⭐

叔叔 shūshu 🖤 삼촌

讲 jiǎng 🖤 이야기하다

笑话 xiàohua
🖤 우스운 이야기 ⭐

一下子 yíxiàzi 단시간에, 갑자기

放松 fàngsōng 🖤 마음을 놓다

A 演员们的演出深深地吸引住了观众

B 还不想离开

C 表演都已经结束了

A 배우들의 공연이 관중을 깊이 사로잡았다

B 여전히 떠나고 싶어하지 않는다

C 공연은 이미 끝났다

정답 CAB

해설 ❶ 공연은 이미 끝났다는 사실을 말한 문장 C를 문장의 맨 앞에 배치한다.

❷ 남은 문장 가운데 문장 A는 문장 B에 대한 원인이므로 A → B의 순으로 배열해야 한다. 따라서 정답은 C → A → B이다.

C 表演都已经结束了, (공연은 이미 끝났다)

A 演员们的演出深深地吸引住了观众, (배우들의 공연이 관중을 깊이 사로잡았다)

B 还不想离开。(여전히 떠나고 싶어하지 않는다)

지문 어휘

演员 yǎnyuán 🖤 배우,
연기자 ⭐

演出 yǎnchū 🖤 공연
🖤 공연하다 ⭐

吸引 xīyǐn 🖤 끌어당기다,
매료시키다 ⭐

观众 guānzhòng 🖤 관중,
시청자 ⭐

离开 líkāi 🖤 떠나다

表演 biǎoyǎn 🖤 공연
🖤 연기하다 ⭐

结束 jiéshù 🖤 끝나다, 마치다

A 也能让人感受幸福
B 其实，有时候只是一张写满关心的纸条
C 有人说，做浪漫的事情需要很多钱

A 사람은 행복을 느낄 수도 있다
B 사실, 때로는 단지 관심 가득한 한 장의 종이 쪽지만으로도
C 어떤 사람들은 낭만적인 일을 하는데 돈이 많이 든다고 말한다

 **정답** CBA

해설
❶ 낭만적인 일을 하는데 돈이 많이 든다는 의견을 제시한 문장 C를 맨 앞에 배치한다.
❷ 문장 B는 문장 C와 반대되는 의견으로 C → B의 순으로 놓은 후에, B에 대한 결과를 말하는 문장 A를 맨 마지막에 놓는다. 따라서 정답은 C → B → A이다.
C 有人说，做浪漫的事情需要很多钱, (어떤 사람들은 낭만적인 일을 하는데 돈이 많이 든다고 말한다)
B 其实，有时候只是一张写满关心的纸条, (사실, 때로는 단지 관심 가득한 한 장의 종이 쪽지만으로도)
A 也能让人感受幸福。(사람은 행복을 느낄 수도 있다)

지문 어휘

感受 gǎnshòu 통 느끼다, 받다
幸福 xìngfú 명 행복
형 행복하다 ⭐
其实 qíshí 부 사실
只是 zhǐshì 부 단지, 다만
满 mǎn 형 가득하다 ⭐
关心 guānxīn 통 관심을 갖다
纸条 zhǐtiáo 명 종이 쪽지, 메모지
浪漫 làngmàn 형 낭만적이다 ⭐
需要 xūyào 통 필요하다

60

A 森林公园里有很多的植物
B 让他多学点儿自然知识
C 周末我们带孩子去参观一下吧

A 삼림공원에 많은 식물이 있어요
B 아이에게 자연 지식을 좀 배우게 해요
C 주말에 우리 아이 데리고 견학갑시다

 정답 ACB

해설
❶ 공원에 식물이 많다는 사실을 제시한 문장 A를 맨 앞에 두고, 공원에 가는 목적을 언급한 문장 C를 A → C의 순서대로 놓는다.
❷ 남은 문장 B는 아이를 데리고 견학가는 이유로 문장 C보다 뒤에 배치한다. 따라서 정답은 A → C → B이다.
A 森林公园里有很多的植物, (삼림공원에 많은 식물이 있어요)
C 周末我们带孩子去参观一下吧, (주말에 우리 아이 데리고 견학갑시다)
B 让他多学点儿自然知识。(아이에게 자연 지식을 좀 배우게 해요)

지문 어휘

森林 sēnlín 명 삼림 ⭐
公园 gōngyuán 명 공원
植物 zhíwù 명 식물 ⭐
自然 zìrán 명 자연 ⭐
知识 zhīshi 명 지식 ⭐
周末 zhōumò 명 주말
带 dài 통 데리다, 인솔하다
参观 cānguān 통 견학하다, 참관하다 ⭐

A 这个外国年轻人
B 因此完全不用翻译
C 汉语说得很好，普通话讲得比我还流利

A 이 외국 젊은이는
B 그래서 통역이 전혀 필요 없다
C 중국어를 잘 한다, 표준어는 나보다 더 유창하게 한다

정답 **ACB**

해설 ❶ 특정 대상인 这个外国年轻人(이 외국 젊은이)를 언급한 문장 A를 맨 앞에 놓은 후에, 그 대상에 대해 설명한 문장 C를 뒤이어 연결해 A → C의 순으로 놓는다.
❷ 남은 문장 B는 결과를 이끄는 접속사인 因此(그래서)를 포함하고 있으므로 맨 마지막에 배치한다. 따라서 정답은 A → C → B이다.
A 这个外国年轻人, (이 외국 젊은이는)
C 汉语说得很好，普通话讲得比我还流利 (중국어를 잘 한다, 표준어는 나보다 더 유창하게 한다)
B 因此完全不用翻译。(그래서 통역이 전혀 필요 없다)

지문 어휘

外国 wàiguó 명 외국
年轻 niánqīng 형 젊다, 어리다
因此 yīncǐ 접 그래서, 이로 인하여 ★
完全 wánquán 부 전혀, 전적으로
翻译 fānyì 동 통역하다 ★
普通话 pǔtōnghuà 명 보통화, 표준어 ★
讲 jiǎng 동 이야기하다
流利 liúlì 형 유창하다, 막힘이 없다

A 我担心会影响到他们
B 就没有跟他们打招呼
C 校长现在和同事聊天儿

A 나는 그들에게 영향을 미칠까 봐 걱정된다
B 그들과 인사도 안 했다
C 교장 선생님은 지금 동료와 이야기를 하고 있다

정답 **CAB**

해설 ❶ 교장 선생님의 현재 상황(동료와 이야기를 하고 있다)을 제시한 문장 C를 맨 앞에 배치한다.
❷ 남은 문장 가운데 영향을 미칠까 봐 걱정된다는 문장 A를 먼저 놓은 후에, 결론에 해당하는 문장 B를 A → B 순으로 배치한다. 따라서 정답은 C → A → B이다.
C 校长现在和同事聊天儿, (교장 선생님은 지금 동료와 이야기를 하고 있다)
A 我担心会影响到他们, (나는 그들에게 영향을 미칠까 봐 걱정된다)
B 就没有跟他们打招呼。(그들과 인사도 안 했다)

지문 어휘

担心 dānxīn 동 걱정하다
影响 yǐngxiǎng 동 영향을 미치다
打招呼 dǎ zhāohu 동 인사하다 ★
校长 xiàozhǎng 명 교장
同事 tóngshì 명 동료
聊天儿 liáo tiānr 동 이야기를 나누다, 한담하다, 잡담하다

63

A 那时奶奶害羞得不敢抬头见爷爷
B 说起和爷爷的第一次约会，奶奶仍然记得很清楚
C 连脸都红了

A 그때 할머니는 부끄러워서 고개 들어 할아버지를 쳐다볼 엄두를 못 내셨고
B 할아버지와의 첫 데이트에 대해 말하자면, 할머니는 여전히 분명히 기억하신다
C 얼굴까지 빨개지셨다

奶奶 nǎinai 몡 할머니
害羞 hàixiū 동 부끄러워하다
不敢 bù gǎn 동 ~할 용기가 없다, ~할 엄두를 못 내다
抬头 tái tóu 동 머리를 들다
爷爷 yéye 몡 할아버지
约会 yuēhuì 몡 약속 ★
仍然 réngrán 분 여전히 ★
清楚 qīngchu 형 분명하다
连A, 都B lián A, dōu B A마저도, B한다
脸红 liǎnhóng 동 얼굴이 빨개지다

정답 BAC

해설 ❶ 어떤 상황에 대해 기억해서 말한다는 내용을 제시한 문장 B를 맨 앞에 배치한 후에, B에서 언급한 첫 데이트를 那时(그때)라고 언급한 문장 A를 B → A 순으로 배치한다.
❷ 남은 문장 C는 A에 대한 부연설명으로 A 뒤에 C를 연결해 A → C 순으로 놓는다. 따라서 정답은 B → A → C이다.

B 说起和爷爷的第一次约会，奶奶仍然记得很清楚, (할아버지와의 첫 데이트에 대해 말하자면, 할머니는 여전히 분명히 기억하신다)

A 那时奶奶害羞得不敢抬头见爷爷, (그때 할머니는 부끄러워 고개 들어 할아버지를 쳐다볼 엄두를 못 내셨고)

C 连脸都红了。(얼굴까지 빨개지셨다)

64

A 这里写明这份工作对应聘者的岁数没有要求
B 我看过这个招聘要求了
C 只要有科学研究经历就可以

A 여기에 이 업무는 응시자의 나이에 관한 요구는 없다고 분명히 써 있다
B 나는 이 채용공고 요구사항을 본 적 있다
C 그저 과학연구 경력만 있으면 가능하다

份 fèn 양 신문, 문건을 세는 단위
应聘者 yìngpìnzhě 몡 응시자
岁数 suìshù 몡 연령
要求 yāoqiú 몡 요구
招聘 zhāopìn 동 채용하다 ★
只要A, 就B zhǐyào A, jiù B A하기만 하면, B하다
科学 kēxué 몡 과학 ★
研究 yánjiū 몡 연구 ★
经历 jīnglì 몡 경력
동 경험하다 ★

정답 BAC

해설 ❶ 구체적인 인물인 我(나)를 언급한 문장 B를 맨 앞에 배치한 후에, 채용공고 요구사항을 这里(여기)로 받은 문장 A를 B → A의 순으로 놓는다.
❷ 남은 문장 C는 채용공고 요구사항에 대한 부연설명에 해당하므로 맨 마지막에 배치한다. 따라서 정답은 B → A → C이다.

B 我看过这个招聘要求了, (나는 이 채용공고 요구사항을 본 적 있다)

A 这里写明这份工作对应聘者的岁数没有要求, (여기에 이 업무는 응시자의 나이에 관한 요구는 없다고 분명히 써 있다)

C 只要有科学研究经历就可以。(그저 과학연구 경력만 있으면 가능하다)

65

A 以减少对比赛胜负的影响
B 其质量有严格的要求
C 国际比赛中使用的羽毛球与普通羽毛球不一样

A 경기 승부에 미치는 영향을 감소시키기 위함이다
B 그 품질에는 엄격한 요구사항이 있다
C 국제 경기에서 사용하는 배드민턴 공과 보통 배드민턴 공은 다르다

정답 CBA

해설

❶ 국제 경기에서 사용하는 배드민턴 공과 보통 공은 다르다는 사실을 언급한 문장 C를 맨 앞에 배치하고, 그 사실에 대한 내용을 其品质(그 품질)로 받은 문장 B를 뒤이어 연결해 C → B의 순으로 놓는다.

❷ 남은 문장 A는 B에 대한 부연설명을 한 내용으로 B의 뒤에 배치해 B → A의 순으로 놓는다. 따라서 정답은 C → B → A이다.

C 国际比赛中使用的羽毛球与普通羽毛球不一样, (국제 경기에서 사용하는 배드민턴 공과 보통 배드민턴 공은 다르다)

B 其质量有严格的要求, (그 품질에는 엄격한 요구사항이 있다)

A 以减少对比赛胜负的影响。 (경기 승부에 미치는 영향을 감소시키기 위함이다)

지문 어휘

以 yǐ 젭 ~하기 위하여
减少 jiǎnshǎo 통 감소하다 ⭐
比赛 bǐsài 명 경기, 시합
胜负 shèngfù 명 승부, 승패
影响 yǐngxiǎng 명 영향
质量 zhìliàng 명 품질, 질 ⭐
严格 yángé 형 엄격하다 ⭐
要求 yāoqiú 명 요구
国际 guójì 명 국제 ⭐
使用 shǐyòng 통 사용하다 ⭐
羽毛球 yǔmáoqiú 명 배드민턴 ⭐
普通 pǔtōng 형 보통이다, 일반적이다

제3부분 66~85번 문제는 단문을 읽고 질문에 알맞은 답을 고르는 문제입니다.

 66

小张，我看过了你昨天提交的调查报告，写得很好，而且你发现了很多新问题。但是，你在提出问题的时候，最好也提供一下解决这个问题的方法。

★ 小张的那份调查：

A 很简单   B 发现了新问题
C 写得不好   D 今天提交的

샤오장, 나는 자네가 어제 제출한 조사 보고서를 보았네. 잘 썼고, 많은 새로운 문제를 찾아냈군. 하지만, 자네가 문제를 제기할 때, 이 문제의 해결 방법도 제공하는 것이 가장 바람직하네.

★ 샤오장의 그 보고서는:

A 간단하다   B 새로운 문제를 찾아냈다
C 잘 쓰지 못했다   D 오늘 제출한 것이다

지문 어휘

提交 tíjiāo 통 제출하다
调查 diàochá 통 조사하다 ⭐
报告 bàogào 명 보고서, 보고
发现 fāxiàn 통 발견하다
提出 tíchū 통 제기하다, 꺼내다
提供 tígōng 통 제공하다, 내놓다 ⭐

보기 어휘

简单 jiǎndān 형 간단하다

정답 B

해설 샤오장의 보고서에 관해 묻는 문제이다. 샤오장의 보고서는 많은 새로운 문제를 찾아
냈다고 했으므로 정답은 B이다.

67

선생님 강추!

人们经常说；"说了就要做到"。这句话说明我们要对自己说过
的话负责任，只说不做的人很难给别人留下好印象。

★ 根据这段对话，我们要：

A 对自己的话负责　　　　B 对别人负责
C 好好学习　　　　　　　D 努力工作

지문 어휘

经常 jīngcháng 🔲 종종, 자주
句 jù 🔲 마디, 구, 편
说明 shuōmíng 🔲 설명하다 ⭐
负 fù 🔲 (책임·임무 따위를) 맡
다, 지다, 부담하다
责任 zérèn 🔲 책임
留下 liú xià 🔲 남기다,
남겨 두다
印象 yìnxiàng 🔲 인상 ⭐

보기 어휘

负责 fùzé 🔲 책임지다 ⭐

사람들은 종종 '말을 했으면 실행해야 한다'고 말한다. 이 말은 우리가 스스로 한 말에 대해 책
임을 져야 하고, 단지 말만 하고 실행에 옮기지 않는 사람은 다른 사람에게 좋은 인상을 남기기
어렵다는 것을 설명한다.

★ 이 글에 근거하여, 우리는 마땅히:

A 자신에게 한 말은 책임져야 한다　　　B 다른 사람에 대해 책임져야 한다
C 공부를 잘 해야 한다　　　　　　　　　D 열심히 일해야 한다

정답 A

해설 이 글에 근거하여 우리는 어떻게 해야 하는지 묻는 문제이다. 지문의 시작 부분에서
조동사 要(~해야 한다)를 통해 우리가 스스로 한 말에 대해 책임을 져야 한다고 했으
므로 정답은 A이다.

68

선생님 강추!

姐姐是一家医院的医生，经常要加班到很晚才能下班，有时连
节假日也上班。但即使如此，她也从不说累，因为她很爱这个
工作。

★ 关于姐姐，可以知道：

A 是个老师　　　　　　　B 是个售货员
C 经常加班　　　　　　　D 不喜欢加班

지문 어휘

加班 jiā bān 🔲 야근하다
连 lián 🔲 ~조차도 ⭐
节假日 jiéjiàrì 🔲 (법정) 명절과
휴일
即使 jíshǐ 🔲 설사 ~하더라도 ⭐
如此 rúcǐ 🔲 이와 같다
从不 cóngbù 🔲 지금까지
~않다
累 lèi 🔲 피곤하다, 지치다

보기 어휘

售货员 shòuhuòyuán
🔲 판매원, 점원 ⭐

언니는 한 병원의 의사로 자주 야근하고 늦게까지 있어야 퇴근할 수 있다, 때로는 심지어 명절
연휴에도 출근한다. 하지만 설사 이렇다 하더라도, 그녀는 여태껏 피곤하다고 말하지 않는다,
왜냐하면 그녀가 이 일을 좋아하기 때문이다.

★ 언니에 관하여, 알 수 있는 것은:

A 선생님이다　　　　　　　　　B 판매원이다
C 야근을 자주 한다　　　　　　　D 야근을 싫어한다

정답 C

해설 언니의 관해 알 수 있는 것을 찾는 문제로 지문의 시작 부분에서 자주 야근하고 늦게
까지 있어야 퇴근할 수 있다고 했다. 따라서 정답은 C이다.

69

在中国，火车票可以提前2个月购买，购买车票后，乘客的出行计划如有变化，可在距离火车出发30分钟前进行改签，但是需要注意的是每张车票只能改签一次。

★ 如果想要改签车票，应该：

A 至少提前30分钟   B 提前2个月

C 提交照片   D 提交书面申请

중국에서는 기차표를 2개월 일찍 구매할 수 있고, 차표를 구매한 후에, 승객의 출발 계획에 변화가 있으면, 기차 출발 30분 전에 변경할 수 있다. 하지만 주의해야 할 점은 차표 한 장당 한 번씩만 변경할 수 있다는 점이다.

★ 만약 차표를 변경하고자 한다면 마땅히:

A 최소한 30분전에   B 2개월 전에

C 사진을 제출해야   D 서면신청서를 제출해야

정답 A

해설 만약 차표를 변경하고자 한다면 마땅히 어떻게 해야 하는지 묻는 문제이다. 지문 중간에서 기차 출발 30분 전에 변경할 수 있다고 했으므로 정답은 A이다.

지문 어휘

火车票 huǒchēpiào 몡 기차표
提前 tíqián 통 앞당기다 ⭐
购买 gòumǎi 통 구매하다, 사다
乘客 chéngkè 몡 승객
出行 chūxíng 통 길을 떠나다
计划 jìhuà 몡 계획 ⭐
变化 biànhuà 몡 변화
距离 jùlí 통 (~로 부터) 떨어지다
出发 chūfā 통 출발하다
进行 jìnxíng 통 진행하다 ⭐
改签 gǎiqiān 몡 변경
需要 xūyào 통 필요로 하다
注意 zhùyì 통 주의하다, 조심하다 ⭐

보기 어휘

提交 tíjiāo 통 제출하다
书面 shūmiàn 몡 서면
申请 shēnqǐng 통 신청하다 ⭐

70

선생님 강추!

对于相同的一件事情，每个人都有不同的看法。我们无法让全部人都接受自己的看法，但应该允许不同的声音出现。

★ 这段话中的"声音"指的是：

A 看法   B 汽车   C 电视   D 别人

똑같은 일에 대하여, 사람마다 다른 견해를 갖는다. 우리는 모든 사람에게 자신의 견해를 받아들이도록 할 수는 없지만 다른 목소리가 나오는 것은 허락해야 한다.

★ 이 글의 '목소리'가 가리키는 것은:

A 견해   B 자동차   C 텔레비전   D 다른 사람

정답 A

해설 이 글의 목소리가 가리키는 것이 무엇인지 묻는 문제이다.
지문 시작 부분에서 사람마다 다른 견해를 갖는다고 했으므로 여기서의 '목소리'는 각자가 갖는 견해를 의미한다.

지문 어휘

对于 duìyú 전 ~에 대해 ⭐
相同 xiāngtóng 혱 서로 같다 ⭐
不同 bùtóng 혱 같지 않다
看法 kànfǎ 몡 견해 ⭐
无法 wúfǎ 통 할 수 없다, 방법이 없다
全部 quánbù 몡 전부, 전체 ⭐
接受 jiēshòu 통 받다 ⭐
允许 yǔnxǔ 통 허락하다, 허가하다 ⭐
声音 shēngyīn 몡 소리, 목소리
出现 chūxiàn 통 나오다, 생기다 ⭐

보기 어휘

别人 biérén 때 다른 사람, 타인

很抱歉，春节期间，我们网店的工作量比平常增加了很多。您付款后，我们可能无法马上发货，因此无法肯定您的东西能按时送到，希望您理解。

★ 春节前后，那家网店：

A 十分忙　　　　　　　B 休息
C 收入减少了　　　　　D 招聘司机

죄송합니다. 설 기간 동안, 우리 온라인 쇼핑몰의 업무량이 평소보다 훨씬 많이 늘었습니다. 당신이 결제하신 후에 저희가 바로 물품을 보내지 못할 수도 있습니다. 당신의 물건을 제때에 배달할 수 있을 것이라고 확신할 수 없으니 이해해 주시기를 바랍니다.

★ 설 기간에 그 인터넷 쇼핑몰은:

A 매우 바쁘다　　　　　B 쉰다
C 수입이 줄었다　　　　D 기사를 채용한다

정답 A

해설 설 기간에 온라인 쇼핑몰이 어떠했는지에 대해 묻는 문제이다. 지문 시작 부분에서 우리 온라인 쇼핑몰의 업무량이 평소보다 훨씬 많이 늘었다고 했으므로 매우 바쁘다는 것을 알 수 있다.

大多数人对越亲的人越缺点儿耐心，但是对那些不了解的人却很有礼貌。这可能是因为我们内心明白，那些真正爱我们的人，即使再伤心也会原谅我们。因此，我们最不应该做的事情就是让爱我们的人伤心。

★ 这段话主要想告诉我们要：

A 重视工作　　　　　　B 对亲人耐心
C 做事要有耐心　　　　D 不要原谅亲友

대다수의 사람들은 친한 사람일수록 인내심이 조금 부족하다. 하지만 모르는 사람에게는 오히려 예의가 있다. 이는 아마도 우리의 내면이 우리를 진정으로 사랑하는 그러한 사람들은 설사 상심하더라도 우리를 용서한다는 것을 깨달았기 때문이다. 그러므로 우리가 가장 해서는 안 될 일은 우리를 사랑하는 사람을 상심하게 만드는 것이다.

★ 이 글이 주로 우리에게 알리고자 하는 바는:

A 업무를 중시하라　　　　B 가까운 사람에게 인내하라
C 일을 할 때 인내하라　　　D 친한 친구를 용서하지 마라

지문 어휘

抱歉 bào qiàn 동 미안해하다, 죄송합니다 ★
春节 Chūn Jié 명 설, 춘절
期间 qījiān 명 기간, 시간
网店 wǎngdiàn 명 온라인 쇼핑몰
工作量 gōngzuòliàng 명 업무량, 작업량
平常 píngcháng 명 평소, 평상시
增加 zēngjiā 동 증가하다
付款 fù kuǎn 동 돈을 지불하다 ★
发货 fāhuò 동 물품(상품)을 보내다
因此 yīncǐ 접 이로 인하여, 그래서 ★
肯定 kěndìng 형 확실하다, 분명하다, 명확하다 ★
按时 ànshí 부 제때에, 시간에 맞추어 ★
理解 lǐjiě 동 이해하다 ★

보기 어휘

十分 shífēn 부 매우, 아주 ★
收入 shōurù 명 수입, 소득 ★
减少 jiǎnshǎo 동 줄다, 감소하다 ★
招聘 zhāopìn 동 채용하다 ★
司机 sījī 명 기사, 운전사

지문 어휘

大多数 dàduōshù 명 대다수의, 대부분의
越~ 越~ yuè~ yuè~ ~할수록 ~하다
亲 qīn 형 관계가 밀접하다, 사이가 좋다
缺 quē 동 부족하다, 결핍되다 ★
耐心 nàixīn 명 인내심 ★
却 què 오히려, 도리어
礼貌 lǐmào 명 예의 ★
内心 nèixīn 명 마음, 마음 속
明白 míngbai 동 깨닫다, 깨우치다
即使 jíshǐ 접 설사 ~하더라도 ★
伤心 shāng xīn 동 상심하다 ★
原谅 yuánliàng 동 양해하다, 이해하다 ★

정답 B

해설 이 글의 주제를 묻는 문제이다. 지문의 마지막 부분에서 가장 해서는 안 될 일은 우리를 사랑하는 사람을 상심하게 만드는 것이라고 했으므로 가까운 사람에게 인내하라는 의미의 B와 일맥상통한다.

73

她从小生活在南方的一个小城市，今年冬天第一次到北方来，第一次看见这么漂亮的雪景，她高兴得差点儿跳起来。

★ 看到雪景后，她：

A 非常兴奋 　　　　　　　 B 感觉冷
C 感觉难过 　　　　　　　 D 想回家

그녀는 어릴 때부터 남방의 작은 도시에서 살았는데, 올해 겨울 처음 북방에 와서, 처음으로 이렇게 아름다운 설경을 보게 되었다. 그녀는 기뻐서 하마터면 껑충 껑충 뛸 뻔 했다.

★ 설경을 본 후, 그녀는:

A 매우 흥분하였다 　　　　　 B 춥다고 느꼈다
C 힘들다고 느꼈다 　　　　　 D 집에 돌아가고 싶었다

지문 어휘

从小 cóngxiǎo 📋 어릴 때부터
生活 shēnghuó 📋 살다 ⭐
南方 nánfāng 📋 남방
城市 chéngshì 📋 도시
冬天 dōngtiān 📋 겨울
北方 běifāng 📋 북방
漂亮 piàoliang 📋 아름답다, 예쁘다
雪景 xuějǐng 📋 설경
差点儿 chàdiǎnr 📋 하마터면, 거의
跳 tiào 📋 뛰다, 껑충 뛰다

보기 어휘

兴奋 xīngfèn 📋 흥분하다 ⭐
感觉 gǎnjué 📋 느끼다 ⭐
冷 lěng 📋 춥다
难过 nánguò 📋 힘들다, 견디기 어렵다 ⭐

정답 A

해설 설경을 본 후 그녀의 심정·상태를 묻는 문제이다. 지문 마지막 부분에서 그녀는 기뻐서 껑충 껑충 뛸 뻔 했다고 했으므로 정답은 A이다.

74

烤鸭是北京一道著名的菜，它不但味道鲜美，而且对人的健康也很有好处，特别是对那些岁数小的女性来说，多吃鸭皮能使皮肤变白。

★ 这段话主要谈的是什么？

A 烤鸭的价格 　　　　　　 B 人的健康
C 吃烤鸭的好处 　　　　　 D 吃烤鸭能减肥

오리구이는 베이징의 유명한 요리이다. 맛이 좋을 뿐 아니라 사람의 건강에도 매우 좋다. 특히 나이가 어린 여성이, 오리 껍질을 많이 먹으면 피부가 하얘질 수 있다.

★ 이 글이 주로 이야기하는 것은 무엇인가?

A 오리구이의 가격 　　　　　 B 사람의 건강
C 오리구이를 먹는 것의 장점 　 D 오리구이를 먹으면 다이어트 효과가 있다

지문 어휘

烤鸭 kǎoyā 📋 오리구이 ⭐
道 dào 📋 음식 등을 세는 양사
著名 zhùmíng 📋 유명하다 ⭐
菜 cài 📋 요리
不但A, 而且B
búdàn A, érqiě B
A뿐만 아니라, 게다가 B하다
味道 wèidao 📋 맛 ⭐
鲜美 xiānměi 📋 (과일·요리 따위가) 맛이 좋다
健康 jiànkāng 📋 건강
好处 hǎochù 📋 장점 ⭐
岁数 suìshù 📋 나이, 연령
皮 pí 📋 껍질
使 shǐ 📋 ~하게 하다 ⭐
皮肤 pífū 📋 피부 ⭐
变 biàn 📋 변하다

보기 어휘

价格 jiàgé 📋 가격 ⭐
减肥 jiǎnféi 📋 살을 빼다, 다이어트하다 ⭐

정답 C

해설 이 글의 주제를 묻는 문제이다. 맛도 좋고, 건강에도 좋으며 피부가 하얘진다고 했으므로 오리구이의 장점에 대한 글임을 알 수 있다.

当我小的时候在日记里写过：等我长大了，一定要赚很多钱，然后要去世界旅游。但现在，我有钱了，却没有一点时间去旅游，更别说游遍全世界了。

★ 说话人现在：

  A 想吃饭   B 没空儿旅游
  C 想长大   D 还很小

내가 어릴 때 일기에 쓴 적 있다: 내가 어른이 되면 꼭 돈을 많이 번 후에 세계 여행을 갈 거야. 하지만 지금 나는 돈은 있으나 오히려 여행할 시간이 없다, 전세계를 여행하는 것은 더 말할 것도 없다.

★ 화자는 현재:

  A 밥을 먹고 싶다   B 여행할 시간이 없다
  C 어른이 되고 싶다   D 아직 어리다

지문 어휘

日记 rìjì 명 일기 ★
长大 zhǎngdà 동 자라다, 크다
一定 yídìng 부 꼭, 반드시
赚钱 zhuàn qián 동 돈을 벌다
然后 ránhòu 접 그런 후에
进行 jìnxíng 동 진행하다 ★
世界 shìjiè 명 세계
旅游 lǚ yóu 동 여행하다
却 què 부 도리어, 오히려
更 gèng 부 더욱, 훨씬
游遍 yóubiàn 돌아다니다

정답 B

해설 화자의 현재 상황을 묻는 문제이다. 지문의 중간 부분에서 어른이 된 지금 오히려 돈은 있으나 여행할 시간이 없다고 했으므로 정답은 B이다.

人们都应该知道一些简单的法律知识，因为通过它我们能知道哪些事是可以做的，哪些是不能做的。我们必须按照法律要求做事，不要做让自己后悔的事情。

★ 根据这段话，我们应该：

  A 好好学习   B 好好工作
  C 懂些法律   D 原谅别人

사람들은 간단한 법률지식을 알아야 한다, 왜냐하면 그것을 통해 우리는 어떤 일은 해도 되고, 어떤 일은 해서는 안 되는지를 알 수 있기 때문이다. 우리는 반드시 법률의 요구에 따라 일을 해야 하며 스스로 후회할 일을 하지 말아야 한다.

★ 이 글에 근거하여, 우리는 마땅히:

  A 공부를 잘 해야 한다   B 일을 잘 해야 한다
  C 법률을 알아야 한다   D 다른 사람을 용서해야 한다

지문 어휘

简单 jiǎndān 형 간단하다 ★
法律 fǎlǜ 명 법률 ★
知识 zhīshi 명 지식 ★
通过 tōngguò 전 ~을 통해 ★
必须 bìxū 부 반드시 ~해야 한다
按照 ànzhào 전 ~에 따라, ~대로 ★
后悔 hòuhuǐ 동 후회하다 ★

보기 어휘

懂 dǒng 동 알다
原谅 yuánliàng 동 용서하다, 양해하다 ★

정답 C

해설 이 글에 근거하여 우리는 마땅히 어떻게 해야 하는지 묻는 문제이다. 지문의 첫머리에서 사람들은 간단한 법률지식을 알아야 한다고 했으므로 정답은 C이다.

77

人们经常说，难过时最好不要听音乐，因为它会让人更伤心，但是我伤心时却爱听慢音乐，因为它会让我冷静下来。

★ 伤心时听慢音乐，会让说话人：

  A 变有钱   B 变老   C 变冷静   D 变开心

사람들은 종종 괴로울 때 음악을 듣지 않는 것이 좋다고 말한다. 왜냐하면 우리를 더욱 슬프게 만들기 때문이다. 하지만 나는 슬플 때 오히려 느린 음악을 즐겨 듣는데, 나를 침착하게 만들기 때문이다.

★ 슬플 때 느린 음악을 들으면, 화자는:

  A 부자가 된다   B 늙는다   C 침착해진다   D 즐거워진다

지문 어휘

难过 nánguò 형 괴롭다
最好 zuìhǎo 부 ~하는 게 가장 좋다 ★
伤心 shāng xīn 동 슬퍼하다 ★
冷静 lěngjìng 형 침착하다, 이성적이다

보기 어휘

变 biàn 동 변하다, 바뀌다
开心 kāixīn 형 즐겁다 ★

정답 C

해설 슬플 때 느린 음악을 들으면 어떤지 묻는 문제이다. 화자는 슬플 때 느린 음악을 들으면 침착해 진다고 했으므로 정답은 C이다.

78

선생님 강추!

我出差刚回来，家里一个月没人打扫了，到处都很乱，我先整理一下。你先坐沙发上看会儿电视吧。

★ 说话人接下来最可能要做什么？

  A 吃饭   B 看电视   D 出差

제가 출장갔다가 방금 돌아왔어요. 집안을 한 달 동안 아무도 청소하지 않아서 곳곳이 어지럽네요. 제가 우선 정리를 좀 할게요. 당신은 우선 소파에 앉아서 텔레비전을 좀 보세요.

★ 화자는 이어서 무엇을 하겠는가?

  A 식사   B TV 보기   C 방 청소   D 출장

지문 어휘

出差 chū chāi 동 출장 가다 ★
打扫 dǎsǎo 동 청소하다 ★
到处 dàochù 곳곳, 도처 ★
乱 luàn 형 어지럽다 ★
整理 zhěnglǐ 동 정리하다 ★
沙发 shāfā 명 소파 ★
电视 diànshì 명 텔레비전, TV

보기 어휘

收拾 shōushi 동 정리하다 ★

정답 C

해설 지문의 중간 부분에서 우선 정리를 좀 하겠다고 했으므로 화자는 방 청소를 하려고 함을 알 수 있다.

79

很多公司都习惯在年底开一场热闹的年会。首先，举办年会是为了对公司一年的工作进行总结；其次，通过表扬优秀者让大家在新的一年里继续努力工作，为公司取得更好的成绩。

★ 年会：

  A 多在春天举行   B 没有意思
  C 组织学习   D 有鼓励作用

지문 어휘

习惯 xíguàn 동 익숙해지다
年底 niándǐ 명 연말
年会 niánhuì 명 송년회, 연례회의
场 chǎng 양 차례, 회, 번
热闹 rènao 형 떠들썩하다 ★
首先 shǒuxiān 부 우선 ★
举办 jǔbàn 동 열다, 개최하다 ★
为了 wèile 전 ~를 위해
总结 zǒngjié 동 총결산하다, 총정리하다 ★

많은 회사들이 연말에 떠들썩한 송년회를 한 차례 여는 것에 익숙하다. 우선 송년회를 여는 것은 회사에서 1년간의 업무에 대한 종결을 진행하기 위함이다. 그 다음은, 우수자를 표창함으로써 모두로 하여금 새해에도 계속 노력하여 일하도록 하여, 회사를 위해 더 좋은 성과를 얻게 하기 위함이다.

★ 송년회는:

A 대개 봄에 열린다   B 재미없다
C 조직을 학습한다   D 격려의 작용을 한다

정답 D

해설 송년회에 관해 묻는 문제이다. 지문의 중간 부분부터 우수자를 표창해 새해에도 계속 노력해 일하도록 하고, 회사를 위해 좋은 성과를 내도록 하기 위함이라고 했으므로 정답은 D이다.

지문 어휘

其次 qícì 때 그 다음, 두번째 ★
通过 tōngguò 젠 ~을 통해 ★
表扬 biǎoyáng 통 표창하다 ★
优秀者 yōuxiùzhě 명 우수자
继续 jìxù 통 계속하다 ★
取得 qǔdé 통 얻다
成绩 chéngjì 명 성과, 성적

보기 어휘

举行 jǔxíng 통 열리다, 거행하다 ★
组织 zǔzhī 명 조직
鼓励 gǔlì 통 격려하다 ★
作用 zuòyòng 명 작용, 영향 ★

[80-81]

　　上午，妻子给来电话，兴奋地问我："今天是什么日子？"我回答："今天是10月28号星期三，怎么了？"没想到，80 她听完就很生气地直接把电话挂了。我想半天也没明白因为什么，一直到下班回家，经过一家蛋糕店时，我忽然记起来，81 原来今天是她的生日。

　　오전에 아내가 전화해서 흥분하며 내게 물었다: "오늘 무슨 날이야?" 나는 대답했다: "오늘은 10월 28일 수요일이지. 왜?" 뜻밖에도, 80 그녀는 다 듣고는 화를 내며 바로 전화를 끊었다. 나는 한참 동안 생각했지만 무엇 때문인지 알 수 없었고 곧바로 퇴근하고 귀가하다 케이크 가게를 지나칠 때, 나는 갑자기 생각났다. 81 알고 보니 오늘은 그녀의 생일이었다.

지문 어휘

妻子 qīzi 명 아내
兴奋 xīngfèn 형 흥분하다 ★
回答 huídá 통 대답하다
没想到 méixiǎngdào 뜻밖에도, 생각지 못하다
生气 shēng qì 통 화내다, 성나다
直接 zhíjiē 형 직접적인 ★
挂 guà 통 (전화를) 끊다
半天 bàntiān 명 한참 동안
明白 míngbai 통 알다, 이해하다
经过 jīngguò 통 거치다, 지나다
忽然 hūrán 부 갑자기, 홀연
原来 yuánlái 부 알고 보니

80

선생님 강추!

★ 听完他的话，妻子：

A 很开心   B 哭了   C 生气了   D 很兴奋

★ 그의 말을 듣고 아내는:

A 즐겁다   B 울었다   C 화를 내었다   D 흥분하였다

보기 어휘

开心 kāixīn 형 즐겁다 ★
哭 kū 통 (소리내어) 울다

정답 C

해설 그의 말을 듣고 아내는 어떤 행동을 했는지 묻는 문제이다. 지문의 중간 부분에서 다 듣고는 화를 내며 바로 전화를 끊었다고 했으므로 정답은 C이다.

81

선생님 강추!

★ 根据这段话，下列哪个正确？

A 蛋糕很好吃　　　　　B 那天是妻子生日
C 忘记买礼物　　　　　D 他很开心

★ 이 글에 근거하여, 다음 중 옳은 것은?

A 케이크는 맛있다　　　　　B 그날은 아내의 생일이다
C 선물 사는 것을 잊었다　　　D 그는 기쁘다

보기 어휘

礼物 lǐwù 몡 선물
忘记 wàngjì 통 잊어버리다, 잊다

정답　　B

해설　이 글에 관해 옳은 내용을 고르는 문제이다. 지문 마지막 부분에서 알고 보니 오늘은 아내의 생일이었다고 했으므로 정답은 B이다.

[82-83]

　　海洋是世界上最深的地方，但是比海洋更深的是人心。有些时候，如果我们把所有事情都放在心上，而不讲出来，82 不但得不到他人的理解，而且容易产生误会。因此，83 我们多与别人交流，把心中真正的想法讲出来，不要让别人猜，这样才能得到别人的理解与支持。

　　바다는 세계에서 가장 깊은 곳이지만 바다보다 더 깊은 것은 사람의 마음이다. 어떤 경우에는, 만약 우리가 모든 일을 마음에 두고 말하지 않으면, 82 타인의 이해를 얻을 수 없을 뿐만 아니라, 오해가 생기기도 쉽다. 그래서 83 우리는 다른 사람들과 많이 교류하고, 마음 속의 진정한 생각을 말하고, 다른 사람이 추측하지 않도록 해야 한다. 이렇게 해야만 비로소 다른 사람의 이해와 지지를 얻을 수 있다.

지문 어휘

海洋 hǎiyáng 몡 바다, 해양 ★
世界 shìjiè 몡 세계
最 zuì 뷔 가장
深 shēn 혱 깊다 ★
不但A, 而且B
búdàn A, érqiě B
A뿐만 아니라, 또한 B하다
理解 lǐjiě 통 이해하다 ★
产生 chǎnshēng 통 생기다, 발생하다
误会 wùhuì 몡 오해 ★
因此 yīncǐ 젭 그래서, 이로 인하여 ★
与 yǔ 젭 ~와 ★
交流 jiāoliú 통 서로 소통하다, 교류하다 ★
真正 zhēnzhèng 혱 진정한, 참된 ★
猜 cāi 통 추측하다 ★
支持 zhīchí 통 지지하다 ★

82

선생님 강추!

★ "深"说明人心：

A 总在变化　　　　　B 都很简单
C 难猜　　　　　　　D 易被理解

★ '깊다'는 사람의 마음에서 무엇을 설명하는가:

A 늘 변한다　　　　　B 매우 단순하다
C 추측하기 어렵다　　D 쉽게 이해되다

보기 어휘

变化 biànhuà 통 변화하다, 달라지다
易 yì 혱 쉽다

정답 C

해설 '깊다'는 사람의 마음에서 무엇을 설명하는지 묻는 문제이다. 지문의 중간 부분에서 말하지 않으면 타인의 이해를 얻을 수 없을 뿐만 아니라 오해가 생기기도 쉽다고 했으므로 '깊다'는 추측하기 어렵다는 의미임을 알 수 있다.

83
선생님 강추!

★ 这段话主要想告诉我们要：

A 原谅别人   B 学会理解
C 冷静   D 学会交流

★ 이 글은 우리에게 주로 무엇을 말하려는가:

A 다른 사람을 용서해야 한다   B 이해할 줄 알아야 한다
C 냉정해야 한다   D 소통할 줄 알아야 한다

정답 D

해설 이 글의 주제를 묻는 문제이다. 지문의 마지막 부분에서 다른 사람들과 많이 교류하라고 했으므로 결국 소통을 배우라는 의미임을 알 수 있다.

[84-85]

　　每次你对周围那些抽烟者说这样对健康不好时，他们一般都会说：84 没事，有些人抽了很多年烟，身体一样很健康。他们虽然也明白"有些人"85 可能只是所有抽烟者的千分之一或者万分之一，但他们仍然相信自己就是其中之一。

매번 당신이 주위의 흡연자들에게 이렇게 하는 것이 건강에 좋지 않다고 말할 때, 그들은 보통 이렇게 말한다: 84 괜찮아요, 어떤 사람들은 여러 해 담배를 피웠어도 몸은 똑같이 건강해요. 그들은 비록 '어떤 사람들'이 85 그저 모든 흡연자의 천분의 일 혹은 만분의 일임을 알면서도, 여전히 자신이 그 중 하나라고 믿고 있다.

84

★ 很多抽烟者不担心什么?

A 没钱　　　　　　　B 没工作
C 身体变差　　　　　D 结婚

보기 어휘

差 chà 형 나쁘다, 좋지 않다

★ 많은 흡연자들은 무엇을 염려하지 않는가?

A 돈이 없음을　　　　　B 직업이 없음을
C 건강이 나빠지게 됨을　 D 결혼을

정답 C

해설 많은 흡연자들은 무엇을 염려하지 않는지 묻는 문제이다. 지문의 중간 부분에서 어떤 사람들은 여러 해 담배를 피웠어도 몸은 똑같이 건강하다고 언급했으므로 정답은 C 이다.

85

★ "万分之一" 说明:

A 抽烟者很有钱　　　　B 健康者很多
C 难以解释　　　　　　D 健康者极少

보기 어휘

难以 nányǐ 부 ~하기 어렵다
解释 jiěshì 동 해석하다,
해명하다 ★

★ '만분의 일'이 설명하는 것은:

A 흡연자는 돈이 많다　　　 B 건강한 사람이 많다
C 이해하기 어렵다　　　　 D 건강한 사람은 극히 적다

정답 D

해설 '만분의 일'이 설명하는 바를 묻는 문제이다. 흡연해도 여전히 건강한 사람은 극히 적은 수임을 의미하는 내용으로 정답은 D이다.

HSK 4급 2회 쓰기

제1부분 86~95번 문제는 제시된 단어를 알맞게 배열하여 하나의 문장을 완성하는 문제입니다.

86

方法了　　吗　　他们想　　出来

보기 어휘
方法 fāngfǎ 명 방법, 수단 ★

[해설] **Step 1** 술어를 찾는다. 술어를 포함한 어구는 他们想으로 他们(그들)은 주어, 想(생각하다)는 동사 술어이다.

> 술어
> 他们　想

Step 2 제시된 어휘 가운데 出来는 방향보어로 술어 뒤에 쓰여 안에서 밖으로 나타남을 표시할 수 있다. 따라서 술어 想(생각하다) 뒤에 배치해 '생각해내다'의 뜻으로 만들어 준다.

> 주어 + 술어　　방향보어
> 他们　想　　　出来

Step 3 남은 어휘 가운데 方法了는 목적어 성분이므로 술어 뒤에 배치하고, 의문을 나타내는 어기조사인 吗는 문장 제일 마지막에 놓은 후에 물음표를 붙여 문장을 완성한다.

> 주어 + 술어　　방향보어　　목적어　　어기조사
> 他们　想　　　出来　　　方法了　　吗

[정답] 他们想出来方法了吗？

[해석] 그들은 방법을 생각해냈니?

87

感谢你　　我的　　帮助　　对

선생님 강추!

보기 어휘
感谢 gǎnxiè 동 감사하다, 고맙다 ★
帮助 bāngzhù 동 돕다

[해설] **Step 1** 술어를 찾는다. 술어를 포함한 어구는 感谢你로 感谢(감사하다)는 이중목적어를 취할 수 있는 동사 술어이며, 你는 목적어이다.

> 술어
> 感谢　你

목적어 1자리에는 你를 배치하고, 목적어 2자리에는 남은 어휘를 전치
사구로 만들어 놓는다. [전치사+관형어+명사]의 순서인 对我的帮助
로 만들어 목적어 1 뒤에 놓는다.

술어 + 목적어 1	목적어 2
感谢　你	对我的帮助

정답 感谢你对我的帮助。

해석 제게 도움을 주셔서 감사합니다.

---

88 선생님 강추!

好方式　　保持健康的　　跑步　　是一种

보기 어휘

方式 fāngshì 명 방식, 방법
保持 bǎochí 통 유지하다
健康 jiànkāng 명 건강
跑步 pǎobù 명 달리기
통 달리다

해설 **Step 1** 술어를 찾는다. 술어를 포함한 어구는 是一种으로 是(~이다)는 동사
술어이며, 一种(한 종류)은 [수사+양사]로 관형어 역할을 한다.

술어
·是　一种

Step 2 동사 술어 是가 있으므로 [A是B (A는 B이다)] 구문으로 배열한다. 제시
된 어휘 가운데 주어 자리에는 跑步(달리기)를 놓고 목적어 자리에는
好方式(좋은 방식)를 배치한다.

주어	술어 + 관형어	목적어
跑步	是　一种	好方式

Step 3 남은 어휘 保持健康的는 구조조사 的가 붙은 관형어로 문맥상 好方
식(좋은 방식) 앞에 놓여 목적어를 수식해야 한다.

주어	술어	관형어	목적어
跑步	是	一种　保持健康的	好方式

정답 跑步是一种保持健康的好方式。

해석 달리기는 건강을 유지하는 데 좋은 방식이다.

89

禁止　　北京的　　餐厅里　　抽烟

보기 어휘

禁止 jìnzhǐ 통 금지하다 ⭐
抽烟 chōu yān
통 담배(를) 피우다 ⭐

해설 **Step 1** 술어를 찾는다. 동사 술어 禁止(금지하다)를 술어 자리에 배치한다.

술어
禁止

Step 2 제시된 어휘 가운데 술어 禁止(금지하다)와 문맥상 호응하는 어휘 餐
厅里(식당 내)를 주어 자리에 놓고, 구조조사 的가 붙어 관형어 역할을
할 수 있는 北京的(베이징의)를 주어 앞 관형어 자리에 배치한다.

관형어	주어	술어
北京的	餐厅里	禁止

Step 3 남은 어휘 抽烟(담배를 피우다)은 목적어로 술어 뒤에 배치한다.

관형어	주어	술어	목적어
北京的	餐厅里	禁止	抽烟

정답 北京的餐厅里禁止抽烟。

해석 베이징의 식당 내에서는 담배 피우는 것을 금지한다.

---

90 선생님 강추!

| 考试 | 得第一 | 要 | 我一定 | 这次 |

해설 **Step 1** 술어를 찾는다. 술어를 포함한 어구는 得第一로 得(얻다, 획득하다)는 동사 술어이며, 第一(1등)는 목적어이다.

술어	
得	第一

Step 2 부조전 [부사+조동사+전치사구]에 따라 부사 一定(반드시)이 포함된 어구 我一定(나는 반드시)과 조동사 要(~해야 한다)를 순서대로 술어 앞에 놓는다. 참고로 我一定에서 我는 이 문장의 주어이다.

주어 + 부사어		부사어	술어 + 목적어	
我	一定	要	得	第一

Step 3 남은 어휘인 考试(시험)와 这次(이번)을 [관형어+명사]순으로 연결해 这次考试(이번 시험)으로 만들어 문장의 맨 앞 부사어 자리에 놓는다.

부사어	주어 + 부사어		부사어	술어 + 목적어	
这次考试	我	一定	要	得	第一

정답 这次考试我一定要得第一。

해석 이번 시험에서 나는 반드시 1등을 해야 한다.

91

| 在超市 | 我的 | 旁边 | 办公室 |

해설 **Step 1** 술어를 찾는다. 술어가 포함된 어구는 在超市로 在(~에 있다)는 동사 술어이며, 超市(시장)은 목적어이다.

술어	
在	超市

Step 2 보기에 在가 있으므로 [주어+在+(장소)명사+방위사]의 순에 따라 배열한다. 제시된 어휘 가운데 旁边(옆)은 장소명사이자 목적어인 超市 뒤에 배치한다.

술어 + 목적어(장소명사)		목적어(방위사)
在	超市	旁边

Step 3 남은 어휘인 我的(나의)와 **办公室**(사무실)는 [관형어+주어]의 순서로 我的办公室(나의 사무실)로 만들어 술어 앞에 놓는다.

관형어	주어	술어 + 목적어	목적어
我的	办公室	在 超市	旁边

정답 我的办公室在超市旁边。

해석 나의 사무실은 슈퍼마켓 옆에 있다.

92

一直　　老师　　没有　　见到学生

보기 어휘

一直 yìzhí 🖳 줄곧, 계속

해설　**Step 1** 술어를 찾는다. 술어를 포함한 어구는 见到学生으로 见到는 동사 술어, 学生은 목적어로 쓰였다.

술어	
见到	学生

Step 2 제시된 어휘 가운데 见到学生(학생을 만났다)와 가장 잘 어울리는 주어는 老师(선생님)이므로 주어 자리에 **老师**를 배치한다.

주어	술어 + 목적어	
老师	见到	学生

Step 3 남은 어휘인 一直와 没有 모두 부사로 술어 앞 부사어 자리에 배치한다. 단, 한 문장에 부사가 여러 개 나올 경우 [일반부사+부정부사]의 순으로 놓는다.

주어	부사어		술어 + 목적어	
老师	一直	没有	见到	学生

정답 老师一直没有见到学生。

해석 선생님은 줄곧 학생을 만나지 못했다.

93

선생님 강추! 👍

电视　　弄坏　　被女儿　　了

보기 어휘

弄坏 nòng huài 🖳 망가뜨리다
女儿 nǚ'ér 🖳 딸
被 bèi 🖳 ~에 의해

해설　**Step 1** 술어를 찾는다.

술어
弄坏

Step 2 제시된 어휘에 被(~에 의해)가 있으므로 [주어+被+목적어(행위의 주체)+술어+기타성분]의 순서로 배치해야 한다. 따라서 被女儿을 술어 앞에 놓는다.

被 + 목적어		술어
被	女儿	弄坏

Step 3 남은 어휘인 电视(텔레비전)는 주어 자리에 배치하고, 어기조사 了는 기타성분으로 문장 맨 뒤에 놓는다.

주어	被 + 목적어	술어	기타성분
电视	被 女儿	弄坏	了

정답 电视被女儿弄坏了。

해석 딸이 텔레비전을 망가뜨렸다.

94

意思　　请告诉我　　的　　这些词语　　准确

보기 어휘

意思 yìsi 명 뜻, 의미
告诉 gàosu 동 알리다
词语 cíyǔ 명 어휘 ⭐
准确 zhǔnquè 형 정확하다, 확실하다 ⭐

해설 **Step 1** 술어를 찾는다. 술어를 포함하고 있는 어구는 请告诉我로 告诉(알리다)는 이중목적어를 취할 수 있는 동사 술어이다.

술어
请 告诉 我

Step 2 请은 부사어로 문장의 맨 앞에 위치하며, 我는 목적어 1이다. 남은 어휘 가운데 목적어 2에 올 수 있는 어휘는 명사 意思(뜻)이고, 형용사 准确(정확하다)는 意思 앞에 관형어로 쓰여 목적어를 수식할 수 있다.

부사어 + 술어 + 목적어 1	관형어 1	목적어 2
请 告诉 我	准确	意思

Step 3 남은 어휘인 这些词语(이 어휘들) 뒤에 구조조사 的를 붙여 관형어로 만들어 목적어 2 앞에 배치한다.

부사어 + 술어 + 목적어 1	관형어	목적어 2
请 告诉 我	这些词语的 准确	意思

정답 请告诉我这些词语的准确意思。

해석 이 어휘들의 정확한 뜻을 제게 알려 주세요.

95

선생님 강추! 👍

比以前　　这个人　　好听了　　唱歌

보기 어휘

以前 yǐqián 명 이전, 예전 ⭐
好听 hǎotīng 형 (소리가) 듣기 좋다
唱 chàng 동 노래하다

해설 **Step 1** 술어를 찾는다. [동사+了]의 형태인 好听了(듣기 좋아지다)를 술어 자리에 배치한다.

술어
好听了

Step 2 보기에 比(~보다)가 있으므로 [주어+比+비교 대상+술어] 형태로 배치한다.

比 + 비교 대상	술어
比 以前	好听了

실전모의고사 2회

Step 3 남은 어휘 가운데 这个人(이 사람)은 관형어, 唱歌(노래하다)는 주어 자리에 놓는다.

관형어	주어	比 + 비교 대상	술어
这个人	唱歌	比 以前	好听了

정답 这个人唱歌比以前好听了。

해석 이 사람 노래하는 것이 예전보다 듣기 좋아졌다.

제2부분 96~100번 문제는 제시된 어휘와 그림을 보고 연관된 한 문장을 만드는 문제입니다.

96

伤心

지문 어휘

伤心 shāng xīn 〔동〕 상심하다, 슬퍼하다 ★
哭 kū 〔동〕 울다
看起来 kànqǐlái 〔동〕 보기에 ~하다

동사 어휘로 문장 만들기

해설 **Step 1** 먼저 품사를 떠올린 후에, 사진과 알맞은 어휘나 표현을 떠올린다.

제시 어휘: 伤心 〔동〕 상심하다, 슬퍼하다

관련 어휘: 동사 ⋯ 울다(哭)

명사 ⋯ 남자친구(男朋友)

Step 2 사진을 보며 떠올린 표현에 살을 붙인다.

사진 관찰: 여자가 슬퍼하는 모습

연상 문장: 여자는 슬프게 울고 있다

여자는 매우 슬퍼 보이며 마치 울 것 같다

모범답안 1. 她哭得很伤心。(그녀는 슬프게 운다.)

2. 女的看起来很伤心，好像要哭了。(여자는 매우 슬퍼 보이며, 마치 곧 울 것 같다.)

97

教授

지문 어휘

教授 jiàoshòu 명 교수 ⭐
优秀 yōuxiù 형 뛰어나다,
우수하다 ⭐
讲课 jiǎng kè 동 강의하다

명사 어휘로 문장 만들기

해설 **Step 1** 먼저 품사를 떠올린 후에, 사진과 알맞은 어휘나 표현을 떠올린다.
제시 어휘: **教授** 명 교수
관련 어휘: 동사 ⋯⋯ 강의하다(**讲课**)

Step 2 사진을 보며 떠올린 표현에 살을 붙인다.
사진 관찰: 교수님이 강의를 하고 있는 모습
연상 문장: 그는 뛰어난 교수이다
학생들은 교수님 강의를 듣는 것을 좋아한다.

모범답안 1. 他是一名优秀的教授。(그는 뛰어난 교수이다.)
2. 学生们都喜欢听这位教授讲的课。
(학생들은 이 교수님이 강의하시는 수업을 듣길 좋아한다.)

98

复印

지문 어휘

复印 fùyìn 동 복사하다 ⭐
资料 zīliào 명 자료
麻烦 máfan 동 폐를 끼치다,
번거롭게 하다
帮 bāng 동 돕다

동사 어휘로 문장 만들기

해설 **Step 1** 먼저 품사를 떠올린 후에, 사진과 알맞은 어휘나 표현을 떠올린다.
제시 어휘: **复印** 동 복사하다
관련 어휘: 명사 ⋯⋯ 자료(**资料**)

Tip 把자문을 활용해 작문한다.

Step 2 사진을 보며 떠올린 표현에 살을 붙인다.
사진 관찰: 복사를 하고 있는 모습
연상 문장: 그는 자료를 복사하고 있다
자료를 좀 복사해 주세요

1. 他正在复印资料。(그는 지금 자료를 복사하고 있다.)
2. 麻烦你帮我把资料复印一下。(제 대신에 자료를 좀 복사해 주세요.)

99

整理

지문 어휘

整理 zhěnglǐ 동 정리하다 ★
房间 fángjiān 명 방
乱 luàn 형 어지럽다 ★

동사 어휘로 문장 만들기

해설　**Step 1**　　먼저 품사를 떠올린 후에, 사진과 알맞은 어휘나 표현을 떠올린다.
　　　　　　　제시 어휘: 整理 동 정리하다
　　　　　　　관련 어휘: 명사 ⋯ 방(**房间**), 물건(**东西**)

　　Tip　正在(~하고 있다)를 활용해 작문한다.

　　　　Step 2　　사진을 보며 떠올린 표현에 살을 붙인다.
　　　　　　　사진 관찰: 여자가 물건을 정리하고 있는 모습
　　　　　　　연상 문장: 그녀는 물건을 정리하고 있다
　　　　　　　　　　　　　　방이 지저분하니 정리 좀 하세요

모범답안　1. 她正在整理东西。(그녀는 물건을 정리하고 있다.)
　　　　2. 房间太乱了，你整理一下。(방이 지저분하니 정리 좀 하세요.)

100

饺子

지문 어휘

饺子 jiǎozi 명 만두 ★
包 bāo 동 만두를 빚다, 싸다
春节 Chūn Jié 명 설날

명사 어휘로 문장 만들기

해설　**Step 1**　　먼저 품사를 떠올린 후에, 사진과 알맞은 어휘나 표현을 떠올린다.
　　　　　　　제시 어휘: 饺子 명 만두
　　　　　　　관련 어휘: 동사 ⋯ 빚다(**包**)
　　　　　　　　　　　　　　명사 ⋯ 설날(**春节**)

Step 2　　　사진을 보며 떠올린 표현에 살을 붙인다.

　　　　　　사진 관찰: 만두를 빚고 있는 모습

　　　　　　연상 문장: 할머니가 만두를 빚고 있다

　　　　　　　　　　　　설날이면 중국 사람들은 만두를 먹는다

[모범답안]　1. 奶奶包的饺子真好吃。(할머니가 빚은 만두는 매우 맛있다.)

　　　　　2. 春节的时候, 中国人都吃饺子。(설날이면 중국 사람들은 모두 만두를 먹는다.)

파고다
HSK

4급 종합서 최신 개정판

해설서

최신 개정판

파고다
HSK

어휘 노트

4급

종합서

PAGODA Books

第一

HSK
4급

시험에 자주 출제되는 어휘

四
級

HSK 4급 독해 문제에 반드시 나오는 어휘

1 **이합 동사** | [동사+목적어]로 이루어진 동사로 상황에 따라 분리가 가능 함

帮忙	bāng máng	도움을 주다, 원조하다 你帮了我们这么大的忙，真是十分感谢。 네가 우리를 이렇게 많이 도와줘서 정말 고마워.
抽烟	chōu yān	담배를 피우다 你以前有没有抽过烟？너 예전에 담배 피워본 적 있니?
聊天	liáo tiān	이야기 나누다 我和他聊过天。나는 그와 이야기를 나눈 적 있다.
上班	shàng bān	출근하다 从明天开始上班。내일부터 출근을 한다.
下班	xià bān	퇴근하다 她已经下班了。그녀는 이미 퇴근을 했다.
见面	jiàn miàn	만나다 我和他从来没见过面。 나는 그와 이제까지 만나본 적이 없다.
结婚	jié hūn	결혼하다 他已经结婚了。그는 이미 결혼했다.
睡觉	shuì jiào	잠자다 晚上睡不着觉。저녁에 잠이 오지 않는다.
生气	shēng qì	화내다 我跟他生气了。나는 그에게 화를 냈다.
爬山	pá shān	등산하다 每个周末我去爬山。주말마다 나는 등산을 간다.
洗澡	xǐ zǎo	샤워하다 他洗了半天澡。그는 한참 동안 샤워했다.

着急	zháo jí	조급하다, 걱정하다 着什么急呢? 뭘 그렇게 조급해하니?
出差	chū chāi	출장 가다 他出差还没有回来。 그는 출장을 가서 아직 돌아오지 않았다.
毕业	bì yè	졸업하다 大学毕业以后，就去北京发展了。 대학 졸업 후에 바로 베이징에 가서 자리잡았다.
唱歌	chàng gē	노래하다 那天我唱了几首歌。 그날 나는 몇 곡의 노래를 불렀다.
散步	sàn bù	산책하다 今天天气很凉快，我们出去散散步吧。 오늘 날씨가 시원하네. 우리 나가서 산책 좀 하자.
游泳	yóu yǒng	수영하다 今天身体不好，游不了泳。 오늘 몸이 안 좋아서 수영을 할 수 없다.
跳舞	tiào wǔ	춤추다 他唱了歌，跳了舞，玩儿得很愉快。 그는 노래를 부르고 춤을 추며 즐겁게 놀았다.
打架	dǎ jià	싸우다 你和老公打过架吗? 너는 남편과 싸워본 적 있니?

给	gěi	(~에게 ~을) 주다 我给了他一张机票。나는 그에게 비행기 표 한 장을 주었다.
送	sòng	(~에게 ~을) 증정하다, 선물하다 我送了他一件礼物。나는 그에게 선물 하나를 주었다.
还	huán	(~에게 ~을) 돌려주다 我还了他他的材料。나는 그에게 그의 자료를 돌려주었다.
交	jiāo	(~에게 ~을) 건네주다 我交给了他我的成绩单。 나는 그에게 나의 성적표를 건네주었다.
借	jiè	(~에게 ~을) 빌려주다 我借了他100块钱。나는 그에게 100위안을 빌려주었다.
叫	jiào	(~를 ~라고) 부르다 我叫他笨蛋。나는 그를 바보라고 부른다.
找	zhǎo	(~에게 ~을) 거슬러주다 我找了他30块钱。나는 그에게 30위안을 거슬러줬다.
问	wèn	(~에게 ~을) 묻다 我问了他今天的安排。나는 그에게 오늘의 계획을 물었다.
教	jiāo	(~에게 ~을) 가르치다 我教了他英语。나는 그에게 영어를 가르쳐주었다.
告诉	gàosu	(~에게 ~을) 알리다 我告诉了他我的秘密。나는 그에게 나의 비밀을 알려주었다.
通知	tōngzhī	(~에게 ~을) 통지하다 我通知了他明天10点出发。 나는 그에게 내일 10시에 출발한다고 통지했다.
答应	dāying	(~에게 ~을) 수락하다 我答应了他一起参加考试。 나는 그에게 함께 시험에 참가하는 것을 수락했다.

	有	yǒu	통 있다 附近有一家饭馆。 주변에 음식점이 하나 있다.
존재	放	fàng	통 놓아 두다, 놓다 书上放着一支圆珠笔。 책 위에 볼펜 한 자루가 놓여 있다.
	挂	guà	통 걸려있다 门上挂着一件衣服。 문에 옷이 한 벌 걸려있다.
	写	xiě	통 쓰다 黑板上写着几个字。 칠판에 글자 몇 개가 쓰여있다.
	坐	zuò	통 앉다 前边坐着一位老人。 앞쪽에 노인이 한 분 앉아있다.
	站	zhàn	통 서다 大厅里站着几个人。 홀에 몇 명이 서 있다.
	躺	tǎng	통 눕다 床上躺着一个人。 침대에 한 사람이 누워있다.
	住	zhù	통 살다 隔壁住着一对夫妻。 옆집에 한 쌍의 부부가 살고 있다.
출현	来	lái	통 오다 今天来了三个新同学。 오늘 세 명의 새로운 친구들이 왔다.
	发生	fāshēng	통 발생하다 一辆客车发生了事故。 한 대의 객차가 사고 났다.
	出现	chūxiàn	통 출현하다 最近出现了很多问题。 최근 많은 문제가 발생했다.
소실	死	sǐ	통 죽다 昨晚死了很多人。 어제 밤 많은 사람이 죽었다.
	丢	diū	통 잃어버리다 今天丢了一只小狗。 오늘 강아지 한 마리를 잃어버렸다.

어기부사	大约	dàyuē	대략, 얼추	终于	zhōngyú	결국, 마침내
	竟然	jìngrán	뜻밖에도	大概	dàgài	아마, 대충
	毕竟	bìjìng	필경	居然	jūrán	뜻밖에도
	也许	yěxǔ	아마	千万	qiānwàn	제발, 부디
	却	què	오히려	几乎	jīhū	거의
	到底	dàodǐ	도대체	怪不得	guàibude	어쩐지
	肯定	kěndìng	반드시	可	kě	실로, 몹시, 꽤
	至少	zhìshǎo	적어도	一定	yídìng	반드시
	尽量	jǐnliàng	가능한	确实	quèshí	확실히
	明明	míngmíng	분명히	甚至	shènzhì	심지어
	究竟	jiūjìng	도대체	差点儿	chàdiǎnr	하마터면
	只好 不得不 无可奈何 没办法	zhǐhǎo bùdébù wúkěnàihé méibànfǎ	어쩔 수 없이	好不容易 好容易 很不容易	hǎoburóngyì hǎoróngyì hěnburóngyì	간신히
시간부사	已经	yǐjing	이미, 벌써	还(是)	hái(shi)	여전히, 아직도
	刚	gāng	방금, 막, 바로	正在	zhèngzài	지금 ~하고 있다
	才	cái	방금, 이제서야	就	jiù	이미, 벌써
	从来	cónglái	지금까지, 여태껏	终于	zhōngyú	결국
	先	xiān	원래, 처음	快	kuài	빨리, 급히

	马上	mǎshàng	곧, 즉시, 바로	正好	zhènghǎo	마침
	永远	yǒngyuǎn	영원히	偶尔	ǒu'ěr	이따금
	总是	zǒngshì	늘	往往	wǎngwǎng	흔히, 자주
빈도부사	又	yòu	또, 다시, 거듭	再	zài	재차, 또
	还	hái	또, 더, 게다가	也	yě	~도, 역시
	重新	chóngxīn	다시, 재차	常常	chángcháng	늘, 항상, 자주
	不断	búduàn	끊임없이, 여전히			
범위부사	只	zhǐ	단지	全	quán	모두, 완전히
	光	guāng	다만	都	dōu	모두, 다, 전부
	仅仅	jǐnjǐn	간신히	一起	yìqǐ	같이, 함께
	就	jiù	겨우	单	dān	단지
상태부사	逐渐	zhújiàn	점점	渐渐	jiànjiàn	점점
	仍然	réngrán	변함없이, 여전히			
정도부사	很	hěn	매우, 대단히	太	tài	지나치게, 몹시
	最	zuì	가장, 제일, 아주	非常	fēicháng	매우, 아주
	挺	tǐng	매우, 상당히	真	zhēn	확실히, 참으로
	有点儿	yǒudiǎnr	조금, 약간	十分	shífēn	매우
	尤其	yóuqí	특히	稍微	shāowēi	조금
	特别	tèbié	특별히			
부정부사	不	bù	~않다	没有	méiyǒu	~없다
	别(=不要)	bié (=búyào)	~하지 마라	不用	búyòng	~할 필요가 없다
비교부사	更	gèng	더욱, 더, 훨씬	还	hái	더, 더욱

想	xiǎng	~하고 싶다(소망) (≠**不想**) 我想喝一杯咖啡。 나는 커피 한 잔을 마시고 싶다.
要	yào	① ~하려고 하다(의지) (≠**不想**) 他要回国。 그는 귀국하려고 한다. ② ~해야 한다(당위) (≠**不用**) 学生要努力学习。 학생은 열심히 공부해야 한다.
得	děi	~해야 한다(당위) (≠**不用**) 你得提前准备。 너는 미리 준비해야 한다.
应该	yīnggāi	마땅히 ~해야 한다(당위) (≠**不用**) 你应该感谢大家。 너는 마땅히 모두에게 감사해야 한다.
会	huì	① ~할 수 있다, ~할 줄 안다(학습 능력) (≠**不会**) 我会开车。 나는 운전을 할 줄 안다. ② ~할 것이다(가능성) (≠**不会**) 明天会下雨的。 내일 비가 내릴 것이다. (문장 끝에 的와 호응함)
能	néng	① ~할 수 있다(능력) (≠**不能**) 他很能说。 그는 말을 정말 잘한다. ② ~할 수 있다(허가) (≠**不能 / 不可以**) 你能用我的手机。 너는 내 휴대폰을 사용해도 된다. ③ ~할 수 있다(가능성) (≠**不能**) 明天能去参加了。 내일 참여할 수 있다.
可以	kěyǐ	① ~할 수 있다(허가) (≠**不能 / 不可以**) 这儿可以抽烟。 여기서는 흡연할 수 있다. ② ~할 수 있다(가능성) (≠**不能**) 8点之前可以到家吗? 8시 전에 집에 도착할 수 있니?

在	zài	(장소, 시간) ~에서, ~때에 他在电脑公司工作。 그는 컴퓨터 회사에서 일한다.
从	cóng	(장소, 시간) ~로부터 他是从日本来的。 그는 일본에서 왔다.
到	dào	(장소, 시간) ~까지, ~로 从六点到八点，在家看电视。 6시에서 8시까지 집에서 텔레비전을 본다.
往	wǎng	(장소의 방향) ~에(로), ~쪽으로, ~를 향해 先往右拐。 먼저 우회전 하세요.
离	lí	(장소, 시간) ~로부터 学校离这儿多远？ 학교는 여기에서 얼마나 먼가요?
跟	gēn	(대상) ~와, ~에게 我跟他看足球比赛。 나는 그와 축구 경기를 본다.
替	tì	(대상) ~대신하여 王先生替他翻译。 왕선생이 그를 대신해서 통역한다.
向	xiàng	(대상) ~에게, ~을 향하여 你要向他道歉。 너는 반드시 그에게 사과해야 한다.
给	gěi	(대상) ~에게 ~해주다 我给他打电话。 나는 그에게 전화를 건다.
对	duì	(대상) ~에 대하여, ~에게 我对那个地方很熟悉。 나는 그곳에 대해 잘 안다.
以	yǐ	(대상) ~로서, ~을 学生们以身高进行排队。 학생들이 키 순서대로 줄을 선다.
关于	guānyú	(대상) ~에 관하여 关于这个问题，我们已经讨论了。 이 문제에 대하여 우리는 이미 토론을 했다.
把	bǎ	(대상) ~을/를 我把这本小说看完了。 나는 이 소설을 다 보았다.

比	bǐ	(비교) ~보다 他比我大三岁。 그는 나보다 3살 많다.
被	bèi	(피동) ~에 의해서 钱包被小偷偷走了。 지갑을 도둑에게 도둑맞았다.
按(照)	àn(zhào)	(근거) ~에 따라 按(照)顺序排列数字。 순서에 따라 숫자를 배열하다.
根据	gēnjù	(근거) ~에 따라 根据这段话，我们可以知道什么? 이 글에 근거하여, 우리가 알 수 있는 것은 무엇인가?
由	yóu	(주체) ~가, ~로서 这件事应该由王大夫负责。 이 일은 마땅히 닥터 왕이 책임을 져야 한다.
为	wèi	(목적, 원인) ~을 위하여 我们应该为大家服务。 우리는 마땅히 모두를 위해 서비스해야 한다.

A＞B	A＋比 B＋술어	这本书比那本有意思。 이 책은 저 책보다 재미있다.
A＜B	A＋没有 B＋(这么/那么)＋술어 A＋不如 B＋(술어)	这本书没有那本（那么）有意思。 이 책은 저 책보다 (그렇게) 재미있지 않다. 这本书不如那本（有意思）。 이 책은 저 책보다 못하다(재미가).
A≒B	A＋不比 B＋술어	这本书不比那本有意思。 이 책은 저 책보다 재미있지는 않습니다.
A=B	A＋跟 B＋(不)一样＋(술어)	这本书跟那本一样（有意思）。 이 책은 저 책만큼 재미있다.
有 의문문	A＋有 B＋(这么/那么)＋술어?	这本书有那本(那么)有意思吗? 이 책은 저 책만큼 (그렇게) 재미있니?

请	qǐng	청하다, 부탁하다 (부탁, 요구, 초청) 明天我请你吃饭。 내일 내가 너에게 한턱낼게.
让	ràng	~하게 하다, ~하도록 시키다 (명령, 허가, 희망) 老师让我再读一遍。 선생님이 나에게 다시 한 번 읽게 했다.
叫	jiào	~시키다, ~하게 하다 (지시, 명령) 叫你早点回家来，为什么不听话? 너에게 일찍 집에 돌아오라 했는데, 왜 말을 듣지 않니?
使	shǐ	(~에게) ~시키다, (~에게) ~하게 하다 (심리변화) * 명령이나 요구에는 쓰지 못함 这件事使他非常为难。 이 일은 그를 매우 난처하게 만들었다.
令	lìng	~하게 하다, ~을 시키다 (심리상태, 상급자가 하급자에게 명령) 这个消息令人生气。 이 소식은 사람을 화나게 했다.
有	yǒu	두 번째 동사는 겸어의 성질을 나타내는 것이어야 함 我有一个哥哥上大学。 나는 대학에 다니는 오빠가 한 명 있다.

得不得了	de bùdéliǎo	정도가 매우 심함 忙得不得了 지나치게 바쁘다
得要命 (=要死)	de yàomìng (=yàosǐ)	죽을 정도로 ~하다 累得要命 피곤해 죽겠다
得不行	de bùxíng	견딜 수 없다(정도가 심함) 吵得不行 시끄러워 견딜 수가 없다
得厉害	de lìhai	대단하다, 심하다 刮得厉害 바람이 심하게 분다
得多	de duō	비교문에서 사용 比我买得多 나보다 많이 샀다
得很	de hěn	형용사나 심리 동사 뒤에 쓰임 胖得很 매우 뚱뚱하다

上	① 시작 → 계속	爱上，喜欢上，迷上，玩上
	② 목적 달성	考上，买上，住上
	③ 분리 → 합침	关上，合上，闭上
	④ 부착, 첨가	穿上，戴上，写上，追上，算上
下	① 고정	记下，录下，写下，留下，拍下
	② 분리	脱下，撕下，摘下
	③ 수용	坐下，装下，容下，吃下
起来	① 낮은 곳 → 높은 곳	拿起来，站起来，举起手来
	② 시작 → 지속 (~하기 시작하다)	哭起来，说起来，多起来，下起来
	③ 평가 (~하기에)	说起来，做起来，吃起来，听起来
	④ 기억이 떠오르다, 연상	想起来
	⑤ 흩어진 것을 한데 모음	合起来，收起来

下来	① 높은 곳 → 낮은 곳	走下来，流下来
	② 고정	记下来，停下来，留下来
	③ 안정 (강함에서 약함으로)	安静下来，平静下来
	④ 분리	脱下来，撕下来，摘下来
	⑤ 지속 (과거 → 현재: 내려 오다)	传下来，坚持下来，继承下来
下去	① 위 → 아래	走下去，跑下去
	② 지속 (현재 → 미래: 계속 ~하다) /(상황의 악화)	说下去，唱下去，胖下去
过来	① 먼 곳 → 가까운 곳	踢过来，跑过来，走过来
	② 방향을 돌리다 (화자 쪽으로)	转过来，翻过来
过来	③ 회복 (비정상 → 정상)	醒过来，恢复过来，改过来
过去	① 가까운 곳 → 먼 곳	拿过去，飞过去
	② 정상 → 비정상	晕过去，昏过去，死过去
	③ 방향을 돌리다 (화자 반대 쪽으로)	转过去，翻过去
出来	① 안 → 밖 (꺼내다)	说出来，拿出来
	② 감각을 통해 판별 인식 (~을 일아내다, ~해 내다)	看出来，听出来，认出来
	③ 무 → 유 (내다, 완성)	做出来，想出来，创造出来

次	cì	ⓦ 차례, 차, 번 (반복하는 동작의 횟수를 셀 때)	＋ 짝 꿍 동 사	去，找，看
趟	tàng	ⓦ 차례, 번 (왕복 한차례나 한바탕)		去，来，跑，玩
遍	biàn	ⓦ 번, 차례, 회 (처음부터 끝까지 과정을 한번)		看，听，说，翻译
一下	yíxià	ⓦ 시험 삼아 해보다, 좀 ~하다 (짧고 가벼운 느낌의 한번)		打，等，查
场	chǎng	ⓦ 회, 번, 차례 (문예, 오락활동: 영화, 연극, 스포츠) (기상현상: 눈, 비)		下(雪，雨)，打

의문사 활용 반어문 의문사 활용 반어문	什么	shénme	무엇(의문을 나타냄) 你知道什么呀? 네가 아는 게 뭐야?
	谁	shéi	누가 他的事儿, 谁会帮忙? 그의 일을 누가 도와주겠어?
	怎么	zěnme	어찌 ~하랴 怎么能不听她的话呢? 어떻게 그녀의 말을 듣지 않을 수 있겠어?
	哪儿	nǎr	어떻게, 어디 你的秘密我哪儿知道啊? 너의 비밀을 내가 어떻게 아니?
	什么时候	shénme shíhòu	언제 我什么时候说的? 내가 언제 말했어?
是, 不, 没 반어문	是~吗?	shì ~ ma?	~이야? 这是你买的吗? 이건 네가 산 거야?
	不是~吗?	bú shì ~ ma?	~아니야? 明天不是圣诞节吗? 내일 크리스마스 아니야?
	这不是~吗?	zhè búshì ~ ma?	이거 ~아니야? 这不是你昨天买的吗? 이거 네가 어제 산 거 아니야?
	不~吗? 没~吗?	bù ~ ma? méi ~ ma?	~이지? 你们没来过这个地方吗? 너희 이곳에 와본 적 없니? (와봤잖아)

특수 반어문			
	那还用说?	nà hái yòng shuō	말할 것도 없지! 那还用说? 他在美国呆了20年。 말할 필요가 있어? 그는 미국에서 20년을 살았어.
	难道 ~吗?	nándào ~ ma?	설마 ~하겠는가?, 설마 ~란 말인가? 难道你不觉得冷吗? 설마 너 안 춥다는 거 아니지?
	何必 ~呢?	hébì ~ ne?	구태여 ~할 필요가 있는가? 何必那么认真呢? 그렇게 열심히 할 필요가 있어?
	连 ~也/都, 何况 ~呢?	lián ~ yě/dōu, hékuàng ~ ne?	~조차도 ~한데, 하물며 ~는? 这件衣服连你都买不起，何况我呢? 이 옷은 너 조차도 살 수 없는데 하물며 나는?
	能不~吗?	néngbù ~ ma?	~하지 않을 수 있느냐? 他这样做我能不喜欢吗? 그가 이렇게 하는데, 내가 안 좋아할 수 있겠어?
	~什么呀!	~shénme ya!	뭐가 ~다는 건데?, ~하지 않아! 这又是什么呀? 이게 또 뭐라고! (별거 아니야)

第二

HSK 4급

시험에 반드시 나오는 접속사

四

级

HSK 4급 시험에 반드시 나오는 접속사

병렬관계	**一边~一边** yìbiān~yìbiān	~하면서, ~한다 (동작 동사만 위치) 他喜欢一边看比赛，一边喝啤酒。 그는 경기를 보면서 맥주 마시는 것을 좋아한다.
	既(又)~又(也) jì(yòu)~yòu(yě)	~면서, ~이기도 하다 (동사, 형용사 모두 가능) 这些东西既便宜又好看。 이 물건들은 값이 싸면서 예쁘기도 하다.
	一来(一是)~二来(二是) yìlái(yīshì)~èrlái(èrshì)	첫째는 ~하고, 둘째는 ~한다 一来没有时间，二来人太多，所以我不想去那儿。 첫째는 시간이 없고, 둘째로는 사람이 너무 많아서 나는 그 곳에 가고 싶지 않다.
	一方面~另(一方面) yìfāngmiàn~lìng(yìfāngmiàn)	한 편으로는 ~하고, 다른 한편으로는 ~하다 去国外旅游，一方面可以学到很多东西，另一方面可以积累经验。 외국으로 여행가는 것은 한 편으로 많은 것을 배울 수 있고, 다른 한 편으로는 경험을 쌓을 수 있다.
	一会儿~一会儿 yíhuìr~yíhuìr	이랬다저랬다 한다 (순간에 일어나는 두 가지 일) 这个电视坏了，声音一会儿大，一会儿小。 이 텔레비전은 고장났어. 소리가 커졌다 작아졌다 해.
	有时~有时 yǒushí~yǒushí	때로는~, 때로는~ (여러 날에 걸쳐서 일어나는 일) 他的比赛成绩有时好，有时坏。 그의 경기 성적은 때로는 좋고 때로는 좋지 않다.
선후연속관계	**首先~然后(再)** shǒuxiān~ránhòu(zài)	먼저 ~하고, 그 후에 ~하다 我们首先听听大家的意见，然后决定解决方法吧。 우리 먼저 모두의 의견을 들어본 후에 해결방법을 결정하자.

선 후 연 속 관 계	**先~接着** xiān~jiēzhe	먼저 ~하고, 그 후에 ~하다 先让他说完，你接着讲下去吧。 먼저 그의 말이 끝나면 그 후에 네가 이어서 이야기해라.
	先~再 xiān~zài	먼저 ~하고, 그 후에 ~하다 先打好基础，再深深地研究吧。 먼저 기초를 잘 잡고, 그 후에 깊게 연구해라.
	一~就(便) yī~jiù(biàn)	(순서) ~하자마자, 곧 ~한다 她一听车的声音就赶紧从屋里跑出去了。 그녀는 차 소리를 듣자마자 서둘러 집 밖으로 뛰어나갔다. (조건, 결과) ~하기만 하면, 바로 ~한다 我一看到他那个样子，就禁不住笑。 나는 그의 그런 모습을 보기만 하면 웃음을 참을 수 없다.
점 층 관 계	**不但 / 不仅(仅) / 不只 / 不光,** búdàn / bùjǐn(jǐn) / bùzhǐ / bùguāng, **而且 / 并且~还 / 也** érqiě / bìngqiě~hái / yě	~할 뿐만 아니라, 게다가 这本书不但很有趣，而且还有很多教育意义。 이 책은 재미있을 뿐만 아니라, 많은 교육적 의미를 담고 있다. 不但质量不错，并且价格也很合算。 품질이 좋을 뿐만 아니라, 가격 역시 합리적이다.
	不但 / 不仅 / 不只 / 不光 búdàn / bùjǐn / bùzhǐ / bùguāng **+ 不 / 没,** + bù / méi, **反而 / 反倒 / 倒** fǎn'ér / fǎndào / dào	~하지 않을 뿐 아니라, 오히려 ~ 你那么说不但对他们没有帮助，反而更会让人生气。 네가 그렇게 말하는 것은 그들에게 도움이 되지 않을 뿐 아니라, 오히려 사람들을 더욱 화나게 만들 수도 있다. 雪不仅没停，反倒越下越大了。 눈이 그치지 않을 뿐 아니라 오히려 점점 더 많이 내린다.

점층관계	**连~都 / 也,** lián~dōu / yě, **更不用说 / 更不要说 / 更别说~(了)** gèng búyòngshuō / gèng búyàoshuō / gèng biéshuō~(le)	~조차도 그런데, ~는 더 말할 것도 없다 我连一件衣服都买不起，更不用说那么贵的房子。 나는 옷 한 벌 조차 살 수가 없는데, 그렇게 비싼 집은 더 말할 것도 없다.
	连~都 / 也, 何况~呢? lián~dōu / yě, hékuàng~ne?	~조차도 그런데, 하물며 ~는 어떻겠느냐? 连中国老师都不认识这个字，何况我呢? 중국 선생님 조차도 이 글자를 알지 못하는데 하물며 나는 어떻겠느냐?
	甚至 shènzhì	심지어~ 他甚至连画画的基本技法都没学过。 그는 심지어 그림 그리는 기본 기술 조차 배운 적이 없다. 他甚至我的名字都记不住。 그는 심지어 나의 이름조차 기억하지 못한다.
인과관계	**因为~, 所以** yīnwèi~, suǒyǐ **由于~, 所以 / 因而 / 因此** yóuyú~, suǒyǐ / yīn'ér / yīncǐ	~때문에, 그래서 因为今天发工资，所以我特别高兴。 오늘은 월급날이기 때문에, 나는 아주 신이 난다. 由于大家一直支持我，因而得到了好效果。 모두가 계속 나를 지지해 주었기 때문에 좋은 성과를 내었다.
	(之所以)~(是)因为 (zhīsuǒyǐ)~(shì)yīnwèi	~인 것은, ~때문이다 他之所以昨天没参加会议，是因为生病了。 그가 어제 회의에 참가하지 못한 것은, 병이 났기 때문이다.
	既然~, 那么 + 주어 + **就** jìrán~, nàme + 주어 + jiù	이미/기왕 ~한 바, 곧 ~ 既然丢了，那么我们就别再想了。 이미 잃어버렸으니 우리 다시 생각하지 말자.
	于是 yúshì	따라서, 그리하여 孩子今天没带钥匙，于是妈妈急忙回家了。 아이가 오늘 열쇠를 가져오지 않아서, 엄마가 급하게 집으로 돌아왔다.

가정관계	**如果 / 要是 / 假如~(的话)** rúguǒ / yàoshi / jiǎrú~(dehuà) **假使 / 万一,** jiǎshǐ / wànyī **(那么)~就** (nàme)~jiù	만약 ~이라면, 곧~ 如果你明天没时间，那么我就帮你去接客人吧。 만약 내일 시간이 없으면, 내가 너를 도와 손님을 맞겠다. 假如我是你，我就抓住这个机会。 만약 내가 너라면, 나는 이 기회를 잡을 거야. 万一他知道了，我们怎么办呢? 만약 그가 알게 되었다면, 우리 어떡하지?
	即使 / 即便 / 就是 / jíshǐ / jíbiàn / jiùshì **就算 / 哪怕,** jiùsuàn / nǎpà **~주어 + 也 / 都** ~주어 + yě / dōu	설령 ~일지라도 即使他向我道歉，我也不会原谅他的。 설령 그가 나에게 사과해도, 나는 그를 용서하지 않을 것이다. 就算大家都反对，我都要坚持做。 설령 모두가 반대해도, 나는 계속해서 할 것이다. 哪怕你不去，我也要去。 설령 네가 가지 않아도, 나는 가야만 한다.
	要不然 / 要不 / 不然 yàobùrán / yàobù / bùrán **否则** fǒuzé	(반드시 해야 할 일) 그렇지 않으면 你最好提前提醒他，要不然他会忘记这件事。 너는 미리 그를 일깨워 주어야 해. 그렇지 않으면 그는 이 일을 잊어버릴 것이다. (해서는 안 되는 일) 그렇지 않으면 你把钱包放这儿，否则会被人偷。 여기에 지갑을 둬라. 그렇지 않으면 도둑맞을 것이다.

조건 관계	**只有~, 才** zhǐyǒu~, cái	~해야만, 비로소 ~하다 (유일한 조건) 只有赢了这一场比赛，才能进入决赛。 이 경기를 이겨야만, 비로소 결승전에 진출할 수 있다.
	只要~, 就 zhǐyào~, jiù	~하기만 하면, 곧 ~할 수 있다 (결과 강조) 只要你需要，我就可以把这本词典借给你。 네가 원하기만 하면, 내가 이 사전을 너에게 빌려줄 수 있다.
	不管 / 不论 / 无论, bùguǎn / búlùn / wúlùn, **都 / 也** dōu / yě	~을 막론하고, 상관없이 不管贵不贵，都很重要。 비싸든 비싸지 않든 모두 중요하다. 不论今天去还是明天去，反正我要去。 오늘 가든 내일 가든 어쨌든 나는 가야 한다. 无论发生什么事情，你都不要吃惊。 어떤 일이 발생하든지, 당신은 놀라지 말아라. 不管多热，也来看足球比赛了。 얼마나 덥던지 간에 축구 경기를 보러 왔다. 不管男女老少都要去看。 남녀노소를 막론하고, 모두 보려고 한다.
목적 관계	**为了** wèile **是为了** shìwèile	~을 위하여 (항상 앞 절에 나온다) 为了提高汉语水平，我交了很多中国朋友。 중국어 실력을 향상시키기 위하여 나는 많은 중국인 친구를 사귀었다. ~을 위하여 (항상 뒤에 나온다) 他活着完全是为了钱。 그는 완전 돈을 위해 산다.

선택관계	**不是**A, **就是**B búshì A, jiùshì B	A아니면 B이다 这件事不是他说的，就是你说的。 이번 일은 그가 말한 것이 아니면, 네가 말한 것이다.
	不是A, **而是**B búshì A, érshì B	A가 아니고 B이다 你别误会了，那不是我想的办法，而是他想的办法。 너 오해하지 마. 그건 내가 생각한 방법이 아니고 그가 생각한 방법이야.
선택관계	**(或者)**A, **或者**B (huòzhě) A, huòzhě B	A든지, 혹은 B든지 (평서문) (或者)同意，或者不同意，你应该早决定。 동의하든지. 동의하지 않든지, 너는 반드시 빨리 결정해야 한다.
	A **还是** B A háishi B	A 아니면 B? (의문문) 买这个好还是买那个好？ 이것을 사는 게 좋을까 아니면 저것을 사는 게 좋을까?
역접관계	**虽然，但是 / 可是** suīrán, dànshì / kěshì	비록 ~지만, 그러나 虽然有点儿旧了，但是我舍不得扔了。 비록 약간 낡았지만, 버리기는 아쉽다.
	尽管, jǐnguǎn, **不过 / 就是 / 只是 / 然而 / 却** búguò / jiùshì / zhǐshì / rán'ér / què	虽然我已经拒绝了，可是他却一直劝我一起报名。 비록 나는 이미 거절했지만, 그는 계속해서 나에게 함께 등록하자고 권하였다. 尽管我们不同意，然而他还是坚持自己的看法。 비록 우리는 동의하지 않지만, 그는 아직도 자신의 견해를 고집한다.

第三

HSK
4급

시험 바로 전에 보는 필살 어휘 세트

四
级

HSK 4급 시험 바로 전에 보는 필살 어휘 세트

1 여러 가지 동의어

免费 miǎn fèi 동 무료로 하다	=	赠送 zèngsong 동 증정하다	准时 zhǔnshí 부 제때에	=	按时 ànshí 부 정시에

| 愿意
yuànyì
동 원하다 | = | 希望
xīwàng
동 희망하다 |
| 拒绝
jùjué
동 거절하다 | = | 不接受
bùjiēshòu
동 받아들이지 않다 |

| 麻烦
máfan
동 번거롭게 하다 | = | 打扰
dǎrǎo
동 귀찮게 하다 |
| 相信
xiāngxìn
동 믿다 | = | 有信心
yǒu xìnxīn
동 확신이 있다 |

| 详细
xiángxì
형 상세하다 | = | 仔细
zǐxì
형 자세하다 |
| 粗心
cūxīn
형 덤벙거리다 | = | 马虎
mǎhu
형 덤벙거리다 |

| 区别
qūbié
명 차이, 구분 | = | 不同
bùtóng
명 차이 |
| 吸引
xīyǐn
동 끌어 당기다 | = | 引起
yǐnqǐ
동 일으키다 |

| 注意
zhùyì
동 주의하다 | = | 小心
xiǎoxīn
동 조심하다 |
| 减少
jiǎnshǎo
동 감소하다 | = | 下降
xiàjiàng
동 떨어지다 |

| 各种各样
gèzhǒnggèyàng
명 각양각색 | = | 多样
duōyàng
형 다양하다 |
| 估计
gūjì
동 예측하다 | = | 猜
cāi
동 추측하다 |

| 答应
dāying
동 수락하다 | = | 同意
tóngyì
동 동의하다 |
| 只好
zhǐhǎo
부 어쩔 수 없이 | = | 不得不
bùdébù
부 어쩔 수 없이 |

简单		容易
jiǎndān	=	róngyì
형 간단하다		형 쉽다

怀疑		不信
huáiyí	=	búxìn
동 의심하다		동 믿지 않다

打算		计划
dǎsuan	=	jìhuà
동 계획이다		동 계획하다

精彩		优秀
jīngcǎi	=	yōuxiù
형 뛰어나다		형 우수하다

许多		大量
xǔduō	=	dàliàng
형 매우 많다		형 다량의

反对		不同意
fǎnduì	=	bùtóngyì
동 반대하다		동 동의하지 않다

害怕		担心
hàipà	=	dānxīn
동 두려워하다		동 걱정하다

不容易		难
bùróngyì	=	nán
쉽지 않다		형 어렵다

优点		好处
yōudiǎn	=	hǎochù
명 장점		명 장점

缺点		坏处
quēdiǎn	=	huàichù
명 단점, 결점		명 나쁜 점

终于		最后		结果
zhōngyú	=	zuìhòu	=	jiéguǒ
부 결국		명 최후		명 결국, 끝내

以前		从前		过去
yǐqián	=	cóngqián	=	guòqù
명 이전		명 이전		명 과거

工资		薪水		收入
gōngzī	=	xīnshuǐ	=	shōurù
명 월급		명 월급		명 수입

赶快		马上		及时
gǎnkuài	=	mǎshàng	=	jíshí
부 서둘러		부 즉시, 바로		부 즉시, 바로

实在		确实		真是
shízài	=	quèshí	=	zhēnshi
부 실로, 정말		부 정말, 확실히		부 정말, 참으로

也许 yěxǔ 🖲 어쩌면	=	可能 kěnéng 🖲 아마	大概 dàgài 🖲 아마, 대개	=	大约 dàyuē 🖲 대략
坚持 jiānchí 🔵 꾸준히 하다	=	继续 jìxù 🔵 계속하다	仍然 réngrán 🖲 여전히	=	一直 yìzhí 🖲 계속, 줄곧
抱歉 bàoqiàn 🔵 미안하게 생각하다	=	对不起 duìbuqǐ 🔵 미안하다	不好意思 bùhǎoyìsi 미안하다	=	道歉 dào qiàn 🔵 사과하다

나이	岁	suì	살, 세
학년	二年级	èr niánjí	2학년
	大三	dàsān	대학 3학년
키	一米六五	yìmǐ liùwǔ	165 센티미터
	一米八	yìmǐ bā	180 센티미터
가격	块	kuài	원, 위안
	毛	máo	마오(10전)
	分	fēn	편(1전)
	打八折	dǎ bā zhé	20% 세일
	买一送一	mǎi yī sòng yī	1+1
중량	公斤	gōngjīn	킬로그램
	斤	jīn	그램(근)
길이	公里	gōnglǐ	킬로미터
	米	mǐ	미터
	里米	lǐmǐ	센티미터
서수	第一	dì yī	첫 번째
	第二	dì èr	두 번째
	第一次	dì yī cì	첫 회
분수	二分之一	èr fēn zhī yī	1/2
	三分之二	sān fēn zhī èr	2/3
소수점	三点五	sān diǎn wǔ	3.5

배수	倍	bèi	배수
퍼센트	百分之三十	bǎi fēn zhī sān shí	30%
	八成	bā chéng	80%
온도	零上	língshàng	영상
	零下	língxià	영하
	最高气温	zuìgāo qìwēn	최고 기온
	六十度	liùshídù	60도
증가	增加	zēngjiā	증가하다
	提高	tígāo	오르다
	加	jiā	더하다
	乘	chéng	곱하다
감소	减少	jiǎnshǎo	감소하다
	剩	shèng	남다
	低	dī	낮다
	减	jiǎn	감소하다
	差	chà	모자라다
어림수 표현	五六个人	wǔliùgèrén	다섯 여섯 명
	三十多岁	sānshíduōsuì	30여 살(30 넘음)
	百分之八十左右	bǎifēnzhībāshí zuǒyòu	80% 정도
	近2000年	jìn 2000 nián	근 2000년(2000년 안됨)

시, 분	秒	miǎo	초
	分	fēn	분
	点	diǎn	시
	一刻	yíkè	15분
일	半天	bàntiān	한나절, 한참 동안
	整天 / 成天	zhěngtiān / chéngtiān	하루 종일
	前几天	qián jǐ tiān	며칠 전
	过几天	guò jǐ tiān	며칠 후
	这几天	zhè jǐ tiān	요 며칠
주	星期 / 周 / 礼拜	xīngqī / zhōu / lǐbài	주
	周末	zhōumò	주말
	上个星期	shàng ge xīngqī	지난주
	这个星期	zhè ge xīngqī	이번 주
	下个星期	xià ge xīngqī	다음주
월	上个月	shàng ge yuè	지난 달
	这个月	zhè ge yuè	이번 달
	下个月	xià ge yuè	다음 달
	月初	yuèchū	월초
	月末	yuèmò	월말

년	年初	niánchū	연초
	年底	niándǐ	연말
하루	早晨 / 凌晨	zǎochén / língchén	새벽
	白天	báitiān	낮
	傍晚	bàngwǎn	해질 무렵
	深夜	shēnyè	깊은 밤
	下半夜	xiàbànyè	새벽
계절	季节	jìjié	계절
	春天 / 春季	chūntiān / chūnjì	봄
	夏天 / 夏季	xiàtiān / xiàjì	여름
	秋天 / 秋季	qiūtiān / qiūjì	가을
	冬天 / 冬季	dōngtiān / dōngjì	겨울
긴 시간	多年	duōnián	여러 해, 다년간
	永远	yǒngyuǎn	영원하다
짧은 시간	一会儿 / 一时 / 不久	yíhuìr / yìshí / bùjiǔ	잠시
	刚才	gāngcái	방금 전
	刚刚	gānggāng	막
	转眼	zhuǎnyǎn	눈 깜짝할 사이
앞당김	表快1分钟	biǎo kuài yī fēnzhōng	시계가 1분 빠르다
	早三天	zǎo sāntiān	3일 이르다
	提前一个小时	tíqián yíge xiǎoshí	1시간 앞당기다

늦춰짐	表慢一分钟	biǎo màn yì fēnzhōng	시계가 1분 느리다
	晚三十天	wǎn sānshítiān	30일 늦다
	推迟两天	tuīchí liǎngtiān	이틀 미루다
명절	元旦	Yuándàn	설(양력 1.1)
	春节	Chūn Jié	설날(음력 1.1)
	中秋节	Zhōngqiū Jié	추석
	除夕	Chúxī	섣달 그믐(음력 12.31)
	劳动节	Láodòng Jié	노동절(5.1)
	儿童节	Értóng Jié	어린이날(6.1)
	母亲节	Mǔqīn Jié	어머니 날 (5월 둘째 주 일요일)
	父亲节	Fùqīn Jié	아버지 날 (6월 셋째 주 일요일)
	教师节	Jiàoshī Jié	스승의 날(9.10)
	国庆节	Guóqìng Jié	국경일(10.1)
	情人节	Qíngrén Jié	발렌타인데이
	圣诞节	Shèngdàn Jié	성탄절
기타	来得及	láidejí	시간에 댈 수 있다, 늦지 않다
	来不及	láibují	시간에 댈 수 없다, 늦다
	赶得上	gǎndeshàng	따라갈 수 있다
	赶不上	gǎnbushàng	따라갈 수 없다

	爷爷	yéye	할아버지
	奶奶	nǎinai	할머니
	姥爷	lǎoye	외할아버지
	姥姥	lǎolao	외할머니
	爸爸	bàba	아빠
	妈妈	māma	엄마
	爸妈	bàmā	아빠 엄마
	父亲	fùqīn	아버지
	母亲	mǔqīn	어머니
	父母	fùmǔ	부모님
	哥哥	gēge	형, 오빠
	姐姐	jiějie	누나, 언니
가족관계	妹妹	mèimei	여동생
	弟弟	dìdi	남동생
	女儿	nǚ'ér	딸
	儿子	érzi	아들
	子女	zǐnǚ	자녀
	孙子	sūnzi	손자
	孙女	sūnnǚ	손녀
	夫妻	fūqī	부부
	夫妇	fūfù	부부
	兄弟	xiōngdì	형제
	姐妹	jiěmèi	자매
	恋人	liànrén	연인

손위, 손아래 사람	小 + 성/이름 한 글자		예) 小李, 小刘
	老 + 성/이름 한 글자		예) 老李, 老刘
회사 / 학교	经理	jīnglǐ	매니저, 사장님
	部长	bùzhǎng	부장
	主任	zhǔrèn	주임
	同事	tóngshì	동료
	校长	xiàozhǎng	교장
	老师	lǎoshī	선생님
	教授	jiàoshòu	교수
	同学	tóngxué	같은 반 친구
	师生	shīshēng	스승과 제자
남자	叔叔	shūshu	삼촌, 아저씨
	师傅	shīfu	기사, 선생님
	先生	xiānsheng	선생님
여자	阿姨	āyí	이모, 아주머니
	女士	nǚshì	여사님
	太太	tàitai	부인, 여사님
주요직업	导演	dǎoyǎn	감독
	导游	dǎoyóu	관광 가이드
	服务员	fúwùyuán	종업원
	护士	hùshi	간호사
	记者	jìzhě	기자

주요직업	家长	jiāzhǎng	학부모, 가장
	教授	jiàoshòu	교수
	警察	jǐngchá	경찰
	空姐	kōngjiě	스튜어디스, 승무원
	老板	lǎobǎn	사장님
	老师	lǎoshī	선생님
	律师	lǜshī	변호사
	秘书	mìshū	비서
	司机	sījī	기사
	校长	xiàozhǎng	교장
	演员	yǎnyuán	연기자, 배우
	医生	yīshēng	의사
	职员	zhíyuán	직원
	专家	zhuānjiā	전문가
	作家	zuòjiā	작가

小	xiǎo	어리다	大	dà	나이가 많다
年轻	niánqīng	젊다	老	lǎo	늙다
矮	ǎi	키가 작다	高	gāo	키가 크다
苗条	miáotiao	늘씬하다	胖	pàng	뚱뚱하다
瘦	shòu	마르다			
漂亮	piàoliang	예쁘다, 아름답다	难看	nánkàn	못생기다
帅	shuài	잘생기다			
好看	hǎokàn	예쁘다, 보기좋다			
饱	bǎo	배부르다	饿	è	배고프다
聪明	cōngming	똑똑하다	笨	bèn	멍청하다
认真	rènzhēn	성실하다	马虎	mǎhu	덤벙거리다
细心	xìxīn	꼼꼼하다	粗心	cūxīn	부주의하다
舒服	shūfu	편안하다	难受	nánshòu	괴롭다
			难过	nánguò	힘들다
轻松	qīngsōng	편안하다	紧张	jǐnzhāng	긴장하다
丰富	fēngfù	풍부하다	缺乏	quēfá	부족하다
幽默	yōumò	유머러스하다	无聊	wúliáo	재미없다
富有	fùyǒu	부유하다	贫穷	pínqióng	빈궁하다
喜欢	xǐhuan	좋아하다	讨厌	tǎoyàn	싫어하다
赞成	zànchéng	찬성하다	反对	fǎnduì	반대하다
同意	tóngyì	동의하다	不同意	bùtóngyì	동의하지 않다
肯定	kěndìng	긍정하다	否定	fǒudìng	부정하다
承认	chéngrèn	승인하다	拒绝	jùjué	거절하다
谦虚	qiānxū	겸손하다	骄傲	jiāo'ào	교만하디
羡慕	xiànmù	부러워하다			

有意思	yǒuyìsi	재미있다	没有意思	méiyǒuyìsi	재미없다
有趣	yǒuqù	재미있다	无聊	wúliáo	무료하다
干净	gānjìng	깨끗하다	脏	zāng	더럽다
方便	fāngbiàn	편리하다	乱	luàn	어지럽다
软	ruǎn	부드럽다	硬	yìng	딱딱하다
香	xiāng	향기롭다	臭	chòu	냄새 나다
出色	chūsè	뛰어나다	麻烦	máfan	번거롭다
精彩	jīngcǎi	훌륭하다	一般	yìbān	보통이다
受欢迎	shòu huānyíng	인기 있다	不怎么样	bù zěnmeyàng	그저 그렇다

• 만족, 즐거움, 긍정

满意	mǎnyì	만족하다	激动	jīdòng	감격하다
高兴	gāoxìng	즐겁다	快乐	kuàilè	즐겁다
愉快	yúkuài	유쾌하다	开心	kāixīn	즐겁다
幸福	xìngfú	행복하다	兴奋	xīngfèn	흥분하다
活泼	huópo	활발하다			

• 실망, 불만, 부정적

失望	shīwàng	실망하다	生气	shēngqì	화나다
难受	nánshòu	괴롭다	不满	bùmǎn	불만이다
难过	nánguò	괴롭다	痛苦	tòngkǔ	괴롭다

• 관심, 존중

关心	guānxīn	관심 갖다	热情	rèqíng	친절하다
尊重	zūnzhòng	존중하다			

• 조용, 침착, 놀람, 덤벙거림

冷静	lěngjìng	냉정하다	轻松	qīngsōng	편안하다
吃惊	chī jīng	놀라다	紧张	jǐnzhāng	긴장하다
粗心	cūxīn	덤벙거리다			

• 동정, 사과, 후회

同情	tóngqíng	동정하다	原谅	yuánliàng	용서하다
理解	lǐjiě	이해하다	可怜	kělián	불쌍히 여기다
道歉	dào qiàn	사과하다	后悔	hòuhuǐ	후회하다

• 칭찬, 원망

表扬	biǎoyáng	칭찬하다	鼓励	gǔlì	격려하다
批评	pīpíng	혼내다			

• 건의, 충고

建议	jiànyì	건의하다	禁止	jìnzhǐ	금지하다
提醒	tíxǐng	일깨우다			

• 안심, 걱정

放心	fàngxīn	마음 놓다	担心	dān xīn	걱정하다
着急	zháo jí	조급하다			

• 믿음, 의심

相信	xiāngxìn	믿다	信任	xìnrèn	신임하다
怀疑	huáiyí	의심하다			

安排时间	ānpái shíjiān	시간 안배하다
表扬孩子	biǎoyáng háizi	아이를 칭찬하다
保护环境	bǎohù huánjìng	환경을 보호하다
超过50%	chāoguò 50%	50%를 초과하다
锻炼身体	duànliàn shēntǐ	신체 단련하다
发现问题	fāxiàn wèntí	문제가 발생하다
符合要求	fúhé yāoqiú	요구에 부합하다
放弃机会	fàngqì jīhuì	기회를 포기하다
负责任务	fùzé rènwu	임무를 책임지다
改变主意	gǎibiàn zhǔyì	생각을 바꾸다
鼓励学生	gǔlì xuésheng	학생을 격려하다
怀疑事情	huáiyí shìqing	일을 의심하다
回忆过去	huíyì guòqù	과거를 회상하다
获得冠军	huòdé guànjūn	챔피언을 획득하다
回答问题	huídá wèntí	문제에 답하다
积累经验	jīlěi jīngyàn	경험을 쌓다
降低价格	jiàngdī jiàgé	가격이 떨어지다

结束会议	jiéshù huìyì	회의가 끝나다
节约时间	jiéyuē shíjiān	시간을 아끼다
交流文化	jiāoliú wénhuà	문화를 교류하다
禁止抽烟	jìnzhǐ chōuyān	흡연을 금지하다
举行比赛	jǔxíng bǐsài	경기를 개최하다
扩大范围	kuòdà fànwéi	범위를 확대하다
浪费时间	làngfèi shíjiān	시간을 낭비하다
申请奖金	shēnqǐng jiǎngjīn	장학금을 신청하다
收拾东西	shōushi dōngxi	물건을 정리하다
推迟时间	tuīchí shíjiān	시간을 미루다
提高成绩	tígāo chéngjì	성적을 향상시키다
完成任务	wánchéng rènwu	임무를 완성하다
污染环境	wūrǎn huánjìng	환경을 오염시키다
养成习惯	yǎngchéng xíguàn	습관을 기르다
影响学习	yǐngxiǎng xuéxí	학습에 영향을 미치다
增加人员	zēngjiā rényuán	인원을 늘리다
尊重他人	zūnzhòng tārén	타인을 존중하다
注意安全	zhùyì ānquán	안전에 주의하다

动物	dòngwù	동물	大熊猫	dàxióngmāo	판다
猴子	hóuzi	원숭이	猪	zhū	돼지
猫	māo	고양이	狮子	shīzi	사자
狗	gǒu	개	老虎	lǎohǔ	호랑이

把	bǎ	자루 (손잡이가 있는 기구) 묶음, 다발, 단	剪刀(가위) 刀(칼) 钥匙(열쇠) 伞(우산) 花(꽃)
杯	bēi	잔, 컵	咖啡(커피) 牛奶(우유) 茶(차)
部	bù	부, 편 (서적이나 영화) 대 (기계나 차량)	小说(소설) 电视剧(드라마) 电影(영화) 汽车(차)
对	duì	짝, 쌍 (짝을 이룬것)	情人(애인) 恋人(연인) 鸳鸯(원앙)
朵	duǒ	송이, 조각, 점 (꽃, 구름 등 비슷한 물건)	花(꽃) 云(구름)
份	fèn	벌, 세트 부, 통, 권 (신문, 잡지 등)	盒饭(도시락) 材料(재료) 报告(보고서) 资料(자료)
幅	fú	폭 (옷감, 종이, 그림 등)	作品(작품) 地图(지도) 画(그림)
盒	hé	갑 (작은 상자)	饼干(과자) 蛋糕(케익) 烟(담배)
件	jiàn	건, 개 (의복, 일, 사건, 사물 등)	衣服(의복) 物品(물품) 行李(짐) 事(일)
棵	kē	그루, 포기 (식물)	树(나무) 白菜(배추) 草(풀)
块	kuài	덩어리, 조각 (덩어리나 조각모양 물건)	香皂(비누) 手表(시계) 肉(고기) 玻璃(유리) 面包(빵) 饼干(과자)
辆	liàng	대, 량 (차량)	汽车(자동차) 自行车(자전거)
篇	piān	편, 장 (문장, 종이 등)	文章(문장) 报告(보고서) 论文(논문)
片	piàn	편 (편평하고 얇은 모양, 지면이나 수면 등)	云(구름) 土地(토지) 树林(숲)

瓶	píng	병	啤酒(맥주)　牛奶(우유)　醋(식초)
束	shù	묶음, 다발, 단	玫瑰(장미)　花(꽃)
双	shuāng	쌍, 매, 켤레	鞋(신발)　袜子(양말)　筷子(젓가락)
台	tái	대 (기계, 차량 등) 편, 회 (연극, 공연 등)	电视(TV)　洗衣机(세탁기) 话剧(연극)
套	tào	조, 벌, 세트	沙发(소파)　家具(가구)
条	tiáo	가늘고 긴 것들 조, 항, 조목 (항목으로 나누어진 것들) 마리, 개 (동물, 식물 관련)	裤子(바지)　黄瓜(오이)　河(강)　路(길) 新闻(뉴스)　办法(방법) 鱼(물고기)
箱	xiāng	상자, 박스	啤酒(맥주)　苹果(사과)　饮料(음료수)
项	xiàng	가지, 항목, 조항	任务(임무)　事业(사업)　工作(업무)
页	yè	면, 쪽, 페이지	纸(종이)　书(책)
张	zhāng	장 (종이나 가죽, 책상이나 탁자 등 넓은 표면을 가진 것)	纸(종이)　　床(침대)　　　沙发(소파) 桌子(책상)　表格(표, 양식)　申请表(신청표)
只	zhī	쪽, 짝, 마리 개, 척	袜子(양말)　猴子(원숭이)　小船(배) 眼睛(눈)　　鸟(새)　　　手表(손목시계) 耳朵(귀)　　脚(발)
支	zhī	자루, 개피 (막대 모양)	笔(铅笔, 钢笔, 圆珠笔, 毛笔) 펜 (연필, 만년필, 볼펜, 붓 ㅍ) 烟(담배)
座	zuò	좌, 동, 채 (부피가 크거나 고정된 물체)	工厂(공장)　山(산)　城市(도시)　桥(다리)

杯子	bēizi	컵	他在帮妈妈洗杯子。 그는 엄마를 도와 컵을 씻고 있다.
桌子	zhuōzi	탁자	桌子上放着一朵花。 테이블 위에 꽃 한 송이가 놓여 있다.
椅子	yǐzi	의자	这是专为老人提供的椅子。 이것은 오로지 노인을 위해 제공한 의자입니다.
灯	dēng	전등	办公室里的灯怎么开着呢? 사무실의 등이 왜 켜져 있지?
冰箱	bīngxiāng	냉장고	冰箱里有两瓶水。 냉장고 안에 물 두 병이 있다.
洗衣机	xǐyījī	세탁기	妈妈用洗衣机洗衣服。 엄마는 세탁기로 빨래를 한다.
空调	kōngtiáo	에어컨	热死了, 打开空调吧。 더워 죽겠네. 에어컨 좀 켜봐.
袜子	wàzi	양말	一只袜子破了。 양말 한 짝이 찢어졌다.
毛衣	máoyī	스웨터	他穿着一件红色毛衣。 그는 빨간 스웨터를 입고 있다.
大衣	dàyī	외투	她新买的大衣很好看。 그녀가 새로 산 외투는 매우 예쁘다.
衬衫	chènshān	셔츠	你的衬衫太脏了。 네 셔츠가 너무 더럽다.
裤子	kùzi	바지	这条裤子有点紧。 이 바지는 약간 조인다.
裙子	qúnzi	치마	这条裙子很适合你。 이 치마는 너에게 잘 어울린다.
手套	shǒutào	장갑	他把一只手套弄丢了。 그는 장갑 한 짝을 잃어버렸다.

毛巾	máojīn	수건	他不喜欢用宾馆里的毛巾。 그는 호텔 안에 있는 수건 쓰는 것을 싫어한다.
牙膏	yágāo	치약	家里没有牙膏了。 집에 치약이 떨어졌다.
牙刷	yáshuā	칫솔	他连牙刷都没有带。 그는 칫솔도 가지고 오지 않았다.
香皂	xiāngzào	세숫비누	我的钱不够买两个香皂。 내 돈은 비누 두 개를 사기에는 부족하다.
杂志	zázhì	잡지	这本杂志的内容很丰富。 이 잡지의 내용은 매우 풍부하다.
笔记本	bǐjìběn	노트	他在笔记本上写电话号码。 그는 노트에 전화번호를 적는다.
盒子	hézi	상자	盒子里有巧克力。 상자 안에 초콜릿이 있다.
雨伞	yǔsǎn	우산	出去时别忘了带雨伞。 나갈 때 우산 챙기는 것을 잊지 말아라.
圆珠笔	yuánzhūbǐ	볼펜	我可以借用你的圆珠笔吗? 네 볼펜 좀 빌려 써도 되겠니?
传真	chuánzhēn	팩스	他在发传真。 그는 팩스를 보내고 있다.
复印机	fùyìnjī	복사기	办公室里的复印机坏了。 사무실의 복사기가 고장났다.
打印机	dǎyìnjī	프린터	用这个打印机打印两份吧。 이 프린터로 2부 출력해라.
电梯	diàntī	엘리베이터	你坐电梯上去吧。 너는 엘리베이터를 타고 올라가라.
照相机	zhàoxiàngjī	사진기	这个照相机既便宜，质量又好。 이 사진기는 저렴하고 품질도 좋다.

장소	대표명사			활용
银行 yínháng 은행	**银行卡**	yínhángkǎ	은행카드	他忘了银行卡的密码。 그는 은행카드의 비밀번호를 잊어버렸다.
	密码	mìmǎ	비밀번호	他给家人打电话问密码。 그는 식구에게 전화를 걸어 비밀번호를 물었다.
机场 jīchǎng 공항	**航班**	hángbān	운항편	空姐告诉我们今天的航班都取消了。 스튜어디스는 우리에게 오늘의 운항편이 모두 취소됐다고 알려 주었다.
	护照	hùzhào	여권	
	空姐	kōngjiě	스튜어디스	他把护照和机票都丢了。 그는 여권과 항공권 모두 잃어버렸다.
	机票	jīpiào	항공권	
饭馆 fànguǎn 식당	**服务员**	fúwùyuán	종업원	服务员的态度很热情。 종업원의 태도가 매우 친절하다.
	菜单	càidān	메뉴	他看着菜单点菜。 그는 메뉴를 보며 주문한다.
医院 yīyuàn 병원	**医生**	yīshēng	의사	医生给病人开药。 의사가 환자에게 약을 처방한다.
	大夫	dàfu	의사	
	护士	hùshi	간호사	那个护士很细心地照顾病人。 그 간호사는 매우 세심하게 환자를 돌본다.
	药	yào	약	
家庭 jiātíng 가정	**沙发**	shāfā	소파	她坐在沙发上照着镜子打扮自己。 그녀는 소파에 앉아 거울을 보며 화장한다.
	镜子	jìngzi	거울	
	窗户	chuānghu	창문	他没有带钥匙。 그는 열쇠를 챙기지 않았다.
	钥匙	yàoshi	열쇠	

장소	대표명사			활용
公交车 gōngjiāochē 버스	司机	sījī	운전사	这公交车的司机开车开得太慢。 이 버스의 기사는 차를 너무 천천히 운전한다.
	座位	zuòwèi	좌석	他们都不愿意让座位。 그들은 모두 자리를 양보하려 하지 않는다.
超市 chāoshì 슈퍼마켓	塑料袋	sùliàodài	비닐봉지	最近很多超市不提供塑料袋。 최근 많은 슈퍼마켓에서 비닐봉지를 제공하지 않는다.
	信用卡	xìnyòngkǎ	신용카드	很多人用信用卡买东西。 많은 사람들이 신용카드로 물건을 산다.
火车站 huǒchēzhàn 기차역	售票处	shòupiàochù	매표소	她在找售票处。 그녀는 매표소를 찾고 있다.
	火车票	huǒchēpiào	기차표	我要明天去北京的火车票。 저는 내일 베이징으로 가는 기차표를 원합니다.
公司 gōngsī 회사	会议	huìyì	회의	他们每天早上开会议进行讨论。 그들은 매일 아침 회의를 열어 토론을 한다.
	报告	bàogào	보고(서)	
	资料	zīliào	자료	你先把报告资料复印50份。 너는 먼저 보고 자료를 50부 복사해라.
	工资	gōngzī	월급	今天开工资和奖金。 오늘 월급과 보너스를 지급한다.
	奖金	jiǎngjīn	보너스	

搬	bān	옮기다	搬家 이사하다 搬桌子 책상을 옮기다 / 搬箱子 상자를 옮기다
擦	cā	닦다	擦桌子 테이블을 닦다 擦窗户 창문을 닦다 / 擦汗 땀을 닦다
尝	cháng	맛보다	尝刚做的菜 방금 만든 음식을 맛보다 尝手艺 솜씨를 맛보다
打扮	dǎban	꾸미다, 치장하다	照着镜子打扮 거울을 보며 치장한다 打扮得很漂亮 예쁘게 단장했다
打扫	dǎsǎo	청소하다	打扫房间 방을 청소하다 打扫得很干净 깨끗하게 청소했다
戴	dài	착용하다, 쓰다	戴帽子 모자를 쓰다 戴眼镜 안경을 쓰다 / 戴手套 장갑을 끼다
干杯	gānbēi	건배하다	为生日干杯 생일을 위해 건배하다 举起杯子一起干杯 잔을 들어 함께 건배하다 为了祝贺他的成功干杯 그의 성공을 축하하기 위해 건배하다
挂	guà	걸다	挂镜子 거울을 걸다 挂一幅画 그림을 걸다 / 挂地图 지도를 걸다
关	guān	닫다, 끄다	关门 문을 닫다 关窗户 창문을 닫다 / 关机 휴대전화를 끄다
逛	guàng	거닐다	逛街 길거리를 거닐며 구경하다 逛商店 쇼핑하다 / 逛公园 공원을 거닐다
画	huà	그리다	画画儿 그림을 그리다 画得很像 비슷하게 그렸다

寄	jì	부치다	寄信 편지를 부치다 寄包裹 소포를 부치다
开	kāi	열다, 운전하다, 켜다	开门 문을 열다 开车 운전하다 / 开电脑 컴퓨터를 켜다
咳嗽	késou	기침하다	不停地咳嗽 멈추지 않고 계속 기침하다 咳嗽得厉害 기침을 심하게 하다
扔	rēng	던지다, 내버리다	扔垃圾 쓰레기를 버리다 扔衣服 옷을 버리다 / 乱扔 함부로 버리다
收拾	shōushi	정리하다, 치우다	收拾行李 짐을 꾸리다 收拾房间 방을 치우다 收拾东西 물건을 정리하다
抬	tái	들어 올리다, 함께 들다	抬头 고개를 들다 抬桌子 책상을 맞들다
弹	tán	치다	弹钢琴 피아노를 치다
躺	tǎng	눕다	躺在床上 침대에 눕다 躺着看书 누워서 책을 본다
踢	tī	발로 차다	踢足球 축구를 하다 踢来踢去 이리저리 차다

날씨	暖和	nuǎnhuo	따뜻하다	天气暖和了，我们出去散散步吧。 날씨가 따뜻해졌다. 우리 산책하러 나가자.
	热	rè	덥다	太热了，快开空调。 너무 덥다. 빨리 에어컨을 켜라.
	凉快	liángkuai	서늘하다	秋天又凉快又舒服。 가을은 시원하고 편안하다.
	冷	lěng	춥다	外边很冷，出去时应该多穿点儿衣服。 밖에 추우니 외출할 때 옷을 좀 많이 입어야 한다.
	晴	qíng	맑다	天气一会儿晴一会儿阴。 날이 맑았다가 흐렸다가 한다.
	阴	yīn	흐리다	我不喜欢阴天。 나는 흐린 날을 싫어한다.
	湿润	shīrùn	습윤하다, 촉촉하다	下雨后空气很湿润。 비가 내린 후 공기는 매우 습하다.
	干燥	gānzào	건조하다	北京冬天很干燥。 베이징의 겨울은 매우 건조하다.
맛	酸	suān	시다	这个橘子太酸了。 이 귤은 너무 시다.
	甜	tián	달다	这些水果又甜又新鲜。 이 과일들은 달고 신선하다.
	咸	xián	짜다	妈妈做的菜有点儿咸。 엄마가 만든 음식은 조금 짜다.
	苦	kǔ	쓰다	咖啡虽然有点苦，但是很好喝。 커피는 비록 조금 쓰지만 맛있다.
	辣	là	맵다	韩国菜辣是辣，但很好吃。 한국 음식은 맵긴 맵지만 매우 맛있다.

DAY20

第四

HSK
4급

HSK 4급 필수 어휘 1200

1	阿姨	āyí	명 이모, 아주머니	16	白	bái	형 하얗다
2	啊	ā	감 감탄이나 놀람을 나타냄	17	百	bǎi	수 100, 백
3	矮	ǎi	형 (키가)작다	18	百分之	bǎifēnzhī	퍼센트
4	爱	ài	동 사랑하다	19	班	bān	명 반, 학급
5	爱好	àihào	명 취미	20	搬	bān	동 옮기다, 이사하다
6	爱情	àiqíng	명 애정, 사랑	21	半	bàn	수 1/2, 절반
7	安静	ānjìng	형 조용하다	22	办法	bànfǎ	명 방법
8	安排	ānpái	동 안배하다, 배정하다	23	办公室	bàngōngshì	명 사무실
9	安全	ānquán	형 안전하다	24	帮忙	bāng máng	동 일을 돕다
10	按时	ànshí	부 제때에, 제시간에	25	帮助	bāngzhù	동 돕다, 도와주다
11	按照	ànzhào	전 ~에 따라 ~대로	26	棒	bàng	형 (수준, 성적이) 높다, 좋다
12	八	bā	수 8, 여덟	27	包	bāo	동 (물건을) 싸다
13	把	bǎ	전 ~을(를)	28	包子	bāozi	명 찐빵
14	爸爸	bàba	명 아빠	29	饱	bǎo	형 배부르다
15	吧	ba	조 청유, 추측의 어기	30	保护	bǎohù	동 보호하다

31	抱	bào	통 안다, 포옹하다	46	比较	bǐjiào	부 비교적 통 비교하다
32	报名	bào míng	통 신청하다, 등록하다	47	笔记本	bǐjìběn	명 수첩, 노트
33	抱歉	bào qiàn	통 미안해하다	48	比如	bǐrú	접 예를 들어
34	保证	bǎozhèng	통 보장하다, 보증하다	49	比赛	bǐsài	명 경기, 시합
35	报纸	bàozhǐ	명 신문	50	必须	bìxū	부 반드시, 꼭
36	杯子	bēizi	명 잔, 컵	51	毕业	bìyè	명 졸업 통 졸업하다
37	北方	běifāng	명 북방, 북부	52	遍	biàn	양 번, 차례
38	北京	Běijīng	명 베이징	53	变化	biànhuà	명 변화
39	倍	bèi	양 배, 곱절	54	标准	biāozhǔn	명 표준, 기준
40	被	bèi	전 ~에 의해(피동)	55	表格	biǎogé	명 표, 양식, 서식
41	本	běn	양 권(책을 셀 때 쓰임)	56	表示	biǎoshì	통 표시하다, 드러내다
42	本来	běnlái	부 본래, 원래	57	表演	biǎoyǎn	명 공연 통 공연하다
43	笨	bèn	형 멍청하다, 어리석다	58	表扬	biǎoyáng	통 칭찬하다
44	鼻子	bízi	명 코	59	别	bié	부 ~하지 마라
45	比	bǐ	전 ~보다 통 견주다, 겨루다	60	别人	biéren	명 다른 사람

1	宾馆	bīnguǎn	몡 호텔	16	材料	cáiliào	몡 재료	
2	冰箱	bīngxiāng	몡 냉장고	17	菜	cài	몡 채소, 요리	
3	饼干	bǐnggān	몡 과자	18	菜单	càidān	몡 메뉴	
4	并且	bìngqiě	젭 게다가, 또한	19	参观	cānguān	동 참관하다, 시찰하다	
5	博士	bóshì	몡 박사	20	参加	cānjiā	동 참가하다	
6	不但~而且~	búdàn érqiě	젭 ~뿐만 아니라, 게다가	21	餐厅	cāntīng	몡 식당	
7	不客气	búkèqi	천만에요	22	草	cǎo	몡 풀	
8	不过	búguò	젭 그러나, 하지만	23	厕所	cèsuǒ	몡 화장실	
9	不	bù	부 부정을 나타냄	24	层	céng	양 층	
10	不得不	bùdébù	부 부득이하게, 어쩔 수 없이	25	茶	chá	몡 차	
11	部分	bùfen	몡 부분	26	差	chà	혱 나쁘다 동 부족하다	
12	不管	bùguǎn	젭 ~에 관계없이	27	差不多	chàbuduō	혱 비슷하다 부 대강, 대체로, 거의	
13	不仅	bùjǐn	젭 ~뿐만 아니라	28	尝	cháng	동 맛보다	
14	擦	cā	동 닦다, 문지르다	29	长	cháng	혱 길다	
15	猜	cāi	동 추측하다	30	长城	Chángchéng	몡 창청, 만리장성	

31	长江	Cháng Jiāng	명 장강, 양쯔강	46	重新	chóngxīn	부 다시, 재차
32	场	chǎng	양 번, 차례	47	抽烟	chōu yān	동 담배를 피우다
33	唱歌	chàng gē	동 노래 부르다	48	出	chū	동 (안에서 밖으로) 나가다
34	超过	chāoguò	동 초과하다	49	出差	chū chāi	동 출장 가다
35	超市	chāoshì	명 슈퍼마켓, 마트	50	出发	chūfā	동 출발하다
36	衬衫	chènshān	명 셔츠, 블라우스	51	出生	chūshēng	동 출생하다
37	成功	chénggōng	명 성공 동 성공하다	52	出现	chūxiàn	동 출현하다, 나타나다
38	成绩	chéngjì	명 성적	53	出租车	chūzūchē	명 택시
39	诚实	chéngshí	형 성실하다, 진실하다	54	厨房	chúfáng	명 주방, 부엌
40	城市	chéngshì	명 도시	55	除了	chúle	전 ~을 제외하고
41	成为	chéngwéi	동 ~이 되다	56	穿	chuān	동 입다, 신다
42	乘坐	chéngzuò	동 탑승하다	57	船	chuán	명 배
43	吃	chī	동 먹다	58	传真	chuánzhēn	명 팩스
44	吃惊	chī jīng	동 놀라다	59	窗户	chuānghu	명 창문
45	迟到	chídào	동 지각하다, 늦다	60	春	chūn	명 봄

1	词典	cídiǎn	몡 사전	16	打扫	dǎsǎo	통 청소하다
2	词语	cíyǔ	몡 어휘, 단어	17	打算	dǎsuan	통 계획하다
3	次	cì	양 번, 차례	18	打印	dǎyìn	통 프린트하다
4	聪明	cōngming	혱 똑똑하다	19	打招呼	dǎzhāohu	통 인사하다
5	从	cóng	젠 ~로부터	20	打折	dǎ zhé	통 할인하다
6	从来	cónglái	뷔 여태껏, 지금까지	21	打针	dǎ zhēn	통 주사를 놓다, 주사를 맞다
7	粗心	cūxīn	혱 세심하지 못하다	22	大	dà	혱 크다, 많다
8	存	cún	통 저축하다, 보존하다	23	大概	dàgài	뷔 대략, 아마
9	错	cuò	혱 틀리다	24	大家	dàjiā	대 모두, 모든 사람
10	错误	cuòwù	몡 착오, 잘못	25	大使馆	dàshǐguǎn	몡 대사관
11	答案	dá'àn	몡 답안	26	大约	dàyuē	뷔 대략, 대충
12	打扮	dǎban	통 꾸미다, 단장하다	27	带	dài	몡 띠, 벨트 통 휴대하다, 데리고 가다
13	打电话	dǎ diànhuà	전화를 걸다	28	戴	dài	통 착용하다, 쓰다, 끼다
14	打篮球	dǎ lánqiú	농구를 하다	29	大夫	dàifu	몡 의사
15	打扰	dǎrǎo	통 방해하다	30	担心	dān xīn	통 걱정하다, 염려하다

31	蛋糕	dàngāo	명 케이크	46	得	děi	조 마땅히 ~해야 한다
32	当	dāng	동 되다, 맡다	47	灯	dēng	명 등, 등불
33	当然	dāngrán	형 당연하다, 물론이다 부 당연히	48	登机牌	dēngjīpái	명 탑승권
34	当时	dāngshí	명 당시, 그때	49	等	děng	조 등, 따위(명사의 나열 후 한정을 나타냄)
35	刀	dāo	명 칼	50	等	děng	동 기다리다
36	倒	dǎo	동 넘어지다	51	低	dī	형 낮다
37	导游	dǎoyóu	명 가이드	52	底	dǐ	명 바닥, 밑
38	到	dào	전 ~까지 동 도착하다	53	弟弟	dìdi	명 남동생
39	到处	dàochù	부 도처에, 곳곳에	54	地点	dìdiǎn	명 지점
40	到底	dàodǐ	부 도대체	55	地方	dìfang	명 곳, 장소
41	道歉	dào qiàn	동 사죄하다, 미안해하다	56	地铁	dìtiě	명 지하철
42	得意	déyì	형 마음에 들다, 만족하다	57	地图	dìtú	명 지도
43	地	de	조 동사, 형용사 앞에서 부사 역할을 함	58	地球	dìqiú	명 지구
44	的	de	조 명사 앞에서 관형어를 연결함	59	第一	dìyī	수 첫 번째, 제 1
45	得	de	조 동사(형용사) 뒤에서 정도, 가능 등을 표시함	60	地址	dìzhǐ	명 주소

#				#			
1	点	diǎn	양 시(时) / 동 주문하다	16	都	dōu	부 모두, 전부
2	电脑	diànnǎo	명 컴퓨터	17	读	dú	동 읽다, 공부하다
3	电视	diànshì	명 텔레비전	18	堵车	dǔ chē	동 교통이 막히다
4	电梯	diàntī	명 엘리베이터	19	肚子	dùzi	명 (신체 부위) 배
5	电影	diànyǐng	명 영화	20	短	duǎn	형 (길이가) 짧다
6	电子邮件	diànzǐ yóujiàn	명 이메일	21	短信	duǎnxìn	명 문자 메시지
7	掉	diào	동 떨어지다	22	段	duàn	양 (한)동안, 기간, 구간
8	调查	diàochá	동 조사하다	23	锻炼	duànliàn	동 단련하다
9	丢	diū	동 잃어버리다	24	对	duì	형 맞다, 정확하다 / 전 ~에 대해
10	冬	dōng	명 겨울	25	对不起	duìbuqǐ	동 미안하다
11	东	dōng	명 동쪽	26	对话	duìhuà	명 대화
12	东西	dōngxi	명 물건, 것	27	对面	duìmiàn	명 맞은편
13	懂	dǒng	동 알다, 이해하다	28	对于	duìyú	전 ~에 대해
14	动物	dòngwù	명 동물	29	顿	dùn	양 번, 차례, 끼니
15	动作	dòngzuò	명 동작, 행동	30	多	duō	형 (수량이)많다

31	多么	duōme	🚥 얼마나	46	烦恼	fánnǎo	🔷 걱정하다, 고민하다
32	多少	duōshao	🚥 얼마(수량을 물을때 쓰임)	47	反对	fǎnduì	🟢 반대하다
33	饿	è	🔷 배고프다	48	饭店	fàndiàn	🟧 호텔
34	而	ér	🟦 그리고, 그러나	49	方便	fāngbiàn	🔷 편리하다 🟢 편리하게 하다
35	儿童	értóng	🟧 아동, 어린이	50	方法	fāngfǎ	🟧 방법
36	儿子	érzi	🟧 아들	51	方面	fāngmiàn	🟧 방면, 쪽, 분야
37	耳朵	ěrduo	🟧 귀	52	方向	fāngxiàng	🟧 방향
38	二	èr	🔵 2, 둘	53	房东	fángdōng	🟧 집주인
39	发	fā	🟢 보내다, 교부하다	54	房间	fángjiān	🟧 방
40	发烧	fāshāo	🟢 열이 나다	55	放	fàng	🟢 두다, 놓다, 넣다
41	发生	fāshēng	🟢 발생하다, 생기다	56	放弃	fàngqì	🟢 포기하다
42	发现	fāxiàn	🟢 발견하다	57	放暑假	fàng shǔjià	여름 방학을 하다
43	发展	fāzhǎn	🟧 발전 🟢 발전하다	58	放松	fàngsōng	🟢 긴장을 풀다
44	法律	fǎlǜ	🟧 법률	59	放心	fàngxīn	🟢 안심하다
45	翻译	fānyì	🟢 번역, 통역하다	60	飞机	fēijī	🟧 비행기

1	非常	fēicháng	🔵 매우, 대단히	16	负责	fùzé	🟢 책임지다, 맡다
2	分	fēn	🟠 (시간의)분 🟢 나누다	17	改变	gǎibiàn	🟢 변화하다, 고치다
3	分钟	fēnzhōng	🟡 분(시간의 길이)	18	干杯	gānbēi	🟢 건배하다
4	份	fèn	🟠 (문서, 신문) 부, 통, 권	19	干净	gānjìng	🔴 깨끗하다
5	丰富	fēngfù	🔴 풍부하다	20	赶	gǎn	🟢 뒤쫓다
6	否则	fǒuzé	🟣 그렇지 않으면	21	敢	gǎn	🟢 과감하게 ~하다
7	符合	fúhé	🟢 부합하다	22	感动	gǎndòng	🟢 감동하다
8	服务员	fúwùyuán	🟡 종업원	23	感觉	gǎnjué	🟡 감각 🟢 느끼다
9	富	fù	🔴 부유하다	24	感冒	gǎnmào	🟡 감기 🟢 감기에 걸리다
10	附近	fùjìn	🟡 부근, 근처	25	感情	gǎnqíng	🟡 감정
11	付款	fùkuǎn	🟢 돈을 지불하다	26	感谢	gǎnxiè	🟢 감사하다
12	父亲	fùqīn	🟡 부친, 아버지	27	感兴趣	gǎn xìngqù	관심이 있다, 좋아하다
13	复习	fùxí	🟢 복습하다	28	干	gàn	🟢 하다
14	复印	fùyìn	🟢 복사하다	29	刚	gāng	🔵 막, 방금
15	复杂	fùzá	🔴 복잡하다	30	刚才	gāngcái	🟡 방금 전

31	高	gāo	형 높다	46	公斤	gōngjīn	명 킬로그램
32	高速公路	gāosù gōnglù	명 고속도로	47	公里	gōnglǐ	명 킬로미터
33	高兴	gāoxìng	형 기쁘다, 유쾌하다	48	公司	gōngsī	명 회사
34	告诉	gàosu	통 알리다	49	公园	gōngyuán	명 공원
35	哥哥	gēge	명 형, 오빠	50	工资	gōngzī	명 월급
36	胳膊	gēbo	명 팔	51	工作	gōngzuò	명 일 통 일하다
37	各	gè	대 각, 여러 가지	52	共同	gòngtóng	형 공동의, 공통의
38	个	gè	양 명, 개(사람이나 사물을 세는 단위)	53	狗	gǒu	명 개
39	个子	gèzi	명 키	54	够	gòu	통 충분하다
40	给	gěi	통 주다 전 ~에게	55	购物	gòuwù	통 구매하다
41	跟	gēn	전 ~와, 과	56	估计	gūjì	통 추측하다
42	根据	gēnjù	전 ~에 근거하여	57	鼓励	gǔlì	통 격려하다
43	更	gèng	부 더, 더욱	58	顾客	gùkè	명 고객
44	功夫	gōngfu	명 재주, 시간, 무술	59	故事	gùshi	명 이야기
45	公共汽车	gōnggòng qìchē	명 버스	60	故意	gùyì	명 고의 부 고의로, 일부러

1	刮风	guā fēng	통 바람이 불다	16	国籍	guójí	명 국적
2	挂	guà	통 걸다	17	国际	guójì	형 국제적인
3	关	guān	통 닫다, 끄다	18	国家	guójiā	명 국가
4	关键	guānjiàn	명 관건, 키포인트	19	果汁	guǒzhī	명 과일 주스
5	关系	guānxi	명 관계	20	过	guò	통 건너다, 지나가다
6	关心	guānxīn	명 관심 통 관심을 갖다	21	过	guo	조 경험을 나타냄
7	关于	guānyú	전 ~에 관해서	22	过程	guòchéng	명 과정
8	观众	guānzhòng	명 관중, 관객	23	过去	guòqù	명 과거
9	管理	guǎnlǐ	명 관리 통 관리하다	24	还	hái	부 여전히, 아직도
10	光	guāng	명 빛	25	还是	háishi	부 여전히, (아무래도) ~가 낫다
11	广播	guǎngbō	통 방송하다	26	孩子	háizi	명 아이
12	广告	guǎnggào	명 광고	27	海洋	hǎiyáng	명 해양, 바다
13	逛	guàng	통 산보하다, 거닐다	28	害怕	hàipà	통 두려워하다, 무서워하다
14	规定	guīdìng	명 규정	29	害羞	hàixiū	통 부끄러워하다
15	贵	guì	형 비싸다	30	寒假	hánjià	명 겨울 방학

31	汗	hàn	명 땀	46	黑板	hēibǎn	명 칠판
32	汉语	Hànyǔ	명 중국어	47	很	hěn	부 매우
33	航班	hángbān	명 항공편	48	红	hóng	형 붉다
34	好	hǎo	형 좋다	49	厚	hòu	형 두껍다
35	好吃	hǎochī	형 맛있다	50	后悔	hòuhuǐ	동 후회하다
36	好处	hǎochù	명 장점, 좋은 점	51	后来	hòulái	명 그 후, 그 다음
37	好像	hǎoxiàng	부 (마치) ~와 같다	52	后面	hòumiàn	명 뒤, 뒤쪽
38	号	hào	명 번호, 사이즈, 일(날짜)	53	互联网	hùliánwǎng	명 인터넷
39	号码	hàomǎ	명 번호	54	护士	hùshi	명 간호사
40	喝	hē	동 마시다	55	互相	hùxiāng	부 서로, 상호
41	和	hé	전 ~와, 과	56	护照	hùzhào	명 여권
42	合格	hégé	형 합격하다	57	花	huā	명 꽃 동 (돈, 시간) 쓰다
43	合适	héshì	형 알맞다, 적합하다	58	花园	huāyuán	명 화원
44	盒子	hézi	명 상자	59	画	huà	명 그림 동 그리다
45	黑	hēi	형 검다, 어둡다	60	怀疑	huáiyí	동 의심하다

1	坏	huài	형 나쁘다 동 상하다, 고장 나다	16	获得	huòdé	동 얻다, 획득하다
2	欢迎	huānyíng	동 환영하다	17	或者	huòzhě	접 ~이던가 아니면~이다, ~혹은
3	还	huán	동 돌려 주다	18	机场	jīchǎng	명 공항
4	环境	huánjìng	명 환경	19	基础	jīchǔ	명 토대, 기초
5	换	huàn	동 교환하다, 바꾸다	20	鸡蛋	jīdàn	명 계란
6	黄河	Huáng Hé	명 황허	21	激动	jīdòng	동 감격하다, 흥분하다
7	回	huí	동 되돌아가다	22	几乎	jīhū	부 거의, 하마터면
8	回答	huídá	명 대답, 회답 동 대답하다	23	机会	jīhuì	명 기회
9	回忆	huíyì	동 회상하다	24	积极	jījí	형 적극적, 긍정적이다
10	会	huì	조 (배워서) ~할 수 있다, ~할 줄 안다	25	积累	jīlěi	동 쌓이다, 축적하다
11	会议	huìyì	명 회의	26	及时	jíshí	부 즉시, 곧바로
12	活动	huódòng	명 활동, 행사 동 움직이다	27	极	jí	명 극, 절정, 정점 부 매우
13	活泼	huópo	형 활발하다, 활달하다	28	即使	jíshǐ	접 설령 ~일지라도
14	火	huǒ	명 불	29	几	jǐ	수 몇(수를 묻는데 쓰임)
15	火车站	huǒchēzhàn	명 기차역	30	寄	jì	동 부치다

31	记得	jìde	통 기억하고 있다	46	简单	jiǎndān	형 간단하다
32	记者	jìzhě	명 기자	47	减肥	jiǎnféi	통 살을 빼다, 다이어트 하다
33	计划	jìhuà	명 계획 통 계획하다	48	减少	jiǎnshǎo	통 감소하다, 줄이다
34	季节	jìjié	명 계절	49	件	jiàn	양 건, 개, 벌 (옷, 사건)
35	既然	jìrán	접 기왕 이렇게 된 바에 ~한 이상	50	健康	jiànkāng	명 건강 형 건강하다
36	技术	jìshù	명 기술	51	见面	jiàn miàn	통 만나다
37	继续	jìxù	명 계속 통 계속하다	52	建议	jiànyì	명 건의, 제안 통 건의하다, 제안하다
38	家	jiā	명 집	53	将来	jiānglái	명 장래
39	加班	jiā bān	통 초과근무 하다	54	讲	jiǎng	통 말하다
40	家具	jiājù	명 가구	55	奖金	jiǎngjīn	명 상금, 보너스
41	加油站	jiāyóuzhàn	명 주유소	56	降低	jiàngdī	통 내려가다
42	假	jiǎ	형 거짓의, 가짜의	57	降落	jiàngluò	통 착륙하다
43	价格	jiàgé	명 가격	58	交	jiāo	통 건네다, 제출하다
44	坚持	jiānchí	통 견지하다, 꾸준히 하다	59	教	jiāo	통 가르치다
45	检查	jiǎnchá	통 검사하다	60	骄傲	jiāo'ào	형 오만하다, 거만하다

1	交流	jiāoliú	동 교류하다, 소통하다	16	结果	jiéguǒ	명 결과, 성과, 결론
2	交通	jiāotōng	명 교통	17	结婚	jié hūn	동 결혼하다
3	郊区	jiāoqū	명 변두리, 시외, 외곽	18	节目	jiémù	명 프로그램
4	角	jiǎo	명 뿔, 각	19	节日	jiérì	명 기념일, 경축일
5	脚	jiǎo	명 발	20	结束	jiéshù	동 끝나다, 마치다
6	饺子	jiǎozi	명 만두	21	节约	jiéyuē	동 절약하다
7	叫	jiào	동 부르다	22	姐姐	jiějie	명 누나, 언니
8	教室	jiàoshì	명 교실	23	解决	jiějué	동 해결하다
9	教授	jiàoshòu	명 교수	24	解释	jiěshì	명 설명, 해명 동 설명하다, 해명하다
10	教育	jiàoyù	명 교육	25	借	jiè	동 빌리다, 빌려주다
11	接	jiē	동 받다, 연결하다	26	介绍	jièshào	동 소개하다
12	街道	jiēdào	명 거리	27	今天	jīntiān	명 오늘
13	接受	jiēshòu	동 받아들이다	28	尽管	jǐnguǎn	접 비록 ~라 할지라도
14	接着	jiēzhe	부 이어서, 뒤따라	29	紧张	jǐnzhāng	형 긴장하다
15	节	jié	명 기념일, 명절, (식물)마디 양 수업을 세는 단위	30	进	jìn	동 들다, 나아가다

31	近	jìn	형 가깝다	46	镜子	jìngzi	형 거울
32	进行	jìnxíng	동 진행하다	47	究竟	jiūjìng	부 도대체
33	禁止	jìnzhǐ	동 금지하다	48	九	jiǔ	수 9, 구
34	精彩	jīngcǎi	형 뛰어나다, 훌륭하다	49	久	jiǔ	형 (시간이)오래다
35	经常	jīngcháng	부 늘, 자주, 빈번히	50	旧	jiù	형 낡다, 오래다
36	经过	jīngguò	동 경과하다, 겪다	51	就	jiù	부 바로, 곧
37	经济	jīngjì	명 경제	52	举	jǔ	동 들다
38	京剧	jīngjù	명 경극	53	举办	jǔbàn	동 거행하다, 개최하다
39	经理	jīnglǐ	명 사장, 매니저	54	举行	jǔxíng	동 거행하다, 개최하다, 열리다
40	经历	jīnglì	명 경력, 경험 동 겪다	55	聚会	jùhuì	명 모임, 파티
41	经验	jīngyàn	명 경험	56	拒绝	jùjué	동 거절하다
42	警察	jǐngchá	명 경찰	57	距离	jùlí	명 거리 동 (~로부터) 떨어지다
43	景色	jǐngsè	명 풍경, 경치	58	句子	jùzi	명 문장
44	竟然	jìngrán	부 뜻밖에도 (예측밖의 상황을 나타냄)	59	觉得	juéde	동 ~라고 여기다, 생각하다
45	竞争	jìngzhēng	명 경쟁 동 경쟁하다	60	决定	juédìng	명 결정 동 결정하다

1	咖啡	kāfēi	몡 커피	16	可爱	kě'ài	혱 귀엽다
2	开	kāi	통 열다, 켜다	17	可怜	kělián	혱 불쌍하다
3	开始	kāishǐ	몡 처음 통 시작하다	18	可能	kěnéng	븐 아마도 혱 가능하다
4	开玩笑	kāi wánxiào	통 농담하다	19	可是	kěshì	젭 그러나
5	开心	kāixīn	혱 기쁘다, 즐겁다	20	可惜	kěxī	혱 아쉽다, 섭섭하다
6	看	kàn	통 보다	21	可以	kěyǐ	조 ~할 수 있다 ~해도 된다
7	看法	kànfǎ	몡 견해, 생각	22	刻	kè	양 15분 통 새기다
8	看见	kànjiàn	통 보다	23	课	kè	몡 수업
9	考虑	kǎolǜ	통 고려하다, 고민하다	24	客人	kèrén	몡 손님
10	考试	kǎoshì	몡 시험 통 시험을 치다	25	客厅	kètīng	몡 객실
11	烤鸭	kǎoyā	몡 (통)오리구이	26	肯定	kěndìng	븐 분명, 확실히
12	棵	kē	양 그루	27	空	kōng	혱 (속이)비다, 텅 비다
13	科学	kēxué	몡 과학	28	空气	kōngqì	몡 공기
14	咳嗽	késou	통 기침하다	29	空调	kōngtiáo	몡 에어컨
15	渴	kě	혱 목마르다, 갈증나다	30	恐怕	kǒngpà	븐 아마 ~일 것이다

31	口	kǒu	몡 입	46	来不及	láibují	통 늦다, 시간에 댈 수 없다
32	哭	kū	통 울다	47	来得及	láidejí	통 늦지 않다
33	苦	kǔ	혱 (맛이) 쓰다	48	来自	láizì	통 ~(로)부터 오다
34	裤子	kùzi	몡 바지	49	蓝	lán	혱 파란색의
35	块	kuài	양 조각 양 위안(화폐)	50	懒	lǎn	혱 게으르다
36	快	kuài	혱 빠르다 분 빨리	51	浪费	làngfèi	통 낭비하다
37	快乐	kuàilè	혱 즐겁다	52	浪漫	làngmàn	혱 낭만적이다
38	筷子	kuàizi	몡 젓가락	53	老	lǎo	혱 늙다
39	矿泉水	kuàngquánshuǐ	몡 광천수	54	老虎	lǎohǔ	몡 호랑이
40	困	kùn	혱 졸리다	55	老师	lǎoshī	몡 선생님
41	困难	kùnnan	몡 어려움 혱 곤란하다	56	了	le	조 동작의 완료나 상태의 변화를 나타냄
42	拉	lā	통 끌다, 당기다	57	累	lèi	혱 피곤하다
43	垃圾桶	lājītǒng	몡 쓰레기통	58	冷	lěng	혱 춥다
44	辣	là	혱 맵다	59	冷静	lěngjìng	혱 냉정하다, 침착하다
45	来	lái	통 오다	60	离	lí	젠 ~로부터

1	离开	líkāi	동 떠나다	16	脸	liǎn	명 얼굴
2	里	lǐ	양 리(1리는 500 미터), ~안	17	练习	liànxí	동 연습하다
3	礼拜天	lǐbàitiān	명 일요일	18	凉快	liángkuai	형 시원하다
4	理发	lǐfà	동 이발하다	19	两	liǎng	수 둘, 2
5	理解	lǐjiě	동 이해하다, 알다	20	辆	liàng	양 대, 량(차량)
6	礼貌	lǐmào	명 예의 형 예의 바르다	21	聊天	liáotiān	동 잡담하다, 이야기하다
7	礼物	lǐwù	명 선물	22	了解	liǎojiě	동 이해하다
8	理想	lǐxiǎng	명 이상, 꿈 형 이상적이다	23	邻居	línjū	명 이웃, 이웃집
9	厉害	lìhai	형 대단하다, 심각하다	24	零	líng	수 0, 영
10	例如	lìrú	동 예를 들다	25	零钱	língqián	명 잔돈
11	历史	lìshǐ	명 역사	26	另外	lìngwài	접 그밖에, 게다가
12	力气	lìqi	명 힘	27	留	liú	동 남다, 머무르다
13	俩	liǎ	수 두 개, 두 사람	28	留学	liú xué	명 유학 동 유학하다
14	连	lián	동 잇다, 연결하다 전 ~조차	29	流利	liúlì	형 (말이)유창하다
15	联系	liánxì	동 연락하다	30	流行	liúxíng	동 유행하다

31	六	liù	令 6, 여섯	46	卖	mài	동 팔다
32	楼	lóu	양 층	47	满	mǎn	형 가득 차다
33	路	lù	명 길	48	满意	mǎnyì	동 만족하다
34	旅行	lǚxíng	동 여행하다	49	慢	màn	형 느리다
35	旅游	lǚ yóu	동 여행하다	50	忙	máng	형 바쁘다
36	绿	lǜ	형 초록색의	51	猫	māo	명 고양이
37	律师	lǜshī	명 변호사	52	毛	máo	명 털 양 화폐단위
38	乱	luàn	형 어지럽다 부 함부로(동사 앞에 놓임)	53	毛巾	máojīn	명 수건
39	妈妈	māma	명 엄마	54	帽子	màozi	명 모자
40	麻烦	máfan	형 귀찮다, 번거롭다	55	没关系	méiguānxi	괜찮다, 문제없다
41	马	mǎ	명 말	56	没有	méiyǒu	동 없다 부 ~하지 않다 (과거 부정)
42	吗	ma	조 의문의 어기를 나타냄	57	每	měi	대 매, 각, ~마다
43	马虎	mǎhu	형 부주의하다, 대강하다	58	美丽	měilì	형 아름답다
44	马上	mǎshàng	부 바로, 곧	59	妹妹	mèimei	명 여동생
45	买	mǎi	동 사다	60	门	mén	명 문

1	梦	mèng	명 꿈 동 꿈을 꾸다	16	拿	ná	동 쥐다, 잡다
2	迷路	mí lù	길을 잃다	17	哪	nǎ	대 무엇, 어느
3	米	mǐ	명 쌀 양 미터	18	哪儿	nǎr	대 어디
4	米饭	mǐfàn	명 쌀밥	19	那	nà	대 그, 저
5	密码	mìmǎ	명 비밀번호	20	奶奶	nǎinai	명 할머니
6	免费	miǎn fèi	동 무료로 하다	21	耐心	nàixīn	명 인내심 형 인내심 있다
7	面包	miànbāo	명 빵	22	男	nán	형 남자의 명 남자
8	面条	miàntiáo	명 국수	23	南	nán	명 남쪽
9	秒	miǎo	양 (시간의 단위) 초	24	难	nán	형 어렵다
10	民族	mínzú	명 민족	25	难道	nándào	부 설마 ~하겠는가?
11	明白	míngbai	동 이해하다, 알다	26	难过	nánguò	형 괴롭다, 힘들다
12	明天	míngtiān	명 내일	27	难受	nánshòu	형 아프다, 괴롭다
13	名字	míngzi	명 이름	28	男人	nánren	명 남자
14	母亲	mǔqīn	명 모친	29	内	nèi	명 내부, 안
15	目的	mùdì	명 목적	30	内容	nèiróng	명 내용

31	能	néng	조 ~할 수 있다	46	偶尔	ǒu'ěr	부 때때로, 가끔
32	能力	nénglì	명 능력	47	爬山	pá shān	동 등산하다
33	你	nǐ	대 너, 당신	48	排队	pái duì	동 줄 서다
34	年	nián	명 년, 해	49	排列	páiliè	동 배열하다
35	年级	niánjí	명 학년	50	盘子	pánzi	명 접시, 쟁반
36	年龄	niánlíng	명 연령, 나이	51	判断	pànduàn	명 판단 동 판단하다
37	年轻	niánqīng	형 젊다	52	旁边	pángbiān	명 옆, 곁
38	鸟	niǎo	명 새	53	胖	pàng	형 뚱뚱하다
39	您	nín	대 당신	54	跑步	pǎo bù	명 달리기 동 달리다
40	牛奶	niúnǎi	명 우유	55	陪	péi	동 모시다, 동반하다
41	弄	nòng	동 하다	56	朋友	péngyou	명 친구
42	努力	nǔlì	동 노력하다	57	批评	pīpíng	동 비평하다, 나무라다, 꾸짖다
43	女	nǚ	형 여성의 명 여자	58	皮肤	pífū	명 피부
44	女儿	nǚ'ér	명 딸	59	啤酒	píjiǔ	명 맥주
45	暖和	nuǎnhuo	형 따뜻하다	60	脾气	píqi	명 성격

1	皮鞋	píxié	몡 구두	16	妻子	qīzi	몡 아내
2	篇	piān	양 편(글을 세는 단위)	17	骑	qí	동 (자전거, 말 등을)타다
3	便宜	piányi	혱 싸다	18	其次	qícì	대 다음, 그 다음
4	骗	piàn	동 속이다	19	奇怪	qíguài	혱 이상하다, 기이하다
5	票	piào	몡 표, 티켓	20	其实	qíshí	부 사실
6	漂亮	piàoliang	혱 예쁘다	21	其他	qítā	대 기타, 그 외
7	乒乓球	pīngpāng qiú	몡 탁구	22	其中	qízhōng	몡 그 중
8	苹果	píngguǒ	몡 사과	23	起床	qǐchuáng	동 일어나다
9	平时	píngshí	몡 평소, 평상시	24	起飞	qǐfēi	동 이륙하다
10	瓶子	píngzi	몡 병	25	起来	qǐlai	동 일어나다
11	破	pò	동 찢어지다, 깨지다	26	气候	qìhòu	몡 기후
12	葡萄	pútao	몡 포도	27	千	qiān	수 1000, 천
13	普遍	pǔbiàn	혱 보편적인	28	铅笔	qiānbǐ	몡 연필
14	普通话	pǔtōnghuà	몡 보통화, 표준 중국어	29	千万	qiānwàn	부 절대, 결코, 아무쪼록
15	七	qī	수 7, 일곱	30	签证	qiānzhèng	몡 비자

31	钱	qián	명 돈	46	区别	qūbié	명 구별, 차이
32	前面	qiánmian	명 앞쪽	47	取	qǔ	동 찾다, 취하다
33	敲	qiāo	동 두드리다, 치다	48	去	qù	동 가다
34	桥	qiáo	명 다리	49	去年	qùnián	명 작년
35	巧克力	qiǎokèlì	명 초콜릿	50	全部	quánbù	형 전부의
36	亲戚	qīnqi	명 친척	51	缺点	quēdiǎn	명 결점, 단점
37	轻	qīng	형 가볍다	52	缺少	quēshǎo	동 모자라다, 부족하다
38	清楚	qīngchu	형 분명하다, 뚜렷하다	53	却	què	부 도리어, 오히려
39	轻松	qīngsōng	형 수월하다, 편안하다	54	确实	quèshí	형 확실하다, 분명하다
40	晴	qíng	형 하늘이 맑다	55	裙子	qúnzi	명 치마
41	情况	qíngkuàng	명 상황	56	然而	rán'ér	접 그러나, 그런데
42	请	qǐng	동 부탁하다	57	然后	ránhòu	접 그런 후에
43	请假	qǐng jià	동 휴가를 신청하다	58	让	ràng	동 ~하게 시키다
44	穷	qióng	형 빈곤하다, 가난하다	59	热	rè	형 덥다
45	秋	qiū	명 가을	60	热闹	rènao	형 번화하다, 시끌벅적하다

1	热情	rèqíng	명 열정 형 친절하다	16	伞	sǎn	명 우산
2	人	rén	명 사람	17	散步	sàn bù	동 산보하다, 산책하다
3	任何	rènhé	대 어떠한, 무슨	18	森林	sēnlín	명 삼림
4	认识	rènshi	동 알다, 인식하다	19	沙发	shāfā	명 소파
5	认为	rènwéi	동 ~라 여기다	20	商店	shāngdiàn	명 상점
6	任务	rènwu	명 임무	21	商量	shāngliang	동 상의하다, 논의하다
7	认真	rènzhēn	형 진지하다, 성실하다	22	伤心	shāng xīn	동 상심하다, 슬퍼하다
8	扔	rēng	동 던지다	23	上	shàng	명 위 쪽
9	仍然	réngrán	부 여전히, 변함없이	24	上班	shàng bān	동 출근하다
10	日	rì	명 날, 일	25	上网	shàng wǎng	동 인터넷에 접속하다, 인터넷하다
11	日记	rìjì	명 일기	26	上午	shàngwǔ	명 오전
12	容易	róngyì	형 쉽다	27	稍微	shāowēi	부 약간, 조금
13	如果	rúguǒ	접 만약, 만일	28	勺子	sháozi	명 숟가락, 국자
14	入口	rùkǒu	명 입구	29	少	shǎo	형 적다
15	三	sān	수 3, 셋	30	社会	shèhuì	명 사회

31	谁	shéi	때 누구	46	失败	shībài	통 실패하다
32	深	shēn	형 깊다	47	师傅	shīfu	명 기사님, 스승
33	身体	shēntǐ	명 몸, 건강	48	失望	shīwàng	통 실망하다
34	申请	shēnqǐng	통 신청하다	49	十	shí	수 10, 열
35	什么	shénme	때 무슨, 어떤	50	十分	shífēn	부 매우, 굉장히
36	甚至	shènzhì	접 심지어	51	时候	shíhou	명 시간, 때
37	生病	shēng bìng	통 병이 나다	52	时间	shíjiān	명 시간
38	生活	shēnghuó	명 생활 통 생활하다	53	实际	shíjì	형 실제의
39	生命	shēngmìng	명 생명	54	实在	shízài	부 정말, 참으로
40	生气	shēng qì	통 화내다	55	使	shǐ	통 (~에게) ~하게 시키다
41	生日	shēngrì	명 생일	56	使用	shǐyòng	명 사용 통 사용하다
42	生意	shēngyi	명 장사, 사업	57	是	shì	통 ~이다 형 맞다, 옳다
43	声音	shēngyīn	명 소리, 목소리	58	试	shì	통 시도하다, (한번) ~해 보다
44	省	shěng	명 성(지방 행정 단위) 통 아끼다, 절약하다	59	是否	shìfǒu	부 ~인지 아닌지
45	剩	shèng	통 남다, 남기다	60	适合	shìhé	통 적합하다, 알맞다

1	世纪	shìjì	몡 세기	16	书	shū	몡 책
2	世界	shìjiè	몡 세계	17	输	shū	됭 패배하다, 지다
3	事情	shìqing	몡 일	18	舒服	shūfu	혱 편안하다
4	适应	shìyìng	됭 적응하다	19	叔叔	shūshu	몡 숙부, 아저씨
5	收	shōu	됭 받다	20	熟悉	shúxī	됭 숙지하다, 잘 알다
6	收入	shōurù	몡 수입	21	树	shù	몡 나무
7	收拾	shōushi	됭 정리하다, 치우다	22	数量	shùliàng	몡 수량
8	手表	shǒubiǎo	몡 손목시계	23	数学	shùxué	몡 수학
9	首都	shǒudū	몡 수도	24	数字	shùzì	몡 숫자
10	手机	shǒujī	몡 휴대폰	25	刷牙	shuā yá	됭 이를 닦다
11	首先	shǒuxiān	뷔 가장 먼저, 우선	26	帅	shuài	혱 멋지다
12	瘦	shòu	혱 마르다	27	双	shuāng	양 쌍, 켤레
13	受不了	shòubuliǎo	됭 참을 수 없다, 견딜 수 없다	28	水	shuǐ	몡 물
14	受到	shòudào	됭 얻다, 견디다, 받다	29	水果	shuǐguǒ	몡 과일
15	售货员	shòuhuòyuán	몡 판매원	30	水平	shuǐpíng	몡 수준, 능력

31	睡觉	shuì jiào	통 자다	46	虽然~ 但是~	suīrán dànshì	접 비록 ~하지만, 그러나
32	顺便	shùnbiàn	부 ~하는 김에, 겸사겸사	47	随便	suíbiàn	통 마음대로 하다 부 마음껏
33	顺利	shùnlì	형 순조롭다	48	随着	suízhe	통 ~에 따라
34	顺序	shùnxù	명 순서, 차례	49	岁	suì	양 살(나이를 셀 때 쓰임)
35	说	shuō	통 말하다, 이야기하다	50	孙子	sūnzi	명 손자
36	说话	shuōhuà	통 말하다	51	所有	suǒyǒu	형 모든, 일체의
37	说明	shuōmíng	통 설명하다	52	它	tā	대 그것, 저것
38	硕士	shuòshì	명 석사	53	他	tā	대 그, 그 사람
39	司机	sījī	명 운전 기사	54	她	tā	대 그녀, 그 여자
40	死	sǐ	통 죽다	55	台	tái	명 무대 양 대(기계, 설비)
41	四	sì	수 4, 넷	56	抬	tái	통 맞들다, 들다
42	送	sòng	통 보내다, 증정하다	57	太	tài	부 매우, 아주
43	速度	sùdù	명 속도	58	态度	tàidu	명 태도
44	塑料袋	sùliàodài	명 비닐봉지	59	太阳	tàiyáng	명 태양
45	酸	suān	형 시다	60	谈	tán	통 말하다, 이야기하다

1	弹钢琴	tán gāngqín	피아노를 치다	16	提前	tíqián	통 앞당기다
2	汤	tāng	명 국	17	提醒	tíxǐng	통 일깨우다, 상기시키다
3	糖	táng	명 설탕, 사탕	18	体育	tǐyù	명 체육, 스포츠
4	躺	tǎng	통 눕다	19	天气	tiānqì	명 날씨
5	趟	tàng	양 번, 차례	20	甜	tián	형 달다
6	讨论	tǎolùn	통 토론하다	21	填空	tiánkòng	통 빈 칸을 채우다, 써 넣다, 작성하다
7	讨厌	tǎoyàn	통 싫어하다	22	条	tiáo	양 가늘고 긴 것을 셈
8	特别	tèbié	부 특히, 각별히	23	条件	tiáojiàn	명 조건
9	特点	tèdiǎn	명 특징	24	跳舞	tiào wǔ	통 춤을 추다
10	疼	téng	형 아프다	25	听	tīng	통 듣다
11	踢足球	tī zúqiú	축구를 하다	26	停	tíng	통 정지하다, 멈추다
12	提	tí	통 들어올리다	27	挺	tǐng	부 매우, 아주
13	题	tí	명 제목, 문제	28	通过	tōngguò	통 통과하다 전 ~을 통하여
14	提高	tígāo	통 높이다, 향상시키다	29	通知	tōngzhī	통 통지하다 명 통지, 통지서
15	提供	tígōng	통 제공하다	30	同情	tóngqíng	통 동정하다, 공감하다

31	同时	tóngshí	🖤 동시에	46	完成	wánchéng	🟢 완성하다
32	同事	tóngshì	🟧 동료	47	完全	wánquán	🖤 완전히
33	同学	tóngxué	🟧 학우, 반 친구	48	碗	wǎn	🟧 사발, 그릇
34	同意	tóngyì	🟢 동의하다	49	晚上	wǎnshang	🟧 저녁, 밤
35	头发	tóufa	🟧 머리카락	50	万	wàn	🔵 10000, 만
36	突然	tūrán	🟩 갑작스럽다 🖤 갑자기	51	往	wǎng	🟨 ~쪽으로, ~를 향하여
37	图书馆	túshūguǎn	🟧 도서관	52	网球	wǎngqiú	🟧 테니스
38	推	tuī	🟢 밀다	53	往往	wǎngwǎng	🖤 왕왕, 흔히, 자주
39	推迟	tuīchí	🟢 연기하다, 미루다	54	网站	wǎngzhàn	🟧 웹사이트
40	腿	tuǐ	🟧 다리	55	忘记	wàngjì	🟢 잊어버리다
41	脱	tuō	🟢 벗다	56	危险	wēixiǎn	🟧 위험 🟩 위험하다
42	袜子	wàzi	🟧 양말, 스타킹	57	喂	wéi	🟪 여보세요
43	外	wài	🟧 바깥, ~이외에	58	位	wèi	🟨 분(사람을 셀 때 쓰임)
44	完	wán	🟢 끝나다	59	为了	wèile	🟨 ~하기 위해, ~를 위해
45	玩	wán	🟢 놀다	60	味道	wèidao	🟧 맛

1	为	wèi	전 ~를 위하여, ~때문에	16	误会	wùhuì	명 오해 동 오해하다
2	为什么	wèishénme	명 왜 부 왜, 어째서	17	西	xī	명 서쪽
3	卫生间	wèishēngjiān	명 화장실	18	西瓜	xīguā	명 수박
4	温度	wēndù	명 온도	19	西红柿	xīhóngshì	명 토마토
5	文化	wénhuà	명 문화	20	吸引	xīyǐn	동 끌어 당기다
6	文章	wénzhāng	명 글, 문장	21	希望	xīwàng	명 희망 동 희망하다
7	问	wèn	동 묻다	22	习惯	xíguàn	명 습관 동 습관이 되다
8	问题	wèntí	명 문제	23	洗	xǐ	동 씻다
9	我	wǒ	대 나	24	喜欢	xǐhuan	동 좋아하다
10	我们	wǒmen	대 우리	25	洗手间	xǐshǒujiān	명 화장실
11	污染	wūrǎn	명 오염 동 오염시키다	26	洗澡	xǐ zǎo	동 샤워하다
12	无	wú	동 없다	27	下	xià	명 밑, 아래
13	无聊	wúliáo	형 지루하다, 심심하다	28	夏	xià	명 여름
14	无论	wúlùn	접 ~에도 불구하고	29	下午	xiàwǔ	명 오후
15	五	wǔ	수 5, 다섯	30	下雨	xià yǔ	동 비가 오다

31	先	xiān	📄 우선, 먼저	46	像	xiàng	📄 ~와 같다 📄 마치(~와 같다)
32	先生	xiānsheng	📄 선생 (남자호칭)	47	橡皮	xiàngpí	📄 지우개
33	咸	xián	📄 짜다	48	消息	xiāoxi	📄 소식, 뉴스
34	现金	xiànjīn	📄 현금	49	小	xiǎo	📄 작다
35	羡慕	xiànmù	📄 부러워하다	50	小吃	xiǎochī	📄 간단한 음식, 간식
36	现在	xiànzài	📄 지금	51	小伙子	xiǎohuǒzi	📄 젊은이
37	香	xiāng	📄 (냄새가) 향기롭다	52	小姐	xiǎojie	📄 아가씨
38	相反	xiāngfǎn	📄 상반되다	53	小时	xiǎoshí	📄 시간
39	香蕉	xiāngjiāo	📄 바나나	54	小说	xiǎoshuō	📄 소설
40	相同	xiāngtóng	📄 서로 같다	55	小心	xiǎoxīn	📄 조심하다, 주의하다
41	相信	xiāngxìn	📄 믿다	56	笑	xiào	📄 웃다
42	详细	xiángxì	📄 상세하다, 자세하다	57	效果	xiàoguǒ	📄 효과
43	响	xiǎng	📄 소리가 나다	58	笑话	xiàohua	📄 농담, 우스갯소리
44	想	xiǎng	📄 생각하다 📄 ~하고 싶다	59	校长	xiàozhǎng	📄 교장
45	向	xiàng	📄 ~쪽으로, ~를 향하여	60	些	xiē	📄 조금, 약간, 몇몇

1	写	xiě	통 글씨를 쓰다	16	醒	xǐng	통 깨다
2	谢谢	xièxie	통 감사합니다, 고맙습니다	17	姓	xìng	명 성, 성씨
3	新	xīn	형 새롭다	18	性别	xìngbié	명 성별
4	辛苦	xīnkǔ	형 고생스럽다	19	幸福	xìngfú	명 행복 형 행복하다
5	心情	xīnqíng	명 심정, 기분	20	性格	xìnggé	명 성격
6	新闻	xīnwén	명 뉴스	21	熊猫	xióngmāo	명 판다
7	新鲜	xīnxiān	형 신선하다	22	修理	xiūlǐ	명 수리 통 수리하다
8	信封	xìnfēng	명 편지봉투	23	休息	xiūxi	통 휴식하다, 쉬다
9	信息	xìnxī	명 정보, 소식	24	需要	xūyào	명 필요 통 필요하다, 요구하다
10	信心	xìnxīn	명 자신, 확신	25	许多	xǔduō	형 매우 많다
11	信用卡	xìnyòngkǎ	명 신용 카드	26	选择	xuǎnzé	명 선택 통 선택하다
12	兴奋	xīngfèn	형 흥분하다	27	学生	xuésheng	명 학생
13	星期	xīngqī	명 요일	28	学期	xuéqī	명 학기
14	行	xíng	통 가다 통 좋다	29	学习	xuéxí	통 공부하다, 배우다
15	行李箱	xínglǐxiāng	명 트렁크	30	学校	xuéxiào	명 학교

31	雪	xuě	명 눈	46	羊肉	yángròu	명 양고기
32	呀	yā	감 (놀람을 나타내어) 아! 야!	47	养成	yǎngchéng	동 양성하다, 기르다
33	压力	yālì	명 스트레스	48	样子	yàngzi	명 모양, 모습
34	牙膏	yágāo	명 치약	49	邀请	yāoqǐng	동 초청하다
35	亚洲	Yàzhōu	명 아시아	50	要求	yāoqiú	명 요구 동 요구하다
36	盐	yán	명 소금	51	药	yào	명 약
37	严格	yángé	형 엄격하다	52	要	yào	조 ~하려고 하다 동 요구하다
38	研究	yánjiū	명 연구 동 연구하다	53	要是	yàoshi	접 만약 ~라면
39	颜色	yánsè	명 색, 색깔	54	钥匙	yàoshi	명 열쇠
40	严重	yánzhòng	형 심각하다, 위급하다	55	爷爷	yéye	명 할아버지
41	演出	yǎnchū	명 공연	56	也	yě	부 또한, 역시
42	眼镜	yǎnjìng	명 안경	57	也许	yěxǔ	부 아마도, 어쩌면
43	眼睛	yǎnjing	명 눈	58	页	yè	양 쪽, 페이지
44	演员	yǎnyuán	명 배우, 연기자	59	叶子	yèzi	명 잎, 잎사귀
45	阳光	yángguāng	명 햇빛	60	一	yī	수 1, 하나

1	衣服	yīfu	몡 옷	16	一边	yìbiān	몡 한쪽, 한 편
2	已经	yǐjing	뷔 이미	17	一点儿	yìdiǎnr	맹 조금, 약간
3	医生	yīshēng	몡 의사	18	意见	yìjiàn	몡 견해, 의견
4	医院	yīyuàn	몡 병원	19	一起	yìqǐ	뷔 함께, 같이
5	一定	yídìng	뷔 분명히, 반드시	20	艺术	yìshù	몡 예술
6	一共	yígòng	뷔 모두, 전부	21	意思	yìsi	몡 의미, 뜻
7	一会儿	yíhuìr	몡 잠시	22	一直	yìzhí	뷔 줄곧, 계속
8	一切	yíqiè	댸 일체, 전부, 모든	23	阴	yīn	혱 흐리다
9	一下	yíxià	맹 좀 ~하다	24	因此	yīncǐ	쩝 이로 인하여
10	一样	yíyàng	혱 같다, 동일하다	25	音乐	yīnyuè	몡 음악
11	以	yǐ	쩐 ~을, ~로써	26	因为~ 所以~	yīnwèi suǒyǐ	쩝 ~이기 때문에, 그래서~
12	以前	yǐqián	몡 과거	27	银行	yínháng	몡 은행
13	以为	yǐwéi	됭 ~라 여기다, 생각하다	28	饮料	yǐnliào	몡 음료
14	椅子	yǐzi	몡 의지	29	引起	yǐnqǐ	됭 야기하다, 일으키다
15	一般	yìbān	혱 일반적이다	30	印象	yìnxiàng	몡 인상

31	应该	yīnggāi	조 마땅히 ~해야 한다	46	由于	yóuyú	접 ~때문에
32	赢	yíng	동 이기다	47	有	yǒu	동 가지고 있다
33	影响	yǐngxiǎng	명 영향 동 영향주다	48	友好	yǒuhǎo	형 우호적이다
34	应聘	yìngpìn	동 초빙에 응하다, 지원하다	49	有名	yǒumíng	형 유명하다
35	勇敢	yǒnggǎn	형 용감하다	50	有趣	yǒuqù	형 재미있다
36	永远	yǒngyuǎn	부 언제나, 영원히	51	友谊	yǒuyì	명 우정, 우의
37	用	yòng	동 쓰다 전 ~로써	52	又	yòu	부 또, 다시
38	优点	yōudiǎn	명 장점	53	右边	yòubian	명 오른쪽
39	幽默	yōumò	형 유머러스하다	54	鱼	yú	명 물고기
40	优秀	yōuxiù	형 우수하다, 뛰어나다	55	愉快	yúkuài	형 유쾌하다, 기쁘다
41	由	yóu	전 ~가, ~이, ~로서	56	于是	yúshì	접 이리하여, 그래서
42	邮局	yóujú	명 우체국	57	与	yǔ	전 ~와, ~과
43	尤其	yóuqí	부 더욱이, 특히	58	语法	yǔfǎ	명 어법
44	游戏	yóuxì	명 오락, 게임	59	羽毛球	yǔmáoqiú	명 배드민턴
45	游泳	yóu yǒng	동 수영하다	60	语言	yǔyán	명 언어, 말

1	遇到	yùdào	통 만나다, 마주치다	16	运动	yùndòng	명 운동 통 운동하다
2	预习	yùxí	통 예습하다	17	杂志	zázhì	명 잡지
3	元	yuán	양 위안(돈을 세는 단위)	18	在	zài	통 존재하다 전 ~에서 부 ~하는 중이다
4	原来	yuánlái	부 원래, 본래, 알고보니	19	再	zài	부 다시, 재차
5	原谅	yuánliàng	통 용서하다, 이해하다	20	再见	zàijiàn	통 안녕, 안녕히 계십시오
6	原因	yuányīn	명 원인	21	咱们	zánmen	대 우리(들)
7	远	yuǎn	형 멀다	22	暂时	zànshí	명 잠시, 잠깐
8	愿意	yuànyì	통 바라다, 원하다 동의하다	23	脏	zāng	형 더럽다
9	约会	yuēhuì	명 약속, 데이트	24	早上	zǎoshang	명 아침
10	月	yuè	명 월, 달	25	责任	zérèn	명 책임
11	越	yuè	통 넘다 부 ~하면 할수록 ~하다	26	怎么	zěnme	대 어떻게, 어째서
12	阅读	yuèdú	통 읽다, 보다	27	怎么样	zěnmeyàng	어떠하다
13	月亮	yuèliang	명 달	28	增加	zēngjiā	통 증가하다
14	云	yún	명 구름	29	站	zhàn	명 정류장, 역 통 서다
15	允许	yǔnxǔ	통 허락하다, 허가하다	30	占线	zhàn xiàn	통 통화 중이다

31	张	zhāng	몡 성(씨) 먱 장(종이), 침(대)	46	正常	zhèngcháng	혱 정상적인
32	长	zhǎng	됭 자라다, 생기다	47	正好	zhènghǎo	틧 딱 마침
33	丈夫	zhàngfu	몡 남편	48	证明	zhèngmíng	됭 증명하다
34	招聘	zhāopìn	됭 모집하다	49	正确	zhèngquè	혱 정확하다, 명확하다
35	着急	zháo jí	됭 조급해하다, 걱정하다	50	正式	zhèngshì	혱 정식의, 공식의
36	找	zhǎo	됭 찾다	51	正在	zhèngzài	틧 ~하고 있다
37	照	zhào	됭 (거울 등에) 비추다 (사진을) 찍다	52	之	zhī	조 ~의
38	照顾	zhàogù	됭 보살피다, 돌보다	53	只	zhī	먱 마리, 한 짝, 한 쪽
39	照片	zhàopiàn	몡 사진	54	支持	zhīchí	됭 지지하다
40	照相机	zhàoxiàngjī	몡 사진기	55	知道	zhīdao	됭 알다
41	这	zhè	뎨 이, 이것	56	知识	zhīshi	몡 지식
42	着	zhe	조 ~하고 있다	57	值得	zhíde	됭 ~할 가치가 있다
43	真	zhēn	혱 사실이다 틧 진정으로	58	直接	zhíjiē	혱 직접적인 틧 직접적으로
44	真正	zhēnzhèng	혱 진정한, 참된	59	植物	zhíwù	몡 식물
45	整理	zhěnglǐ	됭 정리하다	60	职业	zhíyè	몡 직업

1	只	zhǐ	🔵 단지, 다만	16	重视	zhòngshì	🟢 중시하다
2	指	zhǐ	🟢 가리키다	17	重要	zhòngyào	🟠 중요하다
3	只好	zhǐhǎo	🔵 어쩔 수 없이	18	周末	zhōumò	🟣 주말
4	只要	zhǐyào	🟡 ~하기만 하면	19	周围	zhōuwéi	🟣 주위
5	只有~ 才~	zhǐyǒu cái	🟡 ~해야만, 비로소 ~이다	20	主要	zhǔyào	🟠 주요한, 중요한
6	质量	zhìliàng	🟣 품질	21	主意	zhǔyi	🟣 의견, 방법, 생각
7	至少	zhìshǎo	🔵 적어도, 최소한	22	住	zhù	🟢 살다, 거주하다
8	中国	Zhōngguó	🟣 중국	23	祝贺	zhùhè	🟢 축하하다
9	中间	zhōngjiān	🟣 중간, 가운데	24	著名	zhùmíng	🟠 유명하다, 저명하다
10	中文	Zhōngwén	🟣 중국어와 문자	25	注意	zhùyì	🟢 주의하다
11	中午	zhōngwǔ	🟣 정오	26	专门	zhuānmén	🔵 특별히, 일부러
12	终于	zhōngyú	🔵 결국, 마침내	27	专业	zhuānyè	🟣 전공
13	种	zhǒng	🟣 종, 열매 🟡 종류, 가지	28	转	zhuàn	🟢 돌다
14	重	zhòng	🟠 무겁다	29	赚	zhuàn	🟢 돈을 벌다
15	重点	zhòngdiǎn	🟣 중점, 핵심	30	准备	zhǔnbèi	🟢 준비하다

31	准确	zhǔnquè	형 확실하다	46	最好	zuìhǎo	형 가장 좋다 부 ~하는 게 제일 좋다
32	准时	zhǔnshí	부 제때에, 정시에	47	最后	zuìhòu	명 최후 형 최후의
33	桌子	zhuōzi	명 탁자	48	最近	zuìjìn	명 최근
34	仔细	zǐxì	형 세심하다, 자세하다	49	尊重	zūnzhòng	명 존중 동 존중하다
35	字	zì	명 글자, 문자	50	昨天	zuótiān	명 어제
36	自己	zìjǐ	대 자기, 스스로, 혼자	51	左边	zuǒbian	명 왼쪽
37	自然	zìrán	명 자연	52	左右	zuǒyòu	명 쯤, 가량, 정도 (수량사 뒤에서 어림수를 나타냄)
38	自行车	zìxíngchē	명 자전거	53	坐	zuò	동 앉다, 타다
39	自信	zìxìn	명 자신(감)	54	座	zuò	명 좌석, 자리
40	总结	zǒngjié	명 총결, 결산 동 총괄하다, 총정리하다	55	做	zuò	동 만들다, 하다
41	总是	zǒngshì	부 늘, 항상	56	作家	zuòjiā	명 작가
42	走	zǒu	동 걷다, 떠나다	57	座位	zuòwèi	명 좌석, 자리
43	租	zū	동 임대하다, 세내다	58	作业	zuòyè	명 숙제
44	嘴	zuǐ	명 입	59	作用	zuòyòng	명 작용
45	最	zuì	부 최고의, 제일	60	作者	zuòzhě	명 작가